中共惠州大亚湾经济技术开发区委政法委员会委托项目

《大亚湾乡村治理中的本土社会规范调查》

成　果

乡土法学文丛 ③

张 华 李明道 高其才 著

基层和美治理实现方式探究

——基于大亚湾区本土社会规范的视角

JICENG HEMEIZHILI SHIXIAN FANGSHI TAN JIU

JIYU DAYAWANQU BENTU SHEHUIGUIFAN DE SHIJIAO

中国政法大学出版社

2023·北京

图书在版编目（ＣＩＰ）数据

基层和美治理实现方式探究：基于大亚湾区本土社会规范的视角/张华，李明道，高其才著.—北京：中国政法大学出版社,2023.8
ISBN 978-7-5764-1070-9

Ⅰ.①基… Ⅱ.①张… ②李… ③高… Ⅲ.①社会管理－研究－惠州 Ⅳ.①D676.53

中国国家版本馆 CIP 数据核字(2023)第 168985 号

出 版 者	中国政法大学出版社
地 址	北京市海淀区西土城路 25 号
邮寄地址	北京 100088 信箱 8034 分箱　邮编 100088
网 址	http://www.cuplpress.com (网络实名：中国政法大学出版社)
电 话	010-58908586(编辑部) 58908334(邮购部)
编辑邮箱	zhengfadch@126.com
承 印	固安华明印业有限公司
开 本	720mm×960mm　　1/16
印 张	32.5
字 数	580 千字
版 次	2023 年 8 月第 1 版
印 次	2023 年 8 月第 1 次印刷
定 价	149.00 元

总 序

一

中国的法学研究需要关怀中国民众的日常生活，离不开中国的社会实践，受中国的政治、经济、文化、历史条件所制约。费孝通先生在《乡土中国》中提出了"乡土中国"的概念，对中国基层社会的性质进行了探讨。[1]我在三十多年的田野调查和研究中感到，当今的中国社会本质上仍然属于乡土社会，[2]中国法学的产生和发展与这一社会环境息息相关。

如果中国法学可以根据城市、农村等区域研究对象不同而进行区分的话，显然我的主要兴趣点不在城市法学、都市法学领域，而集中关注乡土法学、乡村法学、农村法学领域的调查和研究。在三十年经历的基础上，我在《哈尔滨工业大学学报（社会科学版）》2015年第6期上，以《乡土法学初论》为题谈了自己的一些认识，并在学院组织教师出版自选集时，我将自选集命名为《乡土法学探索》（法律出版社2015年版）。在此基础上，近些年我逐渐萌生了编辑一套《乡土法学文丛》的想法，比较集中的表达我们学术共同体有关乡土法学的思考，希翼展示我们同道人在乡土法学领域的学术成果，体

---

[1]《乡土中国》是费孝通先生在20世纪40年代后期，根据他在西南联合大学和云南大学所讲"乡村社会学"一课的内容而写成的，1947年结集出版。《乡土中国》围绕着中国基层社会的乡土性质，以"乡土本色""文字下乡""再论文字下乡""差序格局""系维着私人的道德""家族""男女有别""礼治秩序""无讼""无为政治""长老统治""血缘和地缘""名实的分离""从欲望到需要"等14篇短小的论文从不同角度与层次勾画乡土社会的面貌，全面地展示了中国传统社会的社会状况，提炼出了一些至今被广泛引用的"乡土社会""差序格局""礼治秩序""长老统治"等基本概念。详见费孝通：《乡土中国》，生活·读书·新知三联书店1985年版。

[2] 在我看来，当今的中国社会虽然工业文明有了一定的发展，商业文明也有某种程度的体现，但是从社会结构、治理体系、思维方式等方面整体衡量，当代中国社会从本质上仍为乡土社会。

现我们关注中国乡土规范和乡土秩序的一份社会责任。

二

乡村是具有自然、社会、经济特征的地域综合体，兼具生产、生活、生态、文化等多重功能，与城镇互促互进、共生共存，共同构成人类活动的主要空间。乡村兴则国家兴，乡村衰则国家衰。我国人民日益增长的美好生活需要和不平衡不充分的发展之间的矛盾在乡村最为突出，我国仍处于并将长期处于社会主义初级阶段的特征很大程度上表现在乡村。[1]

以乡村、乡民、农业为研究对象的乡土法学具有中国法学特质，为中国法学的重要构成部分。中华文明是循着自己的独立途径成长起来，中国法学需要摆脱西方历史模式的影响，思考中国社会现实发展中的法律问题，揭示中国社会规范和秩序变动的独特过程和方式。乡土法学为中国法学主体性的重要表现，关注乡土法学是"法学中国化"的自觉与体现。

乡土法学是中国固有法学的接续和发展，对于弘扬中华法系优秀内容、传承中华优秀法文化是有积极意义的。中华文明根植于农耕文化，乡村是中华文明的基本载体。乡土法学对乡村规范、乡民社会秩序的研究，深入挖掘农耕文化蕴含的优秀法思想、法观念、法规范、法制度，结合时代要求在传承、弘扬的基础上创造性转化、创新性发展，有助于完整理解中国社会的法规范，把握中华法文化的特质，广泛传承和弘扬我国固有法观念，全力推进中华文明的复兴。

深入进行乡土法学研究有助于推进当代中国的国家法治建设。当代中国的法治建设具有移植为主、自上而下、政府主导、立法推进等特点，从一定意义上缺少社会内在生发动力，因此法治建设需要不断培育社会条件和社会土壤。通过乡土法学的调查、研究，对乡土法、乡村规范与秩序的运作机制进行全面的把握，探寻其与现代法治的共同点、相洽处，不断推进乡村地区的建设，推进乡村地区的治理能力和治理体系的现代化，从而推进中国法治社会、法治国家的建设，这无疑是极有意义的工作。

---

〔1〕《乡村振兴战略规划（2018-2022 年）》。

三

乡土法学以乡土法、乡村法为研究对象，涵括乡土法、乡村法的观念、规范、运行、秩序等层面。乡土法、乡村法是乡土社会成员在日常的生产、生活过程中，逐渐内生形成的权利、义务规范，依赖乡土社会成员的信守和一定的社会强制力保障实施。乡土法、乡村法具有这样一些特征：

（1）乡土法、乡村法是在乡村地区内生形成的行为规范，在乡土社会共同体内部萌发、生成并发展、完善。乡土法、乡村法的产生与成长是一个长期而缓慢的过程，因而民众具有更为持久的内心确信和实际遵从性。

（2）乡土法、乡村法是农业文明、农耕文明、乡村社区的产物，与自给自足的小农经济密切相关。乡土法、乡村法对乡民的日常生产、生活进行全面的规范，满足乡民生存、安全、发展的需要。

（3）乡土法、乡村法既有国家法律，也表现为非国家法意义上的习惯法，通常表现为不成文法的形式，但成文性的乡土法也占有重要地位。

（4）乡土法、乡村法具有地域特色，表现了某一乡土区域的历史特点、地理特征、生产状况和文化样貌。

（5）乡土法、乡村法为身边的法。乡土法为乡土社会成员生活中的法，为乡土社会成员最为优先选择的行为规范，具有极强的拘束力。

（6）乡土法、乡村法具有文化性，体现了某一乡土区域的民情、社会特质，为这一群体、组织的成员的智慧累积。乡土法、乡村法的表现形式十分多样，包括村规民约、自治规章、社区惯例等，既有成文形式的规范，也有不成文形式的规范。格言、谚语、警句等也可能表达了乡土法、乡村法的某种观念、规范。

乡土法学的内容较为广泛，包括乡土公共生活法学、乡土民事法学、乡土调处法学、乡土处罚法学等。具体而言，乡土法学的研究对象包括乡土法观念、乡土法规范、乡土法行为、乡土法人物、乡土法物件等方面，涉及应然、实然各个层面。

四

进行乡土法学研究需要对我国法学进行批判性反思。乡土法学不是一个简单的概念提出，是在反思我国法学基础上对未来法学发展方向的思考。我国的法学需要多元发展，既要求"洋"，更要立"土"，需要回应我国社会的需要、分析我国法律实践提出的问题。法学的发展需要树立"本根"观念，我国法学的发展必须建立在固有文化、传统文明的基础上。我们需要认真思考法学发展与文化、历史的关系，使我国法学具有坚实的价值支撑、具有明晰的主体性。

进行乡土法学研究要求研究者眼睛向下。乡土法学要求研究者进一步认识乡土法、乡村法的客观存在，正视乡土法、乡村法的实际社会意义和现实价值。法学研究应当眼睛向下，从生活中寻求研究的动力。当代中国进行现代化建设，需要理解历史的中国，准确把握国情和国民性，从中国社会的发展中把握中国社会的特质和发展趋向。特别是中国基层社会，对当代中国社会的发展具有真实、潜在、深刻、广泛的影响。乡土法学能够更恰当地理解我国法律与社会的关系，关注社会生活中的规范与秩序建构。

进行乡土法学研究需要丰富法学研究方法。法学界应该重视田野调查，了解乡土法、乡村法的实际状况，努力总结乡土法、乡村法的特质，探讨和概括乡土法、乡村法的内在规律，不断提升乡土法学的理论概括性和指导力，逐渐形成乡土法学的概念和理论体系。

五

《乡土法学文丛》为开放性的系列作品汇集，举凡与中国乡村、乡民、农业相关的法学作品均宜收入其中。

根据稿件情况，《乡土法学文丛》每年推出若干作品，以积少成多逐渐形成规模，促进乡土法学的发展。

《乡土法学文丛》欢迎法学、乡村学、管理学、社会学、民俗学、政治学、历史学等各领域作者的作品，尤其欢迎年轻作者的力作。

《乡土法学文丛》作品形式不限于研究专著，调查实证报告、田野观察记述、事件案件分析等都可纳入其中。

高其才谨识

2020 年 12 月 28 日于樛然斋

目　录

CONTENTS

第一章　导　言 | 001

第一篇　通过党政运行规范的基层和美治理

第二章　**通过党建引领的基层治理**

　　　　——以大亚湾区为对象 | 011

一、引言 | 011

二、通过组织建设的基层治理 | 012

三、通过制度建设的基层治理 | 013

四、通过基础建设的基层治理 | 016

五、通过服务优化的基层治理 | 018

六、结语 | 020

第三章　**通过工作规章制度的基层政府管理**

　　　　——以大亚湾区为对象 | 022

一、引言 | 022

二、通过工作规则的基层政府管理 | 024

三、通过联席会议制度的基层政府管理 | 035

四、通过政策解读工作细则的基层政府管理 | 038

五、简短的结语 | 042

第四章　**通过综合执法规范的街道治理**

　　　　——以澳头街道为对象 | 043

一、引言 | 043

二、通过综合执法规范的街道治理主体 | 045

三、通过综合执法规范的街道治理规范 | 048

四、通过综合执法规范的街道治理运行 | 051

五、通过综合执法规范的街道治理效果 | 058

六、思考与总结 | 060

第五章 **通过搬迁方案的整村搬迁**
　　　　——以南边灶村为对象 | 063

一、引言 | 063

二、通过搬迁方案的整村搬迁主体 | 065

三、通过搬迁方案的整村搬迁规范 | 068

四、通过搬迁方案的整村搬迁实践 | 077

五、通过搬迁方案的整村搬迁效果 | 093

六、思考与总结 | 097

第二篇　通过自治组织规范的基层和美治理

第六章 **通过村规民约的古村治理**
　　　　——以妈庙村为对象 | 103

一、引言 | 103

二、通过村规民约的古村治理主体 | 105

三、通过村规民约的古村治理规范 | 106

四、通过村规民约的古村治理运行 | 114

五、通过村规民约的古村治理效果 | 124

六、结语 | 125

第七章 **通过物业管理规范的村民小组委托型自治**
　　　　——以老畲村三大屋村民小组为对象 | 127

一、引言 | 127

二、通过物业管理规范的村民小组委托型自治主体 | 129

三、通过物业管理规范的村民小组委托型自治规范 | 135

四、通过物业管理规范的村民小组委托型自治运行 | 141

五、通过物业管理规范的村民小组委托型自治效果 | 144

六、结语｜146

第八章　**通过楼栋长管理规范的搬迁村治理**

　　——以南边灶村为对象｜148

一、引言｜148

二、通过楼栋长管理规范的搬迁村治理主体｜150

三、通过楼栋长管理规范的搬迁村治理规范｜155

四、通过楼栋长管理规范的搬迁村治理实践｜159

五、通过楼栋长管理规范的搬迁村治理效果｜165

六、思考与总结｜168

第九章　**通过志愿服务规范的社区治理**

　　——以德惠社区为对象｜170

一、引言｜170

二、通过志愿服务规范的社区治理主体｜172

三、通过志愿服务规范的社区治理规范｜175

四、通过志愿服务规范的社区治理运行｜178

五、通过志愿服务规范的社区治理效果｜185

六、结语｜187

第三篇　通过社会组织规范的基层和美治理

第十章　**通过规章制度的企业管理**

　　——以惠州天然气发电有限公司员工招聘调配管理制度为对象｜191

一、引言｜191

二、公司员工招聘调配管理制度的内容｜193

三、公司员工招聘调配管理制度的施行｜203

四、简短的结语｜205

第十一章　**通过章程的社会工作服务机构管理**

　　——以大亚湾区公民伙伴社会服务发展中心为对象｜207

一、引言｜207

二、章程的主要内容｜208

三、章程的具体遵循 | 213

四、简短的结语 | 217

第十二章　通过内部规范的志愿者管理

　　　　　——以大亚湾区为对象 | 218

一、引言 | 218

二、志愿者管理规范的内容 | 219

三、志愿者管理规范的施行 | 230

四、简短的结语 | 234

第十三章　通过宗族规范的村庄治理

　　　　　——以塘尾村朱氏为对象 | 236

一、引言 | 236

二、通过宗族规范的村庄治理主体 | 238

三、通过宗族规范的村庄治理规范 | 242

四、通过宗族规范的村庄治理实践 | 252

五、通过宗族规范的村庄治理效果 | 260

六、结语 | 263

第十四章　通过庙会规范的渔村治理

　　　　　——以霞新村杨包庙会为对象 | 265

一、引言 | 265

二、通过庙会规范的渔村治理主体 | 267

三、通过庙会规范的渔村治理规范 | 271

四、通过庙会规范的渔村治理运行 | 274

五、通过庙会规范的渔村治理效果 | 278

六、思考与总结 | 282

第四篇　通过民间习惯规范的基层和美治理

第十五章　通过民事习惯规范的村民小组治理

　　　　　——以塘尾村海隆村民小组为对象 | 287

一、引言 | 287

二、通过婚姻习惯规范的村民小组治理 | 289

三、通过丧葬习惯规范的村民小组治理 | 296

四、通过起屋习惯规范的村民小组治理 | 299

五、通过互助习惯规范的村民小组治理 | 302

六、通过民事习惯规范的社会治理效果 | 306

七、结语 | 308

第十六章　**通过婚姻成立规范的渔村治理**
　　　　　——以东升村为对象 | 310

一、引言 | 310

二、通过婚姻成立规范的渔村治理原则 | 312

三、通过婚姻成立规范的渔村治理规范 | 314

四、通过婚姻成立规范的渔村治理运行 | 322

五、通过婚姻成立规范的渔村治理效果 | 328

六、结语 | 331

第十七章　**通过茶叙规范的老人自治**
　　　　　——以娘婶姊妹汇聚为对象 | 333

一、引言 | 333

二、通过茶叙规范的老人自治原则 | 334

三、通过茶叙规范的老人自治规范 | 335

四、通过茶叙规范的老人自治运行 | 341

五、通过茶叙规范的老人自治效果 | 345

六、思考与总结 | 347

第十八章　**通过原始信仰规范的渔村治理**
　　　　　——以东升村大王爷节为对象 | 350

一、引言 | 350

二、通过原始信仰规范的渔村治理主体 | 351

三、通过原始信仰规范的渔村治理规范 | 353

四、通过原始信仰规范的渔村治理实践 | 357

五、通过原始信仰规范的渔村治理效果 | 360

六、思考与总结｜364

第五篇　通过创新优化机制的基层和美治理

第十九章　通过和美网格规范的基层治理

——以大亚湾区为对象｜369

一、引言｜369

二、通过和美网格规范的基层治理主体｜371

三、通过和美网格规范的基层治理规范｜374

四、通过和美网格规范的基层治理运行｜379

五、通过和美网格规范的基层治理效果｜385

六、思考与总结｜388

第二十章　通过四级联户群管理规范的基层治理

——以大亚湾区为对象｜390

一、引言｜390

二、通过四级联户群管理规范的基层治理主体｜392

三、通过四级联户群管理规范的基层治理规范｜394

四、通过四级联户群管理规范的基层治理实践｜398

五、通过四级联户群管理规范的基层治理效果｜405

六、思考与总结｜408

第二十一章　通过社会心理服务规范的基层治理

——以大亚湾区为对象｜411

一、引言｜411

二、通过社会心理服务规范的基层治理主体｜413

三、通过社会心理服务规范的基层治理规范｜417

四、通过社会心理服务规范的基层治理运行｜425

五、通过社会心理服务规范的基层治理效果｜435

六、思考与总结｜437

第六篇　总　结

第二十二章　**通过本土社会规范的基层治理的思考** | 441

一、通过本土社会规范的基层治理的显著成效 | 441

二、通过本土社会规范的基层治理的主要特点 | 451

三、通过本土社会规范的基层治理的基本经验 | 459

四、通过本土社会规范的基层治理的现实问题 | 467

五、通过本土社会规范的基层治理的理论依据 | 474

六、通过本土社会规范的基层治理的发展完善 | 482

第二十三章　**结语** | 497

后　记 | 500

第一章
导 言

　　基层治理是国家治理的基石。加强和改善基层治理是实现国家治理体系和治理能力现代化的基础工程，是坚持法治国家、法治政府、法治社会一体建设的重要方面。2022年10月16日，习近平总书记在中国共产党第二十次全国代表大会上所作的《高举中国特色社会主义伟大旗帜　为全面建设社会主义现代化国家而团结奋斗》报告中提出"健全共建共治共享的社会治理制度，提升社会治理效能"，要求"健全城乡社区治理体系，及时把矛盾纠纷化解在基层、化解在萌芽状态"，"建设人人有责、人人尽责、人人享有的社会治理共同体"。2017年6月中共中央、国务院发布的《关于加强和完善城乡社区治理的意见》提出，"城乡社区是社会治理的基本单元。城乡社区治理事关党和国家大政方针贯彻落实，事关居民群众切身利益，事关城乡基层和谐稳定"。2018年9月中共中央、国务院印发的《乡村振兴战略规划（2018-2022年）》，指出"农村基层基础工作存在薄弱环节，乡村治理体系和治理能力亟待强化"，提出要"实施乡村振兴战略，加强农村基层基础工作，健全乡村治理体系"。2019年6月中共中央办公厅、国务院办公厅印发的《关于加强和改进乡村治理的指导意见》指出"实现乡村有效治理是乡村振兴的重要内容"，要"推进乡村治理体系和治理能力现代化，夯实乡村振兴基层基础"。2021年1月中共中央印发的《法治中国建设规划（2020-2025年）》提出："广泛推动人民群众参与社会治理，打造共建共治共享的社会治理格局。完善群众参与基层社会治理的制度化渠道。加快推进市域社会治理现代化。健全社会治理规范体系。"2021年4月中共中央、国务院发布的《关于加强基层治理体系和治理能力现代化建设的意见》提出："基层治理是国家治理的基石，统筹推进乡镇（街道）和城乡社区治理，是实现国家治理体系和治理能力现代化的基础工程。"2021年4月颁布的《乡村振兴促进法》第44条规定，"……健全农村基层服务体系，夯实乡村治理基础"。2022年7月民政部、发展改革委、教育部等16部委联合发布的《关于健全完善村级综合服务功能的意见》（民发〔2022〕56号）提出，要"健全完善村级综合服务事项，推进基本公共服务均等化，加强多样化生活服务供给，到2025年基本形成党组织统一领导、政府政策支持、村级组织积极作为、社会多方参与的服务机制"。

为了加强和改善基层治理，筑牢基层治理的法治根基，必须不断建立健全相关制度规范，依据制度规范进行治理。基层治理的制度规范既包括国家法律法规、政策、党内法规等国家层面的规范，也包括地方基层党政机构创制的规范、社会组织制订的规范、民间社会自发形成的规范等本土社会规范。多元规范共同构成了基层治理的规范依据和制度环境。为了更好地在法治轨道上推进基层治理体系和治理能力现代化，提升社会治理法治化水平，必须从地方实际出发，重视本土资源，发挥本土社会规范在基层治理现代化中的规范、引领、推动和保障作用。2014年10月中共中央发布的《关于全面推进依法治国若干重大问题的决定》提出，"增强全民法治观念，推进法治社会建设"，提高社会治理法治化水平，"发挥市民公约、乡规民约、行业规章、团体章程等社会规范在社会治理中的积极作用"。2017年6月中共中央、国务院发布的《关于加强和完善城乡社区治理的意见》提出："充分发挥自治章程、村规民约、居民公约在城乡社区治理中的积极作用，弘扬公序良俗，促进法治、德治、自治有机融合。"2018年2月最高人民法院发布的《关于认真学习贯彻〈中共中央、国务院关于实施乡村振兴战略的意见〉》提出，"重视乡规民约、善良民俗习惯的积极作用，运用社会矛盾纠纷多元化解机制，依托自治、法治、德治相结合的乡村治理体系"。2020年12月中共中央印发的《法治社会建设实施纲要（2020-2025年）》提出，要"充分发挥社会规范在协调社会关系、约束社会行为、维护社会秩序等方面的积极作用。加强居民公约、村规民约、行业规章、社会组织章程等社会规范建设，推动社会成员自我约束、自我管理、自我规范"。2022年1月中共中央、国务院印发的《关于做好2022年全面推进乡村振兴重点工作的意见》提出，"推广积分制等治理方式，有效发挥村规民约、家庭家教家风作用，推进农村婚俗改革试点和殡葬习俗改革"。2021 年 12 月国务院发布的《关于印发"十四五"推进农业农村现代化规划的通知》提出，"建设法治乡村"，"提升乡村治理效能"，"切实维护农民群众合法权益，营造办事依法、遇事找法、解决问题用法、化解矛盾靠法的法治环境"。概言之，加强和改进基层治理，推进基层治理体系和治理能力现代化必须广泛探索基层治理实现方式，深入挖掘、有效利用本土法规范，充分发挥本土社会规范的价值和作用。近年来，广东惠州大亚湾基于涉港、涉深、临海的地方特色，从实际出发，针对本地特点，以问题为导向，顺应经济社会发展要求，积极创新，大胆探索，把良法善治的要求贯穿到基层治理的全过程和各方面，不断总结、完善和创新本土社会规范，发挥本土社会规范在基层治理中的积极作用，积极探索基层治理的实现方式，不断提升治理法治化、规范化、制度化水平，取得了和美之治的治理效果，[1]值得全面总结和大力推广。

惠州市大亚湾（国家级）经济技术开发区（下文简称"大亚湾区"）于 1993 年 5 月经国务院批准成立，地处广东省惠州市南部，毗邻深圳坪山区，辖澳头、西区、霞涌 3 个街道办事处，29 个行政村、28 个社区；[2]陆地面积 293 平方公里，占惠州市的 2.58%。海域面积（含海岛）1319 平方公里，占惠州市的 29.19%，海岸线 63.1 公里，占惠州市的 22.42%；常住人口 44.82 万人、户籍人口 15.8 万人。2021 年，实现地区生产总值 805.7 亿元，增长 6.6%；规模以上工业增加值 533.3 亿元，增长 10.2%；一般公共预算收入 70.5 亿元，增长 6.0%；税收总额（不含海关代征税）303.5 亿元，增长 26%。大亚湾石化区是全国重点发展的石化产业基地，2020 年获评国家新型工业化产业五星级示范基地，位列"中国化工园区 30 强"第一名。当前，大亚湾区着力建设世界级绿色石化产业高地和打造国内一流开发区，聚焦高质量建设世界级绿色石化产业高地、全力打造国际一流营商环境和全力打造区

---

〔1〕 大亚湾区的"和美之治"主要通过"和美网格"呈现。"和美网格"的出发点与着力点为"六和、六美"，即说话和气、待人和善、邻里和睦、团队和衷、买卖和谐、矛盾和解；卫生洁美、环境优美、身体健美、德行善美、奋斗俊美、文化尚美。参见章宁旦："'回归社区'让问题在家门口解决"，载《法治日报》2022 年 12 月 8 日。

〔2〕 大亚湾区为具有行政管辖职能的开发区。按照 2021 年 8 月 21 日广东省第十三届人大常委会党组第一百五十六次会议研究通过的《关于加强全省省级以上各类开发区人大工作和建设的指导意见》，在广东全省 120 个各类开发区中，具有行政管辖职能的开发区约占 15%。

域科技创新中心"三张工作清单",[1]努力争当惠州建设更加幸福国内一流城市重要支撑区,为广东在全面建设社会主义现代化国家新征程中走在全国前列、创造新的辉煌,为惠州打造成珠江东岸新增长极、粤港澳大湾区高质量发展重要地区和更加幸福国内一流城市做出大亚湾担当和大亚湾作为。[2]

20世纪末以来,随着石油化工等大工业、大项目的进驻,大亚湾区成为产业发展的重要载体、科技创新的重要平台、对外开放的重要门户,经济社会迅速发展,出现了翻天覆地的变化,乡村迅速走向城市化。在这个过程中,大亚湾区的不少乡村人口随着征地而整村搬迁,成为无地可种的特殊农民;工业化所带来的人口流入的不断增加,使外来人口管理成为基层治理的突出问题;滨海旅游、养老呈现的候鸟式人口变化,给基层治理提出了新的挑战;临深圳市、香港同胞多,也使大亚湾区的基层治理具有新的特点。大亚湾区乡村、社区的基层治理大多在快速城市化的过程中产生了适应性变迁,形成了多种形态,但同时也出现了一定的问题。为了应对乡村快速走向城市化这一现实,针对大亚湾区位于改革开放的前沿地带、多元思想交汇、社会结构复杂、经济活动频繁、社会治理难度大的特点,大亚湾区区委和管委会、各街道和村居委、村民小组等组织以及社会组织面临问题敢于面对、面对挑战敢于迎接,让法治理念融入基层社会治理实践,强化本土规范在促进经济发展、调整社会关系、维护群众利益、化解社会矛盾中的作用,以自觉或自发的方式,或承继、或弘扬、或创制而形成了丰富的本土社会规范。[3]近年来大

---

〔1〕 匡湘鄂、欧阳德辉:"大亚湾区委书记、区管委会主任郭武飘:聚焦'三张工作清单'落实'两个战略定位'",载 http://www.dayawan.gov.cn/gzdt/zwyw/content/post_4855955.html,2022年12月28日最后访问。

〔2〕 "惠州大亚湾(国家级)经济技术开发区简介",载 http://www--dayawan--gov--cn--s0ba8feead82f9.proxy.huizhou.gov.cn/bdgk/kfqjj/xzqh/index.html,2022年12月1日最后访问。

〔3〕 目前学界尚未见对大亚湾区的本土社会规范进行专门的调查和研究,仅有少量地方志、纪实文学、报告文学、诗歌作品、人文地理作品中提及过大亚湾区的风俗习惯等本土社会规范。如大亚湾区原属惠阳,惠阳市(今惠阳区)地方志编纂委员会编撰的惠阳地方志《惠阳县志》(广东人民出版社2003年版)对惠阳地区的风俗和宗教情况进行了总体概述,其中霞涌杨包真人庙的午夜敲钟习惯等涉及大亚湾区社会规范。参见惠阳市地方志编纂委员会编:《惠阳县志》,广东人民出版社2003年版,第166~168、1461~1473页。广东省惠州市地方志办公室编著的地方志《惠州乡镇》简要提及了大亚湾区霞涌街道的"三月朝拜日"和八月十五中秋节的朝拜会、拜寺会等传统风俗盛会。参见广东省惠州市地方志办公室主编:《惠州乡镇》,新华出版社1995年版,第132页。中共惠州市委宣传部等

亚湾区运用本土社会规范调整社会关系、保障民众生活、维护社会秩序、提升基层治理法治化水平，在粤港澳大湾区高质量发展中走出了大亚湾特色，开创了基层治理新局面。以大亚湾区为对象，对乡村城市化、现代化变迁中基层治理中的本土社会规范进行深度调查，全景展现基层治理中本土社会规范的现状，系统梳理基层治理中本土社会规范的特征，重点分析基层治理中本土社会规范的作用，在此基础上进行理论概括与提炼，对于广泛把握基层治理实现方式、全面了解本土社会规范的内容、深刻认识本土社会规范的治理作用、丰富人们对当代中国本土社会规范的认识、增进人们对当今中国习惯法的了解、增加人们对当代法文化和中国法文明的理解、推进法治国家和法治社会建设、促进人们对中国法治建设方略途径的理解并进一步拓展法学学术研究领域、提升本土法学研究水准具有重要的意义。

接受中共惠州大亚湾区区委政法委的委托后，我们课题组于 2022 年 7 月 3 日~7 月 11 日、7 月 14 日~7 月 21 日来到大亚湾区，[1] 深入区街组织和村居单位开展实地调查，全面调查基层治理中的本土社会规范。在大亚湾区区委政法委的安排和协助下，我们课题组先后到大亚湾区区委政法委、区委组织部、区"两委"办（区科学发展研究中心）、区人大政协工作办公室、区人民

（接上页）单位主编的《印象惠州》从文化的角度简要展现了流传 200 余年得大亚湾渔家婚俗习惯。参见中共惠州市委宣传部等编：《印象惠州》，广东人民出版社 2012 年版，第 72 页。陈幼荣主编的诗词集《大亚湾风韵》以诗歌的形式提及了东升渔家婚俗、朱氏家训、拜观音习俗、礼佛习俗、休渔以及金秋开渔习俗等大亚湾当地民风民俗。参见陈幼荣主编：《大亚湾风韵》，中国言实出版社 2017 年版，第 1、3、13、27、33、76、290、291 页。林慧文所著的《惠州古城的传统风俗》从历史文化的角度描写了惠州古城传统的过年习俗、人生礼俗和祭拜求神风俗，这些传统风俗与大亚湾区的本土社会规范存在一定的关联度和相似性。参见林慧文：《惠州古城的传统风俗》，广东人民出版社 1993 年版，第 1~208 页。余汶真的文学随笔《叙说大亚湾》提了有关杨包真人的"讨鱼""护航""教训""打赌""逐夷"等民间传说，这些民间传说叙说了杨包庙会习俗的由来。参见余汶真：《叙说大亚湾》，花城出版社 2005 年版，第 36~43 页。本书所指的"本土社会规范"，是指由某一地区的党政机关、基层群众性自治组织、其他社会组织等议定或民众在生产和生活过程中自然形成的、调整一定的社会关系的行为规范，包括党政机关制订规范、社会组织创制规范、民间自生形成规范等，具有一定的在地性、主体的广泛性、对象的特定性、内容的全面性、效力的严格性等特点。从某种角度认识，本土社会规范为非国家法意义上的习惯法。习惯法可分为国家法意义上的习惯法和非国家法意义上的习惯法。非国家法意义上的习惯法，是指独立于国家制定法之外，依据某种社会权威和社会组织，具有一定的强制性的行为规范的总和。参见高其才：《中国习惯法论》（第 3 版），社会科学文献出版社 2018 年版，第 3 页。

〔1〕 我们曾于 2021 年 10 月 16 日~17 日到大亚湾区进行调查，到澳头街道东升村、霞涌街道霞新村、霞涌街道新村村、西区街道塘尾村等地进行实地了解。这为接受本委托项目奠定了基础。

法院、区管理委员会动迁办公室、惠州市国土资源局大亚湾区分局、区民政局、区司法局、区住房和规划建设局、区社会事务管理局、惠州市公安局大亚湾区分局、澳头街道办事处综合治理办等单位进行专题访谈，听取了相关工作介绍，收集了与课题相关的文字资料。根据有关部门推荐、相关新闻报道等，我们课题组确定了重点调查的村组、社区和社会组织名单，先后到澳头街道南边灶村、澳头街道东升村、澳头街道妈庙村、西区街道新寮村、西区街道塘尾村、西区街道东联村、霞涌街道霞新村、西区街道坜下社区、西区街道德惠社区、霞涌街道小径湾社区、西区街道老畲村三大屋村民小组、大亚湾区公民伙伴社会服务发展中心等村组、社区和社会组织进行了走访和调研，听取了相关情况的介绍，查阅了一些单位的档案资料，收集了一些材料。我们察村容观居貌，看村规阅居约，读章核实方案，览规定望计划，见家训探宗规。我们与区管委会领导、区街干部、村党组织村委会干部、居民社区干部、村民小组干部、村民渔民居民、非物质文化遗产传承人、社工、民营企业家、物业公司合伙人、公益组织领导、宗族主事者、庙会理事会成员、寺庙僧人和义工等各界人士进行了广泛的访谈和交流。我们还实地观察了警察夜巡和最小应急单元设置情况、村民饮早茶聚会活动、渔村夏季旅游景象、农贸市场经营与管理现状、寺庙观音菩萨成道日法会、祠堂建设进展等，对基层治理实现方式中的大亚湾区本土社会规范有了一些具体感受。通过座谈、深度访谈、观察和查阅资料等，我们对基层治理实现方式中的大亚湾区本土社会规范有了较全面的了解。通过调查，我们课题组与大亚湾区的不少单位、个人建立了联系，在实地调查后进一步进行交流，并获得了一些资料。

在田野调查参与式观察法、无结构访谈法等的基础上，本书采用文献研究法、规范分析法等研究方法，运用人民民主理论、法治社会理论、社会自治理论、多元法理论、内生秩序理论等相关理论，按照格尔茨的"深描"研究进路，[1]尽力对基层治理实现方式中的大亚湾区本土社会规范进行深描。

〔1〕 美国人类学家克利福德·格尔茨（Clifford Geertz）在《文化的解释》中对"深描"进行了讨论。"深描"（Thick deion）一词是格尔茨从英国哲学家赖尔处借鉴而来，原意是关于"思想家在做什么的问题：'思考与反思'和'思想的思考'"。在格尔茨看来，人类学家常常采用的民族志，就是人类学家进行"深描"的一种尝试。这种从事民族志的事业就是"建立关系、选择调查合作人、作笔录、记录谱系、绘制田野地图、写日记等等"。人类学家的民族志主要建立在对文化意义分析的基础之

本书主要通过个案形式从大亚湾区本土社会规范视角全面总结基层治理实现方式，从通过党政运行规范的基层和美治理、通过自治组织规范的基层和美治理、通过社会组织规范的基层和美治理、通过民间习惯规范的基层和美治理、通过创新优化机制的基层和美治理等方面进行描述和分析，并提出了我们关于通过本土社会规范的基层和美治理的一些思考。第一篇"通过党政运行规范的基层和美治理"部分，以大亚湾区为对象，总结通过党建引领的基层治理、通过工作规章制度的基层政府管理；以澳头街道为对象，总结通过综合执法规范的街道治理；以南边灶村为对象，探讨通过搬迁方案的整村搬迁。第二篇"通过自治组织规范的基层和美治理"部分，以妈庙村为对象，讨论通过村规民约的古村治理；以老畲村三大屋村民小组为对象，分析通过物业管理规范的村民小组委托型自治；以南边灶村为对象，总结通过楼栋长管理规范的搬迁村治理；以德惠社区为对象，探讨通过志愿服务规范的社区治理。第三篇"通过社会组织规范的基层和美治理"部分，以惠州天然气发电有限公司员工招聘调配管理制度为对象，分析通过内部规章制度的企业管理；以大亚湾区公民伙伴社会服务发展中心为对象，探讨通过社会工作服务机构章程的治理；以大亚湾区为对象，总结通过内部规范的志愿者管理；以塘尾村朱氏为对象，讨论通过宗族规范的村庄治理；以霞新村杨包庙会为对象，总结通过庙会规范的渔村治理。第四篇"通过民间习惯规范的基层和美治理"部分，以塘尾村海隆村民小组为对象，总结通过民事习惯规范的村民小组治理；以东升村为对象，探讨通过婚姻成立规范的渔村治理；以娘婶姊妹汇聚为对象，分析通过茶叙规范的老人自治；以东升村大王爷节为对象，探讨通过原始信仰规范的渔村治理。第五篇"通过创新优化机制的基层和美治理"部分，以大亚湾区为对象，总结通过和美网格规范的基层治理、通过四级联户群管理规范的基层治理、通过社会心理服务规范的基层治理。本书系统梳理大亚湾区基层治理中的本土社会规范的内容，对大亚湾区基层治理中的本土社会规范进行全面总结，客观展现基层治理中的本土社会规范运行的真实状况，为实务界和学术界更好地了解大亚湾区通过本土社会规范的基层

（接上页）上。"深描"的核心即是对"阐释进行阐释"。所以，民族志的描述有三个特性："它是阐释性的；它所阐释的对象是社会话语流；这种阐释在于努力从一去不复返的场合抢救对这种话语的‘言说'，把它固定在阅读形式中。"参见［美］克利福德·格尔茨：《文化的解释》，韩莉译，译林出版社1999年版，第6、23页。

治理现状提供可靠资料，为大亚湾区的和美网格基层治理模式提供本土社会规范资源和社会基础。[1]

在分析大亚湾区通过本土社会规范的基层治理主体、基层治理规范、基层社会治理实践、基层社会治理效果等基础上，本书总结通过本土社会规范的基层治理的显著成效，探讨通过本土社会规范的基层治理的主要特点，揭示通过本土社会规范的基层治理的基本经验，讨论通过本土社会规范的基层治理的现实问题，分析通过本土社会规范的基层治理的理论依据，思考通过本土社会规范的基层治理的发展完善，为基层治理中有效传承和利用本土社会规范、进一步推进大亚湾区和美之治、弘扬社会主义法治精神、完善社会治理结构、推进基层治理体系和治理能力现代化提出我们的思考。

---

〔1〕 大亚湾区本土社会规范丰富而复杂，但是由于新冠疫情防控等原因，我们接受委托后仅于2022年7月进行了两次田野调查，有限的时间无法进行深入了解和全面理解，这在一定程度上影响了我们对大亚湾区本土社会规范及其社会治理作用的深描。同时，由于新冠疫情的防控，我们原计划的田野调查受到较大的影响，原本考虑的进一步实地观察、访谈、资料搜集等许多工作无法实施。这无疑对我们进行大亚湾区本土社会规范及其社会治理作用的深描产生了极大的限制。对此，我们课题组深感无奈，也留下了诸多遗憾。

第一篇

通过党政运行规范的
基层和美治理

第二章

通过党建引领的基层治理

—— 以大亚湾区为对象

一、引言

2022 年 10 月 16 日习近平总书记在中国共产党第二十次全国代表大会上的报告《高举中国特色社会主义伟大旗帜　为全面建设社会主义现代化国家而团结奋斗》中强调："……全面加强党的领导，明确中国特色社会主义最本质的特征是中国共产党领导，中国特色社会主义制度的最大优势是中国共产党领导，中国共产党是最高政治领导力量，坚持党中央集中统一领导是最高政治原则。"2023 年 1 月 2 日中共中央、国务院发布的《关于做好 2023 年全面推进乡村振兴重点工作的意见》提出"健全党组织领导的乡村治理体系"，"坚持以党建引领乡村治理"。习近平总书记在 2023 年 2 月 28 日中共中央举行民主协商会的讲话中指出"推进以党建引领基层治理"。[1]

基层是治理的基础所在、重心所在、支撑所在，巩固党的执政基础，根基在基层。近些年来，大亚湾区深刻领悟中国特色社会主义最本质的特征是中国共产党领导，中国特色社会主义制度的最大优势是中国共产党领导，中国共产党是最高政治领导力量，坚持党中央集中统一领导是最高政治原则，始终坚持和加强党的全面领导。大亚湾区强化党组织政治功能和组织功能，突出大抓基层的鲜明导向，通过党建引领基层治理，始终坚持正确的政治方向，坚持抓党建就是抓发展抓治理，为基层治理提供坚强的政治保证，强化组织建设，突出制度建设，深化基础建设，注重服务优化，充分发挥党建引

---

〔1〕 "中共中央举行民主协商会"，载《人民日报》2023 年 3 月 1 日。

领在基层治理中的作用，通过党建引领深入推进基层治理体系和治理能力现代化，以综合网格为基本单元，以网格化管理为组织结构，汇集治理共识，联动治理力量，结合基层治理和乡村振兴，通过加强党建引领、平安稳定、法治建设、"大健康"、疫情防控、智慧城市、和谐美丽社区建设等统筹工作，探索系统治理的规律，做出"系统治理、源头治理、依法治理、综合施策"的制度和机制安排，不断完善"党委领导、政府负责、民主协商、社会协同、公众参与、法治保障、科技支撑"的社会治理体系，实现基层的和美治理。

二、通过组织建设的基层治理

办好基层的事，实现基层的良法善治，关键在党。大亚湾区区委、管委会认真学习宣传贯彻党的十九大和二十大精神，提高政治站位，把基层治理工作摆在突出位置抓紧抓好，全面落实主体责任制，强化组织建设，切实提高统揽基层治理全局、协调各方治理的能力和水平，将抓党建推进基层治理情况作为各部门和街道负责人抓基层党建述职评议考核的重要内容。

党的组织是社会治理最坚强的战斗堡垒，党员干部是基层治理的中坚力量。大亚湾区全面加强街道党工委建设，选优配强村（社区）党组织书记、村（居）小组干部，把群众拥护、能抓、敢抓、善抓基层依法治理的党员干部选出来。完善基层社会治理的核心运行机制，形成"区级党委—街道党工委—社区行政村党支部—党员—群众"的基层治理框架。

为实现基层的和美治理，大亚湾区按照 2018 年 6 月印发实施的《广东省加强党的基层组织建设三年行动计划（2018–2020 年）》，针对 2018 年、2019 年、2020 年分别规划了"规范化建设""组织力提升""基层党建全面进步全面过硬"主题，规范运行管理。实施"1+X"基层党建标准化工程，在农村、社区、机关、园区等领域选取试点开展调查研究，制定和发布党建质量管理体系，为党组织规范化建设提供简明易行的差异化工作指引。结合机关"六有"规范化建设完善机关企事业单位党员活动场所建设。试点推行"党内三先"制度，建立村委会、村务监督委员会、集体经济组织等组织向村党组织报告工作的制度，提升基层党组织领导力。制定实施了《大亚湾区国有企业党的建设工作重点任务实施细则》，全面落实了党建工作写入国企章程，有力规范了国企党组织建设和作用发挥。这为基层治理提供了有力的组织保障。[1]

大亚湾区加强对基层治理的全面领导，紧紧围绕"提升组织力、突出政治功能"的目标，落实全面从严治党要求，严肃党的组织生活，从严抓好党员教育管理，推动党员素质全面进步、全面过硬。同时，大亚湾区不断增强凝聚力和战斗力，组织引导党员干部和群众等各方力量在基层治理中同心同德、同力共举。

基层党组织建设是加强和改进基层治理的核心领导力量。大亚湾区突出政治功能，加强政治引领，不断增强组织力，将党的政治优势、组织优势转化为治理效能，把基层党组织建设成为"宣传党的主张、贯彻党的决定、领导基层治理、团结动员群众、推动改革发展、实现良法善治"的坚强战斗堡垒。多年来，大亚湾区不断加强基层组织建设，健全基层党组织领导的基层群众自治机制，全面落实"四议两公开"制度；完善基层直接民主制度体系和工作体系，保证基层群众依法实行民主选举、民主协商、民主决策、民主管理、民主监督，增强城乡社区群众自我管理、自我服务、自我教育、自我监督的实效。为此制定了农村党组织、村民委员会、村民小组等村级各类组织小微权力清单、村（社区）"两委"干部因私出国（境）管理暂行办法等，推动村级组织和"两委"干部队伍规范建设管理。

三、通过制度建设的基层治理

全面依法治国是国家治理的一场深刻革命，关系党执政兴国，关系人民幸福安康，关系党和国家长治久安。必须更好发挥法治固根本、稳预期、利长远的保障作用，在法治轨道上全面建设社会主义现代化国家。大亚湾区区委、管委会遵循法治思维，突出制度建设，坚决落实"法定职责必须为，法无授权不可为"要求，切实做到以法治观念、系统观念推动粤港澳大湾区发展规划纲要、乡村振兴、人居环境治理、大气污染保卫攻坚战等国家战略实施，在法治轨道上统筹推进新冠疫情各项防控工作，深入推进基层治理。

大亚湾区区委、管委会科学谋划，夯实法治政府建设基础，依法依规推进基层治理。大亚湾区严格按照中共中央、国务院《法治政府建设实施纲要（2021—2025年）》《法治中国建设规划（2020-2025年）》等文件工作部

---

[1] 大亚湾区区委常委、区委组织部部长潘智：《大亚湾区落实基层党建三年行动计划调研报告》，大亚湾区区"两委办"提供，2022年7月11日。

署，高位推进党中央和省、市关于法治建设重大决策部署的贯彻落实。按照制定出台的《法治大亚湾建设五年行动方案（2021-2025 年）》等指导性文件精神，大亚湾区明确今后五年目标任务和重点工作。制定印发《大亚湾区2022 年法治政府建设工作要点》，明确 6 个大项，21 个小项工作目标任务，一体化推进法治大亚湾、法治政府、法治社会建设，为基层治理奠定基础。

在推进基层治理过程中，大亚湾区重视规范性文件的制订工作，加强规范性文件管理工作，提升制度建设质量。如制定了《惠州大亚湾经济技术开发区区级储备粮管理办法》（共八章 50 条，自 2023 年 1 月 22 日起施行，有效期 5 年）、《大亚湾经济技术开发区基本建设项目竣工财务决算管理暂行办法》（共 29 条，自 2022 年 2 月 23 日起施行，有效期 3 年）、《大亚湾开发区区级财政专项资金管理办法（试行）》（共 8 章 22 条，自 2020 年 9 月 16 日起施行，有效期 3 年）等规范性文件。又如 2023 年 2 月 22 日大亚湾区管委会公布了《大亚湾开发区行政许可事项清单（2022 年版）》，明确大亚湾区实施的中央层面设定的行政许可事项 252 项、实施的省级地方性法规和省政府规章设定的行政许可事项 17 项。[1] 大亚湾区还制定了各种规划、方案、计划等具有规范性的文件，为基层治理提供依据。如大亚湾区管委会于 2021 年 9 月 11 日发布了《森林禁火令》、[2] 于 2021 年 8 月 19 日印发了《惠州大亚湾经济技术开发区国民经济和社会发展第十四个五年规划和 2035 年远景目标纲要》、于 2021 年 9 月 17 日印发了《大亚湾开发区关于全面推进乡村振兴加快农业农村现代化的实施方案（2021—2025 年）》、于 2022 年 1 月 28 日印发了《惠州大亚湾经济技术开发区港口片区产业发展规划（2021-2025 年）》、于 2022 年 2 月 14 日印发了《大亚湾区人力资源和社会保障事业发展"十四五"规划》、于 2022 年 3 月 7 日印发了《大亚湾开发区教育发展"十四五"规划》、于 2022 年 3 月 23 日印发了《惠州大亚湾经济技术开发区综合交通运输"十四五"发展规划》、于 2022 年 4 月 4 日印发了《惠州大亚湾经济技术开发区农业农村现代化"十四五"规划》、于 2022 年 5 月 20 日印发了《惠州大亚

---

〔1〕 "惠州大亚湾经济技术开发区管理委员会关于印发《大亚湾开发区行政许可事项清单（2022年版）的通知》"，载 http://www.dayawan.gov.cn/zwgk/wjk/qtwj/content/post_ 4910785. html，2023 年 2 月 24 日最后访问。

〔2〕 http://www.dayawan.gov.cn/zwgk/wjk/qtwj/content/post_ 4407980. html，2023 年 2 月 24 日最后访问。

湾经济技术开发区生态环境保护"十四五"规划》，大亚湾区"两委办"于 2021 年 6 月 29 日印发了《大亚湾开发区生态环境保护责任清单》，大亚湾区管委会办于 2022 年 6 月 17 日印发了《大亚湾 2022 年重点建设项目建设计划》、于 2022 年 7 月 4 日印发了《大亚湾开发区教育惠民行动奖补工作方案（2022 年修订）》、于 2022 年 7 月 18 日印发了《大亚湾开发区重污染天气应急预案》、于 2022 年 8 月 2 日印发了《大亚湾开发区 2022 年政务公开重点工作任务分工方案》等，使基层治理有章可循、有规可依。

大亚湾区推进多层次多领域依法治理，提升基层治理法治化水平。大亚湾区严格按照《广东省行政规范性文件管理规定》《惠州市行政机关规范性文件制定程序规定》要求，对区管委会及区管委会工作部门制定的规范性文件，加强制定监督管理工作。2022 年以来，对区管委会工作部门制定的《大亚湾经济技术开发区基本建设项目竣工财务决算管理暂行办法》《惠州大亚湾经济技术开发区区级储备粮管理办法》等行政机关规范性文件，严格执行评估论证、公开征求意见、合法性审核、集体审议决定、向社会公开发布等程序，从文件发布之日起 30 日内备案，确保制发工作规范有序。2022 年开展多次专项规范性文件清理工作，尤其是按照省、市工作要求，完成了大亚湾区涉及建筑垃圾管理的规范性文件清理工作。经清理，全区现行有效的规范性文件中不存在与法律、法规、规章或上级规范性文件规定不一致的情形，不存在违反法定程序和权限设立的规范性文件。[1]

为在基层治理中突出制度建设，大亚湾区不断健全行政决策制度体系，推动行政决策科学化民主化法治化。大亚湾区严格执行国务院《重大行政决策程序暂行条例》《广东省重大行政决策程序规定》，实行重大行政决策事项年度目录公开制度，合理确定重大行政决策事项年度目录。2022 年度，大亚湾区制定并向社会公开《2022 年重大行政决策事项目录》8 项、《2022 年重大行政决策听证事项目录》1 项。大亚湾区发布做好权责清单、政务服务事项通用目录、市场准入负面清单、"互联网+监管"事项清单、投资项目审批事项清单、工程建设项目审批事项等清单。同时，对区管委会重大行政决策事项，落实公众参与、专家论证、风险评估、合法性审查和集体讨论等法定

〔1〕"惠州大亚湾经济技术开发区管理委员会关于 2022 年度法治政府建设情况的报告"，载 http://www.dayawan.gov.cn/zwgk/wjk/qtwj/content/post_ 4901666.html，2023 年 2 月 24 日最后访问。

程序，坚持以科学、刚性的决策制度约束规范决策行为，不断增强政府公信力和执行力。同时，大力开展行政执法突出问题专项治理工作。大亚湾区区委、管委会主要领导亲自主持召开专项治理工作会议，对全区行政执法突出问题整治工作精密部署。成立了以区委副书记、政法委书记为组长的整改领导小组，制定印发《关于开展全区行政执法领域突出问题专项治理工作方案》，要求各街道办及区属有关单位对照 16 个方面内容开展自查，并列出问题清单、制定整改时间表、明确整改措施和工作成效目标，形成工作台账。开展全区行政执法案卷评查，抽取 12 个行政执法单位 82 宗行政执法案卷。经评查，发现行政执法文书格式问题 14 项，存在败诉风险大的行政执法事实程序问题 6 项，均已完成整改落实。[1]这为基层治理的依法依规进行奠定了基础。

　　同时，大亚湾区还注重村规民约、居民公约的修订与完善。大亚湾区充分尊重群众主体地位和首创精神，按照"自己的规矩自己定"原则，依法自治，将培育践行社会主义核心价值观落细、落小、落实，融入基层群众性自治组织规范，促进基层治理。如霞涌街道圩下社区利用"三层一议"议事会制度，积极开展居民说事、民情恳谈等活动，逐步在社区集体经济收入分配、出租屋管理、门前三包、环境卫生、疫情防控、激励奖惩等方面形成大家共同遵守的自治章程和管理制度，真正实现以规治村（社区）、以治促和。[2]

　　四、通过基础建设的基层治理

　　在推进基层治理中，大亚湾区跳出行政管理思维、部门治理思维、地域传统思维，简化基层治理逻辑，为基层村居解套。大亚湾区深化基础建设，统筹安排，注重长远，突出问题导向，着力新人培育，夯实基层治理的基础。

　　大亚湾区立足实际、着眼长远，不断完善"党委领导、政府负责、民主协商、社会协同、公众参与、法治保障、科技支撑"的社会治理体系，突出基层治理的精准性和有效性，推进基层治理走深走实。如重构治理最小单元，努力实现基层治理的理念重构、组织重构、力量重构、机制重构、文化重构，

---

[1] "惠州大亚湾经济技术开发区管理委员会关于 2022 年度法治政府建设情况的报告"，载 http://www.dayawan.gov.cn/zwgk/wjk/qtwj/content/post_4901666.html，2023 年 2 月 24 日最后访问。

[2] 大亚湾区区委政法委：《"和美网格"营造美好生活——惠州市大亚湾经济技术开发区推进市域社会治理现代化试点实践的调研报告》，定稿时间：2022 年 6 月 19 日；提供时间：2022 年 7 月 11 日。

夯实社会治理根基。大亚湾区基于精细化管理的必要性，以方便治理、尊重历史和现状为原则，以综合网格划分为抓手，将综合网格定位为最小治理单元。综合网格化治理更贴合管理实际，将社区事务的烦冗分化出去，党员代表、居民代表有效嵌入网格内，能够更好地联系群众、掌握居民情况，能够很好地替代社区居民小组模式。以搬迁村南边灶村为例，村工作人员 14 名，下设 6 个村民小组，党员 100 余人。若以 6 个村小组为单位进行管理，无地域边界的明确，也无网格系统的技术支撑，过于精细，不适应村的治理发展模式。而综合网格可充分整合村"两委"成员、村民小组长、党员、辖区民警、治安联防队员等服务资源，更加全面地了解村民需求，为群众提供优质、便捷、高效的服务，从而增强基层治理能力。大亚湾区加强党建引领，在 404 个村（社区）综合网格内，普遍建立党支部或党小组，形成区、街道、村（居）、网格四级党组织抓基层治理、各种社团组织有效参与的组织格局。根据惠州市委平安建设领导小组印发的《惠州市推进市域社会治理现代化三年行动方案（2020-2022 年）》和惠州市委印发的《关于加快推进市域社会治理现代化建设平安惠州的实施方案》部署要求，大亚湾区明确区、街道、村（社区）、网格为区域治理四级责任主体，建立健全区域治理四级责任制。[1]

从基础引领着眼，大亚湾区全力推进以区级为主责、全域推进的基层治理工作格局，按照《惠州市推进市域社会治理现代化三年行动方案（2020-2022 年）》要求，强化区域社会治理和基层治理的融合度、聚合力，建立健全"六联"工作机制（市域社会治理五级主体联体责任、重点工作联动机制、突出问题联调机制、服务管理联抓机制、平安建设联创机制、工作成效联评机制），实施风险防范化解"六保"基础工作（维护国家政治安全保障、防范化解社会矛盾保障、心理服务疏解干预保障、治安防控体系建设保障、公共安全防控保障、公共服务提升保障），构建"六治"（坚持政治引领、法治保障、德治教化、自治强基、智治支撑、美治提升）协同模式。

基层治理，解决问题是关键。大亚湾区的党组织强化基础建设作用，炼好基层治理铺路石，用改革创新思维，主动解决历史遗留问题和基层治理新

---

〔1〕　大亚湾区区委政法委：《"和美网格"营造美好生活——惠州市大亚湾经济技术开发区推进市域社会治理现代化试点实践的调研报告》，定稿时间：2022 年 6 月 19 日；提供时间：2022 年 7 月 11 日。

情况新问题。坚持问题导向，从最突出的问题抓起、最具体的事情做起，做到哪里有问题就冲向哪里、哪里有矛盾就赶往哪里，勇于接最烫的"山芋"、善于啃最硬的"骨头"、勇于挑最重的"担子"。及时把矛盾纠纷化解在基层、化解在萌芽状态。大亚湾区落实市、区党委、政府的重点实事，实施一系列惠民举措，推动社会治理成果更多更公平惠及群众，解决群众"急难愁盼"的问题。大亚湾区通过党员示范带动、下沉一线，和群众打成一片，想社区群众所想，急群众所急，善于发现问题，注重从源头治理、团结群众一道解决问题。用"为确保区第三中学顺利建设，1 个月内到群众家中上门走访 32 次"的实干精神和扎实作风，切实当好基层治理的组织者、推动者、落实者和示范者。[1]

大亚湾区各级党组织十分重视培育新人，选优配强基层领导班子，选举出有活力、有实力、有战斗力的干部队伍。大亚湾区区委、管委会加强对基层党员干部的培养锻炼，使之经风雨、长才干、强本领，能"挑大梁""干大事"，成为基层治理的好"路基"、好"石头"，能带领基层民众开辟出乡村振兴、经济社会发展新路子，打造基层和美治理新面貌。如小径湾社区党支部加强队伍建设。严格党员发展程序，特别是着力加强社区党员教育培训，增强党员服务居民的本领，加大在社区优秀人才中发展党员的力度，小径湾党支部在 2021 年一年内就发展预备党员 2 名，入党积极分子 1 名。[2]

五、通过服务优化的基层治理

在推进基层治理中，大亚湾区注重服务优化，坚持解放思想、实事求是、与时俱进、求真务实，一切从实际出发，着眼解决新时代改革开放和社会主义现代化建设的实际问题，基层党组织通过不懈的努力，在做好精准化服务的基础上，做好精细化基层治理，健全共建共治共享的社会治理制度，提升社会治理效能。

基层治理的效果直接关系人民群众的最切身、最现实的利益。大亚湾区区委和管委会、基层党组织强化服务优化功能，确保拥有团结奋斗的强大政

---

〔1〕 大亚湾区区委政法委：《"和美网格"营造美好生活——惠州市大亚湾经济技术开发区推进市域社会治理现代化试点实践的调研报告》，定稿时间：2022 年 6 月 19 日；提供时间：2022 年 7 月 11 日。
〔2〕 小径湾社区党支部书记严振新：《2021 年度抓党建工作述职材料》，小径湾社区居委会提供，2022 年 7 月 15 日。

治凝聚力、发展自信心，搭起基层治理的连心桥，加强工作作风建设，不断改进工作作风、转变工作方式，党员干部特别是领导干部树牢群众观点，贯彻群众路线，多到基层、多接地气，把服务基层民众作为自觉追求和基本职责，倾听基层民众的所思、所想、所盼、所需，列出清单、细化任务、倒排工期、压茬推进，做到基层民众反映的问题事事有回音、件件有落实。如霞涌街道小径湾社区党支部积极开展疫情防控工作，以各小区楼栋划分为基础建立"社区疫情防控四级联户群"确保居民第一时间了解社区疫情防控措施，现社区已建立一级群 42 个、二级群 14 个、三级群骨干 5 个、社区四级联户群 1 个，共建联户群 62 个；社区通过联户群对小区内的居民商铺进行筛查推动新冠疫苗接种工作，共为 1605 人预约完成接种，其中老年人 275 人，一线重点人员 994 人，为社区疫情防控工作奠定了扎实的基础；通过疫情常态化防控管理社区共为 3748 位大数据人员、社区居家健康观察人员申请核酸检测，结果均为阴性；为 586 人提供社区居家健康观察服务并为其开具居家隔离期满证明，确保社区环境安全。2021 年支部在海西门检测点开展了两次全民核酸检测，总共检测核酸 10 658 人次均为阴性，切实有效地保障了人民群众身体健康和生命安全。[1]

大亚湾区把党的领导落实到党和国家事业各领域各方面、基层治理的各环节，不断创新服务思路、拓展服务载体，利用"四级联户"群、微信群、QQ 群等网络平台，拓展与基层民众的沟通途径和交流渠道，便捷迅速地"问政于民、问需于民、问计于民"。如霞涌街道坑下社区通过对现有场地的盘整，重新划分了停车位，分时段收费，提高换停率。组织了晚学班，对辖区内的小学、幼儿园儿童提供学后代接带管服务，有效解决双职工家庭接学问题。如西区街道新联社区以"爱心商家联盟"为平台，汇聚 30 多家爱心商家力量，为特殊群体提供优质普惠服务。[2] 又如 2023 年 2 月 8 日上午，澳头街道海滨社区群团活动中心揭牌。按照打造一个集"亲子阅读、邻里交流、长者服务、公益实践、资源共享、权益维护"等功能为一体的"群团服务门店"

---

〔1〕 小径湾社区党支部书记严振新：《2021 年度抓党建工作述职材料》，小径湾社区居委会提供，2022 年 7 月 15 日。

〔2〕 大亚湾区区委政法委：《"和美网格"营造美好生活——惠州市大亚湾经济技术开发区推进市域社会治理现代化试点实践的调研报告》，定稿时间：2022 年 6 月 19 日；提供时间：2022 年 7 月 11 日。

建设目标，开展海滨社区群团活动中心建设。海滨社区群团活动中心探索"公益正向回馈机制"，全年为周边的居民，以及巡逻民警、环卫工人、志愿者、"快递小哥"、学生等群体，提供免费茶饮、免费简餐、免费理发、免费打印、免费作业辅导、免费借阅书籍等基础便民服务，并导入工会、团委、妇联等群团组织社会资源和品牌服务项目，力争将海滨社区群团活动中心打造成为一个群众"愿意来、喜欢来、还想来"的"暖心加油站"；打造成为一个凝聚群众、引领群众的"党群连心桥"；打造成为一个宣传党的理论和路线方针政策的"重要策源地"。[1]大亚湾区切实推动社会治理人力、物力、财力资源重心向基层下移，推动部门服务精细化、精准化、便民化。

在推进基层治理中，大亚湾区打破传统的被动服务模式，对特殊困难群众开通"绿色通道"，提供非工作时间内的"预约服务"和"上门服务"，做到"民有所呼，我有所应"，充分发挥服务型党组织的作用。加强和改进人民信访工作，畅通和规范群众诉求表达、利益协调、权益保障通道。同时，大亚湾区推动"我为群众办实事"常态化，不断提升群众的获得感、幸福感和安全感。如为加强社区基层治理，霞涌街道小径湾社区党支部把原有的服务中心工作人员整合成"社区调解委员会成员"驻点各网格，同时得力于社区调解委员会的工作，让社区矛盾纠纷在社区一级就得到有效解决，实现矛盾纠纷不上交，就地解决的效果，2022年上半年社区调解委员会共计处理安全隐患、公共卫生、矛盾纠纷、违法犯罪等相关事件纠纷109件，协调解决居民矛盾20余宗，其中达成书面调解协议5宗。[2]这推进了基层的和美治理。

六、结语

全面建设社会主义现代化国家，最艰巨最繁重的任务仍然在农村；深入推进国家治理体系和治理能力现代化，最关键最重要的方面仍然在基层。

实现基层的良法善治，关键在于加强党的全面领导，关键在于全面从严治党。大亚湾区多年来坚持党建引领，筑牢基层治理根基，通过党建引领基

---

〔1〕 曾静妍："澳头海滨社区群团活动中心揭牌 将打造成为居民的'暖心加油站'"，载http://www. dayawan. gov. cn/gzdt/zwyw/content/post_ 4900310. html，2023年3月2日最后访问。

〔2〕 小径湾社区党支部书记严振新：《2021年度抓党建工作述职材料》，小径湾社区居委会提供，2022年7月15日。

层治理。大亚湾区区委、管委会和各级党组织履行主体责任，不断加强党的政治建设、思想建设、组织建设、人才建设，持续强化组织引领、制度引领、基础引领，注重思想引领、先锋引领、典型引领，突出服务优化，构建"和美网格"治理，初步形成"五治融合"（政治、法治、德治、自治、智治）、"引美入治"（美治）的和美治理新格局，社会治理精准化、精细化、智能化逐步提升，以党建引领提升基层治理效能，建设人人有责、人人尽责、人人享有的社会治理共同体，不断完善基层社会治理体系，扎实做好"六稳"（稳就业、稳金融、稳外贸、稳外资、稳投资、稳预期）工作，全面落实"六保"（保居民就业、保基本民生、保市场主体、保粮食能源安全、保产业链供应链稳定、保基层运转）任务，取得了较好的效果，扎实推进宜居宜业和美乡村建设和基层和美治理。

第三章

通过工作规章制度的基层政府管理

——以大亚湾区为对象

一、引言

法治政府建设是全面依法治国的重点任务和主体工程，是推进国家治理体系和治理能力现代化的重要支撑。2021 年 8 月中共中央、国务院印发的《法治政府建设实施纲要（2021-2025 年）》指出："加强对行政规范性文件制定和管理工作的指导监督，推动管理制度化规范化。""加快构建职责明确、依法行政的政府治理体系，全面建设职能科学、权责法定、执法严明、公开公正、智能高效、廉洁诚信、人民满意的法治政府。""基本形成边界清晰、分工合理、权责一致、运行高效、法治保障的政府机构职能体系。"法治政府建设要求政府依法行政、依规管理。基此，大亚湾区管委会用法律、制度给行政权力和政府管理定规矩、划界限，以明确关系、加强管理、顺畅运行，努力建设人民满意的法治政府、创新政府、廉洁政府和服务型政府。

1993 年 5 月成立的惠州大亚湾（国家级）经济技术开发区（大亚湾区），辖澳头、西区、霞涌 3 个街道办事处，29 个行政村、28 个社区。大亚湾区设有中共惠州大亚湾区区委和大亚湾区管委会分别履行党政职能，并设有大亚湾区人大政协工作办公室。同时，除了区"两委办"，大亚湾区管委会设有区住建局区动迁办等 26 个区属部门和直属机构。大亚湾区辖有 3 个街道办事处即派出机构，还有直属事业单位，并设有一些区级议事协调机构、领导小组、联席会议办公室等。

为全面规范政府机构的运行，大亚湾区建立并不断完善政府内部的工作规章制度，这些内部的规章制度为大亚湾区本土社会规范的一部分，[1]包括学习制度、会议制度、公文制度、值班制度、考勤制度、人事制度、财务管理制度、车辆管理制度、接待就餐制度、培训制度、考核制度、福利制度等方面。[2]为实现国家宪法和法律赋予的公共管理职责和相应的权限，为了管委会及所属部门的顺畅运行，大亚湾区重视政府内部工作规章制度的制订和施行，对政府自身的系统结构、运行机制和管理方式进行规范和管理。本章不全面探讨大亚湾区政府的内部规章制度，仅以工作规则、联席会议制度和政策解读工作细则的文本为对象，对通过工作规章制度的基层政府管理做初步的讨论。

---

〔1〕　本章的"政府"可作广义的理解，包括国家行政机关及其所属部门、国家立法机关、国家司法机关、国家监察机关、党群组织等。基层政府通常包括县市区和乡镇这两级的国家机关。惠州大亚湾（国家级）经济技术开发区为具有行政管辖职能的开发区。

〔2〕　广东省惠州市人民政府第十三届第十七次常务会议通过、自 2022 年 7 月 1 日起施行的《惠州市行政规范性文件管理办法》第 2 条规定："本办法所称规范性文件，是指除政府规章外，由行政机关或者经法律、法规授权的具有管理公共事务职能的组织（以下统称行政机关）依照法定权限、程序制定并公开发布，涉及公民、法人或者其他组织权利义务，具有普遍约束力，在一定期限内反复适用的公文。规范性文件分为政府规范性文件和部门规范性文件。各级人民政府（含政府办公机构）以自己的名义制定的规范性文件为政府规范性文件；依法以自己名义履行行政管理职能的政府部门以及经法律、法规授权的具有管理公共事务职能的组织（以下统称部门）制定（含经本级人民政府同意后以部门名义发布）的规范性文件为部门规范性文件。"第 3 条又规定："本办法适用于本市各级行政机关规范性文件的起草、审核（审查）、决定、发布、备案、解释、清理、评估、修改、废止、延期实施等工作。下列文件不适用本办法：（一）对政府及部门内部或者其直接管理的事业单位实施的，包括人事、外事、财务、保密、工作考核、执法考评、监督检查和责任追究等事项制定的文件；（二）不涉及公民、法人或者其他组织权利义务的行政机关内部管理规范、机构编制、工作制度、工作计划、工作目标、工作要点、工作总结、应急预案等；（三）涉及公民、法人和其他组织权利义务但权利义务不具有确定性，不能直接援引作为行政管理依据的工作意见、工作部署、工作方案、工作规划和发展纲要等文件；（四）适用于行政机关内部的工作分工、业务指引、流转程序、办理时限的文件；（五）行政机关根据行政程序专项法律、法规和规章要求制定的本单位、本系统内部行政程序规范；（六）对法律、法规、规章和上级规范性文件内容的摘录、汇编；（七）技术标准、技术操作规程、技术规范；（八）公示办事时间、地点等事项的便民通告；（九）具体征地事项的补偿和安置方案，应急预案；（十）就特定人和特定事项发布的通报、通知、批复、公告，或者作出的行政许可、行政处罚、行政确认和其他具体行政执法决定等；（十一）针对特定公民、法人或者其他组织作出的表彰奖励；（十二）成立领导小组、议事协调机构的通知，会议通知、纪要及讲话材料，商洽性工作函、询问答复函、请求批准答复事项；（十三）就某一特定时段工作作出要求，内容涉及行政管理相对人权利义务并具有普遍约束力特点，但对特定行政管理相对人不具有反复适用性的文件；（十四）涉密文件；（十五）文件内容属于单纯转发上级规范性文件的文件。"载 http://www.huizhou.gov.cn/zfxxgkml/hzsrmzf/gzwj/gfxwj/content/post_ 4681577.html，2022 年 12 月 11 日最后访问。

二、通过工作规则的基层政府管理

为全面正确履行政府职能，《惠州大亚湾经济技术开发区管理委员会工作规则》（以下简称《工作规则》）经大亚湾区管委会常务会议审议通过，[1]于2019年8月7日以惠湾管〔2019〕28号印发，自发布之日起实施，2009年6月22日印发的《大亚湾区管委会工作规则》（惠湾〔2009〕44号）同时废止。

《工作规则》根据《宪法》《地方各级人民代表大会和地方各级人民政府组织法》，参照《国务院工作规则》《广东省人民政府工作规则》和《惠州市人民政府工作规则》制定，共11章66条，内容为总则、组成人员职责、全面正确履行政府职能、坚持依法行政、实行科学民主决策、推进政务公开、健全监督制度、会议制度、公文审批、工作纪律、廉政和作风建设等。大亚湾区管委会派出机构、直属机构、直属事业单位适用此工作规则。《工作规则》规定大亚湾区管委会工作的准则为"执政为民、依法行政、实事求是、民主公开、务实清廉"。

（一）组成人员职责

大亚湾区管委会组成人员要树牢"四个意识"，坚定"四个自信"，坚决做到"两个维护"，模范遵守宪法和法律，认真履行职责，为民务实，严守纪律，勤勉廉洁。

大亚湾区管委会实行主任负责制，区管委会主任领导区管委会的工作。区管委会副主任、党组成员协助区管委会主任工作。区管委会主任召集和主持区管委会全体会议和区管委会常务会议。区管委会工作中的重大事项，必须经区管委会全体会议或区管委会常务会议讨论决定。区管委会副主任、党组成员按分工负责处理分管工作；受区管委会主任委托，负责其他方面的工作或专项任务，并可代表区管委会进行外事活动。区管委办主任协助区管委会主任处理安排区管委会的日常工作。区管委会主任离开惠州或请假休假期间，可由区管委会主任指定区管委会常务副主任主持区管委会工作，或根据实际情况指定区管委会其他副主任主持区管委会工作。

---

〔1〕 参见大亚湾经济技术开发区管理委员会门户网站首页"政务公开"部分"规章文件"中的"其他文件"，载 http://www--dayawan--gov--cn--s0ba8feead8a2e. proxy. huizhou. gov. cn/zwgk/gzwj/qtwj/content/post_ 3951463. html，2022年12月1日最后访问。

　　大亚湾区管委会工作部门实行局长（主任）负责制，由其领导本部门的工作。区管委会各部门根据法律、法规和上级的政策规定，以及区管委会的决定、命令，在本部门的职权范围内，制定规范性文件。区管委会各部门要各司其职，各负其责，顾全大局，协调配合，切实维护团结统一、政令畅通，坚决贯彻落实区委、区管委会各项工作部署。

　　（二）全面正确履行政府职能

　　《工作规则》规定大亚湾区管委会要深入贯彻新发展理念，围绕推动高质量发展，建设现代化经济体系，加强和完善经济调节、市场监管、社会管理、公共服务、生态环境保护职能，深化简政放权、放管结合、优化服务改革，全面提高政府效能，创造良好发展环境，提供基本公共服务，维护社会公平正义，奋力实现"四个走在全国前列"，当好"两个重要窗口"。

　　《工作规则》规定大亚湾区管委会全面正确履行政府职能：（1）全面贯彻党中央、国务院、省委、省政府和市委、市政府和区委关于宏观调控的决策和部署，坚持和完善基本经济制度，加强经济发展趋势研判，主要运用经济、法律手段并辅之以必要的行政手段引导和调控经济运行，促进国民经济持续健康发展。（2）依法严格市场监管，推进公平准入，加强信用体系建设，强化事中事后监管，健全综合执法体系，规范市场执法，规范行政裁量权，维护全区市场的统一开放、公平诚信、竞争有序，促进大众创业、万众创新，激发市场活力和社会创造力。（3）加强社会管理制度和能力建设，健全公共安全体系、社会治安防控体系、应急管理体系、社区治理体系，打造共建共治共享的社会治理格局，维护社会公平正义与和谐稳定，维护国家安全。（4）坚持以人民为中心的发展思想，更加注重公共服务，完善公共政策，大力发展各项社会事业，健全政府主导、社会参与、全民覆盖、普惠共享、城乡一体、可持续的基本公共服务体系，增强基本公共服务能力，加快推进基本公共服务均等化，更好地保障和改善民生。（5）加强生态环境保护，实行最严格的生态环境保护制度，构建政府为主导、企业为主体、社会组织和公众共同参与的环境治理体系，推进绿色发展，建设美丽大亚湾。（6）持续深化"放管服"改革，深入推进"互联网+政务服务"，加快"数字政府"建设，优化办事流程，创新服务方式，提高行政效率，优化营商环境，便利企业和群众办事。

（三）坚持依法行政

《工作规则》规定大亚湾区管委会及各部门要坚决维护宪法和法律权威，建设职能科学、权责法定、执法严明、公开公正、廉洁高效、守法诚信的法治政府，依法行使权力、履行职责、承担责任。区管委会根据经济社会发展的需要，适时制定、修改或废止规范性文件，规定行政措施，发布决定和命令。

大亚湾区管委会规范性文件草案，由区管委会法制机构进行合法性审核后，提请区管委会审议。区管委会及各部门要坚持科学民主，不断提高区管委会规范性文件质量；制定规范性文件要坚持从实际出发，及时准确反映经济社会发展要求，充分反映人民意愿，使所确立的制度能够切实解决问题，备而不繁，简明易行。完善区管委会规范性文件制定工作机制，扩大公众参与，除依法需要保密的外，区管委会规范性文件都要公开征求意见。加强沟通协调，对经协调仍达不成一致意见的问题，区管委会法制机构要列明各方理据，提出倾向性意见，及时报请区管委会决定。规范性文件实施后要进行后评估，发现问题，及时完善。区管委会各部门制定规范性文件，要符合宪法、法律、法规、规章和国家有关政策、世贸组织规则、上级行政机关和区管委会有关规范性文件、决定、命令的规定，严格遵守法定权限和程序。涉及两个及以上部门职权范围的事项，要充分听取相关部门的意见，并由区管委会制定规范性文件、发布决定或命令，或由有关部门联合制定规范性文件。其中，涉及公众权益、社会关注度高的事项等，应事先请示区管委会；部门联合制定的重要规范性文件发布前须经区管委会批准。严格合法性审查，规范性文件不得违法设立行政许可、行政处罚、行政强制、行政征收、行政收费等事项；没有法律法规依据，不得减损公民、法人和其他组织合法权益或者增加其义务，不得增加本部门权力或者减少本部门法定职责。部门规范性文件须报区管委会法制机构进行合法性审查后，在区管委会网站上统一发布。对违反宪法、法律、法规或区管委会决定、命令，或者规定不适当的部门规范性文件，区管委会法制机构应当建议制定机关自行修改、废止或者提请区管委会予以撤销。

大亚湾区管委会各部门要严格规范公正文明执法，健全规则，规范程序，落实责任，强化监督，做到有法必依、执法必严、违法必究，维护公共利益、人民权益和社会秩序。

（四）实行科学民主决策

《工作规则》规定大亚湾区管委会及各部门要完善行政决策程序规则，把公众参与、专家论证、风险评估、合法性审查和集体讨论决定作为重大决策的法定程序，丰富民主决策形式，增强公共政策制定透明度和公众参与度。

大亚湾区管委会全体会议或区管委会常务会议讨论和决定大亚湾区全区国民经济和社会发展计划及全区财政预算，重大规划，贯彻中央宏观调控和改革开放的重大政策措施，落实省委、省政府、市委、市政府和区委的决策部署，社会管理重要事务，规范性文件等重大决策。区管委会班子对重大问题决策、重大项目安排和大额资金使用等，必须经集体讨论决定。

大亚湾区管委会各部门要加强统筹谋划，强化系统性、前瞻性、战略性思维，坚持问题导向，重在解决牵一发而动全身的关键问题。区管委会各部门提请区管委会研究决定的重大事项，都必须经过深入调查研究，并进行合法性、必要性、科学性、可行性和可控性评估论证；涉及相关部门的，应当充分协商；涉及街道的，应当事先征求意见；涉及重大公共利益和公众权益、容易引发社会稳定问题的，要进行社会稳定风险评估，并采取听证会等多种形式听取各方面意见；涉及市场主体经济活动的，应进行公平竞争审查；涉及机构、编制及经费问题的，要严格控制和把关，除有关专门文件外，其他规范性、政策性文件原则上不对机构、编制及经费问题作出规定。

《工作规则》要求在重大决策执行过程中，要跟踪决策的实施情况，了解利益相关方和社会公众对决策实施的意见和建议，全面评估决策执行效果，及时调整完善。区管委会在作出重大决策前，根据需要通过多种方式，直接听取民主党派、社会团体、专家学者、社会公众等方面的意见和建议。

按照《工作规则》，大亚湾区管委会领导同志要亲力亲为抓落实，主动谋划政策举措，解决矛盾问题，加强工作推进，确保政令畅通。区管委会各部门必须坚决贯彻落实区委、区管委会的决定，部门主要负责同志是第一责任人，要细化任务措施，层层压实责任，加强政策配套，加强协同攻坚，及时跟踪和反馈执行情况。坚持一类事项原则上由一个部门统筹，一件事情原则上由一个部门牵头负责。涉及多部门参与的工作，牵头部门要发挥主导作用，协办部门要积极配合，形成工作合力。区督查办每月对重要工作的进展情况进行督查，对工作滞后或执行不力的部门，每季度进行通报，推动区管委会重大决策部署和区管委会领导同志指示批示精神的贯彻落实。

　　《工作规则》要求统筹规范督查检查考核工作，主要围绕习近平总书记重要讲话和重要指示批示精神，党中央、国务院和省委、省政府重大决策部署以及市委、市政府、区委、区管委会重点工作任务的落实，突出主责主业，制定并严格实施全区性督查检查考核年度计划，未纳入年度计划而确需开展的全区性督查检查考核事项，须一事一报并按程序报区管委会主要领导审批，切实解决过多过频、过度留痕的问题，努力控总量、提质量、增效率、减负担、求实效。健全完善督查检查考核制度。坚持全面督查与专项督查相结合，健全限期报告、核查复核、督促整改、情况通报及第三方评估等制度，督查检查考核与调查研究、帮助解决问题相结合，更加注重工作实绩和群众评价，更多采取明察暗访、"互联网+督查"等方式。强化结果统筹运用，建立完善激励机制，推进绩效考核，努力实现督考合一，依法依规落实责任追究。

　　（五）推进政务公开

　　《工作规则》要求大亚湾区管委会及各部门要把公开透明作为工作的基本制度，坚持以公开为常态、不公开为例外，全面推进决策、执行、管理、服务、结果公开。

　　大亚湾区管委会全体会议和常务会议讨论决定的事项、区管委会及各部门制定的政策性文件，除依法依规需要保密的外，应及时公布。凡涉及公共利益、公众权益、需要广泛知晓的事项和社会关切的事项以及法律和上级政府、区管委会规定需要公开的事项，均应通过区管委会网站、新闻发布会以及报刊、广播、电视、网络等便于公众知晓的方式，依法、及时、全面、准确、具体地向社会公开。区管委会及各部门要加强政策解读，准确传递政策意图，推动政策落实；重视市场和社会反映，及时回应公众关切，及时评估政策实施效果，解疑释惑，稳定预期。

　　（六）健全监督制度

　　《工作规则》要求大亚湾区管委会及各部门要依法认真办理人大代表建议和政协委员提案，加强与代表委员沟通，严格责任，限时办结，主动公开办理结果。

　　大亚湾区管委会及各部门公职人员要依照有关法律的规定自觉接受纪检监察机关的监督。区管委会各部门要依照有关法律的规定接受人民法院依法实施的监督，做好行政应诉工作，尊重并自觉履行人民法院的生效判决、裁定，同时要自觉接受审计等部门的监督。对监督中发现的问题，要认真整改并向区管委会报告。区管委会及各部门要严格执行行政复议法，加强行政复议指导监督，纠正违法或不当的行政行为，依法及时化解行政争议。区管委会及各部门要接受社会公众和新闻舆论的监督，认真调查核实有关情况，及时依法处理和改进工作。重大问题要向社会公布处理结果。区管委会及各部门要重视信访工作，深入推进信访制度改革，进一步完善信访制度，畅通和规范群众诉求表达、利益协调、权益保障渠道；区管委会领导同志及各部门负责人要亲自阅批群众来信，定期接待群众来访，督促解决重大信访问题。区管委会及各部门要严格执行工作责任制，严格绩效管理和行政问责，加强对重大决策部署落实、部门职责履行、重点工作推进以及自身建设等方面的考核评估，建立健全重大决策终身责任追究制度及责任倒查机制，健全激励约束、容错纠错机制，严格责任追究，提高政府公信力和执行力。

（七）会议制度

《工作规则》规定大亚湾区管委会实行区管委会全体会议和区管委会常务会议制度。[1]

---

〔1〕　在大亚湾经济技术开发区管理委员会门户网站的"政务公开"部分的"政府会议"部分，发布了大亚湾区管委会召开常务会议的情况。如"区管委会召开2022年第20次常务会议"：（责任编辑：区政务公开办，发布时间：2022年11月24日，来源：区两委办）2022年10月31日上午，郭武飘同志主持召开区管委会2022年第20次常务会议。会议组织学习中共中央、国务院《知识产权强国建设纲要（2021-2035年）》精神，听取区知识产权保护工作情况汇报，研究我区贯彻落实意见。会议指出，习近平总书记高度重视知识产权工作，围绕知识产权工作作出一系列重要指示论述，深刻阐明了新时代做好知识产权工作的重大意义、重要原则、目标任务、思路举措和工作重点，为新时代全面加强知识产权保护工作提供了根本遵循和行动指南。会议要求：一要高度重视知识产权保护工作。各街道办、各部门要认真贯彻习近平总书记关于加强知识产权工作的重要指示精神，自觉站在"两个大局"高度认识和把握知识产权工作，认真研究《知识产权强国建设纲要（2021-2035年）》出台的背景意义、预期目标、重点任务，进一步优化知识产权创新环境和营商环境，全力贯通知识产权创造、运用、保护、管理、服务全链条，为推动高质量发展提供有力保障。二要加大知识产权保护力度。要以《知识产权强国建设纲要（2021-2035年）》为引领，逐条分解、对标对表、科学谋划，围绕发展需要和产业链条，紧盯经济社会发展需要和市场主体需求，继续厘清知识产权保护重点，细化知识产权保护措施，严厉打击知识产权违法行为，形成知识产权保护合力。三要加强组织领导。要进一步完善知识产权保护政策和工作机制，坚持系统思维，强化工作协同，压紧压实各方责任，强化资金、人才等要素保障。各级领导干部要加强学习，增强新形势下做好知识产权保护工作的本领，不断开创全区知识产权工作新局面。加强宣传引导，形成良好社会氛围。会议还研究了其他事项。参见 http://www - - dayawan - - gov - - cn - - s0ba8feeada12c. proxy. huizhou. gov. cn/zwgk/zfhy/content/post_ 4834114. html，2022年12月1日最后访问。又如"区管委会召开2022年第14次常务会议"（责任编辑：区政务公开办，发布时间：2022年7月22日，来源：本网）：2022年7月7日下午，王滨同志主持召开区管委会2022年第14次常务会议。会议审定了霞涌山子头和石井澳村集体土地征收涉及的整村搬迁补

大亚湾区管委会全体会议由区管委会主任、区管委会副主任、区管委会党组成员、区管委办主任、区管委办副主任以及区管委会各工作部门主要负责同志组成，由区管委会主任召集和主持。区管委会全体会议的主要任务是：（1）传达学习贯彻习近平总书记重要讲话精神、重要指示批示精神和党中央、国务院、省委、省政府、市委、市政府决策部署，贯彻落实区委的重要决定；（2）讨论决定区管委会工作中的重大事项；（3）部署区管委会的重要工作和廉政建设工作。区管委会全体会议根据需要可安排其他有关单位负责人列席会议。

大亚湾区管委会常务会议由区管委会主任、区管委会副主任、区管委会党组成员、区管委办主任、区管委办副主任组成，由区管委会主任召集和主持。区管委会常务会议的主要任务是：（1）传达学习贯彻习近平总书记重要讲话精神、重要指示批示精神和党中央、国务院、省委、省政府、市委、市政府决策部署，贯彻落实区委的重要决定；（2）贯彻市级以上领导在惠州视察、调研时的重要讲话精神；（3）审议拟上报省政府、市委、市政府和区委决定的重要事项，讨论决定区管委会工作中的重要事项；（4）审议拟订以区管委会名义发布的决定、命令和政策性、规范性文件。（5）审议涉及全区工作大局的重要事项、重大项目建设安排、大额资金安排。（6）分析全区经济社会发展形势。（7）区管委会主任认为有必要由常务会议讨论和通报的其他重要事项。区管委会常务会议一般每两周召开一次。根据需要可安排有关部门、单位负责人列席会议。

按照规定，提请区管委会全体会议和区管委会常务会议讨论的议题，由区管委办主任、区管委会分管副主任协调或审核后提出，报区管委会主任确定，并于会前向区委报备；会议文件由区管委会主任批印。区管委会全体会议和区管委会常务会议的组织工作由区管委办负责，议题和文件于会前送达

（接上页）偿安置费用事宜。会议原则同意经相关部门审核的霞涌山子头和石井澳村集体土地征收涉及的整村搬迁补偿安置费用事宜，所需经费具体金额以区财政局审核为准，年初预算内资金按项目拆迁工作进度，并结合区级财力情况给予安排，超年初预算资金列入2023年政府性基金预算。区动迁办要严肃财经纪律，规范财务管理，严格按程序办理，专款专用，科学管理和使用资金，提高资金使用效益，进一步严格支出管理，防止出现挤占、挪用、虚列、套取财政资金等行为。会议还研究了其他事项。参见 http://www--dayawan--gov--cn--s0ba8feeada24c. proxy. huizhou. gov. cn/zwgk/zfhy/content/post_ 4710595. html，2022年12月1日最后访问。

与会人员。区管委会全体会议和区管委会常务会议文件由议题汇报部门牵头会同有关部门起草。会议文件应全面准确客观反映议题情况和各方面意见，注重解决实际问题，突出针对性、指导性、前瞻性和可操作性。涉及规范性文件的，应备而不繁，逻辑严密，条文明确具体，用语准确简洁。区管委办要加强审核把关。

区管委会领导同志和有关部门主要负责同志应提前做好工作安排，确保按时参加区管委会全体会议和区管委会常务会议。除特殊原因外，原则上不应请假。区管委会领导同志不能出席的，向区管委会主任请假；其他参会人员请假，由区管委办向区管委会主任报告。

区管委会全体会议和区管委会常务会议的纪要，由区管委办起草，按程序报区管委会主任签发；会议讨论决定的事项中，需要办理的，由区管委办按工作性质向主办单位发出交办通知，并负责催办，加强会议决定事项督办力度，定期将落实情况向区管委会领导同志报告。

区管委会全体会议和区管委会常务会议讨论通过决定印发的文件，原则上须在会议结束后7个工作日内印发。

区管委会各副主任分管的工作中，需要与有关街道、区直有关部门研究协调解决的问题，由区管委会分管副主任召开工作会议解决，必要时，可委托区管委办副主任召开会议协调解决。区管委会工作会议纪要，由主持会议的区管委会副主任签发，或由受委托主持会议的区管委办副主任核报区管委会分管副主任签发。

区管委会及各部门召开工作会议，要认真贯彻落实中央八项规定及其实施细则精神和省、区、市实施办法，按照有关规定严格审批，坚持少开会、开短会，开管用的会，提倡合并开会、套开会议，努力减少会议数量，控制会议规模、规格和时间。以部门名义召开全区性会议，主办部门应事先征得区管委会分管领导同志同意，再正式向区管委会报送请示。

应由各部门召开的全区性会议，不以区管委会或区管委办名义召开，不邀请街道办负责人出席。区管委会领导同志一般不出席部门的工作会议。各类会议都要充分准备，不搞照本宣科，不搞泛泛表态，不刻意搞传达不过夜，严肃会风会纪，提高效率和质量，重在解决问题，坚决防止同一事项议而不决、反复开会。

(八) 公文审批

《工作规则》规定各街道、各部门向大亚湾区管委会报送公文，应当符合《党政机关公文处理工作条例》的规定，严格遵循行文规则和程序，其中报送区管委会的规范性文件，还应当符合《惠州市行政机关规范性文件制发程序规定》。行文应当确有必要，讲求实效；未经批准不得越级行文，不得多头报文；请示应当一文一事，报告不得夹带请示事项。除区管委会领导同志交办事项和必须直接报送的事项外，一般不得直接向区管委会领导同志个人报送公文。

拟提请区委有关会议审议或提请以区委、区管委会名义联合发文的文件稿，内容主要涉及区管委会职责且牵头起草部门为区管委会部门的，应依照有关规定，先按程序报区管委会履行相关审议或审批程序。

各部门报送区管委会的请示性公文，凡涉及其他部门职权的，必须主动与相关部门充分协商并作明确说明，必要时，由主办部门主要负责人与相关部门负责人会签或联合报区管委会审批。协商一致的，附具相关部门反馈的意见，由主办部门主要负责人签发后报区管委会审批。部门之间有分歧的，主办部门主要负责人要主动协商；协商后仍不能取得一致意见的，主办部门应列明各方理据，说明办理过程，提出办理建议，由主要负责人签发后报区管委会决定。

部门之间征求意见或会签文件时，除主办部门另有时限要求外，一般应在 5 个工作日内回复；特殊情况不能按期回复的，应主动与主办部门沟通并商定回复时限及方式，逾期不回复视为无不同意见。对时间紧迫、涉及面广的重要事项，要把发文征求意见变成联合协商研究，采用电话沟通或者召开协调会议等形式，防止文来文往。

对各街道、各部门报送区管委会审批的公文，区管委办要切实履行审核把关责任，提出明确办理意见。对部门之间有分歧的事项，区管委会分管领导同志应主动加强协调，取得一致意见或提出倾向性建议。区管委办副主任要协助区管委会分管领导同志做好协调工作。

公文及办理意见由区管委办按照区管委会领导同志分工呈批，并根据需要由区管委会领导同志转请区管委会其他领导同志核批，重大事项报区管委会主任审批。

以区管委会名义发文，经区管委会分管领导同志审核后，由区管委会主任签发。其中以区管委会名义发出的函件，属于区管委会分管副主任职权范围的，可授权区管委会分管副主任签发；涉及区管委会其他副主任分管工作的，应会同区管委会有关副主任共同审核，报区管委会主任或区管委会常务副主任签发。常规事项的行文，也可授权区管委办主任签发。

以区管委办名义发文，由区管委办主任签发；其中以区管委办名义发出的函件可授权区管委办副主任签发。如有必要，报区管委会分管副主任或区管委会主任签发。

区管委会及各部门要精简文件简报，加强发文统筹，从严控制发文数量、发文规格和文件篇幅。政策性文件原则上不超过10页。属部门职权范围内事务、应由部门自行发文或联合发文的，不以区管委会或区管委办名义发文。凡法律、行政法规已作出明确规定、现行文件已有部署且仍然适用的，一律不再制发文件。贯彻落实中央和上级文件，可结合实际制定务实管用的举措，除有明确规定的情况外，不再制定贯彻落实意见和实施细则。分工方案原则上应与文件合并印发，不单独发文。每个部门原则上只向区管委会报送1种简报。没有实质内容、可发可不发的文件简报一律不发，一般性工作会议不发纪要。充分利用电子政务系统和协同办公平台，提高公文处理效率。

（九）工作纪律

《工作规则》规定大亚湾区管委会组成人员要坚决贯彻执行党和国家的路线方针政策以及省委、省政府、市委、市政府和区委、区管委会的工作部署，严格遵守纪律，严格执行请示报告制度，有令必行，有禁必止。

大亚湾区管委会组成人员必须坚决执行区管委会的决定，如有不同意见可在内部提出，在没有重新作出决定前，不得有任何与区管委会决定相违背的言论和行为。区管委会领导同志代表区管委会发表讲话或文章，个人发表讲话或文章，事先须按程序报区管委会批准。区管委会其他组成人员代表区管委会发表讲话或文章，个人发表涉及未经区管委会研究决定的重大问题及事项的讲话或文章，事先须按程序报区管委会批准。

区管委会组成人员要严格执行外出报备（报告）及请销假制度。区管委会主任离开惠州出访、出差、休假、学习，应由区管委办按规定提前向市委办公室、市政府办公室和区委报备；区管委会副主任、区管委会党组成员、区管委办主任离开惠州出访、出差、休假、学习，应事先报告区管委会主任，由区管委办向区委报备，并通报区管委会其他领导同志。

区管委会各部门、各街道办主要负责人离开惠州外出，应事先向区管委会主任及区分管领导报告审批，同时向区管委办报备。

区管委会各部门发布涉及区管委会重要工作部署、经济社会发展重要问题的信息，要经过严格审定，重大情况要及时向区管委会报告。

区管委会组成人员要严格遵守保密纪律和外事纪律，严禁泄露国家秘密、工作秘密或因履行职责掌握的商业秘密等，坚决维护国家的安全、荣誉和利益。

（十）廉政和作风建设

《工作规则》规定大亚湾区管委会及各部门要认真贯彻全面从严治党要求，严格落实中央八项规定及其实施细则精神和省、区、市实施办法，严格执行廉洁从政各项规定，切实加强廉政建设和作风建设。

大亚湾区管委会及各部门要从严治政。对职权范围内的事项要按程序和时限积极负责地办理，对不符合规定的事项要坚持原则不得办理；对因推诿、拖延等官僚作风及失职、渎职造成影响和损失的，要追究责任；对越权办事、以权谋私等违规、违纪、违法行为，要严肃查处。

区管委会及各部门要严格执行财经纪律，艰苦奋斗、勤俭节约，带头过"紧日子"，坚决制止奢侈浪费。严格执行住房、办公用房、车辆配备等方面的规定，严格控制差旅、会议经费等一般性支出，切实降低行政成本，建设节约型机关。区管委会及各部门要严格执行中央关于因公出国（境）有关管理规定，坚持"因事定人、人事相符"原则，严格控制团组数量、规模和在外停留天数，规范在外活动安排，原则上不安排新闻媒体人员随行。改革和规范公务接待工作，不得违反规定用公款送礼和宴请，不得接受下属单位的送礼和宴请。压减检查考核评比活动和议事协调机构，严格控制和规范会议、论坛、庆典、节会等活动，各类会议活动经费要全部纳入预算管理。

区管委会组成人员要廉洁从政，严格执行领导干部个人有关事项报告制度，不得利用职权和职务影响为本人或特定关系人谋取不正当利益；不得违反规定干预或插手市场经济活动；加强对亲属和身边工作人员的教育和约束，决不允许搞特权。区管委会组成人员要强化责任担当，勤勉干事创业，真抓实干、埋头苦干，不能简单以会议贯彻会议、以文件落实文件，力戒形式主义、官僚主义、享乐主义和奢靡之风。区管委会组成人员要作学习的表率，区管委会及各部门要建设学习型机关。区管委会常务会议建立学习制度，定期开展社会管理、廉政教育、法律知识和科技创新等专题学习。区管委会领导同志要深入基层调查研究、指导工作，研究解决问题。要改进调查研究，注重实际效果，减少陪同人员，简化接待工作。区管委会领导同志不为部门和街道的会议活动等发贺信、贺电，不题词、题字、作序，因特殊需要发贺信、贺电和题词等，一般不公开发表。区管委会领导同志出席会议活动、考察调研等的新闻报道和外事活动安排，按有关规定办理。

三、通过联席会议制度的基层政府管理

联席会议为一种政府部门集体议事的会议形式，为政府部门运行的一种方式，可促进工作决策的民主化，及时调度、安排、研究、处理重大问题，及时交流和沟通认识，统一行动，提高工作效率和决策水平，防止政出多门、政策效应相互抵消。根据工作需要，大亚湾区设立了一些联席会议，并建立和完善联席会议制度，道路建设联席会议制度即为其中之一。[1]

为促进道路交通基础设施建设与城市建设协调同步发展，提高城市道路交通管理的科学化、现代化水平，明确和规范道路交通安全设施设计、施工、

---

〔1〕 大亚湾区还有领导小组工作制度。如大亚湾区管委会办公室于 2022 年 11 月 3 日下发《惠州大亚湾经济技术开发区管理委员会办公室关于成立大亚湾开发区集中打击整治危害药品安全违法犯罪工作领导小组的通知》（惠湾管办函〔2022〕53 号）："各街道办事处，区属有关部门：根据《惠州市人民政府办公室关于成立惠州市集中打击整治危害药品安全违法犯罪工作领导小组的通知》（惠府办函〔2022〕93 号）要求，为进一步加强对我区药品安全工作的组织领导和统筹协调，深入开展集中打击整治危害药品安全违法犯罪专项行动，区管委会决定成立大亚湾区集中打击整治危害药品安全违法犯罪工作领导小组（以下简称领导小组）。现将有关事项通知如下：（一）主要职责。深入学习贯彻习近平总书记关于加强药品安全工作的重要指示精神，全面贯彻落实党中央、国务院、省委、省政府和市委、市政府有关决策部署；统筹协调集中打击整治危害药品安全违法犯罪工作，研究解决药品安全工作中的重大问题，部署推进重点工作；督促检查药品安全有关法律法规和重大政策措施落实情况；督办危害药品安全违法犯罪重大案件处置工作；总结、推广药品安全工作经验；完成区委、区管委交办的其他事项。（二）组成人员。领导小组组长由分管药品安全工作的区管委会副主任担任，副组长由协调药品安全工作的区两委办副主任和区委政法委、区公安局分管负责同志以及区市场监管局主要负责同志担任。成员由区宣教局、区工贸局、区司法局、区卫计局、区市场监管局、区社保分局、区法院、区检察院和惠州港海关有关负责同志担任。（三）其他事项。（1）领导小组不纳入区级议事协调机构管理。领导小组办公室设在区市场监管局，承担领导小组日常工作。办公室主任由区市场监管局主要负责同志兼任。领导小组成员因工作变动需要调整的，由所在单位向领导小组办公室提出，按程序报组长批准。（2）领导小组实行工作会议制度，工作会议由组长或其委托的副组长召集，根据工作需要定期或不定期召开，参加人员为领导小组成员，必要时可邀请其他有关部门人员参加。"参见 http://www--dayawan--gov--cn--s0ba8feeae8c25. proxy. huizhou. gov. cn/zwgk/gzwj/qtwj/content/post_4834485.html，2022 年 12 月 2 日最后访问。

验收、投入使用等工作，切实解决当前道路交通基础设施建设的突出问题，建立"责任落实，分工明确，协调一致，运转高效"的道路交通设施建设管理一体化工作机制，确保道路交通基础设施与道路主体工程"三同步"，即同步规划设计、同步施工建设、同步竣工验收。大亚湾区管委会决定建立大亚湾区道路建设联席会议制度。大亚湾区管委会办公室于2022年11月3日印发《关于建立大亚湾开发区道路建设联席会议制度的通知》（惠湾管办函〔2022〕52号）（以下简称《道路建设联席会议制度》），[1]并将《大亚湾开发区道路建设"三同步"工作机制》作为附件。《道路建设联席会议制度》就联席会议组织机构、联席会议及办公室主要职责、联席会议成员职责分工、联席会议工作机制等进行了规定。

（一）联席会议组织机构

《道路建设联席会议制度》规定联席会议组织机构包括总召集人、召集人和成员等。由大亚湾区管委会常务副主任、党组副书记为总召集人，两位召集人分别为区人大、政协工作办公室主任、区管委会党组成员和区管委会副主任、区管委会党组成员、区公安局党委书记、局长；成员包括两位区两委办副主任、区工贸局局长、区财政局局长、区国土分局局长、区生态环境分局局长、区住建局局长、区交通运输局局长、区社管局局长、区安监分局局长、区公用事业局负责人、区动迁办主任、区执法分局负责人、区公安局副局长、区督查办主任、澳头街道办主任、西区街道办主任、霞涌街道办主任等。

联席会议办公室设在区住建局，由区住建局局长担任办公室主任，联席会议各成员单位指定一名分管领导为联络员。

（二）联席会议及办公室主要职责

《道路建设联席会议制度》规定联席会议主要职责为：（1）研究拟定道路建设工程规划和年度计划；（2）研究解决道路建设工程推进中存在的项目审批、规划、征地拆迁补偿等方面的重大问题；（3）研究制定道路建设工程推进措施，明确解决或处理问题的责任单位、责任人及完成时间节点；（4）督查

---

〔1〕 大亚湾经济技术开发区管理委员会门户网站首页"政务公开"部分"规章文件"中的"其他文件"，载 http://www--dayawan--gov--cn--s0ba8feead8707.proxy.huizhou.gov.cn/zwgk/gzwj/qtwj/content/post_ 4834263.html，2022年12月1日最后访问。

道路建设工程进度和存在问题解决情况。

《道路建设联席会议制度》规定联席会议办公室主要职责为：（1）负责联席会议日常工作；（2）负责成员单位联络工作，提出联席会议议题及议程；（3）负责联席会议通知、会务组织、会议记录和会议纪要的起草；（4）对涉及多个部门的需提交联席会议研究的重大问题进行协调，汇总意见后提交联席会议审议；（5）督办落实联席会议决定的事项；（6）承办联席会议交办的其他事项。

（三）联席会议成员职责分工

《道路建设联席会议制度》就联席会议成员进行了职责分工：（1）区两委办负责协调总召集人、召集人部署的相关工作，印发联席会议有关会议纪要。（2）区督查办负责对区委、区管委会下达的重要工作事项落实情况进行全面督查。（3）区工贸局负责项目可行性研究报告的审批工作。（4）区财政局负责安排和拨付项目建设资金，并实施资金使用监督检查工作。（5）区国土分局负责项目用地的报批和盘整工作，审核新征土地的征地拆迁补偿方案。（6）区生态环境分局负责协调指导项目环评编制及审批事宜，督促负有环保监管职责部门履行对建设项目的环保监管职责。（7）区住建局负责提出城市发展规划方面的措施建议，协调落实道路建设工程规划选址工作和审批项目的规划方案。牵头负责联席会议的日常工作，组织协调召开联席会议。（8）区交通运输局负责综合统筹农村公路的规划建设和行业管理工作。（9）区社管局负责项目占用林地的报审工作，防洪评估，协调落实项目水保方案事宜。（10）区安监分局要发挥督促、指导、协调作用，督促负有安全监管职责部门履行对建设项目的安全监管职责。（11）区执法分局负责项目建设涉及文明施工、大气污染等方面违法行为的监管。（12）区公用事业局负责项目前期、组织实施、验收和项目的管理工作。通报道路建设工程进展情况；解决项目建设过程中的重大问题。（13）区公安交警大队负责提供区交通设施建设标准规范，协调做好项目建设区域的交通疏导和组织工作。（14）区动迁办负责房屋拆迁补偿工作。（15）各街道办负责道路建设项目用地的征收、清表以及维稳工作。

（四）联席会议工作机制

《道路建设联席会议制度》规定了联席会议工作机制：（1）联席会议原则上每月召开一次，也可根据需要适时安排，由总召集人或者总召集人委托召集人召集。（2）凡需提交联席会议的议题，由各责任单位向联席会议办公室提出申请。（3）联席会议办公室在接到议题申请后，经认真审查后汇总上会议题，报总召集人或召集人批准后，通知议题涉及单位参加，及时召开联席会议。（4）联席会议明确的决定事项，由联席会议办公室草拟会议纪要（需经联席会议办公室主任审核），报区管委会呈送总召集人或召集人审定后，以区管委会工作会议纪要形式签发。（5）会议决定事项由各职能部门负责限期完成，并及时向联席会议办公室反馈落实情况。（6）联席会议办公室要加强对会议落实情况的跟踪、督促和检查，精心组织，有效协调，扎实做好道路建设工程推进工作。对未按联席会议要求完成任务的，督促限期完成，无特殊原因未完成的，予以通报批评或启动问责。

四、通过政策解读工作细则的基层政府管理

政策解读为政府及其部门的工作内容之一，大亚湾区《工作规则》"推进政务公开"部分的第 32 条规定："区管委会及各部门要加强政策解读，准确传递政策意图，推动政策落实；重视市场和社会反映，及时回应公众关切，及时评估政策实施效果，解疑释惑，稳定预期。"为加强对政府政策的宣传解读，打通政策落地"最后一公里"，促进政策落地生效，提高企业和公众对政策的"获得感"，根据党中央、国务院和省、市有关推进政务公开工作的决策部署，大亚湾区管委会办公室于 2019 年 1 月 23 日印发了经区管委会同意的《大亚湾区管委会系统政策解读工作细则（试行）》（惠湾管办函〔2019〕6号）（以下简称《政策解读工作细则（试行）》）。[1]

《政策解读工作细则（试行）》包括总体要求、解读范围、解读主体分工和程序、解读形式、展现途径、跟踪回应、保障措施等方面，对政策解读工作进行了较为全面的规范。

（一）总体要求

《政策解读工作细则（试行）》规定政策解读工作应坚持"引导预期、同步解读、跟踪评估"的总体要求。（1）引导预期。政策公布前，要做好政策吹风和预期引导，重要改革方案和重大政策措施，除依法应当保密外，在

---

〔1〕 大亚湾经济技术开发区管理委员会门户网站首页"政务公开"部分"规章文件"中的"其他文件"，载 http：//www--dayawan--gov--cn--s0ba8feead8a2e. proxy. huizhou. gov. cn/zwgk/gzwj/qtwj/content/post_ 3951453. html，2022 年 12 月 1 日最后访问。

决策前应广泛征求意见，与社会公众和市场主体充分有效沟通，增进共识，为后续政策发布和落实打好基础。（2）同步解读。政策公布时，要同步组织开展解读，充分利用各种媒介，及时发布政府的权威解读，从政策制定背景、主要措施、具体落实主体和方式方法等方面，多角度、全方位、及时有效阐释政策。（3）跟踪评估。政策执行过程中，要密切跟踪政策执行效果和相关舆情，围绕市场和社会重点关切以及对政策的相关误解误读，有针对性地释疑解惑，并根据评估情况作出相应处置，进一步推动政策落地实施。

（二）解读范围

《政策解读工作细则（试行）》要求下列政策文件均应及时进行解读：（1）以区管委会或区管委会办公室名义印发，涉及公民、法人和其他组织切身利益、重大公共利益、需广泛知晓的重要政策性文件；（2）区管委会工作部门、直属机构以及法律、法规授权的管理公共事务的组织（以下统称"管委会部门"）等以自己的名义制定的，涉及公民、法人和其他组织切身利益、重大公共利益、需广泛知晓的规范性文件。

（三）解读主体、分工和程序

《政策解读工作细则（试行）》规定区管委会部门是区管委会政策解读的责任主体，重点要围绕区管委会重要政策法规、重大规划方案切实做好政策解读工作。以区管委会或区管委会办公室名义印发的政策文件，由起草部门组织做好解读工作。以部门名义印发的政策文件，起草部门负责做好解读工作；部门联合发文的，由牵头部门组织做好解读工作，其他联合发文部门配合。

政策文件的解读方案、解读材料，应与政策文件同步组织、同步审签、同步部署。报送区管委会审定的政策文件，应按照以下分工和程序做好解读工作：（1）区管委会部门报请以区管委会（或区管委会办公室）名义印发的文件，或拟冠经区管委会同意由部门印发的政策文件，起草部门在报审文件时，应将经本部门领导审定的解读方案和解读材料作为附件一并报送。没有解读方案和解读材料的，区管委会办公室不予收文办理。若起草部门认为文件不属于本细则规定的解读范围，无需作解读的，在报审文件时需予以说明，由区管委会办公室研究确定是否需要作解读。文件起草部门根据正式印发的文件对解读材料作相应修改完善后，提请在区管委会门户网站上一并公开文件和解读材料，并按照解读方案组织开展解读工作。（2）区管委会部门以部门名义印发的规范性文件，由部门根据实际情况自行确定是否进行解读。凡冠经区管委会同意印发的部门规范性文件均需作解读（参照上一条规定执行），文件起草部门根据正式印发的文件对解读材料作相应修改完善后，在本部门频道一并公开文件和解读材料，按照解读方案组织开展解读工作。

（四）解读主要内容

《政策解读工作细则（试行）》要求解读方案应明确解读工作的组织实施，一般包括解读材料提纲（目录）、解读形式、解读途径、解读时间等。解读方案比较简单的，可不单独成文，一并在解读材料文尾说明解读途径和时间即可。解读材料应准确详尽、重点突出，把政策措施解释清楚，避免误解误读。应包括以下要素：（1）制发政策文件的背景、依据、目标、任务；（2）对文件中的关键词、专业术语，以及社会公众可能误解、质疑的内容，进行诠释；（3）涉及具体办理事项的，提供办事指南，列明受理单位和地址、联系方式、办事条件、资料、程序、时限以及其他注意事项；（4）涉及执法事项的，说明执行范围、执行程序、执行标准等；（5）属原有政策进行修订的，说明修订的理由和新旧政策的衔接和差异；属贯彻执行上级政策的，说明本级政策措施的特点和创新点。

（五）解读形式

按照《政策解读工作细则（试行）》，解读材料应当以文字形式制作。解读文字应通俗易懂，可通过案例、数据、答问等方式进行形象化、通俗化解读。在文字材料的基础上，鼓励增加图片、图表、图解、漫画、音频、视频等形式，方便公众理解。各部门可结合实际组建由单位负责人、专业机构从业人员、高校学者、评论人员、媒体记者等组成的政策解读专家队伍，建立专门解读机制。

（六）展现途径

《政策解读工作细则（试行）》规定政策文件的解读途径主要包括：（1）区管委会门户网站；（2）区管委会政务微信、微博，文件起草部门政务微信、微博；（3）电视、报刊、新闻网站等新闻媒体；（4）行业协会、企事业单位网站；（5）电子显示屏、宣传栏；（6）派发宣传资料；（7）新闻发布会、座谈会、宣讲会。要充分发挥政府网站的作用，凡属于本细则规定需进行解读的政策文件及其解读材料应在政府网站公布文件的固定栏目以及"政策解读"专栏里进行集中公布，并纳入政府信息公开目录。需要广泛知悉的政策文件及其解读材料，可增加在政府网站的动态信息发布栏目中公布。"政策解读"专栏下应作细化分类，可根据实际设置关键词，方便公众检索查阅。区管委会办公室将打造统一的政策解读平台，为各部门提供模板化的操作工具和传播途径，支撑政策出台前、出台时、出台后的全过程调查、引导、解读和回应。

（七）跟踪回应

《政策解读工作细则（试行）》区管委会门户网站应开设相关专栏收集政策执行中遇到的困难问题。政策文件公布后，文件起草部门要密切关注重要政策执行过程中的各方反映，特别是涉及企业发展和民生问题的重要政策，要跟踪评估政策实施效果，及时对相关舆情和社会关注点、误解误读点进行回应，有针对性地释疑解惑，必要时分段、多次、持续开展解读，增进社会共识。

区管委会办公室协调新闻媒体结合具体实例对部分重要文件进行持续分类宣传解读，在政策实施一定时间后，对政策落实效果进行评估。对区管委会重要政策措施存在误解误读的政务舆情，区管委会办公室将及时组织协调和督促指导相关部门进行解读和回应。相关部门要快速反应、积极回应、密切跟进，并及时将舆情处置情况反馈区管委会办公室。

（八）保障措施

按照《政策解读工作细则（试行）》，区管委会办公室负责协调、督促各部门及时报送解读方案和解读材料，并将政策解读工作开展情况纳入区直部门绩效考核范围，视情对区直部门政策解读相关工作情况进行通报。政策解读工作要作为政务公开培训一项重要内容组织实施，切实提高解读意识和工作能力。各部门要切实抓好重要政策解读常态化工作的落实，做好人员和经费保障，确保政策解读与公文办理相关环节有机融合、有序推进。[1]

---

〔1〕　在大亚湾经济技术开发区管理委员会门户网站首页"政务公开"的"规章文件"中"政策解读"部分的第一页面，有这样一些目录：如【区内解读】【图解】惠州大亚湾经济技术开发区管理委员会森林禁火令解读，2022年9月30日；【区内解读】【图片解读】大亚湾区卫生与健康事业发展"十四五"规划解读，2022年9月30日；【区内解读】【图解】大亚湾经济技术开发区培育发展高新技术企业行动计划解读，2022年9月9日；【区内解读】【图解】大亚湾区教育惠民行动奖补工作方案解读，2022年7月23日。http://www--dayawan--gov--cn--s0ba8feeac8496.proxy.huizhou.gov.cn/zwgk/gzwj/zcjd/，2022年12月12日最后访问。

五、简短的结语

大亚湾区及所属部门、直属事业单位重视内部规章制度建设，通过工作规则、联席会议制度、政策解读工作细则等规范进行基层政府机构的运行，进一步明确了管委会组成人员的职责，具体规定了监督制度、会议制度和公文审批规范，强调了工作纪律和廉政与作风建设，使联席会议、政策解读等有章可循，从而依法依规履行政府职责，提高依法依规行政效率，促进了大亚湾区经济社会的长足发展。大亚湾石化区获评国家新型工业化产业五星级示范基地，被列为全国重点发展的石化产业基地，是广东省唯一被列入的石化产业基地，位列"中国化工园区 30 强"第一，2017 年获评国家第一批绿色制造体系建设示范绿色园区、国家循环化改造重点支持园区，2019 年、2020 年、2021 年连续三年位列"中国化工园区 30 强"第一，综合实力已连续 8 年位居中国化工园区前列。[1]

在现有基础上，期待大亚湾区及所属部门、直属事业单位和派出机构按照《法治政府建设实施纲要（2021-2025 年）》要求，进一步重视内部规章制度建设和遵循，加快构建职责明确、依法行政的政府治理体系，全面建设职能科学、权责法定、执法严明、公开公正、智能高效、廉洁诚信、人民满意的法治政府。

---

〔1〕"开发区简介"，载 http://www.dayawan.gov.cn/bdgk/kfqjj/qjmb/，2023 年 1 月 11 日最后访问。

第四章

通过综合执法规范的街道治理

——以澳头街道为对象

一、引言

乡镇街道治理是基层治理的重要方面。近年来国务院、广东省和惠州市陆续出台了相关政策文件，提出赋予乡镇街道一定的综合行政执法权限，推进综合行政执法权限和力量向基层延伸和下沉，提升乡镇街道在基层治理中的作用。2021年4月中共中央、国务院发布的《关于加强基层治理体系和治理能力现代化建设的意见》提出："依法赋予乡镇（街道）综合管理权、统筹协调权和应急处置权，强化其对涉及本区域重大决策、重大规划、重大项目的参与权和建议权。根据本地实际情况，依法赋予乡镇（街道）行政执法权，整合现有执法力量和资源。"2019年1月中共中央办公厅、国务院办公厅印发的《关于推进基层整合审批服务执法力量的实施意见》提出："整合现有站所、分局执法力量和资源，组建统一的综合行政执法机构，按照有关法律规定相对集中行使行政处罚权，以乡镇和街道名义开展执法工作。"在中央政策意见的基础上，广东省出台了《关于深化乡镇街道体制改革完善基层治理体系的意见》（粤发〔2019〕27号）、《中共广东省委全面依法治省委员会办公室关于推进乡镇街道综合行政执法工作的通知》（粤法治办发〔2020〕3号）、《广东省司法厅关于推进乡镇街道综合行政执法的工作意见（试行）》（粤司办〔2020〕151号）等政策文件，赋予了乡镇街道综合行政执法（以下简称"综合执法"）权限。根据国家、省的相关政策意见，惠州市人民政府于2020年10月21日通过了《惠州市人民政府关于乡镇街道实行综合行政执法的公告》（惠府公〔2020〕3号），分批将县级人民政府（包括大亚湾区、仲恺高新区管委会）所属行政执法部门行使的 200 项行政处罚权，以及与之相关的行政强制措施权、行政检查权，交由全市 71 个乡镇人民政府和街道办事处以其自身名义行使，实行综合执法。[1]

根据惠州市人民政府发布的《惠州市人民政府关于乡镇街道实行综合行政执法的公告》，大亚湾区澳头街道办事处（以下简称"澳头街道办"）自 2021 年 1 月 1 日起开始行使综合执法权。[2]由澳头街道办事处行使的 200 项综合执法权原由县级城管执法、生态环境、卫生健康、农业农村、林业等行政执法部门行使，涉及城管执法、社管执法、卫计执法、安监执法、生态环保执法等多个方面。2021 年以来，为了贯彻落实上级政府要求，同时也为了实现对辖区的有效治理，澳头街道党工委和澳头街道办事处结合下放的职权，制订了一系列在澳头街道范围内适用的综合行政执法方案和规范（以下简称"综合执法规范"），明确了澳头街道综合行政执法的组织机构及主要职责，规范了案件办理程序及执法业务开展流程。通过制订和执行综合执法规范，澳头街道改善了基层治理效能，取得了惠州市"无违建镇（街）"（第二等级）等荣誉称号。在推进综合执法工作的过程中，澳头街道党工委和澳头街道办事处等主体制订的一系列综合执法规范是澳头街道综合行政执法工作的重要制度基础，在澳头街道的治理中有着重要的价值和意义。

澳头街道位于大亚湾区中心区，东临霞涌街道，西接西区街道，距离深圳市区 50 公里，与香港隔海相望，是惠州大亚湾区管委会代管街道。[3]街道下辖 13 个村委会和 9 个社区居委会，49 个村（居）民小组。街道常住人口 13.5 万人，其中户籍人口 6.6 万人，流动人口 6.9 万人。辖区陆地面积 110 平方公里，海域面积 300 平方海里，有 96 个岛屿，海岸线长 33 公里。[4]澳

---

〔1〕 参见惠州市人民政府办公室：《惠州市人民政府关于乡镇街道实行综合行政执法的公告》，载 http://www.huizhou.gov.cn/gkmlpt/content/4/4169/mmpost_4169227.html#868，2022 年 11 月 13 日最后访问。

〔2〕 惠州市人民政府 2021 年 1 月 14 日发布的《惠州市人民政府关于乡镇街道实行综合行政执法的公告》正式确定了澳头街道开始实行综合行政执法的时间。该公告提道："大亚湾开发区澳头街道、霞涌街道、西区街道，仲恺高新区陈江街道、惠环街道、沥林镇、潼侨镇、潼湖镇自 2021 年 1 月 1 日起实行综合行政执法。"该公告详细列明了惠州市第一批调整由乡镇人民政府和街道办事处实施的 200 项行政执法职权名称、原执法部门、职权类型、职权依据。

〔3〕 参见"澳头街道坚持党建引领促社会和谐"，载 http://www.dayawan.gov.cn/gzdt/zwyw/content/post_4734396.html，2022 年 11 月 15 日最后访问。

〔4〕 参见《澳头街道基层社会治理工作情况汇报》，澳头街道办事处提供，2022 年 7 月 20 日。

头街道党工委和街道办事处共下设党政综合办公室（人大常委会办公室）、党建工作办公室（组织人事办公室）、纪检监察办公室、综合治理办公室、综合行政执法办公室（综合行政执法队）、城市管理办公室、应急管理办公室、生态环境保护办公室（农业农村办公室）等9个党政机构，其中综合行政执法办公室（综合行政执法队）为副科级，其他均为正股级。[1]

综合执法规范为大亚湾区本土社会规范的组成部分；通过综合执法规范的街道治理是大亚湾区基层治理的重要方面。对综合执法规范以及通过综合执法规范的基层治理实践进行调查和探讨，对于我们充分认识综合执法规范在基层治理中的积极价值、总结大亚湾区基层治理中的本土社会规范创新、提升通过综合执法规范的实践效果、全面提升基层治理质效具有十分重要的意义。

为了准确把握综合执法规范的具体运行状况和在街道基层治理中实际发挥的作用，探明通过综合执法规范的街道治理的创新性、可复制性、可推广性，我们于2022年7月5日、7月20日先后到大亚湾区区委组织部、澳头街道办事处就澳头街道的综合执法规范及其实施状况进行了调查。我们与大亚湾区区委组织部、澳头街道办事处的相关人员进行了座谈，观察了澳头街道综合执法工作人员处理执法相关事宜的过程，查阅收集了与综合执法规范有关的文书档案和电子资料，对综合执法规范及其在基层治理中的作用有了初步的了解和感受。

二、通过综合执法规范的街道治理主体

澳头街道党工委和澳头街道办事处、澳头街道综合执法委员会、澳头街道综合行政执法队（综合行政执法办公室）等主体均在通过综合执法规范的街道治理中发挥着不可或缺的作用。其中，澳头街道党工委和澳头街道办事处是通过综合执法规范的街道治理的领导机构，澳头街道综合执法委员会是澳头街道综合执法工作的统一指挥协调工作平台，澳头街道综合行政执法队（综合行政执法办公室）是综合执法工作的具体执行者和实施者。具体而言：

其一，澳头街道党工委和澳头街道办事处是处于领导和引领地位的主体。

---

〔1〕　参见《澳头街道办事处机构设置》（2022年3月26日），载 http://www.dayawan.gov.cn/hzdywatjdb/gkmlpt/content/4/4584/post_ 4584215. html#4784，2022年11月13日最后访问。

在综合执法规范制订、综合执法机构队伍组建、综合执法规范实施等各个方面，澳头街道党工委和澳头街道办事处均发挥着最为重要的作用。其中，在规范制订方面，澳头街道的综合执法规范主要由澳头街道党工委、澳头街道办事处创制和印发，或者在澳头街道党工委和澳头街道办事处的指导下由澳头街道综合执法委员会、澳头街道综合行政执法队（综合行政执法办公室）创制和印发；在机构与队伍组建方面，澳头街道综合执法委员会、澳头街道综合行政执法队（综合行政执法办公室）均由澳头街道党工委和澳头街道办事处组建，对澳头街道党工委和澳头街道办事处负责；在规范实施方面，澳头街道综合执法委员会、澳头街道综合行政执法队（综合行政执法办公室）等具体实施主体须在澳头街道党工委和澳头街道办事处的指导下具体实施相关规范，根据澳头街道党工委和澳头街道办事处的总体部署开展具体执法工作，而且重要行政处罚还须经街道党工委和街道办主要领导审批同意或主要领导集体讨论后方可作出。

其二，澳头街道综合执法委员会是由澳头街道党工委和澳头街道办事处组建的统一指挥协调工作平台。根据澳头街道党工委和澳头街道办事处2021年4月12日印发的《澳头街道综合执法委员会工作指导规则》，综合执法委员会统筹负责澳头街道辖区内的综合行政执法重大事项。根据《澳头街道综合执法委员会工作指导规则》，委员会主任由澳头街道党工委书记担任，委员会常务副主任由澳头街道办主任担任，委员会成员由澳头街道的党政工作人员、事业单位人员、村居干部代表、社会组织代表、法律顾问代表担任。[1]根据《澳头街道综合执法委员会工作指导规则》，澳头街道综合行政执法委员会下设委员会领导小组办公室。办公室设在澳头街道综合行政执法办公室，主要职责是承担执法委员会日常工作。

其三，澳头街道综合行政执法队（综合行政执法办公室）是通过综合执法规范的街道治理的具体实施和执行主体。实践中，澳头街道综合行政执法队（综合行政执法办公室）承担着澳头街道综合行政执法委员会的日常工作，根据赋权清单行使综合执法权。澳头街道综合行政执法队、综合行政执法办公室合署办公，二者是"一套人马、两块牌子"。澳头街道综合行政执法队下

---

〔1〕《澳头街道办事处机构设置》（2022年3月26日），载 http://www.dayawan.gov.cn/hzdy-watjdb/gkmlpt/content/4/4584/post_ 4584215. html#4784，2022年11月13日最后访问。

设执法组、行政组、案件组三个工作组。其中，行政组负责内勤工作，具体包括综合行政执法队政务的组织协调及对外联络、接待工作，综合行政执法队会务、文电、档案等工作，以及综合行政执法队后勤保障、财务等工作；案件组负责落实重大行政案件的处罚工作以及案件法制审核与指导工作；外勤工作由执法组负责，具体包括执法检查、强制执行、业务巡查等工作。[1] 综合行政执法队设置队长1名、常务副队长1名、副队长2名。队长由街道党工委副书记、政法委书记担任，主持综合行政执法队全面工作。常务副队长负责协助队长做好综合行政执法队的各项工作，一名副队长具体负责内勤工作，包括行政组、案件组的业务工作和日常管理，另一名副队长负责外勤执法组业务。[2]

大亚湾区区委组织部机构编制科任昕科长介绍了惠州市和大亚湾区的综合执法权限下沉情况。对澳头街道而言，这些下沉的权限主要由澳头街道综合行政执法队等主体实际行使。以下为任昕科长的相关介绍：

> 就基层治理来说，基层治理现在下沉了。社会管理职能，包括综合执法、公共服务均等化，这些都是自上而下地下沉。像综合执法一样，其实市级的执法机构未来就没有了，区级的也没有了，未来就是把所有的执法权都下放给街道和乡镇了。像综合执法在澳头，许多职能直接下放给街道了。[3]

综合行政执法队（综合行政执法办公室）办公场所（2022年7月20日摄）

就具体权限而言，根据《澳头街道综合行政执法队日常工作内容清单》，澳头街道综合行政执法的主要职责包括：(1) 打击辖区"两违"行为、市容市貌整治、燃气管理、非法倾倒建筑垃圾

---

〔1〕《关于印发〈澳头街道综合行政执法工作相关制度〉的通知》（澳办发〔2021〕114号），澳头街道办提供，2022年7月20日。

〔2〕《关于印发〈澳头街道综合行政执法工作相关制度〉的通知》（澳办发〔2021〕114号），澳头街道办提供，2022年7月20日。

〔3〕大亚湾区区委组织部任昕访谈录，资料编号：GDHZDYWZZB2022070502，2022年7月5日。

等工作的日常巡查、发现、制止和上报；（2）群众来信来访接待、电话投诉、网络问政等受理、登记、办理和反馈；（3）办公室收文、资料整理（包括材料写作、信息报送等）；（4）办公室内务整理（领资料、文具等）；（5）对属于下放职权内的违法行为进行依法查处；（6）完成街道党工委、办事处交办的各项工作。[1]

总体而言，在澳头街道党工委和澳头街道办事处的领导和推动下，在澳头街道综合执法委员会的指挥和协调下，以及在澳头街道综合行政执法队（综合行政执法办公室）的具体执行和实施下，澳头街道的综合执法工作得以逐步展开并有序运转。

三、通过综合执法规范的街道治理规范

澳头街道党工委和澳头街道办等街道治理主体印发的综合执法规范主要包括《澳头街道综合行政执法工作网格化管理制度（试行）》《澳头街道综合执法委员会工作指导规则》《澳头街道综合行政执法委员会和综合行政执法队工作指导规则（试行）》《澳头街道综合行政执法工作管理制度》《澳头街道办事处综合行政执法协管人员工作考核办法》《大亚湾开发区澳头街道办行政执法全过程记录管理办法》《大亚湾开发区澳头街道办综合行政执法公示办法》《大亚湾开发区澳头街道办行政处罚自由裁量权基准制度》《澳头街道综合行政执法队日常工作内容清单》《澳头街道住宅小区物业执法整治工作实施方案》《澳头街道临建板房排查工作方案》等。

根据效力范围和主要功能的不同，前述综合执法规范可被分为一般规范和专项规范两种类型。其中，《澳头街道综合行政执法工作网格化管理制度（试行）》《澳头街道综合执法委员会工作指导规则》《澳头街道综合行政执法委员会和综合行政执法队工作指导规则（试行）》《澳头街道综合行政执法工作管理制度》《澳头街道办事处综合行政执法协管人员工作考核办法》《大亚湾开发区澳头街道办行政执法全过程记录管理办法》《大亚湾开发区澳头街道办综合行政执法公示办法》《大亚湾开发区澳头街道办行政处罚自由裁量权基准制度》《澳头街道综合行政执法队日常工作内容清单》等为一般规范，能够在较长时间段内被反复适用，不会由于某项工作的完成而失效，效力范围

---

[1]《关于印发〈澳头街道综合行政执法工作相关制度〉的通知》（澳办发［2021］114号），澳头街道办提供，2022年7月20日。

较广；而《澳头街道住宅小区物业执法整治工作实施方案》《澳头街道临建板房排查工作方案》则是针对某项特定行动、特定活动的具有专门性、临时性、针对性特征的专项规范，用于指导和规范运动式、临时性、短期性专项执法行动的开展，在专项执法行动结束后规范自动失效，效力范围相对有限。

澳头街道的综合执法规范明确了澳头街道综合执法委员会、澳头街道综合行政执法队（综合行政执法办公室）等综合行政执法机构的主要职责和工作范围，界定了各个组织机构的关系，明确了执法的程序、标准、方法、救济、注意事项等具体事宜，为综合执法工作人员有序开展执法工作提供了原则性指导和具体的操作手册。

在澳头街道的一系列综合执法规范中，由澳头街道办于 2021 年 11 月 11 日印发的《澳头街道综合行政执法工作网格化管理制度（试行）》在澳头街道综合行政执法工作中发挥着较为重要的作用，是澳头街道综合执法机构在实践中最为倚重的规范之一。[1]这一规范内容较为全面，包括综合行政执法的机构设置及职责分工、主要工作、考勤管理制度、廉洁自律制度等相关内容。以下为《澳头街道综合行政执法工作网格化管理制度（试行）》：

澳头街道综合行政执法工作网格化管理制度（试行）

为贯彻《中共广东省委印发〈关于深化乡镇街道体制改革完善基层治理体系的意见〉的通知》（粤发〔2019〕27 号）精神，落实《广东省司法厅关于推进乡镇街道综合行政执法的工作意见（试行）》等有关规定和要求，构建简约高效镇街管理体制，促进严格规范、公正文明执法，提升我街道综合执法效能和水平，加快构建行政执法新机制，结合我街道实际，制定本管理制度。

一、机构设置及职责分工

（一）机构设置

根据工作实际，综合行政执法队设置执法组、行政组、案件组，其中行政组负责内勤工作，包括综合行政执法队政务的组织协调及对外联络、接待工作，负责综合行政执法队会务、文电、档案等工作，负责综合行政执法队后勤保障、财务等工作；案件组负责落实重大行政案件的处罚工作，案件法

---

〔1〕《关于印发〈澳头街道综合行政执法工作相关制度〉的通知》（澳办发〔2021〕114 号），澳头街道办提供，2022 年 7 月 20 日。

制审核及指导工作。外勤工作由执法组负责，具体包括执法检查、强制执行、业务巡查等工作。

（二）综合行政执法队人员岗位职责

综合行政执法队设置队长1名、常务副队长1名、副队长2名。队长由街道党工委副书记、政法委书记担任，主持综合行政执法队全面工作。常务副队长负责协助队长做好综合行政执法队的各项工作，一名副队长具体负责内勤工作，包括行政组、案件组的业务工作和日常管理，另一名副队长负责外勤执法组业务。

执法组分成若干片区，负责处理片区内各类执法巡查、检查、执行等事项。执法组按各片区设置片区负责人，片区负责人对该片区的各项业务负责，具体包括落实各项巡查、整治、查处及做好各项业务的台账工作，以及做好该片区协管员的日常管理教育工作。协管员编入各片区，协助片区负责人开展各项工作。片区划分及人员分工情况按照《澳头街道综合行政执法队片区管理责任分工表》执行。

二、主要工作

根据《惠州市人民政府关于乡镇街道试行综合行政执法的公告》（惠府〔2020〕3号）的内容开展各项工作，具体工作内容详见《澳头街道综合行政执法队日常工作内容清单》，主要包括：

（一）辖区打击"两违"行为、市容市貌整治、燃气管理、打击非法倾倒建筑垃圾等工作的日常巡查、发现、制止和上报；

（二）群众来信来访，电话投诉、网络问政等受理、登记、办理和反馈；

（三）办公室收文、资料整理（包括材料写作、信息报送等）；

（四）办公室内务整理（领资料、文具等）；

（五）对属于下放职权内的违法行为进行依法查处；

（六）完成街道党工委、办事处交办的各项工作。

三、考勤管理制度

（一）严格遵守上、下班时间，不得迟到、早退；

（二）按规定穿着制服，保持干净整洁的仪容仪表；

（三）全队人员由行政组根据实际在位人员情况分若干组，负责全队轮流排班，每周安排一组人员负责夜间及周末值班（特殊情况以具体通知为准）；

（四）夜间值班人员超过23：30分仍在外开展执法活动的，次日可补休半天，超过凌晨 3 时仍在外开展执法活动的，次日可补休一天；

（五）夜间值班接听电话人员由当班负责人确定，次日可补休半天，需按规定登记并及时向当班负责人报告各单位或个人来电情况，由当班负责人安排人员进行处理；

（六）无特殊情况，值班人员需在值班后两周内完成调休，避免累积；调休需事前书面申请，不得事后补写，调休一天（含）以内，由片区负责人审批后报办公室备案，两天（含）以上除片区负责人外，需队领导审批后报办公室备案；根据疫情防控要求，调休期间需离开惠州的，在提交调休书面申请的同时，需同时提供已审批完毕的《离惠报备登记表》；

（七）由行政组负责对调休情况进行登记及存留调休书面申请，结合值班安排表和考勤打卡记录对调休情况进行核实。

四、廉洁自律制度

（一）全体队员要相互进行监督，自觉接受监督；

（二）严禁利用职权"吃、拿、卡、要"或擅自接受利益相关当事人的宴请和娱乐活动；

（三）"八个小时外"时间要注意个人言行举止，注意自身形象，不得进行公款吃喝、公款旅游、公款娱乐、公车私用等行为，不得违规出入私人会所及高消费场所；

（四）全体队员要认真严格遵守本项制度，凡违反者，将按照有关规定给予组织处理或纪律处分。

总体而言，由澳头街道党工委和澳头街道办事处等治理主体创制的一系列综合执法规范共同构成了通过综合执法规范的街道治理的规范体系，为街道综合执法工作的开展提供了细致的制度依据、清晰的工作指南和详细的操作手册。除了《澳头街道临建板房排查工作方案》等个别由澳头综合行政执法队（两违组）制订的规范外，澳头街道的综合执法规范通常由澳头街道党工委、澳头街道办制订。这些规范共同奠定了通过综合执法规范的街道治理制度框架与制度基础。

四、通过综合执法规范的街道治理运行

澳头街道通过综合执法规范的街道治理运行环节主要包括创制规范、组建机构、根据规范办理业务等方面。其中，在规范创制方面，澳头街道党工

委和街道办事处等主体根据上级要求，结合街道工作实际，及时印发了一系列制度规范，保障了综合行政执法工作的开展；在组建机构方面，澳头街道党工委和澳头街道办事处组建并完善了澳头街道综合执法委员会、澳头街道综合行政执法队（综合行政执法办公室）等指挥协调机构和执行落实机构，为澳头街道综合行政执法工作的开展提供了组织基础和动力支撑；在规范执行方面，澳头街道综合行政执法队（综合行政执法办公室）等执行机构在街道党工委、办事处以及综合执法委员会的领导和统筹安排下，不断将综合执法规范化为综合执法实践，提升澳头街道治理质效。

（一）创制规范

自 2021 年 1 月 1 日开始行使综合行政执法权以来，澳头街道积极开展综合执法规范创制工作，印发了一系列综合执法规范，建构起了一套较为完善的街道综合执法规范体系。具体而言：

其一，为了明确澳头街道综合执法的组织机构、工作机制和主要职责，澳头街道党工委和澳头街道办事处印发了《澳头街道综合执法委员会工作指导规则》（2021 年 4 月 12 日）、《澳头街道综合行政执法工作网格化管理制度（试行）》（2021 年 11 月 11 日）等原则性、方向性、框架性制度规范，奠定了澳头街道综合执法工作的原则性方向和总体制度基础。

其二，为了加强综合行政执法协管人员管理，规范行政执法辅助行为，2022 年上半年澳头街道党工委和街道办事处等主体印发了《澳头街道综合行政执法工作管理制度》《澳头街道办事处综合行政执法协管人员工作考核办法》等制度规范，提升了综合执法工作人员管理质效。[1]

其三，为了规范综合执法流程，促进严格、规范、公正、文明执法，更好地保障相对人的合法权益，2022 年上半年澳头街道党工委和街道办事处等主体印发了《大亚湾开发区澳头街道办行政执法全过程记录管理办法》《大亚湾开发区澳头街道办综合行政执法公示办法》《大亚湾开发区澳头街道办行政处罚自由裁量权基准制度》等制度规范，进一步改善了综合执法下沉效果。[2]

---

〔1〕《澳头街道综合行政执法 2022 年上半年工作总结及下半年工作计划的报告》（2022 年 6 月 6 日），澳头街道办提供，2022 年 7 月 20 日。

〔2〕《澳头街道综合行政执法 2022 年上半年工作总结及下半年工作计划的报告》（2022 年 6 月 6 日），澳头街道办提供，2022 年 7 月 20 日。

其四，为了有效落实上级专项工作要求，保障特定专项执法工作的开展。澳头街道党工委和街道办事处、综合行政执法队等相关主体印发了《澳头街道住宅小区物业执法整治工作实施方案》《澳头街道临建板房排查工作方案》等个性化的专项方案。例如，为了落实好大亚湾区安全生产委员会办公室《关于开展全区临建板房安全隐患排查专项整治行动的通知》要求，2022年4月14日澳头街道综合行政执法队（两违组）印发了《澳头街道临建板房排查工作方案》，为澳头街道顺利开展临建板房安全隐患排查专项整治行动提供了具体的操作规程。以下为《澳头街道临建板房排查工作方案》：

澳头街道临建板房排查工作方案

根据惠州大亚湾区安全生产委员会办公室《关于开展全区临建板房安全隐患排查专项整治行动的通知》要求，结合我办工作实际，特制定澳头综合执法办临建板房排查工作方案。

一、高度重视，落实责任，成立执法办临建板房排查工作小组：

组　　长：胡少彬

副组长：胡庆昌、杨东明

成　　员：曾燕顺、段雨嫣、叶志权、胡春华、罗永华

工作小组负责临建板房的核查登记、违建研办处理、信息汇报、资料收集归档，段雨嫣专门负责信息汇报、资料收集归档。

二、排查范围：澳头辖区内各村、社区范围已建成临建板房。

三、排查内容：已建成临建板房的时间、大小、用途、建设人、使用人等信息，核查临建板房有无合法用地手续和是否报建。如无合法用地手续或有合法用地手续而无临建报建备案都属于违建，对于违建临建板房用户发出整改通知并责令户主和用户签订安全承诺书。

四、排查时间：2022年4月~9月底，完成辖区内全面排查工作，并整理归档。

五、排查工作要求：工作人员入户排查时要注意文明用语、严守纪律、实事求是，按一户一册登记造册，核查临建板房有无合法用地手续和是否报建，做到全方位无死角排查。如无合法用地手续或有合法用地手续而无临建报建备案都属于违建，对于违建临建板房用户发出整改通知并责令户主和用

户签订安全承诺书。

六、及时整改：按实际排查情况，同时尊重历史事实，对排查出的违建板房及时落实整改，做到立行立改，边查边改，整改到位。

附1：《大亚湾区临建板房排查登记表》

附2：《大亚湾区临建板房排查统计汇总表》

澳头综合行政执法队（两违组）

2022年4月14日[1]

两年来，通过创制一般规范和专项规范，澳头街道党工委和澳头街道办事处、澳头街道综合行政执法队保障了街道综合行政执法工作的有序开展，提升了街道综合执法工作的精细化、精准化、细密化程度，提升了街道治理的效果。

（二）组建队伍

为了确保街道综合行政执法工作顺利开展，澳头街道党工委和澳头街道办事处根据上级相关政策精神，结合澳头工作实际，组建了澳头街道综合执法委员会、澳头街道综合行政执法队、综合行政执法办公室等组织机构，奠定了澳头街道综合执法工作的组织机构和人员基础。例如，2021年4月12日印发的《澳头街道综合执法委员会工作指导规则》提出了组建澳头街道综合执法委员会、澳头街道综合行政执法队，明确了指挥协调机构澳头街道综合执法委员会和执行机构澳头街道综合行政执法队的组织架构、组成人员、工作职责等相关事宜。2021年11月11日印发的《澳头街道综合行政执法工作网格化管理制度（试行）》进一步明确了澳头街道综合行政执法队的组织架构和工作职责。

截至2022年6月6日，澳头街道综合行政执法队共有98人，其中在编在岗人员14名（公务员9名，事业编5名），执法辅助人员一共85名（2022年4月新招录45名），综合行政执法队队长由澳头街道党工委副书记、政法委书记兼任。[2]

---

〔1〕《澳头街道临建板房排查工作方案》(2022年4月14日)，澳头街道办提供，2022年7月20日。

〔2〕《澳头街道综合行政执法2022年上半年工作总结及下半年工作计划的报告》(2022年6月6日)，澳头街道办提供，2022年7月20日。

综合行政执法队下设执法组、行政组、案件组三个工作组，其中执法组将澳头街道全域分为 A、B、C、D 四个片区，执法组按各片区设置片区负责人，片区负责人对该片区的各项业务负责，具体包括落实各项巡查、检查、整治、查处、执行、做各项业务的台账工作以及做好该片区协管员的日常管理教育工作。片区协管员负责协助片区负责人开展各项工作。[1]

综合行政执法队工作人员在张贴住宅小区物业执法专项整治公告
（澳头街道办 2022 年 7 月 20 日提供）

在组建队伍的基础上，澳头街道党工委和街道办事处还注重推动场地建设。2021 年末至 2022 年上半年，澳头街道党工委和街道办事处不断推动综治中心、应急指挥中心的整合工作，把辖区反走私反偷渡、城市管理等各类监控视频接入，促进综治中心、应急指挥中心、综合执法平台深度融合，配备必要的办公设备，搭建街道可视化综合指挥平台，提升街道治理效果。[2]

（三）执行规范

根据澳头街道综合执法规范，澳头街道综合执法委员会、澳头街道综合行政执法队（综合行政执法办公室）等综合执法指挥协调、执行落实机构积极开展拆违、卫片图斑整改、小区违建整治、市建（构）筑物动态监测、无人机监控图斑整改、板房摸排、占耕整治等城管执法、社管执法、卫计执法、安监执法、生态环保执法等综合执法工作，进行街道治理。

---

〔1〕《关于印发〈澳头街道综合行政执法工作相关制度〉的通知》（澳办发〔2021〕114 号），澳头街道办提供，2022 年 7 月 20 日。

〔2〕《澳头街道、村居综治中心工作平台建设实施方案》，大亚湾区区委政法委提供，2022 年 7 月 11 日；《澳头街道综治中心标准化实体化规范化建设调研材料》，澳头街道办提供，2022 年 7 月 20 日。

从 2021 年 1 月 1 日至 2022 年 7 月 19 日，澳头街道综合行政执法办公室共立案 41 宗，其中通过纸质流程办案 19 宗，当事人均缴纳了罚款。截至 2022 年 7 月 19 日，澳头街道在惠州执法平台共立案 22 宗，其中 10 宗已办结，11 宗已缴纳罚款正在结案审批中，1 宗已下发行政处罚决定书，准备进行行政强制措施。目前已立案的案件主要类型有：未办理连续施工手续，夜间在居民区进行建筑施工作业（8 宗），随意倾倒建筑垃圾（5 宗），未取得污水排水管网许可证（1 宗），随意倾倒生活垃圾（1 宗），未接批准临时建设（2 宗），未密闭运输（5 宗）。[1]

以下是 2022 年 7 月 20 日我们在澳头街道办事处办公楼七楼（澳头街道综合行政执法队所在楼层）现场观察到的一则综合执法工作人员处理城管执法后续事宜的案例：

事例一

2022 年 7 月 20 日 10：50，有一位五十多岁的妇女到澳头街道办七楼市容组，一位二十多岁女工作人员接待。来人说周一那天城管执法将她摆摊用的长 3 米、宽 1.5 米的铁架子和一把伞拿走了。女工作人员说那天是装了两车，那你有图片之类的可以证明是你的吗？我们怎么找？你是要架子还是伞？来人说两个都要，但没有图片。11：01 见女工作人员出来打电话联系昨天的执法者，问进展如何了？是移交案件还是罚款？此时来者坐在沙发上等。问了情况后她进屋，后又出来打电话联系。之后又进屋，告诉来者，说东西一直没有处理，先前下发通知了，7 月 14 日前逾期不清理就执法处理，东西不返还，全部都这样；以后你不要这样放了。之后我们就离开了，不知道后面的具体情况。

在综合执法的过程中，澳头街道综合行政执法队较为重视"两违"（违法用地、违法建）整治工作，积极开展整治"两违"专项行动，努力创建"无违"街道。其中，在 2021 年大亚湾区"两违办"给澳头街道下发的拆除任务量指标为 6 万平方米，澳头街道 2021 年实际上共拆除"两违"建筑 57 宗（其中违法用地 36 宗，违法建设 21 宗），建筑面积合计 66 274 平方米，完成

---

[1]《澳头街道基层社会治理工作情况汇报》，澳头街道办提供，2022 年 7 月 20 日。

率为 110.46%。在 2021 年，澳头街道申报创建"无违建镇（街）"。[1] 2022年，澳头街道成功申报了"无违建镇（街）"称号。[2] 以下事例二为澳头街道综合行政执法队（综合行政执法办公室）处理的鼎胜公司未经批准进行临时建设案。

事例二

2021 年 9 月，澳头街道综合行政执法办接妈庙二村村民举报，反映其位于澳头龙园三路凤翔厂北侧的地块被鼎胜实业有限公司（以下简称"鼎胜公司"）违规搭建了铁皮房。执法人员于 2021 年 9 月 24 日依法前往现场调查，经核查，发现现场搭建有一排砖墙铁皮房，鼎胜公司未能向执法人员提供该处临时建筑物的用地手续及报建手续。因鼎胜公司未能提供相关报建手续，综合行政执法办于 2021 年 9 月 27 日进行立案。在案件办理过程中，鼎胜公司提交陈述申辩材料时称：案涉违法建设占用地块原由荣辉公司于 1992 年向大亚湾管委会申请用地指标，并于 1995 年正式批复下来；荣辉公司当年取得批复后向妈庙村民支付了青苗补偿费、征地补偿费等费用，享有用益物权；但由于政策等原因，荣辉公司未及时到国土部门办理用地手续，导致没有将土地确权下来；荣辉公司于 2010 年将其中 106 449.79 平方米的土地（用益物权）转让给鼎胜公司；2020 年 6 月，鼎胜公司接到国土部门通知，案涉地块其中的 1 万平方米已经登记到妈庙二村村小组名下。

经综合行政执法办查明，案涉建筑由鼎胜公司于 2018 年搭建。案涉建筑共 8 间铁皮房，建筑面积为 650 平方米。鼎胜公司临时建筑物未办理相关报建手续。澳头街道综合行政执法办在查明事实的基础上认为，执法部门只是针对违法建设进行执法，并不涉及土地确权问题，鼎胜公司未经批准进行临时建设的行为违反了《城乡规划法》第 44 条的规定。因此，综合行政执法办于 2022 年 2 月 18 日对鼎胜公司作出责令限期 15 日内自行拆除临时建筑物的行政处罚决定。鼎胜公司不服，认为其对案涉地块具有合法用益物权，于 2022 年 2 月 28 日向区管委会申请行政复议。区管委会就该案组织听证会，在

---

〔1〕《关于澳头街道综合行政执法工作开展情况的报告》（2021 年 12 月 30 日），澳头街道办提供，2022 年 7 月 20 日。

〔2〕《澳头街道综合行政执法 2022 年上半年工作总结及下半年工作计划的报告》（2022 年 6 月 6日），澳头街道办提供，2022 年 7 月 20 日。

听取两方意见后，作出了复议维持决定。鼎胜公司履行了处罚决定，自行拆除了违法建筑。[1]

总体而言，在综合执法权限下沉的背景下，澳头街道党工委和澳头街道办事处、澳头街道综合执法委员会、澳头街道综合行政执法队（综合行政执法办公室）等治理主体结合下放的职权，制订了一系列与街道综合执法相关的制度规范，设立了一批综合行政执法机构，开展了一系列综合执法实践，顺利完成了综合行政执法工作，实现了对街道辖区的有效治理。

五、通过综合执法规范的街道治理效果

作为一种重要的基层治理模式，澳头街道通过综合执法规范的街道治理在实践中维持了街道综合执法秩序、保障了综合执法权限的下沉、促进了行政执法力量的融合、提升了街道综合执法能力、充实了街道综合执法力量、改善了街道基层治理效果，产生了多重积极治理效果。具体而言：

其一，维持了街道的综合执法秩序。通过及时印发和严格执行《澳头街道办事处综合行政执法协管人员工作考核办法》《大亚湾开发区澳头街道办行政执法全过程记录管理办法》《大亚湾开发区澳头街道办综合行政执法公示办法》《大亚湾开发区澳头街道办行政处罚自由裁量权基准制度》等综合执法制度规范，澳头街道党工委和澳头街道办事处等主体建构起了一套纵向到底、横向到边的规范体系，为综合执法工作的开展提供了一套细致具体、系统全面的操作指南，督促了执法人员遵守廉洁自律、考勤管理规范，防止了综合执法权限下沉背景下不作为、乱作为现象的大量产生，提升了综合工作的规范性与制度化程度，有效保障和维持了街道综合执法秩序，实现了公正文明执法。

其二，保障了综合执法权限的下沉。自从 2021 年开始，惠州市政府分批将原由县级城管执法、生态环境、卫生健康、农业农村、林业等行政执法部门行使的 200 项综合执法权交由澳头街道等 71 个乡镇人民政府和街道办事处以其自身名义行使。在综合执法权限下沉街道的背景下，澳头街道党工委、办事处通过积极地开展制订配套规范、执行配套规范等工作，有效地完成了国家、广东省、惠州市以及大亚湾区有关完善基层治理体制、推进街道体制

---

[1]《案例：鼎胜公司未经批准进行临时建设案》，澳头街道办提供，2022 年 7 月 20 日。

改革的重大部署，使得相对集中行政处罚权得以有序向澳头街道延伸，在结果上保障了综合执法权限的下沉。而且，由于通过综合执法规范的街道治理产生了积极的效果，积累了一定的经验，澳头街道还为广东省、惠州市、大亚湾区将来进一步推进放权工作提供了参考，为将来综合执法权限的进一步下沉提供了基层智慧与基层经验。

其三，促进了行政执法力量的融合。在推进综合行政执法工作的过程中，澳头街道以促进执法力量融合为出发点，制订了统一的综合执法规范、成立了统一的综合执法机构，由综合行政执法队等机构按照综合执法规范统一行使城管、社管、卫计、安监、生态环保等行政执法权，在结果上加快构建了街道行政执法新机制，推动了资源整合、权力融合、人力联合，促进了治理合力的形成，改变了基层治理中存在的部门林立、统筹协调力度不够、执法力量分散的老问题，顺利实现了惠州市下放综合执法权限、促进行政执法力量融合的改革目的。由于顺利实现了推动综合行政执法力量融合的目的，顺利迈上了联动执法的预定轨道，澳头街道得以进一步提升了街道治理效能。

其四，充实了街道的执法力量。为了开展好综合行政执法工作，确保综合执法规范能够得到有效、有力落实，澳头街道党工委和街道办事处等主体在承接综合执法权限之后，积极招募（招录）了大量公务员、事业编人员、执法辅助人员等综合执法工作人员，迅速壮大了综合执法队伍，充实了综合执法力量。截至 2021 年 12 月 30 日，澳头街道综合行政执法队共有 53 人；截至 2022 年 6 月 6 日，澳头街道综合行政执法队共有 98 人。而且，与综合行政执法权限下放相配套，大亚湾区委组织部等区级单位也积极推动原有执法人员的下沉，进一步充实街道的综合执法力量。例如，大亚湾区区委组织部机构编制科科长任昕提道："我们把机关事业编制尽量往基层下沉。社会治理的职能下沉给街道的时候，必须要有人的下沉，不然它（街道）就接的太多。权限下放给街道后，原来从事这些职能的部门的人员也要下放，相应地街道人员也增加了。"[1] 总体而言，澳头街道通过综合执法规范的基层治理解决了乡镇街道力量不足的问题，缓解了长期存在的"上面千条线，下面一根针"的问题，增强了澳头街道综合执法力量，为基层治理提供了更为坚实的主体

---

〔1〕　大亚湾区区委组织部任昕访谈录，资料编号：GDHZDYWZZB2022070502，2022 年 7 月 5 日。

基础。

其五，实现了对辖区的有效治理。通过综合执法规范的街道治理在结果上促进了街道综合执法效能和水平的提升，提高了综合行政执法效率，构建了更为高效的综合行政执法新机制。随着执法重心的下沉、执法力量的融合、执法力量的充实以及新的综合行政执法机制的形成，澳头街道有了更多的人力、财力、物力，更有能力、更有权限、更有本领为群众提供更为精准、更为细致、更为全面、更为高效的管理和服务，更好地实现了街道辖区的有效治理，取得了更为积极的治理效果。

总体而言，澳头街道通过综合执法规范的街道治理是一种较为成功基层治理模式，这种治理模式有利于维持街道的综合执法秩序、保障综合执法权限的下沉、促进行政执法力量的融合、充实街道的执法力量、促进实现对辖区的有效治理。在加强和改善基层治理的过程中，通过综合执法规范的基层治理是一种值得关注和参考的治理模式。

六、思考与总结

通过综合执法规范的街道治理是一种贯彻落实式基层治理。实践中，澳头街道党工委、澳头街道办事处等街道治理主体之所以会积极创制综合执法规范、迅速组建综合执法机构、严格实施综合执法规范，其出发点即在于配合广东省、惠州市和大亚湾区有关乡镇街道综合行政执法改革的工作部署，落实好上级政策精神，执行好国家法律法规政策。作为一种以贯彻落实为价值底色的基层治理模式，通过综合执法规范的街道治理以行政执法权限下沉为宏观背景，以贯彻落实乡镇街道综合执法改革政策为目标初衷，以执行国家法律法规政策为主要内容，以运用下放的行政处罚权为主要形式。这种治理模式在结果上有效贯彻了乡镇街道综合行政执法改革的政策精神，提升了国家法律法规在基层的执行效果，改善了街道的基层治理效能，推动了基层治理创新，产生了积极的价值和作用。

当然，通过综合执法规范的基层治理也存在着一定的不足，可进一步对之进行完善。目前存在的不足主要涉及人和物两个方面。其中，在人的方面，部分综合执法工作人员并不善于完成职责之内的任务而且持有行政执法证的人数尚且不够多。例如，大亚湾区区委政法委副书记罗汉强提道："执法队要求的综合素质比较高。以前街道是没有执法权的，现在城管执法、社管执法、卫生执法、环保执法还有安全生产执法都到街道去了，所以这要求执法队有全方位的执法能力水平。以前可能是有三四十个城管执法队员到街道去，但是他之前接触的都是城管执法这块的业务，对安全生产、对环保这方面比较陌生。"〔1〕再如，2022 年 4 月由大亚湾区区委政法委统一招考，澳头街道新进 45 名协管员，但由于缺乏系统培训，新协管人员对执法业务并不熟悉，在执法工作中效率较低、执法流程较不规范。在物的方面，目前综合行政执法的物力尚得不到充分保障。例如，由于车辆编制不足，澳头街道的执法车仅有 6 台，且部分车辆由于长期使用，已经处于报废状态，执法车辆的数量难以满足实际工作需要。这些问题的存在影响了街道综合执法的效果，制约了街道治理水平的全面提升。

　　为了进一步提升通过综合执法规范的街道治理效果，澳头街道党工委和澳头街道办事处、大亚湾区区委、管委会等相关主体可采取相关措施，进一步提升通过综合执法规范的街道治理效果。其中，在街道层面，澳头街道党工委和澳头街道办事处等相关治理主体可进一步加强对综合执法工作人员的培训，提升综合执法工作人员的业务水平和工作能力；出台完善相关激励政策，完善考核评价机制，鼓励引导综合执法人员积极报名考取相关资格证件，在整体上提升综合执法队伍工作能力。在大亚湾区层面，大亚湾区区委、管委会等相关主体可加强对街道综合执法工作的支持力度，投入更多的财政资金，增加车辆编制，解决好车辆不足、装备不足等物力问题；对综合行政执法队工作人员进行业务水平培训，提升全区街道的综合执法队伍素质和能力；还可在法律允许的范围内适当放宽行政执法资格考试等相关考试的报名条件，使得更多的人能有机会通过自己的努力取得行政执法资格，提升综合执法工作的合法化、正规化程度。

　　总体而言，澳头街道通过综合执法规范的街道治理是一次较为成功的基层治理探索。在创制综合执法规范、组建综合执法机构、实施综合执法规范的过程中，澳头街道积累了一定的经验，取得了积极的治理效果。为了进一步提升澳头街道综合执法效能，促进相关经验的总结传承，为更多的地区提供经验参考，澳头街道党工委和澳头街道办事处、大亚湾区区委、管委会等相关主体可加强对目前已形成经验的总结分析，找出进一步提升综合执法工

---

〔1〕　大亚湾区区委政法委罗汉强访谈录，资料编号：GDHZDYWZFW2022070502，2022 年 7 月 5 日。

作的路径与方案，形成可视化、模块化的治理标准、治理策略、治理方案，助力澳头街道、大亚湾区以及更多的地区全面提升基层治理效果，走稳走好良法善治之路。

第五章

通过搬迁方案的整村搬迁

——以南边灶村为对象

一、引言

作为一种重要的制度规范，搬迁方案在产业发展、城镇化推进、乡村建设、乡村治理、乡村振兴过程中有着重要的作用。国家法规政策要求和鼓励地方政府规范化地开展搬迁工作。《土地管理法实施条例》第 27 条规定："县级以上地方人民政府应当依据社会稳定风险评估结果，结合土地现状调查情况，组织自然资源、财政、农业农村、人力资源和社会保障等有关部门拟定征地补偿安置方案。征地补偿安置方案应当包括征收范围、土地现状、征收目的、补偿方式和标准、安置对象、安置方式、社会保障等内容。"2022 年 5月中共中央办公厅、国务院办公厅印发的《乡村建设行动实施方案》提出，"乡村建设是实施乡村振兴战略的重要任务，也是国家现代化建设的重要内容"，要"完善农村工程建设项目管理制度"。中共中央、国务院 2021 年 8 月印发的《法治政府建设实施纲要（2021–2025 年）》提出"健全依法行政制度体系，加快推进政府治理规范化程序化法治化"，"健全行政决策制度体系，不断提升行政决策公信力和执行力"。依照搬迁方案等制度规范开展工作对于提升搬迁工作的法治化制度化规范化水平、保障搬迁效果、推进基层治理的良法善治具有重要的价值和意义。

南边灶村是大亚湾区第一个实施整体"上楼"安置的搬迁村，搬迁工作面临着经验少、时间紧、任务重、规模大、历史问题复杂等问题。虽然搬迁难度较大，但南边灶村的搬迁工作总体上进行得较为顺利，整个搬迁过程中未出现一起群体性事件，未发生本地村民越级上访事件，未引发过对搬迁工作不力的网络舆情，有效满足了大亚湾区石油化工项目的用地需求。南边灶村的搬迁工作之所以能够顺利开展，在很大程度上依赖于一套较为成熟的搬迁方案。这套方案是大亚湾区大项目工业用地需要背景下，大亚湾区区委、管委会在征求村集体、村民小组、宗族、村民等不同利益主体意见的基础上主导制定的一系列较为全面的制度规范。这一整套制度规范是大亚湾区区委、管委会组织开展整村搬迁工作以及南边灶村参与搬迁工作的规范依据。

大亚湾区澳头街道南边灶村原位于大亚湾区沿海，下辖南边灶、石下灶、岩背、金竹岗、土湾、新桥等六个村民小组；新村位于大亚湾区澳头街道西部，紧邻深圳市坪山区。2022 年 7 月南边灶村共有居民 762 户 3898 人，其中本村人口 3215 人，外来人口 997 人。南边灶村村"两委"（党委、村委）班子成员 7 人，党委班子成员与村委班子成员均为 7 人，女性班子成员 2 人，实现书记、主任一肩挑和"两委"班子 100%交叉任职目标。[1]南边灶村安置区占地面积为 14.6 万平方米，容积率为 2.61，整个安置区的住宅建筑面积为 34.4 万平方米，共 21 栋楼，其中 32 层的有 10 栋，18 层的有 11 栋。[2]

征地搬迁为大亚湾区基层治理的一个重要方面。南边灶村搬迁方案为大亚湾区本土社会规范的组成部分，通过搬迁方案的整村搬迁是基层治理的重要内容。对搬迁方案以及通过搬迁方案的整村搬迁进行调查和分析，对于我们充分认识搬迁方案在基层治理中的积极价值、总结整村搬迁中的规范创新、提升整村搬迁的实践效果、总结通过本土社会规范的基层治理经验具有重要的意义。

为了准确把握南边灶村搬迁方案的具体运行状况和在整村搬迁工作中实际发挥的作用，我们于 2022 年 7 月 4 日~7 月 6 日到大亚湾区管委会动迁办公室、惠州市国土资源局大亚湾区分局、南边灶村就搬迁方案规范及其实施状况进行专门调查。我们考察了南边灶村村容村貌，参观了南边灶村民俗公园，与动迁办、国土局主要相关人员进行了座谈，访谈了南边灶村村"两委"干部、村民小组干部、村民、租户，查阅收集了与搬迁方案有关的文书档案与电子资料，对南边灶村搬迁方案及其在整村搬迁工作中的作用有了初步的了解和感受。

---

〔1〕 参见《南边灶村基本情况》，大亚湾区民政局提供，2022 年 7 月 11 日。
〔2〕《关于南边灶安置区的情况汇报》，南边灶村村委会提供，2022 年 7 月 6 日。

二、通过搬迁方案的整村搬迁主体

在南边灶村的搬迁实践中，大亚湾区区委和管委会、南边灶村庄整体搬迁工程指挥部、大亚湾区管委会动迁办公室、大亚湾区国土分局等部门以及澳头街道办事处、南边灶村村"两委"、南边灶村庄整体搬迁工作委员会、村民小组干部、村民代表等均发挥着或多或少的作用。其中，大亚湾区区委和管委会、南边灶村庄整体搬迁工程指挥部发挥主导作用，是通过搬迁方案的南边灶村整村搬迁的关键主体，南边灶村村"两委"、南边灶村庄整体搬迁工作委员会发挥辅助作用，是通过搬迁方案的整村搬迁的重要参与者。

具体而言，通过搬迁方案的整村搬迁主体以及参与者的基本情况如下：

其一，大亚湾区区委和管委会是通过搬迁方案的整村搬迁的决策主体，发挥了主导作用。大亚湾区区委、管委会是南边灶村整体搬迁的主导者，是南边灶村搬迁方案的制定者、实施者，在南边灶村整村搬迁工作中统筹协调负责各项搬迁工作。由于经济发展快，大企业、大项目用地需求多，大亚湾区历来十分重视村庄搬迁工作。根据大亚湾区管委会动迁办主任陈伟峰介绍："早在1992年的时候，大亚湾区一成立的时候，它就出了一个政策，就是由政府由管委会来主导，叫作统征地。统征地实行的叫作'五统一'，统一征收、统一规划、统一招商、统一开发、统一使用。以后大概就是这'五统一'，就沿着这条路进行搬迁。"[1]在南边灶整村搬迁工作中，大亚湾区区委和管委会将南边灶整村搬迁作为区"第一号工程"，全力推动相关工作开展。在南边灶村搬迁工作中，大亚湾区区委和管委会主要是通过南边灶村庄整体搬迁工程指挥部发挥实际作用。

其二，南边灶村庄整体搬迁工程指挥部是通过搬迁方案的整村搬迁的具体执行主体，发挥着重要的推动作用。南边灶村庄整体搬迁工程指挥部是由大亚湾区区委和管委会在南边灶村整村搬迁安置初步方案出台后成立的具体负责组织协调南边灶村征收工作的机构，在南边灶村的搬迁过程中发挥着最为重要的作用。南边灶村庄整体搬迁工程指挥部由区委书记任总指挥，区委副书记、管委会主任任副总指挥，区两委全体领导为指挥部领导班子成员，区各部门负责人与工作人员为指挥部工作组的组成人员。根据南边灶村庄整

---

[1] 大亚湾区管委会动迁办陈伟峰访谈录，资料编号：GDHZDYWDQB2022070401，2022年7月4日。

体搬迁工程指挥部 2010 年 6 月 23 日制定的《南边灶驻村工作方案》，南边灶村庄整体搬迁工程指挥部下设 6 个驻村工作组，分别进驻南边灶村的六个村民小组。每位区领导分别担任各驻村工作组的负责人，包干一个区域，亲自坐镇一线指挥。驻村工作组的组成人员主要为大亚湾区管委会动迁办、区国土局、区住建局、区纪委、区农办、区地税局、区监察局、区审计局、区公安局、区执法局、区代建局、区法院、区检察院、区财政局、区督查办、区公用事业局、区城市执法局以及澳头街道办事处的负责人及工作人员。驻村工作组职责的职责为：一是做好宣传教育工作，宣传搬迁政策；二是做好违建控制工作，摸清违建情况；三是收集村民反馈的合理意见；四是推进搬迁。

　　大亚湾区区委和管委会高度重视南边灶村搬迁工作，为了实现"和谐搬迁无上访、科学搬迁无遗留、阳光搬迁无违纪、平安搬迁无事故"的目标，区"两委"所有领导均加入南边灶村庄整体搬迁工程指挥，及时协调、解决搬迁工作中出现的困难和问题，确保搬迁工作有序开展。搬迁工作中，南边灶村庄整体搬迁工程指挥的各部门领导、工作人员均负有包干任务。为了保证搬迁工作顺利开展，南边灶村庄整体搬迁工程指挥分别从区动迁、国土、住建、城市执法、澳头街道办等职能部门抽调 200 多名业务骨干组成基干组，负责房屋的丈量、登记、拍价、公示、协议签订等工作。身兼驻村工作小组组长的区领导还从各自分管部门抽调了 400 多名精干力量充实到各驻村工作组，进一步加强工作力量。为高效解决搬迁过程中遇到的问题，南边灶村庄整体搬迁工程指挥部建立了搬迁全体成员会议制度、现场会制度和专题会制度等工作机制；为加强与村民的沟通，南边灶村庄整体搬迁工程指挥注重发动村、组干部及乡贤人士，充分发挥他们在搬迁工作中的积极作用；在搬迁维稳方面，南边灶村庄整体搬迁工程指挥重点做好香港籍外出户的信访维稳工作，采取"走出去"和"请回来"相结合的方式，多次派人赴港或邀请香港外出户回乡参观，加强沟通联系，化解矛盾，争取支持。[1]

　　大亚湾区管委会动迁办主任陈伟峰回顾了南边灶村庄整体搬迁工程指挥部的组成和运行情况：

---

　　〔1〕参见《南边灶村庄整体搬迁工作情况介绍（20201109）》，大亚湾区管委会动迁办提供，2022 年 7 月 4 日。

当时是书记亲自带队，成立了南边灶村搬迁指挥部，抽调区里面的各个部门。首先是抽调区管委会的班子成员，包括副主任、包括常委，南边灶村下面有六个村小组，每个领导包一个村小组，同时各个部门的一把手组成若干个工作小组，进驻到六个村小组里面去。首先是书记一把手做总指挥，同时管委会的副手分别包一个村小组，到每个村小组之后再分。比如说下面部门的负责人，你要包几户，我要包几户。同时，下面的工作组——就是具体干活的，就在各个机关抽干部，国土的、住建的、动迁的，包括纪委的都要抽人，要有监督员的嘛，一定要公开透明的嘛。就成立了这个机制。结果整个就搬完了。[1]

通过成立南边灶村庄整体搬迁工程指挥部，大亚湾区区委和管委会有效组织和动员了区委和管委会以及各部门的领导与工作人员，形成了"千斤重担人人担，人人肩上有指标"的工作格局，营造了全员动员、全员参与、全员攻关的隆重氛围，奠定了南边灶村整村搬迁的组织基础、领导基础、人力基础以及物质保障，有效推动了南边灶村搬迁工作的逐步推进。

其三，南边灶村村"两委"和南边灶村庄整体搬迁工程指挥部既是整村搬迁的对象，也是搬迁参与者，发挥着一定的协助和配合作用。南边灶村村"两委"在情况摸排、村民意见收集、村民诉求反馈、搬迁方案执行以及协助大亚湾区区委、管委会进行动员宣传等各项搬迁工作中发挥着一定的协助作用。在搬迁工作中，南边灶村村"两委"主要是通过"南边灶村庄整体搬迁工作委员会"推动相关工作。南边灶村庄整体搬迁工作委员会由南边灶村村"两委"于2010年3月组建成立。该委员会共41人，主要成员为南边灶村村"两委"干部、村民小组干部、村民代表等。根据南边灶村村委会2010年3月31日发布的《关于成立南边灶村庄整体搬迁工作委员会的通知》。该委员会的组成人员主要为，村"两委干部"、6个村民小组的组长、副组长、党员代表、村民代表。[2]2011年7月6日，为了使南边灶村庄整体搬迁工作有序进行，南边灶村村"两委"结合该村第五届村干部换届选举结果，将新当选

〔1〕　大亚湾区管委会动迁办陈伟峰访谈录，资料编号：GDHZDYWDQB2022070401，2022年7月4日。
〔2〕　参见《关于成立南边灶村庄整体搬迁工作委员会的通知》，南边灶村村委会提供，2022年7月6日。

村干部的 6 名村民吸纳为搬迁工作委员会，南边灶村庄整体搬迁工作委员会的规模进一步扩大。新增后的名单由南边灶村村委会上报给大亚湾区南边灶村庄整体搬迁指挥部。[1]

为了使得南边灶村庄整体搬迁工作委员会更好地协助和配合大亚湾区区委和管委会以及南边灶村庄整体搬迁工程指挥部开展工作，大亚湾区管委会根据南边灶村村委会的申请为南边灶村庄整体搬迁工作委员会发放了专项工作经费、南边灶村村搬迁委员会成员补贴、南边灶整体搬迁干部工作经费补贴、加班补贴等各类经费与补贴。例如，大亚湾区管委会从 2010 年 5 月开始为南边灶村庄整体搬迁工作委员会的成员中属村"两委"干部的人员发放每人每月 600 元补贴，为其他成员发放每人每月 800 元补贴。[2]再如，为了使南边灶村庄整体搬迁工作委员会能更好地协助抽签选房工作，发放了抽签工作经费；为了保证祠堂抽签工作顺利进行，发放祠堂抽签工作经费；为了保障赴港宣传工作顺利开展，发放了赴香港宣传发动原籍外出户抽签选房工作经费，等等。这些经费补贴保障了南边灶村庄整体搬迁工作委员会协助与配合任务的顺利完成。

总体而言，在大亚湾区区委和管委会的领导和决策下，在由大亚湾区区委和管委会设立的南边灶村庄整体搬迁工程指挥部的执行、组织和推动下，以及在南边灶村村"两委"、南边灶村庄整体搬迁工作委员会的协助和配合下，南边灶村的搬迁工作得以有序开展。

三、通过搬迁方案的整村搬迁规范

为了使得南边灶村整村搬迁工作规范有序地开展，大亚湾区区委和管委会、南边灶村庄整体搬迁工程指挥部等治理主体在搬迁实践中制定了《南边灶村庄整体搬迁房屋拆迁补偿安置办法》《南边灶村庄整体搬迁土地征收和盘整补偿实施办法》《南边灶村庄整体搬迁房屋征收补偿安置办法（修订）》《南边灶村庄整体搬迁土地征收和盘整补偿实施办法（修订）》《大亚湾区南边灶村庄搬迁群体性上访事件应急预案》《南边灶安置区房屋抽签选房预案》

---

〔1〕 2022 年 7 月 6 日下午访谈时，南边灶村党委书记陈赞东告诉我们工作组共有 53 位成员。参见南边灶村陈赞东访谈录，资料编号：GDHZDYWATNBZ2022070601，2022 年 7 月 6 日。

〔2〕《关于做好南边灶村搬迁委员会成员补贴发放工作的通知》（惠湾南搬发〔2010〕14 号），南边灶村村委会提供，2022 年 7 月 6 日。

《南边灶村庄整体搬迁永久安置区房屋抽签选房方案》《南边灶民俗文化公园抽签方案》《南边灶村庄整体搬迁永久安置区房屋抽签选房后续方案》《南边灶驻村工作方案》《南边灶村庄整体搬迁工程预防腐败工作预案》《南边灶村整体搬迁纪律规定》《南边灶安置区中心花池调整方案》等一系列方案、办法、规定（以下统称为"搬迁方案"）。这些搬迁方案是大亚湾区开展南边灶村整村搬迁工作的制度依据与操作规程。

在前述一系列搬迁方案中，由大亚湾区管委会于 2012 年 3 月 21 日发布的《南边灶村庄整体搬迁房屋征收补偿安置办法（修订）》发挥着最为重要的作用。该补偿安置办法是南边灶村整体搬迁工作中最为倚重的制度规范。以下为《南边灶村庄整体搬迁房屋征收补偿安置办法（修订）》原文：

南边灶村庄整体搬迁房屋征收补偿安置办法（修订）

第一章　总则

第一条　为保障惠州大亚湾经济技术开发区澳头街道办事处南边灶村民委员会村庄（以下简称"南边灶村庄"）整体搬迁顺利进行，保护被征收人的合法权益，妥善做好征收补偿安置工作，根据《中华人民共和国土地管理法》《中华人民共和国城乡规划法》《中华人民共和国物权法》和《关于修改〈惠州市加强建设项目征地拆迁管理规定〉的决定》（惠府令第 67 号）等有关法律、法规和政策的规定，结合实际情况，制定本办法。

第二条　在南边灶村庄内实施房屋征收，需要对被征收人补偿和安置的，适用本办法。

第三条　本办法的征收人是指惠州大亚湾经济技术开发区管理委员会（以下简称"区管委会"），区管委会确定大亚湾经济技术开发区动迁办公室（以下简称"区动迁办"）为南边灶村庄整体搬迁的执行机构，负责组织实施村民房屋的征收补偿安置工作。区管委会成立南边灶村庄整体搬迁工程指挥部，负责组织协调征收的具体工作。被征收人是指在搬迁范围内拥有被征收房屋所有权的个人或单位。

第二章　征收补偿程序

第四条　征收应依照法律法规的规定，公开房屋征收工作程序，提高房屋征收补偿安置工作的透明度，依法征收房屋。

第五条　征收具体程序

（一）发布公告

征收人向搬迁范围内的被征收人发布公告，征收人应及时向被征收人做好宣传、解释工作。

（二）公布补偿安置办法

区动迁办拟定补偿安置办法，报区管委会批准后公布。

（三）现状拍录

区动迁办应对搬迁范围内的房屋和其他建（构）筑物现状进行录像及拍照。

（四）丈量登记、确价、公示

区动迁办应会同相关职能部门、村小组对拟征收房屋权属、性质、结构、面积、安置人数和附属物的现状等情况进行调查核实和丈量登记、确价、公示，并由参加现场调查的征收工作人员、被征收人签名，由纪检监察机关委派的监督员核实后签名确认。如被征收人拒绝签名确认的，由公证机关办理证据保全。

（五）签订协议

区动迁办根据确价结果与被征收人订立征收补偿安置协议。协议内容应包括：补偿形式和补偿金额、安置房地点、面积、搬迁过渡方式和期限、搬家费、临时安置补助费、支付方法、违约责任、当事人认为需约定的其他内容等。区动迁办与被征收人或者区动迁办、被征收人与房屋承租人无法达成征收补偿安置协议的，由区动迁办报请区管委会按照补偿安置办法作出征收补偿决定，并予公告。

（六）支付征收补偿款

区动迁办按照与被征收人订立的征收补偿安置协议的约定支付补偿款给被征收人。

（七）实施房屋拆除

被征收人应按征收补偿安置协议的约定将房屋交由征收人拆除。

第六条　征收有产权纠纷或产权人下落不明的房屋，征收前应就被征收房屋的有关安置事项向公证机关办理证据保全。

第七条　被征收人在补偿安置协议签立后未按约定的期限搬迁，或在征收补偿决定规定的期限内拒不搬迁的，由征收人申请人民法院强制执行。

第三章　补偿的分类

第八条　下列房屋及其他建（构）筑物，不予补偿：

（一）侵占农用地、未利用地、政府储备用地、道路、河道等公共用地建设的建（构）筑物；

（二）凡未经区城乡规划建设行政主管部门批准而自行搭建、超过批准时限或法定时限的临时建（构）筑物；

（三）2009年5月21日发布《关于南边灶村庄搬迁的公告》后建设的房屋和其他建（构）筑物。

第九条　在2009年5月21日前建成的房屋及其他建（构）筑物符合下列情形之一的，按补偿标准予以全额补偿：

（一）在取得《国有土地使用证》或《建设用地许可证》或《集体建设用地使用证》或已获各类有效用地审批文件的土地上建设的；

（二）现存的老祖屋；

（三）在老祖屋倒塌地重建的；

（四）符合惠湾［2005］93号文件规定的一户一宅建房条件并在2009年5月21日前按一户一宅用地标准建设的；

（五）在村小组回拨地、留用地内分配给村民的住宅用地上建设的。

第十条　除上述第八、第九条规定以外的2009年5月21日前建成的建（构）筑物，按补偿标准的95%予以补偿。

第四章　补偿标准

第十一条　征收补偿费用包括房屋及其他建（构）筑物征收补偿费、搬家费、临时安置补助费、上楼奖励、营业损失补偿和装修补助费。

第十二条　房屋、附属物补偿

（一）房屋补偿

1. 框架结构房屋：一等每平方米2500元，二等每平方米2400元，三等每平方米2200元，四等每平方米1900元，五等每平方米1500元（等级说明见附件）；

2. 混合结构房屋：一等每平方米2400元，二等每平方米2300元，三等每平方米2100元，四等每平方米1800元（等级说明见附件）；

3. 砖木结构房屋：一等每平方米1800元，二等每平方米1600元，三等每平方米1500元（等级说明见附件）。上述各类房屋的基础、屋内建筑和普通装修部分，如浴室、卫生间、化粪池、石膏天花、宝丽板墙裙、水电设施等，均已计入各种房屋的补偿内，不另作补偿。

（二）附属物补偿

附属物补偿标准详见附件。本办法未规定的项目，按照《关于修改〈惠州市加强建设项目征地拆迁管理规定〉的决定》（惠府令第67号）规定的标准执行。

第十三条　搬家费、临时安置补助费、上楼奖励

（一）搬家费

安置对象每户补助3000元，其余每户补助1500元。

（二）临时安置补助费

过渡期临时安置分政府集中安置和被征收人自行过渡安置两种方式，接受政府集中安置的，不再支付临时安置补助费。自行过渡安置的安置对象，按以下标准给予补助：

1. 户籍在册安置户安置对象每人每月补助600元（含房租、水、电等补助）；

2. 原籍外出户安置对象每户每月补助800元（含房租、水、电等补助）。补助期限自签订《南边灶村庄整体搬迁房屋征收补偿安置协议书》之日起至安置房交付使用后6个月止。

（二）上楼奖励

1. 户籍在册安置户安置对象每人一次性奖励5万元；

2. 原籍外出户安置对象按每户一次性奖励5万元。

第十四条　对同时符合下列两个条件的商户，按营业面积每平方米120元的标准予以一次性补偿：

（一）依法取得营业执照并正在经营的商铺；

（二）营业执照登记的经营场所在南边灶搬迁区范围内。

第十五条　征收依法取得营业执照的工业厂房，造成经营者停产、停业的，征收人除根据经营者在社会劳动保障机构登记备案的职工人数、本企业上年度职工平均工资，给予职工六个月工资补偿外，还应当根据经营者上年度月平均税后利润，一次性给予六个月停产补偿。企业设备搬迁费按市场评估价补偿。

第十六条　征收集体所有的房产及公共设施，按本补偿标准给予补偿，

学校、幼儿园、敬老院征收后，由政府负责在安置区按国家有关规定重新建设，不再另行补偿。

第十七条　祠堂、宗祠等房屋原则上采取异地重置方式，具体方案与村民另行协商确定。

第五章　征收安置

第十八条　户籍在册安置户指 2009 年 5 月 21 日前，户口在搬迁区范围内，有合法房屋或住宅用地的家庭，按下列原则分户：

（一）在《关于签订〈南边灶村庄整体搬迁房屋征收补偿安置协议书〉的公告》期限届满时，已婚夫妇及其未满法定婚龄子女为一户；

（二）在《关于签订〈南边灶村庄整体搬迁房屋征收补偿安置协议书〉的公告》期限届满时，已满法定婚龄的未婚村民为一户；

（三）在《关于签订〈南边灶村庄整体搬迁房屋征收补偿安置协议书〉的公告》发布前，已离异或丧偶后未再婚的为一户；《关于签订〈南边灶村庄整体搬迁房屋征收补偿安置协议书〉的公告》发布后离异的，不再分户。在《关于签订〈南边灶村庄整体搬迁房屋征收补偿安置协议书〉的公告》期限届满后，因政府原因超过两年未安置的，按实际情况重新分户。

第十九条　户籍在册安置户的安置对象按下列原则确定

（一）下列人员属于安置对象

1. 2009 年 5 月 21 日前，户口在搬迁区范围内，有合法房屋或住宅用地的常住人员；

2. 现役军人，在校大中专院校学生，正在劳教或服刑人员；

3. 符合安置条件的家庭成员中，在《关于签订〈南边灶村庄整体搬迁房屋征收补偿安置协议书〉的公告》期限届满前出生的新生儿、夫妻投靠、复退转军人等新登记入户的人员和因人口普查新登记入户的超生人员。

（二）下列人员不列入安置对象

1. 党政机关、人民团体、事业单位在编在职的财供人员，经组织人事部门正式任命或聘用的国有企业管理人员，及已享受国家房改政策的上述各类离退休公职人员；

2. 在《关于签订〈南边灶村庄整体搬迁房屋征收补偿安置协议书〉的公告》期限届满前死亡，户口未注销的；

3. 已在大亚湾其他征收项目中按规定接受政府征收安置的人员；

4. 其他不符合本条第（一）项条件的。

第二十条　原籍外出户是指原籍在本村，户口已迁离搬迁区范围，但在搬迁区内有合法房屋或合法住宅用地的家庭，2009 年 5 月 21 日前已独立成家的人员可认定为一户，如子女已分户的，其父母随其中一子女，不再另行分户。户口已迁离搬迁区范围的外嫁女，不予认定为原籍外出户。

第二十一条　安置方式采取统建安置房安置，由征收人提供定销安置房供安置对象购买。户籍在册安置户每户可按定销优惠价购买人均 40 平方米套内面积的安置房，此外，还可按成本价购买不超过人均 40 平方米套内面积的安置房。被征收人可选择购买与自身安置标准面积相对应的一套或多套安置房。

（一）定销优惠价每平方米 1600 元；成本价每平方米 2300 元。因户型设计原因，安置对象实际购买的安置房超过安置标准面积的，按以下办法处理：

1. 属按定销优惠价购买的，超出部分在 10 平方米以内的仍按定销优惠价购买；超出部分在 10 平方米以外的按成本价购买。

2. 属按成本价购买的，超出部分在 10 平方米以内的按成本价购买；超出部分在 10 平方米以外的按区位房地产市场价格购买。区位房地产市场价格由区动迁办定期委托有资质的评估机构按房屋市场行情评估确定，报区管委会批准后公布。

（二）独生子女、纯二女结扎的户籍在册安置户，每户可增加 40 平方米套内面积定销优惠价购房指标。

（三）符合本办法第十八条第（二）项的户籍在册安置户，每户可增加 40 平方米套内面积定销优惠价购房指标。

（四）原籍外出户安置对象，除每户可按定销优惠价购买 80 平方米套内面积的安置房，还可按成本价购买不超过 40 平方米套内面积的安置房。属华侨房产的，按华侨政策规定处理。

（五）获得的征收补偿费（不含搬家费和临时安置补助费）不足以按人均 30 平方米保障性住房标准购买安置房的低收入家庭，在政府规定的期限内搬迁的，不足部分由征收人补足。低收入经济困难家庭的认定办法由区管委会另行规定。

（六）被征收人按定销优惠价购买的安置房［含本条第（五）项规定的情形］，由征收人另行给予每平方米 600 元的装修补助。

第二十二条　安置房建设。安置区实行统一建设，集中安置，社区化管理。

第六章　其他规定

第二十三条　被征收人隐瞒真实情况，出具虚假证明材料、冒领、多领货币补偿款和获得超规定补偿的，征收人依法追回。

第二十四条　政府有关部门为征收当事人出具虚假证明材料的，对直接负责的主管人员和其他直接责任人依法给予行政处分，构成犯罪的，依法追究刑事责任。

第二十五条　妨碍征收工作人员依法执行公务的，由公安机关依照治安管理法处罚，构成犯罪的，依法追究刑事责任。

第二十六条　征收工作人员玩忽职守、滥用职权、徇私舞弊的，由所在单位或上级主管部门给予行政处分，构成犯罪的，依法追究刑事责任。

第二十七条　区动迁办应建立、健全征收档案管理制度，加强对征收档案资料的管理。

第二十八条　房屋征收补偿安置资金应当全部用于房屋征收的补偿安置，不得挪作他用，财政部门应当加强对补偿安置资金使用的监督。

第七章　附则

第二十九条　本办法未规定的，按照《中华人民共和国物权法》和《关于修改〈惠州市加强建设项目征地拆迁管理规定〉的决定》（惠府令第67号）执行。

第三十条　本办法由惠州大亚湾经济技术开发区管理委员会解释。

第三十一条　本办法自颁布之日起施行。原颁发的《关于印发〈南边灶村庄整体搬迁房屋征收补偿安置办法〉的通知》（惠湾［2012］22号）与本办法不一致的，以本办法为准。[1]

需要说明的是，《南边灶村庄整体搬迁房屋征收补偿安置办法（修订）》是在《南边灶村庄整体搬迁房屋拆迁补偿安置办法》基础上修订而成的，后者由大亚湾区管委会于2010年5月13日印发。从2010年5月13日到2012

---

［1］《南边灶村庄整体搬迁房屋征收补偿安置办法（修订）》，南边灶村村委会提供，2022年7月5日。

年 3 月 21 日，南边灶村村委会代表村民、村民小组、宗族、外嫁女、在港人员等人员就 2010 年版的《南边灶村庄整体搬迁房屋拆迁补偿安置办法》向南边灶村庄整体搬迁工程指挥部提出了大量问题，南边灶村庄整体搬迁工程指挥部也广泛收集意见、多次开会以及召开听证会，在此基础上，最终由大亚湾区修订并颁布了《南边灶村庄整体搬迁房屋征收补偿安置办法（修订）》。

通过对两份文件进行对比可以发现，相比于 2010 年 5 月版的安置方案，2012 年 3 月新版方案给了被搬迁人更多的实惠。相比于旧版方案，新版方案的变化情况主要为：征收人由大亚湾石化工业区发展集团有限公司更改为大亚湾区管委会；征收补偿程序有所调整，例如，删除了村民应在 10 天内腾空房屋的规定；全额补偿范围有所增加，根据新的方案，在老祖屋倒塌地重建的房屋、符合惠湾［2005］93 号文件规定的一户一宅建房条件并在 2009 年 5 月 21 日前按一户一宅用地标准建设的房屋，以及在村小组回拨地、留用地内分配给村民的住宅用地上建设的房屋，均被纳入全额补偿范围，非全额补偿的标准也从 80% 增加至 95%；补偿标准有所提升，增加上楼奖励、营业损失补偿、装修补偿等内容，且各类房屋、附属物每平方米补偿价格大幅上升，例如四等房屋补偿由 500 元每平方米上升为 1900 元每平方米；明确规定祠堂、宗祠的安置方式为异地重建；安置对象有所增加，原属本村村民的"外嫁女"、原籍在本村的外出前已独立成家且在拆迁区有合法房屋和有合法宅基地的人员等部分人员被纳入安置对象的范围；安置方式更加详细，装修补助金额从每平方米 300 元调整为 600 元。

2012 年版的《南边灶村庄整体搬迁房屋征收补偿安置办法（修订）》之所以会从安置对象、安置标准等多个方面提升村民待遇，主要是村民与政府博弈的结果，体现了大亚湾区区委、管委会对村民意见的重视。新版的搬迁方案更加符合南边灶村的实际状况和村民需求，有着更高的社会认可度，为搬迁工作的顺利开展提供了行为依据、规范支撑与制度基础。

值得注意的是，为了实现惠州市政府提出的"阳光搬迁无违纪"的目标，大亚湾区区委和管委会高度重视南边灶村搬迁的廉政监督工作，专门成立了搬迁廉政监督工作组，制定并修改了《南边灶村整体搬迁工程预防腐败工作预案》《南边灶村整体搬迁纪律规定》等制度规范，对征收工作人员和农村党员干部提出了"五不准"和"九不准"等工作纪律，要求廉政监督员每一项丈量和补偿都要现场参与、现场签名且丈量情况的公示时间要由村干

部签字确认，将廉政监督落实到搬迁工作的方方面面，确保搬迁工作依法
依规。通过完善搬迁纪律规范，大亚湾区区委和管委会有效预防了违法违
纪问题的发生。

此外，在南边灶村的搬迁工作中，除了由大亚湾区区委和管委会以及南
边灶村庄整体搬迁工程指挥部亲自制订的各类搬迁方案外，在区委和管委会
以及指挥部的指导下，南边灶村村"两委"、南边灶村庄整体搬迁工作委员会
也制定了部分方案、规范。这些方案、规范主要有《南边灶村庄搬迁委员会
工作制度》《值班补助规定》等，是南边灶村村"两委"、南边灶村庄整体搬
迁工作委员会在协助政府的过程中所遵守的，在保障搬迁工作公开、公正、
透明、规范方面有着一定的价值。

总体而言，大亚湾区区委和管委会、南边灶村庄整体搬迁工程指挥部等
搬迁主体在搬迁实践中制订的以《南边灶村庄整体搬迁房屋拆迁补偿安置办
法》为代表的一系列搬迁方案为南边灶村搬迁工作的开展奠定了较为精密
的制度框架与行为准则，使得南边灶村整体搬迁工作的组织者、协助者、
参与者能够有序地推进和参与搬迁工作，保障规模较大的南边灶村整村搬
迁有序进行。

四、通过搬迁方案的整村搬迁实践

在搬迁方案的指引和规范下，在大亚湾区区委和管委会的主导下，南边
灶村的整村搬迁实践是一场涉及面广的基层治理活动。根据时间顺序以及主
要工作内容，大亚湾区区委和管委会以及南边灶村庄整体搬迁工程指挥部所
开展的通过搬迁方案的整村搬迁实践可被分为发布搬迁公告、制订完善补偿
安置办法、宣传动员、实施搬迁、后续保障等几个方面。

（一）发布搬迁公告

2009 年 5 月 21 日，大亚湾区管委会发布了《关于南边灶村庄搬迁的公
告》，有着 300 余年历史的南边灶村正式宣告开启整体搬迁的宏大进程。

关于南边灶村庄搬迁的公告

为加快推进我区石化产业区的发展，妥善解决南边灶村庄发展的出路问
题，切实改善南边灶村民的居住、生活、生产条件，彻底清理南边灶违法违
章建筑和各类历史遗留问题，区管委会决定，从 2009 年 5 月开始，正式启动

南边灶片区村庄整体搬迁工作。现将有关事项公告如下：

一、本次搬迁范围包括澳头街道办南边灶村民委员会属下的南边灶、土湾、金竹岗、岩背、石下灶、新桥等6个村民小组。

二、本次搬迁工作自2009年5月份开始至2010年底完成。

三、本次搬迁工作以确保村民现有生活水平不降低、经济可持续发展为原则，合理制订各项安置补偿和土地安排政策，切实保护村集体和广大村民的合法利益。

四、自本公告发布之日起，规划建设、国土等部门停止受理上述搬迁范围内用地审批、土地交易、规划许可、施工报建等业务。对确有住房需求，符合"一户一宅"用地安排条件的，由澳头街道办会同有关部门核实后予以登记，在后续搬迁工作中解决。

五、自本公告发布之日起，除夫妻投靠、未成年子女投靠父母外，公安部门停止办理上述6个村民小组的户口迁入和分户手续，并对"空挂户"进行清理。

六、自本公告发布之日起，严禁在上述搬迁范围内进行抢搭抢建抢种活动，违者一律不予补偿。区公安局、规划建设局、国土分局、城监大队、澳头街道办等部门和单位要切实履行职责，加强对搬迁区域的执法巡查工作，发现抢搭抢建抢种行为，应当立即采取坚决有效的措施予以制止。

七、自本公告发布之日起，区有关单位和部门将着手对上述搬迁范围内的房屋、用地、人口、经济、历史遗留问题等情况展开调查工作，请广大村民和村干部给予支持和配合。

特此公告。

惠州大亚湾经济技术开发区管理委员会（章）
二〇〇九年五月二十一日[1]

（二）制订完善补偿安置方案

在大亚湾区管委会《关于南边灶村庄搬迁的公告》发布后，具体补偿安置方案的细节尚不清楚，村民疑问较多。于此情形下，南边灶村多次召开了村民小组以上会议，各村民小组也多次召开了干部、党员、村民代表、户代

---

[1]《关于南边灶村庄搬迁的公告》，南边灶村村委会提供，2022年7月6日。

表会议，就有关移民搬迁的相关事宜结合各村实际反复讨论。

在村民讨论的基础上，2009 年 6 月 6 日南边灶村村委会向大亚湾区管委会提出了 15 项问题与要求并要求大亚湾区管委会给予解决和答复。以下为南边灶村在数次开会讨论后提出的问题与要求：

2009 年 6 月 4—11 日南边灶整体搬迁工作情况汇报

一、南边灶村辖下 6 个村小组户籍登记基本完成，对空挂户口进行了清理，有关数据正在与公安局核对中。

二、自 2009 年 5 月 21 日，"关于南边灶村委会整体搬迁的动员会"后，我村也多次召开了村小组以上会议，各村小组也多次召开了干部、党员、村民代表、户代表会议，6 个村小组初步提出了如下要求：

1. 搬迁地点的选址（要明确告知村民）。

2. 安置方式：必须一户一宅。

3. 房屋拆迁补偿标准要提高。

4. 村民现有每人合法的 20 平方米征地回拨住宅地要求置换相等面积的商住地或作适当的经济补偿，要即时兑现。

5. 征地回拨地要确保集体有足够的面积和发展空间。

6. 旅居祖籍外国华侨及港澳同胞和祖国外出人员又如何安置等问题。要纳入本次搬迁的工作日程之中。

7. 本辖区内的面积应在海拔 80 米以下高程的山岭土地及作物给予全面征用完毕。

8. 应组织专项工作组人员，尽快解决各村历史遗留问题。

9. 1993 年以前，已征的土地上作物应和未征地的价格以现行的征地价格同等标准。

10. 新桥村（代耕户、外插户）的实际情况，在这次移民搬迁中村民的生活出路和村集体的发展，政府应纳入其中。

11. 移民搬迁的失地农民医疗保险、养老保险、社会福利等要加大投入，应与普通职工同等待遇。

12. 搬迁后村民的生活出路如何解决。

13. 移民后的村民就业如何安排。

14. 集体今后办企业有何优惠政策。

15. 移民的搬迁费补贴、生活费补贴。

南边灶村村委会

2009 年 6 月 11 日〔1〕

关于搬迁后新安置区的位置，大亚湾区管委会提供了三个地块供南边灶村选择。南边灶村村委会经过多次组织村民小组、村民代表讨论，考虑今后的发展前景，在大亚湾区管委会提供的几个地方中选择了临近深圳的地块，村民也一致同意。

为了给村民们提供明确具体的搬迁安置政策，顺利推进搬迁工作，大亚湾区区委和管委会曾组织人员赴福建厦门、江苏无锡、广东湛江以及惠州市惠城区江北水北新村等地参观，学习搬迁经验。根据外地经验以及大亚湾区的实际状况，大亚湾区区委和管委会确定了"上楼"安置模式，并于 2010 年 5 月 13 日由大亚湾区管委会出台了《南边灶村庄整体搬迁房屋拆迁补偿安置办法》和《南边灶村庄整体搬迁土地征收和盘整补偿实施办法》等安置补偿方案，明确了"上楼"安置的模式。之所以要采取"上楼"安置模式而非"一户一宅"安置模式，主要是为了适应经济社会发展形势，集约利用土地。大亚湾区管委会动迁办主任陈伟峰回顾了当时采取"上楼"安置模式的原因：

> 2000 年以前是按照一户一宅，2000 年以后只要是"整村搬迁"的都是"上楼"安置的。我们现在只是涉及一些线性工程施工，道路建设，从村中穿过的，（才会采取"一户一宅模式"）要拆他零星几套房子，就在他村中的空地上盖几栋房子。2000 年之前土地集约化利用的概念还没有像现在这样精细化。到 2000 年之后，房地产业已经慢慢发展起来了，而且很多项目已经进来了，你再去拆旧村来安排新村，仍然按照"一户一宅"，等于是浪费土地。〔2〕

在大亚湾区管委会出台《南边灶村庄整体搬迁房屋拆迁补偿安置办法》

---

〔1〕《2009 年 6 月 4-11 日南边灶整体搬迁工作情况汇报》，南边灶村村委会提供，2022 年 7 月 6 日。

〔2〕 大亚湾区管委会动迁办陈伟峰访谈录，资料编号：GDHZDYWDQB2022070401，2022 年 7 月 4 日。

和《南边灶村庄整体搬迁土地征收和盘整补偿实施办法》等安置补偿方案后，村民对安置补偿方案意见较大。村民们的意见主要集中在两个方面：一是补偿安置方案将 2009 年 5 月 21 日之后建造的房屋定性为违章建筑而仅给予低廉的成本补偿难以令人接受；二是"上楼"安置模式难以令人接受，多数村民坚持不上楼。例如，石下灶村民小组村民王皂烨提道：

　　我们不是要住商品楼，我们要一家一户一个院子，有地皮的。如果你什么都不要，连这个商品楼房子都不要，才补三十五万块钱给你。[1]

　　以下是南边灶村村委会在正式迁出拆迁区域之前向南边灶村庄整体搬迁工程指挥部提交的《关于南边灶搬迁安置区的情况反映》，该文件是对村内长期存在的村民意见的一次集中总结，概括地重申了村民们的诉求：

关于南边灶搬迁安置区的情况反映

南边灶搬迁指挥部：

2012 年 3 月 6 日，我村委会组织了全体搬迁委员会成员到安置区进行了对展示房实景参观。回来后，召开了会议，就安置区的参观结果及其他涉及搬迁的相关事宜进行了讨论，现经我村综合如下：

一、仍有大部分代表提出要求一户一幢安置（即一户一宅）。

二、安置区建筑设计的房屋结构未能结合我村村民的实际生活需要，不合理想。

三、安置区的设计布局政府未征求我村村民意见，未经村民的认可，程序不对，村民不能接受。

四、政府就算不同意一户一幢，要上楼。为什么不听取群众意见，不按政府相关政策执行搬迁，不尊重民意，工作仍不到位。

五、按这样搬迁，农村原有的祠堂该如何安置？

六、村集体原有回拨用地如何处理？

七、安置房的优惠价、成本价为何提这么高？村民何来有能力承受，应该控制在 1000 元之内。

---

〔1〕　南边灶村王皂烨访谈录，资料编号：GDHZDYWATNBZ2022070601，2022 年 7 月 6 日。

八、一旦上楼，那么上楼节省的安置区土地该如何处理？

南边灶村村委会
2012 年 3 月 7 日〔1〕

为了消除村民对补偿安置方案的抵触情绪，南边灶村庄整体搬迁工程指挥部的 6 个驻村工作组十分注重听取村民反馈意见，在将近两年的时间里共与村民对话 1000 多次，参加座谈的村民达 3000 多人。针对村民提出的各种问题，结合搬迁任务的紧迫性和可行性，大亚湾区区委和管委会做了大量的分析研究工作，召开了大小各类会议 150 多场次并于 2012 年 3 月 16 日举行了听证会。根据听证会收集的意见，又多次召开会议，再次对政策的修订程序、房屋补偿标准和补助对象的界定、安置房购买价格、上楼奖励政策、过渡期临时安置补助等相关问题进行讨论。〔2〕

在听取意见、举行听证会、召开会议、反复讨论的基础上，为了有效消除村民的抵触情绪，使村民心甘情愿地"上楼"，大亚湾区区委和管委会决定在政策允许的范围内最大限度地照顾好村民的利益，通过在补偿安置方案中适当提高房屋征收补偿标准、出台上楼奖励政策、给村民发放生活补助、给学生发放交通补贴、以优惠价和成本价提供安置房供村民购买、解决村集体经济问题、解决宗族祠堂重建事宜等多种方式，在利益上做好村民的补偿工作，争取村民的支持。

经过近两年的磨合，大亚湾区管委会于 2012 年 3 月 21 日正式出台并向社会公布了《南边灶村庄整体搬迁房屋征收补偿安置办法（修订）》和《南边灶村庄整体搬迁土地征收和盘整补偿实施办法（修订）》。根据新的补偿安置方案，补偿安置的标准得到了较大提高。前文已述，相比于旧版的补偿安置方案，新版方案的安置对象有所增加、安置标准有所提高。虽然最初的"一户一宅"诉求以及"5·21"房屋补偿标准过低的问题未得到完全满足和解决，但在搬迁工作组的长期努力以及其他方面补偿标准大幅提高的情况下，村民大多接受了新的方案。例如，村民黄甘埔提到，虽然因为"一户一宅"的诉求未能实现等原因而留下了遗憾，但村民也接受了"上楼"安置模式：

---

〔1〕《关于南边灶搬迁安置区的情况反映》，南边灶村村委会提供，2022 年 7 月 6 日。
〔2〕《南边灶村庄整体搬迁工作总结》，南边灶村村委会提供，2022 年 7 月 6 日。

大家都是统一一样，我这样你也这样，你接受了我也接受了，心里就平衡了。所以这就是我们搬迁的一个遗憾。但是说真的，本人也签字，也同意了，现在也没的说了，只能说保留了一个遗憾。[1]

此外，值得注意的是，在 2012 年版的《南边灶村庄整体搬迁房屋征收补偿安置办法（修订）》中，大亚湾区管委会明确了南边灶村各宗姓祠堂的重建方式为异地集中重建。搬迁方案明确集中异地重建祠堂既是为了回应村民有关祠堂的诉求，推动搬迁方案尽快落地，也是"因为这样不浪费土地。这是一个亮点"。[2]当然，为了得到村民的支持，保障搬迁方案的顺利实施，大亚湾区管委会根据搬迁方案为南边灶村提供了建设祠堂的基础资金与土地。根据作为搬迁方案之一的《南边灶民俗文化公园抽签方案》，各祠堂原占地面积不超过 60 平方米的，重建占地分配面积为 60 平方米；原占地面积 60 平方米以上，不超过 108 平方米的（含 108 平方米），重建占地分配面积为 108 平方米；原占地面积 108 平方米以上，不超过 162 平方米的（含 162 平方米），重建占地分配面积为 162 平方米；其他超大超长面积另作规划安排。据陈赞东介绍，各祠堂的位置通过抽签的方式确定，"当时位置是抓阄确定的"。[3]南边灶祠堂安置区的官方名称为"客家民俗公园"。石下灶村民小组组长陈轩禹介绍了这一名称的由来：

这就是搬迁的问题了，因为搬迁就是要把我们村子拆掉，要我们上楼，没有一户一栋，最坏的后果就是把我们的感情纽带毁掉了。但是祠堂这个东西，我们客家人很重视的，所以说就要求要建祠堂。政府说不能（叫作祠堂），所以就做成民俗公园，给你们一个思念祖宗的地方和场所。如果不这样做的话，就太伤害村民了，要是明目张胆去做制度又不允许。所以就叫民俗公园。[4]

---

〔1〕南边灶村黄甘埔访谈录，资料编号：GDHZDYWATNBZ2022070601，2022 年 7 月 6 日。

〔2〕大亚湾区管委会动迁办陈伟峰访谈录，资料编号：GDHZDYWDQB2022070401，2022 年 7 月 4 日。

〔3〕南边灶村陈赞东访谈录，资料编号：GDHZDYWATNBZ2022070601，2022 年 7 月 6 日。

〔4〕南边灶村陈轩禹访谈录，资料编号：GDHZDYWATNBZ2022070604，2022 年 7 月 6 日。

南边灶客家民俗公园（2022 年 7 月 6 日摄）

　　在 2010 年版的《南边灶村庄整体搬迁房屋拆迁补偿安置办法》方案中，祠堂的重建方式尚不明晰，而 2012 年版的《南边灶村庄整体搬迁房屋征收补偿安置办法（修订）》则明确了祠堂的重建方式为异地重置。通过在安置补偿方案中明确祠堂重建原则以及通过补充方案的形式明确祠堂安置标准，搬迁主体间接地促进了南边灶村民集体情感的维系与集体记忆的传承，提升了搬迁安置方案的认可度与可适用性。对南边灶人而言，祠堂、宗祠有着独特的价值和作用，"落叶归根的地方不能没有的，这是一个精神寄托"。[1]在搬迁安置方案的框架下，大亚湾区区管委会划定的南边灶客家民俗公园总面积共 20 977.5 平方米，计划重建祠堂 54 间，目前大部分已重建完成。

　　（三）宣传动员

　　为了增加村民对搬迁方案的理解与支持，大亚湾区区委和管委会、南边

---

〔1〕南边灶村黄甘埔访谈录，资料编号：GDHZDYWATNBZ2022070601，2022 年 7 月 6 日。

灶村庄整体搬迁工程指挥部十分注重对被搬迁人的宣传动员工作，通过积极宣传动员，争取被搬迁人的支持，为搬迁工作的开展奠定心理基础、舆论基础，形成搬迁合力。根据所处阶段的不同，这些搬迁动员实践可被分为政策出台前动员、初步搬迁方案出台后动员以及搬迁工作全面开展后动员等多个阶段。具体而言：

其一，具体搬迁方案出台前，进行初步动员。在搬迁公告发布后，具体搬迁方案出台前，大亚湾区区委和管委会组织宣传工作组深入南边灶村，分别与村民小组干部、党员、村民代表、户代表等召开座谈会，听取其对搬迁工作的意见建议，对其进行初步动员。

其二，初步搬迁安置方案出台后，及时宣传政策精神，做好村民思想工作。在《南边灶村庄整体搬迁房屋拆迁补偿安置办法》和《南边灶村庄整体搬迁土地征收和盘整补偿实施办法》出台后，南边灶村庄整体搬迁工程指挥部的 6 个驻村工作组分别赴 6 个村民小组开展政策宣传工作，进一步收集村民意见，做好村民思想工作。

其三，搬迁工作全面开展后，进行攻坚动员。2012 年 3 月 25 日，大亚湾区召开了誓师大会，正式全面开启南边灶村的搬迁工作。之后，南边灶村庄整体搬迁工程指挥部的驻村工作组加大了宣传发动工作力度，所有驻村工作小组均下设宣传组，[1] 开展入户宣传、解释征地搬迁的政策法规、补偿安置政策、搬迁的意义、搬迁工作的纪律等工作，最大程度争取村民对搬迁工作的理解、认同与支持。据统计，驻村工作组共入户做村民思想工作 19 317 次，平均每户入户达 7 次。深入细致的宣传工作使搬迁群众明晰了政策，消除了认识误区，统一了思想。在工作组做工作后，绝大多数村民表示愿意接受和配合搬迁工作，形成了整村搬迁的共识。[2] 根据陈伟峰介绍，在搬迁的过程中工作组曾遇到村民不愿上楼的情况，为了动员村民上楼，工作组帮助其进行理性分析，顺利完成了动员任务：

---

〔1〕 2012 年初大亚湾区区委和管委会调整了搬迁指挥部成员，由区委书记任总指挥，区管委会主任任副总指挥，区"两委"全体领导为成员的搬迁指挥领导班子。搬迁指挥部下设办公室、15 个驻村工作小组以及 10 个搬迁专项工作组。参见《南边灶村庄整体搬迁工作总结》，南边灶村村委会提供，2022 年 7 月 6 日。

〔2〕 《南边灶村庄整体搬迁工作情况介绍（20201109）》，大亚湾区管委会动迁办提供，2022 年 7 月 4 日。

我们给他（村民）算账，他也很会算。我（村民）上楼之后，你给的是商品房，虽然是安置房，我拿到之后可以直接进入市场，中间有个差价。你政府给我的安置房是成本价，我卖出去就等于是市场价。如果急着用钱，政府还可以回购，不要这么多房子，直接拿现金。南边灶回购价大概是一千多块钱一平方米。自愿选择。但是也有很多人先让我们回购的也后悔了，整个市场价格都高了。他们会说"早知道"，但是事情没有"早知道"。整个过程三年，前期工作做得非常扎实。书记几乎住到村里去，天天跟村民泡在一块，就问政于民啊，真正问政于民。最早的时候，他们也是提出一户一宅，但是最后就跟他们算经济账、跟他们分析。[1]

在宣传动员的过程中，在大亚湾区区委和管委会以及南边灶村庄整体搬迁工程指挥部的指导和支持下，南边灶村村"两委"以及南边灶村庄整体搬迁工作委员会在争取村民理解、认同和支持方面也发挥了积极作用。陈赞东在总结南边灶村的搬迁工作经验时提到，搬迁工作顺利完成离不开四个条件，其中宣传的地位尤为突出，其提道："第一，宣传要到位；第二，工作要到位；第三，制度要定好，执行要一视同仁；第四，用多点人参与共治。"[2]以下为南边灶村搬迁完成后在搬迁工作报告中对南边灶村村"两委"、南边灶村庄整体搬迁工作委员会宣传动员工作情况的总结：

区政府为节约土地资源，南边灶村搬迁安置采用了"上楼"模式，是大亚湾区搬迁的首例，与东联村、岩前村、沥下村一户一宅的安置模式截然不同，对此村民存在很大的抵触情绪，一开始根本不接受此安置政策，加上村情的复杂，历史遗留问题较多等其他客观原因，搬迁工作一度无从开展，困难重重，但在区委区政府的坚强领导下，我村上下一心，动用所有力量，反复向村民解释搬迁政策，终于克服种种困难，在短短10个月时间里，有着300多年历史的南边灶村，基本完成了整体搬迁，2016年也顺利完成了上楼安置。[3]

〔1〕 大亚湾区管委会动迁办陈伟峰访谈录，资料编号：GDHZDYWDQB2022070401，2022年7月4日。

〔2〕 南边灶村陈赞东访谈录，资料编号：GDHZDYWATNBZ2022070601，2022年7月6日。

〔3〕 《南边灶整体搬迁急需解决的问题（2019年8月10日）》，南边灶村村委会提供，2022年7月6日。

此外，原籍南边灶村的香港居民群体规模大，表达诉求愿望强烈，为了做好原籍南边灶村香港居民的政策解释工作，争取原籍外出户对搬迁工作的支持，南边灶村庄整体搬迁工程指挥部以及搬迁指挥机构注重加强与香港籍外出户的沟通联系，主动上门听取意见和诉求。搬迁工作开始后，南边灶村庄整体搬迁工程指挥部共派出工作组五次赴港，与香港籍外出户进行沟通，向他们耐心解释搬迁政策，收集他们的诉求。同时，邀请香港籍外出户回乡考察了解搬迁工作，先后四次共邀请300多名香港籍外出村民回乡参观交流，听取他们对搬迁工作的意见、建议和诉求。[1]南边灶村村委会也积极开展宣传动员行动，例如，在南边灶村庄整体搬迁工程指挥部同意后，南边灶村村委会于2016年11月6日~7日派遣了主要由村干部组成的工作组前往香港宣传及动员原籍外出户及时参加抽签选房。工作组在香港着力宣传、动员原籍外出户及时参加抽签选房，完成了动员任务。

（四）实施搬迁

在2012年3月搬迁工作全面启动后，南边灶村庄整体搬迁工程指挥部的驻村工作组根据搬迁方案深入开展入户走访、房屋丈量和协议签订等工作，大力推进村民搬迁、土地征收盘整合安置区建设，于2012年10月基本完成南边灶村村民的搬迁工作，2013年2月全部完成南边灶村村民的搬迁工作。其间，驻村工作组累计丈量登记2319户，丈量房屋面积约108万平方米，100%完成丈量工作任务；累计签订协议2319户（在册户1459户；外出户860户，其中香港户643户），占比100%，签订协议的房屋面积约108万平方米。[2]

在搬迁期间，南边灶村庄整体搬迁工程指挥部坚持每周召开一次由各驻村工作小组组长、区"法检"两长、区纪委监察部门、搬迁工作职能部门等负责人参加的搬迁工作会议，听取工作推进情况汇报，及时研究解决工作中遇到的困难和问题。实施搬迁期间，指挥部共召开全体成员会议21次，研究处理各类问题392个。同时，为加快搬迁工作进度，解决搬迁中遇到的疑难问题，从2012年4月份开始，南边灶村庄整体搬迁工程指挥部的领导人员组织区国土局、动迁办、住建局、城管执法局、澳头街道办等相关单位负责人

---

[1]《南边灶村庄整体搬迁工作情况介绍（20201109）》，大亚湾区管委会动迁办提供，2022年7月4日。

[2]《南边灶村庄整体搬迁工作情况介绍（20201109）》，大亚湾区管委会动迁办提供，2022年7月4日。

及政策组成员，定期赴各驻村工作组召开现场办公会或专题研究会，了解各组工作推进情况，现场倾听意见，研究处理各类疑难问题。搬迁期间共召开现场办公会 37 次，专题研究会 170 次，解决问题 493 个。[1]

在将村民迁出拆迁区域的同时，大亚湾区区委、管委会也在按照搬迁方案的要求有序推进安置区建设。在建设安置区的过程中，区委、管委会十分注重尊重村民意愿、回应村民要求、满足村民需求。陈赞东提道，"我们提出的基本合理的诉求、要求，政府基本上都采纳了。同时，在搬迁后，对我们后续的事也有很大的支持的"。[2]例如，在安置区户型设计初稿出炉后，南边灶村庄整体搬迁工程指挥部将设计图发放给村民，征求其意见，并根据村民意见对户型的设计进行了修改和调整；建设了各种不同户型的样板房，供村民参观。此外，南边灶村村"两委"还在指挥部的支持下成立了质量监督组，由村民选出代表常驻安置区建设工地，对工程质量、工程进度等进行现场监督，确保工程质量。以下为南边灶村村委会 2012 年 3 月 15 日向指挥部提交的《关于南边灶村庄整体搬迁安置区户型设计方案的复函》，从中可知，指挥部曾按照村民意愿修改了户型设计，满足了村民要求。

关于南边灶村庄整体搬迁安置区户型设计方案的复函

南边灶村庄整体搬迁工程指挥部：

经我村全体搬迁委员会成员对安置区的户型设计方案，及实例样板房进行现场视察后，一致认为原 130 平方米、170 平方米的户型设计不符合村民生活实际，尚有部分不合理之处，要求指挥部根据我村意见作出适当修改。

今收到修改后图纸，经确认，与我村提出的修改方案相符，同意按此设计方案建设、实施。

南边灶村村委会
2012 年 3 月 15 日[3]

---

〔1〕《南边灶村庄整体搬迁工作情况介绍（20201109）》，大亚湾区管委会动迁办提供，2022 年 7 月 4 日。

〔2〕南边灶村陈赞东访谈录，资料编号：GDHZDYWATNBZ2022070601，2022 年 7 月 6 日。

〔3〕《关于南边灶村庄整体搬迁安置区户型设计方案的复函》，南边灶村村委会提供，2022 年 7 月 6 日。

在搬入南边灶安置区之前，村民们从旧址迁出后大多被安置在金湾花园临时安置区。2016年底，南边灶安置区全部完工。在南边灶安置区建设即将结束时，南边灶村庄整体搬迁工程指挥部成立了南边灶村庄整体搬迁永久安置区抽签选房工作领导小组，具体负责实施抽签选房工作。在南边灶村庄整体搬迁永久安置区抽签选房工作领导小组的组织下以及南边灶村村"两委"的全力协助下，整个抽签选房工作于2016年下半年开始，于2017年3月基本完成，搬迁村民从50平方米、70平方米、90平方米、130平方米、170平方米等五种户型中共计选择1960套安置房。抽签完成后，村民们陆续由临时安置区金湾花园搬迁至南边灶安置区。以下事例一位60多岁的石下灶村民小组村民王皂烨的自述，这一事例反映了其迁入情况：

事例一

我是2017年12月搬过来的，最早的那一批2017年6月就搬过来了。我家这里有七套房，一套170平方的自己住，这里二楼的大女儿住，那里的是小女儿住，儿子一个90平方米，一个75平方米，那里还有两套50平方米的。两套50平方米的用来出租，出租价格每套是一个月一千多一点。[1]

此外，大亚湾区的一个重要特色是不少村民已经迁居香港。与大亚湾区多数地区一样，南边灶村有很多村民迁居香港，这些人大多不愿意放弃在南边灶村的土地。为了处理好在港村民的权益保护问题，大亚湾区区委和管委会注重及时解决香港籍外出户的合理诉求。针对香港籍外出户提交的十六项诉求，区委和管委会多次召开政策会议研究回复意见。为保证回复内容合法、准确，大亚湾区区委和管委会还请市法制局牵头组织市国土局、执法局、住建局、港澳办等单位召开专题会议，对回复内容逐条推敲，最终作出了及时回复。其中，针对香港籍外出户提出的增加分户、增加安置房购房指标等诉求，大亚湾区区委和管委会经过充分调查走访和征求村干部意见，认为诉求合理，且政策未作具体规定，于是对分户方案进行了补充完善。通过解决其合理诉求，顺利推进了香港籍外出户协议签订的工作进度。[2]

---

[1]　南边灶村王皂烨访谈录，资料编号：GDHZDYWATNBZ2022070601，2022年7月6日。
[2]　《南边灶村庄整体搬迁工作情况介绍（20201109）》，大亚湾区管委会动迁办提供，2022年7月4日。

（五）后续保障

南边灶村的整村搬迁工作之所以整体上较为成功、村民较为满意，一个重要的原因是后续保障工作做得较好，在较大程度上解决了村民搬迁后的生活保障问题。大亚湾区区委和管委会为南边灶村提供的保障主要包括扶持村集体经济发展、提供回拨地留用地、建设配套学校、帮助村民处理搬迁后的各类生产生活问题、帮助解决村民的社保、医保、就业问题以及发放过渡期补贴等。其中，扶持村集体经济发展的做法亮点最为突出。具体而言，为了解决集体收入问题，根据大亚湾区区委和管委会的安排，大亚湾区国资中心与南边灶村村委会签订了经营管理委托协议，将南边灶安置区商业中心、商铺、幼儿园的经营权、管理权、发包权、收益权委托给南边灶村村委会。[1]以下为大亚湾区委召开的南边灶村搬迁后续工作推进会的会议纪要摘录：

鉴于南边灶整村搬迁已改变村民原有生产生活方式，为扶持村集体经济发展，解决村民生产生活出路问题，同意将南边灶安置区的商场、商铺、幼儿园、停车位的产权划到区国资中心名下，经营权统一交给南边灶村委会，作为搬迁扶持措施。具体方案如下：

（一）将南边灶安置区的商场、商铺、幼儿园及部分停车位的经营权、管理权、发包权、收益权委托给村委会，由村委会负责统一经营管理，分配收益（含岩背、南边灶、石下灶、土湾、金竹岗、新桥6个村小组），其维护、管理、安全责任及经营、维修、物管等成本由村委会承担，具体事宜由区国资中心与南边灶村村委会签订协议进行约定；

（二）同意村委会以民办方式开办幼儿园，业务上须服从教育部门的管理；

（三）由南边灶搬迁指挥部与区石化集团对接，制定安置区剩余部分停车位由南边灶村村委会管理经营事宜报区管委会研究。[2]

通过将商场、商铺、幼儿园、停车位的经营权、管理权、发包权、收益权委托给南边灶村村委会，大亚湾区区委和管委会有效保障了南边灶村的村集

---

[1]《南边灶村庄整体搬迁工作例会会议纪要》（惠湾南搬纪［2016］11号），南边灶村村委会提供，2022年7月6日。

[2]《会议纪要》（惠湾委纪［2015］1号），南边灶村村委会提供，2022年7月6日。

体经济收入。例如，2021年南边灶村集体收入情况为：（1）沿街商铺均通过三资平台招租，年收入约401万元；（2）幼儿园每月租金71 500元，2021年幼儿园租金收入为85.8万元。（3）商业中心于2020年9月份正式开业，商业中心签订了免租期，免租期至2022年2月27日止（每月租金472 000元）。[1]

南边灶安置区楼下的出租商铺（2022年7月6日摄）

　　划拨一定数量的回拨地（留用地）也是大亚湾区管委会给南边灶村提供后续保障的一个重要方面。取得回拨地后，南边灶村的各村民小组大多通过回拨地返租、村企合作等方式使回拨地产生了经济价值，村民因此分得了新的房屋或取得了分红。黄甘埔介绍说："每个村小组，除了新桥村小组（代耕农、外插户组）没有土地之外，他们都实现了二次搬迁。所谓实现了二次搬迁是，政府给了各村小组的回拨地，他们都找企业开发了，房子差不多都分下去了，分到村民手上，所以每个村民手上都有一到两套房。按家庭来说的话，正常一个家庭有个四五套也是正常的。生活是没问题的。"[2]例如，石下灶村民小组在回拨地上建设了商品房并将其中一部分分配给了村民。以下事例二为石下灶村民王皂烨家从回拨地中得到的收益情况：

事例二

　　我们村小组在板樟岭回拨地那里盖了房子，还没盖好。那个以后也可以要房子，一个人44平方米。我们家六个人，那里就有三套66平方米的，一套130平方米的。在板樟岭那里，我们村里还有一块地，有三万多平方米，但是那里国家不准盖房子。我们这个村（石下灶村民小组）比较穷一些，一

────────────

〔1〕《南边灶村2021年度工作总结》，南边灶村村委会提供，2022年7月5日。

〔2〕南边灶村黄甘埔访谈录，资料编号：GDHZDYWATNBZ2022070601，2022年7月6日。

个人一年大概有五千块钱分红。[1]

大亚湾区管委会动迁办主任陈伟峰从提供回拨地、扶持村集体经济发展等方面较为详细地介绍了大亚湾区为南边灶村提供的后续保障：

因为现在中央对搬迁村民有要求，包括国土法也明确，住房条件不降低、生活不降低、收入有保障。搬出去之后，我们是这样做的：整村搬迁之后，因为他外面的农地集体土地都被征完了，当时政府是安排了留用地。当时按照总征地面积的8%安排留用地，当时叫"壳牌标准"。征你一百亩给八亩，同时征地款照付，帮你把土地选好、落好地，引导村里来招商引资、开展村企合作，这些土地产生效益之后让村里面来分红。征地款不允许他全部分掉。一部分买社保，每个集体经济组织成员参与分红的都有份，帮他把社保买好，每个村小组都有账户的，放在监管账户里面。每年过年、逢年过节的时候分红。这是留用地的使用。这些村民很富的，家里多的十几套房，集体收入是非常有保障的。第二个保障是，南边灶村搬到南边灶安置区之后，我们政府建了很多的物业、大型商铺、超市，这些是政府的资产，交给村委会来经营管理，那个资产很多的，已经移交给他们了，由村里面来管理。产生的收益，一般用于支付村里面日常的治安、卫生管护、物业管理、村委会干部工资、保安的工资、物业管理人员的工资、保洁人员的工资这些开支。就等于南边灶村搬迁到那里是一个新的社区在那里了，由它来履行基层管理的职能。这儿跟有些村不一样，村小组才有资产，村委会只是管理，是没有资产的。村委会有政府建的物业等管理权、有收益权，归它来管。这样就解决了搬出去之后村民的社会管理、社会治理的问题了。所以现在村委会的资产是很多的，每年收入几百万元，已经转型过渡变成资产经营了。[2]

除了扶持村集体经济发展、提供回拨地等经济方面的后续保障，建设配套学校、帮助村民处理搬迁后的各类生产生活问题、帮助解决村民的社保、医

---

[1] 南边灶村王皂烨访谈录，资料编号：GDHZDYWATNBZ2022070601，2022年7月6日。
[2] 大亚湾区管委会动迁办陈伟峰访谈录，资料编号：GDHZDYWDQB2022070401，2022年7月4日。

保、就业问题以及发放过渡期补贴等也是后续保障的重要方面。例如，为了解决村民子女教育问题，安置区内建有贝迪堡童话幼儿园、道南小学。小学与幼儿园的建设为村民子女教育提供了极大方便，岩背村民小组村民陈柳筍提道，"这里有小学，这里就是学区房，都不用往外面走，小区里面也有幼儿园"。[1]

道南小学（2022 年 7 月 5 日摄）

此外，搬迁后续保障还体现为解决过渡期内的生活保障问题。在过渡期内，大亚湾区管委会为村民发放了过渡期生活补助和临时安置补助费。发放期限为自签订《南边灶村庄整体搬迁房屋征收补偿安置协议书》之日起至安置房交付使用后 6 个月止。村民抽签选房的截止日期被视为安置房交付使用时间，村民抽签选房截止日期为 2016 年 12 月 18 日。过渡期生活补助和临时安置补助费发至 2017 年 6 月。在此基础上，自 2017 年 7 月 1 日起大亚湾区对南边灶村在册安置对象继续发放 2 年生活费，标准为每人每月 500 元。[2]

总体而言，在南边灶村的搬迁实践中，大亚湾区区委和管委会、南边灶村庄整体搬迁工程指挥部等治理主体严格按照搬迁方案的要求，通过开展发布搬迁公告、制订完善补偿安置方案、进行宣传动员、全面实施搬迁、提供后续保障等工作，顺利完成了南边灶村的整村搬迁工作，推动了南边灶村这一有着三百余年历史、三千余名居民的滨海村落实现了历史性的变迁。

五、通过搬迁方案的整村搬迁效果

作为一种重要的基层治理类型，通过搬迁方案的整村搬迁在实践中产生

---

〔1〕 南边灶村陈柳筍访谈录，资料编号：GDHZDYWATNBZ2022070601，2022 年 7 月 6 日。

〔2〕《南边灶村庄整体搬迁工作例会会议纪要》（惠湾南搬纪〔2016〕11 号），南边灶村村委会提供，2022 年 7 月 6 日。

了诸多积极效果。从大亚湾区的角度而言，通过搬迁方案的整村搬迁推动了区域经济的发展，促进了土地的节约利用，满足了大亚湾区发展用地需求，促进了区域的快速城镇化；从村集体的角度而言，通过搬迁方案的整村搬迁为村集体的长远发展奠定了基础；从村民的角度而言，通过搬迁方案的整村搬迁提升了村民个人与家庭的生活水平；从各家族宗姓的角度而言，通过搬迁方案的整村搬迁保留了纪念祖先的场所，为族人交流提供了空间载体，留住了"根脉"和"乡愁"。

其一，推动了区域经济发展。通过搬迁方案的整村搬迁在结果上推动和促进了大亚湾区区域经济的快速发展。搬迁方案的顺利实施为大亚湾区引进大工业、大项目提供了土地，使得壳牌三期、埃克森美孚等现代化大工业、大项目得以顺利落地进驻大亚湾区，推动区域经济的快速发展。具体而言，一方面，随着搬迁的完成，石化区拆迁区域、南边灶安置区域以及周边区域直接由农业经济转化为工业经济与商业经济，经济形态发生根本性转变，经济发展水平大幅提升；另一方面，随着现代化大工业、大项目的顺利进驻，大亚湾区得以按下区域经济发展的快进键，实现提升经济发展速度、增加经济总量、改善发展质量、优化产业结构等经济发展目标，打造经济新引擎，做强经济增长极，跑出经济发展加速度。

其二，促进了区域土地集约利用。通过搬迁方案的整村搬迁实践的直接作用是促进了大亚湾区土地的集约利用，有效节约了大亚湾区的土地资源。具体而言，一方面，南边灶村整村搬迁方案确定了"上楼"安置模式而非"一户一宅"安置模式，为村民建设了 21 栋高层住宅，避免了新的安置区占用大量的土地，实现了大亚湾区委和管委会集约利用土地、节约土地资源的目标。大亚湾区委和管委会之所以要对南边灶村进行整村搬迁，就是因为"整个石化区要延伸外扩，中下游项目也慢慢进来，地方不够了，就要往外扩"。[1]若再采用以前的"一户一宅"安置模式，显得不符合搬迁初衷。因而，通过搬迁方案的整村搬迁的直接效果即在于促进了土地的集约利用。另一方面，南边灶村的成功搬迁为大亚湾区此后的搬迁工作树立了典型、提供了模板，为大亚湾区在此后的搬迁中集约利用土地奠定了基础，有利于促进

---

〔1〕 大亚湾区管委会动迁办陈伟峰访谈录，资料编号：GDHZDYWDQB2022070401，2022 年 7 月 4 日。

大亚湾区在未来长远发展中节约利用土地资源，提高土地使用效率，更好地满足大项目大工业的用地需求。

其三，推动了区域的快速城镇化。在大项目、大工业快速进驻的背景下，通过搬迁方案的整村搬迁能够使更多农村直接跨越式地发展到现代化的城市社区，使大亚湾区区域快速提升整体城镇化率。随着通过搬迁方案的整村搬迁工作的完成，农民们不再捕鱼、种地，出租、分红收入增加，改变了原来的农村的生产方式、生活方式与居住方式，由传统的以农业、渔业为主的生产方式、生活方式、居住方式快速转化为城镇化的生产、生活与居住方式。而且，不同于以往的"一户一宅"安置模式下，集中"上楼"安置模式在根本上改变了思想观念、行为观念以及生产、生活和居住方式，促成了更彻底的城镇化。虽然都是整村搬迁，但在"一户一宅"安置模式下，被搬迁人在搬迁后更多地保留了原有农村的特点，而在"上楼"安置模式下，农民具有了更多城市社区居民的特点，城镇化程度更为彻底、更为快速、更为全面。这种快速城镇化是跨越式的质变而非内生式的量变。

其四，维持了整村搬迁秩序。南边灶村通过搬迁方案的整村搬迁的基础性价值与基础性效果在于有效维持了搬迁秩序。通过科学制定搬迁方案、民主议定搬迁方案、严格实施搬迁方案，大亚湾区管委会以"零事故"的优异成绩完成了村庄搬迁工作任务，保障了搬迁工作的有序开展。申言之，由于大亚湾区制订完善搬迁方案时注重征求村民意见、搬迁方案的内容较充分地体现了村民意志、搬迁方案给出的搬迁待遇较高、搬迁主体极为重视搬迁工作、搬迁过程注重宣传动员、搬迁规范得到严格遵守、搬迁工作公开透明、搬迁服务细致周到、搬迁后续保障较为坚实并且村"两委"较为配合，因而整个搬迁过程中未出现一起群体性事件，未发生本地村民越级上访事件，搬迁过程井然有序。由于大亚湾区区委、管委会主导的这次搬迁工作较为有序，搬迁效果较好，广东省、惠州市的有关部门曾多次组织人员前来调研考察，例如陈伟峰提道，"南边灶整村搬迁之后，省人大专门过来调研。这个项目是一个非常成功的典型个案，几乎是零上访"。[1]

其五，提高了村民的生活水平。对村民个人及其家庭而言，搬迁的最大

---

[1]　大亚湾区管委会动迁办陈伟峰访谈录，资料编号：GDHZDYWDQB2022070401，2022 年 7 月 4 日。

作用在于其自身及家庭的生活水平在搬迁后得到了很大的提高。通过搬迁，南边灶村的不少家庭分得了多套房产、取得了出租收入、获得了回拨地返租分红，而且视野眼界、子女教育条件等也得到显著提升，生活品质得到改善。例如石下灶村民小组组长陈轩禹组长提道，"搬出来，大家确实感情上有损失，但是生活是必然改善的。无论是物质上，还是精神视野上，受教育方面，都得到非常大的改善"。[1]南边灶村村"两委"委员黄甘埔分享道，"搬迁效果是很好的，起码搬迁之后更好。以前顶多就开个摩托车，现在我跟我哥都开上小汽车，我哥也开了一个装修公司。生活各方面还比较稳定。搬迁了之后大家基本上都拿了一笔钱，其实搬迁是一个跨越，一个小康的跨越，基本上每家每户都开上小车了，生活水平一下子提高了，这是很明显的"。[2]而且"每年分红，像我们岩背村村小组，还是可以的。起码可以保证一些基本的"。[3]在南边灶村居住的租客刘擎年提道："我别的地方还没房子，但是如果我买房的话，还是想买到这里。因为这边物业，反映问题能及时地解决，住得还好。"[4]概言之，通过整村搬迁，南边灶村村民的居住条件、收入水平、视野眼界、教育环境、生活保障等各方面总体上得到了改善，生活水平有所提高。

其六，保障了村集体的后续发展。南边灶村的整村搬迁工作之所以亮点突出，一个重要的原因在于该村的后续长远发展得到了有效保障。具体而言，一方面，南边灶村村委会每年能获得数百万的商场租金、商铺租金、幼儿园租金、停车位收费等收入，集体经济收入稳定、可持续，村集体的后续发展有保障。而且未来南边灶农贸市场建成后村委会将会获得更多的集体收益，村庄后续发展前景较为光明。另一方面，通过村企合作开发、回拨地返租等方式，南边灶村多数村民小组都获得了不少的收入，积累了一定的集体资产。这些资产既能够保障村民小组的日常运行与长远发展，而且还能够为村民分红，提升村民小组中村民的收入。通过整村搬迁，南边灶村村委会以及南边灶村多数村民小组获得了较为稳定的收入，村庄的后续发展基础较为坚实。

其七，延续了乡愁根脉。南边灶村整村搬迁的一个重要创新是建立了南

---

〔1〕 南边灶村陈轩禹访谈录，资料编号：GDHZDYWATNBZ2022070604，2022年7月6日。
〔2〕 南边灶村黄甘埔访谈录，资料编号：GDHZDYWATNBZ2022070601，2022年7月6日。
〔3〕 南边灶村黄甘埔访谈录，资料编号：GDHZDYWATNBZ2022070601，2022年7月6日。
〔4〕 南边灶村刘擎年访谈录，资料编号：GDHZDYWATNBZ2022070601，2022年7月6日。

边灶客家民俗公园，重建了村内各族的宗族祠堂。这一创新做法的主要作用在于为南边灶村民缅怀祖先、团聚族人、凝聚集体情感、举办宗族活动提供了场所与载体，使得南边灶村的村民们能够由此延续乡愁根脉、留得下乡土情结。石下灶村民小组组长陈轩禹对祠堂重建工作给出了较高评价，其提道："祠堂非常有作用，特别是搬出来之后感觉更明显。它是凝聚我们这族人的内心最重要的凝聚力的着力点。因为，我们中国人很讲传统，不能一说你是从哪里来到哪里去结果你却不知道。人家首先要说从哪里来，要寻根的嘛。所以说，在当地生活的每年的拜聚增加大家的凝聚力、情感，在外面的也会思乡，每年大年初二回来都会来祭祖。那么通过祭祖这个形式，大家可以聊一聊，增加大家的联系和情感。"[1]通过建设南边灶民俗公园，重建宗族祠堂，南边灶村村民得以在生活场景发生巨变的情况下仍然能延续乡愁根脉、留住乡土情结。

总体而言，通过搬迁方案的整村搬迁是大亚湾区基层治理的一次成功实践。通过搬迁方案的整村搬迁推动了大亚湾区的区域经济发展、促进了大亚湾区的区域土地集约利用、推动了大亚湾区的区域快速城镇化、维持了南边灶村的整村搬迁秩序、提高了南边灶村村民的生活水平、保障了南边灶村村集体的后续发展、延续了村民的乡愁根脉，产生了积极的效果。

六、思考与总结

南边灶村通过搬迁方案的整村搬迁是一种以大项目、大工业用地需求为背景的基层治理实践。这种治理实践源自社会经济发展，富有时代气息，是大亚湾区区委和管委会结合区域经济社会发展实际所进行的一次成功的基层治理探索。

虽然南边灶村以"上楼"安置方式为主要内容的整村搬迁实践在总体上取得了积极的效果，为大亚湾区以后的整村搬迁工作开了一个好头，但是南边灶村的整村搬迁实践也存在着一定问题与隐忧。例如，岩背村民小组一位五十多岁的女性村民提道："农村人好多也有不习惯的，老家那里要什么有什么，有倒垃圾的地方，倒垃圾的地方也是自己的，房前屋后也有点菜可以种，至少地盘大一点，来到这里，就像火柴盒一样。"[2]村民王皂烨提道："我们

---

〔1〕　南边灶村陈轩禹访谈录，资料编号：GDHZDYWATNBZ2022070604，2022年7月6日。
〔2〕　南边灶村陈柳笱访谈录，资料编号：GDHZDYWATNBZ2022070601，2022年7月6日。

农村那地方，什么都可以长，加上我们就在海边，有空的时候去打点鱼啊，搞一点贝壳啊什么东西的。来到这里天天都要拿钱出来，一点点的青菜都要拿钱买，原来在家里可以自己种。"[1]陈赞东提道："我们的文化素质还是跟不上，用钱的理念还是有点欠缺，有的村民认为钱来得容易，所以守钱不太行。"[2]目前存在的村民不适应或理念素质跟不上等问题在一定程度上影响了整村搬迁的效果。为了解决这样的问题，进一步提升搬迁的效果，一方面大亚湾区、澳头街道、南边灶村的三级治理主体可进一步加强生活服务、困难帮扶、就业培训、教育引导等工作，提升村民的理念与素质，帮助村民更好地适应上楼之后的生活。另一方面，大亚湾区管委会以及相关部门应加快推动南边灶农贸市场的建设，为南边灶村提升村集体收入创造条件，使得南边灶村能有更多的收入渠道，从而更好地服务村民、帮助村民、促进村庄发展。

此外，大亚湾区有关部门还可进一步加强房屋办证等后续工作，解决搬迁遗留问题。虽然截至2021年末南边灶村已办出房屋产权证1631本，但是目前仍有约400户的房产证尚未办理完成，其中的原因较为多元，包括因疫情在香港无法返回、新死亡与新出生政策不确定、税务手续较慢等。办证问题的存在引起了部分村民的不满，例如村民宋伍冶提道："房产证到现在还没有办下来。又说没交税，又说怎么样怎么样。有的说没有交费。为什么这个小事到现在还没有办下来。"[3]及时解决办证问题，既是"科学搬迁无遗留"目标的要求，也是进一步提升南边灶村搬迁效果的应然之举。相关部门可在科学分析的基础上及时解决办证等遗留问题，提升村民的满意度，进一步提升南边灶村整村搬迁的效果。

总体而言，南边灶村的整村搬迁实践开创了大亚湾区整村搬迁的先河，是一次较为成功的搬迁实践。为了促进通过搬迁方案的南边灶村搬迁经验的有效传承，进一步改善整村搬迁的效果，为大亚湾区此后的整村搬迁工作提供细致具体的、可操作的、可借鉴的、可效仿的、可重复实施的行为范例，大亚湾区区委和管委会等对相关主体可积极作为，进一步加强相关总结与分

[1] 南边灶村王皂烨访谈录，资料编号：GDHZDYWATNBZ2022070601，2022年7月6日。
[2] 南边灶村陈赞东访谈录，资料编号：GDHZDYWATNBZ2022070601，2022年7月6日。
[3] 南边灶村宋伍冶访谈录，资料编号：GDHZDYWATNBZ2022070601，2022年7月6日。

析工作，提炼、升华南边灶村的搬迁经验，形成可视化的经验成果，为大亚湾区乃至惠州市、广东省、全国其他地区的搬迁工作提供引领性经验参考，为基层治理水平和治理能力的提升贡献大亚湾经验与大亚湾智慧，推动基层搬迁工作走稳走好良法善治之路。

第二篇

通过自治组织规范的
基层和美治理

第六章

通过村规民约的古村治理

——以妈庙村为对象

一、引言

作为主要的本土社会规范，村规民约是村民自治的重要制度资源，在乡村治理中发挥着十分重要的作用。《宪法》第 24 条第 1 款规定："国家通过普及理想教育、道德教育、文化教育、纪律和法制教育，通过在城乡不同范围的群众中制定和执行各种守则、公约，加强社会主义精神文明的建设。"《乡村振兴促进法》第 30 条提出："……发挥村规民约积极作用，普及科学知识，推进移风易俗，破除大操大办、铺张浪费等陈规陋习，提倡孝老爱亲、勤俭节约、诚实守信，促进男女平等，创建文明村镇、文明家庭，培育文明乡风、良好家风、淳朴民风，建设文明乡村。"《村民委员会组织法》第 10 条规定："村民委员会及其成员应当遵守宪法、法律、法规和国家的政策，遵守并组织实施村民自治章程、村规民约，执行村民会议、村民代表会议的决定、决议，办事公道，廉洁奉公，热心为村民服务，接受村民监督。"第 27 条第 1 款规定："村民会议可以制定和修改村民自治章程、村规民约，并报乡、民族乡、镇的人民政府备案。"2020 年 12 月中共中央印发的《法治社会建设实施纲要（2020-2025 年）》提出："加强居民公约、村规民约、行业规章、社会组织章程等社会规范建设，推动社会成员自我约束、自我管理、自我规范。"2018 年 12 月民政部、中央组织部、中央政法委等七部门发布的《关于做好村规民约和居民公约工作的指导意见》（民发〔2018〕144 号）指出："村规民约、居民公约是村（居）民进行自我管理、自我服务、自我教育、自我监督的行为规范，是引导基层群众践行社会主义核心价值观的有效途径，是健全和创新党组织领导下自治、法治、德治相结合的现代基层社会治理机制的重要形式。"在加强和改善乡村治理的过程中，重视村规民约的积极作用符合国家法律法规和政策导向。

大亚湾区澳头街道妈庙村是一个被商住楼包围的有着 370 余年历史的古村。在进行古村治理的过程中，妈庙村注重发挥村规民约的积极作用，通过制定和实施村规民约维护村庄秩序、改善村庄环境、分配集体收益、提升村民文明程度。妈庙村的村规民约类型较为多元，既包括妈庙村村民委员会、村民代表会议等制定的自治章程、村规民约等，也包括村民小组制定和遵守的村民小组组规民约。妈庙村通过村规民约的古村治理实践取得了较好的效果，该村制定的《妈庙村村规民约》为大亚湾区优秀村规民约并被大亚湾区民政局推荐参评"广东百篇优秀村规民约（居民公约）"称号。[1]

妈庙村一角（2022 年 7 月 15 日摄）

妈庙村位于澳头街道西南部，辖区总面积 8.3 平方公里，下辖一村、二村、三村、四村、沙井、洗马湖、何屋、陈屋、虎爪、上围、下围等 11 个村民小组。全村共有常住人口 13 979 人，其中户籍人口 3645 人（925 户），外来人口约 10 334 人。妈庙村党总支成立于 2016 年，下设党支部 3 个。妈庙村村"两委"班子 7 人，其中支委班子 7 人，村委班子 7 人，实现书记、主任一肩挑和"两委"班子 100% 交叉任职目标。同时配备法制副主任 1 名、公共服务平台工作人员 1 名及计生专干 3 名。[2]妈庙村始建于 1644 年，有着"古

〔1〕 惠州市大亚湾经济技术开发区民政局网站："大亚湾区优秀村规民约之'红色力量'约出文明好生态"，载 http://www.dayawan.gov.cn/hzdywmzj/gkmlpt/content/4/4480/post_ 4480890.html # 4289，2022 年 9 月 27 日最后访问。
〔2〕《妈庙村基本情况》，妈庙村民委员会提供，2022 年 7 月 15 日。

建筑博物馆"的美誉。村内有古石屋、客家围屋、碉楼、宗祠较多，现有存卢楼、竹林堂、李番鬼英、英满楼、四和堂等30多栋古建筑，李氏宗祠、苏氏宗祠等5座宗祠以及北帝庙、天后宫等人文景观。[1]

妈庙村的村规民约为大亚湾区本土社会规范的组成部分，通过村规民约的古村治理是基层治理的重要组成部分。对妈庙村的村规民约以及通过村规民约的古村治理进行田野调查和总结，对于我们充分认识村规民约在基层治理中的积极价值、提升村民自治的效果、不断推进基层治理体系和治理能力现代化、打造共建共治共享的社会治理格局具有重要的价值。

为了准确把握妈庙村村规民约的具体运行状况和在古村治理中实际发挥的作用，我们于2022年7月15日到妈庙村就妈庙村村规民约及其运行状况进行了专门调查。我们参观了妈庙村古建筑和古村风貌，访谈了妈庙村村"两委"（党总支、村委会）干部、村民，查阅收集了与妈庙村村规民约有关的文字资料，对妈庙村村规民约及其在古村治理中的作用有了初步的了解和感受。

二、通过村规民约的古村治理主体

在妈庙村的村庄治理中，妈庙村党总支和妈庙村村民委员会、妈庙村村民会议、妈庙村村民代表会议、妈庙村村户代表会议、妈庙村的11个村民小组、妈庙村的村民均发挥着一定的作用。例如，《大亚湾澳头街道办事处妈庙村村民自治章程》中提及的治理主体包括村党总支、村民会议和村民代表会议、村民委员会、村民小组等。在妈庙村的治理实践中，妈庙村村"两委"、妈庙村各村民小组以及村民发挥着最为重要的作用。

其一，妈庙村村"两委"。妈庙村村"两委"是妈庙村古村治理的主导者。一方面，妈庙村村"两委"基于妈庙村古貌古风犹存的特点，制定完善环境保护、文明建设、老人慰问等方面的村规民约，进行文明村庄建设，改善村庄人居环境。另一方面，妈庙村村"两委"基于城市化进程快、外嫁女矛盾纠纷突出的实际，积极协调和帮助解决村民小组与外嫁女的福利分配问题纠纷，推动村民小组进行股份制改革，减少福利分配摩擦，维护村内良善秩序。

其二，妈庙村各村民小组。近年来妈庙村的11个村民小组通过转让回拨地、闲置回拨地兴建厂房出租等方式取得了不少收入，积累了一定的集体资产。为了分配好集体资产、解决好福利分配过程中的外嫁女纠纷，妈庙村村

---

[1]《广东省自然村落历史人文普查表》，妈庙村村民委员会提供，2022年7月15日。

民各小组积极开展了制定资产分配村规民约、召开村民小组会议讨论分配问题等多项工作，基本解决了集体资产分配中的问题。

其三，村民。由于拆迁款、回拨地收益的分配直接关涉村民个人金钱利益，妈庙村的村民因此十分注重参与治理过程，通常会主动地发挥作用、维护自身利益。例如，2008 年 1 月妈庙村二村村民小组召开村民小组扩大会议，就部分村民是否享有村民小组福利分配权进行讨论，会议纪要指出，村民本身拥有自主的决定权，"对我村的分配问题：正副村长不能以职务之便，感情用事，自行决定或暗示及诱导村民签名"。[1]

在妈庙村村规民约的议定、遵守、实施、完善的过程中以及妈庙村根据村民村规民约整治村庄环境、美化村容村貌、慰问妈庙老人、奖励优秀学子、分配集体资产、解决矛盾纠纷的过程中，妈庙村村"两委"、妈庙村的 11 个村民小组、妈庙村的村民均发挥着积极作用，共同推动着妈庙古村的古风传承与现代化转型。

三、通过村规民约的古村治理规范

根据制定主体和适用范围的不同，妈庙村村规民约可分为村委会级的村规民约和村民小组级的村规民约两种类型。其中，妈庙村村委会级的村规民约由妈庙村村民委员会、村民代表会议等制订，主要调整妈庙村范围内的各项村民自治事项；妈庙村各村民小组的村规民约由各村民小组通过村民小组会议的形式制订，主要调整各村民小组范围内的福利分配问题。

（一）村委会级的村规民约

妈庙村已制定的村规民约主要有《大亚湾澳头街道办事处妈庙村村民自治章程》《妈庙村村规民约》《澳头街道妈庙村会计管理制度》《澳头街道妈庙村内部控制制度》《妈庙村委会、村民小组农村集体资金管理办法》《妈庙村深化农村集体产权制度改革实施方案》《村民卫生保洁公约》《澳头街道妈庙村卫生管理制度》《妈庙村环卫保洁质量标准》《妈庙村全面推行河长制工作方案》《澳头街道妈庙村农村集体资产清产核资工作方案》《村委会社会治安管理职责》《妈庙村管理区治安综合治理措施》《治安队员守则》《关于对暂归人员的管理规定》《妈庙村村民委员会计划生育村规民约》《计划生育村民自治制度》《妈庙村计划生育经常性工作的十项制度》《澳头街道党校妈庙

---

[1] 正副村长即村民小组正副组长。参见《会议纪要》（2008 年 1 月 22 日），妈庙村档案室，档案目录号 G9.1，案卷号 034，妈庙村村民委员会提供，2022 年 7 月 15 日。

村分校工作制度》以及垃圾分类《告示》等。根据村规民约调整对象的不同，这些已制定的村规民约可分为综合性村规民约和专门性村规民约两类。其中《大亚湾澳头街道办事处妈庙村村民自治章程》《妈庙村村规民约》为综合性村规民约，其他村规民约为就专门事项进行规定的专门性村规民约。

在妈庙村已制定的村规民约中，2017年7月5日经村民会议审议修订通过的《大亚湾澳头街道办事处妈庙村村民自治章程》内容最为全面，对妈庙村治理的各个方面都进行了原则性的规定。《大亚湾澳头街道办事处妈庙村民自治章程》由总则、村民组织、土地管理、财务管理制度、安全生产与防火管理、社会秩序、社会保障、附则等八章组成。其中第七章"社会保障"具有较为明显的妈庙村特色，该章基于妈庙村集体收入较多（厂房出租、水库水费收入等）的实际状况，就运用村集体提留公益金救济特困户、节日慰问、困难户慰问、老人慰问、纯女户入赘、考上本科奖励三千元等社保与福利事宜进行了特别规定。第七章有关困难户慰问、老人慰问、考上本科奖励等规定在一定程度上是对尊老爱幼、崇文重教、好读尚学、济寒赈贫等传统美德的传承，是妈庙村传承利用古风古训工作的制度化呈现。以下为自治章程第七章摘录：

第七章　社会保障

第五十四条　本村发生自然灾害要及时向上级报告，协助有关部门做好抗灾复产工作。上级发给本村的物资或款项应根据受灾程度准时发放到灾民手中，同时积极组织生产自救。

第五十五条　符合特困户的，给予必要的救济，救济款从村集体提留的公益金中解决。

第五十六条　村委会每逢春节、"七一""八一"等节日，对本村困难户，八十岁以上的老人，烈、军属家庭等进行慰问，解决其实际困难。

第五十七条　对本村持有伤残证人员，根据其本人的伤残程度，经村委会研究适当减、免其义务或其他方面的照顾。

第五十八条　本村村民有分配权的纯女户，其中一个女儿（含独生子女户的女儿）可以入赘，其丈夫及子女与村民同等享受。

第五十八条　有本村集体经济组织成员资格的人，考上本科以上学历，凭身份证、户口本、录取通知书，村委会给予奖励三千元。[1]

---

〔1〕《大亚湾澳头街道办事处妈庙村村民自治章程》，妈庙村村民委员会提供，2022年7月15日。

　　《妈庙村村规民约》是大亚湾区的优秀村规民约。该村规民约曾被大亚湾区民政局推荐参评"广东百篇优秀村规民约（居民公约）"。对仗工整、内容简洁、朗朗上口的《妈庙村村规民约》制订于 2019 年 12 月，是妈庙村在 2017 年旧版村规民约的基础上制订的新版村规民约。相比于旧版村规民约，新版村规民约内容更为全面、可读性更强、群众认可度更高，其中有关邻里关系、村风民俗、旅游发展等方面的规定更为深入地契合与彰显了妈庙村的古村精神、古村传统与古村风貌，有益于妈庙村更好地培育乡风文明。以下为《妈庙村村规民约》全文：

妈庙村村规民约

　　为了保障本村村民依法实行自治，坚持以习近平新时代中国特色社会主义思想为统领，强化村党组织领导核心地位，确保村党组织全面领导隶属本村的各类组织和各项工作，促进社会主义民主与法治建设，落实乡村振兴战略部署，根据国家法律法规和政策的有关规定，制定本章程。

　　一、遵纪守法

　　学法守法会用法　　违法乱纪要处罚

　　党纪国法挺在前　　制度你我不要犯

　　寻衅滋事不应当　　遏制赌博和酗酒

　　不信邪教不传谣　　禁止黄毒要坚决

　　经销禁品做不得　　走私贩私要严惩

　　二、邻里关系

　　街坊邻里常相敬　　远亲不如近相邻

　　背人之话不可说　　讲究文明讲道德

　　三、环境卫生

　　门前卫生要三包　　堤院路边勤打扫

　　脏水污水不乱倒　　家禽养殖进圈里

　　四、民生保障

　　合作医疗是保障　　社保政策老有靠

　　两费缴纳自觉交　　生病养老无需愁

五、村风民俗
红白大事应节约　　铺张浪费要不得
核心价值牢记心　　共同践行守诚信
六、消防安全
水电燃气隐患多　　安全之弦紧绷着
谨防泄漏防灾祸　　防患未然保安乐
七、婚姻家庭
婚姻家庭要自由　　男女平等须树立
严管子女正家风　　以身作则育后人
八、计划生育
婚前孕前去体检　　二孩政策已兑现
生男生女心不偏　　减少残疾理应当
九、交通安全
三无车辆你莫坐　　一经出事悔不过
交通安全常铭记　　醉酒驾驶会刑拘
十、尊老爱幼
自家孩子要爱护　　供读九年是义务
老来艰难记心间　　孝敬老人莫耽搁
十一、乡村建设
村支两委带好头　　村民共治出成绩
重大建设要配合　　共同受益积德多
十二、设施维护
公益设施要爱惜　　损毁公物法不许
公共事务齐关心　　一事一议来管理
十三、旅游发展
古村风光无限好　　旅游名片要珍惜
诚信友善讲规矩　　展示景区新气象

妈庙村村民委员会
2019 年 12 月 13 日 [1]

---

〔1〕《妈庙村村规民约审议表决会》，妈庙村村民委员会提供，2022 年 7 月 15 日。

村委会一楼墙壁上的村规民约（2022年7月15日摄）

为了维护好古村风貌，优化和改善村内人居环境，妈庙村还制定了《村民卫生保洁公约》《澳头街道妈庙村卫生管理制度》《妈庙村环卫保洁质量标准》《妈庙村全面推行河长制工作方案》、门前"三包"责任制度、垃圾分类告示等环保类村规民约，为古村建筑保护、古村环境卫生状况改善、古村环境改善奠定了制度基础。妈庙村干部苏驻存提道："除了综合性的村规民约，还有'门前三包'这样的专门性的村规民约，我们还签责任书，每一户都签了。"[1]以下为妈庙村的《村民卫生保洁公约》：

村民卫生保洁公约

为优化农村人居环境，改善村容村貌，营造整洁、优美、和谐的社会环境，规范村民文明卫生行为，提高村民的生活质量和文明卫生素质，加快富

---

〔1〕 妈庙村苏驻存访谈录，资料编号：GDHZDYWATMM2022071501，2022年7月15日。

裕、文明、和谐的社会主义新农村建设，特制订本村民卫生公约。

一、牢固树立社会主义荣辱观，坚持以讲卫生为荣，不讲卫生为耻。

二、要养成文明言行，不讲污言秽语，不损害他人权益，不破坏公共设施。

三、要遵守公共秩序，不乱停乱行，不乱贴乱画，不乱搭乱摆。

四、要爱护环境卫生，经常做好家庭环境卫生保洁，不乱吐乱扔，不随地便溺，不乱排乱倒。

五、村民要保持房前屋后无杂草，门前整洁、无乱堆乱放，畜禽圈舍、厕所安排得当，粪便垃圾入池，门前用具摆放整齐，车辆停放有序，墙体无乱写乱画，乱钉乱挂。

六、尊重和配合村保洁员，做好卫生工作，生活垃圾统一放到指定垃圾收集点。

七、实行包干制，保持各自责任区内干净整洁、环境优美，由村干部与2名村民代表组成的卫生监督组将不定期地对各村小组的卫生状况及清洁工的工作进行检查。

八、村民应树立大局意识，权利与义务兼顾，带头弘扬正气，敢于同一切不讲卫生、破坏环境的行为作斗争。

九、本村民卫生公约由全体村民代表大会讨论通过。

十、本村民卫生公约属村规民约，解释权属于村民管理委员会。

十一、本村民卫生公约自村民代表大会通过之日实行。

2015 年 1 月 28 日〔1〕

---

〔1〕《村民卫生保洁公约》，妈庙村村民委员会提供，2022 年 7 月 15 日。以下为妈庙村村民委员会 2022 年 7 月 15 日提供的旧版村规民约："澳头街道妈庙村村民委员会村规民约（2017 年 8 月 11 日经村民代表会议审议通过）为推进村庄法制，树立良好的村风、民风，建设文明卫生新农村，经村民代表会议讨论通过，制定本村规民约，村民应在日常行为中信守。一、学法、守法，依法维权、依法办事；二、崇文尚德，热心教育；三、文明礼让、睦邻友好、守望相助；四、爱护家园，维护本村交通秩序，保护供电、供水、通讯、排污等公共设施安全；五、做到村容村貌卫生整洁，门前三包，房前屋后无垃圾及污物，不向河道倾倒垃圾；六、实行计划生育，提倡一对夫妇生育两个子女。七、服从村建规划，不违规建设、不损害四邻利益；八、树立安全意识，防火、防盗、防事故；九、勤劳创业、文明经营、惠及客商；十、尊老爱幼，仁爱传家，言传身教，做子女模范；十一、开展文明健康的文娱活动，不看淫秽书刊、录像等，不参与赌博、吸毒，不做伤风败俗的事；十二、热心公益、宣扬妈庙村美德。"

此外，妈庙村目前还在制订有关分红的村规民约，不断推动建立健全村一级的村民福利分配制度。妈庙村党总支部书记、村委会主任李伟忠介绍了这一工作的进展情况：

我们打算定分红的规定，但是村里面还没搞好。初稿现在还没有，我们还在让他们律师把材料搞出来。因为我们与碧桂园合作了，以后要分红的。我们是这样想的，因为我们村有 11 个村小组。每一个村小组分红都不一样。有的外嫁出去的有，有的外嫁出去的没有；有的老人过世了都有。所以我们妈庙村要拿出一个方案，划出一条线给他们村小组。所以我们就想以每一个村小组为一个股东，打算叫他们自己去分配。到个人比较麻烦，因为我们村有几千人，要开个大会很困难。但是让每个村小组当一个股东，开会就很方便。(如果)人多了就啥都干不了了。[1]

妈庙村村一级的村规民约内容较为全面，是妈庙古村进行村庄治理的总体性制度规范。其中，《大亚湾澳头街道办事处妈庙村村民自治章程》中有关困难户慰问、老人慰问、考上本科奖励的规定，《妈庙村村规民约》中有关邻里关系、村风民俗、旅游发展的规定以及专门性的环保类村规民约，为妈庙村传承尊老爱幼、济寒赈贫、崇文重教、好读尚学等古风传统以及保护古建筑完整、维护村容村貌、提升人居环境奠定了制度基础、提供了规范依据。

(二) 村民小组的村规民约

相比于村委会级的村规民约，妈庙村 11 个村民小组的村规民约更具有专门性与针对性。妈庙村各村民小组所遵循的村规民约主要为村民小组资产管理、福利分配村规民约。曾任妈庙村村"两委"干部(已退休)的李樊栋提道，"他们每个村民小组都有制定村规民约的"。[2]妈庙村村委会干部苏驻存提道，各村民小组的村规民约的内容主要是"有关集体经济成员的规定"。[3]李伟忠提道，各个村民小组的福利分配村规民约各不相同，"村里面没有出台统一的标准，每条根据村的经济状况自己决定。每个村(村民小组)都不一

---

〔1〕 妈庙村李伟忠访谈录，资料编号：GDHZDYWATMM2022071501，2022 年 7 月 15 日。
〔2〕 妈庙村李樊栋访谈录，资料编号：GDHZDYWATMM2022071502，2022 年 7 月 15 日。
〔3〕 妈庙村苏驻存访谈录，资料编号：GDHZDYWATMM2022071501，2022 年 7 月 15 日。

样，每个村的标准不一样。好像三村的补四万块钱每个人"。[1]妈庙村各村民小组的村规民约各具特点。例如，妈庙村二村村民小组于 1992 年 11 月 14 日分配了征收回拨地出让款。本次分配所遵循的分配条件（村规民约）如下：

分配条件：

1. 按照人头，有分配权的不分男女老少，不管是否分有责任田，只要户籍在二村的原籍村民分全份，即 3 万元/份；

2. 有田地分，但户口不在本村的村民分半份，即 1.5 万元；

3. 外出人员、外嫁女、移居香港的村民一次性分半份，即 1.5 万元。[2]

妈庙村各村民小组的村规民约之所以会形成，是因为在分配集体资产的过程中，妈庙村的各村民小组都面临着大量的外嫁女福利分配纠纷。为了解决这些纠纷，妈庙村各村民小组通过召开村民小组会议的形式将传统习惯与现实需求相结合，制定出了在村民小组范围内适用的村规民约。这些村规民约是历史与现实相结合的产物。具体而言，妈庙村各村民小组在早期阶段曾以村民自治的形式将历史上的习惯上升为村规民约。所谓历史上的习惯也即"外嫁女嫁出去了就什么都没有了。这边的风俗都是这样"。[3]但在现实的执行过程中，"后来有的嫁到城镇的、嫁给工作人员的，很多就没有迁走"，[4]不少外嫁女认为自身权益受到损害，有关外嫁女福利分配纠纷的问题日益增多。为了解决好分配问题，妈庙村的多数村民小组修改完善了村规民约，给予外嫁女一次性补偿，形成了类似于村民小组的村规民约。李樊栋介绍了各村民小组制订外嫁女分配标准相关村规民约的基本情况：

村小组首先进行评估，因为它们是属于借款（村民小组资金不足，需要向村委会和街道办借款）。评估之后有的村小组给两万元，有的三万元，有的四万元。上围、下围两个村民小组是两万元。洗马湖大概三万元、四万元。这是对当时对它们村小组的一个评估，评估要补偿多少。这个补偿标准是按

---

〔1〕　妈庙村李伟忠访谈录，资料编号：GDHZDYWATMM2022071502，2022 年 7 月 15 日。

〔2〕《关于妈庙二村村民苏秀兴、吴志伟的分配问题调查核实小组的调查情况》（2012 年 11 月 13 日），妈庙村档案室，目录号 G9.1，案卷号 034，妈庙村村民委员会提供，2022 年 7 月 15 日。

〔3〕　妈庙村李伟忠访谈录，资料编号：GDHZDYWATMM2022071502，2022 年 7 月 15 日。

〔4〕　妈庙村李樊栋访谈录，资料编号：GDHZDYWATMM2022071502，2022 年 7 月 15 日。

照村里面的回拨地的标准评估出来的。[1]

妈庙村各村民小组基于自身实际情况制订的以集体资产分配标准为主要内容的村规民约在妈庙村分配福利、解决外嫁女权益分配纠纷的过程中发挥着十分重要的作用，是维护妈庙村各村民小组福利分配秩序的制度框架。

总体而言，妈庙村的两级村规民约均为妈庙村通过村规民约的古村治理的规范基础。其中，妈庙村一级的村规民约主要为妈庙古村传承优良传统、维护村容村貌、改善人居环境提供了制度依据和制度参考，妈庙村各村民小组的村规民约主要为村民小组管理集体资产、分配福利收益、解决外嫁女纠纷等工作提供了具体标准。

四、通过村规民约的古村治理运行

妈庙村通过村规民约的古村治理的运行环节主要包括村规民约的制订与村规民约的实施两个阶段。根据村规民约类型的不同，通过村规民约的古村治理运行可分为包括村委会级村规民约的制订实施以及村民小组级村规民约的制订实施两个方面。

（一）村委会级村规民约的制订实施

妈庙村村委会级通过村规民约的古村治理运行主要包括村规民约的制订与村规民约的实施两个方面。

（1）在村规民约制订方面，妈庙村注重根据妈庙村的古村特点与现实需求，依照拟定草案、征集意见、开会研讨、形成定稿、入户表决的顺序制订完善村规民约，增强村规民约的代表性与影响力。例如，为了增强村规民约的可读性，加深村民对村规民约的了解程度，2019年末妈庙村"两委"根据以往的村规民约版本，在区级部门和街道办指导下，结合上级文件关于乡村振兴、弘扬新时代文明乡风的有关精神，拟定了《妈庙村村规民约》草案并通过村务组务公开栏、微信工作群等渠道向村民征集意见建议。在征求意见、反复修改的基础上形成了《妈庙村村规民约》讨论稿。之后，在村党群联席会议上，妈庙村村"两委"班子成员、各村民小组长、党员代表、村民代表、村务监督委员会、驻村第一书记就《妈庙村村规民约》进行讨论、表决，形成定稿。最后，由全部11个村小组的户代表签名确认并提交澳头街道办审核。

---

〔1〕 妈庙村李樊栋访谈录，资料编号：GDHZDYWATMM2022071502，2022年7月15日。

在制订完善村规民约的过程中，妈庙村注重自觉遵循"四议两公开"工作法的要求，严格执行提议、商议、审议、决议的议事程序。例如，以"关于制定妈庙村财务制度事宜"为主题，妈庙村于 2022 年 2 月 11 日召开了党支部会议（7 人），提议制定《澳头街道妈庙村会计管理制度》和《澳头街道妈庙村内部控制制度》，于 2022 年 2 月 15 日召开了"两委"会（7 人），商议制定《澳头街道妈庙村会计管理制度》和《澳头街道妈庙村内部控制制度》，于 2022 年 2 月 21 日召开党员大会（62 人），审议了《澳头街道妈庙村会计管理制度》和《澳头街道妈庙村内部控制制度》，于 2022 年 2 月 25 日召开了村民代表会议（37 人）就《澳头街道妈庙村会计管理制度》和《澳头街道妈庙村内部控制制度》进行了表决，于 2022 年 2 月 25 日在公示栏公开了村民代表会议的决议，于 2022 年 3 月 3 日公开了初步实施结果。[1]通过严格按照程序要求开展村规民约的制订修改工作，妈庙村提升了村规民约的代表性，增强了村规民约的可接受性、可适用性与现实影响力。

（2）在村规民约的实施方面，妈庙村注重根据村规民约的要求，通过组建巾帼志愿服务队、开展人居环境整治工作等方式实现古村治理目标。例如，为了鼓励和动员本村妇女参与保护妈庙古物、弘扬妈庙古村落客家文化，妈庙村妇联根据村规民约组建了妈庙村巾帼志愿服务队，由其在妈庙村党建公园和妈庙村古村落进行导赏讲解。2021 年妈庙村巾帼志愿服务队接待参观的单位和党支部共 8 个，共 240 人次，文旅活动 6 场，共 192 人次，[2]传播了古村文化及良好家风家训，推动了村规民约中有关古村保护、文化传承等相关规范的实施。

在村规民约的实施过程中，为了营造良好的人居环境，维护良好的村容村貌，根据《村民卫生保洁公约》《澳头街道妈庙村卫生管理制度》《妈庙村村规民约》等村规民约的要求，妈庙村"两委"积极召开村"两委"会议，讨论、动员、部署卫生保洁、沟渠清理、溪河清理、房前屋后乱堆乱放的杂物与积存垃圾清理等工作，对人居环境进行了全面整治。例如，2019 年 11 月 27 日妈庙村"两委"班子联席会议的主要内容之一是"布置人居环境综合整治工作"，会议要求"各驻队干部带领村小组干部、党员、保洁员清理好村巷

---

〔1〕《2022 年度妈庙村"四议两公开"工作法运用情况报告表》，妈庙村村民委员会提供，2022 年 7 月 15 日；《制定财务制度》，妈庙村村民委员会提供，2022 年 7 月 15 日。

〔2〕《2021 年妈庙村妇联工作总结》，妈庙村村民委员会提供，2022 年 7 月 15 日。

道、杂草杂物、积存垃圾、房前屋后、道路障碍、公厕。(治理)生活污水及水土污染排放问题,拆除乱搭乱建"。[1]从妈庙村村规民约和村"两委"决议的具体执行情况来看,妈庙村在人居环境整治方面取得了较好成绩。例如,2014年妈庙村新建10间垃圾屋,1间大垃圾收集池;[2]2019年妈庙村聘请的日常卫生保洁人员达到25名;[3]2021年积极开展"家园清洁行动"和垃圾分类志愿活动工作,共清运垃圾2683处,共1283车次,清理各类垃圾6415吨,动用人员2466人次和机械785台次,建设小菜园86处,拆除危墙4处,拆除乱搭乱建20处。[4]此外,妈庙村要求党员每月最少做1次志愿活动,定期组织动员党员干部加入村庄道路清洁工作,提升了村庄整洁程度。

在村规民约的实施过程中,妈庙村注重根据古村的发展情况,及时调整村规民约的适用标准。例如,《大亚湾澳头街道办事处妈庙村村民自治章程》第7章第56条规定对年满80岁的村民进行慰问。在这一规定的基础上,结合当年集体经济收入的情况,2020年11月26日妈庙村党总支作出了《关于对辖区内有集体经济组织成员资格年满60周岁村民年终慰问的提议》,将慰问标准从80岁调整至60岁。2020年11月30日村"两委"会议、2020年12月3日村党员大会、2020年12月6日村民代表会议分别进行了商议、审议和决议,形成了"关于对辖区内年满60周岁具有集体经济组织成员资格的村民进行慰问"这一新的适用标准。以下为《关于对辖区内有集体经济组织成员资格年满60周岁村民年终慰问的提议》:

为进一步弘扬尊老敬老助老的中华传统美德,给辖区内老人送上关怀和慰问。妈庙村党总支提议:鉴于妈庙村集体经济收入相对固定,对妈庙村辖区年满60周岁有集体经济组织成员资格(福利分配权)的村民进行2020年度年终慰问,并每人发放300元慰问金。经征求党员、村民代表及村民意见,支部研究讨论,拟定年终对辖区内年满60周岁具有集体经济组织成员资格的村民进行慰问并发放300元慰问金。[5]

---

[1] 《村(社区)班子联席会议记录-班子联席会议》,妈庙村村民委员会提供,2022年7月15日。
[2] 《2014年终工作总结》,妈庙村村民委员会提供,2022年7月15日。
[3] 《妈庙村2019年上半年工作总结》,妈庙村村民委员会提供,2022年7月15日。
[4] 李伟忠:《2021年度抓基层党建工作述职报告》,妈庙村村民委员会提供,2022年7月15日。
[5] 《村党组织提议记录(三)》,妈庙村村民委员会提供,2022年7月15日。

为了提升村规民约实施效果，潜移默化地教育引导村民遵规守约，妈庙村采取了村规民约上墙、评比表彰、党员带头上门宣传、将村规民约执行情况与党员发展干部培养相挂钩等工作举措。具体而言：

其一，在村规民约上墙方面，妈庙村利用古建筑多的优势，将村规民约、弟子规、家风家训等绘制在几十米长的墙上，形成了一条古风古色的文化长廊，涵养了文明乡风。而且妈庙村还在村内的显眼位置竖立了告示牌，写明村规民约的内容，提升村民对村规民约的知晓度。

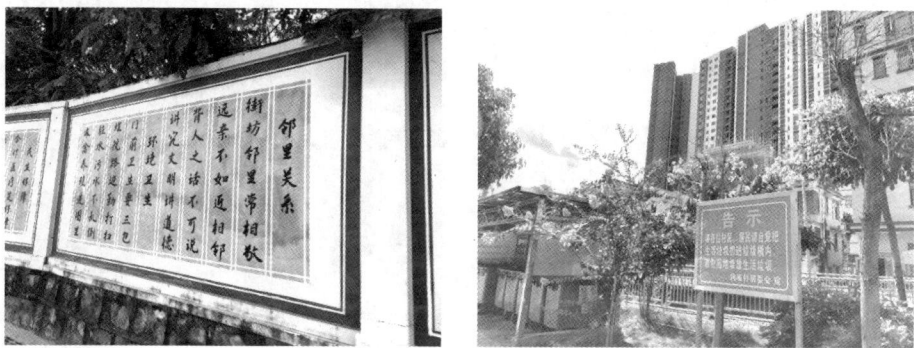

村规民约上墙、上牌（**2022 年 7 月 15 日摄**）

其二，在评比表彰方面，妈庙村根据村规民约的规定，深入开展了"最美家庭"评比、"金婚好夫妇"评比、"好婆婆"评比、"好媳妇"评比、"好母亲"评比、卫生综合评比、"卫生户星级牌"张贴等工作，塑造根据村规民约精神行事做事的典范，增加先进典型的曝光度，使无形的村规民约产生看得见、摸得着的价值。例如，2021 年妈庙村按照"知晓分类、投放正确、养成习惯、庭院清洁"的标准，在一村、二村、三村、四村等村民小组分三批评选出垃圾分类示范户共 100 户，并通过入户表彰、探访、复评、颁发奖励、挂牌等形式，多途径、多方面做好垃圾分类和庭院美化宣传等工作。[1]

其三，在党员带头上门宣传方面，妈庙村党总支部要求党员干部通过入户调查、上门走访、面对面交谈等形式为村民讲清人居环境整治的目的意义以及相关村规民约的内容。同时，妈庙村注重主动利用 LED 屏、微信群、宣传

---

〔1〕《2021 年妈庙村妇联工作总结》，妈庙村村民委员会提供，2022 年 7 月 15 日。

海报、掌上村委等宣传媒介进行宣传动员，营造遵规守约的良好氛围。[1]

其四，在将村规民约执行情况与党员发展、干部培养相挂钩方面，妈庙村在开展人居环境整治、"门前三包"等工作中，将执行村规民约情况与入党积极分子培养、后备干部培养相挂钩，明确提出，凡是违反村规民约的村民一律不得将其作为入党积极分子和村级后备干部。

总体而言，由于妈庙村村委会级的村规民约主要为缺少罚则的倡导性规范，且"村里面平时没什么大事儿，村民很单纯"，[2]严重违反村规民约的情况较少，因而妈庙村村一级的村规民约实施主要表现为按照村规

卫生户星级牌（**2022 年 7 月 15 日摄**）

民约开展宣传教育、正向激励等活动，较少出现按照村规民约处罚村民的情况。例如，为了涵育文明乡风、培育良好家风、滋养淳朴民风，妈庙村村委会开展过道德讲堂学习活动、诵读《了凡四训》活动、最美家庭建设三小时工作坊活动；[3]为了传承崇文重教、好读尚学的优良古风，妈庙村每年都会根据村规民约的规定对高考优秀者进行奖励，其中 2014 年妈庙村村委会根据村规民约的规定给 1 名考上本科的学生发放了 3000 元的奖金。[4]妈庙村的这些自我治理活动主要是一种根据村规民约开展的正向引导活动，而非反向约束活动。

---

〔1〕《妈庙村"党建+村规民约"引领文明和谐新风尚（2021 年 2 月 26 日）》，妈庙村村民委员会提供，2022 年 7 月 15 日。

〔2〕妈庙村李伟忠访谈录，资料编号：GDHZDYWATMM2022071501，2022 年 7 月 15 日。

〔3〕《妈庙村"党建+村规民约"引领文明和谐新风尚（2021 年 2 月 26 日）》，妈庙村村民委员会提供，2022 年 7 月 15 日。

〔4〕《2014 年终工作总结》，妈庙村村民委员会提供，2022 年 7 月 15 日。

（二）村民小组级村规民约的实施

21 世纪初以来，在大亚湾区大规模开发建设的背景下，妈庙古村也随之发生了重要变化。随着大亚湾区的开发建设，妈庙村的不少土地被征收，由于征地拆迁、回拨地转让、厂房出租带来了大量的收益，妈庙村的各个村民小组都积累了一定的集体资产。为了分配好这些集体资产，妈庙村的各个村民小组都以召开村民小组会议的形式制订了在本小组内适用的分配办法，前文所述妈庙村二村村民小组的分配办法即为其中之一。妈庙村二村村民小组为外嫁女赋予了一定的分配权，但在 2010 年之前妈庙村的多数村民小组按照长期形成的习惯并不给外嫁女分配福利，而且不少村民小组还以村民自治的形式通过开会讨论将这一习惯上升为村规民约。曾任妈庙村村"两委"班子成员的李樊栋介绍道：

> 以前村小组没有给外嫁女分配的，以前我们这个地方，很多嫁出去的，不管户口有没有迁出去，都不给分配的。有个别村小组是给分配的，但是大部分村小组是没有给外嫁女分配的。[1]

妈庙村的多数村民小组根据风俗习惯以及以风俗习惯为基础的村规民约的规定不给外嫁女分配福利的做法引发了不少外嫁女的不满。为了争取权益，这些外嫁女积极地进行诉讼、上访等活动，由此形成了外嫁女上访的热潮。李樊栋回顾了当时外嫁女的上访热潮：

> 当时她们很多上访，在召开重大会议的时候，国家里面也好，省里面也好，市里面也好，越级上访的很多。当时很多上访的，有些到广州上访，有些到北京上访。现在（2022 年）这些都平息了，基本上没什么上访了。[2]

面对外嫁女纠纷多、上访多、诉讼多的难题，澳头街道办曾于 2008 年 1 月 31 日下发《关于村组福利分配相关事项的紧急通知》（澳办发〔2008〕12 号），要求"各村民小组按照《村民议事规则》表决村民的福利分配的问题时，必须在符合国家政策、法律、法规和相关福利分配原则的前提下进行，

---

〔1〕　妈庙村李樊栋访谈录，资料编号：GDHZDYWATMM2022071502，2022 年 7 月 15 日。
〔2〕　妈庙村李樊栋访谈录，资料编号：GDHZDYWATMM2022071502，2022 年 7 月 15 日。

所表决的结果必须符合国家的政策、法律、法规和相关福利分配原则，应做到男女平等、公平、公正、合理、合法，如表决结果不符合上述要求的，将视为无效表决。"在对分配原则作出要求的基础上，澳头街道办还就村规民约的备案审查工作提出了要求，根据通知要求"各村委会换届选举后所制订的村规民约……必须首先通过办事处审查方可实施"。[1]

在相关通知的基础上，澳头街道办根据外嫁女、离婚后户口未迁出妇女的申请作出了多份《行政处理决定书》，确认了外嫁女、离婚后户口未迁出妇女的村民资格与集体福利分配权益。以下事例一即为其中之一：

事例一

经本街道办查实，申请人奉潮美是澳头妈庙沙井村人，1979年农村实行土地联产承包责任制时分有责任田，2007年7月与桥东社区居民林大宏结婚，无生育子女。2008年其丈夫因心脏病发去世，其丧偶后于2008年8月返回娘家居住生活，至今未再婚，结婚后户口一直未迁移，仍保留在妈庙沙井村，其作为妈庙沙井村民应该享受该村集体福利分配。根据《妇女权益保障法》（2005年）第33条第1款规定："任何组织和个人不得以妇女未婚、结婚、离婚、丧偶等为由，侵害妇女在农村集体经济组织中的各项权益"；《广东省实施〈中华人民共和国妇女权益保障法〉办法》（2007年）第23条规定："村民代表会议或者村民大会决议、村规民约和股份制章程中涉及土地承包经营、集体经营组织收益分配、股权分配、土地征收或者征用补偿费使用，以及宅基地使用等方面的规定，应当坚持男女平等原则，不得以妇女未婚、结婚、离婚、丧偶等为由，侵害其合法权益。"第24条第1款规定："农村集体经济组织成员中的妇女，结婚后户口仍在原农村集体经济组织所在地，或者离婚、丧偶后户口仍在男方家所在地，并履行集体经济组织章程义务的，在土地承包经营、集体经济组织收益分配、股权分配、土地征收或者征用补偿费使用以及宅基地使用等方面，享有与本农村集体经济组织其他成员平等的权益。"据此，本街道办认为：被申请人（妈庙村沙井村民小组）仅因申请人的婚姻关系变化而取消其在该村民小组的集体福利分配权利，违反了上述法律规定；

---

[1]《关于村组福利分配相关事项的紧急通知》（2008年1月31日），妈庙村档案室，目录号G9.1，案卷号027，妈庙村村民委员会提供，2022年7月15日。

根据《村民委员会组织法》（1998 年）第 20 条第 2 款 "村民自治章程、村规民约以及村民会议或者村民代表讨论决定的事项不得与宪法、法律、法规和国家的政策相抵触，不得有侵犯村民的人身权利、民主权利和合法财产权利的内容" 的规定，被申请人主张的村民小组户代表会议决议（也即不给外嫁女分配资格）应予以纠正。综上所述，本街道办作出以下处理决定：（1）确认申请人奉潮美具有惠州大亚湾区澳头街道妈庙沙井村民小组的集体经济组织成员身份。（2）被申请人应自收到本决定之日起依法恢复申请人的村集体经济福利分配权利，并按惠湾委发〔2010〕24 号、惠湾〔2010〕84 号、惠湾〔2010〕85 号文件的相关规定执行，给予申请人村集体福利分配。[1]

在国家法律法规保护妇女权益、澳头街道办等上级部门发布通知要求做到男女平等、外嫁女上访压力日渐增加等多重因素的影响下，妈庙村的不少村民小组选择通过调解的方式与外嫁女达成一次性补偿协议，实现息诉罢访。例如，在苏荷花与一村村民小组的纠纷中，苏荷花 "曾多次提出要求享受甲方村小组福利分配的诉求"，但 "经甲方户代表会议决议，一致认为乙方属于外嫁女身份，根据乡约民俗，其不能享受甲方村集体福利分配权利，不能参与甲方福利分配"。后经过妈庙村村委会人民调解委员会调解，双方达成协议，由一村村民小组一次性给予苏荷花补偿款 3 万元人民币，苏荷花承诺放弃其他诉求。以下为调解书原文：

人民调解协议书

（2010）惠湾澳妈民调字第 009 号

当事人：

甲方：澳头街道办事处妈庙村委会一村村民小组

负责人：苏银祈，男，身份证号码：442521×××××××××13

乙方：苏荷花，女，身份证号码：442521×××××××××48

纠纷简要情况：

乙方是甲方村民，因对甲方的村民福利权益分配有异议，经多次协调后

---

〔1〕《行政处理决定书（澳办行决〔2010〕2 号）》（2010 年 12 月 20 日），妈庙村档案室，目录号 G9.1，案卷号 032，妈庙村村民委员会提供，2022 年 7 月 15 日。

仍未能达成一致，故双方于 2010 年 5 月 12 日来到本调委会，要求就此纠纷予以调解。经向双方了解核实，乙方是甲方村民，1979 年在该村分有责任田，与外村人结婚，户籍一直在该村，现在博罗生活。经甲方户代表会议决议，一致认为乙方属于外嫁女身份，根据乡约民俗，其不能享受甲方村集体福利分配权利，不能参与甲方福利分配。之后乙方曾多次提出要求享受甲方村小组福利分配的诉求，但至今仍未解决。故甲、乙双方于 2010 年 5 月 12 日自愿来本调委会进行调解。甲、乙双方对以上事实均确认且无异议。

据此，本调委会于 2010 年 5 月 12 日依法受理了甲、乙双方的调解申请，并依法进行了调解。

经调解，甲、乙双方自愿达成以下协议：

一、乙方要求甲方给付一次性的村福利补偿款叁万元人民币整，并主动承诺在收到该款后，自愿放弃甲方村小组今后的一切福利分配权利，不再参与该村集体的一切福利分红和分配。

二、甲方经该村户代表会议决议后，同意一次性给予乙方村福利补偿款叁万元人民币整，但要求乙方信守上述承诺。

三、付款方式：甲方在本协议生效之日起五个工作日内付总款的 20% 即人民币陆仟元整给乙方，剩余款项在 8 个月内付清给乙方，乙方对此表示同意。

四：本协议生效后甲、乙方不得擅自解除或变更协议条款，如有异议可协商解决，如协商不成可通过诉讼途径解决。

五、本人民调解协议由甲乙双方签名盖章、惠州大亚湾区澳头街道妈庙村委会人民调解委员会盖章后生效。

六、本协议书一式四份，甲、乙双方各执一份，调委会、澳头街道办各存档一份，具有同等法律效力。

（以下空白）

甲方 惠州大亚湾区澳头街道妈庙村一村村民小组（盖章）

乙方 苏荷花（手写）

惠州大亚湾区澳头街道办妈庙村村委会人民调解委员会

调解员：徐锦花 曾梵贝

二〇一〇年五月十二日[1]

---

〔1〕《人民调解协议书》（2010 年 5 月 20 日），妈庙村档案室，目录号 G2.1，案卷号 019，妈庙村村民委员会提供，2022 年 7 月 15 日。

2010年之后，为了一次性解决外嫁女问题，缓解村民小组的村规民约与国家法的冲突问题，实现息诉罢访，妈庙村多数村民小组陆续与外嫁女签订了一次性补偿协议，外嫁女在领取一次性补偿后承诺不再起诉、上访。以下为妈庙村一村村民小组一次性解决外嫁女问题的报告。

关于借款解决出嫁女问题的报告

妈庙村村民委员会：

我妈庙村一村民小组现有出嫁女及外出人员24人。为落实大亚湾区《关于进一步落实和保障农村出嫁女集体经济分配权益的实施意见（试行）》《大亚湾一村股份合作经济组织股东资格界定和股份配置若干规定（试行）》的文件精神，有效解决一村出嫁女上访问题，维护一村的和谐稳定。

经村"两委"干部、村小组干部多次与出嫁女协调，反复做思想工作，现一村小组出嫁女、外出人员基本接受一次性补偿。下面将按照一次性补偿的原则。先易后难，逐步解决一村小组的出嫁女问题。由于一次性补偿出嫁女涉及资金较大，村小组无法独立承担。现特向妈庙村村民委员会借款叁拾贰万元整，用于先行解决部分出嫁女问题（附补偿方案），

以上报告。请批示。

妈庙村一村村民小组
二〇一一年六月二日[1]

妈庙村的各村民小组通过签订一次性补偿协议的方式解决外嫁女纠纷的做法在结果上改变了不给外嫁女分配福利的传统村规民约，实际上形成了通过一次性补偿的方式解决外嫁女纠纷这一新的村规民约，实现了村规民约的转型与嬗变。

妈庙村各村民小组福利分配村规民约的形成与变迁在根本上源于大亚湾区的开发与建设。在大亚湾区大规模开发与建设的背景下，妈庙古村的土地被征收、村民小组的收入大幅增加，为了解决好分配问题，妈庙村的村民小

---

〔1〕《关于借款解决出嫁女问题的报告》（2011年6月2日），妈庙村档案室，目录号G2.1，案卷号021，妈庙村村民委员会提供，2022年7月15日。

组通过双重制度化的方式将传统习惯上升为村规民约，村民小组的村规民约得以初步形成。为了化解福利分配纠纷、解决外嫁女上访问题，妈庙村的村民小组又在实践中根据国家法律法规政策修正了村规民约，推动形成了新的村规民约。

总体而言，妈庙村村委会级的村规民约运行主要表现为古村治理主体制定村规民约、宣传村规民约以及运用村规民约维护村庄秩序、改善人居环境、保护古村建筑、弘扬古村文化、完善社会保障，进行古村的自我治理；妈庙村各村民小组村规民约的运行主要表现为村民小组运用村规民约分配集体福利、解决外嫁女纠纷以及在此过程中推动村规民约的双重制度化与修改完善。其中，村委会级通过村规民约的治理实践以古风传承保护为底色，治理运行过程较为平缓；村民小组通过村规民约的运行过程以古村变迁为背景，充满博弈与波澜。二者共同构成了妈庙村通过村规民约的古村治理实践样态。

五、通过村规民约的古村治理效果

妈庙村通过村规民约的古村治理在实践中产生了维护村庄秩序、改善人居环境、促进文化传承、保障福利分配等多重积极效果。

其一，维持了村庄秩序。秩序维持是村规民约的基础性价值。通过民主议定村规民约，妈庙村村"两委"等治理主体为自身以及广大村民提供了处理邻里关系、环境卫生、民生保障、村风民俗、消防安全、婚姻家庭、计划生育、交通安全、尊老爱幼、乡村建设、设施维护、旅游发展等问题的组织规范与行为规范，在制度维度建构起了村民自治秩序。在此基础上，通过自觉遵守与严格适用这些村规民约，妈庙村的治理共同体共同维持了村内的生活秩序、生产秩序、分配秩序，保障了村庄的有序运转，形成了总体上和谐有序的局面。

其二，改善了人居环境。通过在综合性的自治章程、综合性的村规民约中写入有关安全生产与防火管理、环境卫生、消防安全、乡村建设、设施维护的内容以及制定完善《村民卫生保洁公约》《澳头街道妈庙村卫生管理制度》《妈庙村环卫保洁质量标准》等人居环境治理村规民约，妈庙村为古村人居环境的改善工作提供了规范依据与操作规程。在这些村规民约的指引和保障下，妈庙村组织开展了卫生保洁、沟渠清理、溪河清理、房前屋后乱堆乱放杂物与积存垃圾清理、乱搭乱建拆除、乱排乱放治理、星级卫生户评选、党员干部定期参与村庄道路清洁等一系列工作和实践，有效提升了古村的整洁程度与美观程度，营造了良好的人居环境，改善了村民在村内居住的感受。

其三，促进了优秀传统文化的传承。近年来，通过组建巾帼志愿服务队进行古村导赏讲解活动以及根据村规民约开展困难户慰问活动、老人慰问活动、考学奖励活动、道德讲堂学习活动、诵读《了凡四训》活动、最美家庭建设三小时工作坊活动等带有文化传承性质的活动，妈庙村较为有效地实现了尊老爱幼、崇文重教、好读尚学、济寒赈贫、立命改过、积善谦德等传统美德与传统文化的传承与发扬。

其四，保障了福利分配。妈庙村的村民小组基于古村征收变迁的实际情况，通过召开村民小组会议、村民小组扩大会议的方式将传统习惯上升为村规民约并因时因地完善村规民约的做法促进了传统习惯的双重制度化，为妈庙村各村民小组有序分配征收款、厂房租赁收益、回拨地转让收益等福利收益提供了制度支撑与分配依据。通过自觉遵守和严格适用福利分配规范，妈庙村各村民小组保障了福利分配活动的公开、公正进行，促进了福利分配工作的有序进行。

总体而言，通过依规治理，妈庙村保持了村内秩序的和谐稳定，改善了村庄的人居环境，促进了优秀传统文化的传承发扬，提供了福利分配的标准，解决了福利分配的问题，提升了古村文化传统的传承、古村建筑的保护、古村现代化变迁的效果，取得了一定的积极成效。在加强和改善乡村治理的过程中，妈庙村通过村规民约进行自治的成效经验值得重视和进一步总结提升。

六、结语

妈庙村通过村规民约的古村治理是一种兼具传承性与变迁性的治理。一方面，妈庙村村"两委"等村级治理主体基于历史传统与现实情况制订和完善村规民约，促进了妈庙村古建筑保护与妈庙村的文化传承，具有传承性治理的特点；另一方面，妈庙村村民小组福利分配规则的产生、福利分配对象的扩展是外部因素变迁导致的结果，具有变迁性治理的特点。

妈庙村通过村规民约的古村治理积累了一定的成功经验，但也存在着特色不够突出、优势未能充分发挥等问题，需要进一步提升自治程度，更增强妈庙村的内生活力。虽然妈庙村通过村规民约的治理带有一定的古色底蕴，但是妈庙村目前尚未制定专门保护古建筑、传承古文化、利用古环境的村规民约，妈庙村古香古色的特征未能充分展现出来，古建筑、古文化、古环境的积极价值未能充分发挥。为了促进妈庙村通过村规民约的古村治理经验得到有效传承，妈庙村村"两委"、妈庙村的各村民小组等治理主体可在既有经验的基础上，及时制订有关古建筑保护、古文化传承、古环境利用的村规民约，打造古香古色的妈庙古村，探索发展特色旅游、特色民宿等，将妈庙村的古香优势转化为经济优势，促进妈庙村的可持续发展。此外，澳头街道办、大亚湾区管委会相关部门可根据上层设计与基层探索有机结合的原则，进一步总结妈庙村通过村规民约的古村治理的成效经验，形成可复制、可借鉴的总结材料，及时宣传和推介妈庙村的治理经验，在更大层面提升乡村治理效果，推动乡村更好地走向良法善治。

第七章

通过物业管理规范的村民小组委托型自治

——以老畲村三大屋村民小组为对象

一、引言

村民小组和物业企业是参与基层治理的重要主体，是村民自治的重要力量。《村民委员会组织法》第 28 条第 3 款规定："属于村民小组的集体所有的土地、企业和其他财产的经营管理以及公益事项的办理，由村民小组会议依照有关法律的规定讨论决定，所作决定及实施情况应当及时向本村民小组的村民公布。"《物业管理条例》第 46 条规定："物业服务企业应当协助做好物业管理区域内的安全防范工作。……"2020 年 12 月中共中央印发的《法治社会建设实施纲要（2020-2025 年）》提出："充分调动全社会各方力量采取多种形式参与法治社会建设，进一步发挥公民、企事业单位、人民团体、社会组织等在推进法治社会建设中的积极作用，形成法治社会建设最大合力。"2017 年 6 月中共中央、国务院发布的《关于加强和完善城乡社区治理的意见》提出："改进社区物业服务管理。……有条件的地方应规范农村社区物业管理，研究制定物业管理费管理办法；探索在农村社区选聘物业服务企业，提供社区物业服务。"2020 年 12 月住房和城乡建设部等十部门印发的《关于加强和改进住宅物业管理工作的通知》（建房规［2020］10 号）提出："建立党建引领下的社区居民委员会、业主委员会、物业服务企业协调运行机制，充分调动居民参与积极性，形成社区治理合力。"充分发挥物业企业的积极作用，提升村民小组自治水平，对于加强和改善基层治理，具有重要的价值和意义。

老畲村三大屋村民小组原本是一个环境脏乱差、拥堵现象多、占道经营多、矛盾纠纷多、入室盗窃多、警情多发高发的搬迁小区型的村民小组。

2020 年该村民小组自发成立了惠州市新骏腾物业服务有限公司（以下简称"物业公司"），制定了由物业公司负责施行的物业管理规范。随着物业公司的运行以及物业管理规范的施行，三大屋村民小组逐步改变了长久以来的脏乱差现象，村容村貌得到美化、治安环境大为改善、出行拥堵问题得到缓解、居民收入不断增长、邻里关系变得融洽，房屋出租率大幅上升，昔日脏乱差的警情多发地蜕变成了大亚湾区社会治理示范点。在三大屋村民小组的蜕变过程中，村民小组主导制定、村民代表会议讨论通过、物业公司具体执行的物业管理服务规范以及物业相关规范（以下统称"物业管理规范"）发挥着十分关键的作用。三大屋村民小组的村民自治以物业管理规范为重要依据，为一种委托型自治。三大屋村民小组的物业管理规范是三大屋村民小组自治实践的规范依据、规范标准、规范呈现与制度环境，是物业公司、村民小组开展管理和服务工作的正当化根据和行动指南，是三大屋村民小组的村民、业主、租客共同服膺的秩序体系和行为准则。

老畲村三大屋村民小组
（2022 年 7 月 21 日摄）

三大屋村民小组为大亚湾区西区街道老畲村下辖村小组，位于大亚湾区最西端，与深圳市坪山区接壤。为服从全区整体建设规划，配合大亚湾第三中学、龙光城等项目建设，2007 年原黄氏和吴氏两个自然村集体搬迁到现址，合并成三大屋村民小组。三大屋村民小组占地面积 4.6 万平方米，其中住宅用地约 3.5 万平方米，市场用地 1.1 万平方米，规划宅基地 179 块，建成 126 栋 3781 间房。由于紧邻深圳，出租屋分布密集，三大屋村民小组内的流动人口多，人员混杂。三大屋目前有本地户籍 31 户 128 人，流动人口约 8540 人。[1]

三大屋村民小组的物业管理规范

---

〔1〕《在三大屋新村物业模式管理现场会上的汇报发言》，三大屋村民小组提供，2022 年 7 月 21 日。

为大亚湾区本土社会规范的组成部分，通过物业管理规范的村民小组自治是基层治理的重要组成部分。对三大屋村民小组的物业管理规范以及通过物业管理规范的村民小组自治实践展开调查和思考，对于我们充分认识村民小组物业管理规范在乡村社会治理中的积极价值、完善村民参与基层社会治理的制度化渠道、不断深化村民自治途径具有重要的价值。

为全面了解作为本土社会规范组成部分的村民小组物业管理规范、准确把握通过物业管理规范的村民小组委托型自治效果，我们于2022年7月21日前往老畬村三大屋村民小组就该村民小组的物业管理规范进行了实地调查。在调查期间，我们对三大屋村民小组的村容村貌进行了认真观察，访问了老畬村村"两委"干部、三大屋村民小组干部、物业公司负责人，查阅和收集了有关三大屋村民小组的相关资料，对三大屋村民小组的物业管理规范及其在村民小组委托型自治中的作用有了初步的感受。

二、通过物业管理规范的村民小组委托型自治主体

三大屋村民小组的自治模式是一种委托型自治。在委托型自治的模式下，物业公司、村民小组、村"两委"等三种不同的权威分别发挥着执行、决策、指导、监督等作用。

（一）物业公司

在成立物业公司之前，由于居住人员混杂、流动人口数量庞大、管理秩序混乱，三大屋村民小组面临着较为严重的车辆乱停乱放、小区停车难、进出拥堵严重、占道经营普遍、车辆剐蹭频繁、矛盾纠纷高发、垃圾乱堆乱放、监管效果欠佳、盗窃现象多发等问题，群众反映强烈，安全感满意度较低。

老畬村党总支部书记吴春晓介绍了三大屋村民小组在物业公司成立之前所面临的治理难题：

当初我们（三大屋村民小组）没有实行物业管理，没有收费，有人看到这里有空地有车位，就在这里停着。十天八天半个月不挪一下，就导致租客和本村村民没有地方停车，交通非常混乱。尤其是晚上，以前基本上每天都有警情。有警情时车开不进来，回不了家；有的人早上上班、送小孩也初步去，剐蹭、吵架、冲突时有发生。治安环境方面，虽然这两年扫黑除恶之后，整个社会面是好了，但是毕竟三大屋人口多，科技设备也跟不上，全靠我们村连个联防队员在这里。有时候有人趴窗户偷东西、偷电瓶车电池，脏乱差现象挺严重的。村民也好，外来居住租户也好，意见都很大，导致一度很多人搬离了我们这里。环境不好、卫生差、交通秩序乱。[1]

三大屋村民小组原组长黄亮源补充介绍了当时的治理问题：

当时村里面比较乱。有的人把车堵在那里，自己回家都回不了，找不到人。找到人了，问他一下，他还凶你。村里乱七八糟的。[2]

为了改变三大屋村民小组的治理问题，政府有关部门曾开展过专项整治行动，但未能取得理想效果。例如，为了纠治三大屋村民小组的治理乱象，大亚湾区公安分局新西派出所曾多次开展清查打击行动，但"清查打击一轮好一阵，稍有放松又恢复原样，牵扯了大量警力，增加了社会管理成本"。[3]运动式整治的短期效果相对较好，但长远效果聊胜于无，无法从根本上扭转治理困境。

面对环境脏乱差、租客搬离、房屋出租率不高的问题，吴汶友等三大屋村民小组的部分热心村民（房东）向村小组提议成立以村民为组成人员的物业公司，由物业公司通过常态化的方式解决三大屋村民小组面临的问题。吴汶友回忆了其倡议成立物业公司时的最初想法：

因为我自己本身是三大屋人，自己村那么没有规划，回来看到的都是进也进不去、出也出不去，卫生、治安都很不好。所以就看一下能不能把自己的村庄搞好。

各方面的原因，我们就看一下能不能自治起来，合法地操作起来。所以就有很大的决心，我们要把村里面搞好。我为头做好，村里也跟着做好。我们村中的有志青年，能组织在一起的、有意向把这个做好的，都可以报名参加这个物业公司。（人数）不怕多，只要能把村里搞好。当时是这样想的。[4]

---

[1] 老畲村吴春晓访谈录，资料编号：GDHZDYWLS2022072101，2022 年 7 月 21 日。

[2] 老畲村三大屋村民小组黄亮源访谈录，资料编号：GDHZDYWLSSDW2022072101，2022 年 7 月 21 日。

[3] 《大亚湾区新西派出所全力推进三大屋村小组物业模式管理情况汇报》，中共惠州大亚湾区委政法委员会提供，2022 年 7 月 11 日。

[4] 老畲村三大屋村民小组吴汶友访谈录，资料编号：GDHZDYWLSSDW2022072101，2022 年 7 月 21 日。

在村内有热心村民愿意主动担当的情况下，三大屋村民小组及时抓住机会，采取行动，积极推动物业公司的成立。当然，由于倡议成立物业公司的热心村民数量有限，公司成立面临着人手不足的问题。为了解决人手不足的问题，三大屋村民小组面向全村126位村民发布通知，动员其他村民积极参加到物业公司成立工作中来。三大屋村民小组组长曾武运回忆道：

> 一开始就只有两三个人牵头，后来我们给村民说，"谁愿意搞，自动报名上来"。最后就报了六个。这六个就是他们六个股东。六个股东总投资40多万元。[1]

在热心村民、三大屋村民小组的共同推动下，2020年3月13日三大屋村的惠州市新骏腾物业服务有限公司正式成立，2020年4月15日举行挂牌仪式。物业公司的股东（管理人员）共6人，均为三大屋村民。其中，物业公司董事长吴汶友原为开泥头车的村民，公司成立后其将泥头车卖掉，专心经营管理物业公司。根据董事长吴汶友介绍，6位村民持股数量相差不多，其中吴汶友持有公司25%的股份。6位村民目前基本全职参与公司管理，大部分时间都驻守在公司。公司不以营利为目的，6位管理人员（股东）的月工资均为4000元左右，不分红。[2]

2020年4月5日，三大屋村民小组与惠州市新骏腾物业服务有限公司签订《三大屋新村住宅区物业服务合同》，委托物业公司按照物业管理规范开展工作，服务村民和租客，参与村民小组的管理。委托管理期限为2020年4月15日至2030年4月14日。以下为三大屋村民小组委托物业公司开展的管理和服务事项：

物业管理服务内容

一、物业范围内的公用设施，停车场，公共设施等使用，养护管理和运行服务；

---

[1] 老畲村三大屋村民小组曾武运访谈录，资料编号：GDHZDYWLSSDW2022072101，2022年7月21日。

[2] 老畲村三大屋村民小组吴汶友访谈录，资料编号：GDHZDYWLSSDW2022072101，2022年7月21日。

二、公共环境卫生

(1) 按小区公共环境卫生原有方式与本公司指定清洁工作结合进行；

(2) 根据小区实际需要调整员工配置。

三、保安管理

1. 内容

(1) 配合和协助当地公安机关维护本物业区域内的公共秩序；

(2) 对小区进行安全监控和巡视保安工作（但不含人身、财产保险保管责任）。

四、交通与车辆停放

1. 内容

(1) 出入小区车辆的服务管理；

(2) 车辆在小区的有序停放。[1]

根据三大屋村民小组的委托，物业公司先后投入 40 余万元安装了道闸、智能卡口、监控等设备，积极开展了治安保卫、车辆停放、环境卫生、楼栋管理、矛盾调处和日常服务等工作，连同派出所及村联防队、网格员常态化地开展了巡逻巡查工作，根据物业管理规范的要求积极参与到了村民自治实践中来。物业公司的直接参与极大地改变了三大屋村民小组传统的主体型自治模式，改变了村民小组力量不足的问题，使得三大屋村民小组走上了专业化、市场化的委托型自治模式，化解了三大屋村民小组多年来面临的治理难题。

不同于常规的物业公司，新骏腾物业服务有限公司有着一定的公益性，能够在一定范围内代为行使村民自治权。具体而言，公司经营原则为持平略有微利，公司股东没有分红。虽然公司每月会向业主收取 0.25 元/平方米的物业管理费，但价格远低于市场价，且主要用于支付物业公司的保安员工资、保洁员工资、水电费用、技防设施费用等维持公司正常运转所必需的费用。在自筹自建物业公司之前，三大屋村民小组曾尝试从外部引入物业公司，但由于价格过高等原因而未能顺利引进。吴春晓介绍说，三大屋村民小组"一开始想请外面的公司来做，酝酿了两年多。他们也做了几次方案、做了几次

---

〔1〕《三大屋新村住宅区物业服务合同》，三大屋村民小组提供，2022 年 7 月 21 日。

预算，但是没做成"。[1]就村民小组的角度而言，新骏腾物业服务有限公司是三大屋村民小组自己建立的一个协助小组提供服务、协助管理的组织。公司不仅提供普通物业服务，还负责执行三大屋村民小组制定的物业管理规范，在一定范围内代为行使村民自治权。

（二）村民小组

三大屋村民小组在三大屋村民小组的自治实践中发挥着不可或缺的作用。三大屋村民小组之所以能够从传统的主体型自治模式转为委托型自治模式，离不开村民小组推动成立物业公司、制定物业管理规范、监督物业公司、协助物业公司运行等共治探索。三大屋村民小组在村民自治实践中主要承担以下几个方面的功能：

其一，推动成立物业公司。为了使得物业公司能够顺利成立，三大屋村民小组已多次召开村民小组会议，明确成立物业公司相关事宜及村民小组建设发展前景，讲清利弊利害关系，统一村民理念，在村民中形成成立物业公司的基本共识。与此同时，三大屋村民小组负责联系对接物价、工商、交通、税务等主管部门，向有关部门进行备案，争取有关部门的指导和支持。吴春晓回顾了村民小组在向政府部门进行报备、确定收费标准等工作中所发挥的作用：

村民小组向物价局报备的时候，原来是要申请收费的，因为物业辛苦的嘛。但是不知道从2019年还是哪一年就已经废止了，不再出物价许可。那我们怎么解决收费这个问题呢？物价局给我们一些指导、一些指导性的文件政策。因为我们是村集体的自然村，不是商业小区，我们还是结合我们的村民自治这一块，开户代表会表决收费怎么收、怎么来管理，然后他们来给我们执行这个备案制度，叫我们公示，公示他们也来拍照，拍照后等于我们这个备案就完成了。[2]

三大屋村民小组推动成立物业公司曾面临着部分村民抵触的问题。部分村民之所以会抵触，一是不愿意缴纳物业管理费，二是觉得亲戚朋友来村里走访做客缴纳停车费显得没面子，三是担心物业公司的管理会使村民生活不

---

〔1〕　老畲村吴春晓访谈录，资料编号：GDHZDYWLS2022072101，2022年7月21日。
〔2〕　老畲村吴春晓访谈录，资料编号：GDHZDYWLS2022072101，2022年7月21日。

自由不方便。为消除村民顾虑与抵触，三大屋村民小组干部与老畲村"两委"干部、老党员、驻村民警等共同开展逐门逐户走访做解释工作，讲清各种利弊利害关系，争取到了全体村民和绝大多数小区居住群众的支持，保证了物业公司的顺利成立。

其二，制定以物业管理规范为主要内容的村规民约。为了给物业公司开展工作指明方向、划定标准，给村民业主、外来租客提供行为准则，三大屋村民小组在物业公司成立前后多次征求村民、业主（包括个别外地业主）的意见，制定了《三大屋新村管理制度》《物业管理服务收费标准》等村规民约，这些村规民约以物业管理为主要内容。同时，在村民小组的指导和监督下，物业公司制定了公司章程、服务承诺以及保安、工作人员的岗位职责等物业管理规范。

其三，提供办公场所。在推动成立物业公司、建立物业管理规范的基础上，三大屋村民小组还将三大屋村民小组办公室作为物业公司的办公场所，供物业公司使用。办公场所内设视频监控平台，由物业公司负责24小时值守，重要视频实时接入公安大数据平台。

其四，监督、协助物业公司。三大屋村民小组干部均未持有物业公司股份，能够较为客观公允地监督公司。除监督物业公司，村民小组还负责指导和监督村民、业主履行缴费义务，协助物业公司收取费用、解决问题。根据老畲村党总支部书记吴春晓介绍，三大屋村民小组的监督、协助职能主要体现为日常监督与重要事务的协助：

我们村小组天天在这里，看到哪里有脏乱差现象，或者管理不到位的地方，立即叫物业公司去处理。反正他们是紧密联系的，你中有我，我中有你。凡事大家商量着来，共同去管理。日常需要做的就是你去做，但是有什么协助或者需要协助解决的，就是村小组甚至是村委会的事。虽然我们听起来好像是市场化，但是我们并不和市场接轨。[1]

在三大屋村民小组的治理结构中，三大屋村民小组组长、副组长等自治主体在一定程度上相当于公司的董事、监事，村民小组负责收集意见，反馈

---

〔1〕 老畲村吴春晓访谈录，资料编号：GDHZDYWLS2022072101，2022年7月21日。

给物业公司；物业公司管理人员在一定程度上相当于经理，根据村民小组的要求开展具体的管理工作。这种治理结构具有较强的凝聚力和执行力，能够保障村民将自治意志转化为公司管理实践。

（三）村"两委"

老畲村村"两委"是三大屋村民小组成立物业公司、走上委托型自治道路的重要指导者、引领者与监督者。作为三大屋村民小组众治主体中的重要一员，老畲村村"两委"在三大屋村民小组成立物业公司之前曾指导、安排、帮助三大屋村民小组到深圳龙田及周边小区参观学习经验。通过推动三大屋村民小组的村民外出学习，老畲村"两委"帮助三大屋村民小组进一步明确了成立物业公司的具体工作思路，推动三大屋村民小组制定了与三大屋实际情况相符的工作方案、物业管理规范。老畲村党总支部书记吴春晓回顾了老畲村村委会对三大屋村民小组的引导和支持工作情况：

我们村委会商量如何引导他们、指导他们怎么思考、怎么改变这种现象。后来我们想了想，最终还是要实行物业管理。但是也遇到一定的阻力，因为农村人一直都有这种观念，这个地方是我的，我想怎么活就怎么活、想怎么做就怎么做，现在你还要收费，一涉及收费，很多村民一下意识上转变不过来，就接受不了。所以我们村委会跟村小组多次商量，也征求一些有识之士、比较有威信的村中老人、乡贤等这些共同探讨，对于反对意见比较大的，上门解释，最后得到了大家的理解。[1]

总体而言，通过物业管理规范的村民小组自治是一种委托型自治、混合型自治，是多种力量的合治与多种主体的共治。通过多方共同参与、共同建设，三大屋村民小组形成了村民自治合力，实现了力量在基层汇聚、问题在基层解决、矛盾在基层化解。

三、通过物业管理规范的村民小组委托型自治规范

在开展自治实践的过程中，为了解决车辆乱停乱放、小区停车难、进出拥堵严重、占道经营普遍、车辆剐蹭频繁、矛盾纠纷高发、垃圾乱堆乱放、监管效果欠佳、盗窃现象多发等问题，三大屋村民小组与物业公司本着规矩

---

[1]　老畲村吴春晓访谈录，资料编号：GDHZDYWLS2022072101，2022年7月21日。

大家定、大家守的原则，制定了《三大屋新村管理制度》《物业管理服务收费标准》《服务承诺》《经理岗位职责》《保安员岗位职责》《告示》《警告》等有关环境卫生、治安保卫、车辆停放、收费标准的村规民约与自治规范，为物业公司维持停车秩序、解决占道问题、清理乱堆乱放、打扫环境卫生、开展安全巡逻、解决剐蹭冲突等提供制度依据、行为标准。根据适用对象的不同，这些村规民约与自治规范可分为三类。其一为直接规定物业公司及其组成人员行为的规范，主要包括《服务承诺》《经理岗位职责》《保安员岗位职责》等。其二为由物业公司负责执行的具体规定村民、业主、租客行为的规范，主要包括《物业管理服务收费标准》《告示》《警告》等。其三为直接规范物业公司、业主、村民、租客、车主、临时访客等各类主体的综合性规范，主要为《三大屋新村管理制度》。

三大屋村民小组与物业公司制定的三类村规民约与自治规范均以物业管理服务为中心，因而本书将其统称为"物业管理规范"。

以下为 2020 年 4 月 5 日表决通过的村民小组村规民约《三大屋新村管理制度》。该村规民约以物业管理服务为中心，为综合性的物业管理规范，是三大屋村民小组自治实践中最为倚重的规范之一。

三大屋新村管理制度

一、为了搞好新村安全防范工作，创造安全的生活环境，维护全体业主的公共利益，制订本规定。

二、管理处负责小区的机动车辆、摩托车、自行车的管理，所有进出的机动车辆一律发卡、登记；自行车停放在指定位置。车辆不得乱停放，维护小区交通秩序，保障新村小区车辆停放有序。

三、住户搬家如有大件、贵重物品搬出时，应有放行条或确认是否业主同意，登记后方可放行。

四、新村小区发生治安交通等方面的突发事件时，保安员要挺身而出，依法采取措施维护现场秩序，及时通知有关部门，并做好善后工作，维护管理处公布的各项规章对不遵守制度的住户进行劝阻和制止。

五、发动群众参与治安规范，屋主应守好自己财物，增加防范意识。

六、业主要勇于制止，举报破坏新村小区治安秩序行为，预防造成治安隐患人不得让陌生人尾随跟进住宅楼，发现紧急情况，及时与管理处联系或告知当班值班员。

七、对下列行为，值班员要给予劝阻，不听劝阻的采取强制措施坚决制止：

1. 随意停放车辆，乱丢垃圾；

2. 占用消防通道或其他公共区域；

3. 损坏公共设施；

4. 聚众喧闹，酗酒闹事；

5. 侵入他人住宅，损毁他人财物；

6. 发出超标准的噪声，影响他人休息和生活；

7. 超出3吨车辆不得进入小区，特殊车辆经物业公司批准方可进入。

8. 祠堂正门口禁止停车，两边可做临时停车。（特殊情况下，物业负责清理临时停放车辆。）

八、保安员的岗位职责

1. 密切注意进出小区的人员、车辆严格执行来访登记制度，对身份不明者（无任何证件）或形迹可疑衣衫不整者制止进入。

2. 要熟悉村小区的基本情况及村小区内各业主（住户）的基本情况，对外来访客给予热情解答，对不明身份者不得向其提供其他住户的居住处或姓名等情况。

3. 认真做好值班记录，不得与业主及来访客人发生争吵、打架斗殴，注意村小区的治安安全，发现情况立即汇报上级并通过对讲机通知巡逻员前去处理。

4. 指挥外来车辆的停放，维护小区出入的秩序，并掌握进出人员、车辆的特殊动态。

5. 定时进行小区的治安巡逻，做好村治安防护工作。队友之间团结协作，遇到情况互相支援配合协助派出所。搞好小区治安管理工作，维护好小区治安秩序。协助调节村小区内住户之间的纠纷。

6. 保安人员12小时工作制，分白班、夜班。巡逻人员实行24小时不间断巡视，确保及时发现问题和处理问题，巡逻人员采用机动车巡逻方式。

九、卫生保洁职责

（1）12小时保洁制度（工作时间根据实际情况定）。上午、下午各清理一次。以保证村里卫生达到要求，每日的卫生全面清扫。

（2）村民房屋大件物体（如：旧家具、装修废弃材料等）自行处理。如不处理，物业有权在保证金中扣除，多退少补。

十、收费标准

1. 车位使用服务费由管理处按下列标准向车位使用人收取（露天车位）。月卡：小车 50 元/月（10 米巷内仅限本村居住村民，16 米主道对外月卡停车费按政府批复规定执行）临时停车 1 小时内免费，超过 1 小时收费 5 元，同时超出 5 小时收费 10 元（全天 00：00～23：59 按政府批复规定执行）。

2. 变更车牌号每辆收取手续费 20 元。

3. 商铺管理费 0.5 元每月/平方米，以实际情况决定。[1]

在三大屋村民小组新村的三类物业管理规范中，由物业公司负责执行的具体规定村民、业主、租客等住户业主行为的物业管理规范村对全体住户业主有着最为直接的约束力，直接约束着住户业主的行为，发挥着较为重要的作用。以下为物业公司制定的关于有序停车、讲究卫生、管好宠物的《告示》，该《告示》需要全体住户业主共同遵守：

绿化带内的《告示》标牌（2022 年 7 月 21 日摄）

---

〔1〕《三大屋新村管理制度》，三大屋村民小组提供，2022 年 7 月 21 日。

根据《三大屋新村管理制度》《物业管理服务收费标准》等物业管理规范，物业公司可以收取物业管理服务费、车位使用服务费、临时停车费等费用，用于聘请保安、清洁工人等。为了增强物业管理规范的约束力，提升通过物业管理规范的村民小组自治的效果，三大屋村民小组赋予了物业公司取消拒交物业管理费超2个月业主自来水使用、拆除水表等强制执行权。在2020年1月4日开展的三大屋村民小组会议上，村民们表决通过了赋予即将成立的物业公司强制执行权的方案。会议记录写道："为了保证以后物业能顺利进行，长久运作，各业主同意授权委托本村对如有拒交物业管理费超二个月的业主有权取消其自来水使用权，拆除水表为相互约束处理。"[1]通过以文字化、成文化的形式赋予物业公司一定的强制执行权，三大屋村民小组能够更好地提升物业公司参与村民自治的正当性与合法性，增强物业公司的权威，改善物业公司参与村民自治的效果。

除了前述《三大屋新村管理制度》等就物业管理服务工作进行规定的具有普遍约束力的物业管理规范，三大屋村民小组还与物业公司签订了《三大屋新村住宅区物业服务合同》，形成了对村民小组和物业公司双方有约束力的特殊规范。《三大屋新村住宅区物业服务合同》第3条详细规定了三大屋村民小组与物业公司在村民自治实践中的分工，明确了双方的基本职责，确定了双方的权利义务，赋予了物业公司参与居住区管理的权利。以下为《三大屋新村住宅区物业服务合同》有关村民小组与物业公司的双方权利义务的规定：

双方的权利和义务

一、甲方的权利和义务

1. 甲方（三大屋村民小组）通过下列第（2）种形式委托乙方（物业公司）对本物业进行管理服务，监督乙方的物业管理服务行为，并就物业管理的有关问题向乙方提出意见和建议。

（1）小区与物业服务企业合作；

（2）小区自行成立物业服务企业；

（3）其他。

2. 依据有关法律法规的规定，协助乙方制订本物业管理区域物业管理方

---

〔1〕《表决三大屋新村物业服务合同书和管理规章制度》，三大屋村民小组提供，2022年7月21日。

面的规章制度，并协助乙方实施；

3. 不得干涉乙方依法或依本合同规定内容所进行的管理和经营活动；

4. 协助乙方协调乙方与行政管理部门与业主或物业使用人之间的关系；

5. 政策规定由甲方承担的其他责任；

6. 协助乙方做好小区物业管理费的收缴工作；

7. 负责处理非乙方原因而产生的各种纠纷；

二、乙方的权利义务

1. 遵守各项管理法规和合同规定的要求，根据甲方要求，对本住宅区物业实施综合管理，制订物业管理目标，并承担相应责任，自觉接受甲方检查监督；不得利用提供物业管理服务的便利获取不当利益。

2. 对本物业的共用部位，公用设施不得擅自占用和改变其使用功能，如需对道路等共用部位和公共配套设施进行改（扩）建和改变使用功能，须征求广大业主和物业使用人意见，报甲方和有关部门批准后方可实施。

3. 须本着高效、精干的原则在本物业设置好管理机构和人员。

4. 建立健全本物业管理服务档案并负责及时记载有关变更情况。

5. 负责测算物业管理服务收费标准并向甲方提供测算标准与依据。报甲方同意和物价部门登记备案后，进行明码公示收费。

6. 及时向业主公告本管理区域内的重大物业服务事项。

7. 有权依照物业管理有关法规政策、本合同和管理规约等规定对违反业主公约和物业管理规章制度的行为进行制止和处理。

8. 在本合同终止或管理期满移交管理权时，向甲方移交原委托管理的全部物业及各类管理档案或其他有关物业管理的资料；移交本物业的公共财产。

9. 根据有关法律、法规，结合实际情况，制订本物业小区的物业管理服务制度和管理规约，并书面告知甲方、业主或物业使用人。

10. 接受业主或使用人、甲方，物业管理主管部门等的监督，不断完善管理服务，定期向甲方汇报本合同履行情况。

11. 物业管理企业可委托专业公司承担本物业的专项管理与服务业务，但不得将本物业的整体管理责任转让给第三方。[1]

---

〔1〕《三大屋新村住宅区物业服务合同》，三大屋村民小组提供，2022年7月21日。

在物业管理规范变动方面，物业公司若要动议调整管理服务收费标准等物业管理规范，其须向三大屋村民小组提出测算依据，经过村民小组会议（当地称为"屋主大会"）表决同意后方可变更收费标准。

总体而言，通过制定规定物业公司及其组成人员行为的物业管理规范、具体规定村民与租客行为的物业管理规范、规定各类主体行为的综合性物业管理规范等具有普遍约束力的物业管理规范以及仅对村民小组和物业双方有效的特殊规范，三大屋建构起了物业公司、村民小组、本村村民、本地业主、外来业主、外来租客、来访人员的行为规范与行动标准，为三大屋村民小组解决车辆乱停乱放、小区停车难、进出拥堵严重、占道经营普遍、车辆剐蹭频繁、矛盾纠纷高发、垃圾乱堆乱放、监管效果欠佳、盗窃现象多发等问题提供了规则指引和操作规程。

四、通过物业管理规范的村民小组委托型自治运行

面对着三大屋村民小组的治理难题，物业公司在三大屋村民小组等的指导、帮助和监督下，根据物业管理规范的规定，积极采取行动，开展了建立出入口管理制度、安装监控设备、开展围栏绿化、划分停车格、划定双向车道、疏通消防通道、设立电动自行车集中扫码充电桩以及垃圾清运等工作，极大地改善了长久以来的脏乱差现象。通过物业管理规范的村民小组自治运行主要包括以下几个方面：

其一，划定停车位，实行阶梯收费方案。为了解决车位保有量有限、无序停车、"僵尸车"侵占车位等问题以及由此导致的进出拥堵、车辆剐蹭、邻里口角、打架斗殴等连锁问题，三大屋村民小组在村民小组会议表决同意后，授权物业公司对全村停车资源进行集中盘整，通过车位划格、盘整空地的方式增加停车位。在停车资源盘整之后，三大屋村民小组规划了 300 个业主车位和 66 个公共车位。在此基础上，由物业公司建立出入口管理岗亭，引进门禁和车牌识别系统，按照阶梯价格收取停车费。这些做法有效减少了"僵尸车"，提高了车位周转率，极大地改善小区停车难、道路堵问题。[1] 吴春晓介绍了三大屋村民小组通过划定停车位、实行阶梯收费等方式改善停车难问题的具体实践：

---

〔1〕《打好"十大"组合拳 激活基层自治"大能量"——三大屋村小组社会治理经验介绍材料》，大亚湾区区委政法委提供，2022 年 7 月 11 日。

我们的收费标准非常低。我们划定了 300 个业主车位。门口两个车位是业主车位，其中一个免费，一个是 50 元每个月。在公共区域划了 66 个公共车位，这是对外出租的，180 块钱每个月。另外，临时停车，2 小时之内免费，2 小时到 6 小时 5 块，超过 6 小时 10 块。24 小时内最高封顶是 10 块。另外，三小场所，也得到他们的支持，每个月收几十块钱的管理费。卫生费那些都没有收他们的。[1]

其二，开展保洁工作，加强绿化养护。为了美化居住环境，解决环境脏乱差的问题，物业公司聘请了 3 名保洁员，负责清运社区内的垃圾，保持社区环境干净卫生。此外，物业公司还加强社区围栏绿化带的建设与管理，改善三大屋村民小组的村容村貌，提升村民生活品质。

其三，安装监控设备，开展日常巡逻。物业公司在成立初期自筹资金 40 余万元，开展前期安防基础建设，在 61 个治安重点部位安装了 95 个高清视频监控探头，搭建起了治安保卫的硬件基础。在此基础上，物业公司聘请了 6 名保安，1 名文员，24 小时值班，开展秩序维持、治安巡逻等工作，及时解决村中出现的矛盾问题。通过按照物业管理规范常态化地进行巡逻，三大屋村民小组有效地解决了偷盗频发等问题，取得了较好的效果。例如，2022 年 5 月在深圳上班的杨小姐给物业公司赠送了一面锦旗，用以感谢物业公司帮助其挽回被偷盗的财产。以下事例一为本次事件的基本情况：

事例一

在深圳上班的杨小姐，她住在我们的村里面，她车内的现金被人盗窃了。我们的保安在巡逻的过程中发现了这样的问题，马上报警了。派出所根据我们的这些监控之类的，帮她把钱追回来了。杨小姐就说，感谢物业和派出所，给我们物业和派出所送了锦旗。[2]

---

　　[1] 老畲村吴春晓访谈录，资料编号：GDHZDYWLS2022072101，2022 年 7 月 21 日。需要说明的是，吴春晓根据回忆提及的临时车收费标准与三大屋村民小组办公室内以及出入口岗亭张贴的收费标准略有出入。一个可能的原因是收费标准过于细致，难以准确记忆。当然，收费标准的略微出入对本书的结论并无直接影响。

　　[2] 老畲村三大屋村民小组吴汶友访谈录，资料编号：GDHZDYWLSSDW2022072101，2022 年 7 月 21 日。

当事人赠送的锦旗（**2022 年 7 月 21 日摄**）

　　除了帮助处理盗窃问题，物业公司也在巡逻中发现过其他问题并在发现问题后及时报警处理，促进了相关问题的解决。以下事例二为物业公司处理的喝酒闹事事件：

事例二

　　有些喝酒闹事的"刺儿头"，我们都是通过报警，经过警力部门配合来处理。今年6月份就有。一位三十多岁的在深圳打工的，他们几个人外面喝了酒，吃了宵夜回来，发酒疯。我们报警处理。现在这种情况很少了。[1]

其四，开展秩序整顿与维持等其他工作。为了解决长期存在的电线乱搭乱挂、店铺乱摆乱卖等问题，物业公司根据物业管理规范的授权，召集了户主、商家，以物业、户主、物业三方协商的方式形成了有关有序摆放、不乱搭乱建的共识以及秩序维持方案，由物业公司监督执行。此外，物业公司还会根据村民小组的要求，协助开展疫情防控、出租屋管理等工作。

为了维持物业公司的正常运行，开展好管理和服务工作，物业公司会根据物业管理规范的规定，对每栋出租房收取每月每平方米0.25元的管理费。在物业公司收取管理费的过程中若发生一定问题，村民小组会及时出面协调解决，通过协商的方式形成物业公司和村民均能接受的方案。根据吴春晓介绍，三大屋村民小组曾化解过村民对物业费用有异议的问题：

当年也是有人有异议的。我们（村民小组）算了一下开支，包括水电费这些，算给大家听。一个月下来，开支五六万，大家心中是有数的。我们算出来的收费基本与开支是平衡的，只有一点点盈余，很少很少，总得要维修啊。现在物业公司合伙的6个村民，他们也愿意接受这样的方案。因为他们自己本身既是村民也是房东，因为我们每家每户基本都有三两栋房子出租，所以他们看到这种情况自己也就接受了。[2]

通过物业管理规范的村民小组自治受益人为全体村民和外来人员。通过按照物业管理规范进行管理和服务，三大屋村民小组有效解决了垃圾乱堆乱放、汽车乱停乱放、电线乱搭乱挂、店铺乱摆乱卖、出租房管理无序等突出问题，改变了长久以来的脏乱差现象。

五、通过物业管理规范的村民小组委托型自治效果

物业公司成立并运行两年多来，三大屋村民小组发生了巨大变化，村容村貌得到美化、治安环境大为改善、出行拥堵问题得到缓解、居民收入不断增长、邻里关系变得融洽，房屋出租率大幅上升。而今，昔日脏乱差的警情

---

〔1〕老畲村三大屋村民小组吴汉友访谈录，资料编号：GDHZDYWLSSDW2022072101，2022年7月21日。

〔2〕老畲村吴春晓访谈录，资料编号：GDHZDYWLS2022072101，2022年7月21日。

多发地已蜕变为大亚湾区村民自治的亮点与品牌。具体而言，通过物业管理规范的村民小组自治效果主要体现在以下几方面：

其一，解决了拥堵问题，改善了治安环境。通过按照物业管理规范规定划定停车位、实行阶梯收费、引进门禁和车牌识别系统，三大屋村民小组有效减少了"僵尸车"，提高了车位周转率，规范了车辆停放秩序，化解了长期存在的停车难、道路堵、出行不便等问题，降低了由车辆剐蹭、进出拥堵导致的交通警情和纠纷警情数量，使得邻里关系更为融洽。而且，通过安装监控设备、开展日常巡逻，三大屋村民小组有效减少了盗窃现象，减少了盗窃警情，改善了村内治安环境。2021 年末，三大屋村民小组的警情数量从成立物业公司前的平均每月 90 余宗下降到月均 10 余宗，警情下降近 86.7%。拥堵问题的解决与治安环境的改善增强了三大屋村民小组的村民与租客的安全感、幸福感、满意度，促进了人们生活品质的提升。

其二，美化了村容村貌，改变了脏乱差现象。通过按照物业管理规范的规定聘请保洁员清扫垃圾、加强围栏绿化带的建设管理以及整治乱堆乱放现象，物业公司有效解决了长期存在的脏乱差现象，使得三大屋村民小组的村貌焕然一新。外来租户林先生评价说，自己租房一年多来，感觉村内居住环境得到改善，各方面管理比较完善，"住得安心，工作舒心"。[1]

其三，提升了村民自治效果，促进了村民团结。面对治理难题，三大屋村民小组未向政府部门申请过经费，而是通过自筹自建自办物业公司的方式提升了村民自治的精细化、规范化、专业化水平，弥补了村小组人员力量不足、管理不够精细、自我服务不够到位的治理短板，改善了自我管理、自我服务效果。三大屋村民小组的物业管理规范由村民小组会议讨论产生，物业公司由村民组成，物业服务由住户共享。通过决策共谋、建设共管、发展共建，三大屋村民小组在自治实践中营造出了人人有责、人人尽责、人人享有的社会治理氛围，提升了村民的责任意识与主人翁意识，激活了自治共识，汇聚了众治力量。由于房屋出租收入明显提高，村民们更加团结、更加支持物业公司和村民小组开展工作。三大屋村民小组的凝聚力由此得到进一步提升。

---

[1] 邱慧乐、黄伊滢、赵新平："大亚湾区基层党组织精心培育社区多元主体协同意识共筑和美社区和美乡村：大事小事齐出力　问题消化网格里"，载《惠州日报》2022 年 7 月 29 日。

其四，增加了村民和村集体的收入。由于居住环境大为改善，不少深圳务工者选择到此租住房屋，三大屋村民小组紧邻深圳的地缘优势由此进一步转化为经济优势。两年多来，三大屋村民小组的房屋出租率从原来的不足50%上升到80%以上，单房月租金较周边普遍高 50 元，村民、二手房东收入明显提高。老畲村委干部李梅梅谈道："我们（三大屋村民小组）的环境好了，租客也愿意到我们这里租房子。他们愿意多出一些钱。和旁边的相比，我们的租金高 10% 左右。"[1]而且，由于小区环境改善，村民小组集体所有的商铺租金也得到提高，村集体收入有所增加。例如，2021 年 12 月三大屋村民小组取得出租收入 296 000 元。[2]在为农户正常分红的基础上，三大屋村民小组目前尚有银行活期存款 110 余万元。[3]

总体而言，通过发挥热心村民的作用，自办物业公司，三大屋村民小组找到了解决治理难题、提升村民自治效果的抓手，实现了解决拥堵问题、改善治安环境、美化村容村貌、改变脏乱差现象、促进村民团结、增加村民和村集体收入等多项治理目标，取得了显著成效。

六、结语

通过物业管理规范的村民自治是一种委托型自治。在传统的主体型自治模式下，村民小组直接面对村民。在委托型自治模式下，物业公司直接面对村民，根据村民小组的委托参与村民自治。作为一种委托型自治，三大屋村民小组的自治实践同时含有国家法律的因素、商业市场的因素以及传统熟人社会的因素，是多种力量融合的村民自治。通过成立物业公司，三大屋村民小组以商业化、市场化的方式落实了《村民委员会组织法》等法律有关村民自治、村民小组的规定，实现了市场逻辑因素与国家法律因素的有效融合。而且，三大屋村民小组委托型自治模式还利用了传统熟人社会的因素。据老畲村党总支部书记吴春晓介绍，在自办物业公司之前，三大屋村民小组曾尝试引入三大屋村民小组农贸市场物业等外部物业接手三大屋村民小组居住区，但外部物业认为自己作为外来力量难以有效管理原住民且管理成本高收益低，

---

〔1〕 老畲村李梅梅访谈录，资料编号：GDHZDYWLS2022072101，2022 年 7 月 21 日。
〔2〕《收支情况公布表》，西区街道老畲村三大屋村民小组组务公开栏，2022 年 7 月 21 日。
〔3〕 参见老畲村三大屋村民小组曾武运访谈录，资料编号：GDHZDYWLSSDW2022072101，2022 年 7 月 21 日；《收益分配表》，西区街道老畲村三大屋村民小组组务公开栏，2022 年 7 月 21 日。

因而并未入驻三大屋村民小组居住区。相比于外来物业，三大屋村民小组自办的物业公司能够更好地利用熟人熟路、沾亲带故、邻里关心等优势，实现管理目的，"毕竟住的有村民，引入的和我们自己的物业来管相差很远。再怎么着村里的人也会给个面子"。[1]在委托型自治模式下，物业公司有效利用了三方面的因素：一是利用了市场因素的积极作用，通过提供专业服务取得居民信任；二是借力村民自治因素，争取村民委员会、村民小组等自治组织的支持，更好地开展工作；三是借力熟人社会的因素，利用熟人优势有效化解村民小组自治难题。在三种因素的共同作用下，三大屋村民小组跳出自治谋自治，形成了委托型自治的模式。

委托型自治模式为热心村民创造了更多参与村民自治的途径。通常情况下，村民小组干部人数仅两三人，村民深入参与小组自治的机会相对有限。在委托型自治模式下，热心村民能够通过加入物业公司的方式取得参与村小组管理事务的机会，深入参与村民小组自治。三大屋村民小组的委托式自治同时是一种扩张式自治。自治所涉范围不仅包括三大屋村民小组的村民，而且包括村域内的全体居民。三大屋村民小组的委托型自治是一种内生式自治而非政府组织推动的自治，是一种传统向现代转型的自治，是通过基层治理创新形成的新型村民自治。

政府相关部门可将类似于三大屋村民小组的委托型自治实践作为创新基层治理的样本模板，及时总结、梳理、推广相关鲜活经验，将可借鉴、可复制、可推广的委托型自治经验上升为有关村民自治的制度规范，研究制定出台相关保障政策措施，从而更好地激活村民自治能力，提升村民自治效果，满足人民群众不断增长的美好居住生活需要。

---

〔1〕　老畲村吴春晓访谈录，资料编号：GDHZDYWLS2022072101，2022 年 7 月 21 日。

第八章

通过楼栋长管理规范的搬迁村治理
——以南边灶村为对象

一、引言

楼栋长管理规范是本土社会规范的重要组成部分之一。国家鼓励和支持基层群众设立楼栋长并根据制度规范进行自我约束、自我管理、自我服务。2018 年 4 月中央政法委、最高人民法院、司法部等六部门发布的《关于加强人民调解员队伍建设的意见》提出："切实发挥村（居）民小组长、楼栋长、网格员的积极作用，推动在村（居）民小组、楼栋（院落）等建立纠纷信息员队伍，帮助了解社情民意，排查发现矛盾纠纷线索隐患。"2018 年 1 月中共中央办公厅、国务院办公厅印发的《关于推进城市安全发展的意见》强调："推行高层建筑消防安全经理人或楼长制度，建立自我管理机制。"2020 年 12 月中共中央印发的《法治社会建设实施纲要（2020-2025 年）》提出："促进社会规范建设。充分发挥社会规范在协调社会关系、约束社会行为、维护社会秩序等方面的积极作用。加强居民公约、村规民约、行业规章、社会组织章程等社会规范建设，推动社会成员自我约束、自我管理、自我规范。"2019 年 6 月中共中央办公厅、国务院办公厅印发的《关于加强和改进乡村治理的指导意见》提出，"支持多方主体参与乡村治理"，"进一步加强自治组织规范化建设，拓展村民参与村级公共事务平台"。

大亚湾区澳头街道南边灶村是大亚湾区第一个整体"上楼"安置而非"一户一宅"安置的搬迁村。南边灶村原为坐落于大亚湾石化区边沿的沿海村落，因中海壳牌等石化项目用地需要，于 2012 年 10 月整体搬迁至在金湾花园临时安置区。2016 年 12 月南边灶村村民正式抽签上楼，由临时安置区整体搬迁至紧邻深圳坪山区的现南边灶安置区。[1]南边灶安置区共21栋楼,其中1~8栋、20~21栋为32层,9~19栋为18层。[2]

搬迁上楼后,农民的传统生活方式与生产方式发生了很大变化,高空抛物、邻里纠纷、噪声污染、环境卫生、邻里陌生化、养犬安全、消防安全以及外来人口管理等社区管理问题逐渐出现并日渐严重。为了及时收集村民意见、解决村民问题、盘活众治力量,2020年10月南边灶村村"两委"(村党委、村委会)探索建立了楼栋长制度,选任热心村民、党员、村民小组干部、物业骨干等担任所在楼的楼栋长。自楼栋长制度建立以来,南边灶村的楼栋长按照村"两委"制定的楼栋长管理规范积极开展问题反馈、信息传递、隐患排查、矛盾调解、教育劝导、困难帮扶等相关工作,为辖区居民提供及时、全面、有针对性的帮助和服务,取得了积极的效果。2022年6月南边灶村楼栋长治理项目被惠州市政法委评定为"惠州市共建共治共享社会治理创新十大项目"优秀项目。

南边灶村一角（左图2022年7月6日摄,右图2022年7月5日摄）

南边灶村的楼栋长管理规范为大亚湾区本土社会规范的组成部分,通过楼栋长管理规范的搬迁村治理是基层治理的重要组成部分。对南边灶村的楼栋长管理规范以及通过楼栋长管理规范的搬迁村治理进行调查和讨论,对于我们充分认识楼栋长管理在基层治理中的积极价值、总结村民自治实践中的

---

[1]　南边灶村下辖南边灶、石下灶、岩背、金竹岗、土湾、新桥等六个村民小组,全村共有居民762户3898人,其中本村人口3215人,外来人口997人。南边灶村村"两委"班子成员7人,其中支委班子成员7人,村委班子成员7人,女性班子成员2人,实现书记、主任一肩挑和"两委"班子100%交叉任职目标。参见《南边灶村基本情况》,大亚湾区民政局提供,2022年7月11日。

[2]　《南边灶村楼栋基本情况》,南边灶村村委会提供,2022年10月4日。

本土规范创新、不断健全社会治理规范体系、提升村（居）民自治的效果有着积极的意义。

为了准确把握南边灶村楼栋长管理规范的具体运行状况和在搬迁村治理中实际发挥的作用，我们于 2022 年 7 月 5 日~7 月 6 日到南边灶村就楼栋长管理规范及其运行状况进行了专门调查。我们考察了南边灶村村容村貌，访谈了南边灶村村"两委"干部、网格员、村民，查阅收集了与楼栋长管理规范有关的文字资料，对南边灶村楼栋长管理规范及其在搬迁村治理中的作用有了初步的了解和感受。

二、通过楼栋长管理规范的搬迁村治理主体

南边灶村村"两委"、驻村专职网格员、楼栋长均为南边灶村通过楼栋长管理规范的搬迁村治理主体。其中，南边灶村村"两委"为南边灶村通过楼栋长管理规范的搬迁村治理的发起者、引领者与保障者，专职网格员为南边灶村通过楼栋长管理规范的搬迁村治理的参与者与协助者，楼栋长是南边灶村通过楼栋长管理规范的搬迁村治理的实施者。

（一）村"两委"

南边灶村村"两委"在该村通过楼栋长管理规范的搬迁村治理中扮演着极为重要的作用。南边灶村村"两委"是南边灶村楼栋长制度的创立者与楼栋长的管理者。自 2020 年 10 月以来，南边灶村村"两委"先后组建了楼栋长队伍、制订了《楼栋长管理办法》《惠州大亚湾澳头街道南边灶楼栋长实操手册（试行）》等管理规范、设立了楼栋长办公室、定制了楼栋长证件与服饰、组织了楼栋长培训、发放了楼栋长工作补贴，为通过楼栋长管理规范的搬迁村治理奠定了组织基础、规范基础、设施基础、装备基础、资金基础。南边灶村综合网格工作小组（南边灶村和美网格综合管理服务中心）专职网格员陈瑞祥介绍了南边灶村委会在组建楼栋长队伍过程中所发挥的作用：

我们本来是一个大村，当时我们村是每个村小组都有一个组长，也是为了方便管理。后来搬过来，村委那边觉得，上楼之后能不能改变管理模式。然后现在不也是城镇化了嘛，农村思想要改变过来。所以说，我们要与时俱进，（村"两委"）就建了楼栋长。[1]

---

[1] 南边灶村陈瑞祥访谈录，资料编号：GDHZDYWATNBZ2022070602，2022 年 7 月 6 日。

澳头街道办事处综合治理办副主任李丽权在惠州市电视台午间新闻访谈节目中介绍了村南边灶村党委在楼栋长的作用：

> 火车跑得快，全靠车头带。我们的楼栋长队伍呢也是在我们南边灶村村党委的大力支持下，有了我们这个南边的村党委这个火车头，才正式地把整个楼栋长的队伍组建和运行起来。[1]

南边灶村的楼栋长们通过楼栋长管理规范进行搬迁村治理实践之所以能够取得显著效果，在根本上离不开南边灶村村"两委"的推动、鼓励和支撑。从楼栋长队伍的组建到楼栋长管理规范的制订再到楼栋长管理规范的施行，南边灶村村"两委"均发挥着极为重要的作用。

（二）专职网格员

在南边灶村通过楼栋长管理规范的搬迁村治理实践中，南边灶村综合网格工作小组（南边灶村和美网格综合管理服务中心）的四位专职网格员也发挥着较为重要的作用。[2]专职网格员是南边灶村楼栋长管理规范的执行者之一，是南边灶村通过楼栋长管理规范的搬迁村治理的重要参与者与协助者。根据南边灶村楼栋长管理规范，楼栋长在发现矛盾纠纷、不稳定因素、突发事件、安全隐患等重要情况后须在第一时间联系专职网格员，将相关情况上报给南边灶村综合网格工作小组（南边灶村和美网格综合管理服务中心）和南边灶村村"两委"。而且，在楼栋长前往村民家中解决高空抛物、邻里纠纷、消防安全、劝阻引导等重要问题的过程中，专职网格员通常会一同前往，共同开展管理和服务工作。南边灶村村"两委"干部陈学妨介绍了专职网格员的角色与作用：

> 村民一有什么情况，比如说哪些灯不亮，他第一时间会反映给楼栋长，楼栋长反映给网格员，网格员叫物业的负责人去搞，搞电啊、搞什么的，哪一样不行就让哪种去。要是有大的问题，叫我们村委会去处理；有些小的事，

---

[1] 惠眼 APP："对话：凝聚楼栋长力量 打通服务群众的'最后一米'"，载 https://mp.weixin.qq.com/s/gAvT4ogRvOeUxVG26TT6EQ，2022 年 6 月 27 日最后访问。

[2] 在南边灶村的治理实践中，网格督导员（街道领导）、基础网格长（村"两委"干部）、专业网格员（政府职能部门工作人员）、专职网格员（政府购买服务的专职人员）、兼职网格员（社会力量）均发挥着重要的作用，其中专职网格员与楼栋长联系最为密切。

他们自己（专职网格员）上门去解决。[1]

专职网格员是南边灶村通过楼栋长管理规范的搬迁村治理的重要参与者，是南边灶村楼栋长管理规范的重要执行者，是南边灶村楼栋长们服务村民、管理村民的重要监督者、指导者与合作者。实践中，专职网格员们推动了通过楼栋长管理规范的搬迁村治理的有序展开，提升了通过楼栋长管理规范的搬迁村治理效果。

（三）楼栋长

南边灶村楼栋长是该村通过楼栋长管理规范进行自我管理、自我服务的关键主体，是楼栋长管理规范的最主要实施者。南边灶村楼栋长由村"两委"选聘产生。根据楼栋长管理规范，南边灶村每栋居民楼设1名楼栋长，商场、学校、幼儿园各设1名楼栋长。担任楼栋长的条件包括：有正能量、在本楼常住、熟悉本楼住户情况、热心社区工作、有一定群众工作经验、身体健康、时间充裕等。南边灶村党委书记、村委会主任陈赞东介绍，楼栋居民担任楼栋长的首要条件是有正能量，"楼栋长首先要靠我们自己有正能量的人"。[2]目前南边灶村的楼栋长总数为24人，主要为在楼内居住的党员、热心群众、村民小组组长、物业管理人员等。以下为南边灶村现任楼栋长名单：

南边灶村现任楼栋长名单

1. 曾恒元　一栋楼栋长　南边灶村联防队队长
2. 陈智汇　二栋楼栋长　新桥村小组组长、党员
3. 蓝铂涛　三栋楼栋长　岩背村小组副组长
4. 朱田平　四栋楼栋长　新桥村小组副组长
5. 胡青玉　五栋楼栋长　岩背村小组副组长、党员
6. 黄大宏　六栋楼栋长　热心群众
7. 陈文兵　七栋楼栋长　石下灶村小组 副组长
8. 王海斌　八栋楼栋长　 热心群众
9. 陈圣现　九栋楼栋长　岩背村小组副组长、党员

---

〔1〕 南边灶村陈学妨访谈录，资料编号：GDHZDYWATNBZ2022070603，2022年7月6日。
〔2〕 南边灶村陈赞东访谈录，资料编号：GDHZDYWATNBZ2022070601，2022年7月6日。

10. 陈玉洁　十栋楼栋长　　　南边灶村小组副组长

11. 陈洪波　十一栋楼栋长　　物业主管

12. 蓝慧慧　十二栋楼栋长　　土湾村小组副组长

13. 黄周仕　十三栋楼栋长　　新桥村小组党支部委员

14. 张花红　十四栋楼栋长　　石下灶村小组副组长、党员

15. 张悦妊　十五栋楼栋长　　南边灶村小组副组长

16. 何晓霍　十六栋楼栋长　　南边灶村小组党支部委员

17. 陈山陵　十七栋楼栋长　　土湾村小组正组长、党员

18. 宋加材　十八栋楼栋长　　金竹岗村小组副组长

19. 陈蒙曾　十九栋楼栋长　　热心群众

20. 王　洪　二十栋楼栋长　　党员

21. 陈　强　二十一栋楼栋长　土湾村小组副组长/党员

22. 陈　亮　贝迪堡童话幼儿园楼栋长　办公室主任

23. 袁苏海　宝来广场楼栋长　保安队队长

24. 刘凯天　道南小学楼栋长　德育处主任〔1〕

根据南边灶村楼栋长管理规范，各楼栋的楼栋长须同时担任兼职网格员，协助专职网格员、专业网格员开展工作。根据南边灶村村"两委"对楼栋长的定位，楼栋长的工作职责主要为"发挥好楼栋信息员、宣传员、管理员、组织员、调解员'五员'角色，协助落实做好疫情防控网、安全隐患网、矛盾纠纷网、政策宣传网、信息采集网、公益帮扶网六大安全网事务"。〔2〕根据《楼栋长工作职责》，南边灶村楼栋长的主要职责如下：

楼栋长工作职责

1. 认真宣传贯彻党的路线、方针、政策和相关法律、法规，带头贯彻执行社区的各项决议和决定，做到上情下达，信息通畅，并教育群众通过合法途径反映诉求，制止无理上访和越级上访现象发生。

2. 熟悉本楼栋村民人员组成情况，特别是常住户、租房户的人员结构和

---

〔1〕《惠州大亚湾澳头街道南边灶楼栋长实操手册（试行）》，南边灶村村委会提供，2022年7月6日。
〔2〕《惠州大亚湾澳头街道南边灶楼栋长实操手册（试行）》，南边灶村村委会提供，2022年7月6日。

动向情况，离退休、下岗失业、困难户、新婚和新生儿、流动人口情况，做到"住户情况清，人员状况清"。及时更新本楼栋居民的基本信息和数据，定期进行人员信息的校对工作并上报网格员。

3. 积极配合公安、消防等部门开展各类专项行动，每周至少要进行1次楼栋巡视，认真排查楼栋内矛盾纠纷、安全隐患、环境卫生、公共设施维护、防疫消杀等安全隐患问题，发现以下情况及时报告：

（1）发现矛盾纠纷及时联系网格员，并配合相关工作人员依法调解，防止矛盾激化，促进邻里团结，倡导建立文明和谐的邻里关系。

（2）发现不稳定的因素和突发事件，及时向网格员、网格长和相关部门报告，并做好相关人员的稳控工作，争取做到小事不出楼栋，大事不出小区。

（3）发现各类安全隐患立即上报网格员、网格长和相关责任部门，杜绝各类事故的发生，确保居民的生命和财产安全。

4. 配合开展村里空巢老人、危重病人、残疾人、失独家庭等弱势群体的摸排和帮扶工作。协助做好对辖区精神障碍、吸毒贩毒及其他重点人员管控的工作。

5. 主动参与和组织发动村民参与村委组织的有益身心健康的文体活动和改善人居环境的绿化、美化、安全保卫等公益活动，组织本楼栋村民参与"文明楼栋、五好家庭"创建活动，倡导文明健康的生活方式。

6. 严格遵守楼栋长月例会制度，做好对楼栋情况和存在问题的汇报，并按时参加村委组织的楼栋长相关培训。

7. 倾听居民诉求，定期征求居民意见和建议，整理后向社区反馈。

8. 完成党总支、村委安排的其他工作事项。[1]

此外，根据南边灶村楼栋长管理相关制度规范，楼栋长的职责还包括"主动参与和组织发动居民参与村委组织的有益身心健康的文体活动和改善人居环境的绿化、美化、安全保卫等公益活动，组织本楼栋居民参与'文明楼栋、五好家庭'创建活动，倡导文明健康的生活方式"。[2]

---

〔1〕《楼栋长工作职责》，南边灶村党群服务中心楼栋长办公室墙壁，2022年7月5日。
〔2〕《澳头街道南边灶村综合网格楼栋长业务培训（2021年7月）》，南边灶村村委会提供，2022年7月6日。

南边灶村村"两委"、专职网格员、楼栋长是南边灶村通过楼栋长管理规范的搬迁村自我治理共同体，在村民上楼后的搬迁村治理中均发挥着不可或缺的作用。实践中，在南边灶村村"两委"的发起、引领与保障下，在驻村专职网格员的参与和协助下以及在楼栋长队伍的自觉遵守和实施下，南边灶村的楼栋长管理规范得以从制度化为实践并产生一定实效。

三、通过楼栋长管理规范的搬迁村治理规范

自 2020 年 10 月探索建立楼栋长制度以来，南边灶村村"两委"不断建立健全楼栋长管理规范，推动制定了《楼栋长管理办法》《楼栋长工作职责》《惠州大亚湾澳头街道南边灶村楼栋长实操手册（试行）》《南边灶村楼栋长治理方案》《惠州大亚湾和美网格专职网格员实操手册（试行）》等相关制度规范。其中《楼栋长管理办法》《楼栋长工作职责》《惠州大亚湾澳头街道南边灶楼村栋长实操手册（试行）》《南边灶村楼栋长治理方案》为专门性的楼栋长管理规范，《惠州大亚湾和美网格专职网格员实操手册（试行）》等其他规范为与楼栋长管理有一定相关性的普通制度规范。此外，澳头街道综治办于 2021 年 11 月 25 日印发了《南边灶村"和美"网格楼栋长培育方案》，丰富了楼栋长管理规范体系。这些制度规范都为楼栋长开展工作提供了重要制度支撑与规则指引。

在南边灶村的一系列楼栋长管理规范中，南边灶村村委会于 2021 年 5 月制定的《楼栋长管理办法》内容较为全面、作用较为重要。《楼栋长管理办法》对楼栋长的设立原则、选任条件、选任程序、日常管理、考核与奖励机制、资格终止等事宜进行了规定。以下为印制在楼栋长办公室内墙上的《楼栋长管理办法》：

楼栋长管理办法

为规范和加强南边灶村楼栋长队伍建设与管理，提升社区治理和公共服务水平，特制定本管理办法。

一、设置原则

根据南边灶村实际情况和便于管理的要求，楼栋长以楼栋为单位设置，每栋居民楼设 1 名楼栋长，商场、学校、幼儿园各设 1 名楼栋长。

二、选任条件

1. 居住在本楼栋的常住村民且无违法犯罪和非正常信访等不良记录；

2. 遵守宪法、法律、法规以及党和政府的各项方针、政策；

3. 年龄要求在 65 周岁以下且身体健康；

4. 离退休老干部、党员、老模范、村小组代表、积极分子、热心社区工作等人员优先；

5. 热心社区事业，且有充裕的时间和精力为居民服务，有较强的奉献精神和沟通协作能力；

6. 作风正派，办事公道，在群众中有一定威信，善于做群众工作。

三、选任程序

楼栋长实行 1 年 1 任，由村委委任、村小组干部推荐、村民推荐或个人自荐产生名单，报村"两委"集体讨论确定。被确定为楼栋长的村民，由村委颁发相应聘用证书，配备工作服和工作证，由村委会统一培训后上岗。

四、日常管理

1. 楼栋长在村"两委"的领导下，协助网格员在村民中开展各项工作，并且接受村民的评议、监督。楼栋长向网格员负责，网格员向网格长负责，实行逐级负责制。

2. 楼栋长要经常与村民沟通，掌握社情动态，并定期与片区网格员联系。

3. 结合网格化管理等工作，村委每月至少召开 1 次楼栋长工作会议，掌握辖区情况，及时协商解决各类问题。

4. 村委每年至少安排 1~2 次楼栋长学习培训工作，通过集中轮训、以会代训等方式，培训工作职责、承担义务、文明创建等服务知识。

5. 建立楼栋长信息库，通过在责任楼栋悬挂公示牌等方式，对楼栋长姓名和联系电话等相关信息进行公示，便于群众监督和联系。

五、考核与奖励机制

楼栋长实行季度和年度考核评议制度，由村委会负责组织实施。采取自评、群众满意度评价、村委会评价三方考评，涉及楼栋长日常工作表现、工作内容完成情况及楼栋群众满意度等维度考核。考核结果将作为楼栋长资格是否终止的依据。

楼栋长原则上为自愿参加公益服务的本村村民，为激励楼栋长公益服务的积极性，对楼栋长予以补贴发放及附加分奖励办法。

（一）每月基础补贴：

1. 补贴发放标准：楼栋长的工作补助按照每人每月 100 元标准发放。

2. 补贴发放程序：按月发放，领取时由楼栋长本人签字领取。

（二）附加分激励制度：

为充分发挥楼栋长的作用，提高其工作积极性，掌握辖区各类信息，制定此附加分奖励标准。

1. 楼栋长以季度为周期依照提供给村委或网格站的有效信息线索计算附加分，以年度为周期村委会评选颁发"优秀楼栋长"荣誉职称。

2. 附加分提供的有效信息内容包括但不限于：提供本楼栋流动居民重大信息、提供并解决邻里纠纷矛盾信息、提供对楼栋内治安维护有效信息、提供无犯罪记录流动人员信息、提供涉嫌刑事案件流动人员信息、提供非法活动有效信息等，有效信息的具体判定由村委会进行审核打分。

六、楼栋长资格终止

（一）有下列情况之一的，资格自行终止：

1. 因房屋所有权转让不再是业主的或不再长期居住在本小区的；

2. 丧失民事行为能力的；

3. 依法被限制人身自由的；

4. 因身体或精神疾病丧失履行职责能力的；

5. 违反法律、法规或其他规定的。

（二）有下列情况之一的，由社区决定终止其资格：

1. 不履行职责的；

2. 利用身份谋取利益的；

3. 侵害他人合法权益的；

4. 以书面方式提出辞职请求的；

5. 因其他原因不宜再担任单元楼栋长的。[1]

---

[1]《楼栋长管理办法》（2021 年 5 月制定），南边灶村党群服务中心楼栋长办公室墙上张贴，2022 年 7 月 5 日。

楼栋长办公室墙壁上的楼栋长管理规范及楼栋长名单（2022 年 7 月 5 日摄）

随着实践经验的积累以及经济形势的变化，南边灶村村"两委"对楼栋长管理规范的部分内容曾进行过微调。例如，2021 年 5 月制定的《楼栋长管理办法》规定的楼栋长工作补贴为每人每月 100 元，2022 年 2 月编制的《惠州大亚湾澳头街道南边灶村楼栋长实操手册（试行）》规定的楼栋长工作补贴标准为每人每月 200 元，后者为现行标准。再如，按照 2021 年 5 月制定的《楼栋长管理办法》之规定，楼栋长附加分计算标准为以季度为周期依照提供给村"两委"或网格站的有效信息线索计算附加分，而按照 2021 年 7 月制定的《澳头街道南边灶村综合网格楼栋长业务培训》之规定，楼栋长附加分计分标准为以年度为周期依照楼栋长日常工作表现、年度考核分值及提供给村"两委"或网格站的有效信息三个维度计算附加分。[1]通过及时微调楼栋长管理规范，南边灶村保障了制度规范的有效性与可适用性，提升了制度规范的实施效果。

为了提高楼栋长服务意识、服务素质与工作能力，提升楼栋长外在形象，南边灶村的楼栋长管理规范对楼栋长技能培训、工作标准等进行了具体规定。

---

〔1〕《澳头街道南边灶村综合网格楼栋长业务培训（2021 年 7 月）》，南边灶村村委会提供，2022 年 7 月 6 日。

其中，在技能培训方面，根据楼栋长技能培训规范的规定南边灶村委会每年须至少安排 2 次楼栋长学习培训。培训内容主要为消防安全排查、消防着火处置、心肺复苏应急处置、危急事件处置、村民矛盾调解、入户探访技巧等；在工作标准方面，根据楼栋长工作标准规范的规定楼栋长在日常服务中需佩戴工牌，参与专项行动需佩戴网格楼栋长证、穿楼栋长马甲。[1]

除上述以成文规范形式存在的楼栋长管理规范，南边灶村还有部分尚未成文的制度规范。例如陈学妗介绍说，南边村委会会为楼栋长提供一定的电话费补贴，"给他们的补贴一般都很少，有时间就搞出个电话费汇给楼栋长"。[2]

通过制定和完善楼栋长管理规范，南边灶村为楼栋长以及村"两委"、专职网格员等相关人员参与楼栋管理工作提供了较为健全的制度支撑，奠定了通过楼栋长管理规范的搬迁村治理的制度框架与制度基础。

四、通过楼栋长管理规范的搬迁村治理实践

在楼栋长管理规范的框架下，南边灶村通过楼栋长管理规范的搬迁村治理实践主要体现为选任楼栋长和楼栋长开展工作两个方面。

（一）选任楼栋长

不同于西区街道东联村、澳头街道岩前村、霞涌街道坽下社区等搬迁村（社区）的"一户一宅"安置模式，南边灶村的安置模式为"上楼"安置。作为大亚湾区第一个采取上楼安置模式的搬迁村，南边灶村在治理实践中面临着村民难以适应、邻里陌生化、高空抛物、噪声污染、环境卫生、邻里纠纷、养犬安全、消防安全以及外来人口管理等社区管理问题。例如，李丽权曾介绍说：

所有村民从田间洗脚上楼，变成了城镇化的居民。虽然说身份变了，居住的环境也好了，但是我们大部分群众的思想认识和行为习惯都还没转变过来，像在搬迁初期的时候，有在我们小区里面的绿化带，把它开垦为菜地，然后在那里面养鸡养鸭，甚至随意地晾晒一些腊肉、咸鱼，等等，给我们这小区的环境卫生和日常的管理，带来了比较大的问题。[3]

---

〔1〕《惠州大亚湾澳头街道南边灶楼栋长实操手册（试行）》，南边灶村村委会提供，2022 年 7 月 6 日。

〔2〕 南边灶村陈学妗访谈录，资料编号：GDHZDYWATNBZ2022070603，2022 年 7 月 6 日。

〔3〕 惠眼 APP："对话：凝聚楼栋长力量 打通服务群众的'最后一米'"载 https://mp.weixin.qq.com/s/gAvT4ogRvOeUxVG26TT6EQ，2022 年 6 月 27 日最后访问。

面对搬迁后的治理难题，南边灶村村"两委"认识到，唯有及时更新治理观念、改变治理模式以及采取新的措施和方案，才能够适应新的治理环境、化解治理难题、提升治理效果。例如，南边灶村党委书记、村委会主任陈赞东介绍道：

我们的管理也要上去，不然就会产生小矛盾、闹大事，酿成大祸。发现问题，及时去面对，不然一拖就变大矛盾。[1]

在准确认识到搬迁村治理特点与治理难题的基础上，南边灶村村"两委"结合大亚湾区在南边灶村开展的综合网格试点工作以及在深圳学习的经验，于2020年10月探索建立了楼栋长制度并随后发布了楼栋长招募信息。根据陈赞东介绍，在选任楼栋长的过程中，村民报名参与的积极性较高。陈赞东说道：

主动性强的人是有很多的。我们是在朝着和谐共治的方向走的。大家都想往和谐共治这个方向走。大家都知道这是他自己的家园，都想把它治好、都想管好，有一个和谐的家园，谁不想呢？[2]

在组建楼栋长队伍的过程中，南边灶村村"两委"将个人自荐、居民推荐以及村委会选任相结合，根据楼栋长选任条件遴选产生了第一批楼栋长候选人名单。之后，南边灶村村"两委"讨论确定了楼栋长名单并对外公示。南边灶村村"两委"班子成员陈学妫介绍了第一批楼栋长的产生过程与人员组成情况：

楼栋长是我们选的，就是我们村委经过考虑，我们楼栋长有些是村小组副组长来的，我们任命的。大多数楼栋长是我们村小组副组长，有一些是党员、群众，全都是村民。楼栋长不是你想当就能当，不是人人都可以做，要有职业担当，有正能量。楼栋长都是我们委任他们做的，他们都是有正能量的人，我们放心让他们来做。[3]

---

〔1〕 南边灶村陈赞东访谈录，资料编号：GDHZDYWATNBZ2022070601，2022年7月6日。
〔2〕 南边灶村陈赞东访谈录，资料编号：GDHZDYWATNBZ2022070601，2022年7月6日。
〔3〕 南边灶村陈学妫访谈录，资料编号：GDHZDYWATNBZ2022070603，2022年7月6日。

在第一批楼栋长队伍组建
起来之后，为了增强楼栋长的
荣誉感、仪式感、责任感、使
命感，南边灶村村"两委"开
展了颁发聘书、配备工作证、
定制工作马甲、举办楼栋长见
面会等一系列工作，为楼栋长
开展工作营造了良好氛围。譬
如，为了增加楼栋长的荣誉感
与责任感，南边灶村村委会为

楼栋长聘书（南边灶村村委会 2022 年 7 月 6 日提供)

楼栋长颁发了聘用证书并于
2020 年 12 月 19 日举行了副网格长、网格员、楼栋长见面会，营造了楼栋长
积极开展工作的良好氛围。[1]

此外，在楼栋长队伍组建起来之后，为了促进楼栋长工作经验交流、协
调楼栋长相关工作、提升楼栋长的工作能力、改善楼栋长的工作效果、提升
楼栋长的影响力以及更好地服务住户，南边灶村开展了专题培训、设立楼栋
长办公室、制定楼栋长实操手册、定期组织楼栋长会议、广泛宣传楼栋长、
公布楼栋长联系方式等一系列工作。例如，为了方便楼栋长工作经验交流和
工作部署，南边灶村村"两委"根据楼栋长管理规范定期组织开展了多次楼
栋长会议，为楼栋长提供了交流楼栋管理经验与感悟的机会；[2]为了方便楼
栋长开展调解工作，南边灶村为楼栋长搭建了一个专门的办公区，楼栋长可
以在办公室进行交流、到办公区内调解居民矛盾；为了便于群众监督和联系，
南边灶村建立了楼栋长姓名、电话信息库，通过在电梯广告栏粘贴楼栋公示
牌、在小区宣传栏粘贴网格楼栋宣传海报等方式公布楼栋长信息，提升楼栋
长的社会知晓度。

---

〔1〕《南边灶村召开楼栋长见面会》，南边灶村村委会提供，2022 年 7 月 6 日。
〔2〕例如，2021 年 8 月 13 日下午南边灶村召开了楼栋长工作会议。会上各楼栋长对工作服务开
展交流汇报，就小区新冠疫情防控演练楼栋长激励办法等进行了讨论。陈赞东对楼栋长近期工作进行
了总结。参见《南边灶村楼栋长工作会议》，南边灶村村委会提供，2022 年 7 月 6 日。

南边灶村村委会楼下的楼栋长信息公示栏（2022年7月5日摄）

通过按照楼栋长管理规范开展遴选楼栋长、组建楼栋长队伍、颁发楼栋长聘书、制作楼栋长工作证、定做楼栋长工作马甲、举办楼栋长见面会、组织专题培训、设立楼栋长办公室、制定楼栋长实操手册、定期组织楼栋长会议、宣传楼栋长、公布楼栋长联系方式等一系列工作，南边灶村改变了原有的搬迁村治理模式，初步建构起了通过楼栋长管理规范的搬迁村治理框架。

（二）楼栋长开展工作

南边灶村的楼栋长们注重按照楼栋长管理规范开展楼栋管理、服务住户等相关工作。目前楼栋长的实际工作内容主要为：入户登记信息、安全隐患排查、监督电梯运行管理、上门摸底排查、倾听居民诉求、更新楼栋信息、劝阻不良行为、宣传政策法规、发布上级信息、进行防诈宣传、调解邻里矛盾、收集服务清单、提供公益帮扶等。[1]平时与楼栋长工作接触较多的专职网格员陈瑞祥曾提及楼栋长的近期主要工作情况：

他们疫情的时候工作量比较大，平时主要是负责一些楼栋巡查、一些纠纷调解，杂事比较多。[2]

自楼栋长队伍建立并正式运行以来，南边灶村的楼栋长们处理了不少问题，有效改善了住户的幸福感、安全感与满意度。例如，2021年7月10日中

---

〔1〕《"红色'栋'力，织密和美网格"南边灶村楼栋长治理项目》，南边灶村村委会提供，2022年7月6日。

〔2〕南边灶村陈瑞祥访谈录，资料编号：GDHZDYWATNBZ2022070602，2022年7月6日。

午 12 点，五栋楼栋长朱青玉和南边灶村专职网格员何佩裕到五栋地下停车场进行巡查时发现停车场的一根灯管不停闪烁，朱青玉随即提醒何佩裕给物业公司打电话，请物业公司及时派人过来维修，及时解决了灯不亮的问题。[1] 2021 年 1 月 31 日晚上，九栋租户李晓洁投诉说有人遛狗未牵狗绳，自己"差点被咬"。该栋楼栋长陈圣现与专职网格员刘碧玉接到投诉后便找到养狗的村民进行沟通，向其宣传、讲解文明养犬的知识，及时消除了安全隐患。以下事例一为九栋养狗事件的基本情况：

事例一

2021 年 1 月 31 日晚，九栋二单元 604 租客投诉说："你好，晚上好，我有个问题想问一下，我们小区有多少人养狗，我今天晚上六点钟下楼丢垃圾，从电梯出来，一只狗过来，还对我叫，靠我那么近，我差点被咬。狗的主人后面进来了，养狗也应该用绳子牵着。吓得我心都要崩了，差点吓哭我，本来就特别怕狗。要不是垃圾袋挡住距离，真的就被冲上来咬了。"为保证九栋住户人身安全甚至是整个小区居民的安全，提高居民文明养犬意识，2 月 1 日，九栋楼栋长协同网格员协同开展排查，在找到当事人之后，网格员与楼栋长上门对其进行文明养犬宣传，要求住户做到出门遛狗牵狗绳，平时多加看管宠物。[2]

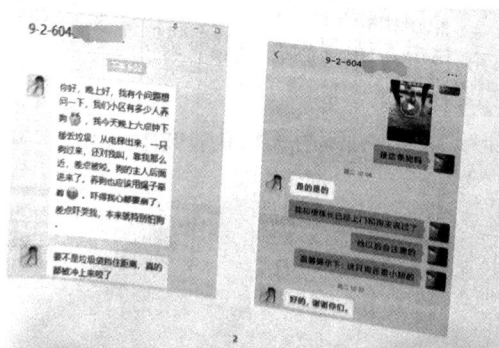

租户投诉及处理结果反馈聊天记录（2022 年 7 月 6 日摄）

---

〔1〕《大亚湾区澳头南边灶村激发自治活力，探索建立本土"楼栋长"制度》，南边灶村村委会提供，2022 年 7 月 6 日。

〔2〕《大亚湾区澳头街道南边灶村综合网格 2021 年 2 月阶段性报告》，南边灶社工站提供，2022 年 7 月 6 日。

在村民整体搬迁上楼后，高空抛物是一个较为严重的问题。南边灶村的楼栋长在工作中注重及时发现并劝阻高空抛物行为，保障居民安全。例如，2021年1月25日七栋出现了住户从厕所往下泼洒脏水、丢垃圾的问题。为了解决该问题，楼栋长陈文兵和专职网格员前往该住户家中进行了劝导，避免了该住户再次从高空泼洒脏水、丢垃圾。以下事例二为当时的基本情况：

事例二

2021年1月25日上午，业主群有人投诉，七栋2单元1号房有住户在厕所高空泼洒脏水和丢垃圾，严重影响楼下居民环境卫生和生活质量。为减少和避免此类现象再次发生，七栋楼栋长与专职网格员一起，上门倡议、劝导住户请勿高空抛物。同时，在楼下公告栏放置"禁止高空抛物温馨提示"，提醒村民行文明之举。[1]

在楼栋长管理规范的运行过程中，南边灶村村委会注重为楼栋长们提供帮助、指导和监督，为楼栋长开展工作提供助力。例如，为了促进楼栋长工作交流、布置相关工作，南边灶村村委会于2022年1月26日下午召开了楼栋长春节前工作部署会议，会议强调"楼栋长需密切关注春节期间该栋存在的安全隐患，并在四级联户群做好疫情防控及节前烟花爆竹禁燃宣传工作，春节期间保证通讯畅通，有紧急特殊情况需要及时上传下达，并在紧急工作部署中及时到位"。[2]此外，在村村"两委"的支持下，南边灶村妇联等也会积极为楼栋长开展工作提供帮助和支持。南边灶村"两委"干部、南边灶村妇联主席陈学妨介绍了村委会、村妇联为楼栋长提供的帮助和支持：

我们村妇联这里有一群巾帼志愿者，有些小事或妇女之间的事，我们就会组织我们团队去帮助（楼栋长）解决。我个人认为楼栋长他们是处于第一线的，群众反映上来的问题，楼栋长能解决的解决，解决不了的就经过我们村"两委"去解决。[3]

〔1〕《大亚湾区澳头街道南边灶村综合网格2021年1月阶段性报告》，南边灶社工站提供，2022年7月6日。

〔2〕《楼栋长春节前工作部署会议》，南边灶村村委会提供，2022年7月6日。

〔3〕南边灶村陈学妨访谈录，资料编号：GDHZDYWATNBZ2022070603，2022年7月6日。

在开展工作的过程中，为了加强与住户的联系、快速回应村民诉求、及时收集村民问题，更好地为本栋村民提供主动、全面、有针对性的服务，南边灶村的楼栋长们根据楼栋长管理规范，分别建立了各楼栋住户微信交流群，打通了服务村民的"最后一米"。

总体而言，南边灶村村"两委"、专职网格员、楼栋长等治理共同体在实践中能够按照楼栋长管理规范自觉完成各自工作，共同推动了南边灶村楼栋长管理规范的有序实施，提升了南边灶村的楼栋管理和服务水平，促进了搬迁村治理工作的提档升级。

五、通过楼栋长管理规范的搬迁村治理效果

通过楼栋长管理规范的搬迁村治理是一种可持续、本土化的微型治理模式。这种治理模式在实践中产生了帮助村民适应新的生活方式、更好地服务村民与租户、充实搬迁村治理力量、强化村民小组干部作用、拓宽村民参与治理渠道、促进信息上传下达等积极效果。

其一，帮助村民适应新的生活方式。上楼居住后，虽然村民们的传统生活发生了极大变化，但不少村民尚未及时适应新的生活方式，放养式养狗、养鸡养鸭、在绿化带种菜、随意晒咸鱼腊肉、在电梯内抽烟、往屋外泼水、大声喧哗等不符合城市社区生活标准的现象仍然广泛存在，"以前有些居民可能看到高空抛物，很正常，然后小区里面有人随意养狗啊，或者在电梯里面抽烟啊，这种问题都觉得是见怪不怪，不会觉得奇怪"。[1]楼栋长队伍的出现在很大程度上帮助村民改变了传统生活习惯与思维习惯。通过按照制度规范为村民提供困难帮扶、收集服务清单、倾听村民诉求、劝阻不当行为、排查安全隐患、调解邻里矛盾，南边灶村的楼栋长们以实际行动帮助村民更新了思维习惯与行为习惯，使得村民们通过楼栋长的一系列工作逐渐了解、学习并适应了新的生活方式，提升了自身生活品质。

其二，更好地服务村民与租户。楼栋长是南边灶村治理的"神经末梢"，在楼栋内具有"路子熟、贴得近、摸得清、亲合力强"等独特优势，南边灶村将楼栋长纳入治理团队中来能够更好地发挥楼栋长的优势，更为及时全面地了解村民与租户的意见、解答村民与租户的问题、满足村民与租户的需求、

---

〔1〕　惠眼 APP："对话：凝聚楼栋长力量　打通服务群众的'最后一米'"，载 https://mp.weixin.qq.com/s/gAvT4ogRvOeUxVG26TT6EQ，2022 年 6 月 27 日最后访问。

改善村民与租户的居住体验。南边灶村村"两委"班子成员陈学妨提道,"我们这个楼栋长有很大的作用。因为他了解每一栋的事情。哪里不行,他们楼栋长第一时间就知道"。[1]在南边灶村组建楼栋长队伍之前,南边灶村的三千余位本村村民和近千位外来租客主要是通过网格员或直接向村委会表达治理需求、获取治理资源,在楼栋长队伍组建之后,村民与租户能够从楼栋长处获得更多的帮助与关怀,更为便捷、更为直接、更为及时地表达治理需求、获取治理资源,提升自身的幸福感、获得感、满足感。质言之,通过组建楼栋长队伍,南边灶村打通了服务村民与租户的"最后一米",以楼栋微治理的形式提升了服务村民的效果。

其三,充实搬迁村治理力量。南边灶村的本村村民与外来租户数量众多,原有的治理力量相对薄弱,治理压力较大。南边灶村党委书记、村委会书记陈赞东提到,南边灶村是一个有着 3000 余人的大村,"光靠你几个人、十来个人、二十个人是不够的"。[2]仅仅依靠由 7 人组成的村"两委"以及四位网格员无法保障治理机器的高效运转。在治理人口数量多、治理力量薄弱、治理环境陌生、治理问题多发的情况下,将热心村民培育为楼栋长能够有效扩展治理主体、充实治理力量、减轻治理压力。随着由 24 人组成的楼栋长队伍的建立以及楼栋长管理规范的制订完善,南边灶村的治理力量薄弱问题得到了极大缓解,村"两委"与网格员的治理压力大为减轻。正如专职网格员刘碧玉所言,"有楼栋长肯定是比较好的呀,能够减轻我们的工作负担"。[3]

其四,强化村民小组干部的作用。搬迁上楼后,南边灶村原来六个村民小组的干部分散到了各个楼栋。村民小组干部的分散并未弱化其作用,反而在很大程度上强化了村民小组干部的实际作用。村民小组干部的作用之所以会被强化,是因为这些分散在各个楼栋的村民小组干部大多担任了本楼栋的楼栋长,具有了更多的治理职能。根据楼栋长管理规范,担任楼栋长的条件之一是"有一定群众工作经验",也正是因为如此之规定,拥有较多群众工作经验的村民小组干部大多成了所在楼的楼栋长。在南边灶村的 24 位现任楼栋长中,有 15 位是村民小组的组长、副组长或党支部委员。由村民小组干部担

---

[1] 南边灶村陈学妨访谈录,资料编号:GDHZDYWATNBZ2022070603,2022 年 7 月 6 日。

[2] 南边灶村陈赞东访谈录,资料编号:GDHZDYWATNBZ2022070601,2022 年 7 月 6 日。

[3] 南边灶村刘碧玉访谈录,资料编号:GDHZDYWATNBZ2022070602,2022 年 7 月 6 日。

任楼栋长的直接结果是增加了村民小组干部的工作职责与露脸机会，强化了村民小组干部在搬迁村治理中的实际作用，改善了治理效果。

其五，拓宽村民参与治理的渠道。南边灶村人口众多，有意参加社区治理的热心村民基数较大，但热心村民参与治理的渠道与机会不够多。例如，李丽权提到南边灶村"有不少热心的群众，他们也想参与到我们日常的工作管理当中来，但是呢，因为他们没有一个比较好的组织方式，也没有很好的渠道可以参与进来"。[1]楼栋长队伍的组建以及楼栋长管理规范的建立健全为村民自治组织之外的普通村民提供了参与治理的制度化、组织化渠道，使得南边灶村的热心村民能够有更多的机会参与到搬迁村的治理中来，在治理实践中奉献自己的热心、服务本楼群众、施展本领才能、实现自身价值。村民参与治理渠道的拓宽使得南边灶村的治理实践具有了更多共建、共治、共享的特征。

其六，提升信息收集传达效果。根据南边灶村的楼栋长管理办法，楼栋长需要准确掌握楼栋内人口结构、居民需求、矛盾纠纷、安全隐患、舆情动态等情况，及时收集环境卫生、物业服务、文娱生活等方面社情民意，做好居民与村"两委"、网格站之间的信息沟通、情况通报工作。在搬迁村治理实践中，作为最贴近村民的基层治理者，楼栋长能够精准掌握和高效收集楼栋信息，使得村"两委"、网格站能够准确、及时、全面地掌握治理信息与治理资料；而且相比于由村"两委"通过千人大群发布信息的方式，由于楼栋长所辖楼栋规模有限、对接人员数量不多，其能够更为专注、更为集中地将村"两委"信息与政府相关通知等信息精准化、有针对性地甚至一对一地传递给本楼村民，提升了信息下发与信息投递的效果。

总体而言，作为一种微型治理模式，通过楼栋长管理规范的搬迁村治理在实践中产生了帮助村民适应新的生活方式、更好地服务村民与租户、充实搬迁村治理力量、强化村民小组干部作用、拓展村民参与治理渠道、提升信息收集传达效果等诸多治理效果。在加强和改善乡村治理的过程中，总结好、利用好、传承好、推广好南边灶村通过楼栋长管理规范的治理经验能够更好地把问题消除在萌芽状态，促进搬迁村形成和谐有序、守望相助的邻里关系

---

〔1〕惠眼 APP："对话：凝聚楼栋长力量　打通服务群众的'最后一米'"，载 https：//mp. weixin. qq. com/s/gAvT4ogRvOeUxVG26TT6EQ，2022 年 6 月 27 日最后访问。

和治理秩序，提升基层社区治理质效。

六、思考与总结

通过楼栋长管理规范的搬迁村治理是一种以楼栋为单位的微型治理。这种治理模式契合了村民上楼、集中居住的现实情况，以精准化、精细化的方式激活了村民的自治力量，消解了新出现的搬迁村治理问题，提升了村民自治的效果，是本土治理创新的一次有益探索。楼栋长队伍的建立以及通过楼栋长管理规范的治理实践拓展了南边灶村的治理场域、丰富了南边灶村的治理框架、充实了南边灶村的治理力量、改变了南边灶村的治理方式，使得南边灶村形成了家里事关键靠家庭、楼栋事关键靠楼栋长、社区事关键靠村委的多层级、多层次、多元化治理模式。

南边灶村通过楼栋长管理规范的治理兼具陌生人社会治理与熟人社会治理的特点。一方面，南边灶村的治理具有陌生人社会治理的特点。上楼居住后，村民们见面聊天、打交道的机会变少，人际关系逐渐变得生疏，治理对象、治理环境由此变得陌生化。而且由于临近深圳，南边灶村吸引了不少外来人口到本村租房。在南边灶村的 3898 位常住居民中，外来租客有 997 人（占村总人口的 25.78%）。由于陌生人增加，治理对象、治理环境进一步陌生化。另一方面，南边灶村通过楼栋长管理规范的治理仍然带有一定熟人社会治理的特点。南边灶村各楼栋的居民大多为同一村民小组彼此熟悉、沾亲带故的村民，这构成了楼栋长开展工作的背景与基础。南边灶村的楼栋长大多为熟悉村民情况的村民小组干部，在开展工作的过程中，楼栋长们也注重运用传统熟人社会的资源实现治理目标。例如，在劝阻高空抛物、遛狗不牵绳等行为的过程中楼栋长们注重运用人情、面子、关系等熟人社会的资源实现治理目标。而且楼栋长们还建立了楼栋交流群，增进了本栋居民的联系，增加了熟人社会的因子。陌生人社会因素与熟人社会因素并存构成了南边灶村治理的实践底色与基本特征。

南边灶村通过楼栋长管理规范的搬迁村治理模式之所以能够建立起来并有效运转在一定程度上依赖于该村良好的集体经济状况。例如，2021 年南边灶村的村集体收入为 800 万元，主要为返租地、临街商铺和幼儿园出租租金收入。[1]相对较好的经济基础使得南边灶村有能力为 24 位楼栋长每人每月发

---

[1]《检查相关简介》，南边灶村村委会提供，2022 年 10 月 4 日。

放 200 元补贴。

当然，南边灶村通过楼栋长管理规范的治理也面临着一定的问题，例如陈瑞祥提到，南边灶村的楼栋长激励措施不够完善，虽然"村委这边对他们有适量的补贴。但是他们主要还是靠热心和觉悟"。[1]为了提升楼栋长工作的积极性、吸引更多的村民参与到搬迁村治理工作中来，南边灶村党委、村委会等村级治理主体可考虑进一步完善长效化楼栋长激励机制，探索更为多元的楼长激励措施，投入更多的经费资源，加强先进评选与表彰奖励工作，为楼栋长更为积极、更为全面、更为深入地参与搬迁村治理提供更多的制度保障、资金保障与心理保障，提升南边灶村通过楼栋长管理规范的搬迁村治理效果。

总体而言，通过楼栋长管理规范的搬迁村治理是一种较为成功的治理模式，在南边灶村的治理中产生了积极的效果。为了促进南边灶村治理经验的有效传承与发扬，南边灶村村"两委"、澳头街道办以及大亚湾区管委会相关部门可加强对南边灶村治理经验的总结、提炼、分析和提升，为南边灶村进一步完善通过楼栋长管理规范的治理模式提供指导和帮助。具体而言，相关部门可在治理项目申报、先进评选、资金投入、外出学习、宣传推广、政策支持等方面提供一定的支持，使得南边灶村的治理经验能够在传承与完善的基础上成为搬迁村楼栋治理的典范，为其他搬迁村治理提供模范参考，从而在更大程度和更大范围助力于乡村治理实践，推动更多的乡村更好地走上良法善治之路。

---

[1] 南边灶村陈瑞祥访谈录，资料编号：GDHZDYWATNBZ2022070602，2022 年 7 月 6 日。

第九章

通过志愿服务规范的社区治理
——以德惠社区为对象

一、引言

志愿服务是现代社会文明进步的重要标志。国家鼓励和引导基层群众性自治组织招募志愿者、组建志愿服务团队，为社区居民提供志愿服务，提升基层治理体系和治理能力现代化水平。《志愿服务条例》第41条规定："基层群众性自治组织、公益活动举办单位和公共服务机构开展公益活动，需要志愿者提供志愿服务的，可以与志愿服务组织合作，由志愿服务组织招募志愿者，也可以自行招募志愿者。自行招募志愿者提供志愿服务的，参照本条例关于志愿服务组织开展志愿服务活动的规定执行。"第42条第2款还规定："城乡社区、单位内部经基层群众性自治组织或者本单位同意成立的团体，可以在本社区、本单位内部开展志愿服务活动。"《中华人民共和国国民经济和社会发展第十四个五年规划和2035年远景目标纲要》提出，"支持和发展社会工作服务机构和志愿服务组织，壮大志愿者队伍，搭建更多志愿服务平台，健全志愿服务体系"。2021年4月28日中共中央、国务院发布的《关于加强基层治理体系和治理能力现代化建设的意见》提出，"创新社区与社会组织、社会工作者、社区志愿者、社会慈善资源的联动机制"，"完善基层志愿服务制度，大力开展邻里互助服务和互动交流活动，更好满足群众需求"。基层群众性自治组织积极招募志愿者、组织志愿服务队伍并建立健全志愿服务规范既是全面激发基层治理活力、加强和改善基层治理质效的实际行动，也是贯彻执行国家法律法规政策的应然之义。大亚湾区西区街道德惠社区的志愿服务就颇有特色。

　　大亚湾区西区街道德惠社区成立于2015年4月28日，是大亚湾区最早成立的三个社区之一。[1]德惠社区位于大亚湾区西区街道西部，紧邻深圳坪山区。德惠社区辖区面积1.43平方公里，包括鹏惠花园、五月花花园、德洲城、聚泰花园、凯峰雅苑、首域花园等6个居住小区。德惠社区"两委"（党支部、居委会）班子成员5人，其中支委班子5人，居委班子5人，实现书记、主任一肩挑和"两委"班子交叉任职目标。同时配备党群服务中心工作人员4名。[2]截至2022年7月18日，德惠社区共有户籍人口3989人，常住人口21 827人，外来人口17 838人。德惠社区的常住居民主要为在深圳务工的人员。[3]

　　德惠社区是一个有着浓厚志愿服务氛围的新设社区。自2015年4月德惠社区成立以来，德惠社区"两委"陆续招募了300余位志愿者，组建了多支志愿服务队伍，常态化地开展了大量志愿服务，[4]有效加强和改善了德惠社

---

　　〔1〕《关于同意成立西区街道德惠社区居民委员会的批复》，大亚湾区民政局提供，2022年7月5日。

　　〔2〕《德惠社区基本情况》，大亚湾区民政局提供，2022年7月11日。

　　〔3〕《德惠社区概况》，德惠社区居委会提供，2022年7月19日。另外，据德惠社区党支部书记、居委会主任周月珍介绍，德惠社区"起码90%以上的人都在深圳上班。最大的特点是年轻工作者在深圳，剩下的老人在这边带小孩读书"。参见德惠社区周月珍访谈录，资料编号：GDHZDYWX-QDHSQ2022071903，2022年7月19日。

　　〔4〕依据志愿中国平台对志愿服务的分类数据，结合网格化管理所涵盖的服务和涉及的领域，按照大亚湾区网格治理标准Q/DYWWG 203.2.1—2021，大亚湾区的志愿服务包括16类：（1）邻里守望志愿服务：立足社区，通过综合保护、结对帮扶、亲情陪伴等多种形式，关心需要被帮助的人，用志愿服务使每一个遇到困难。（2）支教助学志愿服务：对教育资源匮乏的网格或贫困学生，开展支教、义务家教、爱心助学等志愿服务活动，推动社会教育事业发展。（3）卫生保健志愿服务：开展卫生医疗领域相关的医疗志愿服务工作，针对有卫生保健需求的群体，开展疾病防控知识宣传、健康咨询、义诊理疗等志愿服务。（4）心理疏导志愿服务：针对认识偏差、自我封闭、心理失衡等对象，开展心理健康辅导、心理咨询等志愿服务。（5）法律援助志愿服务：针对法律意识淡薄或有法律咨询需求的群体，开展普法宣传、法律咨询、法律培训等志愿服务。（6）应急救援志愿服务：针对自然灾害和突发事件，开展抢险援助、卫生防疫、群众安置、设施抢修和心理安抚等志愿服务。（7）社区治安志愿服务：开展治安宣传、治安巡逻、公共财物看护、禁赌禁毒、社区矫正和防范违法犯罪等志愿服务。（8）公共文明志愿服务：弘扬公共文明建设，传播弘扬社会主义核心价值观。针对公共场所各类不文明行为，行为内容包括但不限于：随地吐痰、随地便溺、乱扔废弃物、乱闯红灯，开展劝导、引导、纠正等志愿服务。（9）群众文体志愿服务：针对群众精神文化体育生活需求，开展群众文化活动组织、文化培训、文艺演出、体育活动组织等志愿服务。（10）环境保护志愿服务：针对影响和破坏生态环境的现象，开展义务植树、义务净滩、绿化美化、清理脏乱、垃圾分类、整治污染、节能减排等志愿服务。（11）社会公益活动志愿服务：针对社会公益活动，开展接待、咨询、联络、秩序维护、

区的基层治理质效，取得了显著效果。由于志愿服务工作效果突出，德惠社区先后获得惠州市精神文明建设委员会办公室、共青团惠州市委员会、惠州市志愿者联合会等颁发的"惠州市学雷锋志愿服务先进典型最佳志愿服务组织"（2020 年 12 月）、"惠州市学雷锋志愿服务先进典型最佳志愿服务项目"（2020 年 12 月）、"惠州市最佳青年志愿服务组织"（2021 年 12 月）、"惠州市最佳青年志愿服务组织"（2021 年 12 月）、"惠州市最美志愿服务社区"（2021 年 12 月）等奖项荣誉。在组织和开展志愿服务的过程中，德惠社区"两委"推动形成了一套志愿服务规范。在习惯法的视阈下，德惠社区的志愿服务规范是一种非国家法意义上的习惯法。对德惠社区通过志愿服务规范的社区治理进行调查，对于我们充分广泛推动人民群众参与社会治理，全面认识基层社区的治理规范、治理特点、治理效果具有重要的意义。

为了准确把握德惠社区志愿服务规范的具体运行状况和在志愿服务中实际发挥的社区治理作用，我们于 2022 年 7 月 19 日到德惠社区就志愿服务规范及其实施状况进行专门调查。我们参观考察了德惠社区，访谈了德惠社区"两委"干部，查阅收集了与志愿服务有关的文书档案和电子资料，对德惠社区的志愿服务规范及其社区治理作用有了初步的了解和感受。

二、通过志愿服务规范的社区治理主体

德惠社区"两委"是德惠社区通过志愿服务规范的社区治理的主导主体，德惠社区的志愿服务团队是德惠社区通过志愿服务规范的社区治理的参与主体与执行主体。二者均在通过志愿服务规范的社区治理中发挥着不可或缺的作用。

（接上页）宣传文明行为规范、劝导不文明言行等志愿服务。（12）城市管理志愿服务：建设文明城市，维护城市秩序，配合有关部门提供城市管理类志愿服务，促进城市文明发展。（13）关爱老年人志愿服务：弘扬中华民族传统美德。关心生活起居困难的老人与空巢老人，提供方便老年人日常生活、满足老年人精神文化需求的志愿服务，让他们感受到社会的关爱。（14）关爱未成年人志愿服务：未成年人是国家的希望，民族的未来。关心未成年人，帮助留守儿童与困难家庭，为他们提供生活帮助，为儿童提供课业、生活、文娱爱好等多方面的志愿服务，促进未成年人健康快乐成长。（15）关爱妇女志愿服务：关爱妇女，帮助需要被帮助的女性，为妇女提供生活帮助、生育指导、就业帮扶、婚姻家庭咨询等志愿服务，促进女性发展。（16）关爱残疾人志愿服务：关心关爱残疾人，帮助残疾人解决实际生活困难，提供方便残疾人日常生活、康复治疗、丰富精神文化生活的志愿服务，促进残疾人"平等、参与、共享"，弘扬人道主义精神。

（一）德惠社区"两委"

在德惠社区通过志愿服务规范的社区治理中，德惠社区"两委"发挥着最为重要的主导、推动和引领作用，是德惠社区通过志愿服务规范的社区治理的主导主体。具体而言，德惠社区的志愿者由德惠社区"两委"招募，德惠社区的志愿服务队伍由德惠社区"两委"组建，德惠社区的志愿服务活动由德惠社区"两委"组织开展，德惠社区的志愿服务经费支出也由德惠社区"两委"负责。实践中，在德惠社区党群服务中心、德惠社区居务监督委员会、德惠社区社工站的协助、配合及支持下，德惠社区"两委"几乎主导了德惠社区志愿服务工作的方方面面。以下为德惠社区党支部和德惠社区居务监督委员会于2021年3月3日在德惠社区会议室召开的"关于德惠社区制作志愿者服装的讨论会议"的会议记录，这一会议记录体现了德惠社区党支部在志愿服装制作、志愿服务支出方面的主导作用：

关于德惠社区制作志愿者服装的讨论会议

德惠社区志愿服务队始终坚持大力弘扬传承雷锋精神，宣传普及"奉献他人，提升自己"的志愿服务理念，汇聚志愿服务力量，推动学雷锋志愿服务活动向社区深入。在社区学雷锋志愿服务工作站的带动下，目前志愿者队伍日益扩大，已有的志愿服装数量不能满足活动所需，经德惠社区党支部和居务监督委员会讨论后决定制作一批志愿者服装，制作所需费用从创建文明城市经费中列支，预算具体情况如下：

58（元）×100（件）＝5800（元）

备注：项目采购物质所需费用，以最终实际结算为准。[1]

在具体的志愿服务实践中，德惠社区"两委"主要是通过德惠社区党支部书记、德惠社区居委会主任、德惠社区"两委"工作人员、德惠社区党群服务中心工作人员等具体的个人或角色产生作用。具体而言，一是，在德惠社区的重要志愿活动中，德惠社区的德惠社区党支部书记、德惠社区居委会主任周月珍通常会现场指挥、亲自推动。例如，2022年3月4日~7日大亚湾区开展全民核酸检测工作，周月珍带领所有的工作人员及志愿者毅然投身于

---

［1］《2021年议事协商和居务公开台账（议事协商）》，德惠社区居委会提供，2022年7月19日。

核酸检测等疫情防控工作中去，从清晨到午夜一直坚守前线。二是，在志愿服务活动的组织和开展工作中，德惠社区"两委"工作人员发挥着主要作用。例如，德惠社区党支部委员、居委会委员周靓金在疫情防控期间带领德惠社区巾帼志愿服务队配合社区做好疫情防控工作，为社区疫情防控工作奉献力量。由于周靓金在志愿服务工作中表现突出，其在 2021 年 12 月被共青团惠州市委员会、惠州市志愿者联合会评为 2021 年"惠州市最美青年志愿者"。三是，根据德惠社区"两委"的安排，德惠社区原居委会委员（2017 年 6 月~2020 年 12 月）、德惠社区党群服务中心工作人员叶婧媔数年来一直担任志愿服务团队的负责人，负责动员、联络及管理志愿者。

需要提及的是，西区街道办事处的作用也不可或缺，其在德惠社区通过志愿服务规范的社区治理中发挥着一定的指导作用。例如，德惠社区党支部书记、居委会主任周月珍介绍说："志愿者团队的组建也是在我们街道这边的引领下，在党建引领下，推动这个项目的。我们一推动，也没想到我们的居民那么踊跃。"[1]《城市居民委员会组织法》第 2 条第 2 款规定："不设区的市、市辖区的人民政府或者它的派出机关对居民委员会的工作给予指导、支持和帮助。……"西区街道办对德惠社区的指导、支持和帮助是贯彻落实《城市居民委员会组织法》相关规定的具体行动。

（二）德惠社区志愿服务团队

德惠社区"两委"成立了多支志愿服务团队，这些志愿服务团队是德惠社区通过志愿服务规范的社区治理的重要参与者与执行者。2016 年 3 月 28 日德惠社区"两委"推动成立了大亚湾区西区街道德惠社区志愿服务队，正式开启了德惠社区的志愿服务工作。之后，德惠社区"两委"成立了德惠社区学雷锋志愿服务工作站、德惠社区学雷锋志愿服务队、德惠社区文体志愿服务队、德惠社区巾帼志愿者团队、德惠社区党员志愿服务队等志愿服务团队和机构（以下统称为"志愿服务团队"）。各个志愿服务团队在德惠社区"两委"的组织、指导下，积极践行"奉献、友爱、互助、进步"的志愿精神，以"传递爱心，服务社会，构建和谐"为宗旨，共同开展敬老爱老、环境保护、文艺服务、突发应急等公益性社会服务等志愿服务活动。在德惠社区成立的志愿服务团队中，德惠社区志愿服务队还是德惠社区党建服务联盟

---

[1] 德惠社区周月珍访谈录，资料编号：GDHZDYWXQDHSQ2022071903，2022 年 7 月 19 日。

成员。2021年9月23日，惠社区党支部联合区代建局党支部、社区志愿者团队、物业公司等共9个组织签订了德惠社区党建服务联盟协议书。根据共建协议，联盟成员在德惠社区党支部的牵头下每月召开一次党建联席会议，共商要事、共办实事、共破难题，在社区确定重点事项时协助组织意见征求，合力推动社区的发展。[1]此外，在德惠社区的志愿服务团队中，2019年7月11日成立的大亚湾区德惠社区党员志愿服务团队目前发挥着相对较为重要的引领作用和示范作用，获得了较多奖项和荣誉。

德惠社区的志愿服务团队的组成人员主要包括党员志愿者和社区志愿者两种。前者是德惠社区党支部成员（党员志愿服务队成员），后者为社区的普通居民和其他人员。党员志愿者在实践中起着一定的引领和带头作用。例如，2021年1月13日德惠社区党支部开展了"清洁家园大扫除活动"，活动中德惠社区党支部的党员志愿者带领社区志愿者清扫辖区环境卫生，重点清理了辖区的卫生死角，调动了社区志愿者服务社区的积极性。[2]

自2016年3月28日大亚湾区西区街道德惠社区志愿服务队成立以来，德惠社区的志愿者队伍规模不断壮大。截至2022年7月18日，德惠社区共有注册志愿者310人。志愿者们的志愿服务时长累计22 640小时，发布服务项目174项，形成了"我志愿，我服务，我快乐"的志愿服务热潮。其中，服务超100小时的志愿者为惠州市星级志愿者。截至2021年末，德惠社区共有三星级志愿者7人，二星级志愿者4人，一星级志愿者20人，还有6人达到了四星级标准。[3]

总体而言，德惠社区"两委"是德惠社区通过志愿服务规范的社区治理的主导者，起着最为重要的组织、领导和推进作用。德惠社区的志愿服务团队是德惠社区通过志愿服务规范的社区治理的重要参与者和执行者，在实践中根据德惠社区"两委"的组织、协调和安排开展志愿服务活动，为在德惠社区生活和居住的群众提供志愿服务。

三、通过志愿服务规范的社区治理规范

为了提升志愿服务工作的规范化水平，德惠社区居委会专门制订了《德

---

〔1〕《德惠社区党建服务联盟共建协议书》，德惠社区居委会提供，2022年7月19日。

〔2〕《德惠社区党员志愿服务队开展清洁家园活动记录表》，德惠社区居委会提供，2022年7月19日。

〔3〕《大亚湾西区街道德惠社区志愿服务队》，德惠社区居委会提供，2022年7月19日。

惠社区志愿服务队章程》《德惠社区学雷锋志愿服务志愿者积分奖励方案》等专门性规范，同时在《德惠社区居民公约》等综合性制度规范中就志愿服务工作进行了专门规定。其中，2016 年 5 月 25 日，德惠社区"两委"组织召开了"德惠社区志愿服务队成立会议"，会上发布了《德惠社区志愿服务队章程》。〔1〕2020 年 1 月 17 日，德惠社区的综合性规范《德惠社区居民公约》正式公布。《德惠社区居民公约》第 21 条、第 22 条就志愿服务事宜进行了专门规定，倡导居民积极参与志愿活动。该公约第 21 条的内容为："积极参与志愿者服务活动，关爱空巢老人，关怀儿童成长。"第 22 条的内容为："弘扬雷锋精神，积极参与敬老、爱幼、助残志愿服务活动。"〔2〕

根据《德惠社区志愿服务队章程》以及实践中形成的习惯规范，德惠社区的志愿者们可以（应当）参加的志愿服务活动主要包括：迎新春送春联活动、服务社区"两委"换届选举服务活动、清洁家园清扫活动、青少年安全教育宣传活动、三八妇女节插花活动、青少年插花活动、爱心义剪（理发）志愿服务活动、疫情防控宣传活动、新冠疫苗接种服务活动、新冠疫苗接种宣传活动、新冠疫苗接种摸排活动、核酸检测服务活动、交通护学活动、爱心助学活动、唱红色经典活动、欢度儿童节活动、卫生城市入户宣传活动、"小鬼当家"职业体验营小组活动、垃圾分类宣传活动、扶贫济困日爱心捐款活动、儿童阅读征文写作活动、创建文明城市宣传活动、禁毒宣传活动、反诈骗宣传活动、公益电影进社区放映活动、党群服务中心前台值班活动、协助女性"两癌"筛查活动、"扫黄打非"宣传活动、节日慰问活动、送温暖探访活动、科普宣传志愿服务活动、优生优育宣传活动、计生政策宣传活动、消防演练活动、社区文艺晚会活动、农家书屋志愿活动、铁路护路宣传活动、公共法律宣传活动、家风家训培训活动、长者联谊会活动、小区门岗值守活动等。

为了进一步提升志愿者参与志愿服务的积极性，德惠社区居委会在长期实践经验的基础上，将不成文的习惯规范上升为成文制度规范，于 2021 年 12 月 30 日制订了《德惠社区学雷锋志愿服务志愿者积分奖励方案》。这一方案

---

〔1〕《关于德惠社区学雷锋志愿服务工作站的情况说明报告》，德惠社区居委会提供，2022 年 7 月 19 日。

〔2〕《德惠社区居民公约》，德惠社区居委会提供，2022 年 7 月 19 日。

就志愿者积分、小礼品兑换、优秀志愿者评选标准等事宜进行了规定，为德惠社区"两委"更有效地动员志愿者参加志愿服务提供了标准和方案，是德惠社区"两委"动员志愿者参与志愿服务活动的重要制度基础。以下是《德惠社区学雷锋志愿服务志愿者积分奖励方案》：

德惠社区学雷锋志愿服务志愿者积分奖励方案

一、社区志愿者积分奖励是激励制度的内容之一，是志愿者最直接的奖励内容，凡在德惠社区参与志愿服务活动都能获得相应的积分。

二、惠州志愿服务平台是储存志愿者身份信息、志愿服务备案记录和积分查询的平台。

三、志愿者积分等同于时间符号，即"1 小时核算为 1 积分"，通过数据的方式储存在志愿服务平台；不可两人或多人合计积分。

四、志愿者需登录志愿服务平台，注册个人志愿服务账号，加入德惠社区志愿服务团队。

五、志愿者积分可用于兑换相应奖励，每次须按照积分兑换规则进行兑换。

六、志愿者积分来源主要有一种途径志愿服务时长。

七、自 2021 年 1 月开始累计积分。本年度根据积分总汇评选出 20 名优秀志愿者，积分满 20 分的志愿者即可兑换礼品一份，积分越高兑换的礼品越丰厚。

大亚湾区德惠社区居委会
2021 年 12 月 30 日

需要提及的是，国家法律法规以及广东省、惠州市、大亚湾区制定的政策文件等其他制度规范也在德惠社区通过志愿服务规范的社区治理中发挥着重要的作用。例如，根据《关于建立义务教育阶段随迁子女积分入学制度的通知》（惠市教基〔2015〕11 号）以及《大亚湾开发区外来务工人员随迁子女申请入读义务教育阶段公办学校起始年级积分办法》的规定，志愿者们能够在志愿服务活动中获得一定的积分，方便子女入学——这也是德惠社区的志愿者们之所以愿意主动参加志愿服务的一个重要动因。其中，2022 年 5月 10 日发布的最新《大亚湾开发区外来务工人员随迁子女申请入读义务教育阶段公办学校起始年级积分办法》规定，"近五年内，参加大亚湾开发区志愿服务的志愿者每满50小时得2分，每年最高可加10分"。周玉珍也提道：

> 志愿者是有积分的，方便小孩读书、入户。当然我觉得现在我们的志愿者他们不是在乎这些了，他是真心真意为我们辖区建设出一份力的。你看今天晚上，又有核酸检测了，有四个检测点。我们明天晚上又有三个检测点。[1]

根据长期形成的习惯规范，德惠社区"两委"需要根据实际情况组织志愿者培训或委托德惠社区社工站围绕志愿服务法律法规、志愿服务技能、志愿服务注意事项、志愿服务礼仪、入户探访沟通技巧等方面对志愿者进行培训，从而提升志愿者的志愿服务能力，营造积极向上的志愿服务氛围。德惠社区党支部副书记、居委会委员严泽提道，"平时也有培训，不定期培训那些志愿者，包括礼仪、包括技能等各方面"。[2]

总体而言，自2016年成立德惠社区志愿服务队以来，德惠社区"两委"在实践中探索形成了一套相对完善的成文制度规范与不成文习惯规范。这些志愿服务规范是德惠社区招募志愿者、动员志愿者、管理志愿者以及组织开展志愿活动的重要制度基础，在德惠社区通过志愿服务规范的社区治理中发挥着重要的引领和保障作用。

四、通过志愿服务规范的社区治理运行

德惠社区通过志愿服务规范的社区治理运行环节主要体现为德惠社区"两委"按照志愿服务规范的内容组建志愿服务队伍、宣传招募扩大志愿服务队伍、开展志愿服务活动、进行培训表彰等方面。

（一）组建志愿服务团队

在德惠社区被大亚湾区管委会批准成立后不久，德惠社区"两委"就在西区街道办的指导下着手成立志愿服务队伍。2016年3月28日，惠州大亚湾

---

〔1〕 德惠社区周月珍访谈录，资料编号：GDHZDYWXQDHSQ2022071903，2022年7月19日。当然，也有部分志愿者参与志愿活动并不是为了获得积分。德惠社区党支部副书记、居委会委员严泽提到："很多人他们不是贪图什么积分，很多是真真正正想参加到我们这个团队，服务于我们的居民。志愿者都是我们辖区的居民，他本来就住在这里。所以他很乐意去参与我们这些比如说核酸检测、文明城市那些，甚至去擦掉'牛皮癣'搞卫生，都愿意参加到这个当中来。"参见德惠社区严泽访谈录，资料编号：GDHZDYWXQDHSQ2022071903，2022年7月19日。

〔2〕 德惠社区严泽访谈录，资料编号：GDHZDYWXQDHSQ2022071903，2022年7月19日。

区西区街道德惠社区志愿服务队正式成立。2016 年 5 月 25 日，德惠社区"两委"组织召开了"德惠社区志愿服务队成立会议"并发布了《德惠社区志愿服务队章程》。此后，德惠社区"两委"根据工作需要，不断招募新的志愿者，扩充德惠社区志愿服务队规模并在西区街道办的指导和帮助下组建了德惠社区文体志愿服务队、德惠社区巾帼志愿者团队、党员志愿服务团队等多支专业化、特色化的志愿服务团队。在德惠社区的各个志愿服务队伍中，成立于 2019 年 7 月 11 日的"大亚湾区德惠社区党员志愿服务团队"有着较强的凝聚力和执行力，在志愿服务中发挥着较为重要的示范作用和带头作用。

近年来，在德惠社区"两委"的积极推动下和德惠社区人口基数有所增加的背景下，德惠社区的志愿者来源更加充足、人数不断增加，志愿服务队伍规模总体上不断壮大。就志愿者身份而言，德惠社区的志愿者主要为社区居民，包括退休老人、妇女、青少年、儿童等。截至 2022 年 7 月 18 日，德惠社区共有注册志愿者 310 人。这些志愿者"没有原居民，都是来自五湖四海"。[1]志愿者之所以来自五湖四海，是因为德惠社区是因新建楼盘而设置的新社区，所有居民均为外埠迁入人口，因而德惠社区的志愿者也均为来自五湖四海的外埠迁入人口。

德惠社区居委会微信公众号菜单栏"注册志愿者"栏目（2022 年 10 月 22 日截图）

---

[1]　德惠社区周月珍访谈录，资料编号：GDHZDYWXQDHSQ2022071903，2022 年 7 月 19 日。

德惠社区的志愿服务团队组建后，为了保障志愿服务团队的战斗力、凝聚力、号召力，德惠社区"两委"通常会安排社区"两委"工作人员或党群服务中心工作人员兼任志愿服务队伍负责人，引导和带领志愿者们参与社区"两委"组织开展的各类活动，服务社区居民。

（二）开展志愿服务活动

在德惠社区"两委"的组织下，德惠社区的志愿者在实践中积极开展突发应急、环境保护、敬老爱老、文艺服务等方面的志愿服务。其中，2018年共开展18场志愿服务活动，2019年共开展19场志愿服务活动，2021年共开展50场志愿服务活动。截至2021年末，德惠社区志愿者们的志愿服务时长累计22 640小时。以下为德惠社区2022年主要志愿服务计划：

2022年志愿服务系列主题活动计划汇总表[1]

活动时间	活动地点	活动主题
1月	德惠社区党群服务中心	"春节送春联，爱心进万家"志愿者送春联活动
2月	德惠社区党群服务中心	"助力疫情防控，争当志愿先锋"
3月	德惠社区党群服务中心	学雷锋"法律志愿服务进社区"温暖行动
3月	德惠社区党群服务中心	"清洁家园，共创文明德惠"巾帼志愿活动
4月	德惠社区党群服务中心	"关爱生命，安全生产"志愿者宣传活动
5月	德惠社区党群服务中心	全国低碳日，增强环保意识——巾帼志愿者在行动
6月	德惠社区党群服务中心	"健康零距离"医疗健康志愿服务活动
7月	德惠社区党群服务中心	"小书屋，大梦想"——农家书屋志愿活动
8月	德惠社区党群服务中心	"禁毒扫黄打非"志愿者宣传活动
9月	德惠社区党群服务中心	"爱在中秋，真情送暖"——志愿者中秋节慰问活动
10月	德惠社区党群服务中心	"消防安全演练 筑牢平安社区"志愿活动
11月	德惠社区党群服务中心	"防灾减灾日"——科普宣传志愿服务活动
12月	德惠社区党群服务中心	"益路同行，聚爱德惠"志愿者团建活动

---

[1] 《2022年志愿服务系列主题活动计划汇总表》，德惠社区居委会提供，2022年7月19日。

续表

活动时间	活动地点	活动主题
每月常规服务	社区探访	"邻里守望，情暖德惠"志愿者送温暖探访活动
每月常规服务	德惠社区党群服务中心	"清洁家园，共创文明德惠"志愿服务活动

在德惠社区已开展的志愿服务活动中，卫生清洁活动、核酸检测活动的次数最多。这两类活动的基本情况是：

其一，卫生清洁活动。德惠社区开展的卫生清洁相关活动主要包括清洁家园清扫活动、学雷锋清洁卫生活动、创建文明城市清洁活动、创建卫生城市入户宣传活动、垃圾分类宣传活动以及节日清扫活动等。例如，为进一步做好国家卫生城市复审工作，以整洁有序的市容市貌迎接国庆，德惠社区志愿服务队于2021年9月28日15：00在辖区范围组织开展"迎复审·庆国庆"爱国卫生统一活动。活动中志愿者和德洲城物业人员拿着扫帚、小铁铲、垃圾袋等工具，清理小区草坪里的白色垃圾、废纸等丢弃物，清理小区杂草和楼道"牛皮癣"。[1]为了更好地创建全国文明城市，2017年8月11日下午，在德惠社区居委会工作人员的带领下，志愿者、社工共15人一起参加了"志愿者大扫除"活动，对社区垃圾进行了清理。[2]2022年1月26日下午，德惠社区党支部开展了春节前"卫生大整治"活动，德惠社区的志愿者以及区住建局工作人员、德惠社区工作人员等共30余人参加了活动。活动中，志愿者们拿垃圾钳、垃圾袋，和扫帚，沿着辖区的街道、花园、路边停车场清洁人行道、路边花槽中的纸巾、果皮、食品袋、烟蒂等生活垃圾。[3]

〔1〕《德惠社区志愿服务队开展"迎复审 庆国庆"爱国卫生活动记录表》，德惠社区居委会提供，2022年7月19日。
〔2〕《德惠社区学雷锋志愿服务站清洁卫生简报》，德惠社区居委会提供，2022年7月19日。
〔3〕《德惠社区开展春节前"卫生大整治"清洁活动》，德惠社区居委会提供，2022年7月19日。

志愿者参加卫生大扫除活动和核酸检测活动（德惠社区居委会 2022 年 7 月 19 日提供）

其二，核酸检测活动。自新冠疫情暴发以来，德惠社区根据上级安排开展了多轮核酸检测。由于德惠社区常住人口数量在两万以上且社区"两委"与党群服务中心工作人员数量有限，核酸检测工作压力巨大。为了保障核酸检测工作的顺利开展，德惠社区根据志愿服务规范，积极动员志愿者参加志愿服务，保障了志愿服务工作的有序开展。在核酸检测活动中，德惠社区的志愿者主要是负责持续秩序等基础性工作。例如，2022 年 1 月 19 日德惠社区在德洲广场开展全民核酸检测活动，社区工作人员和志愿者共同负责体温测量、粤康码检查、排队分流、答疑解惑、引导居民填写粤核酸个人信息登记等工作，维持核酸检测秩序。[1]周月珍提到，志愿者们在核酸检测工作中不辞辛劳，发挥了重要作用，"像这两三年来疫情防控，大规模核酸检测，他们真的是几十个小时跟我们一起奋战，不管是下雨天还是大冬天"。[2]以下事例一为一对退休志愿者夫妇积极参与核酸检测工作的事迹：

事例一

有一对夫妻都已经六十多了，因为他们是退休的嘛，他们都会跟我们一起战斗，我们什么时候结束他们就战斗到什么时候。我有时候看着就过意不去，因为我比较年轻我都觉得很累很累，我说"叔叔你们回去吧"，他说"没事，你们什么时候散，我们就什么时候散"，真的是很感动。所以说，我觉得

---

〔1〕《德惠社区学雷锋志愿服务开展全民核酸检测活动记录表》，德惠社区居委会提供，2022 年 7 月 19 日。

〔2〕德惠社区周月珍访谈录，资料编号：GDHZDYWXQDHSQ2022071903，2022 年 7 月 19 日。

我们的志愿者是我们社区一支强大的队伍。如果单靠我们社区九个人是不行的。[1]

总体而言德惠社区的志愿服务活动类型较为多元，其中卫生清洁活动、核酸检测活动的次数最多。这些志愿活动的顺利开展提升了德惠社区居民的安全感、幸福感、获得感，改善了德惠社区的整体面貌。

（三）培训表彰

为了保障志愿者参与志愿活动的积极性，更好地动员志愿者参与志愿活动，提升志愿者的服务意识、服务能力和服务效果，德惠社区"两委"注重按照《德惠社区学雷锋志愿服务志愿者积分奖励方案》等成文和不成文制度规范对志愿者进行培训和表彰。

其一，对志愿者进行培训。为了改善志愿服务效果，德惠社区"两委"曾自行组织或委托德惠社工站组织了多场志愿者培训活动，通过培训让志愿者学会志愿服务礼仪、掌握入户探访沟通技巧、了解国家有关志愿服务规范、提升应对问题能力、增长安全技能。例如，为了提升志愿者服务队伍的综合素质，德惠社区党支部于2021年1月20日在社区会议室召开了志愿者培训会。该次培训活动中社区工作人员为志愿者们讲解了社区志愿服务的概况、志愿服务相关知识以及志愿者在参与志愿服务过程中应具备的精神、应履行的职责等内容。培训结束后志愿者们一起宣读了志愿者誓词。

其二，对志愿者进行表彰奖励。德惠社区"两委"在志愿者表彰奖励方面所开展的工作可分为三个层次：（1）在基础性层次方面，德惠社区"两委"注重按照惠州市以及大亚湾区的有关要求政府部门和志愿者联合会的要求，为德惠社区的志愿者录入志愿服务时长，使其能够获得基础性的积分奖励。周月珍提道，"我们也是按照一些相关的指示，包括录入时长这些，都是按照规章制度来执行的。"[2]（2）在拓展性层次方面，德惠社区"两委"积极申请惠州市和大亚湾区的优秀社区、优秀志愿组织奖等奖项荣誉并鼓励社区志愿者积极申请市、区星级志愿者、优秀志愿者等荣誉称号。截至2021年末，德惠社区共有31人被评为惠州市星级志愿者。[3]德惠社区"两委"干部

---

[1] 德惠社区周月珍访谈录，资料编号：GDHZDYWXQDHSQ2022071903，2022年7月19日。
[2] 德惠社区周月珍访谈录，资料编号：GDHZDYWXQDHSQ2022071903，2022年7月19日。
[3] 《大亚湾西区街道德惠社区志愿服务队》，德惠社区居委会提供，2022年7月19日。

周靓金还被评为 2021 年惠州市最美青年志愿者。[1] (3) 在特色性层次方面，德惠社区"两委"自主设置了积分兑换机制以及"优秀志愿者"等奖项荣誉，为志愿者提供看得见、摸得着的奖励。例如，2017 年 12 月 28 日，德惠社区"两委"组织了志愿者年度总结会议暨表彰活动，对表现较好的 6 名志愿者进行了表彰，为其颁发了"优秀志愿者"证书。2022 年 1 月 12 日，德惠社区举行了 2021 年度优秀志愿者表彰大会。会上西区街道驻村（居）领导汤国传、德惠社区党支部书记周月珍等人一起为优秀志愿者颁发了"优秀志愿者"证书。证书颁发结束后举行抽奖环节和积分兑换礼品环节，志愿者们参与抽奖，将自己的志愿服务时数换成积分并按照积分的不同兑换不同的礼品。[2]

德惠社区获得的志愿服务奖项荣誉（2022 年 7 月 19 日摄）

总体而言，在西区街道办的指导下，德惠社区"两委"根据国家法律法规政策以及德惠社区自身的志愿服务规范，基于社区实际情况，开展了招募志愿者、组建志愿服务团队、扩大志愿服务团队规模、组织开展志愿服务、进行培训表彰等实践活动，提升了德惠社区的志愿服务氛围，使得志愿者、志愿服务成了德惠社区的重要标签。

---

〔1〕《2021 年度德惠社区志愿服务工作总结》，德惠社区居委会提供，2022 年 7 月 19 日。

〔2〕《德惠社区开展坚守初心、砥砺前行志愿者表彰大会活动》，德惠社区居委会提供，2022 年 7 月 19 日。

五、通过志愿服务规范的社区治理效果

德惠社区通过志愿服务规范的基层治理在实践中产生了充实德惠社区治理力量、维护德惠社区基本秩序、为德惠社区居民提供参与治理机会、更好地满足德惠社区群众需求、提升德惠社区文明程度等诸多积极效果，改善了德惠社区的治理质效。具体而言，通过志愿服务规范的社区治理效果主要体现为以下几个方面：

其一，充实了社区治理力量。在德惠社区居住的常住人口数量常年在2万人以上，而德惠社区"两委"组成人员仅5人，党群服务中心工作人员仅4人，合计仅9人。面对事无巨细的社区事务、庞大的工作量以及成分复杂数量众多的人口，由9人组成的治理团队在很多时候显得力有不逮。德惠社区党支部书记、居委会主任、党群服务中心主任周月珍提道，"我们不单只是白天工作，晚上也要工作，周末还要工作，这些都是我们该做的"；"不该管的我们也管了，以前那些'三不管'地带，台风来临，消防安全检查、安全生产，我们都会走过去。因为台风来临时，怕他们被吹走，怕他们出点事故"。[1]志愿者队伍的组建以及三百余位志愿者的加入在很大程度上壮大了德惠社区的治理力量，减轻了德惠社区的治理压力。例如，德惠社区居委会在2021年5月30日~31日德惠社区全民核酸检测活动总结中写道："本次志愿服务为我社区全民核酸检测工作提供了大量人员支持，有效缓解社区全民核酸检测工作人手短缺的压力。"[2]通过按照志愿服务规范招募志愿者、组建志愿者队伍，德惠社区"两委"在较大程度上改变了基层社区治理力量不足的问题，壮大了治理队伍，提升了社区治理能力。

其二，维持了社区治理秩序。通过志愿服务规范的社区治理实践在主体上增加了秩序维护者的数量，在结果上维持了特定的生产生活秩序。例如，2017年10月17日~25日每逢放学时间，德惠社区志愿者都会轮流在云子幼儿园门口开展护岗行动。这些行动加强了校园安保力量，保障了校园的安全，维护了高峰时间的交通秩序。[3]再如，2022年初，社区志愿者分别在德惠社

---

〔1〕 德惠社区周月珍访谈录，资料编号：GDHZDYWXQDHSQ2022071903，2022年7月19日。

〔2〕《德惠社区志愿服务开展全民核酸检测工作活动记录表》，德惠社区居委会提供，2022年7月19日。

〔3〕《德惠社区学雷锋志愿服务站维持交通秩序简报》，德惠社区居委会提供，2022年7月19日。

区凯峰雅园、德洲城、鹏惠、聚泰、五月花花园等各个小区门岗、路口分批值岗，对小区人员车辆进行进出登记，查看粤康码和行程卡，维持了疫情防控形势下的社区秩序。[1]通过组织和动员志愿者参与社会治理，德惠社区"两委"推动形成了协调有序的基层治理格局，更好地维持了社区治理秩序。

其三，提供了参与治理的机会。对有热心、有能力、有意愿参与基层社区治理的普通居民而言，通过志愿服务规范的社区治理的重要价值在于为其提供了参与社区治理的平台与机会，使其能够在基层治理中发光发热，为基层治理奉献自身的力量。而且德惠社区"两委"为志愿者提供积分兑换礼品的机会、对表现优秀的志愿者进行表彰奖励等做法还能够增加志愿者的自豪感、获得感、荣誉感，在精神上满足其参与社会治理的愿望，在结果上实现其参与社区治理的理想，形成共建、共治、共享的基层治理格局。

其四，满足了社区群众的需求。志愿者能够提供区别于政府、市场以及基层群众性自治组织的人性化、特色化、无偿化服务，更好地满足基层群众的多元化服务需求。实践中，德惠社区志愿者们开展的节日慰问活动、送温暖探访活动、科普宣传志愿服务活动、社区文艺晚会表演活动、爱心义剪（理发）志愿服务活动、儿童阅读征文写作活动、三八妇女节插花活动、青少年插花活动等多元化、专门化的免费服务活动能够更好地满足德惠社区居民的多样化需求，弥补政府、市场以及基层群众性自治组织的不足，提升服务对象的获得感、幸福感、满足感。

其五，提升了社区文明程度。志愿服务是现代社会文明进步的重要标志，德惠社区常态化地开展志愿服务活动能够在社区内弘扬志愿服务精神，使得邻里互助的利他精神更加熠熠生辉，促进形成人人为我、我为人人的社会环境，推动形成奉献、互助、进步、友爱的浓厚氛围，增强社区群众之间的信任，促进社会团结，进一步提升社会的文明程度。六年来，德惠社区的志愿者人数之所以越来越多、普通群众参与志愿服务的热情之所以会不断增长，一个重要的原因在于志愿精神在无形中浸润了人的心灵，形成了浓厚的奉献爱心、服务社会的氛围，感染了社区群众，使得社区群众能够发自内心地认同志愿服务活动、加入志愿服务队伍。周月珍提道，"我们志愿者团队体现了我们社区的工作是得到我们居民的认可与支持的，因为我们的志愿者都是来

---

〔1〕《德惠社区志愿担当，助力疫情防控》，德惠社区居委会提供，2022年7月19日。

自我们居民群众之中的,三百多号人"。[1]通过常态化地组织和开展志愿服务活动,德惠社区"两委"使志愿服务成了德惠社区居民新的生活风尚,提升了德惠社区的文明程度。

总体而言,德惠社区"两委"在国家法律法规政策的框架下,根据德惠社区的志愿服务规范常态化地开展志愿服务活动实践在结果上充实了社区的治理力量、维持了社区的治理秩序、创造了普通群众参与社区治理的机会、满足了社区群众的多样化需求、提升了基层社区的文明程度,形成了通过志愿服务规范的社区治理的模板和典范。

六、结语

通过志愿服务规范的基层治理是德惠社区"两委"在国家法律法规政策的框架下以及在大亚湾区西区街道办事处具体指导下结合自身治理需求和自身治理特点所探索出来的一种参与式治理模式。这种治理模式激活了基层社区多元主体的力量,调动了社区群众参与社区治理的积极性,改善了德惠社区的基层治理质效,塑造了德惠社区治理的亮点与品牌。

为了进一步提升德惠社区通过志愿服务规范的基层社会效果,德惠社区"两委"、西区街道办、大亚湾区管委会等有关治理主体可在既有成效的基础上,从登记成立社会组织、营造良好政策环境、总结推广先进经验等方面发力,进一步提升通过志愿服务规范的基层治理效果。具体而言,一是,德惠社区"两委"可将德惠社区的志愿者队伍进行进一步整合,进一步修改完善相关制度规范,在此基础上到大亚湾区民政局申请成立社会团体,申请统一社会信用代码,组建规模更大、更为正式、更为制度化、更为规范化的志愿服务组织,促进志愿服务团队更好地发展。二是,西区街道办和大亚湾管委会的相关部门可以在既有激励措施的基础上,进一步完善志愿者激励制度规范,通过评选街道级、区级优秀志愿者并发放物质奖励等方式激励志愿者更加积极地开展志愿服务,鼓励基层社区居民更加主动地发光发热,为基层社区的志愿服务营造良好的文化环境与政策环境。三是,德惠社区"两委"、西区街道办、大亚湾管委会相关部门可通过设置调研课题、组织专门调研等方式,加强对德惠社区通过志愿服务规范的基层社区治理经验的总结、分析和

---

〔1〕 德惠社区周月珍访谈录,资料编号:GDHZDYWXQDHSQ2022071903,2022年7月19日。

梳理，进一步挖掘德惠亮点、打造德惠模板，在此基础上大力宣传德惠经验、推广德惠模式。

通过采取有力措施、进一步完善制度，志愿服务的相关主体能够更好地提升基层群众性自治组织在志愿服务方面的动员力、感召力，吸引更多的社区成员参与志愿服务，为西区街道、大亚湾区乃至更大范围的市域社会治理提供经验参考，进一步改善通过志愿服务规范的基层治理质效，促进更多的基层社区走稳走好良法善治之路。

第三篇

通过社会组织规范的
基层和美治理

第十章

通过规章制度的企业管理

——以惠州天然气发电有限公司员工招聘调配管理制度为对象*

一、引言

企业内部的规章制度规范企业成员行为和企业生产经营活动，保障企业运行的有序化、规范化。2020 年 12 月中共中央印发的《法治社会建设实施纲要（2020-2025 年）》提出，"加强居民公约、村规民约、行业规章、社会组织章程等社会规范建设，推动社会成员自我约束、自我管理、自我规范"。2022 年 10 月 16 日习近平在中国共产党第二十次全国代表大会上所作的报告《高举中国特色社会主义伟大旗帜　为全面建设社会主义现代化国家而团结奋斗》中指出："全心全意依靠工人阶级，健全以职工代表大会为基本形式的企事业单位民主管理制度，维护职工合法权益。"广东惠州天然气发电有限公司（简称"惠州天然气发电公司"，又称"惠州 LNG 电厂"）积极制订规章制度，通过内部制度进行企业管理，实现企业合规经营，促进企业发展，取得了良好的效果。

---

* 中共惠州大亚湾区委政法委提供了有关材料，特此致谢。

惠州天然气发电公司内外景和企业活动（来自惠州天然气发电公司网站）〔1〕

　　惠州天然气发电公司位于惠州市大亚湾区石化工业园区内，占地面积 0.4 平方公里，2004 年 6 月 6 日注册成立，由广东省粤电集团有限公司、中海石油气电集团有限责任公司、广东电力发展股份有限公司共同出资兴建，投资比例为 35%、33%、32%。现有员工 218 人。惠州天然气发电公司规划装机容量 304 万千瓦，总投资逾 100 亿元人民币，是国内最大的 LNG 发电项目之一。项目分二期建设，分别各建设 3 台 39 万千瓦级的燃气—蒸汽联合循环机组，最终规模为 6 台 39 万千瓦级的燃气—蒸汽联合循环机组。一期工程 1 号机组于 2006 年 9 月 21 日投入商业运行，是广东省第一台投产的 9F 级燃机，一期 3 台机组于 2007 年 6 月 18 日全部投产发电。二期 3 台 460 兆瓦热电联产机组于 2019 年 1 月全部建成投产发电。电厂目前总装机容量达 255 万千瓦，是我国装机容量最大的天然气发电厂，也是广东能源集团旗下装机容量第二的发电企业。惠州天然气发电公司是一座环保、节能、调峰的新型发电厂。惠州天然气发电公司是国内首家在建设期就通过三标管理体系认证、全球首家在

----

〔1〕　参见 http://www.epjob88.com/vvip/cm1604273136172/，2022 年 12 月 1 日最后访问。

基建期就获得了 NOSA 安健环综合管理系统四星评级的电力企业，一期工程荣获国家优质工程银质奖，成为粤电集团第一个被评为国家优质工程的电源项目，并获粤电集团项目管理五星评级。投产后，推行精细化管理，不断夯实安全管理基础，努力提高企业效益和价值，连年获评 NOSA 安健环综合管理系统五星评级，2008 年即获粤电集团先进发电企业 AAA 评级，2009 年被评为全国电力优秀企业和全国电力企业 AAA 级信用企业。惠州天然气发电公司的建成投产，有力地缓解了广东电力供求矛盾，对优化广东省能源结构、改善珠三角地区生态环境、推动惠州乃至广东的经济跨越式科学发展起到了积极作用。[1]

　　企业内部的规章制度是大亚湾区本土社会规范的重要组成部分。惠州天然气发电公司重视企业内部规章制度的作用，制订了"广东惠州天然气发电有限公司企业标准 Q/HZP2030—2020 内部控制评价管理"，对企业内部的职责（董事会、内部控制评价领导小组、内部控制评价工作小组、纪检部、各部门）、管理活动的内容、方法与要求（管理流程、评价内容、评价准备、评价结果应用等）等进行了全面的规定。在员工招聘管理方面，惠州天然气发电公司也制订了《广东惠州天然气发电有限公司企业标准 Q/HZP2033—2020 员工招聘调配管理》，对员工招聘调配管理的职责、管理活动内容、方法与要求、报告与记录等进行了具体的规定。本章主要以惠州天然气发电公司的招聘调配管理制度文本为材料，介绍其内容，分析其施行，对通过内部规章制度的企业管理做初步探讨，以丰富对大亚湾区本土社会规范及其治理价值的认识。

二、公司员工招聘调配管理制度的内容

　　员工招聘为根据公司发展对人力资源配置的要求，按照既定的标准和程序，通过外部招聘和内部选聘，确定合适人员填补职位空缺的过程。员工招聘包括毕业生招聘、系统内招聘、社会招聘、内部竞聘等。员工调配为因工作需要，对员工在公司内部的工作岗位、职务、隶属关系进行调整、配置（含试用、见习、转正、试岗、晋升、轮岗、转换岗位任职等情况）以及员工

---

〔1〕　参见 http://www.epjob88.com/vvip/cm1604273136172/，2022 年 12 月 1 日最后访问；https://baike.baidu.com/item/%E5%B9%BF%E4%B8%9C%E6%83%A0%E5%B7%9E%E5%A4%A9%E7%84%B6%E6%B0%94%E5%8F%91%E7%94%B5%E6%9C%89%E9%99%90%E5%85%AC%E5%8F%B8/5955222？fr=aladdin，2023 年 1 月 11 日最后访问。

在集团管理单位间调入及调出、员工辞职、员工离职等情况。

根据国家《劳动法》《劳动合同法》等法律法规，按照 Q/HZP 2026《企业标准编写导则》的规定，在参考、引用"Q/HZP 2037　薪酬管理""Q/HZP 2043　中层人员管理"、《广东能源集团招聘调配管理办法》《广东惠州天然气发电有限公司重要、敏感岗位人员交流轮岗工作管理规定（试行）》等的基础上，惠州天然气发电公司起草并施行了《广东惠州天然气发电有限公司企业标准 Q/HZP2033—2020 员工招聘调配管理》（以下简称《员工招聘调配管理》），对惠州天然气发电公司员工招聘调配管理的职责、管理活动内容、方法与要求、报告与记录等进行了全面的规定，[1]并于 2020 年 8 月 28日发布，8 月 31 日实施。同时，惠州天然气发电公司还制订了"Q/HZP 2034《劳动合同管理》"等制度。

惠州天然气发电公司的《员工招聘调配管理》除了明确范围、规范性引用文件、术语和定义以外，主要规定员工招聘调配管理工作中涉及的职责、管理活动内容、方法与要求、报告与记录等事项，并有"附录 A（规范性）员工招聘调配管理流程图""附录 B（规范性）员工招聘调配管理表格样式"。

（一）员工招聘调配管理的总体原则

《员工招聘调配管理》明确公司岗位设置以及员工招聘调配计划应以董事会或上级主管部门批准的组织结构和岗位定员设置为基础，符合公司总体定员和中层职数控制要求，以岗位标准中"任职人员资格要求"为依据。

公司员工招聘调配遵循"坚持按定员控制的原则""坚持按人岗匹配的原则""坚持按计划招聘的原则""坚持公开招聘优先的原则""坚持亲属回避原则"的总体原则，以岗定人，按集团批复计划招聘，优先公开招聘，不予聘用与公司现有员工存在直系、三代以内旁系、近姻亲属关系的应聘人员。

中层管理人员的选拔、调配遵循《党政领导干部选拔任用工作条例》的基本原则，按照 Q/HZP 2043《中层人员管理》执行。

后备人才管理和关键岗位人员的招聘、调配遵循"公平竞岗、择优录取"的原则，营造"公正、公平、公开"的人才环境。

---

〔1〕 该文件新版代替"Q/HZP 211002—2019 员工招聘调配管理"，更改了员工招聘调配总体原则，更改了毕业生招聘程序，更改了部分条标题。该文件由广东惠州天然气发电有限公司标准化委员会提出，由生产经营部企管分部归口。起草部门为人力资源部。

根据内外部招聘任务的工作量及复杂程度，可聘请专业招聘机构提供专业咨询或服务。

（二）员工招聘调配管理的职责

依据《员工招聘调配管理》的规定，员工招聘调配管理涉及党委会、人事管理委员会、人事变动部门、人力资源部等。（1）党委会。党委会负责审议决定中层管理人员、技术技能职系岗位的招聘调配计划、方案、结果，以及按照"三重一大"决策管理办法及其他规定应提交党委会前置讨论的招聘调配事项。（2）人事管理委员会。人事管理委员会负责审核、审批招聘调配工作涉及的人事变动事项。（3）人事变动部门。人事变动部门参与制定本部门岗位相关的招聘、调配方案；负责审核本部门岗位招聘、调配涉及的人事变动事项。（4）人力资源部。人力资源部组织制定公司年度招聘调配计划、定员设置方案、组织机构调整等工作；审核公司年度招聘调配计划；审核公司各部门岗位招聘、调配涉及的人事变动事项；根据公司战略及经营管理发展需要，制定单位机构定员设置方案上报二级平台企业审批，组织公司组织机构和岗位定员调整工作，负责公司和各部门人员的总体调控和管理，合理规划和配置人力资源；负责制定公司年度人员招聘调配计划，上报二级平台企业审核汇总；负责制定人员招聘调配方案、做好人选聘用前考核考察工作，依法依规办理人员聘用手续，事后上报二级平台企业备案，抄送集团总部备查；负责毕业生招聘实施、人选考核及确定等工作，并负责向应聘毕业生和公司员工解释招聘政策；负责总结本单位年度人员招聘调配报告向二级平台企业备案，接受及配合集团公司、二级平台企业及中心抽查（检查）招聘调配实施情况；负责具体组织执行公司员工招聘、调配工作，对公司内部及外部招聘调配，员工试用、见习、转正、试岗、晋升、轮岗、转换岗位任职，以及员工调入、调出、辞职、离职等工作进行日常管理。

（三）员工招聘调配管理的管理活动内容、方法与要求

按照《员工招聘调配管理》，员工招聘调配管理的管理活动内容、方法与要求包括计划与实施、毕业生招聘、集团内招聘、社会招聘、商调管理、新员工试用见习试岗、内部调配、一般岗位公开招聘、员工调出和离职等。

1. 计划与实施

《员工招聘调配管理》规定每年1月5日前，人力资源部编制当年人力资源招聘调配计划（格式见附录B员工招聘调配管理表格样式表B.1），明确年

度人员招聘调配岗位条件（格式见附录 B 员工招聘调配管理表格样式表B.2），年度人员招聘调配岗位条件内容包括现有人力资源情况分析，人员补充理由和数量，拟安排的工作岗位及岗位职责，招聘调配方式及具体条件要求（含年龄、学历、专业、资历、能力等），报公司党委会前置讨论，经人事管理委员会审核通过后，形成公司"年度毕业生招聘计划及实施方案"。每年1月15日前，人力资源部将公司"年度毕业生招聘计划及实施方案"报本板块二级平台按流程审批。

人力资源部按照上级主管部门下发的人力资源招聘调配计划实施。每年12月15日前，人力资源部应对年度人员招聘调配情况进行总结，并编制年度总结报告，上传到二级平台。总结报告内容包括年终与年初人力资源情况对比、全年招聘调配人员数量与结构分析、招聘调配人员花名册等。

扩建、新增项目或业务等发生计划外的招聘调配，需专项请示集团公司审批同意后，方可开展人员招聘调配工作。

毕业生年度需求计划编制管理流程见附录 A 员工招聘调配管理流程图（图 A.1）。

2. 毕业生招聘

《员工招聘调配管理》规定了毕业生招聘的招聘原则、基本条件、招聘程序及要求等。

在招聘原则方面，在保证毕业生招聘质量的同时，合理拉开毕业生院校层次，热能动力、集控运行、电气工程类岗位可招聘优秀的电力大专院校毕业生。招聘人选宜不少于30%的"双一流"建设高校或电力本科院校、不超过30%的大专学历。

在基本条件方面，包括身心健康，专业对口，符合招聘岗位条件要求；学习成绩优良，品行端正；具有良好的沟通能力和团队合作精神，踏实肯干，认同广东能源集团和公司企业文化，愿意为公司服务；没有违法违纪及违反所在学校校规等不良记录；本科及以上学历者，须在毕业当年取得相应毕业证和学位证；大学专科及以下学历者，须在毕业当年取得相应毕业证；国内毕业生必须具有毕业就业协议书及派遣资格；国（境）外留学生必须取得大学本科及以上学历并完成教育部学历学位认证。

在招聘程序及要求方面，毕业生招聘工作宜每年集中进行一次，招聘工作按照"招聘方案制定、组织招聘、集体研究、人选公示、事后备案、替补人选、报到备案"的管理程序进行。

人力资源部根据上级公司的要求，按时完成对毕业生招聘公告的编制，通过集团公司指定的招聘网页、公司微信公众号、高校招生栏等渠道发布应届毕业生招聘信息，开展招聘宣传和毕业生报名接收工作。安排专人在集团公司指定的网申系统，同步筛选毕业生投递的应聘简历，按照 1∶20 的比例进行挑选。人力资源部组织通过简历筛选的毕业生参加集团公司统一组织的测评考核，考核内容应包括笔试、心理测评和面试等。人力资源部按照集团公司的统一安排，组织公司领导、用人部门和人力资源部对笔试及心理测评合格人选开展面试考核。人力资源部计算所有进入面试环节人员的笔试、面试、总成绩，进行排名。人力资源部在集团公司批复的计划内，综合比较应聘毕业生的测评考核成绩（包括笔试、面试等），确认核实应聘毕业生学历、成绩、家庭、体检等相关条件后，将招聘组织、选拔测评总体情况及成绩排名情况进行汇总，报公司党委会研究、确定毕业生拟聘人选。人力资源部将拟聘人选名单在公司 OA 公告栏进行公示，公示信息包括但不限于：拟聘人员姓名、性别、毕业院校、专业等内容，以及公司纪检部门监督电话和通信地址，公示期应为 5 个工作日。

人力资源部在招聘公示期结束后一个月内，与招聘公示无异议的毕业生签订就业协议，学校、单位签署意见及盖章，就业协议书应详细约定违约责任及违约赔偿等内容。人力资源部在毕业生招聘面试考核结束后 20 个工作日内，将拟聘用毕业生名单及相关材料（就业推荐表、成绩单复印件、家庭情况表等）报二级平台企业备案，抄送集团公司人力资源部备查。因毕业生违约需替补人选的，人力资源部应从参加考核测评的毕业生中按综合成绩由高到低依次补录人选，并于本招聘年度 4 月 20 日前按照相关规定完成招聘公示和备案工作。人力资源部进行新员工接收工作时，应查验报到证、毕业证（本科及以上学历人员应同时提供学位证）及指定资料；如招聘的新员工未在毕业当年取得毕业证，或提供的审核材料、家庭情况表、体检报告等材料有虚假信息，或入职报到后体检不合格，都视为不符合招聘条件，双方签订的就业协议书无效，应不予接收。

每年 7 月 15 日前，人力资源部将毕业生报到资料报二级平台进行备案审查。人力资源部将毕业生招聘资料整理汇总后，移交档案管理。毕业生招聘管理流程图见该文件附录 A 员工招聘调配管理流程图（图 A.2）。

3. 集团内招聘

《员工招聘调配管理》规定了集团内招聘的招聘原则、招聘基本条件、招聘调配程序等。

在招聘原则方面，主要为满足新（扩）建项目实际工作需要、改善员工队伍结构、补充急需紧缺专业人才等。

在招聘基本条件方面，主要为身心健康，无职业禁忌，遵纪守法，诚实守信，具有良好的职业素养；具有较扎实的专业知识基础和较强的实际工作能力；专业对口且在当前所在单位从事相同或相近岗位工作满 3 年及以上；聘用岗位所要求的其他条件。

在招聘调配程序方面，人力资源部根据经集团公司审批的年度人员招聘调配计划，结合实际工作需要，制定集团内部招聘调配方案。人力资源部采取面向广东能源集团管理单位公开招聘、推荐比选等方式物色人选，一般情况下应采取公开招聘的方式。采取公开招聘方式，人力资源部向广东能源集团管理单位公开发布招聘岗位、资格条件和招聘程序等信息，接受符合资格条件的人员报名，做好人员聘用前考核考察、职业健康检查等工作；特殊情况采用推荐比选，物色考察后，以不少于 1：3 的比例推荐比选对象（即 1 个紧缺岗位至少列入 3 个比选对象）报公司党（支）委会集体研究。

人力资源部根据人选测评考核或物色考察情况，经征求人选所在单位意见，并按有关规定经公司党（支）委会集体研究，确定拟聘人选。人力资源部将拟聘人选在公司 OA 公告栏进行公示，公示信息包括但不限于拟聘人员姓名、性别、毕业院校、专业、招聘岗位、原工作岗位等内容，公示期不得少于 5 个工作日。办理聘用。人力资源部根据人选公示情况，对公示无异议的，依法依规办理人员聘用手续。备案审查。在人选入职后 10 个工作日内，人力资源部上报二级平台企业备案，同时抄报集团公司人力资源部备查。人力资源部在接收集团内招聘的新员工时，应对拟录用人员进行身份资料的验证，一般包括个人身份证、与原单位解除劳动合同书、个人学历和学位证书以及其他各项指定资料。

4. 社会招聘

按照《员工招聘调配管理》，人力资源部面向社会招聘的人员，应是广东能源集团范围内无法招聘调配的关键岗位骨干人才，并应符合以下基本条件：遵守国家法律法规，品行良好，敬业爱岗，愿意为本企业服务；身体健康状况符合岗位工作要求；年龄原则上不超过 40 周岁，关键技术技能人才年龄不超过 45 周岁；一般应具备普通高等院校全日制大学本科及以上学历且专业对口，生产一线运维岗位放宽至全日制大专学历或具备中级职称或相应技能等级；具有 3 年以上同类岗位工作经历。符合招聘岗位所需要的专业条件要求。

人力资源部面向社会招聘时，应符合《广东能源集团招聘调配管理办法》规定的程序。社会招聘人员入职后，应在公司工作满 3 年，方可参加广东能源集团其他企业的招聘活动。

5. 商调管理

《员工招聘调配管理》规定人力资源部在办理员工集团内企业之间的商调时，应按照《广东能源集团招聘调配管理办法》规定的程序进行。

6. 新员工试用、见习、试岗

《员工招聘调配管理》对新员工试用、见习、试岗管理进行了具体的规范。

按照规定，人力资源部按照《劳动合同》的约定，安排新员工到岗位试用，试用期应不超过 6 个月；应届毕业生新员工试用期（见习期）应不低于 1 年，试用期从首次签订劳动合同之日起计算。新员工试用期满后，人力资源部在征求部门意见、调查新员工试用期表现、满足岗位要求后，应按照 Q/HZP 2037《薪酬管理》的规定，为新员工办理试用期结束后的定岗定级及薪酬变动手续。新员工见习期满前 1 个月，人力资源部向新员工所在部门发出转正定级考评通知，组织开展新员工见习期满考评工作，新员工所在部门负责人在"转正定级审批表"（格式见该文件附录 B 员工招聘调配管理表格样式表 B.3）中签署考评意见，并经人力资源部审核，总经理审批后，新员工结束见习期。

应届毕业生新员工，自见习期满后执行不少于 1 年的试岗期，员工试岗期满前 1 个月，人力资源部向用人部门发出试岗期满考评通知（考评方式采取专业技术知识和技能水平考试、考评表评价、个人业绩汇报评价等组合方式进行，具体按照当年通知方案执行）。根据试岗期满综合考评结果，报人事管理委员会审批后决定是否结束试岗期：首次试岗期满综合考评结果为"优秀""称职"的，结束试岗期，正式上岗；首次试岗期满综合考评结果为"基本称职"和"不称职"的，延迟上岗，以半年为周期，由本人和部门提出申请，进行再次考评。集团内招聘、商调及社会招聘新员工，从事专业对口的岗位工作时，试岗期应不少于 3 个月；从事非对口专业的岗位工作时，应按照跨专业转岗人员管理，试岗期应不少于 6 个月。

每年 12 月 25 日前，人力资源部将新员工试用、见习、试岗资料汇总整理，移交档案管理。新员工试用、见习、试岗的具体流程见该文件附录 A 员工招聘调配管理流程图（图 A.3）。

7. 内部调配

按照《员工招聘调配管理》，人力资源部根据年度招聘调配计划、各部门提交的职位空缺申请及人员配置需求，进行人力资源配置，报人事管理委员会审核，并按照 Q/HZP 2037《薪酬管理》的规定，办理人事/薪酬变动手续。

公司内部调配总体要求为涉及组织管理职系职位晋升或属关键经营、职能管理和生产岗位的，应通过公开招聘选拔程序产生任职人选；非涉及组织管理职系职位晋升，非关键经营、职能管理或关键生产岗位的，由用人部门向人力资源部提出调配需求申请，征求员工本人意见，通过岗位需求部门内部调配或跨部门调配的方式调配岗位空缺；涉及组织管理职系职位晋升时，人力资源部按照 Q/HZP 2043《中层人员管理》的规定执行；涉及重要敏感岗位人员调配时，执行《广东惠州天然气发电有限公司重要、敏感岗位人员交流轮岗工作管理规定（试行）》。

用人部门在提出人员补充计划书面申请时，应填写"填补职位空缺申请表"（格式见附录 B 员工招聘调配管理表格样式表 B.4），内容包括人员补充理由，选配方式建议及岗位人员招聘条件（含年龄、学历、专业、资历、能力等），并应符合拟招聘人员岗位标准中"任职人员资格要求"的规定。经人力资源部部长、分管申请部门的决策层领导、分管人力资源的决策层领导、总经理审批。人力资源部对拟调配人员进行任职资格的审核，并安排转岗前健康体检（接触职业健康危害的岗位）。

人力资源部下达员工转岗通知单（格式见该文件附录 B 员工招聘调配管理表格样式表 B.5），并按照 Q/HZP 2037《薪酬管理》的规定，办理薪酬变动手续，修改人事信息库。调配员工接到转岗通知单 3 日内，办理工作交接，到新调入岗位任职。每年 12 月 25 日前，人力资源部将员工调配资料整理汇总，移交档案。内部调配管理流程见该文件附录 A 员工招聘调配管理流程图（图 A.4）。

8. 一般岗位公开招聘

《员工招聘调配管理》要求对于确定通过公开招聘选拔方式产生任职人选的一般岗位空缺，由人力资源部根据工作标准规定的任职资格条件，会同用人部门拟订招聘选拔实施方案。实施方案内容包括但不限于招聘岗位、招聘数量、招聘范围、任职条件、岗位职责、招聘程序、组织机构及选拔测评方法。人力资源部将招聘选拔实施方案报人事管理委员会审定。岗位竞聘管理流程见该文件附录 A 员工招聘调配管理流程图（图 A.5）。

选拔测评方式根据职级、岗位特性要求，可采用笔试、专业技术面试、管理能力面试、情景模拟测试、公文框、部门测评评价、专家测评评价、民意测评等多种方式的组合，并符合下表的规定。

公司内部一般岗位选拔测评方法表

岗位类别	选拔测评方法	选拔时间/周期	备注
生产部门主管工程师、主控及以上级别职位（不含中层）；职能部门主管及以上级别职位（不含中层）。	专业技术能力笔试+专业技术能力面试（竞聘演讲）/技能实操+民意测评/部门评价	产生职位空缺时	报名参与竞聘人员需符合工作标准规定的任职条件、满足持证上岗基本要求
运行部副控、运管工程师、化学运行值班员、一级化验员及同职级；设备部工程师及同职级；职能部门专责。	专业技术能力笔试+部门评价	根据实际岗位设置及职位空缺情况确定	

人力资源部发布公开招聘选拔通知，组织成立竞聘选拔工作组，明确岗位、任职条件、工作职责、公开招聘选拔程序及报名要求。竞聘者向人力资源部递交竞聘申请表及相关资料，人力资源部/竞聘工作组对报名人选的任职资格、竞聘成功后相关岗位空缺等情况进行综合审查和评估，确定符合竞聘条件的人员名单。人力资源部/竞聘工作组按照实施方案组织选拔工作，得出测评结果。人力资源部/竞聘工作组结合测评结果和用人部门意见，提出任用建议。人力资源部对竞聘录用人选进行公示，公示 5 个工作日无异议后，确定竞聘人员名单。人力资源部按照 Q/HZP 2037《薪酬管理》的规定，办理员工人事/薪酬变动手续，经人事管理委员会审核后，由人力资源部发布"人事

变动通知"。

竞聘人接到"人事变动通知"后，于 3 个工作日内完成工作交接，到新岗位任职。每年 12 月 25 日前，人力资源部将竞聘选拔资料整理汇总，移交档案。

9. 员工调出和离职

《员工招聘调配管理》要求员工在股东方本部及下属单位间调动，按照股东方发布的书面通知文件执行。

员工拟离职时，应提前 30 日（试用期员工应提前 7 日）书面提出"辞职申请"，经所在部门负责人签字后，报送人力资源部。人力资源部按照 Q/HZP 2037《薪酬管理》的规定，经公司人事管理委员会审批通过后，下达"人事变动通知"和"员工离厂通知单"（格式见附录 B 员工招聘调配管理表格样式表 B.6），为员工办理离职（或调动）手续。员工离开企业前，应持"员工离厂通知单"办理以下手续：纪检监察部对需要进行离职内部审计的离职人员，按规定进行离职审计。审计合格者，应进行离职访谈；审计不合格者，应按追究责任或经济处罚。公司决策层领导和人力资源部负责人对不需要离职审计的拟离职人员进行离职访谈。离职员工到原岗位工作涉及的部门办理工作移交手续，并签字。离职员工结算财务借款、房租等费用。人力资源部负责办理离职职业健康检查。关键岗位离职人员应签订保密协议、竞业禁止协议。人力资源部核验相关规定事项的完成情况，并符合要求后，按照 Q/HZP 2034《劳动合同管理》的规定办理劳动合同解除手续。人力资源部于离职员工劳动合同解除手续办理完毕 5 个工作日内，完成人事信息更新和人事档案转出工作。

10. 报告与记录

《员工招聘调配管理》规定了下表的执行本制度形成的报告和记录。

报告与记录表

序号	编号	名称	填写人	保存地点	保存期限
1	Q/HZP2033 JL01—2020	公司×年度人员情况及招聘调配计划表	人力资源部	人力资源部	3 年

序号	编号	名称	填写人	保存地点	保存期限
2	Q/HZP2033 JL02-2020	公司×年度人员招聘调配岗位条件表	人力资源部	人力资源部	3年
3	Q/HZP2033 JL03-2020	转正定级审批表	人力资源部	人事档案	长期
4	Q/HZP2033 JL04-2020	填补职位空缺申请表	人力资源部	人力资源部	3年
5	Q/HZP2033 JL05-2020	员工转岗通知单	人力资源部	人力资源部	3年
6	Q/HZP2033 JL06-2020	员工离厂通知单	人力资源部	人力资源部	3年
7	Q/HZP2033 JL07-2020	员工入职通知单	人力资源部	人力资源部	3年

三、公司员工招聘调配管理制度的施行

惠州天然气发电公司定员精简，设有组织管理、专业技术、职业技能三个职系，为员工提供多通道职业发展路径。《员工招聘调配管理》施行后，惠州天然气发电公司严格遵循这一规章制度进行员工招聘调配管理，为企业的正常运行提供了人力保障，出色地完成了公司保供电的生产任务。

如在社会招聘方面，2020年11月2日，惠州天然气发电公司就发布了社会公开招聘公告。"社会公开招聘公告"指出"为满足公司发展建设需要，按照公开公平、竞争择优原则，我们诚邀有热情、肯奋斗的优秀电力生产专业人才加盟。"这一"社会公开招聘公告"具体载明了招聘人数（设备部机务检修岗位2名、设备部电气检修岗位3名等检修岗位9名）、招聘条件（基本条件、岗位职责及任职条件）、招聘程序（报名、考核测评、背景审核、人选确定、成绩公布）、用工管理等事项。如"考核测评"的内容为：

（二）考核测评

采取综合能力笔试、面试两种方式对应聘人员进行选拔考评。我公司将根据综合能力测试成绩择优选择应聘人员进入面试环节。最终成绩将根据综合能力笔试、面试两个考评环节得分按相应权重加总得出总成绩，总成绩＝综合能力笔试成绩×40%＋面试成绩×60%。

1. 综合能力笔试（权重：40%）

应聘人员统一试题，采取闭卷考试的方式开展测试，测试内容包括综合职业能力测试、电厂专业知识等。考试时间90分钟，满分100分，由第三方出具试题并负责监考、阅卷及统分。

2. 面试（权重：60%）

由面试小组对应聘人员进行半结构化面试，满分100分。面试小组由惠州天然气发电公司公司领导、人力资源部、相关部门负责人和外聘专家共同组成，对应聘人员的专业技术水平、逻辑思维能力、沟通表达与抗压能力、发展潜力、学习与创新意识等进行综合评估。[1]

这一《社会公开招聘公告》体现了公司进行"公正、公平、公开"的招聘态度，有助于应聘者具体了解招聘信息，使公司顺利完成招聘工作，实现企业的高质量发展。

在企业生产经营过程中，惠州天然气发电公司坚持"发展是第一要务，创新是第一动力，人才是第一资源"，立足"产研培一体"赋能企业高质量发展。惠州天然气发电公司党委书记、总经理丁建华表示，突破技术壁垒的关键在于人才。近年来，公司先后建设了广东省首家燃气轮机职业技能鉴定站、广东省首家电力行业燃机仿真培训基地，获评省级燃气轮机发电工程技术研究中心等，成为公司培养高精尖人才的良好平台。

丁建华介绍，惠州天然气发电公司非常重视领军人才的引领作用，成立了专业技术委员会，以首席工程师、资深工程师为引领，引导各专业技术人员向研究型、专家型方向发展，实地解决公司生产难题，着力攻克重大技术难关，例如创建了罗国平劳模创新工作室、黄纪新工匠创新工作室等，"不但助推了电厂安全生产发展，还加强了技能人才的培育和传承，助力电厂搭建起人才梯队"。丁建华介绍，近年来，公司多人次获评国务院政府特殊津贴专家、全国技术能手、省劳动模范和获得省五一劳动奖章等荣誉。

目前，公司已建立40人的内训师团队，打造出6名金牌讲师，编著出版业内知名培训教材，建立完善培训课程体系，并定期开展专业技能知识授课、实操教学训练，实施师带徒、师带师机制，将"潜力人才股"培养成技能岗

---

〔1〕 参见 http://www.epjob88.com/vvip/cm1604273136172/，2022年12月1日最后访问。

位骨干，培养出了多名行业专家。统计数据显示，公司内中级职称以上人数占比59%，技师及以上技能人才占比37%，公司员工也在广东省职工职业技能大赛等技术竞赛上"一鸣惊人"，两次获团体二等奖，2人获评广东省技术能手。

"'创行业标杆、建育才基地'是电厂的发展愿景。"丁建华称，借助企业的规模优势和研究、培训平台，公司多年来持续对外开展技能鉴定、仿真培训、生产技能实训和技能竞赛，在行业内获广泛认可，已先后为国内外30余家燃气发电企业开展生产培训，培养生产技术人才数千人，向集团公司及旗下多家企业输送一大批优秀人才，个个都成了各企业技术专家和中高级管理人才。

鉴于为行业技能人才培养作出的贡献，2020年惠州天然气发电公司顺利通过中国电力教育协会电力教育基金管理委员会评审，荣获"2020年电力行业技能人才培育突出贡献奖"；2022年5月，获评"大亚湾人才工作突出贡献企业"，是大亚湾区两家获此荣誉的企业之一。

目前惠州天然气发电公司总装机容量255万千瓦，年发电能力145.5亿度，年供热能力480万吨，从2007年投产至2022年8月底，公司累计供电约682.94亿千瓦时，实现连续安全生产5824天。惠州天然气发电公司已发展成为我国装机容量最大的燃机电厂，对区域用电和石化区绿色发展起到了"定海神针"般的能源保障作用，为社会提供绿色高效骨干电源支撑。[1]

《员工招聘调配管理》等内部规章制度保障了惠州天然气发电公司发展成为"产研培一体"的综合能源服务企业，为经济社会发展和满足人民对美好生活的向往做出了积极的贡献。

四、简短的结语

惠州天然气发电公司依法制订和施行的《员工招聘调配管理》调整了企业的员工招聘调配管理关系，明确了企业、企业内部各部门和员工的职责和权利义务，在企业的合规经营、内部管理中发挥了重要的作用。

《员工招聘调配管理》等合法合理、内容全面、具有可操作性的企业规章

---

[1] "惠州天然气发电有限公司持续向社会提供绿色高效骨干电源支撑，立足'产研培一体'赋能企业高质量发展"，载 http://www.dayawan.gov.cn/gzdt/zwyw/content/post_4775313.html，2022年12月9日最后访问。

制度使惠州天然气发电公司建立了良好的企业管理构架，为实现惠州天然气发电公司的"创行业标杆，建育才基地"愿景、关注企业发展与员工价值和谐统一、满足员工公平感和自身发展的需要、激励员工为企业的目标和使命努力工作方面奠定了坚实的规范基础，从而实现了公司的良性发展和良好治理。

第十一章

通过章程的社会工作服务机构管理
——以大亚湾区公民伙伴社会服务发展中心为对象

一、引言

社会工作服务机构是重要的社会组织，国家支持和发展社会工作服务机构。《中华人民共和国国民经济和社会发展第十四个五年规划和2035年远景目标纲要》提出，"支持和发展社会工作服务机构和志愿服务组织，壮大志愿者队伍，搭建更多志愿服务平台，健全志愿服务体系。"2021年4月28日中共中央、国务院发布的《关于加强基层治理体系和治理能力现代化建设的意见》提出，"创新社区与社会组织、社会工作者、社区志愿者、社会慈善资源的联动机制"。2020年12月中共中央印发的《法治社会建设实施纲要（2020-2025年）》提出，"加强居民公约、村规民约、行业规章、社会组织章程等社会规范建设，推动社会成员自我约束、自我管理、自我规范"。2022年10月16日习近平总书记在中国共产党第二十次全国代表大会上所作的报告《高举中国特色社会主义伟大旗帜　为全面建设社会主义现代化国家而团结奋斗》中指出："完善志愿服务制度和工作体系。""全心全意依靠工人阶级，健全以职工代表大会为基本形式的企事业单位民主管理制度，维护职工合法权益。"

社会工作服务机构认真制订章程，是根据法律法规要求的一项工作，在完善内部制度建设以全面开展社会工作服务、提升社会工作服务质量方面具有积极意义，也是加强和完善基层治理的重要方面。惠州大亚湾区公民伙伴社会服务发展中心通过制订和遵循章程开展社会公益服务，在推进社会治理方面做出了突出的成绩。

惠州大亚湾区公民伙伴社会服务发展中心（以下简称"中心"）是由大

亚湾区民政局扶持并成立的首批本土专业社工机构之一，于2014年12月3日成立的民办非企业单位法人，为惠州市公民伙伴社工服务中心的下属机构。中心获评为3A级社会组织服务机构，并于2017年10月获得ISO9001质量管理体系认证。中心为主要利用非国有资产、自愿举办，从事非营利性社会服务活动的社会组织。中心秉承"为民生公益倾心，做专业公民伙伴"的使命开展社工服务，以推进大亚湾区社会工作的发展为主要目标履行社工管理，培训、倡导等职责，组织架构层次分明，布局合理。根据发展需要，中心设立了党支部、理事会、监事会、运营部、项目部、服务部、行政部等。中心依托深圳优秀社工组织和专业社工督导资源业务范围涉及提供专业社工服务；开展社会工作课题研究、宣传、学术交流；开展社会公益服务，承接委托的公益社会组织孵化和培育职能，开展养老服务，承接政府部门、企事业单位等委托的各类社工服务项目（不含相关法律法规规定须前置许可审批的项目）。其中社会工作服务领域包括网格化管理、社区、禁毒、妇女儿童、青少年事务、老年人、残疾人等。

社会组织的章程为大亚湾区本土社会规范的一部分。章程是社会组织经特定的程序制定的关于组织规程和办事规则的规范性文件，是一种基本的规章制度；章程具有法定性、真实性、自治性和公开性的基本特征；章程对社会组织的成立及运行具有十分重要的意义。为实现"为民生公益倾心、做专业公民伙伴"机构使命，中心制订的章程经2019年5月1日理事会通过，共九章47条。

为具体了解社会工作服务机构的章程内容和遵循情况，我们于2022年7月18日到中心进行了实地调查。我们观看了中心的介绍视频，听取了惠州市公民伙伴社工服务中心总干事和惠州大亚湾区公民伙伴社会服务发展中心运营总监、项目督导等人的介绍并进行了交流，收集了章程等有关资料，对中心的情况和章程有了基本的了解。在此基础上，本书介绍中心章程的主要内容和遵循情况，对通过社会工作服务机构章程的治理做一初步的探讨。

二、章程的主要内容

根据1998年10月25日国务院颁布的《民办非企业单位登记管理暂行条例》和其他有关法律法规，参考民办非企业单位（法人）章程的示范文本，惠州大亚湾区公民伙伴社会服务发展中心制订了《章程》，作为中心内部治理和开展公益活动的基本规范。

大亚湾区公民伙伴社会服务发展中心《章程》共有九章47条，[1]九章分别为"总则""举办者、开办资金和业务范围""组织管理制度""法定代表人""资产管理、使用原则及劳动用工制度""章程的修改""党建工作""终止和终止后资产处理""附则"等，对公民伙伴社会服务发展中心的性质、宗旨、任务、机构、人员构成、内部关系、业务范围、资产等做出了明确规定。

（一）中心的性质和宗旨

《章程》规定大亚湾区公民伙伴社会服务发展中心的性质是主要利用非国有资产、自愿举办，从事非营利性社会服务活动的社会组织；宗旨是遵守宪法、法律、法规和国家政策，遵守社会道德风尚，以推进惠州大亚湾区社会工作的发展为主要目标履行社工管理，培训、倡导等职责，承接政府、民间团体、企业等服务项目的购买。业务主管单位为大亚湾区民政局。

（二）中心的举办者、开办资金和业务范围

大亚湾区公民伙伴社会服务发展中心的举办者为三位男性自然人，分别有中级社工师和初级社工师资格。开办资金为10万元，出资者为其中一位举办者。《章程》规定举办者享有下列权利：（1）了解本单位经营状况和财务状况；（2）推荐理（董）事（以下简称理事）和监事；（3）有权查阅理（董）事会（局）（以下简称理事会）会议记录和本单位财务会计报告。

《章程》规定了中心的四项业务范围：（1）为机构、社区、家庭或者个人提供专业的社工服务，开展社会互助及社会关爱活动；（2）开展社工及社会治理相关的课题研究及宣传交流，社会服务项目评估及督导服务；（3）开展扶危救困，助残扶弱及其他有利于社会公益事业发展的活动；（4）承接政府、民间团体及企事业单位等的服务购买。

（三）中心的组织管理制度

《章程》规定中心设理事会，其成员为3人；[2]理事会是本中心的决策机构。理事由举办者（包括出资者）、职工代表（由全体职工推举产生）及有关单位（业务主管单位）推选产生；理事每届任期4年，任期届满，连选可

---

〔1〕来源：《章程》（2020年5月27日发布），载 http://hzcp.org/ecp_view.asp? id=380，2022年12月3日最后访问。

〔2〕2017年4月至今有4位理事。参见惠州大亚湾区公民伙伴社会服务发展中心网站，"机构理事会"，载 hzcp.org/gsjj.asp? id=7，2022年12月6日最后访问。

以连任。

理事会行使下列事项的决定权：（1）修改章程；（2）业务活动计划；（3）年度财务预算、决算方案；（4）增加开办资金的方案；（5）本单位的分立、合并或终止；（6）聘任或者解聘本单位院长（或校长、所长、主任等）和其提名聘任或者解聘的本单位副院长（或副校长、副所长、副主任等）及财务负责人；[1]（7）罢免，增补理事；（8）内部机构的设置；（9）制定内部管理制度；（10）从业人员的工资报酬。

理事会每年召开2次会议（至少2次）。有下列情形之一，应当召开理事会会议：（1）理事长认为必要时；（2）1/3以上理事联名提议时。召开理事会会议，应于会议召开10日前将会议的时间、地点、内容等一并通知全体理事。理事因故不能出席，可以书面委托其他理事代为出席理事会，委托书必须载明授权范围。理事会会议应由1/2以上的理事出席方可举行。理事会会议实行1人1票制。理事会作出决议，必须经全体理事的过半数通过。下列重要事项的决议，须经全体理事的2/3以上通过方为有效：（1）章程的修改；（2）本单位的分立、合并或终止；理事会会议应当制作会议记录。形成决议的，应当当场制作会议纪要，并由出席会议的理事审阅、签名。理事会决议违反法律、法规或章程规定，致使本单位遭受损失的，参与决议的理事应当承担责任。但经证明在表决时反对并记载于会议记录的，该理事可免除责任。

《章程》规定理事会设理事长1名，副理事长1~2名。[2]理事长、副理事长由理事会以全体理事的过半数选举产生或罢免。副理事长协助理事长工作，理事长不能行使职权时，由理事长指定的副理事长代其行使职权。理事会记录由理事长指定的人员存档保管。理事长行使下列职权：（1）召集和主持理事会会议；（2）检查理事会决议的实施情况；（3）法律、法规和本单位章程规定的其他职权。

《章程》规定本单位院长（或校长、所长、主任等）对理事会负责，[3]并行使下列职权：（1）主持单位的日常工作，组织实施理事会的决议；（2）组织实施单位年度业务活动计划；（3）拟订单位内部机构设置的方案；（4）拟

---

[1] 中心聘请了干事长具体负责日常运行。

[2] 中心现没有副理事长。参见惠州大亚湾区公民伙伴社会服务发展中心网站，"机构理事会"，载 hzcp. org/gsjj. asp? id=7，2022年12月6日最后访问。

[3] 中心为干事长。

订内部管理制度；（5）提请聘任或解聘本单位副职和财务负责人；（6）聘任或解聘内设机构负责人；本单位院长（或校长、所长、主任等）列席理事会会议。

中心设立监事会，其成员为1人。监事任期与理事任期相同，任期届满，连选可以连任。监事在举办者（包括出资者），本单位从业人员或有关单位推荐的人员中产生或更换。[1] 监事会中的从业人员代表由单位从业人员民主选举产生。本单位理事、院长（或校长，所长、主任等）及财务负责人，不得兼任监事。监事会或监事行使下列职权：（1）检查本单位财务；（2）对本单位理事，院长（或校长、所长、主任等）违反法律、法规或章程的行为进行监督；（3）当本单位理事、院长（或校长、所长、主任等）的行为损害本单位的利益时，要对其予以纠正。监事列席理事会会议。监事会会议实行1人1票制。监事会决议须经全体监事过半通过，方为有效。

（四）法定代表人

《章程》规定了中心的法定代表人。法定代表人不存在下列情形之一：（1）无民事行为能力或者限制民事行为能力的；（2）正在被执行刑罚或者正在被执行刑事强制措施的；（3）正在被公安机关或者国家安全机关通缉的；（4）因犯罪被判处刑罚，执行期满未逾3年，或者因犯罪被判处剥夺政治权利，执行期满未逾5年的；（5）担任因违法被撤销登记的民办非企业单位的法定代表人，自该单位被撤销登记之日起未逾3年的；（6）非中国内地居民的；（7）法律、法规规定不得担任法定代表人的其他情形。

（五）资产管理、使用原则及劳动用工制度

《章程》规定中心的经费来源包括开办资金、政府资助、在业务范围内开展服务活动的收入、利息、捐赠和其他合法收入。经费必须用于章程规定的业务范围和事业的发展，盈余不得分红。

《章程》规定中心执行国家规定的会计制度，依法进行会计核算，建立健全内部会计监督制度，保证会计资料合法、真实、准确、完整。接受税务、会计主管部门依法实施的税务监督和会计监督。中心配备具有专业资格的会计人员。会计不得兼出纳。会计人员调动工作或离职时，必须与接管人员办清交接手续。中心换届或更换法定代表人之前必须进行财务审计。

---

〔1〕　有关单位主要指业务主管单位。

中心按照《民办非企业单位登记管理暂行条例》的规定，自觉接受登记管理机关组织的年度检查。

（六）党建工作

《章程》规定中心支持中国共产党的领导，执行党的路线、方针和政策，走中国特色社会组织发展之路。

中心按照党章规定，经上级党组织批准设立党组织。如暂不能单独建立党组织，支持通过联合建立党组织、选派党建工作联络员等方式，在本组织开展党的工作。党组织是党在中心中的战斗堡垒，发挥政治核心作用。基本职能是保证政治方向，团结凝聚群众，推动中心发展，建设先进文化，服务人才成长，加强党组织自身建设。

中心变更、撤并或注销，党组织应及时向上级党组织报告，并做好党员组织关系转移等相关工作；本社会组织换届选举时，应先征求上级党组织对主要负责人审核意见。

《章程》规定中心为党组织开展活动、做好工作提供必要的场地、人员和经费支持，将党建工作经费纳入管理费用列支，每年从总收入中提取一定比例的费用支持党组织开展活动（一般成立党委的不低于3%，成立党总支的不低于2%，成立党支部的不低于1%）。

中心支持领导班子与党组织领导班子交叉任职，优先推荐社会组织领导班子中的中共正式党员担任党的组织以及监事会领导。中心接受党组织的监督，并听取党组织对社会组织重要事项决策、重要业务活动、大额经费开支、接收大额捐赠、开展涉外活动等提出的意见。

（七）终止和终止后资产处理

《章程》规定中心有下列情形之一的，应当终止：（1）完成章程规定宗旨的；（2）无法按照章程规定的宗旨继续开展活动的；（3）发生分立、合并的；（4）自行解散的。

中心终止，应当在理事会表决通过后15日内，报业务主管单位审查同意。中心办理注销登记前，应当在登记管理机关、业务主管单位和有关机关的指导下成立清算组织，清理债权债务，处理剩余财产，完成清算工作。剩余财产，应当按照有关法律、法规的规定处理。清算期间，不进行清算以外的活动。中心应当自完成清算之日起15日内，向登记管理机关办理注销登记。中心自登记管理机关发出注销登记证明文件之日起，即为终止。

中心的《章程》还规定了章程的修改。现行的《章程》经 2019 年 5 月 1 日理事会表决通过，自登记管理机关核准之日起生效。当时的全体理事会成员（三位）签名和全体监事会（或监事）成员（一位）均签名，中心盖章发布。

三、章程的具体遵循

章程为大亚湾区公民伙伴社会服务发展中心运行的基本纲领和行动准则。遵循章程的规定，中心建立和完善各项内部制度，按照中心的使命和宗旨积极开展活动，成为大亚湾区有影响的社会公益组织，在基层治理中发挥了独特的作用。

1. 为广泛开展活动，中心根据章程建立了组织构架及职责分工、人才招聘管理制度、奖励制度、员工福利制度等规章制度，为中心的运行奠定基础。如在组织构架及职责分工方面，中心于 2014 年 12 月 3 日制订了作为"GMHB-XZ-01"的"组织构架及职责分工"，并于 2017 年 7 月 1 日进行了第一次修订，明确了组织中心的内部组织构架，对总干事、助理总干事、行政总监、培训总监、服务总监、项目总监、运营总监、中心主管、中心副主管、人事专员、行政专员、宣传专员、会计专员、出纳专员、一线社工等岗位的职责进行了具体的规定。[1]在人才招聘管理方面，中心制订了"GMHB-RS-01"的"人才招聘管理制度"，全面规范招聘管理、员工入职、员工试用期及转正、离职与解聘等。[2]在奖励方面，中心制订了"GMHB-RS-04"的"奖励制度"，规定了奖励标准和程序。[3]在员工福利方面，中心制订了"GMHB-RS-03"的"员工福利制度"，规定了员工保险、高温补贴、节日福利、季度生日会、体检、特别奖、季度团建、旅游福利、专业培训、年终奖等福利内容的限制性条件。[4]

按照这些制度，中心依规运行。如在培训方面，2020 年 7 月 17 日，为了

〔1〕 惠州大亚湾区公民伙伴社会服务发展中心网站，http://hzcp.org/ccp_view.asp? id = 367，2022 年 12 月 6 日最后访问。

〔2〕 惠州大亚湾区公民伙伴社会服务发展中心网站，http://hzcp.org/ccp_view.asp? id = 370，2022 年 12 月 9 日最后访问。

〔3〕 惠州大亚湾区公民伙伴社会服务发展中心网站，http://hzcp.org/ccp_view.asp? id = 369，2022 年 12 月 9 日最后访问。

〔4〕 惠州大亚湾区公民伙伴社会服务发展中心网站，http://hzcp.org/ccp_view.asp? id = 368，2022 年 12 月 9 日最后访问。

促进新加入的员工对中心的认识，深化专业服务理念，尽快融入中心大家庭。机构培训部在培训室开展了"2020年7月新员工入职培训"。首先由机构总干事钟英红从社会工作行业的大背景和政策出发，为大家介绍了机构的发展历史以及机构未来的展望。随后财务部出纳刘小燕带领新员工熟悉报销流程，机构人事罗鸿围绕机构介绍、机构的过去与未来、员工发展等方面进行介绍，宣传专员许玉瑶向大家讲解新闻稿的撰写以及活动宣传相关的内容。下午，由公益学院3位讲师带领大家学习"如何写好小组计划书""活动文书撰写""个案写作"等文书写作的内容。通过本次培训使得新员工对机构有更深的了解，增加了工作热情与期待。[1]在《民法典》颁布后，2020年10月23日，公益学院组织了《民法典》专题培训。主讲人对员工在开展社工服务、进行个案管理等提出了法律风险防范和应对举措，给出了律师建议，让大家获益匪浅。通过本次培训，刷新了学员们的法律认知，增强了法律意识、学习的自觉性并不断提高自身法律素质。[2]

2. 按照《章程》中有关党建工作的规范，中心进行相应活动。如2022年4月18日，中心开展党员"政治生日"主题党日活动，重温入党誓词，赠送"党员政治生日"贺卡。为强化党员身份意识、责任意识、宗旨意识，加强党员党性教育，进一步激发党员政治热情，充分发挥党员先锋模范作用。2022年4月18日上午，中共惠州市公民伙伴社工服务中心支部委员会在中心党建室开展党员"政治生日"主题党日活动，机构全体党员、预备党员等10余人参加了活动。首先，由钟英红同志代表党支部向过"政治生日"的党员同志送上支部精心准备的"政治生日"贺卡，同时勉励党员同志要发挥党员先锋模范作用，在今后的工作中不断创先争优，做好表率。接着过"政治生日"的2名党员重温一次入党誓词、分享心得感受，结合自身工作生活情况畅谈"政治生日"感言，汇报入党以来的思想、学习、工作等情况。最后，由党支部书记钟英红讲话，她要求，党员同志要"常思入党初衷、铭记入党誓词、牢记党员义务"，"政治生日"活动一方面是祝贺同志们的政治生日，另一方面也是提醒党员同志不要忘记党员身份，时刻保持党员形象和素质，

〔1〕 惠州大亚湾区公民伙伴社会服务发展中心网站，http://hzcp.org/bcp_view.asp? id = 406，2022年12月9日最后访问。

〔2〕 惠州大亚湾区公民伙伴社会服务发展中心网站，载 http://hzcp.org/bcp_view.asp? id = 408，2022年12月9日最后访问。

要以实际行动践行全心全意为人民服务的宗旨，切实发挥先锋模范作用。[1]

3. 遵循《章程》，中心秉承"为公益使命倾心、与民生福利同行、做专业公民伙伴"的使命，遵循利他主义价值和助人自助理念，运用社会工作专业手法，有效整合社会资源，为个人、家庭或特定群体的发展提供预防问题、排除困境、开发潜能等服务，做公民追求幸福和享有尊严的专业伙伴，促进社会管理创新。中心提供专业社工服务、开展社会公益服务、承接政府及相关单位委托事项等，产生了良好的社会影响，促进了社会治理创新。[2]

如中心的小径湾社区——小径湾滨海旅游社区"360"志愿服务项目回应了滨海旅游社区各人群及社区治理的需求，以党建引领为核心，在社区5个基础网格下，搭建1个志愿者服务站，打造1个"爱心银行"，探索1套志愿服务运作管理。推送旅游咨询、免费Wi-Fi、免费充电、茶歇、爱心雨伞6大类志愿便民服务，开展旅游资讯、助老敬弱、文体宣传、交通疏导、健康宣导、环保宣传6大类志愿服务项目。以"人人皆可公益"的理念，发掘居民潜能，激发社区活力，提供零距离的精准化、常态化志愿服务，打造人和小径湾社区。这一项目获得2021年大亚湾区社区社会组织资金资助。项目被学习强国、惠州日报、文明大亚湾、惠州头条等媒体报道24余次，并获得2022年惠州市"益苗计划"志愿服务项目大赛三等奖、大亚湾区社工优秀案例等荣誉。

又如中心承接的广东省市域网格治理标准化试点项目成效显著。2020年7月始，大亚湾区区委政法委深入（澳头、西区、霞涌）三个街道办开展市域社会治理及网格化调研工作，探索市域社会治理和网格化治理工作思路和方向，三个街道均与中心购买服务。中心结合大亚湾区三个网格试点情况向广东省市场监督管理局申报题为《广东省市域网格治理标准化试点项目》并成功入选2021年度省标准化试点项目。中心标准化建设项目通过三个网格试点，联动四大入格部门建设120多项市域网格治理标准，包括基础通用标准、服务提供标准和服务保障标准三部分，积极探索"网格化+信息化+标准化+智能化"治理模式，并将调解平台、志愿平台、社区社会组织培育等新型社

---

[1] 惠州大亚湾区公民伙伴社会服务发展中心网站，http://hzcp.org/gsjj.asp? id=35，2022年12月9日最后访问。

[2] 惠州大亚湾区公民伙伴社会服务发展中心网站，hzcp.org/gsjj.asp? id=4，2022年12月6日最后访问。

会治理服务模式嵌入网格治理工作中，基本形成"社区有网、网中有格、格中定人、人负其责"的"网格+"工作目标治理格局。目前，市域网格治理标准化项目建立的标准体系有100余项标准，主要包括：基础通用标准20余项，新冠疫情防控标准4项，网格信息采集管理标准8项，网格事项管理标准29项，网格专项服务管理标准14项，信息化保障标准6项，人力资源保障标准14项，财务管理保障标准3项，质量控制保障标准4项等。市域网格治理标准化项目通过标准建设与试行，明确各级网格员工作职责，细化网格事项管理，规范网格管理操作流程及运行机制，不断优化网格治理的服务质量，实现"人在网中走，事在格中办"，也形成了具有大亚湾特色的村（社区）发展模式。其中包括澳头街道南边灶村"1+4+N"网格化服务模式、西区街道老畲村"一中心一平台一空间N个自组织"乐融网格服务模式、霞涌街道小径湾社区"一核心一机制两平台"人和网格服务模式。截至2022年3月，三个试点网格在市域网格治理标准指引下实现了信息采集全覆盖，组织开展主题活动81场，累计排查3000多次，采集及处理网格事件657件，涉及安全隐患、矛盾纠纷、公共卫生、安全生产等事件，累计服务7.5万人次。试点积极探索创新治理模式，通过建设网格专项服务标准包括志愿服务、调解委员会、社区自治组织管理标准等，组建社区自组织、志愿服务队伍共18支，通过调解委员会平台化解居民矛盾逾60件，纾民困、解民忧、暖民心，初步实现"小事不出（村）社区，大事不出街道"的治理格局。网格试点工作通过多渠道方式宣传，派发1805份致居民一封信、楼栋粘贴838份楼栋公示栏、派发6000多份宣传单、线上建立试点网格交流群、楼栋长交流群、房东交流群、自组织交流群、疫情管控群多个网格交流群，涉及20 864人。创建"网格汇"公众号，发布42篇原创文章，被500多人关注。在大亚湾政法公众号发布21篇网格简报，阅览达5540人次，澎湃新闻5篇，南方+3篇，惠州市媒体报道15篇，共计23篇媒体报道，具有一定社会影响力。同时，广东省市域网格标准化项目启动仪式得到惠州新闻、惠州头条、澎湃新闻、深圳特区报、读特新闻等多家媒体60余篇的报道，宣传辐射人数达12万人。[1]

以"初心、专心、恒心"为特色，中心立足社会工作，提供优质服务。

---

〔1〕 参见 hzcp. org/xcp_ view. asp? id=552，2022年12月6日最后访问。

自 2014 年 12 月成立以来，中心获得了省、市及区各级荣誉逾 20 多项，如"幸福港湾"长者居家环境安全评估及改造项目荣获 2016 年惠州市"十大青年创新公益项目"评选暨"益苗计划"市级赛优秀奖和优秀志愿者队伍、"古韵美·乐传承"老手艺荣获 2018 年惠州市共建共治共享社会治理创新十大项目三等奖，"醉行天下，爱在大涌——美好城乡服务"项目 2018 年在大亚湾区首届基层妇联区域化改革执委能力提升公益项目创投大赛中获得三等奖，"爱心护学，支援护航"东升村爱心护学志愿服务项目荣获 2019 年共青团广东省委员会 2019 年益苗计划新时代文明实践专项赛优秀项目称号，2020 年荣获惠州市民政局、惠州市社协"社工+志愿者"微公益项目评选活动三等奖称号，2021 年获得大亚湾区社会组织扶持项目。经过努力，2017 年，中心荣获社工服务质量管理体系认证证书和 3A 社会组织等级。2019 年，荣获大亚湾区民政局先进社会组织称号。中心在为社工服务的本土化发展方面做出了积极贡献，正朝着"打造业界典范，缔造伙伴家园"的愿景迈进。

四、简短的结语

作为大亚湾区有一定影响的社会工作服务机构，大亚湾区公民伙伴社会服务发展中心基于机构自身和服务对象的公民主体和伙伴角色，制订和遵循《章程》，不断完善内部管理制度，遵循利他主义价值和助人自助理念，运用社会工作专业理念的技能，有效整合社会资源，为个人、家庭或特定群体的发展提供预防问题、排除困境、开发潜能等服务，在搭建多元社区参与平台、打造共享空间来促进居民参与，实现人人参与的良性发展的"生活共同体"、构建有温度、互助、增能的邻里和楼栋支持网络、探索乡村居家养老服务模式促进了邻里互助、实行以块为主、条块结合的基层社会治理全科网格格局等方面为基层治理提供了专业社工组织的贡献，有力地促进了社会管理创新。

第十二章

通过内部规范的志愿者管理

—— 以大亚湾区为对象

一、引言

志愿者为利用自己的时间、知识、技能、体力等，自愿、无偿为社会或他人提供志愿服务的自然人。国家支持和发展志愿者的志愿服务。2022 年 10 月 16 日习近平总书记在中国共产党第二十次全国代表大会上所作的报告《高举中国特色社会主义伟大旗帜　为全面建设社会主义现代化国家而团结奋斗》中指出："完善志愿服务制度和工作体系。"《中华人民共和国国民经济和社会发展第十四个五年规划和 2035 年远景目标纲要》提出："支持和发展社会工作服务机构和志愿服务组织，壮大志愿者队伍，搭建更多志愿服务平台，健全志愿服务体系。"2021 年 4 月 28 日中共中央、国务院发布的《关于加强基层治理体系和治理能力现代化建设的意见》提出，"创新社区与社会组织、社会工作者、社区志愿者、社会慈善资源的联动机制"，"完善基层志愿服务制度，大力开展邻里互助服务和互动交流活动，更好满足群众需求"。

志愿服务活动主要为关爱他人、关爱社会、关爱自然为主要内容的"三关爱"，即关爱他人，重在开展关爱空巢老人、留守儿童、残疾人等社会弱势群体的志愿服务活动，让他们充分感受到社会的温暖，能够享受到他们所期盼的幸福生活；关爱社会主要是宣传普及文明礼仪知识、维护公共秩序、引领文明交通、建设基层文明，推动形成文明的社会风尚、良好的社会秩序以及优质的网格化服务；关爱自然，主要是创造优美环境，培育崇尚自然、善待环境的理念，开展生态环境保护、清洁环境卫生志愿服务，营造干净整洁的生态环境。为招募志愿者、组织志愿服务队伍、提供志愿服务，需要建立和健全包括志愿者管理规范在内的志愿服务规范和制度。大亚湾区为引导广大干部群众自觉践行雷锋精神，不断提高公民思想道德素质和社区文明程度，提升网格化管理服务质量，依据关爱他人、关爱社会、关爱自然为主要内容的"三关爱"志愿服务活动，制订了志愿服务分类及志愿者服务要求规范等志愿者管理规范，将之作为网格治理标准的一部分。志愿者管理规范对组织志愿者开展志愿服务、提升志愿服务质量、推进社会公益服务从而加强和完善基层治理具有积极作用。

大亚湾区的志愿者管理规范包括志愿者服务要求、志愿者招募工作规程、志愿者培训工作规范、志愿者会议工作规程、志愿者服务提供规范、志愿者团队建设工作规程、志愿者考核激励工作规程等。大亚湾区依据《志愿服务条例》和《广东省志愿服务条例》，按照 GB/T 1.1-2020《标准化工作导则 第 1 部分：标准化文件的结构和起草规则》于 2021 年制订了这些志愿者管理规范，作为大亚湾区网格治理标准 Q/DYWWG 203.2.1-2021 至 Q/DYWWG 203.2.7-2021，由中共惠州市大亚湾区区委政法委提出并归口，由惠州大亚湾区公民伙伴社会服务发展中心组织制订和发布。具体的起草单位包括惠州市大亚湾区公民伙伴社会服务发展中心、西区街道办、霞涌街道办、澳头街道办、老畲村、小径湾社区、南边灶村、广州治明科学技术研究院有限公司等，主要起草人包括杨科、张平、钟英红、巫岚、徐伟清、蔡玉琳、林礼圣、张晗、陈思言、唐小露、林雅敏、李绮琪、宋丹丹等。

志愿者管理规范为大亚湾区本土社会规范的一部分。本章主要根据大亚湾区公民伙伴社会服务发展中心提供的有关文本，对志愿者管理规范的内容和志愿者管理规范的施行进行初步总结，为进一步全面了解志愿者管理规范、分析志愿者管理规范的功能奠定基础。

二、志愿者管理规范的内容

作为网格治理标准的志愿者管理规范包括志愿者服务要求、志愿者招募工作规程、志愿者培训工作规范、志愿者会议工作规程、志愿者服务提供规范、志愿者团队建设工作规程、志愿者考核激励工作规程等方面，全面规范志愿者的志愿服务提供和志愿者管理。

（一）志愿者服务要求

在参考、引用 GB/T 40143-2021《志愿服务组织基本规范》、MZ/T 148-2020《志愿服务基本术语》、DB3205/T 1001-2020《志愿者 志愿服务分类和积分管理指南》、DB33/T 2308-2021《文化志愿者管理与服务规范》等基础上，大亚湾区制订了大亚湾区网格治理标准 Q/DYWWG 203.2.1-2021《志愿服务分类及志愿者服务要求规范》。

志愿者服务要求包括基本要求、服务形象和服务纪律等三方面：（1）在基本要求方面，志愿者应自觉遵守宪法、法律及各种规章制度，自觉维护志愿者服务队的形象；志愿者应热心社会公益事业，具有志愿服务精神；熟悉有关志愿服务的法律、法规和政策；具备良好的组织、沟通、协调能力；具备参加志愿服务所需要的能力和素质；在志愿服务过程中应尊重服务对象，乐于奉献，帮助服务对象。（2）在服务形象方面，志愿者服务时应仪表端庄、穿戴整洁、佩戴标识、待人真诚。（3）在服务纪律方面，志愿者应服从志愿服务活动组织者的指导和安排，履行志愿服务承诺，加强团队合作；遵守约定的服务时间，不允许无故迟到、早退；不允许索取任何形式的报酬；不允许泄露志愿服务活动获悉的依法应当保密的信息。

（二）志愿者招募工作规程

在参考、引用 GB/T 40143-2021《志愿服务组织基本规范》、MZ/T 148-2020《志愿服务基本术语》、DB15/T 1788-2020《社区志愿服务规范》等基础上，大亚湾区制订了大亚湾区网格治理标准 Q/DYWWG 203.2.2-2021《志愿者招募工作规程》，作为志愿者动员、遴选等活动的依据。

志愿者招募为征召具备相应条件的志愿者而开展的动员、遴选等活动，为志愿服务的前提。志愿者招募后需要进行志愿者注册，即志愿者将个人真实、准确、完整的基本信息，通过国务院民政部门指定的志愿服务信息系统或志愿服务组织进行注册登记的过程。《志愿者招募工作规程》规定了招募原则、招募计划、招募流程等事项。（1）招募原则包括合法、自愿、平等、诚信等原则。合法原则，即志愿者的招募活动应在法定范围内依法进行；自愿原则，即应当尊重志愿者加入和退出的自由，不得强制要求志愿者参加志愿服务活动，志愿者不得违背服务对象意愿单方面提供志愿服务；平等原则，即招募方与志愿者之间法律地位平等，志愿者与志愿服务对象之间法律地位平等，志愿服务关系各方主体具有独立的主体地位，平等地参与志愿服务；

诚信原则，即志愿者应当坚持诚信原则，按照自我承诺或彼此约定履行义务、兑现诺言，志愿者不应擅自更改服务内容、降低服务质量或终止服务活动。

（2）招募计划。具体包括制定具体的招募计划，内容应包括但不限于：招募志愿者参与志愿服务的目的和意义；招募志愿者的方式；负责招募人员的工作职责；志愿服务岗位的招募数量、条件；志愿服务岗位的培训时间及内容；各阶段工作方案及时间推进计划；保障需求及经费预算；风险与安全因素。

（3）招募流程主要为四方面：一为发布信息。发布的信息内容包括但不限于以下：志愿服务的目的和意义；开展志愿服务的时间及地点；招募志愿者的方式；招募志愿者的数量和条件；招募的开始时间与结束时间；开展志愿服务前的培训时间及地点；志愿者的权利和义务；报名的渠道与方式。二为招募渠道。可采取以下方式发布招募信息内容，接受志愿者的报名：微信群、微信公众号；网站；社交媒体；短信；移动客户端；社区公告栏张贴志愿者招募海报；其他。三为志愿者报名。报名者应完整填写附录 A1 志愿者报名信息简表。填写时字迹应清晰，易辨识，对于书写有困难的报名者应提供相应的服务。报名者应提供有效的身份证件，核对身份证件信息与报名表一致。报名者应提供有效的专业证书，核对专业证书信息与报名表一致。报名者应提供近期的照片，需要佩戴工作铭牌的志愿服务岗位应提供两张照片。照片尺寸为一寸照片，规格为 2.5 厘米×3.5 厘米，彩色，可使用白底或蓝底照片。四为选拔录用。被选拔录用的志愿者宜在志愿服务平台注册登记。应根据所招募活动特点对志愿者进行选拔，选拔时可参考包括但不限于以下条件：优先考虑与所招募活动有相关服务经验的志愿者；考核志愿者基本道德素养；评估志愿者的经验、基本技能与预期任务的匹配性；审核已具有相应服务专业技能的志愿者的专业和社会背景。选拔可采取面试、笔试、情景测试等方式。对满足录用要求的志愿者，可根据情况与其签订书面协议，协议内容包括但不限于：志愿服务时间；志愿服务地点；志愿服务的内容；当事人的权利、义务；风险保障措施；协议的变更和解除；法律责任及争议解决方式。

表 A1　志愿者报名信息简表

姓名		性别		
文化程度		年龄		照片
毕业院校		联络方式		
通讯地址				
工作单位		身份证号		
资格证书		证书编号		
专业能力				
可参与志愿服务时间		星期一	星期二	星期三	星期四	星期五	星期六	星期日
	上午							
	下午							
服务经历				
登记人员：			登记日期：	

（三）志愿者培训工作规范

在参考、引用 MZ/T 148-2020《志愿服务基本术语》、DB33/T 2308-2021《文化志愿者管理与服务规范》、DB15/T 1788-2020《社区志愿服务规范》等基础上，大亚湾区制订了大亚湾区网格治理标准 Q/DYWWG 203.2.3-2021《志愿者培训工作规范》，规定了志愿者培训工作的培训原则、培训方式、培训内容、培训记录和培训评价与改进等事项。

志愿者培训为以提高志愿服务水平为目的，向志愿者传授参与志愿服务所需理念、知识和技能等的活动。志愿者培训一般分为志愿者通用培训、专业培训、岗位培训。志愿者通用培训为针对志愿者开展的志愿服务理念、权利与义务等基础知识培训。志愿者专业培训为针对志愿者开展的职业技能、技术规范等专业知识和技能培训。志愿者岗位培训为针对志愿者开展的工作任务、业务流程、服务规范等岗位职责培训。

《志愿者培训工作规范》规定了志愿者培训的原则、方式、内容记录和评价等。（1）在培训原则方面，规定了五个方面：一为系统性。志愿者培训是一个全员性的、全方位的、贯穿志愿者志愿服务始终的一个系统工程。二为制度化。建立和完善培训管理制度，把培训工作例行化、制度化，保证培训工作的真正落实。三为主动性。强调志愿者的参与和互动，发挥志愿者的主动性。四为多样化。开展志愿者培训工作应充分考虑培训对象的层次、类型，考虑培训内容和形式的多样性。五为效益性。志愿者培训是人、财、物投入的过程，是志愿者价值增值的过程，培训应有产出和回报，应有助于提升志愿服务水平。（2）在培训方式方面，志愿者培训方式包括但不限于知识讲座、现场示范、远程培训、参观学习。（3）在培训内容方面，一为基础通用知识培训。具体包括与志愿者相关的法律、法规、政策和标准；志愿者精神：奉献、友爱、互助和进步；志愿服务五要素：自愿性、非报酬性、公益性、组织性和付出劳动与时间；志愿者服务礼仪知识；志愿服务单位的愿景、价值观、团队结构与现状；志愿者的权利，内容应包括但不限于参加志愿服务活动、请求志愿者组织帮助解决在志愿服务中遇到的困难和问题、同等条件下有获得志愿者组织帮助和服务的优先权、要求获得从事志愿服务工作所需的条件和必要保障、要求志愿者组织出具志愿服务证明、对志愿者组织的工作提出批评、建议和进行监督；志愿者的义务，内容应包括但不限于履行志愿服务承诺、遵守志愿者组织的章程和其他制度、维护志愿者组织的声誉和形象、不得损害服务对象的合法权益、不得以志愿者身份从事违背社会公德的行为。二为岗位工作知识培训。具体包括志愿者的行为准则及注意事项；志愿服务项目或活动的基本情况，如举办地区情况、服务组织和分工情况、举办场所等；志愿者的工作职责要求；志愿服务激励机制和考核工作要求；志愿者工作汇报程序及投诉建议渠道等。三为志愿者专业知识培训。具体包括入户探访技巧培训；应急救援知识培训；居家消防安全培训；建立关系技巧与沟通聆听技巧培训；弱势群体帮扶政策培训，培训内容包括但不限于医疗保险申领方式、残疾证申领方式、医疗救助申请方式；团队管理能力培训，培训内容包括但不限于培养骨干领导能力、团队沟通能力、活动组织策划能力。（4）在培训记录方面，应完整记录志愿者的培训情况，包括培训的内容、组织者、参训人数、时间、地点、学时等。应于培训结束后 7 日内将培训信息录入电脑存档。（5）在培训评价与改进方面，宜开展培训效果评价，包括培训项目的设计和设施效果、培训方法的多样性和有效性、培训对象和服务对象满意度等。收集并及时回应和反馈与培训有关的改进建议，并采取有效的改进或预防措施，持续改进服务质量。

（四）志愿者会议工作规程

为高效、规范的举行会议，大亚湾区制订了大亚湾区网格治理标准 Q/DYWWG 203.2.4-2021《志愿者会议工作规程》，规定了志愿者会议的会前准备、会议进行及会后整理的内容，以规范志愿者举办会议。

《志愿者会议工作规程》规定了会前准备、会议进行、会后整理等事项。（1）在会前准备方面，包括选定主持人及辅助工作人员；会议用品的准备，包括但不限于以下方面：制作摆放座位牌；摆放纸、笔、水等；根据会议主题悬挂条幅、设置背景等；根据会议主题制作签到表；根据与会人员准备特殊物品，比如残疾人辅助用品等；会议场所设备设施调试，包括但不限于以下方面：检查会议场所桌椅布置、座位格局设置；调试麦克风、灯光、音响、投影、空调等；检查安全、消防设施及疏散通道可以正常使用。（2）在会议进行方面，要求由主持人引导会议进程，包括但不限于以下内容：会议开始时的致辞；参会人员、单位介绍；发言顺序；休息时间的提示；会议结束时的引导。由会议工作人员负责对会议过程进行协助，包括但不限于以下方面：引导参会人员落座；协助与会人员传递文件、话筒等；其他参会人员个别需求。会议记录人员负责对会议内容进行速记。（3）在会后整理方面，要求会议结束后引导参会人员有序离开会议场地；还原会议场所；会议记录人员整理会议记录并封存。

（五）志愿者服务提供规范

在参考、引用 MZ/T 148-2020《志愿服务基本术语》、DB15/T 1788-2020《社区志愿服务规范》等的基础上，大亚湾区制订了大亚湾区网格治理标准 Q/DYWWG 203.2.5-2021《志愿者服务提供规范》。这是志愿者管理的关键性规范。

志愿者服务提供规范涉及志愿者服务提供的服务原则、服务准备、服务要求、服务总结与评价等。（1）在服务原则方面，包括五方面原则：一为自愿原则：志愿者参加志愿服务应享有加入和退出的自由，不得强制要求志愿者参加志愿服务活动，同时，志愿者不得违背当事人意愿单方面提供志愿服务。二为无偿原则：志愿者不应以盈利为目的提供志愿服务活动，志愿者在志愿服务活动中不应期待获得劳动报酬。三为平等原则；志愿者与志愿服务对象之间法律地位平等，志愿服务关系各方主体应具有独立的主体地位，平等地参与志愿服务。四为诚信原则：志愿者在提供志愿服务时应坚守诚信原则，按照自我允诺或彼此约定履行义务、兑现诺言，志愿者不应擅自更改服务内容、降低服务质量或终止服务活动。五为保密原则：志愿者在服务过程中获取的全部信息予以保密。（2）在服务准备方面，应做好志愿服务使用单位和志愿者间的协调工作，确保双方就服务内容、权利义务和法律责任等协商一致，保证各项服务工作安全、顺利、有序进行。应关注志愿者在服务过程中的人身安全，志愿者应获得与志愿服务相关的保险。对涉及交通及食宿需求的，宜提前做好协调安排工作。（3）在服务要求方面，就基本要求、服务形象、礼仪进行了规范。在基本要求方面，提供志愿服务活动应从实际出发、量力而行；提供志愿服务活动应坚持群众路线，注重实效；宜搭建群众便于参与的平台，采取群众乐于参与的形式提供人性化、个性化的服务。在服务形象方面，一为仪容：志愿者的头发应保持干净整洁，颜色符合岗位要求；发型得体大方，长短适当，束起过肩长发；男志愿者胡子应刮干净，保持面容的干净清爽；女志愿者不宜化浓妆，指甲保持干净、整齐，应展现良好的精神风貌。二为着装：志愿者应按志愿者活动要求统一着装，佩戴或放置志愿服务证、卡，不得随意增加或减少配饰。着装干净、平整、完好、无异味。志愿者活动无着装要求应穿着文明大方，忌穿过露、过透、过短、过紧的服装。佩戴志愿者帽子时，帽檐保持端正，不得歪戴、斜戴、反戴帽子，压低帽檐等。在礼仪方面，应保持端正的站姿、坐姿，行为礼仪规范，举止应文明礼貌；面对服务对象应微笑以待，面部表情真诚、亲切、善意、充满爱心；使用服务对象易懂的语言，语气语调应符合服务对象接受服务的特点；与人沟通交流时平视对方，眼神友好，神态专注，以示尊敬和礼貌，保持目光接触，不得左顾右盼；对老、幼、残、孕等人员提供帮助或特殊服务。在服务安全方面，服务提供过程应注意保护自身和他人的人身、财产安全。对不文明行为应进行提醒、教育、纠正。发生以下情形时应及时制止：具有危险性的或恶意的相关行为活动；因生理、心理状况异常不适合进行相关活动的。（4）在服务总结与评价方面，志愿服务活动结束后，志愿者应及时到志愿者工作站登记服务信息。志愿者工作站根据志愿者服务活动开展情况填写

《志愿活动记录表》（详见附录 A），并进行总结。宜在志愿服务活动结束后通过发放《志愿者工作站满意度调查表》（详见附录 B），对社区志愿者服务情况进行满意度调查，不断改进服务质量。

附录 A　志愿活动记录表

序　号	日　期	姓　名	提供服务内容	服务对象	服务地址	电　话	备　注

附录 B　志愿者工作站满意度调查表

调查时间：　　年　　月　　日

项　　目	满意	比较满意	一般	不满意
志愿服务活动组织开展情况				
志愿服务项目实施效果				
志愿者服务质量				
志愿服务内容贴近需求				
工作人员服务态度				
对志愿者组织或个人的服务工作的意见或建议				

注：请在认为合适的方格内画"√"，意见和建议如有需要可另附页。

（六）志愿者团队建设工作规程

在参考、引用 MZ/T 148-2020《志愿服务基本术语》等基础上，大亚湾区制订了大亚湾区网格治理标准 Q/DYWWG 203.2.6-2021《志愿者团队建设工作规程》。

《志愿者团队建设工作规程》就志愿者团队建设总则、团队建设方法、团队建设形式的内容等进行了规范。（1）在团队建设总则方面，主要为健全志愿服务制度，壮大志愿者队伍；完善志愿服务体系，推动志愿服务活动经常化制度化；营造全社区、全社会逐步养成持续参与志愿服务的风气，培育"我为人人、人人为我"的社会风尚，为公益事业发展提供源源不断的人力资源支持。（2）在团队建设方法方面，包括五方面内容：一为团队领导者评估自身领导方式。每个人都有独特和可接受的方式，作为团队的领导者，应了解自己的领导风格和技巧；换位思考团队成员所能接受的方式，必要时应调整方法，从而提升自身在团队中的领导能力。二为了解团队成员。了解团队中每一个人的想法以及懂得在任何时候正确发挥他们的能力；为团队成员挖掘未开发的潜力、技能，增加团队成员对团队的信任、归属感。三为明确定义角色和责任。应深入了解团队成员的相关专业、技能，从而有效、清晰地定义团队成员的角色和职责。应让每个团队成员的职责相互关联并相互依赖，引导他们了解"一根筷子易折断，十双筷子抱成团"的协作精神。四为主动反馈。应培养志愿者的主动反馈意识，及时解决志愿者管理、志愿者服务过程中出现的问题。反馈应是主动和持续的，应是双向沟通的，不得将问题变得复杂后再进行处理。五为重视每一个人。应创造一个温暖、友爱、共同成长的环境。应重视、尊重每一位团队成员，每一个人都应平等地获得机会。六为承认和奖励。团队成员能力各有高低，宜给予团队成员应得的正当赞誉，激励志愿者，在认可和尊重中保持真诚；在团队成员的努力得到认可的情况下，更能发挥其工作的积极性，提升团队的凝聚力。（3）在团队建设形式方面，包括三方面内容：一为传统拓展训练。将团队成员带到拓展基地做各种项目，一般采用较为经典的项目，形式和流程较为规范。二为主题定制团建活动。根据团队建设需求，进行团建的定制，可融入多种元素，针对性强，可创设与众不同的活动。三为休闲活动。休闲活动是常见的一种形式，其包括但不限于聚餐、唱歌、攀岩、漂流、爬山、徒步。此种形式适宜团队成员一起玩，营造欢快愉悦的氛围。

（七）志愿者考核激励工作规程

在参考、引用 MZ/T 148-2020《志愿服务基本术语》、DB31/T 1203-2019《旅游志愿者服务规范》等基础上，大亚湾区制订了大亚湾区网格治理标准 Q/DYWWG 203.2.7-2021《志愿者考核激励工作规程》。

《志愿者考核激励工作规程》规范了志愿者的考核内容、考核评分、考核评价方式、考核结果运用等。（1）在考核内容方面，考核内容包括志愿者综合素质、工作能力、服务态度、服务行为、服务效果。具体内容详见附录 A 志愿者考核评分表。（2）在考核评分方面，考核评分按附录 A 计算总得分。考核等次分为优秀、良好、合格和不合格 4 个等级，具体评定标准如下：90 分及以上为优秀，80~89 分为良好，60~79 分为合格，60 以下为不合格。志愿者有以下情形之一，采用一票否决制并确定为不合格：不遵守相关管理规定，被管理人员点名批评 3 次（含 3 次）；未履行请假审批程序，且擅自脱岗、离岗 1 小时以上（含 1 小时）；因不服从管理，造成重大事故及人员伤亡事件的；因违反治安管理相关法律规定并造成恶劣影响及后果的；志愿者不能胜任工作，被管理者要求调岗 3 次以上的。（3）在考核评价方式方面，志愿者的考核可采取定期考核和日常考核相结合的方式。定期考核宜每半年一次，分别为每年的 12 月和次年的 6 月进行。评价考核可综合采用管理者评价、同事评价、自我评价、服务对象评价相结合的方式，做到公开、公平、公正，使考核评价成为衡量志愿者服务活动成效、提供奖励依据的重要手段。（4）在考核结果运用方面，宜建立表彰和激励机制，对长期开展志愿服务且服务效果较好的志愿者，给予相关荣誉表彰或物质奖励，推荐评价优秀的个人志愿者参与市级、国家级相关志愿者荣誉评定。可通过单位网站主页、宣传栏等方式对优秀志愿者进行宣传，提高志愿者的荣誉感和成就感，激励更多志愿者从事志愿服务活动。应及时将志愿者个人基本信息、志愿服务、培训、表彰奖励、评价等相关信息录入志愿服务信息系统。应及时登记志愿者服务时数，协助志愿者完成星级证书认定，[1]星级对应服务时数规定如下：志愿服务累计达到 100 小时，认定为一星级志愿者；志愿服务累计达到 300 小时，认定为二星级志愿者；志愿服务累计达到 600 小时，认定为三星级志愿者；志愿服务累计达到 1000 小时，认定为四星级志愿者；志愿服务累计达到 1500 小时，认定为五星级志愿者。鼓励推行志愿服务"时间银行"，[2]可将服务时间兑换为物质奖励。应对有违规行为的志愿者，视情节轻重给予批评教育或辞退，违反法律规定的，依法追究其法律责任。

---

〔1〕 星级志愿者为根据志愿服务时间、服务质量等考核标准，获得星级认定的志愿者。

〔2〕 志愿服务"时间银行"为促进志愿服务可持续发展，建立的志愿服务时间存取机制。

附录 A　志愿者考核评分表

考核单位：　　　　　　　　　　　　　　　　　　　　　　　　　　　被考核人：

考核项目	考核内容	分值（分）	评价标准				得分
			优	良	一般	较差	
综合素质	1. 自觉维护国家尊严和民族尊严，自觉。 2. 遵守相关法律法规，践行社会主义核心价值观。 3. 传承中华民族传统美德，弘扬"奉献、友爱、互助、进步"的志愿精神，自觉维护志愿者的形象。 4. 具备与所参加的志愿服务项目及活动相适应的民事行为能力、身体素质和基本技能。 5. 具有团队协作意识，认同多样性和包容性理念。	20	20	17	15	13	
工作能力	1. 能及时了解熟悉工作内容。 2. 结合工作内容制定符合自身完成任务的工作计划。 3. 组织沟通协调能力强，遇到突发事件能妥善处理。 4. 工作中能提出科学、合理化的建议并取得一定成效。	20	20	17	15	13	
服务态度	1. 服务态度诚恳，具有亲和力。 2. 面部表情真诚、亲切，面对服务对象应微笑以待。 3. 服务用语文明礼貌，结合实际情况使用尊称，并及时问候。 4. 服务时音量、语速适当，发音和咬字准确。	20	20	17	15	13	
服务行为	1. 遵守服务活动的工作制度，按照志愿者岗位职责要求文明服务。 2. 尊重所有服务对象，举止文明，仪态端正。 3. 与志愿者使用单位工作人员保	20	20	17	15	13	

续表

考核项目	考核内容	分值（分）	评价标准				得分
			优	良	一般	较差	
	持密切交流，保证所从事的岗位服务正常开展。遇到不能解决的情况，应及时联系、主动汇报，寻求有效帮助。 4. 开展志愿服务期间不得擅自摄影、拍照，不得擅自在网络上发表过激言论，不得接受服务对象现金或物品馈赠。						
服务效果	1. 志愿服务活动顺利开展，未发生紧急突发事件。 2. 通过志愿服务帮助服务对象参加体验活动，收获成长、快乐、技能等。 3. 服务对象满意度高，未收到相关的投诉事件。	20	20	17	15	13	
得分							

三、志愿者管理规范的施行

大亚湾区全社会对志愿服务的认知度和参与度较高，"我为人人、人人为我"的社会氛围较为浓厚，志愿者数量较多，志愿服务活动多种多样。截至2022年3月大亚湾区全区志愿者注册数5.5万，注册团体近500个，组织开展各类志愿服务活动累计10 666项。[1] 如2022年1月至3月，全区共发动各级群团组织招募志愿者23 042人次，累计服务时长约149 773小时。[2] 大亚湾区注册成立了大亚湾区志愿服务联合会，隶属区文明办主管，并于2014年11月5日召开第一届第一次会员代表大会，选举产生了会长、副会长、秘书长等，全面负起全区志愿服务的总统筹、总调度、总协调职责，扎实有效

---

〔1〕"志愿者故事特辑｜你好，大亚湾的志愿者们！"，载 https://www.163.com/dy/article/H3TNCJJT053401S8.html，2022年12月4日最后访问。
〔2〕"志愿者故事特辑｜你好，大亚湾的志愿者们！"，载 https://www.163.com/dy/article/H3LA2697053401S8.html，2022年12月4日最后访问。

开展各类志愿服务活动。[1]

根据《志愿服务条例》和《广东省志愿服务条例》，在总结多年志愿者志愿服务的基础上，大亚湾区制订的志愿者管理规范使志愿者管理和志愿者服务有章可循，建立和完善了志愿者内部管理制度，使志愿者管理和志愿服务活动进一步规范化、标准化，在鼓励和规范志愿服务、发展志愿服务事业方面效果明显。

在志愿者招募方面，大亚湾区属各部门、街道和村居等按照《志愿者招募工作规程》展开，发布规范，信息真实、准确、完整。如大亚湾区党群服务中心于 2022 年 4 月 5 日发布招募志愿者公告，招募条件为三方面：志愿者要求年满 14 岁，遵守中国法律法规；性格开朗、沟通能力强，具备团队合作意识及志愿服务精神；形象端正、有责任心。公告表明志愿者服务时间为 2022 年 4 月 6 日~4 月 30 日，说明了上午、下午的服务时间。公告也说明了志愿者的服务内容，包括综合服务区接待来访党员群众，并为其提供体温测量、咨询指引服务；协助中心开展各项活动，维护活动现场秩序；协助中心开展各项后勤工作。公告也提供了报名方式。[2]

在志愿者培训方面，大亚湾区属各部门、街道和村居等按照《志愿者培训工作规程》展开，提高志愿者的志愿服务能力。如为进一步做好常态化疫情防控工作，提升志愿者自我防范意识和防护能力，促使疫情防控志愿服务有序开展，2022 年 8 月 23 日，大亚湾区西区街道永盛社区综合服务中心联合西区社区卫生服务中心

永盛社区综合服务中心进行志愿者
培训（来自网络）[3]

〔1〕　https://huizhou. zhiyuanyun. com/app/org/view. php？id＝10073551，2022 年 12 月 4 日最后访问。

〔2〕　"大亚湾经济技术开发区党群服务中心招募志愿者"，载 http://news. sohu. com/a/535433268_121124211，2022 年 12 月 4 日最后访问。

〔3〕　马海菊："大亚湾西区永盛社区开展培训志愿者防疫知识"，载 http://zyfw. hznews. com/news/202208/t20220825_1499668. htm，2022 年 12 月 4 日最后访问。

开展了"强化防疫知识技能 提升志愿服务能力"永盛社区志愿者防疫知识培训，共有 16 名志愿者参与。医护人员对防护服穿脱进行示范，并指导志愿者们进行现场演练，提升了他们的自我防范意识和防护能力。此次培训，进一步强化了志愿者们在参与疫情防控工作中的安全意识，规范了工作流程，提升了疫情防控专业技术及应急处理能力，确保志愿者能积极高效地参与疫情防控工作，为社区常态化疫情防控工作奠定坚实基础。[1]

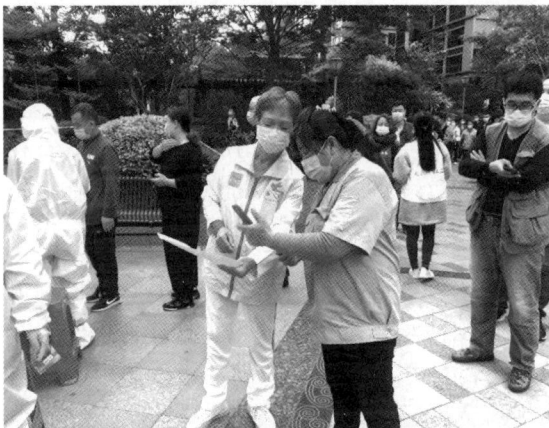

志愿者协助核酸筛查（来自网络）[2]

在志愿者服务提供方面，大亚湾区属各部门、街道和村居等按照《志愿者服务提供规范》展开，组织志愿者参与协助核酸筛查等活动。如大亚湾区志愿者、各村（社区）驻点社工闻令而动，积极协助辖区居民开展核酸检测。据统计，2022 年 1 月 7 日、8 日两天，共有近 600 名志愿者参与协助大规模核

酸筛查。哪里有需要，哪里就有志愿者的身影。1 月 7 日下午，大亚湾区下发关于在部分地区开展大规模核酸筛查的通告。时间紧、任务重，区志愿服务联合会立即发出招募志愿者到各检测点协助大规模核酸筛查的号召。"我报名！""算我一个……"一声令下，区各志愿者服务队的志愿者立即响应，踊跃报名，并从四面八方汇聚到各检测点。拿着大喇叭来回走动维持秩序，提醒市民戴好口罩保持距离，帮助老人等不方便的市民扫码登记……一个个红马甲、黄马甲、白马甲，成为一道亮丽的风景线。[3]

在志愿者奖励方面，大亚湾区属各部门、街道和村居等按照《志愿者考

〔1〕 马海菊："大亚湾西区永盛社区开展培训志愿者防疫知识"，载 http://zyfw. hznews. com/news/202208/t20220825_ 1499668. htm，2022 年 12 月 4 日最后访问。

〔2〕 马发洲："紧急集结！大亚湾区志愿者助力大规模核酸检测"，载 http://k. sina. com. cn/article_ 7517400647_ 1c0126e4705902bscc. html，2022 年 12 月 4 日最后访问。

〔3〕 马发洲："紧急集结！大亚湾区志愿者助力大规模核酸检测"，载 http://k. sina. com. cn/article_ 7517400647_ 1c0126e4705902bscc. html，2022 年 12 月 4 日最后访问。

核激励工作规程》展开，进一步弘扬奉献、友爱、互助、进步的志愿精神，提高志愿者归属感及荣誉感。如 2022 年 4 月 30 日西区街道新惠社区举行了"多方力量共克时艰，志愿服务一路相伴"的志愿者表彰活动，为社区志愿服务队、各小区物业代表、派出所代表及三人小组颁发证书。面临着复杂的疫情形势，志愿者挺身而出、冲锋陷阵，积极参与到疫情防控一线工作中。在仪式上，来自不同小区的七名志愿者代表依次上台分享自身感受。新惠社区还播放了近期的疫情防控工作剪影视频，希望志愿者更为公益志愿服务发挥出自己的力量，并将志愿服务更好地融入日常工作，为基层社区治理带来更多"惊喜"。[1]

新惠社区表彰志愿者（来自网络）[2]

又如为贯彻落实大亚湾区区委、管委会关于对广大志愿者的关心关爱相关文件精神，激发更大的志愿服务热情，推动志愿服务持续健康发展，区群团工作部 2022 年 3 月对在全区疫情防控工作中发挥重要作用的志愿者发放专

---

〔1〕 马发洲："感谢有你！大亚湾新惠社区开展志愿者表彰活动"，载 https://www.sohu.com/a/542812573_100116740，2022 年 12 月 4 日最后访问。

〔2〕 马发洲："感谢有你！大亚湾新惠社区开展志愿者表彰活动"，载 https://www.sohu.com/a/542812573_100116740，2022 年 12 月 4 日最后访问。

属能量包，感谢志愿者们在抗疫期间的辛苦劳动和无私奉献。[1]

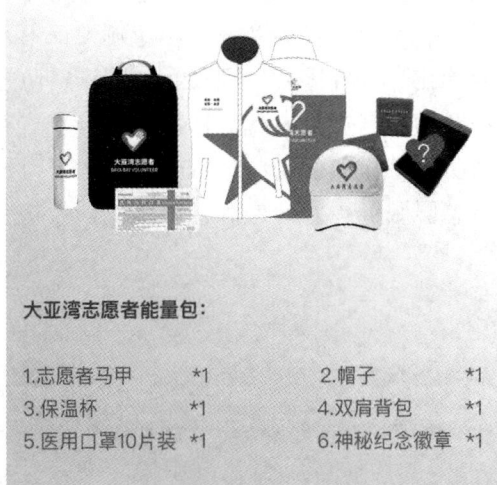

大亚湾志愿者能量包：

1.志愿者马甲 *1　2.帽子 *1
3.保温杯 *1　4.双肩背包 *1
5.医用口罩10片装 *1　6.神秘纪念徽章 *1

志愿者能量包（来自网络）[2]

四、简短的结语

我国具有见义勇为、尊老爱幼、邻里守望、互帮互助、乐善好施的优良传统，民众富有关心公益、同情弱者、亲仁善邻的心态。当今的志愿者和志愿服务传承和弘扬了这一传统，促进了志愿服务的发展，营造了"我为人人、人人为我"的志愿服务社会氛围。

在总结志愿服务的基础上，从更好地进行网格治理角度，根据《志愿服务条例》和《广东省志愿服务条例》，秉承奉献、友爱、互助、进步的志愿精神，大亚湾区制订了志愿者服务要求、志愿者招募工作规程、志愿者培训工作规范、志愿者会议工作规程、志愿者服务提供规范、志愿者团队建设工作规程、志愿者考核激励工作规程等志愿者管理规范，这对保障志愿者、志愿服务组织、志愿服务对象的合法权益、鼓励和规范志愿服务、发展志愿服务

---

〔1〕 能量包领取条件：①2022年1月~3月期间，参与疫情防控的志愿者。②已在i志愿系统实名注册，且在i志愿记录的服务总时长达200小时以上（包括200小时）。需同时满足以上两个条件。载 https://www.163.com/dy/article/H3LA2697053401S8.html，2022年12月4日最后访问。

〔2〕 载 https://www.163.com/dy/article/H3LA2697053401S8.html，2022年12月4日最后访问。

事业具有积极意义。随着根据实际情况的不断完善，这些内部管理规范将更好地团结和服务志愿者，提高志愿者和社会工作服务机构等社会组织的凝聚力和向心力，推进志愿服务制度化、活动常态化，并提升志愿服务的质量，提高志愿者和志愿服务的社会美誉度，推动文明培育、文明实践、文明创建活动，进一步推进基层治理。

第十三章

通过宗族规范的村庄治理

——以塘尾村朱氏为对象

一、引言

宗族为同一父系的家族。中国固有社会具有鲜明的宗法性特征，宗族、家族在社会生活中一直占有重要地位，发挥着重要的作用。宗族通过族规家法等宗族规范控制全族人员，调整宗族内部的各种关系，维持宗族内部的秩序，处理本宗族与外族的关系。

宗族在当代中国仍有一定的影响。宗族规范在建设文明乡村、改善基层治理中具有重要的作用。国家法律法规政策为家风、家教、家训等宗族规范发挥作用提供了依据。《法治社会建设实施纲要（2020-2025年）》提出要促进社会规范建设，"充分发挥社会规范在协调社会关系、约束社会行为、维护社会秩序等方面的积极作用"。《乡村振兴促进法》第30条提出，"……创建文明村镇、文明家庭，培育文明乡风、良好家风、淳朴民风，建设文明乡村"。《家庭教育促进法》第15条提出，"树立和传承优良家风，弘扬中华民族家庭美德，共同构建文明、和睦的家庭关系"。2021年4月28日中共中央、国务院印发的《关于加强基层治理体系和治理能力现代化建设的意见》提出，"注重发挥家庭家教家风在基层治理中的重要作用"。2019年10月中共中央、国务院印发的《新时代公民道德建设实施纲要》提出，"发挥社会规范的引导约束作用"；"要发挥各类群众性组织的自我教育、自我管理、自我服务功能，推动落实各项社会规范，共建共享与新时代相匹配的社会文明"。2017年1月中共中央办公厅、国务院办公厅印发的《关于实施中华优秀传统文化传承发展工程的意见》提出，"挖掘和整理家训、家书文化，用优良的家风家教培育

236

青少年"。2020年3月中央全面依法治国委员会印发的《关于加强法治乡村建设的意见》提出，"宣传优秀传统道德文化，传承良好家风家训"，用嘉言懿行垂范乡里。

塘尾村是"广东省文明村"（2016年）和"广东省家庭文明建设示范点"（2018年）。[1]该村之所以被评为省级文明村与家庭文化建设示范点，在很大程度上是因为该村有效传承发扬了朱子文化，提升了村居文明程度，改善了乡村治理效果，取得了显著成效。塘尾村的多数村民为朱熹后人，300年前由梅州长乐迁至塘尾村。作为以朱姓为主体的村庄，塘尾村通过建祠堂、修族谱、祭祖先、创协会等方式深挖朱氏祠堂文化精髓、传扬古风家训、传承朱子理学，发扬朱子文化，改善了乡村治理效果，取得了积极成效，先后被评为省、区、市文明村等。在开展传家训、建祠堂、修族谱、拜祖先、创协会等宗族活动过程中，塘尾村朱氏宗族、塘尾村村"两委"等村庄治理主体自觉遵循着家规家训、祠堂规范、修谱规范、祭祖规范等宗族规范。这一宗族规范是礼法传统的现代传承与礼法精神的制度呈现，是塘尾村村庄治理的重要规范依据和规范标准，是塘尾村朱氏宗族、塘尾村村"两委"、塘尾村朱氏后裔等传家训、建祠堂、修族谱、拜祖先、创协会的正当化根据和行动指南，是村庄治理共同体共同遵循的秩序体系和行为准则。

宗族规范为大亚湾区本土社会规范的组成部分，通过宗族规范的村庄治理是基层治理的重要组成部分。对宗族规范以及通过宗族规范的村庄治理展开调查和总结，对于我们充分认识宗族规范在基层治理中的积极价值、全面理解传统社会组织规范的现代传承和发展，不断推进基层治理体系和治理能力现代化具有重要的意义。

为了准确把握现代乡村治理中宗族规范的实际运行状况和实际发挥的作用，我们于2021年10月16日、2022年7月7日~8日、7月10日、7月14

---

〔1〕　塘尾村位于大亚湾区西北面，毗邻惠阳区淡水街道，辖区总面积4.5平方公里，下辖聚合、墩顶、新屋、横跨、石一、石二、老围、茶壶耳、松山下、沿湖、海隆、珠古石、富口等13个村民小组。塘尾村13个村民小组中有12个村民小组的村民以朱姓为主。塘尾村全村户籍人口2815人，常住人口4647人。塘尾村村"两委"班子7人，其中支委班子7人，村委班子5人，实现书记、主任一肩挑。塘尾村曾于2014年12月获得"广东省卫生村"及"广东省法治文化建设示范点"荣誉称号，于2016年1月获得"广东省文明村"荣誉称号，于2018年10月获得"广东省家庭文明建设示范点"等荣誉称号。参见《塘尾村基本情况》，塘尾村村民委员会提供，2022年7月7日；《塘尾村创建美丽宜居达标村材料》，塘尾村村民委员会提供，2022年7月7日。

日、7月21日，先后多次到塘尾村对当地的朱氏宗族规范及其运行状况进行调查。我们参观了塘尾村朱氏宗祠，查阅了塘尾村朱氏族谱，收集了塘尾村朱氏资料，访问了塘尾村朱氏族人、"村两委"干部、村民、村治安联防队员等，对宗族规范及其在村庄治理中的作用有了初步的了解和感受。

二、通过宗族规范的村庄治理主体

塘尾村朱氏宗族、村"两委"是通过宗族规范的村庄治理的主体，在宗族规范的实施方面发挥着重要作用，是塘尾村村庄治理的重要力量。

（一）朱氏宗族

塘尾村朱氏宗族组织的形式较为松散，缺少专门的组织机构和族长，宗族活动的组织开展主要依靠族内热心人士与村"两委"。塘尾村朱氏宗祠重建（筹建）委员会主任、塘尾村朱氏宗族族谱《塘尾朱氏永裕公源流》主编朱学炜提道：

> 说句不好听的，很多人不重视，不管理。2012年搞好（祠堂），十年了，也花了一些钱。祠堂搞了十多年，都没有组织机构。我想成立一个宗祠会，上面不同意，不能搞宗族。后来和他们协商，我亲自来组织搞了一个宗族的组织，通过上面的批准，成立一个公益协会。[1]

朱氏宗族开展活动往往需要依靠族内热心人士以及临时成立的组织。例如，为了重建塘尾村朱氏宗祠，朱氏宗族在乡贤朱熠松、朱稳武等人的推动下成立了塘尾村朱氏宗祠重建（筹建）委员会；为了重修族谱，朱氏宗祠在热心族贤的推动下成立了《塘尾朱氏永裕公源流》编纂委员会。族内热心人士、族贤、重建（筹建）委员会、编纂委员会等族内各类组织和个人在塘尾村朱氏宗族的治理中发挥着举足轻重的作用，是通过宗族规范的村庄治理的主要担纲者。

为了更好地将族人组织、凝聚起来，营造孝老敬亲、扶贫助弱的氛围，常态化地服务族人、开展宗族活动，塘尾村朱氏宗族在族内热心人士朱建设以及族谱主编朱学炜、塘尾村村委会原主任朱常易、塘尾村乡贤朱熠松、朱稳武等热心族人的推动下，以塘尾村朱氏祖先永裕公的名号申请成立了惠州大亚湾区永裕公益协会（以下简称"永裕公益协会"）。2022年3月10日，

---

〔1〕 塘尾村朱学炜访谈录，资料编号：GDHZDYWTWHL2022071404，2022年7月14日。

永裕公益协会的成立申请正式获得大亚湾区民政局的批准。

　　永裕公益协会的首任会长为塘尾村村委会原主任朱常易，秘书长为协会发起人、族内热心人士、沿湖村民小组原组长朱建设。朱常易会长现年71岁，在族内有着较高的威望。朱建设秘书长现年45岁，是协会的实际负责人与协会成立工作的主要推动者。永裕公益协会的主要成员与族谱编纂委员会成员的重合度较高，朱常易、朱建设等均为族谱编纂委员会成员。协会发起人之一、族谱主编朱学炜老人回顾了永裕公益协会会长的产生方式：

　　我让书记的父亲来当董事长（会长）。我说，你要不当会长我都不给写（材料），因为朱氏宗族的材料都是靠我写。现在呢，我说你就是会长了。我就退了，我什么都不要，副会长也不要。[1]

　　永裕公益协会的主要职责包括开展宗族活动、助学助困、慰问老人等。朱学炜提到，协会的主要职责和作用"第一是为了宗祠，第二是做慈善，就是说对于老弱病残的人要帮扶，还有对于读书有成的要奖励"。[2]协会负责人朱建设提到，协会的主要任务是助学、慰问老人、扶助特困户：

　　协会主要是助学、慰问老人和特困户。塘尾有一些家庭，其实没什么收入，吃饭的人多，劳力少。比如说，目前朱古石有一个五十多岁的，他本来就精神上有些问题，没有小孩，劳动力弱，生活困难。当时我去那边找朋友玩，刚好看到，觉得这家庭要怎么活。住在政府帮他盖的小小的房子，（虽然）住的问题解决了，（但是）每个月领三四百元低保，生活来源还是困难。（此外）当兵的、考学考得好的，奖励他们。当兵的这些人，最值得我们去尊重，他们保卫国家。[3]

　　塘尾村党总支部书记、村民委员会主任朱伟奇从村"两委"的角度谈及了永裕公益协会的职能：

　　基金会（永裕公益协会）重点还是筹备资金，帮助有需要的人，建设有

---

〔1〕　塘尾村朱学炜访谈录，资料编号：GDHZDYWTWHL2022071404，2022年7月14日。
〔2〕　塘尾村朱学炜访谈录，资料编号：GDHZDYWTWHL2022071404，2022年7月14日。
〔3〕　塘尾村朱建设访谈录，资料编号：GDHZDYWXQTW2022070707，2022年7月7日。

需要的设施。通过这个基金会，发挥乡贤对我们村的治理作用。比如说，在村里面影响力大一点的、受村民尊重的、说话有影响力的乡贤，可能会帮我们把握一下政策上的问题，比如在人居环境整治、村规民约这一块，使它们可能会施行得比较好。[1]

《惠州大亚湾区永裕公益协会章程》对永裕公益协会的职能范围进行了具体规定。以下为章程中有关协会职能部分的摘录：

第九条　本会的业务范围：

（一）调查核实社会弱势人群的基本情况，唤起社会对弱势人群的关心与帮助。

（二）组织会员利用业余时间开展活动，不计报酬，服务社会。

1. 组织人力参与扶贫、帮困、助残、救灾、为失学儿童献爱心等慈善公益活动；

2. 开展深入敬老院、福利院、康复中心等服务基地，为孤寡残弱群体提供生活服务，医疗保健，文化娱乐等各项活动；

3. 参与社区建设、环境保护、献血、交通和消防宣传等志愿性公益活动；

4. 社会突发性灾难事件的人道救助；

5. 参与国家相关公益宣传的主题活动；

6. 其他有助于唤醒社会助人风尚、共建和谐社会的公益活动。

（三）积极完成上级管理机构交办的义务服务工作。

（四）促进良好的社会风气和健康和谐的人际关系，推动社会主义精神文明建设。

以上业务范围涉及法律法规规章规定须经批准的事项，依法经批准后方可开展。[2]

不同于根据行政命令和政府意志成立的社会组织，永裕公益协会是民间自发产生的社会组织，其成立与运行主要靠奉献精神、有热情、有能力的朱建设等朱氏热心族人。相比于塘尾村宗祠重建委员会、族谱编纂委员会、祭

---

〔1〕　塘尾村朱伟奇访谈录，资料编号：GDHZDYWXQTW2022070705，2022年7月7日。
〔2〕　《惠州大亚湾区永裕公益协会章程》，塘尾村村民委员会提供，2022年7月7日。

祖活动组织者等临时性机构,永祜公益协会是一个长期存在的宗族组织机构。

由于疫情防控的原因,永祜公益协会目前尚未召开过全体会员大会,尚未组织开展过大规模的宗族活动。协会负责人朱建设详细介绍了协会现状及未来工作计划:

> 现在疫情影响,内部开会不方便,也没有分工和运行,就是有个牌照在那里。只是迈出了一步,但是不成熟。我们想等疫情好了一点,盘活它。大的会还没开过,但是我们核心的几个人开了好多次会了。[1]

此外,塘尾村近年来有六七百位村民迁居香港。在香港的朱氏后人成立了香港塘尾朱氏宗亲会。香港塘尾朱氏宗亲会曾组织在港族亲返乡参加祭祖活动、朱氏宗祠成立庆典活动等重要宗族活动。最近三年来,因疫情防控原因,香港塘尾朱氏宗亲会未能回到塘尾村参加宗族活动。

(二) 塘尾村村"两委"

塘尾村村"两委"在通过宗族规范的村庄治理中发挥着举足轻重的作用。塘尾村村"两委"班子组成人员与塘尾村朱氏宗族主要负责人的重合度较高,村"两委"班子的7位成员均为塘尾村朱氏族谱的编纂人员或永祜公益协会的组成人员。在永祜公益协会的成立、塘尾宗族活动的开展、塘尾村申报塘尾村朱氏宗祠为大亚湾区不可移动文物与文化祠堂示范点等重要工作中,塘尾村村"两委"均发挥着不可或缺的作用。塘尾村朱氏宗祠重建委员会主任、塘尾村朱氏族谱主编朱学炜直言:

> 宗族活动靠村委会,主要是村委会在搞、在组织。他们村委会搞过朱子家训活动,他们村委会比较清楚。村委会做得多一些。[2]

由于塘尾村朱氏宗族的组织形式较为松散、永祜公益协会尚未正式运行,塘尾村村"两委"在多数情况下负责组织和开展宗族相关活动。例如,2022年6月18日塘尾村在塘尾村委会四楼中心开展了"传承好家风、弘扬好家训"朱子家训解读活动,为36位妇女儿童等培训家风礼仪、讲解朱子家训。

---

〔1〕 塘尾村朱建设访谈录,资料编号:GDHZDYWXQTW2022070707,2022年7月7日。
〔2〕 塘尾村朱学炜访谈录,资料编号:GDHZDYWTWHL2022071404,2022年7月14日。

此外，塘尾村村委会与大亚湾区西区街道妇联等加强外部沟通协作，引进外部主体共同开展活动。2017 年 10 月以来，塘尾村村"两委"配合大亚湾区西区街道妇联，面向塘尾村村民实施了"打造朱子学堂传扬古训家风"家庭文化建设项目，通过开办少儿经典颂唱班、成立中华传统礼仪班、成立太极文化服务队与朱子学堂导赏服务队、举行家风建设系列讲座、组织家风情景剧表演、开展家风文化社区建设系列活动、组织"优良家规家训家书"征集评选活动、举办少儿"游宗祠，学家训"活动、开展百人诵读《朱熹家训》活动、组织亲子学堂活动、举办朱子礼仪教育活动等方式挖掘和传承朱子文化，提升家庭文化建设效果。[1]

永裕公益协会秘书长朱建设谈及了其对村"两委"开展相关活动的看法：

> 继续发扬朱子家训，我看村委会也非常注重。不知道是村委会弄的还是街道办弄的，经常会组织我们村里面的人学习朱子家训。村里面这方面做得非常好，我经常表扬他们。其实朱子家训并不只是我们朱家人的，而是成为国粹了。周边的人都在学习，我们作为他的直系，更应当做表率去学习。[2]

总体而言，长期以来塘尾村朱氏宗族组织的形式较为松散，在塘尾村朱氏宗族规范的实施以及按照宗族规范开展传家训、建祠堂、修族谱、拜祖先、创协会等工作的过程中，族内热心人士、族内临时性组织以及塘尾村村"两委"均发挥着重要作用。2022 年 3 月成立的永裕公益协会提升了塘尾村朱氏宗族的组织化、规范化程度。当然，未来永裕公益协会的运行效果如何，尚有待观察。

三、通过宗族规范的村庄治理规范

塘尾村朱氏宗族规范规定了朱氏族人的言行举止，为塘尾宗族、塘尾村村"两委"等村庄治理主体组织开展活动提供了行为准则。塘尾村朱氏宗族规范主要包括家规家训、祠堂规范、修谱规范、拜祖规范、协会规范等。

（一）家规家训

塘尾村朱氏宗族将"诚意正心传后裔，格言家训守前人"视为本宗族的

---

〔1〕《打造朱子学堂　传扬古风家训——大亚湾西区塘尾村家庭文化建设项目文化册》，塘尾村民委员会提供，2021 年 10 月 16 日。

〔2〕塘尾村朱建设访谈录，资料编号：GDHZDYWXQTW2022070707，2022 年 7 月 7 日。

祖训。"诚意正心传后裔，格言家训守前人"这一格言原本并非塘尾村朱氏的祖训，但在修族谱的过程中，族谱主编朱学炜将其从众多格言中提取出来，写入族谱扉页，将其明确为塘尾村朱氏祖训。朱学炜向我们介绍了其将这一格言提取出来作为祖训的原因：

> 就是说，我们的朱氏文化，虽然说它那里没有说那是祖训，但是我把它从中提出来当祖训。"诚意正心传后裔"，我的理解就是我们这里的老祖宗教育我们做人要诚意、正心。要怎么传后裔呢？我理解要"格言家训守前人"。宗祠里面所有的对子都是老祖宗留下来的，不是新创的。[1]

作为塘尾村朱氏家规家训最为精炼的表达形式，"诚意正心传后裔，格言家训守前人"这一祖训在塘尾村朱氏家规家训中处于总则性、引领性地位。塘尾村朱氏族谱对这一祖训的含义进行了解释：

> 关于塘尾朱氏祖训问题。我们原宗祠内有对联（不含两副大门及神龛对联）共十副。除有关源流对联外，其中最核心的便是"诚意正心传后裔，格言家训守前人"这副对联。它是我们祖先对其后裔的殷切期望。诚意正心是儒家倡导的一种道德修养境界。正心，指心要端正，不存邪念为人正直刚正不阿。心得其正，则公正诚明；诚意，指意必真，既不欺人而又不自欺，做一个诚实守信的人。孔子云："人而无信，不知其可也"。诚信是为人之本。我们的上祖文（熹）公曾为"诚意正心"此四个字学习、践行一生。据《宋史·朱熹传》记，淳熙十五年（1188 年）59 岁时，六月召赴临安延和殿奏事："首言近年刑狱失当，狱官当择其人；次言经总制钱之病民及江西诸州科罚之弊。"有人劝说：孝宗厌闻"诚意、正心"之论。他回答说："吾平生所学，唯此四字，岂可隐默以欺吾君乎？"诚实守信是我们中国人的传统美德。自古以来恪守诚信是衡量一个人行为、品质和人格的标准，保持诚信的美德，是走向成功的基石。"诚意正心传后裔"是祖先要求我们后裔像文（熹）公那样学习践行一生，世世代代把诚意正心像传家宝那样传下去，"言行要留好样与儿孙"。"格言家训守前人"，"前人"指的是我们的上祖文（熹）公。我们的祖先要求其后裔恪守文（熹）公的家训和格言，只有这样才能做一个诚

---

〔1〕　塘尾村朱学炜访谈录，资料编号：GDHZDYWTWHL2022071404，2022 年 7 月 14 日。

意正心的人。遵循文（熹）公的谆谆教诲，修心齐家，把每个人、每个家庭达至整个家族和睦共处，创造出一个和谐的社会。[1]

相比于"诚意正心传后裔，格言家训守前人"这一简洁的祖训，《文公家训》《家训》《家规》《劝世文》《人生》等朱氏宗族的其他家规家训的内容更全面、体系更为完成、涉及面更广。在塘尾村朱氏族谱扉页、朱氏宗祠内的墙刻等处，《文公家训》《家训》《家规》《劝世文》《人生》均被写于或刻于显眼位置，以便族人了解与学习。此外，塘尾村朱氏宗族在修建祠堂的过程中还在塘尾文化广场周围竖立了"中华二十四孝"碑，以石刻画的形式为后人族人提供可视化的行为模范与行动准则。塘尾村朱氏宗祠重建委员会主任朱学炜提道，"文化广场那边有二十四孝，告诉我们要怎么尊老爱幼、孝顺啊，这是个榜样"。[2]

以下为刻于朱氏宗祠文德庭外墙的《文公家训》：

文公家训

君之所贵者，仁也。臣之所贵者，忠也。父之所贵者，慈也。子之所贵者，孝也。兄之所贵者，友也。弟之所贵者，恭也。夫之所贵者，和也。妇之所贵者，柔也。事师长贵乎，礼也，交朋友贵乎，信也。见老者，敬之；见幼者，爱之。有德者，年虽下于我，我必尊之；不肖者，年虽高于我，我必远之。慎勿谈人

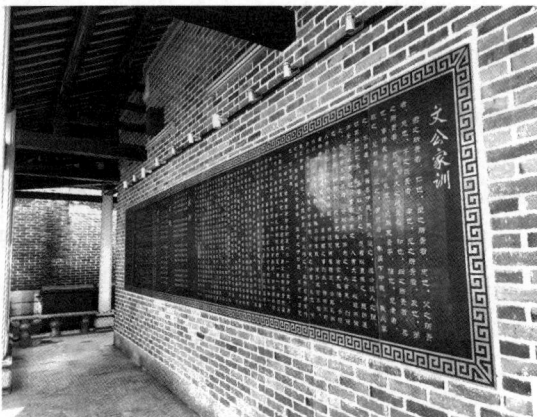

文德庭外墙的文公家训（2022 年 7 月 8 日摄）

之短，切莫矜己之长。仇者以义解之，怨者以直报之，随所遇而安之。人有

---

〔1〕 惠州《塘尾朱氏永祜公源流》编纂委员会编：《塘尾朱氏永祜公源流》，塘尾村村民委员会提供，2022 年 7 月 7 日，第 556 页。

〔2〕 塘尾村朱学炜访谈录，资料编号：GDHZDYWTWHL2022071404，2022 年 7 月 14 日。

小过，含容而忍之；人有大过，以理而谕之。勿以善小而不为，勿以恶小而为之。人有恶，则掩之；人有善，则扬之。处世无私仇，治家无私法。勿损人而利己，勿妒贤而嫉能。勿逞忿而报横逆，勿非礼而害物命。见不义之财勿取，遇合理之事则从。诗书不可不读，礼义不可不知。子孙不可不教，僮仆不可不恤。斯文不可不敬，患难不可不扶。守我之分者，礼也；听我之命者，天也。人能如是，天必相之。此乃日用常行之道，若衣服之于身体，饮食之于口腹，不可一日无也，可不慎哉！[1]

在祠堂内的墙面上，以对联形式存在的家规家训也随处可见。与篇幅较长的《文公家训》一样，对仗工整的对联同样为朱氏后人提供了行为标准。例如龙福厅内的石刻对联对朱氏子孙提出了尊祖敬宗、读书积善、不碍纲常大节、毋忘孝友友先、克勤克俭、惟读惟耕等具体要求。以下为塘尾祠堂龙福厅内的对联：

朱氏宗祠龙福厅室内对联

1. 萃兰桂于一堂序昭序穆，祀祖宗于百代报德报恩
2. 要好儿孙须从尊祖敬宗起，欲光门第还自读书积善来
3. 修身齐家不碍纲常大节，继志述事毋忘孝友先声
4. 溯祖德宗功奕叶簪缨推望族，汇兰孙桂子万年诗礼继先声
5. 守祖考一脉真传克勤克俭，教儿孙两行正路惟读惟耕[2]

以对联、书写、石刻等形式流传的塘尾村朱氏家规家训是直接适用于塘尾村朱氏子孙个人的宗族规范，为每一位塘尾村朱氏子孙提供了具体的行动标杆、行动标准和行为指南，是塘尾村朱氏宗族规范的重要组成部分。

（二）祠堂规范

塘尾村朱氏宗祠规范分别规定了祠堂的修建事宜以及在祠堂内开展活动的事宜。根据塘尾村朱氏宗祠规范有关祠堂的修建事宜的规定，祠堂的修建应当由宗祠重建（筹建）委员会负责。宗祠重建委员会重建祠堂须坚持传承

---

〔1〕 惠州《塘尾朱氏永祜公源流》编纂委员会编：《塘尾朱氏永祜公源流》，塘尾村村民委员会提供，2022 年 7 月 7 日，第 76 页。

〔2〕 《朱氏宗祠龙福厅室内对联》，塘尾村村民委员会提供，2022 年 7 月 21 日

原则，以原中轴线为基准，尽量保持原有祠堂布局。根据朱氏宗祠规范，宗祠重建（筹建）委员会的职位设置包括总顾问、顾问、总指挥、总策划、主任、副总指挥、副主任、委员、理事、策划助理等。宗祠重建委员会的具体组成人员与族谱编纂委员会大致相同，多为朱氏宗族的族贤。其中宗祠重建委员会总顾问为惠州市人大常委会副主任朱容山，顾问为塘尾村村民委员会原主任朱常易，总指挥为企业家、乡贤朱熠松，总策划为企业家、乡贤朱稳武，主任为退休干部朱学炜，副主任为塘尾村时任党总支部书记朱厚岱等族贤，副主任为海隆村民小组原组长朱洲等族贤，委员、理事为沿湖村民小组组长朱建设等族贤。根据不成文的祠堂修建委员，总指挥、总策划在资金捐赠、工作推进方面须发挥主导作用。其中，总指挥须统筹推进资金筹集、工程建设、邀请书法家题字题词、组织重光盛典等各项工作。

根据塘尾村朱氏宗祠规范有关在祠堂内开展活动的规范，婚丧喜事等不能在祠堂内举办。可在祠堂内举办的活动为正月末的全族祭拜活动。塘尾村党总支部书记朱伟奇介绍了祠堂内的活动规范：

> 我们这个祠堂不能算是宗祠。因为我们这个祠堂比较特别，过世的人不能放在那里，小孩子男丁出生也不会在那里点灯。只是每年农历正月三十，全村在祠堂那里上一炷香，搞一个简单的仪式。这个传承下来的。所以，你说我们像一个宗祠，又不是一个宗祠。其实只是我们朱氏的一种信仰，缅怀祖先的一个地方，不要把祖宗忘了，就这么简单。平时也没什么活动。[1]

根据塘尾村朱氏祠堂规范中有关在祠堂内开展活动规范的规定，与祠堂相关活动的活动承办人通常应为塘尾村村"两委"。塘尾村村"两委"须按照约定俗成的祠堂规范，定期或不定期地面向塘尾村村民举行朱子文化传扬活动，促进传统优秀文化的现代传承。

塘尾村朱氏祠堂规范为塘尾村朱氏宗祠的重建、祠堂相关活动的开展提供了具体依据和工作准则，是塘尾村朱氏后人和塘尾村民委员会等重建祠堂、开展活动的重要行动指南。

（三）修谱规范

在塘尾村朱氏乡贤朱熠松、朱稳武等人的支持和推动下，塘尾村朱氏宗

---

[1] 塘尾村朱伟奇访谈录，资料编号：GDHZDYWXQTW2022070705，2022 年 7 月 7 日。

族成立了族谱编纂委员会并于 2016 年 4 月完成了族谱修葺工作。在开展族谱编撰工作的过程中，编纂委员会所遵行的既有传统的修谱规范，也有注重根据时代变化新创的修谱规范。

根据修谱规范，族谱编纂委员会的组成人员包括总顾问、顾问、主任、常务副主任、委员。族谱编纂委员会下设族谱编辑部。编辑部成员包括主编、副主编、主编助理和编辑。其中，族谱编纂委员会总顾问为企业家、乡贤朱熠松，顾问为企业家、乡贤朱稳武以及惠州市人大常委会副主任朱容山，主任为塘尾村村委会原主任朱常易，常务副主任为企业退休干部朱学炜。族谱编辑部主编由族谱编纂委员会常务副主任朱学炜担任。副主编为塘尾村时任党总支部书记朱厚岱。主编助理、编辑由族贤以及各村民小组组长担任。在开展工作的过程中，族谱编纂工作人员遵循着传统但有新意的修谱规范。以下为族谱后记中提及的修谱规范：

> 在谱记中，一般原则，在同辈分中，凡能分出长幼的，就从长到幼按顺序记载，若分不清长幼的，就不分先后……由于时代的局限，在以往的族谱中，受重男轻女封建思想影响，没有记载女丁。本族谱打破这一"传统"，凡是娶进来的媳妇，载明姓名，祖籍；凡嫁出去的女丁，列明丈夫姓名（亦可加简历）和夫家祖籍、现住地址，方便外孙寻"根"。[1]

修谱规范是族谱编纂委员会确定编纂人员、开展族谱编纂工作、处理编纂问题的工作规程与操作指南，为塘尾村朱氏宗族顺利完成族谱编纂工作提供了具体的规范指引。

（四）拜祖规范

虽然塘尾村朱氏的祖先祭拜活动频率较低、次数较少，但这些祭拜活动的开展也离不开规范的支撑。塘尾村朱氏宗族的拜祖规范主要包括塘尾村层面的祭祖规范和村民小组层面的拜祖规范。其中，塘尾村层面的祭祖规范规定了塘尾村朱氏宗族开展祭祖活动的日期、地点、参加人员、活动流程等，是村级层面的祭祖活动规范；村民小组层面的拜祖规范规定了村民小组祭祖活动的缘由、时间、地点、参加人员、活动流程等，是村民小组层面的祭祖

---

[1]　惠州《塘尾朱氏永祜公源流》编纂委员会编：《塘尾朱氏永祜公源流》，塘尾村村民委员会提供，2022 年 7 月 7 日，第 2 页。

活动规范。

根据塘尾村层面祭祖规范的规定，塘尾村朱氏宗族须在每年农历正月最后一日（大月为农历三十，小月为农历廿九）在塘尾村朱氏宗祠举行祭祖活动。据海隆村小组组长朱焙安介绍，塘尾宗族集体祭拜日期的老传统为正月初一，后来改为正月三十。在正月最后一日，塘尾村朱氏后人会在族内权威老人、热心族人的组织下，共同到朱氏宗祠祭拜朱氏祖先。塘尾村党总支部副书记朱挺毅提到，在年初二，塘尾村朱氏后人也会到祠堂进行祭拜，其介绍道："年初二我们叫作'开年'，也是拜祠堂那里。"[1]此外，根据塘尾村层面的祭祖规范，朱氏族人不得在塘尾村朱氏宗祠内举行红白喜事。以下为塘尾村村民委员会提供的塘尾村一年一度的祭祖活动流程规范：

乐师击鼓通神，奏大乐，奏小芸，主祭者就位，执事者就位。阳居后裔嗣孙人等俱就位。谊观世音娘娘本祠来龙神位天官赐。参神鞠躬。叩首，再叩首，三叩首。兴。谊外祖父母朱氏堂上始高增祖考妣之按前。跪。叩首，再叩首，六叩首。兴。主祭者宜洗位。执事者传香。初上香，再上香，执事者提瓶祭酒累酒，初献酒，再献酒，叁献酒。献鲜花，献糖果，献素贡，献熟，献刚，献禄，献春茗，献财帛，衣冠冥币，执事者读祝章，祭文。化财帛焚祝章，礼毕择选，除神鞠躬拜。房房富贵，人人安康，老大之人添福寿，年青之人添丁又发财，鸣炮。[2]

除上述规范，塘尾村朱氏族谱中的《祭祖》一文写明了祭祖的日期、祭祖辞、祭后土及坟基等规范，是塘尾村朱氏宗族开展祭祖活动的详细规范。以下为《祭祖》一文：

祭祖

祭祖日期

每年祭祖日期为：农历正月最后一日，若月大为卅，若月小则为廿九。

---

［1］塘尾村朱挺毅访谈录，资料编号：GDHZDYWXQTW2022070805，2022 年 7 月 8 日。
［2］祭祖流程，塘尾村村民委员会提供，2022 年 7 月 7 日。

祭祖辞

维

公元　　年，农历一月　　日之良辰，祠下子孙六大房人等，概于香港朱族中心会，仅具香品、茶酒、素贡、五牲、刚蜡、衣冠、香楮、财帛之仪。祭祭于始高曾祖考妣之案前而祝曰：

恭

维我祖，德厚流芳，宗功远庆，世泽传芳，基裘鹊起，富寿荣昌，凡子孙等瞻仰非常，届之春日，追报难忘，灵其有知，来格来尝，施维福荫，房房厚泽，世世其昌，房房富贵，富贵连房，并希庇佑，子孙发达，富寿荣昌，长发其祥，伏维。

尚飨

祭后土及坟基

维

为山有神，为神有灵，护我先祖，福我后人，朱氏子孙，祭之春日，追报甚殷，朱氏子孙及香港朱族中心会人等，俱具香品、茶酒、素贡、五牲、刚蜡、衣冠、香楮、财帛之仪，祭祭于朱族之墓前而祝曰：

恭

维我祖，德厚流芳，宗功远庆，世泽传芳，基裘鹊起，富寿荣昌，凡子孙等瞻仰非常，届之春日，追报难忘，灵其有知，来格来尝，子孙等人，诚心诚意，拜扫我祖坟场，施为福荫，房房富贵，富贵连房，并希庇佑，子孙发达，富寿荣昌，长发其祥，伏维尚飨。[1]

在村民小组层面，塘尾村各朱氏村民小组通常会单独举行祭祖活动。塘尾村共13个村民小组，其中12个村民小组以朱氏后人为主体。这12个村民小组开展祭祖活动分别遵循着成文或不成文的祭祖规范。其中，海隆村民小组的祭祖时间为农历八月十五前后的周末、节假日等族人方便的时间。根据海隆村民小组的祭祖规范，集体祭祖活动由村民小组组长和热心族人负责组织。海隆村民小组的全体朱氏后人须在八月十五左右的祭拜时间到大亚湾区

------

〔1〕惠州《塘尾朱氏永祜公源流》编纂委员会编：《塘尾朱氏永祜公源流》，塘尾村村民委员会提供，2022年7月7日，第550页。

石化区附近的墓园祭祖、拜山、扫墓。海隆村民小组组长朱焰安介绍了该村民小组的祭拜规范：

> 一般我们在八月十五那天的前后，星期六、星期天啊，看时间，不一定是八月十五那天，看方便，香港的华人回来，我们一起。传统是这样，先拜老祖宗，再拜直接的祖宗。[1]

塘尾村的祭祖规范为朱氏后人祭拜祖先提供了方向指引，是塘尾村朱氏后人祭拜祖先的行为指南。通过口耳相传，祭祖规范在塘尾村朱氏后人心中不断扎根，提醒着塘尾村朱氏后人按照惯例开展祭祖活动。

（五）协会规范

伴随着永祜公益协会的成立，塘尾村朱氏宗族制定了《惠州大亚湾区永祜公益协会章程》《惠州大亚湾区永祜公益协会选举办法》《惠州大亚湾区永祜公益协会会费标准和管理办法》等适用于永祜公益协会的组织规范与活动规范。其中，《惠州大亚湾区永祜公益协会章程》字数多达万字，内容较为细致。由于永祜公益协会尚未正式开展工作，这一套规范的多数内容目前尚处于待激活状态。

虽然目前永祜公益协会尚未正式开展工作，但永祜公益协会理事会已经成立，有关理事会的规范产生了一定的实效，因而我们摘录了《惠州大亚湾区永祜公益协会章程》中有关理事会的规定。以下为章程中有关理事会规定的摘录：

第二节　理事会

第二十六条　本会设理事会。理事会由会长、副会长、秘书长（选任制）、理事组成。理事会为会员大会的执行机构，依照会员大会的决议和本会章程的规定履行职责。理事会任期4年。根据会员大会的授权，理事会在届中可以增补、罢免部分理事，最高不超过原理事总数的五分之一。

第二十七条　理事会的职权是：

（一）筹备和召集会员大会，负责换届选举工作；

（二）执行会员大会的决议，并向会员大会报告工作；

（三）选举会长、副会长、秘书长；

---

〔1〕塘尾村朱焰安访谈录，资料编号：GDHZDYWTW2022071002，2022年7月10日。

（四）决定本会具体的工作业务；

（五）向会员大会报告工作和财务状况；

（六）拟定本会的年度财务预算方案、决算、变更、解散和清算等事项的方案；

（七）制订本会章程修改草案和增（减）注册资金的方案，提交会员大会审议；

（八）决定提前或延期换届；

（九）审议年度工作报告和工作计划；

（十）审议年度财务收支预算、决算；

（十一）决定本会各内部机构、分支机构、代表机构的设立、变更和终止，并领导各机构开展工作；

（十二）决定新申请人的入会和对会员的处分；

（十三）聘任或者解聘聘任制秘书长，决定本会分支机构主要负责人；根据秘书长提名，聘任或者解聘副秘书长和本会办事机构、代表机构主要负责人，决定其报酬事项；

（十四）制订本会内部管理制度；

（十五）表决其他重大事项。

第二十八条　理事会原则上每半年至少召开一次会议，由会长召集和主持。会长因故不能出席会议的，由会长授权的副会长或秘书长主持。召开理事会会议，会长或召集人需提前3日通知全体理事并告知会议议题。理事会须有三分之二以上理事出席方能召开，其决议须经到会理事三分之二以上表决通过方能生效。理事会应当对决议形成会议纪要，出席会议的理事应当在会议记录上签名，并向全体理事公告。

第二十九条　五分之一以上会员、三分之一以上理事或监事会提议召开临时会议的，会长应当5个工作日内召集和主持理事会会议；会长认为必要时，亦可召集和主持临时会议。

会长不能或不召集和主持的，由副会长召集和主持；副会长不能或不召集和主持的，由提议召集人推举一名负责人召集和主持。五分之一以上会员或三分之一以上理事联名提议召开理事会临时会议时，应提交由全体联名会员或理事签名的提议函。监事会或监事提议召开理事会临时会议时，应递交由监事会盖章或过半数监事签名的提议函。提议召开理事会临时会议的提议者均应提出事由及议题。

第三十条 理事会会议，应由理事本人出席。因故未能出席的理事，可以书面委托他人出席，代理人应当出示授权委托书，在授权范围内行使表决权。每名代理人只能接受一份委托。

总体而言，塘尾宗族规范为朱氏后人提供了行事为人的准则，为塘尾村朱氏宗族及塘尾村村"两委"开展传家训、建祠堂、修族谱、拜祖先、创协会等活动提供了一定的规范支撑，是通过宗族规范的村庄治理的制度维度。

四、通过宗族规范的村庄治理实践

通过宗族规范的村庄治理实践主要包括两方面的内容。其一为塘尾村村"两委"面向塘尾村村民开展的传家训、树家风等朱子文化传扬活动，其二为塘尾村朱氏宗族按照祠堂规范、修谱规范、祭祖规范、协会规范开展修祠堂、编族谱、拜祖先、创协会等实践，进行朱氏宗族的自我治理。塘尾村朱氏宗族主导开展的修祠堂、编族谱、拜祖先、创协会等实践活动历史较远、影响较大、特色较多、口碑较佳，因而下文对之重点进行分析介绍。

（一）传家训

塘尾村村"两委"在实践中注重积极开展朱子文化传扬活动，组织村民群众学习家规家训等朱子经典，教导塘尾村朱氏后人在日常生活中遵守家规家训，按照家规家训的要求行事为人。

自祠堂重建工作完成以来，塘尾村村"两委"开展过的活动主要包括朱子家训解读活动、少儿经典颂唱班活动、中华传统礼仪班活动、朱子学堂游览活动、家风建设系列讲座活动、家风情景剧表演活动、家风文化社区建设系列活动、"优良家规家训家书"征集评选活动、少儿"游宗祠，学家训"活动、百人诵读《朱熹家训》活动、亲子学堂活动、朱子礼仪教育活动、本土朱子文化导师队伍培育活动等。这些活动主要由塘尾村村民委员会承办，活动地点为塘尾村朱氏宗祠、塘尾村朱氏宗祠门前的文化广场、塘尾村民委员会办公楼等。活动面向人员为塘尾村村民及部分外来参观者。在开展活动的过程中，塘尾村社工站的社工按惯例会在部分活动中协助塘尾村村民委员会开展工作。

此外，虽然塘尾村朱氏没有族长，但在朱氏家规、家训、家风的长期熏陶和感染下，朱氏宗族的族内权威人员与热心人员有时会积极参与到纠纷解决过程中来，灵活运用朱氏家规、家训、家风的精神实质化解族人之间的矛盾纠纷，以实际行动践行家规家训。塘尾村沿湖村民小组组长（相当于沿湖朱氏族长）朱建设曾在 2019 年参与调解过两位朱姓族人之间的矛盾。据朱建设介绍，其解决纠纷的情况如下：

> 2019 年上半年，两个人同桌喝酒，吵架了。都是塘尾的，一个是我们村小组的，一个是隔壁村小组的。一个是四十岁左右，一个是五十岁左右。他们喝完酒，两个人在微信群里吵架。第二天他们（村委）老早打电话给我说，你知道谁谁在吵吗？他们并没有主动找我去调解，我知道了之后，早上分别打电话给他们两个人。他们也说"没事，昨天晚上喝多了"。其实我们也没有帮到什么，主要是给对方一个台阶下。如果你不打电话过去，他们可能就会一直憋在那里。我打过去他们说，没事了兄弟，没事了。我猜测的吵架原因可能是年轻的不太尊重老的，老的可能有点儿小气，才会吵起来。[1]

通过开展传家训、树家风等朱子文化传扬活动以及运用朱氏家规、家训、家风的精神理念化解族人矛盾，塘尾村村"两委"和塘尾村朱氏宗族有效促进了家规家训等宗族规范的传承与活化，提升了塘尾村的文明程度。

（二）建祠堂

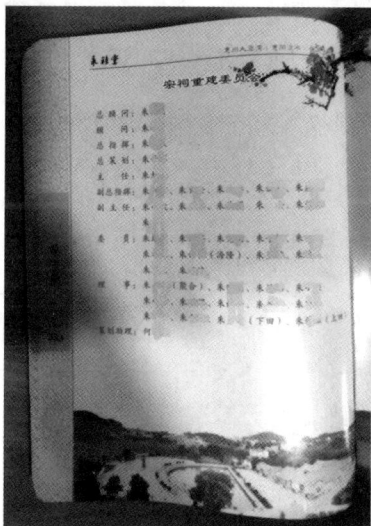

载于族谱的宗祠重建委员会
（2022 年 9 月 6 日摄）

塘尾村朱氏宗祠建于清代早期。"文革"期间祠堂内的神龛曾被人为损毁、破坏。1979 年后，祠堂先后被车木厂、油坊、蒌竹加工厂占用，祠堂内的设施被破坏。后在惠阳县（今惠阳区）文物部门的干预下，工厂企业迁出祠堂。在 2011 年之前，由于年久失修，祠堂部分木梁结构日渐腐朽。虽然塘尾村朱氏后人曾对祠堂进行过小型维修，但终因资金不足等原因未取得显著效果。2011 年，在朱氏乡贤朱熠松、朱稳武的推动下，朱氏宗族按照祠堂规范成立了宗祠重建（筹建）委员会，发出维修倡议，筹集资金重建祠堂。重建委员会按照祠堂规

---

〔1〕　塘尾村朱建设访谈录，资料编号：GDHZDYWXQTW2022070707，2022 年 7 月 7 日。

范积极筹措资金,共筹得重建资金 2500 多万元。其中乡贤朱熠松、朱稳武分别捐款 1000 万元。

2011 年 7 月 27 日(农历六月廿七),在重建委员会的组织下,朱氏宗族举行了重建奠基兴工典礼。2012 年 12 月 9 日(农历十月二十六),祠堂重建工作最终完成,塘尾村朱氏宗族举行了规模盛大的"惠州大亚湾塘尾朱氏永祜堂重光庆典"。宗祠重建委员会总指挥朱熠松回顾了祠堂重建过程:

> 宗祠在筹建期间我们筹建委员会做了大量前期的准备工作,发出了重建朱氏宗祠的倡议书,在倡议书引导下朱氏裔孙踊跃热心捐款支持重建宗祠工作,并由筹建委员会组织宗亲叔侄协调解决宗祠配套用地问题,得到宗亲叔侄的理解和支持,解决了原宗祠周边旧房土地问题,使重建宗祠配套项目用地顺利解决。塘尾村朱氏

塘尾村朱氏宗祠(2022 年 7 月 8 日摄)

宗祠在 2011 年 7 月正式动工兴建,宗祠重建工期历时十六个月竣工。[1]

重建后的塘尾村朱氏宗祠建筑群占地近 1500 平方米,是塘尾村的文化标志。重建后的塘尾朱氏宗祠主要由六部分组成:一是永祜堂(塘尾朱氏老祠堂),为塘尾村朱氏族人拜祭祖先的场所;二是"文德庭",为弘扬塘尾朱氏先祖朱熹思想文化的场所;三是"龙福厅",为祭祖会餐及接待客人的场所;四是"鲤跃龙门",为祭祖会餐炊事盥洗的场所;五是"文化广场",为瞻仰追思朱熹及传统思想文化教育的阵地;六是"鲤姆岭公园",供游人休闲娱乐。宗祠四座建筑(永祜堂、文德庭、龙福厅、鲤跃龙门)用地面积共 480 平方米。在重建祠堂的过程中,塘尾朱氏注重遵循祠堂规范、传承原有的建筑风格,以原中轴线为基准,以原永祜为中心,保持了分金艮山兼寅不变,

---

〔1〕《塘尾朱氏宗祠重建暨文化广场工程竣工总结会》,塘尾村村民委员会提供,2022 年 7 月 21 日。

宗祠后天祖墙位置不变，天祖墙至前门中轴距离不变，门路水回不变，原祠内文化内容不变。[1]同时，扩充了廷兰公官厅旧址为"龙福厅"，将其作为祭祖时宗亲会餐及接待客人之场所；把朱子文化思想嵌入宗祠，新增了"文德庭"作弘扬先祖文（熹）公思想文化之场所；增加"鲤跃龙门"，作祭祖时炊事之用。[2]

重建塘尾村朱氏宗祠是塘尾村朱氏后人近年来开展的最为盛大、最为重要的活动。祠堂是联结族人的物理载体。通过重建祠堂，塘尾村朱氏后人让朱子文化变得可看、可读、可听、可赏。目前，塘尾村朱氏宗祠为大亚湾区不可移动文物、大亚湾区文化祠堂示范点。

（三）修族谱

虽然塘尾村朱氏曾编有旧族谱，但是"终因历史原因造成残缺不全或辈（世）际不清或遗漏或错误。"[3]在此情况下，在族贤朱熠松、朱稳武的倡议与资助下，塘尾村朱氏宗族于2016年重新编纂了族谱。重新编纂后的族谱名称为《塘尾朱氏永祜公源流》。族谱主编为企业退休干部朱学炜。朱学炜于2004年从企业负责人的岗位退下来，2011年塘尾村朱氏宗族邀请其返回塘尾村担任宗祠重建委员会主任与族谱主编。朱学炜回顾了其参与族谱编纂工作的情况：

> 他们叫我回来，帮帮忙，我考虑一下说好的。2011年回来做那个祠堂，2012年年底祠堂完工。我什么也不会的。回来之后，他们叫我当主任，协助他们做工作。我当时回来拿到一本族谱，是原来之前我们上一辈的，我看到里面很多关于宗族的文化的。但是那个很不全面的。祠堂里面的那些文化都是很传统的。我在做祠堂的过程中，一边做宗祠，一边构思怎么把宗祠的那些文化搞起来。老书记的爸爸主要负责全面，我主要是搞宗族的文化。通过学习，一边做一边写，我才了解朱熹的文化。我是朱熹的29世孙。[4]

---

[1] 惠州《塘尾朱氏永祜公源流》编纂委员会编：《塘尾朱氏永祜公源流》，塘尾村村民委员会提供，2022年7月7日，第480页。

[2] 《塘尾朱氏宗祠重光暨文化广场竣工庆典》，塘尾村村民委员会提供，2022年7月21日。

[3] 惠州《塘尾朱氏永祜公源流》编纂委员会编：《塘尾朱氏永祜公源流》，塘尾村村民委员会提供，2022年7月7日，第1页。

[4] 塘尾村朱学炜访谈录，资料编号：GDHZDYWTWHL2022071404，2022年7月14日。

在编族谱的过程中，朱学炜按照族谱编纂规范，全身心地投入族谱编纂工作中来，确保族谱内容全面、资料真实。为此，"白天，他翻山越岭，从上一辈老人的口述和只言片语的信息中访亲寻根。晚上，他挑灯夜战，查阅研究地方志等各种历史文献。他还不停去走访村民，用录音机录下大家说的话，再根据录音进行整理、修改、补充"。[1] 在此过程中，族谱编纂委员会注重严格按照族规祖训的要求，确定写入族谱的内容。例如，惠阳淡水船湖村的朱氏曾找到塘尾《塘尾朱氏永祜公源流》编纂委员会，希望船湖朱氏能被写入塘尾朱氏族谱。但族谱编纂委员会根据祖规并未将惠阳淡水的船湖朱氏写入族谱。以下事例一记录了这一事件：

事例一

船湖朱氏宗亲曾几次找过我们（塘尾族谱编纂委员会）：听老一辈讲过，他们是塘尾珍公的后代，因船湖距塘尾太远，拜祭祖先有点麻烦，就接香火回船湖，不到塘尾拜祖了，要求将船湖列入我珍公世系。这是不可能的事，塘尾祖先有规定，不准接香火回各村屋的，要拜祖就只能到祠堂来拜。[2]

2016年4月，经过长达五年的编纂，族谱《塘尾朱氏永祜公源流》编纂工作最终完成并付梓印刷。印刷完成后，族谱编纂委员会为塘尾朱氏每家每户都派发了族谱。通过按照修谱规范纂修族谱，塘尾村朱氏宗族以文字化的形式记载了塘尾朱氏的历史图籍，保存传承了朱子文化。

（四）拜祖先

塘尾村朱氏宗族的集体活动并不多。祭拜祖先是塘尾朱氏的主要活动之一。根据祭拜祖先规范，塘尾朱氏祭拜祖先活动可分为塘尾村层面的祭祖活动和村民小组层面的拜祖活动。塘尾村层面的祭祖活动为每年农历正月最后一日。每年农历正月最后一日（农历三十或廿九），朱氏后人会在族内权威老人、热心族人的组织下前往朱氏宗祠参加祭拜祖先活动。根据活动规范，祭祖活动内容主要包括乐师击鼓通神、奏大乐、奏小芸、参神鞠躬、向祖先六叩首、传香、献酒、献花、献糖果、献素贡、献熟、献刚、献禄、献春茗、

---

〔1〕《塘尾村党建引领基层德治建设经验手册》，塘尾村村民委员会提供，2022年7月7日

〔2〕惠州《塘尾朱氏永祜公源流》编纂委员会编：《塘尾朱氏永祜公源流》，塘尾村村民委员会提供，2022年7月7日，第556页。

献财帛、读祝章祭文、化财帛焚祝章、鸣炮等。祭祖结束后，在龙福厅和"鲤跃龙门"厅内做饭聚餐。塘尾村治安联防队副队长朱常卫介绍了其参加过的正月底的祭祖活动：

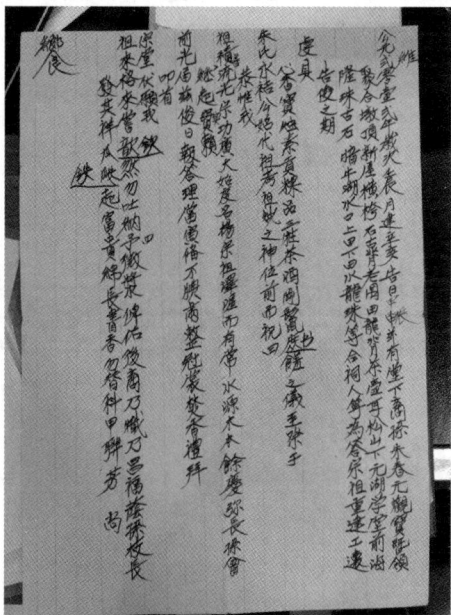

2012 年祭祖活动文书（2022 年 7 月 7 日摄）

活动很大很热闹，很多老人凑在一起聊，聊当年、聊现在、聊未来。老一辈的比较多。还有一些比我们大的。他们（宗族的热心人士，组织者）忙完（筹备），我们村民知道哪一天，跟着一起去祭一下祖。然后在那里，有一个厨房，村民在那里做饭，我们到那里吃。就是用盆装的那些菜。男女老少都在一起吃。[1]

相比于塘尾村层面的集体祭祖活动，塘尾村 12 个朱姓村民小组的祭拜祖先活动次数更多。以海隆村民小组为例，集体祭祖活动由村民小组组长等族贤负责组织和协调。塘尾村治安联防队副队长朱常卫介绍了海隆村民小组的祭祖活动：

村小组有村小组的祭祖，大祠堂有大祠堂的祭祖。海隆村小组有祭祖。在中秋节前，村长发布，村民就去。村里面的男女老少都参与，村里面 130 人左右，全都到位。在活动之后，会一起吃菜。办活动是村民小组出钱。有钱的话就村里面出，没钱的话就村民集。中秋节祭祖一早上烧香拜完，拜完之后回来吃个饭。一般是到村长那里，就等于是族长。[2]

通过祭拜祖先，塘尾朱氏后人能够在为数不多的活动中了解家族历史、

---

〔1〕　塘尾村朱常卫访谈录，资料编号：GDHZDYWXQTW2022070705，2022 年 7 月 7 日。

〔2〕　塘尾村朱常卫访谈录，资料编号：GDHZDYWXQTW2022070705，2022 年 7 月 7 日。

传承朱子文化。对塘尾村朱氏宗族而言，举办祭祖活动能增进族人之间的互动交流，提升宗族的凝聚力。

（五）创协会

2022年3月10日，在协会发起人朱建设等人跑了五十多趟后，永裕公益协会正式被大亚湾区民政局批准成立。之所以要成立永裕公益协会，朱建设介绍说：

> 有好几年了，一直有成立的想法，只是没行动。早在十多年前，我们在外面参加一些慈善协会、公益协会帮助困难的人，其实我们想到我们村也有一些困难的人。后来，在五六年前，我当时是沿湖（村民小组）村长，经常到村委会，经过大家交流还是有必要成立公益协会。老书记说了一句话，刺痛了我。他说"老跑到外面搞（公益），自己村里面也不去看一下"。我想也是，后来跟乡贤、朋友一讲，很多人还是有成立的想法，但是没有人去牵头、去带动。所以后来经过商讨，和老一辈的人沟通，他们也很有这种想法。只是大家处于一种不懂，或者是碍于申请牌照手续很复杂（所以一直没有申请成立）。后来经过商讨，我去跑跑腿，能帮得上忙的大家一起帮帮忙，这么就整起来了。[1]

作为永裕公益协会的主要发起人之一，朱建设对公益协会的成立工作颇有热情，付出了较多精力与时间。朱建设的热情与积极源于其特殊的生活经历。朱建设提到，其幼年生活较为贫困，"我小时候没米下锅。当时这里是靠天吃饭。有一年旱灾，我爸爸去村里借米煮饭"。[2]在创办汽车修理厂、取得事业成功后，朱建设曾加入惠阳周潭公益协会等，担任副会长、理事等职务，积极参与助学、助残、慰问老人等活动。其幼年的生活经历以及事业有成后的公益活动经历是其积极牵头成立永裕公益协会并顺利完成成立工作的动力来源与能力保障。

永裕公益协会成立工作的推动者之一朱学炜从宗族的角度介绍了成立协会的原因："我们是这样想的，搞这个协会，第一恢复宗祠，第二为我们整个

---

〔1〕 塘尾村朱建设访谈录，资料编号：GDHZDYWXQTW2022070707，2022年7月7日。
〔2〕 塘尾村朱建设访谈录，资料编号：GDHZDYWXQTW2022070707，2022年7月7日。

塘尾姓朱的做点事情。"〔1〕

塘尾村党总支部书记朱伟奇在朱氏宗祠介绍了成立永裕公益协会的原因：

我们宗祠的朱氏，除了塘尾，在上杨村有一个村小组，上田村有两个村小组也是姓朱的。而且塘尾村包含富口村民小组，但是富口又是姓曾的。所以我们成立永裕协会就是这个意思，永裕协会只管朱氏。〔2〕

据朱建设介绍，永裕公益协会的成立筹备工作耗时一年有余。在成立协会的过程中，朱建设主要办理登记手续、联络族内人员、推进日常工作等常规事务，塘尾村党总支部委员朱柏松主要负责整理撰写文字资料、对接政府相关部门等协助性工作。

在协会筹备工作中，塘尾村村民委员会为永裕公益协会筹备组提供了大量的支持。例如在场地方面，塘尾村村委会将村委会办公楼五楼的空房间免费提供给了永裕公益协会作为办公场所。以下为塘尾村村委会向大亚湾区民政局提交的证明：

证明

兹证明我塘尾村石古背33号501房，面积约20平方米，房屋权属归塘尾村民委员会，产权清晰无争议，不属违章建筑。现将501房无偿提供给惠州大亚湾区永裕公益协会办公使用，使用日期为2021年11月20日至2025年11月20日。情况属实。

特此证明

塘尾村村民委员会

2021年12月24〔3〕

根据《惠州大亚湾区永裕公益协会章程》，永裕公益协会的组织机构包括会员（代表）大会、理事会、监事会、秘书处等。其中，会员大会由全体会

---

〔1〕　塘尾村朱学炜访谈录，资料编号：GDHZDYWTWHL2022071404，2022年7月14日。
〔2〕　塘尾村朱伟奇访谈录，资料编号：GDHZDYWXQTW2022070705，2022年7月7日。
〔3〕　《办公住所使用权证明》，塘尾村村民委员会提供，2022年7月7日。

员组成，会员大会原则上每 4 年召开 1 次，以采取无记名投票的方式议事表决。理事会为会员大会的执行机构，理事会由会长、副会长、秘书长、理事组成，依照会员大会的决议和协会章程的规定履行职责。理事会任期 4 年。根据会员大会的授权，理事会在届中可以增补、罢免部分理事，最高不超过原理事总数的五分之一。监事会设监事长 1 名，监事 2 名。监事任期与理事任期一致，期满可以连任。监事会议原则上每 6 个月召开 1 次会议。秘书处负责处理协会日常事务性工作。秘书处办公会议各项议题应形成会议纪要，抄送理事会和监事会。

根据永袼公益协会章程，协会的收入来源包括：（1）按会员大会通过的会费标准收取的会费；（2）在核准的业务范围内开展活动或服务的收入；（3）利息；（4）自然人、法人或其他组织自愿捐赠；（5）政府购买服务或政府资助；（6）其他合法收入。其中，会费标准为：会长、副会长每年缴纳会费 400 元，秘书长、监事长每年缴纳会费 300 元，理事、监事每年缴纳会费 200 元，会员每年缴纳会费 100 元。

通过按照协会规范成立永袼公益协会，塘尾村朱氏宗族提升了宗族的组织化程度，为宗族更好地服务族人、扶贫济困、举办活动、参与乡村治理提供了合法形式，是塘尾村朱氏宗族未来参与乡村治理的重要支撑点与突破口。

总体而言，通过按照宗族规范开展传家训、建祠堂、修族谱、拜祖先、创协会等宗族活动，塘尾村朱氏宗族、塘尾村村"两委"等村庄治理主体将宗族规范从传统规范转化成了村庄治理的具体实践，推动了宗族规范的传承与创新。

五、通过宗族规范的村庄治理效果

通过宗族规范的村庄治理是一种以姓氏血缘为纽带的内生型治理、文化型治理。这种治理模式在实践中能够促进文化建设，提升村庄文明程度；提供祭祖场所，满足村民精神需求；活化传统文化，保育传统文化艺术精华；增进村民交流，提升村庄团结程度；促进德教德化，改善社会治理的微观基础，在乡村治理中具有积极的价值和作用。

其一，促进文化建设，提升村庄文明程度。作为一种以血缘为纽带的治理和文化型治理，塘尾村通过宗族规范的治理以朱子文化为内核，以朱氏宗族为主体，以朱氏宗祠为平台，以传家训、建祠堂、修族谱、拜祖先、创协会等活动为形式，为塘尾村民了解朱子文化、学习朱子家训、掌握朱子礼仪提供了平台与机会，使得塘尾村民特别是朱氏后人在参与村庄治理实践中自觉提升自身精神境界和道德品质，养成良好的行为习惯，提升自身文化修养，最终助力于村庄文明程度的提升。例如，塘尾村朱氏宗族编纂的朱氏族谱开篇便是《朱熹家训》《朱柏庐治家格言》等家规家训。在族谱编纂完成后，塘尾村为每家每户都派发了族谱，使得人人能够持而学习，让村民在优秀的家风家训滋养中涵养良好的品格。村民文化品格的提升最终带来村庄文明程度的提升。在惠阳淡水经营企业的塘尾村朱氏乡贤朱稳武评价说："塘尾那个特点，是很和谐的。"[1]

其二，提供祭祖场所，满足村民精神需求。塘尾村朱氏宗祠是塘尾村朱氏后裔寻根溯祖、拜祭祖先、团聚族人的重要场所。塘尾村朱氏宗祠以祠联、堂匾、楹联、墙刻、碑刻等形式记载了塘尾朱氏的祖先业绩、姓氏郡望、家世渊源、迁徙路径，为塘尾朱氏提供了慎终追远、寻根问祖的场所与载体。作为塘尾朱氏全体族人智慧和心血凝聚而成的产物，塘尾村朱氏宗祠是朱氏裔孙团结奋进的象征，是朱氏后裔的精神寄托。祠堂的建成能够更好地留住塘尾朱氏后人的乡愁，满足村民的精神需求。塘尾村书记朱伟奇谈道，"我们朱氏这个文化，重点还是留住乡愁。重点就这一个"[2]塘尾村朱氏宗祠重建委员会主任朱学炜2011年7月27日在重建奠基仪式致辞中提道：

> 今天重建宗祠，让我们的先祖有一个更舒适的碑位，让我们全体族人拜祭祖先有一个更加宽松、优美的场所。让我朱氏裔孙追本溯源，褒扬我朱氏家族的先人事迹，传承我朱氏家庭的创业精神与文化，记录我朱氏家庭的发展历程，敬祖尊贤、激励后人。[3]

如今，塘尾村朱氏宗祠已成为全体族人祭拜祖先、学习文公思想、进行传统思想文化教育和休闲娱乐的理想场所。而且，塘尾村朱氏宗祠实际上已成为塘尾村的一个公共活动场地。塘尾村村"两委"会在如今清明、元宵、重阳、端午、中秋等节日开展猜灯谜等活动，丰富村民的精神文化世界，满

---

〔1〕　塘尾村朱稳武访谈录，资料编号：GDHZDYWXQTW2022070905，2022年7月9日。
〔2〕　塘尾村朱伟奇访谈录，资料编号：GDHZDYWXQTW2022070705，2022年7月7日。
〔3〕　《塘尾朱氏永祜堂宗祠重建奠基仪式的致辞》，塘尾村村民委员会提供，2022年7月21日。

足村民的精神文化需求。

其三，活化传统文化，保育传统文化艺术精华。作为一种文化型治理，通过宗祠规范的乡村治理实际上运用传统文化、传承传统文化、活化传统文化的过程。传家训、建祠堂、修族谱、拜祖先、创协会等治理实践既是在满足今人的文化需求，也是在传承、活化传统先人的精神文化遗产。例如，在建祠堂的过程中，宗祠重建委员会按照祠堂规范在龙福厅门墙、廊檐、屏风上以丹凤朝阳、松鹤延年、喜上眉梢等花鸟瑞兽或弘扬诗书礼仪为题材刻画了图案。这种做法不仅能够展示雕刻、书法、彩绘等中国古典艺术之精华，而且还能够促进古典文化艺术的传承。在"鲤跃龙门"厅，宗祠重建委员会在正面墙上刻上了能够彰显客家彰显崇文重教的精神的"鲤跃龙门"浮雕，在激励子孙上进的同时促进了传统文化的有效传承。[1]

其四，增进村民交流，提升村庄团结程度。通过开展传家训、建祠堂、修族谱、拜祖先、创协会等治理实践活动，塘尾村朱氏宗族和塘尾村村"两委"促进了村民之间的面对面交流，利用血缘和文化优势凝聚了村民共识，促进了堂为村民在整体上成为一个具有文化特质的文化共同体，提升了村庄的团结程度。例如，《惠州大亚湾塘尾朱氏永祜堂重光庆典活动策划方案》中提到，庆典活动的目标是"将本次重光庆典大会活动打造成为有特色的宗族互相交流、联谊的平台，为社会公益事业和宗亲事业做出积极的贡献，更是为塘尾朱氏永祜堂后裔光宗耀祖的一大盛事"。[2]特别是，永祜公益协会的成立在更大程度上联结了朱氏后人，加强了塘尾村组朱氏后人与上扬村、上田村等朱氏后人的交流和联结，取得了跨区域联结的效果。

其五，促进德治教化，改善乡村治理的微观基础。塘尾村通过宗族规范的乡村治理能够教育子孙后人树立修身立德、勤俭持家、孝老爱亲、崇尚礼义、敦亲睦里、效法先贤、奋发读书、修身齐家、施才报国、为祖争光的理念，引导朱氏后人团结一致、奋发图强，实现德治教化的效果。例如塘尾村朱氏宗祠文德庭内对着天井的墙上刻有朱熹手写的"诚信""正气"四个大字，能够为后人提供精神指引，有利于教化族人成为诚信、正义之人；文德

---

〔1〕《打造朱子学堂 传扬古风家训——大亚湾西区塘尾村家庭文化建设项目文化册》，塘尾村村民委员会提供，2021年10月16日。

〔2〕《惠州大亚湾塘尾朱氏永祜堂重光庆典活动策划方案》，塘尾村村民委员会提供，2022年7月21日。

庭内摆放着石刻的大"书"，书页上刻有朱熹《观书有感》《春日》，能够为后人提供精神标杆，教育朱氏后裔勤奋读书。海隆村民小组原组长朱建设谈及了其参与宗族集体祭祖活动的感悟，这一感悟在一定程度上是对通过宗族规范的乡村治理所具有的促进社会教化功能的印证。以下为朱建设的感悟：

> 有时候会学习一下祖宗的文化，悼念祖先。并不是说拜了就会保佑你。像你们（本书作者）更不会相信这个，我也不相信保佑。那我们为什么会去拜呢？主要是教育下一代，传承一种孝道。让下一代懂得最起码要尊重祖先，每年去祭奠一下。我爸爸当年也是这么给我说，他说如何拜了就有了的话，你就不用去干活了。所以我也不相信。祭奠祖先，相信的人，他们求个心安；我们这些不相信的，能够带领子孙后代孝顺一下，走正道，懂得到过年过节这些节日回来看看。给下一代有个传承。[1]

总体而言，通过按照宗族规范开展传家训、建祠堂、修族谱、拜祖先、创协会等治理实践，塘尾宗族、塘尾村村"两委"能够更好地提升村庄文明程度，满足村民精神需求，保育传统文化艺术精华，提升村庄团结程度，改善社会治理的微观基础，能够更好地祭祖先之灵、激裔孙情志、敦亲和睦族、促宗族兴旺，提升乡村治理效果。

六、结语

作为一种以姓氏血缘为纽带的内生型治理、文化型治理，通过宗族规范的村庄治理具有独特的价值和优势。这种治理模式能够将血缘优势与文化优势转化为乡村治理优势，促进文化传承与德育教化，改善乡村文明程度，提升乡村治理效能。与此同时，塘尾村通过宗族规范的村庄治理同时也面临着空间小、活动少、影响弱的问题，面临固有宗族规范适应现代治理问题，朱子文化与朱氏祠堂的积极作用尚未被充分展现出来。塘尾村朱氏宗族族贤朱学炜感叹道，"我们写得很好，但是做得很不够好。我们的文化很好的，我们老祖宗朱熹的思想都没有流传下来"。[2]

为了更好地发挥通过宗族规范的村庄治理的积极价值，在加强和改善乡

---

〔1〕　塘尾村朱建设访谈录，资料编号：GDHZDYWXQTW2022070707，2022 年 7 月 7 日。
〔2〕　塘尾村朱学炜访谈录，资料编号：GDHZDYWTWHL2022071404，2022 年 7 月 14 日。

村治理的过程中，政府有关部门和塘尾村村"两委"应当对通过宗族规范的治理给予必要的重视，为宗族作用的充分发挥提供政策支持与工作指导，对永祜公益协会等宗族现代发展中出现的新现象、新事物予以关注和支持。同时，政府有关部门和塘尾村村"两委"等治理主体应及时总结和全面分析通过宗族规范的村庄治理的实践经验、主要特点、价值优势，探索可借鉴、可复制、可推广的治理经验、治理举措、治理路径，将通过宗族规范的村庄治理打造成极富地域特色的德化、德教"名片"，以务实管用的方法加强和改善乡村治理。

第十四章

通过庙会规范的渔村治理

——以霞新村杨包庙会为对象

一、引言

庙会是乡村治理的重要场域，也是乡村治理的对象。每年农历三月二十七开始的霞新村杨包庙会（又称"杨包庙渔民朝拜活动"）是大亚湾区霞涌街道霞新村一年一度最重大的活动。杨包庙会的参加人数最多时逾万人，参与人员不仅有本村村民，而且有澳头街道金门塘村村民、霞涌街道新村村村民，还有远在香港的宗亲以及广大游客。

规模甚巨的杨包庙会之所以能够有序运行并能够在三十多年的历史巨变中不断发展壮大，很大程度上依赖于长期积淀形成的一套标准化的庙会组织规范。在习惯法的视阈下，这些共知、共认、共同遵守的庙会组织规范是一种习惯法。作为习惯法的庙会组织规范是庙会活动开展的行动准则和正当性根源，是庙会理事会、村"两委"、房族、村民、游客以及香港同胞等庙会组织者、参与者、观会者、支持者、资助者共同服膺的秩序框架和规范体系。恰如帕森斯评议霍布斯功利主义体系理论时所强调的，"凡是可以进行科学分析的社会秩序，总是一种实际秩序，但这种实际秩序如果没有某些规范性要素有效地发挥作用，以后就不会稳定地秩序下去"。[1]虽然不同于国家制定法，但作为韦伯意义上传统型权威代表的庙会组织规范在实际上作为一种稳定的联合秩序支配着生活本身，是庙会活动中真正有影响力、有生命力的法，

---

〔1〕［美］塔尔科特·帕森斯：《社会行动的结构》，张明德、夏遇南、彭刚译，译林出版社2008年版，第93页。

也即埃利希意义上的"不是在法条中确定的法，而是支配生活本身的法"。[1]
正是在庙会组织规范的指引和保障下，每年的霞新村杨包庙会得以成为一场
充满活力的村民自治活动。

霞新村位于大亚湾区霞涌街
道东南面，南面临海，北面毗邻
新村村，辖区总面积约 9 万平方
米，现有户籍人口 220 户共 815
人，常住人口约 900 人。霞新村
辖下无村民小组，现有村"两委"
班子成员共 5 人，其中大专以上
学历 2 人，女性班子成员 1 人，
实现书记、主任一肩挑和"两委"
班子 100% 交叉任职目标，同时配

霞新村杨包庙（2022 年 7 月 20 日摄）

备法制副主任 1 名、公共服务平台工作人员 1 名、健康专干 1 名及村"两委"
储备干部 1 名。霞新村党支部现有党员 22 人。霞新村是传统渔村，村民多以出
海捕鱼为业，近年来，随着国家对海洋生态环境保护的重视，渔民多数转产转
业，外出务工谋生。[2]杨包庙会是霞新村最重大的活动，现已被评为大亚湾区
第一批区级非物质文化遗产项目和惠州市级第六批非物质文化遗产项目。[3]

在总结通过本土社会规范的基层治理的背景下，对通过庙会规范的渔村
治理展开实证考察和理论分析，对于科学认识庙会规范在乡村治理中的积极
作用、合理利用庙会规范的积极价值、全面提升基层治理效果具有重要的理
论和实践意义。为了准确把握现代乡村治理中庙会规范的实际运行状况和实
际发挥的作用，2021 年 10 月 16 日、2022 年 7 月 20 日我们先后两次到大亚湾
区霞涌街道霞新村就当地特有的杨包庙会组织规范进行实地调查。我们对杨
包庙进行了认真的观瞻，访问了杨包庙理事会负责人和村干部、村民，查阅
了有关杨包庙会的资料，观看了 2019 年杨包庙会的视频，对杨包庙会的组织
规范及其在渔村治理中的作用有了初步的感受。

---

〔1〕 [奥] 欧根·埃利希：《法社会学原理》，舒国滢译，中国大百科全书出版社 2009 年版，第 545 页。
〔2〕 参见《霞新村基本情况》，霞新村村委党务村务公开栏，2022 年 7 月 20 日。
〔3〕 参见《霞新村基本情况（2022 年 4 月 15 日）》，霞新村村委会提供，2022 年 7 月 20 日。

二、通过庙会规范的渔村治理主体

通过庙会规范的渔村治理首先需要人的组织和参与。人是庙会规范的创制者与运行者，是庙会的治理主体。在杨包庙会规范的实际运行中，杨包庙理事会（下文如无特别说明，均指霞新村杨包庙理事会）、霞新村村"两委"、杨包庙理事会骨干、房族组织、香港同胞、杨包庙龙船队、香港妇女理事会、霞新村妇女理事会、基层党政机关等独立的人和集体化的人均发挥着不可或缺的作用。按照杨包庙会的规范，各类主体在庙会活动中各有其责、各具其用，共同使杨包庙会具有了民办、民助、民议、民管的特征。

其一，杨包庙理事会发挥主导作用。杨包庙理事会是村内有威望的热心老人组成的民间组织。在庙会的前期筹备、庙会的资金筹集和庙会的活动开展等主要工作中，杨包庙理事会均发挥着主导作用。第一届杨包庙理事会成员由村内热心老人自荐产生，理事会会长、副会长由理事投票选举产生。2018 年 5 月至今杨包庙理事会组成情况为：名誉会长 4 人，顾问 2 人，会长 1人，副会长 19 人，会员 40 人，理财小组会计 1 人，财务 5 人。

霞新村杨包庙理事会领导机构

名誉会长：苏兆昌　戴海建　苏大铭　李进添

顾　问：李永强　苏兆光

会　长：李汉秀

副会长：李昭来　李　文　李博览　李贵洋　李　洋　苏友林　苏强工
　　　　苏大盛　苏水生　苏业观　苏洋林　李兆决　李伟光　李春旺
　　　　徐进财　苏文生　李新财　石洋鑫　苏志平

会　员：苏保庆　李国强　苏问罗　苏学辉　徐文治　石兆英　苏木兵
　　　　李贵财　李　洋　李水望　李有财　李振华　李宇重　苏海力
　　　　李进丁　苏选宝　石生强　苏　苟　苏干平　苏基锦　苏海金
　　　　苏　观　苏帝泉　李帝岳　苏兆贵　李德泉　苏达周　李日锌
　　　　李　昕　李海龙　苏阳闵　苏菜全　苏天明　苏海昊　李马来
　　　　李基保　李笛望　李海燕　李日升　苏深名

理财小组：

会　计：苏天雄

财务：苏海成 苏海帝 李友记 苏海侠 苏浪贵[1]

需要强调的是，发挥主导作用的杨包庙理事会不仅包括霞新村的杨包庙理事会，还包括香港的杨包庙理事会。香港杨包庙理事会与霞新村杨包庙理事会大约在同一时期成立。香港杨包庙理事会由在港的各房族的代表组成，共十余人。按照庙会组织规范，香港杨包庙理事会主要负责与内地协调对接，召集和组织在港的宗亲、房族回村参加庙会。[2]

其二，杨包庙理事会的骨干成员发挥着重要的促进作用。对杨包庙会组织规范的运行而言，理事会的骨干成员发挥着重要的促进作用。例如，霞新村杨包庙理事会李永强自1986年杨包真庙重建以来便积极参与庙会活动的组织并于2006年经过村民推荐、理事会选举成为杨包庙理事会第四任会长。自任理事会会长以来，其主要工作包括四项："一是打理杨包庙的日常事务；二是主持每一年度的杨包宝诞，主要筹集活动资金和安排活动流程；三是带徒弟，传承渔民朝拜仪式，主要的徒弟有苏海成、苏天雄、苏海帝等人，传承主要是在活动中学习，而师父也是在活动中传授朝拜仪式各项事项；四是宣传推广渔民朝拜仪式。"[3]此外，虽然杨包庙理事会成员并无工资报酬，但其还是会按照10天/组（4人）、每月3组的分工自觉到杨包庙内值班并且在逢年过节时主动作表率进行捐款。[4]

其三，霞新村村"两委"发挥主责作用。在杨包庙会的组织活动中，村"两委"发挥着承上启下的主责作用。从向主管机关报备到提供活动场地、提供安全保卫、申请活动经费再到申报各级文化遗产项目等，均离不开村"两委"的指导、帮助和推动。村"两委"不仅在庙会活动中指导和帮助杨包庙理事会开展工作，而且还在非庙会时间积极扶持和帮助理事会开展工作。例如为了解决作为"霞涌八景"之一的杨包庙的运作维护经费短缺问题，霞新村村民委员会利用直接对接基层政权的工作便利和优势，积极向霞涌街道办

[1]《霞新杨包庙理事会领导机构》，霞新村杨包庙内墙上张贴，2022年7月20日。
[2] 霞新村杨包庙理事会苏海波访谈录，资料编号：GDHZDYWXCXX2022072002，2022年7月20日。
[3] 惠州市大亚湾区霞涌街道办事处文体服务中心：《省级非物质文化遗产代表性项目推荐申报书》（2021年2月26日），霞新村村委会提供，2022年7月20日。
[4] 霞新村杨包庙理事会苏海波访谈录，资料编号：GDHZDYWXCXX2022072002，2022年7月20日。

事处申请经费，为杨包庙理事会争取经费支持。

关于申请霞新村杨包庙运作经费的请示

霞涌街道办事处：

渔民传统文化是霞涌海洋历史文化的重要组成部分，其中霞新村杨包庙会更是市级非物质文化遗产项目，目前正在申报省级非物质文化遗产项目。由于我村集体经济十分薄弱，无法给予杨包庙理事会经济上的支持，致使杨包庙日常工作难以运作。为进一步弘扬霞新村渔民传统文化，推动我村文化建设，提高村民参与文化娱乐活动的活跃度，现特向街道办事处申请杨包庙运作经费一万元。

特此请示。

霞新村村民委员会
2021 年 3 月 22 日〔1〕

其四，霞新村房族组织发挥主要作用。作为杨包庙会活动中公开出镜最多的组织之一，霞新村各房族在庙会规范执行中发挥着主要作用。庙会期间的巡游、祭拜、舞龙舞狮表演等，均由霞新村各房族组织完成。这些表演活动具体由各房的负责人"族老"负责组织和协调。霞新村共有四大房，其中李姓有 1 房，苏姓有 3 房。另有小房十余家。各房主要以花炮会的形式公开参与庙会活动。各大房的花炮会主要负责组织大房的开展舞龙、舞狮等大型表演；小房也会参加表演，但受人数所限，其表演队伍和表演种类相对较少。

其五，香港同胞发挥着关键支撑作用。无论是杨包庙的重建，抑或是杨包庙会规范的形成和运行，均离不开在港的霞新村原村民的人力与资金支持。霞新村党支部书记李文亮提道：

重点是需要香港那一帮人过来，我那一房才凑够人。我们李姓大房有两条龙、四盘狮，好多设备，划龙船，等等。两条龙需要 30 多个人，四盘狮需要 10 个人。现在我们姓李的在村内只有三百来人，在香港人的李姓有七八百人。所以完全靠我们内地这一帮人真的不够。〔2〕

---

〔1〕《关于申请霞新村杨包庙运作经费的请示》，霞新村村委会提供，2022 年 7 月 20 日。

〔2〕霞新村党支部书记李文亮访谈录，资料编号：GDHZDYWXCXX2022072003，2022 年 7 月 20 日。

对从霞新村去香港的同胞发挥的作用，杨包庙理事会副会长苏海波深有同感：

以前我们这个村 1978 年、1979 年的时候有两千多人，后来 1979 年之后一千七百多人去了香港，只剩下三百多人。到现在随着新的人口出生以及外来人口迁入我们村才恢复到目前的八九百人。所以杨包庙会主要人手还是靠香港。如果香港人来得不够多，我们的龙、狮就不得不减少了，就不热闹了。[1]

同样的，霞新村卫生站 73 岁的村民苏海龙直言"香港人"的重要性：

我们这个杨包庙会就是靠香港人搞起来的。香港人每年都会回到村里支持办庙会。[2]

霞新村在香港的同胞在庙会中发挥着关键作用。香港同胞的推动与支持是杨包庙会能够活动顺利开展的关键因素，是三十余年来庙会规范走向完善成熟以及庙会规范能够运转起来的关键支撑。

其六，霞新村杨包庙龙船队、香港妇女理事会、霞新村妇女理事会、基层党政机关等其他组织发挥辅助作用。在庙会规范的运行过程中，除了杨包庙理事会、杨包庙理事会的骨干成员、霞新村村"两委"、霞新村房族组织、香港同胞等组织或个人，霞新村杨包庙龙船队、霞新村妇女理事会以及基层党政机关发挥着重要的辅助作用。其中，霞新村妇女理事会的成员主要是村内热心的老年女性，主要负责准备祭祀用的香、宝珠等祭神材料以及做好后勤工作，在庙会中扮演义工角色。杨包庙龙船队的主要成员为村内年轻女性。由于霞新村由原霞东生产队、霞西生产队合并而来，因而两个生产队的龙船队在合并后分别称为东队和西队。龙船队在庙会活动中主要负责划龙船表演。[3]此外，治安联防队、基层政权机关等也发挥着重要的辅助作用，例如在 2012 年杨包庙会期间，霞新村治安联防队、村内热心青年、民兵以及霞新村村

---

〔1〕 霞新村杨包庙理事会苏海波访谈录，资料编号：GDHZDYWXCXX2022072002，2022 年 7 月 20 日。

〔2〕 霞新村卫生站苏海龙访谈录，资料编号：GDHZDYWXCXX2022072001，2022 年 7 月 20 日。

〔3〕 霞新村卫生站苏海龙访谈录，资料编号：GDHZDYWXCXX2022072001，2022 年 7 月 20 日。

"两委"干部、霞涌边防派出所公安干警等，共同为庙会提供治安保障。[1]

香港妇女理事会、霞新村妇女理事会、霞新杨包庙
理事会成员名单（2022 年 7 月 20 日摄）

庙会规范的产生、形成与发展完善是上述各类组织和个人共同发挥作用的结果，他们是渔村治理的主体。在庙会规范的框架下，上述各类组织和个人分别扮演好自身角色，共同保障了庙会活动的生生不息。

三、通过庙会规范的渔村治理规范

根据传统的仪轨，在筹备、组织和参与庙会活动的过程中，杨包庙理事会、霞新村村"两委"、杨包庙理事会骨干、房族组织、香港同胞、杨包庙龙船队、香霞新村妇女理事会、基层党政机关等庙会组织共同体须按照活动分工分别发挥作用。其中，杨包庙理事会的职责最为重要。为了保证庙会的顺利开展，杨包庙理事会不仅需要进行会前筹款、确定祭拜流程、组织请神仪式、聘请地方戏班、主持巡游巡演、维持朝拜秩序、举行谢神仪式、安排后勤伙食、管理服务外来参会人员等常规统筹、部署工作，还需要积极向大亚湾区宣教局、惠州市公安局大亚湾区分局、霞新村村民委员会等进行活动报批和场地申请等非常规的申请请示工作，从而确保庙会活动顺利开展。

为了保障庙会有序开展，与庙会相关的其他各主体也须分别扮演好自身的角色，发挥好自身在人员召集、组织对接、巡游表演、安全保卫等方面的作用。在履行职责、扮演好自身角色的过程中，各类主体均需按照杨包庙理事会制定的标准化的活动流程方案开展行动。以下是杨包庙理事会制定的一套标准化制度：

---

〔1〕 参见《霞新杨包庙理事会、杨包真人宝诞庆典活动时间、地点、内容安排》，霞新村村委会提供，2022 年 7 月 20 日。

杨包庙渔民朝拜庆典活动流程

一、活动地点：霞涌街道霞新村杨包庙

二、活动时间：（一般情况是）农历三月二十六至四月初一。

三、具体活动安排：

1. 农历三月二十六，全村村民及杨包庙理事会工作人员到杨包庙"请神"。有舞狮迎接霞涌天后宫神像、新港村天后宫神像、太皇爷神位到杨包庙众神房等座及供拜。晚上开始做大戏剧。

2. 农历三月二十七日（即宝诞日）早上6时至8时霞新村各家各户以及霞涌各村村民、澳头金门塘村民、惠东范和村民等到杨包庙"还神"和"还炮台"（杨包真人神像）。

8时至11时30分霞新村有四大房轮流"还神"及"还炮台"，有舞龙舞狮、划龙舟、桃花篮等祭神表演。

11时30分至12时各房到杨包庙主席台领炮台，下午2时30分到4时30分开始看大戏。

3. 农历三月二十八日起每天下午2时30分至4时30分、晚上7时至12时看大戏。

4. 做大戏剧最后一天把各神庙请来的神像送回各神庙。

四、活动结束，清拆各种装饰。

霞新村杨包庙理事会[1]

在庙会经费管理方面，按照长期形成的庙会规范，杨包庙会的收入来源主要包括村民捐款、港澳宗亲赞助、上级拨付等；[2]杨包庙会的支出项目主要为延请戏班、布置场地、提供伙食等。其中，杨包庙理事会负责管理庙会总体层面的收支，例如按照庙会经费收支规范，所有抢到炮台的房族均须向理事会交付1000元油香钱，其中抢到寓意最好的第七炮须支付

---

[1] 《杨包庙渔民朝拜庆典活动流程》，霞新村村委会提供，2022年7月20日。

[2] 据杨包庙理事会苏海波介绍，由于2015年杨包庙会被列为市一级非物质文化遗产，因而自2015年来，惠州市每年发放的10 000元文化遗产补贴。霞新村杨包庙理事会苏海波访谈录，资料编号：GDHZDYWXCXX2022072002，2022年7月20日。

1327 元。〔1〕各房族组织负责管理本房族的收支。按照房族筹集经费的传统，各房花炮会的活动经费主要是房内人员捐赠或按照房内人数均摊。例如，2019 年杨包庙会期间，李姓大房平均每人出 100 元，用于支持花炮会开展工作。

值得注意的是，杨包庙会经费财务规范的一条重要原则是公开公布、账目清楚。按照 2013 年制定的财务规范，捐款 200 元以上者，杨包庙理事会均应将之张榜公布，接受村民监督。〔2〕

在安全保障方面，按照长期形成的庙会规范，村委会应当组织霞新村治安联防队、民兵、本村青年以及村"两委"干部等集体或个人参与庙会秩序维持和安全保障工作，为庙会活动提供安全保卫等外围帮助。此外按照长期形成的惯例，霞涌边防派出所也须在庙会期间安排公安干警到现场，配合理事会、村委会等村内主体一同维持庙会秩序、防范安全风险、解决安全问题。以下为 2017 年杨包庙会期间霞新村村民委员会编制的庙会秩序维持人员名单。

霞新村治安人员值班安排

李未嘉、苏雄伟、苏邦镇、苏添锋、苏洪威、李冲光、苏捌城、石海意、李城洋、苏亮波、李志勇、苏天雄、李水旺、苏道通、苏维海、苏雄鸿、徐双谦、李景意、苏马龙、李天辉

霞新村村民委员会
二〇一七年四月十日〔3〕

此外，根据长期积淀形成的不成文的庙会规范，霞新村杨包庙理事会、香港杨包庙理事会以及村组党组织、村民委员会应共同讨论与庙会相关的重大事项。例如，由于村内建设与杨包庙会的举办场地和物质载体——杨包庙高度相关，2019 年 4 月 16 日（农历三月十二，杨包庙会筹备期间），内地的

---

〔1〕 在各房族通过抽签形式"抢"到炮台之后，各个大房还会进行第二次抽签，确定具有哪一户获得供奉神像的资格。抽到供奉杨包神像资格的家户相应地支付更多的油香钱。
〔2〕 参见《霞新杨包庙理事会机构（2013）》，霞新村村委会提供，2022 年 7 月 20 日。
〔3〕 《霞新杨包庙理事会、杨包真人宝诞庆典活动时间、地点、内容安排》，霞新村村委会提供，2022 年 7 月 20 日。

"霞新村杨包庙理事会"、香港的"香港杨包庙理事会"、霞新村村"两委"班子在霞新村村委会共同召开了"杨包庙理事会议事大会",共同讨论将妈娘庙迁移至杨包庙和将军庙旁边。

会议内容

关于霞新村党群服务中心建设及霞新村东南面入口整顿改造问题,因涉及我村风俗,把原戏台拆掉重建以及迁移妈娘庙,需经过理事会讨论,征求其意见。

经杨包庙香港理事会、大陆理事会、村"两委"讨论,举手表决同意将戏台重建;举手表决同意将妈娘庙迁移至杨包庙、将军庙旁。[1]

总体而言,杨包庙会的组织规范具体规定了谁来组织庙会、经费如何筹集与使用、人员如何分工、安全保障工作如何做等具体事宜,为庙会活动的开展提供了方向指引与操作指南。虽然杨包庙会规范的内容大多是不成文的,但庙会组织者与庙会参与者对这些规范已熟稔于心,能够在庙会期间按照庙会组织的要求,自觉履行自身义务、行使相关权力(利)。正是在庙会规范的框架下,杨包庙会得以年复一年地有序展开。当然,上述规范并非庙会规范的全部内容。完整意义上的杨包庙会规范的内容包括主体规范、经费规范、分工规范、流程规范、保障规范、对外规范等。这里仅重点展现最具辨识度的规范内容。

四、通过庙会规范的渔村治理运行

通过庙会规范的渔村治理运行主要是指在庙会组织共同体的推动下,庙会规范从静态转化为动态、从制度转化为行动、从理念转化为实践,将作为历史经验结晶的庙会规范具体化为庙会活动中的生动实践。

在庙会规范的框架下,渔村治理共同体共同执行着庙会的组织规范。例如按照惯例,2017 年杨包庙理事会为了获得足够的庙会举办场地、获得基层政权许可,分别向霞新村村民委员会、惠州市公安局大亚湾区分局及霞涌边防派出所递交了申请书。在向村委会提交的场地申请书中,杨包庙理事会说明了庙会的举办时间、地点等基础信息,简要说明了申请场地的原因。

---

〔1〕《杨包庙理事会议事大会》,霞新村村委村(社区)党群联席会议记录本,2022 年 7 月 20 日。

申请书

霞新村村民委员会：

我霞新杨包庙理事会商量决定，于 2017 年 4 月 22 日至 26 日要在本村杨包庙前戏台活动场，举行霞新杨包真人宝诞盛会。有舞龙、舞狮等大戏剧活动。先特向村委会申请将该场地留给杨包真人宝诞盛会使用。

以上请示当否，请批复。

霞新杨包庙理事会

二〇一七年四月十日〔1〕

在向惠州市公安局大亚湾区分局及霞涌边防派出所递交的活动申请报告中，杨包庙理事会论述了举办庙会的价值与意义，说明了庙会举办时间，汇报了庙会参加人员、主要活动项目、治安保卫措施等基本情况，在此基础上向大亚湾区公安部门申请批准庙会的举办。

关于霞新村杨包真人宝诞庆典活动申请报告

惠州市大亚湾区公安分局、霞涌边防派出所：

兹有我霞涌霞新村为传承我村特色传统文化，弘扬我村热爱劳动珍惜自然馈赠的精神，今年于农历三月二十七日（即新历四月二十二日至二十六日）共五天，举行杨包真人宝诞庙会。届时有来自香港的同胞，惠东范和、㟖寮、澳头金门圹村、前进村以及霞涌街道各村村民参与。庙会有做大戏剧、村民舞龙舞狮等活动（剧团请陆丰市山门新艺白字剧团演出，全团共有 30 人）。治安保卫措施由本村治安联防队、民兵、村"两委"干部、霞涌边防派出所公安干警，共同维持社会治安，望大亚湾区公安部门批准为谢。

以上请示当否，请批复。

霞新杨包庙理事会

二〇一七年四月十日〔2〕

---

〔1〕《霞新杨包庙理事会、杨包真人宝诞庆典活动时间、地点、内容安排》，霞新村村委会提供，2022 年 7 月 20 日。

〔2〕《霞新杨包庙理事会、杨包真人宝诞庆典活动时间、地点、内容安排》，霞新村村委会提供，2022 年 7 月 20 日。

在庙会规范的指引下，每逢庙会，杨包庙理事会均积极筹措资金。其中在 2019 年杨包庙会期间，"杨包庙理事会共取得收入十来万元，支出十来万元。主要支出包括：唱戏支出五六万元，伙食一两万元，布置戏台等支出几万，搞一次庙会能存下二三万元资金"。[1]庙会活动剩余资金主要用于杨包庙日常维护。如果没有这两三万元，

2005 年 5 月 5 日杨包庙重修、杨包金身美饰
捐款芳名榜（2022 年 7 月 20 日摄）

杨包庙的日常运行维护就会面临困难。但最近三年因为疫情庙会无法举办，难以留存剩余资金，导致杨包庙的日常维护面临着一定的困难。[2]

根据传统的仪轨，杨包庙理事会每年都会在庙会前制定详细的活动流程，作为当年具体化的庙会规范，指引和规范庙会活动的具体开展。以下是 2017 年杨包庙理事会制作的杨包庙会具体时间、地点和内容安排。

霞新杨包庙理事会、杨包真人宝诞庆典活动时间、地点、内容安排

一、2017 年 4 月 23 日上午 8 时至 12 时，有舞龙、舞狮等庆典活动。下午 5 时至晚上 7 时做戏。

二、地点：霞新村杨包庙活动场。

三、2017 年 4 月 22 日至 26 日下午 2 时至 4 时 30 分做大戏剧，晚上 7 时至午夜 1 时做大戏剧。

四、治安保卫措施：本村治安队、青年、民兵、村"两委"干部、边防派出所公安干警。

霞新杨包庙理事会

二〇一七年四月十日[3]

---

〔1〕霞新村杨包庙理事会苏海波访谈录，资料编号：GDHZDYWXCXX2022072002，2022 年 7 月 20 日。

〔2〕霞新村杨包庙理事会苏海波访谈录，资料编号：GDHZDYWXCXX2022072002，2022 年 7 月 20 日。

〔3〕《霞新杨包庙理事会、杨包真人宝诞庆典活动时间、地点、内容安排》，霞新村村委会提供，2022 年 7 月 20 日。

在庙会规范的指引下，每逢杨包庙会，杨包庙理事会、各房族等庙会治理共同体，均会自觉地推动着杨包祭拜活动有序开展。以下为每年杨包庙会祭拜活动的基本流程：

第一，请神。庙会的前一天（农历三月廿六）早上，在霞新村杨包庙理事会的主持下身着彩装的霞新村男女老少到杨包庙恭请杨包真人上轿，狮队、龙队在霞新村桥头迎接神明到来。之后在锣鼓声中开始巡游，邀请各路神仙与杨包真人一起看戏。巡游路上，先接霞涌的妈娘神像，再接新港的妈娘神像，最后接大王爷，绕村巡游一圈后回到杨包真人庙会。回到杨包庙后，将恭迎来的众神像供奉在杨包庙众神座上，与杨包真人一同看大戏、接受村民祭拜。第二，拜神。杨包庙会当天（农历三月廿七）早上，各房族在锣鼓齐鸣声中挑着祭品、捧着"炮台"先后来到杨包庙外。首先由小房叩首祭拜，之后8时一直到11时四大房族严格依照抽签顺序进行依次进场叩首祭拜。各房族在手捧杨包真人像的老者带领下将贡品挑到杨包庙前供奉起来并虔诚地上香、作揖、跪拜。除了朝拜，四大房族还会按照抽签顺序分别进行时长约半小时的广场表演，通过炫技式表演娱神谢神、求神庇佑。第三，"抢"炮台。拜神仪式结束后，霞新村十余个大小房族以及香港宗亲以抽签的形式"抢"炮台。所谓炮台也即杨包真人神像，共21尊。[1]能否"抢"到炮台完全看运气。若霞新村村民"抢"到炮台则由舞狮队将杨宝真人像送至抢到者家中供奉；若香港宗亲抢到炮台则先存放于庙内，待其返港带回供奉。所有抢到炮台者须于翌年还神。第四，唱大戏。从廿六晚上开始至初一，每天中午2时至4时、晚上7时至零时，村中延请的戏班子唱两场学佬戏等地方古老戏种。戏班队伍规模通常在30人左右，主要分别来自海陆丰、梅县、江西等地。第五，谢神。农历四月一日之前，须择日（通常为三月三十）谢神，护送妈娘、大王爷等各路神明回庙，感谢神明的庇佑。[2]

总体而言，通过庙会规范的渔村治理实践的运行过程具有内外合治、民

〔1〕 "抢"炮台的原初形式是将代表炮台的标签用土炮轰上天，村民哄抢标签。抢到者可获得杨包真人像。1986年杨包真人庙重建之后村民相约以抽签的形式决定请走哪一尊神像。霞新村卫生站苏海龙访谈录，资料编号：GDHZDYWXCXX2022072001，2022年7月20日。

〔2〕 霞新村卫生站苏海龙访谈录，资料编号：GDHZDYWXCXX2022072001，2022年7月20日；霞新村杨包庙理事会苏海波访谈录，资料编号：GDHZDYWXCXX2022072002，2022年7月20日。

众主治、协同共治等特点。在治理实践中，霞新村内的治理力量与霞新村外的在港宗亲形成了治理合力，共同推动了庙宇的重建、庙会的兴起、庙会资金的筹措、庙会人手的提供、涉庙重大事项表决等具体工作，具有突出的内外合治的特征；在治理实践中，广大民众构成了渔村治理的主体基础，由民众自发形成的民间组织发挥着主导作用，庙会规范的运行主要是民众的自组织过程而非他组织过程，具有明显的民众组织的特征；在治理实践中，村"两委"以及基层政府主管部门协同参与了渔村治理过程，发挥着一定的指导和保障作用，使渔村治理过程具有了协同共治的特征。

五、通过庙会规范的渔村治理效果

杨包庙会的组织规范是勤劳智慧的霞新村人长期生产生活创造的结晶，是内外多种因素共同作用的结果。在庙会规范下开展的杨包庙会活动本身以及庙会规范的运行能够在很大程度上为渔民提供安全期待、维护渔村团结、发展渔村经济、促进渔家文化传承、愉悦渔民心灵，有着重要价值和意义。

其一，提供安全期待。杨包信仰及杨包庙会之所以兴起的根本原因在于早期自然环境恶劣，渔民装备简陋，出海谋生常有生命危险，深感自己的命运难以把握。处于不确定风险中的渔民为祈得海不扬波、出海平安，将生计与信仰相连，希望超自然力量的神灵能解决现实困难。杨包真人在这样的情况下成为人们的精神依靠并由此形成了杨包庙会以及与之相随的庙会规范。诚如马林诺夫斯基所言："宗教并非产生于玄想，更非产生于幻觉或妄解，而是出自于人类计划与现实的冲突，以及个人与社会的混淆。"[1]图生存、求平安是庙会的现实功利主义面向。无论是图腾崇拜、自然崇拜、祖先崇拜、生殖崇拜、灵物崇拜、鬼神崇拜等原始信仰崇拜抑或是其他原始信仰崇拜，其心理基础均不外乎万物有灵论和灵魂不灭论，思想内核均在于对超自然力量的崇拜。通过崇神祈灵，渔民们得以缓解心理上的恐惧与害怕，在心灵港湾里获得安全感和归属感。

---

〔1〕 ［英］马林诺夫斯基：《文化论》，费孝通等译，中国民间文艺出版社 1987 年版，第 75～76 页。

杨包庙（2022 年 7 月 20 日摄）

其二，维护渔村团结。在乡村治理中，真正将社会凝聚起来的是罗伯特·芮德菲尔德意义上的小传统，而不是"由为数很少的一些善于思考的人们创造出的一种大传统"。[1]作为一种将社会凝聚起来的小传统，庙会规范规定着哪些主体能参加庙会、各类主体在庙会中分别应扮演的角色与肩负的任务。这些庙会规范能够通过增进社会互动、促进民众交往、提供社交平台来建立共同的情感和价值观，促进个体与个体、个体与群体、群体与群体的联结互动，将逐渐原子化的个体凝聚为整体，促进社会资本交换、推动社会团结，从而形成区域治理共同体。具体而言，庙会规范从促进村内团结、强化村际联结和促进外部团结三个方面推动了渔村社会团结。一是强化内部团结，助益区域内聚力的形成。按照庙会规范，全村村民均应参加庙会，庙会期间应家家参与、人人出力，形成了"以村为单位的非自愿性组织"[2]。庙会规范通过维系并强化邻里血脉亲情和乡情的方式来促进内部整合，使村庄成为具有共同价值目标的庙会共同体。二是强化村际联结。大亚湾区沿海疍民聚居的霞涌街道霞新村、澳头街道金门塘村等均信奉杨包真人。但由于杨包庙在霞新村并且金门塘并不举办杨包庙会，因而每年杨包庙会期间，附近的金门塘村、新村村照例也组织队伍前来朝贺、送来表演，由此村际之间的联结得以维持和强化。三是促进海内外团结。每逢霞新村杨包庙会，来自海外与内

〔1〕 ［美］罗伯特·芮德菲尔德：《农民社会与文化：人类学对文明的一种诠释》，王莹译，中国社会科学出版社 2013 年版，第 95 页。

〔2〕 ［美］杜赞奇：《文化、权力与国家：1900—1942 年的华北农村》，王福明译，江苏人民出版社 2008 年版，第 90 页。

地的宗亲齐聚一堂，共同参加盛大庆典。例如，每逢杨包庙会，定居香港的苏来观都会返回霞新村，到杨包庙还愿。而且苏来观还会让子女返乡帮忙，帮助解决舞龙舞狮人手年轻人不够的问题。[1]作为一种情感联络机制，庙会规范能够维系并强化血脉亲情，拉近人与人之间的空间距离，催生信仰共同体，形成良善的区域公共文化，促进民族认同和国家认同，这也是杨包庙会之所以能够常盛不衰的重要动力所在。

其三，发展渔村经济。庙会规范的运行从村民个体和村集体两个层面促进了渔村经济的发展。一是在村民个体层面增加了渔民的收入。一年一度的杨包庙会不仅是霞新渔民的盛大活动，更已经成为霞涌街道的一张旅游名片，吸引着无数游客慕名观看。在庙会举行的 7 天时间内，大量的人流带来了大量的祭祀仪轨消费、餐饮娱乐消费、交通住宿消费等相关消费，游客数量远超渔民数量，形成了一个以庙会为中心辐射周边的经济圈。在此背景下，霞新村部分村民注重利用好杨包庙会等海洋文化、渔家文化资源和人流增加的机遇，建立了途居民宿、近海阁民宿、海悦客栈、星河洲酒店等渔家特色民宿与特色客栈，增加了村内就业、提升了村民收入。二是在村集体层面增加了霞新村集体经济收入。2018 年霞新村村民委员会充分发掘和利用以杨包庙会为代表的渔家文化的积极作用，成立了霞新村迅驰文化传播有限公司，将文化资源转化为经济资源。该公司通过挖掘推广特色渔家旅游产品及特色渔村文化，对外承接广告宣传、活动策划、海产品销售、船舶管理等业务，在2018 年取得经营利润 4 万元，改变了霞新村集体经济"零"收入的历史。2019 年该公司为村集体增收 20 万元以上，有效增加了村集体经济收入。[2]

其四，促进渔家文化传承。历史是昨天的现实，杨包庙会规范是传统海洋民俗文化的制度化形态，是霞新村疍民特有的文化、心理、意识的制度化呈现，是制度文化与行为文化的精华，是传统文化的规范化表达。根据《归善县志》《惠州府志》等历史文献的记载，杨包庙会源于当地传统的"朝拜会"。年复一年地执行被模式化了的庙会规范本身就是在反复实践传统文化、不断延续制度化的传统文化。通过机制化、规范化地举办庙会，传统文化得

---

〔1〕 "大亚湾霞涌霞新村杨包庙会盛况　快来感受下吧!"，载 https://mp.weixin.qq.com/s/xxU1p E4VW0MLZf0j7LYRlg，2022 年 3 月 15 日最后访问。

〔2〕 参见《惠州大亚湾区霞新村在主题教育中"强四心、提四力"力促软弱涣散有效转化》，霞新村村委会提供，2022 年 7 月 20 日。

以实现其濡化功能，浸染人心并世代相传。例如，在杨包庙理事会第四任理事会会长李永强老人的教导下，其弟子苏海成参与理事会工作已逾 20 年并接替李永强继续组织操持筹备庙会活动。[1]这种师徒式的新老交替保证了庙会规范的有效传承，实现了原生态文化事象的代际传衍，完成了文化人类学意义上的"文化濡化"（enculturation）。而且庙会规范分别规定各类特定主体穿戴特定服饰、开展特定行为、言说特定祭辞，执行这些规定实则在传承与之相关的传统文化：庙会规范要求祭拜人员穿着渔家服饰实则是在传承传统服饰文化、庙会规范要求演职人员唱学佬戏实则是在传承传统曲艺文化、庙会规范要求主祭人员按固定话术言说祭辞实则是在传递传统辞赋文化。这些与庙会活动相关的传统服饰文化、传统曲艺文化、传统辞赋文化随着庙会规范的反复执行得到固化、传承和发扬。

其五，愉悦渔民心灵。庙会规范以敬神为出发点，而落脚点则在于娱人。按照杨包庙会的娱人规范，每年农历三月廿七霞新村家家户户都会根据约定俗成的庙会规范张灯结彩、身着盛装，迎接杨包庙会的到来。[2]三月廿七早上，霞新村各个房族先后在大街小巷开展浩浩荡荡的巡游。按照仪轨，旗号手走在巡游队伍最前方，负责引领队伍向杨包庙会前行。其后几十名统一着装的青壮男性手举彩龙进行舞龙舞狮表演，年轻女性进行骑纸马表演，小女孩挑花篮进行转圈表演，小男孩举着纸鱼纸虾穿插其中，中年妇女头戴七彩斗笠有节奏地表演划龙船，壮劳力负责担抬祭品，锣鼓队负责卖力打鼓声营造气氛，生动演绎了大亚湾疍民原生态的海滨生活。[3]在舞龙表演中，渔民与游客会踊跃地穿过龙身，寓意自己此后能够行好运。周边看热闹的群众则在喜庆欢腾的气氛中自觉吆喝起来。"民俗终岁勤苦，间以庙会为乐。"对多数参与者来说，庙会的真正意义是尽兴玩乐，满足追求快乐的本我需求。庙会规范能够帮助人们祛除生活中的烦闷，是村民们枯燥生活、单调节奏、辛苦劳作的调节器，使得人们能够得到暂时的休息、放松。而且近年来随着时

---

〔1〕　张晨、温尉、曾丽娟："霞涌街道霞新村举行百年民俗杨包庙会"，载 http://www.dayawan.gov.cn/zfxxgkml/hzsdyw/qt/dywxxgzjb/content/post_ 2195082.html，2022 年 3 月 20 日最后访问。

〔2〕　国人"好热闹"，习惯于追求"热闹"的效果，重要的集体活动和人生礼仪若办的"热热闹闹"则脸上有光，反之"冷冷清清"则有失面子。

〔3〕　"大亚湾霞涌霞新村杨包庙会盛况　快来感受下吧！"，载 https://mp.weixin.qq.com/s/xxU1p E4VW0MLZf0j7LYRlg，2022 年 3 月 15 日最后访问。

代的变迁，渔民朝拜文化逐渐转变角色，朝拜歌舞实际上成了当地村民的娱乐节目。在狂欢式的精神洗礼之后人们得以焕发出新的精神状态来迎接世俗生活。

六、思考与总结

通过庙会规范的渔村治理是一种结合型治理和以信仰为纽带的基层治理。以信仰为纽带，霞新村杨包庙会规范不仅有效联结起了村民与房族、房族与理事会、理事会与村民自治组织、霞新村与兄弟村，而且还联结起了内地与香港，促进了多种主体的互动与结合，在乡村治理中产生了重要的积极作用。

我们应当重视庙会规范在乡村治理中的积极作用。作为自然演进的产物，杨包庙会规范诞生于、成长于、生存于特定的自然和社会环境，具体特定的社会基础。在庙会规范赖以存在的社会基础没有发生根本改变的情况下，庙会规范必将长期存在。以杨包庙会规范为例，在1875年霞涌疍民兴建杨包庙后杨包祭拜活动日渐流行，庙会规范随之产生。改革开放后，在疍民们的自发组织下，杨包庙于1986年得到重建，庙会活动随之回归，庙会规范亦再次登上历史舞台。[1]重视庙会规范不仅是其不可消灭并将长期存在的现实使然，更是其在乡村治理中所具有的积极作用和独特优势使然。庙会规范在乡村治理中必将长期存在并发挥着十分重要的作用，我们应当对之予以重视并加以妥善利用。

当然，需要注意的是，杨包庙会本身以及杨包庙会规范的存续和发展也面临着一定的风险和问题：

其一，杨包庙会本身过于依赖霞新村在香港的同胞，未来发展可能会受限。目前杨包庙会的存续和发展在很大程度上依赖于霞新村在香港的同胞。香港同胞和香港杨包庙理事会的经费和人力支持对杨包庙会的开展发挥着举足轻重的作用。例如在2018年杨包庙会前，霞新村杨包庙龙船队共得到1.78万元人民币捐款、3.55万元港币捐款，香港同胞的经济支持发挥了主要作用。霞新村党支部书记李文亮提道："庙会的主要困难是经济困难。搞一次庙会要花很多钱的，但是有的房族不用出人头费，因为本房族在香港做工赚到钱的那几个人直接把钱包了。当初重建杨包庙也主要是靠香港人，那时候他们找

---

[1] 参见《杨包真人与螺岛——史记传说中的杨包真人》，霞新村杨包庙内墙上张贴，2022年7月20日。

点钱比较容易。"〔1〕杨包庙理事会副会长苏海波提及,"这个庙会主要靠香港人,没有香港人支持我们也搞不起来。刚才也说了,我们生活比较困难"。〔2〕未来,杨包庙会能否继续办下去、能否进一步扩大其影响力以及杨包庙会的组织规范能否继续发挥作用,在很大程度上依赖于香港同胞和香港杨包庙理事会的人力支持和经济支持。为了应对这样的问题,在杨包庙理事会积极探索可持续发展模式的基础上,未来霞新村村"两委"以及基层政府有关部门应加强对庙会的引导与支持,助力于庙会的长远发展。

其二,杨包庙会规范的实施效果可进一步提升。目前庙会规范的形态主要是约定俗成的不成文规范,其实施在很大程度上依赖于理事会会长的人格魅力与权威。例如,在李永强担任会长期间,杨包庙理事会能够较为高效地运转,但在其退任之后,理事会的运行则遇到了一定的困难。2017年12月19日的霞新村党群议事扩大会议记录中写道:"自李永强退任杨包庙理事会会长,理事会机构一直比较混乱。昨天理事会会议选举苏海成为会长,苏海帝、苏天雄任副会长。"〔3〕而且,霞新村的新一代村民很多不再靠捕鱼为生,杨包保佑出海平安、满足安全需求、提供安全期待的功能正在降低,庙会规范的传承可能会面临主体动力减弱的问题。

为了推动庙会规范的有效实施,村"两委"、理事会等须更新治理理念、治理方式和治理规范,推动庙会组织机构的运行走向成文化、制度化和成熟化,为庙会规范的完善与运行以及庙会活动的有效传承奠定主体基础和组织基础。具体而言,可以采取以下两种措施引导、规范、保障和促进庙会规范在乡村治理中发挥更大的积极作用:一方面,通过整建制双重制度化总结提炼庙会规范,形成成文化的单行性村规民约。具体而言,村民自治组织可以在有关部门的指导下观照历史传统经验,对既有的庙会规范进行调查挖掘与系统总结,形成专门适用于庙会活动的单行性村规民约,以文字化形式重述和呈现庙会规范,使之能够更为清楚、准确、完整地被后人所查看了解、重复实施。通过实现习惯的双重制度化,能够促使行之有效的行为模式不仅发生在习惯制度中,而且发生在成文制度中,"以便社会能够在井然有序的维护

---

〔1〕 霞新村党支部书记李文亮访谈录,资料编号:GDHZDYWXCXX2022072003,2022年7月20日。

〔2〕 霞新村杨包庙理事会苏海波访谈录,资料编号:GDHZDYWXCXX2022072002,2022年7月20日。

〔3〕《党群议事扩大会议》,霞新村村委村(社区)党群联席会议记录本,2022年7月20日。

规则的基础上，继续履行职责……促使法律制度实现其职能"。[1]使其能够被模式化地长期传承下去。另一方面，通过嵌入式双重制度化的方式吸收借鉴有益的庙会规范，将其"嵌入"政府文件以及综合性村民自治章程和村规民约中。具体而言，渔村治理共同体不仅要通过整建制双重制度化的方式将成熟的习惯法单独固定下来形成单行性村规民约，还应当通过嵌入式双重制度化的方式汲取庙会规范的有益价值，总结提炼那些不成文、不成体系、不成套的个别庙会规范、重点庙会规范和特殊庙会规范，将其嵌入地方政策文件、制度方案以及村民自治章程和村规民约中。通过将上述两种手段付诸实施，治理主体能够为庙会规范更好地发挥在乡村治理中的积极作用提供政策环境和制度保障，推动庙会规范成为大亚湾区乡村治理中的重要本土社会规范之一，推进大亚湾区的良法善治。

---

〔1〕 ［美］保罗·博汉南："法律和法律制度"，载［英］马林诺夫斯基：《原始社会的犯罪与习俗》，原江译，云南人民出版社 2002 年版，第 130~131 页。

第四篇

通过民间习惯规范的
基层和美治理

第十五章

通过民事习惯规范的村民小组治理
——以塘尾村海隆村民小组为对象

一、引言

作为生活经验结晶的婚姻习惯规范、丧葬习惯规范、起屋习惯规范、互助习惯规范等民事习惯规范在民众日常生活中有着重要的作用，是民众日常生活中自觉遵循的行为规则，是乡村治理重要的本土社会规范和制度资源。国家法律法规政策等正式规范为作为非正式规范的民事习惯规范发挥作用提供了重要依据。《宪法》第 4 条第 4 款规定，各民族"都有保持或者改革自己的风俗习惯的自由"。2019 年 9 月中央农村工作领导小组办公室等 11 部门印发的《关于进一步推进移风易俗　建设文明乡风的指导意见》提出，推进乡风文明建设应"坚持因地制宜。与当地经济社会发展水平和文化传统相适应，尊重不同民族和区域风俗习惯"。2019 年 6 月中共中央办公厅、国务院办公厅印发的《关于加强和改进乡村治理的指导意见》提出，"弘扬崇德向善、扶危济困、扶弱助残等传统美德，培育淳朴民风"。2020 年 12 月中共中央印发的《法治社会建设实施纲要（2020-2025 年）》提出，"促进社会规范建设。充分发挥社会规范在协调社会关系、约束社会行为、维护社会秩序等方面的积极作用。加强居民公约、村规民约、行业规章、社会组织章程等社会规范建设，推动社会成员自我约束、自我管理、自我规范"。

大亚湾区西区街道塘尾村海隆村民小组在塘尾村有着较高的美誉度，塘尾村村"两委"干部和塘尾村其他村民小组的村民普遍认为海隆村民小组的传统风俗保存完整，村内互助氛围浓厚，村民较为团结。海隆村民小组之所以在当地颇有名气，在很大程度上是因为该村注重遵循长期积淀形成的婚姻习惯规范、丧葬习惯规范、起屋习惯规范、互助习惯规范等民事习惯规范，形成了通过民事习惯规范的村民小组治理模式，有效实现了优秀传统的传承接续，维持和强化了村民团结，满足了村民需求，改善了村民的精神面貌。海隆村民小组村民所遵守的民事习惯规范包括婚姻习惯规范、起屋习惯规范、丧葬习惯规范、互助习惯规范等。这些民事习惯规范是一种民间自发的社会规范，是历史经验的传承与民众生活的结晶。在习惯法的视阈下，海隆村民小组的民事习惯规范属于非国家法范畴的习惯法。对海隆村民生活小组通过民事习惯规范的村民小组治理进行分析和调查对于我们充分认识村民小组治理规范、治理传统和治理规律、提升乡村治理质效具有重要的价值与意义。

塘尾村海隆村民小组位于大亚湾区西区街道塘尾村西部，与塘尾村沿湖村民小组、珠古石村民小组、茶壶耳村民小组、松山下村民小组等村民小组毗邻，是塘尾村下辖的 13 个村民小组之一。海隆村民小组辖区总面积约 5.8 万平方米。截至 2022 年 5 月，海隆村民小组共有户籍人口约 150 人，总户数 35 户。海隆村民小组的村民以朱姓为主，为朱熹后人。海隆村民小组现有银行存款 200 余万元，主要为征地余留款项。[1]

海隆村民小组的民事习惯规范为大亚湾区本土社会规范的组成部分，通过民事习惯规范的村民小组治理是基层治理的重要组成部分。对海隆村民小组的民事习惯规范以及通过民事习惯规范的村民小组治理进行调查和总结，对于我们充分认识民事习惯规范在基层治理中的积极价值、传承和弘扬优秀传统习惯规范、不断推进乡村善治具有重要的价值。

为了准确把握海隆村民小组民事习惯规范的具体运行状况和实际发挥的作用，我们于 2022 年 7 月 7 日~8 日、7 月 10 日、7 月 14 日，先后多次到海隆村民小组和塘尾村村民委员会就海隆村民小组的民事习惯规范及其运行状况进行调查。我们参观考察了海隆村民小组，访问了海隆村民小组的干部、村民以及塘尾村村"两委"干部等，收集了与海隆村民小组民事习惯规范有关的实物资料，对民事习惯规范及其在村民小组治理中的作用有了初步的了

---

〔1〕《大亚湾西区塘尾村村庄规划（2019-2035 年）过程稿》，塘尾村村民委员会提供，2022 年 7 月 7 日；《惠州市大亚湾区塘尾村基层治理调研报告》，塘尾村村民委员会提供，2022 年 7 月 7 日；塘尾村海隆村民小组朱熺安访谈录，资料编号：GDHZDYWTW2022071002，2022 年 7 月 10 日；《西区四级联户群名单明细表》，新寮村村民委员会提供，2022 年 7 月 6 日。

解和感受。

二、通过婚姻习惯规范的村民小组治理

婚事活动是海隆村民小组具有鲜明特色的民事生活之一，在海隆村民小组村民的生活中有着极为重要的意义。海隆村民小组的村民注重按照婚姻规范的要求行事、做事，在婚姻规范的指引和要求下举行婚事活动，进行自我治理。海隆村民小组的村民所遵循的婚姻习惯规范包括相亲规范、订婚规范、结婚规范、离婚规范等，其中结婚规范的特点较为鲜明、内容较为全面、作用较为突出。

根据海隆村民小组结婚习惯规范的要求，村民结婚的程序主要包括赏花宴、拜祖宗、接新娘、敬茶奉茶、婚宴、搞新娘、回门等。由于海隆村民小组结婚规范的内容和作用均有其独特性，因而下文主要是从结婚习惯规范的角度对通过海隆村民小组通过婚姻习惯规范的村民小组治理进行分析。

海隆村民小组通过婚姻习惯规范的村民小组治理遵循着自主原则、必要原则、协商原则等基本原则。所谓自主原则也即男女双方结婚以自由恋爱为主，以媒人介绍为辅，男女双方的自主意识起决定作用。必要原则指的是婚姻缔结必须经过特定的程序方能在习惯法上产生效力。协商原则是指在订婚、结婚等程序中双方就彩礼的多少等细节问题进行协商。在自主原则、必要原则、协商原则等实体性原则的基础上，海隆村民小组通过婚姻习惯规范的治理实践主要包括相亲、订婚、赏花宴、拜祖宗、接新娘、敬茶奉茶、婚宴、搞新娘、三朝（早）回门、离婚等内容。

（一）相亲与订婚

海隆村民小组的年轻村民找结婚对象以自由恋爱为主、媒人介绍为辅。例如2022年3月28日结婚的朱海军、王美仙夫妇为大学同学，二人在读书时认识，后发展为恋人并结为夫妇。无论是自由恋爱还是媒人介绍，媒婆在其中均发挥着重要的作用。海隆村民小组朱洲老人介绍说："虽然是自己找对象，自由恋爱，但是男方还是要请媒婆，老太太，还是要走一下那个程序。找一个媒婆。媒婆一般都是女的。"[1]媒婆在海隆村民小组村民的婚事活动中发挥着不可或缺的作用。根据海隆村民小组村民所遵守的相亲规范，男方应当给媒婆封一个红包或赠送礼物。朱洲介绍了海隆村民小组村民长期遵循的

---

〔1〕　塘尾村朱洲访谈录，资料编号：GDHZDYWTW2022071001，2022年7月10日。

给媒婆送红包和礼物的规范：

> 红包封多少很难说。家里条件好的，有一千几百的，也有 660 元、960 元、360 元的，哪样都有，很难说，要看情况。也会送礼物，给媒婆说，"媒婆行不行，烧酒两三瓶。"意思是别管你行不行，烧酒先两三瓶。这是旧社会传下来的。[1]

在结婚之前，海隆村民小组的村民须完成过礼（订婚）程序。过礼之前男方家须先到海隆附近的惠阳区淡水街道找地理先生选定日期，确定过礼、结婚的具体时间，在地理先生帮助下选定良辰吉日。选定日期后，男方家按习惯会送给地理先生金额为 360 元或 660 元等带有吉祥寓意的红包。

根据过礼规范，男方在过礼时须按习惯给女方送彩礼，女方须进行回礼。朱洲介绍了过礼的基本内容：

> 过礼一般过（送）鱼、鸡、酒、喜炮、现金。现金多少很难说，现在有些是三万。家庭好的十万、八万，加小车的也有。女方有回礼，回点儿米水（水酒）。[2]

随着经济与社会发展，海隆村民小组的彩礼金额也发生了较大的变化。例如五十七年前朱洲结婚时的彩礼金额为 36 元，约三十二年前朱洲大儿子结婚时彩礼金额为 1000 元，约三十年前朱洲二儿子结婚时彩礼金额为 1000 元左右，朱洲三儿子结婚时的彩礼也为 1000 元左右，2019 年左右朱洲的孙子结婚时彩礼金额为 30 000 元。[3]

（二）结婚

海隆村民小组的村民举办婚礼须遵循结婚顺序规范。根据结婚顺序规范，年轻者在年长者结婚之后方能成婚。当然，若年长者尚未找到结婚对象，则年轻者可先行结婚。虽然这一结婚顺序规范今天已无多少实际约束力，朱洲甚至直言"现在没有这个习惯了"，[4]但这一规范至迟在三十余年前仍具有

---

〔1〕 塘尾村朱洲访谈录，资料编号：GDHZDYWTW2022071001，2022 年 7 月 10 日。
〔2〕 塘尾村朱洲访谈录，资料编号：GDHZDYWTW2022071001，2022 年 7 月 10 日。
〔3〕 塘尾村朱洲访谈录，资料编号：GDHZDYWTW2022071001，2022 年 7 月 10 日。
〔4〕 塘尾村朱洲访谈录，资料编号：GDHZDYWTW2022071001，2022 年 7 月 10 日。

较强的约束力。朱洲以案例的形式介绍了结婚顺序规范：

> 大的没结婚，小的不能结婚。我的大小孩（大儿子）、我小弟（弟弟），正好都要结婚。但是我给大小孩说，叫你叔叔先结，你叔叔结了婚，你才能结。有先有后。如果（大的）还没找到对象，那就先不结婚。如果找到了就不同了，那就要等他结婚之后小的才能结婚。[1]

根据现行的结婚习惯规范，海隆村民小组村民的结婚流程主要包括赏花宴、拜祖宗、接新娘、敬茶奉茶、婚宴、搞新娘、回门等。以下为各流程的基本情况：

其一，赏花宴。在结婚的前一天晚上，男方家会按照结婚规范在家中举行赏花宴。赏花宴的主要内容为聚餐吃饭，没有特别的节目。根据结婚习惯规范，赏花宴的主要参加人员为海隆村民小组的村民、男方亲戚。女方不参加赏花宴。赏花宴的规模通常为二十多围（当地称一桌为一"围"）。

其二，拜祖宗。根据长期传承的结婚习惯规范，男方家会在赏花宴当天到位于海隆7号的海隆老屋祭拜祖宗。海隆老屋为海隆村民小组朱氏村民的宗祠。例如，2022年3月27日（农历二月廿六）结婚的朱海军曾在结婚前一天前往海隆老屋进行了祭拜并于赏花宴晚上在海隆老屋过门梁上张贴了"朱王联姻"等对联。海隆村朱学炜曾提及，"朱海军，今年农历二月二十六结婚的……朱王联姻，在祠堂里拜祖宗"。[2]除了到祠堂祭拜祖先，男方家还须在赏花宴当天祭拜山头伯公、井头伯公等大小土地公。朱洲介绍了海隆村民小组结婚规范中有关祭祖、拜伯公的流程：

> 结婚会拜本村的伯公和祖宗。赏花宴的那天晚上拜阿公。最先在宗祠拜本村阿公，然后到老屋（祠堂）拜祖先，在路上拜伯公，最后到自己家中拜。[3]

---

〔1〕　塘尾村朱洲访谈录，资料编号：GDHZDYWTW2022071001，2022年7月10日。

〔2〕　塘尾村海隆村民小组朱学炜访谈录，资料编号：GDHZDYWTWHL2022071404，2022年7月14日。

〔3〕　塘尾村朱洲访谈录，资料编号：GDHZDYWTW2022071001，2022年7月10日。

海隆老屋（2022 年 7 月 8 日摄）

其三，接新娘。在结婚当天，新郎会与其兄弟等男性亲戚们一起前往女方家接新娘。接新娘的队伍规模不一，少则须使用五六部轿车，多则须使用十多部轿车。曾多次参与接新娘活动的朱洲老人介绍了其参加过的接新娘队伍规模情况："有的是十多部小车，有的是五六部小车。旧社会是用轿子。后来是踩单车。我都踩单车陪新娘陪了十几、二十个了。"[1]

新娘被接到男方家门口后，由负责牵新娘的妇女将新娘牵入男方家中。牵新娘的过程较为讲究，男方家须提前准备好雨伞或米筛等设备，在新娘下车后使用。朱洲介绍了牵新娘的基本规矩：

---

[1] 塘尾村朱洲访谈录，资料编号：GDHZDYWTW2022071001，2022 年 7 月 10 日。

　　新娘下车以后，打把雨伞，牵进来。有些用米筛，把它供在（新娘）头上，写个囍字贴上去，端着牵进来。有大眼的和小眼的，大眼的叫米筛，小眼的叫糠筛。[1]

　　负责牵新娘的妇女由男方家提前安排好，通常为村内人品好且家中人丁旺、子孙多的妇女。之所以要找家中人丁旺、子孙多的妇女牵新娘，是因为男方家希望新人能在牵新娘妇女的牵引、带动下兴旺发达。

　　在新娘随接亲队伍前往男方家的过程中，陪嫁妹（伴娘）会一同前往。陪嫁妹的人数通常为2人至4人。在到达男方家后，新娘先进门。新娘进门后，男方家将门头上的红布拉下来，之后陪嫁妹进入屋内。之所以要先将红布拉下来，是因为若不拉下红布则意味着陪嫁妹也一起嫁入了男方家。朱洲介绍了海隆村民所遵循的有关陪嫁妹的习惯规范：

　　伴娘我们叫作陪嫁妹。陪嫁妹有两个的，有三四个的。接回来之后，门上盖着红布，新娘进了门，新娘进门之后，门上的红布拉下来。如果不拉下来，陪嫁妹就不进来。因为陪嫁妹是陪你结婚，不拉下来就意味着陪嫁妹也一起嫁进来了。[2]

　　其四，敬茶奉茶。新娘进入男方家后，新郎新娘会在吃饭之前一起给男方父母等亲属敬茶。被敬茶的男方父母、亲属循习惯会给新人送金戒指、项链、手镯、红包（粤语为"利是"）等。根据海隆村民小组的长期实践，敬茶奉茶的基本规范是：

　　新娘接回来后他们两个人（新郎、新娘）端茶，端给新郎的父母、亲戚。亲戚一般是姑、姨、叔叔、伯伯、长辈，每个人都给端茶。奉茶接茶时，每个人都会给他们个"利是"（红包）。如果被奉茶的人是两个人，再加一个"利是"，给两个"利是"。"利是"一百、两百、三百、四百，多少都有。叔伯给的少一点，姑姨给的多一点。[3]

〔1〕塘尾村朱洲访谈录，资料编号：GDHZDYWTW2022071001，2022年7月10日。
〔2〕塘尾村朱洲访谈录，资料编号：GDHZDYWTW2022071001，2022年7月10日。
〔3〕塘尾村朱洲访谈录，资料编号：GDHZDYWTW2022071001，2022年7月10日。

需要提及的是，除了给男方父母亲属敬茶奉茶，女方会在拜别自己父母的时候给父母端茶，以答谢父母的养育之恩。

其五，婚宴。在新婚夫妇敬茶奉茶之后，男方家会举行婚宴，宴请亲朋好友。在十多年前，海隆村民小组的村民通常会在家举办婚宴。但近年来随着村民收入水平的提升、生活方式的改变以及村民观念的变化，男方家更多地选择到酒店举行婚宴。朱洲提道，"以往我们这里结婚都是在本村办，现在有钱了都到酒店里去办了。到酒店办十多年了。到酒店办有排场，更高档"。[1]例如，2022年3月28日结婚的朱海军家在惠阳区淡水街道长富酒楼举办了婚宴。本次婚宴共摆了约二十桌。其中酒店大堂不超过十桌，各包间十余桌。在吃饭前，主婚人会对新郎新娘的认识过程等进行介绍并邀请双方父母上台讲话。酒店内的婚宴仪式主要为西式仪程，海隆特色并不明显。

根据结婚规范，受邀参加婚宴者应当为新人准备一个红包。红包金额现通常为500元，多则上千元。男方家会在嘉宾提名册上登记前来参加宴会的宾客姓名。朱洲介绍了海隆村民举行婚宴的通常情况：

> 本村的一般是五百，也有上千的。一般都是五百比较多。在酒店吃饭前的仪式，就是按照新式的仪式。吃饭前进行介绍，介绍新郎新娘怎么相识，叫双方父母上去讲话。以前在家里办的时候，没有西式的这些。以前在家里面摆酒，现在在外面摆，形式不一样了。[2]

朱洲孙子朱翔胥2019年10月21日结婚时的嘉宾题名册（2022年7月10日摄）

其六，搞新娘。婚宴结束后为"搞新娘"活动。所谓"搞新娘"也即闹

---

[1] 塘尾村朱洲访谈录，资料编号：GDHZDYWTW2022071001，2022年7月10日。

[2] 塘尾村朱洲访谈录，资料编号：GDHZDYWTW2022071001，2022年7月10日。

洞房，主要内容包括请新郎新娘唱歌、让新郎新娘咬苹果、让小孩子抢床上果子等。朱洲介绍了"搞新娘"这一环节的主要内容：

> 本村结婚的那天晚上，吃饱饭后，叫他们双方唱歌，叫作"搞新娘"。"搞新娘"是让他们熟悉一下，大家欢喜一点，新郎新娘给公婆唱歌、跳舞。让新郎新娘咬苹果。那天晚上，在新人的床上放果子，叫小孩子抢果子。一般放枣子、桂圆、糖果，什么都有。小孩抢干净，热闹。现在也有搞新娘，但是现在少一点了。[1]

其七，三朝（早）回门。在新人结婚后的第三天，新郎新娘会一同回到新娘家，探望新娘父母家人。三朝回门在当地被称为"三早回门"。探亲结束后，新人从新娘的娘家离开时，新娘父母会送给新人一对小鸡，叫作"乖乖"，寓意新婚夫妻以后能乖乖地和睦相处，不吵架。

此外，在举行婚礼的过程中，新郎家除了会请媒婆、请牵新娘的妇女参与婚事活动，还会请一位主婚人参与婚事筹办工作。主婚人通常为村民小组组长等村民小组干部以及其他热心村民。主婚人主要负责帮忙打理婚事，为男方家服务。[2]

（三）离婚

海隆村民小组村民离婚的情况不多。海隆村民小组村民所遵循的离婚规范具有普遍性，特色不如订婚规范和结婚规范那么鲜明。根据海隆村民小组的离婚规范，村民离婚的原因一般为家庭不和，离婚时须处理好孩子抚养等问题。夫妻离婚主要是基于自主意识。对于夫妻离婚的问题，海隆村民小组老人的态度为"管不了"。[3]通过下面的事例一，我们能够对海隆村民小组的离婚规范有一个初步的直观认识：

事例一

在七八年前（2014、2015年左右），一对夫妻离婚。男方是我们本村的，女方是淡水的。男的外面有人，家庭不和离婚了。男的现在五十二岁了，离

---

〔1〕　塘尾村朱洲访谈录，资料编号：GDHZDYWTW2022071001，2022年7月10日。
〔2〕　塘尾村朱洲访谈录，资料编号：GDHZDYWTW2022071001，2022年7月10日。
〔3〕　塘尾村朱洲访谈录，资料编号：GDHZDYWTW2022071001，2022年7月10日。

295

婚的时候四十多岁。两个人一人带一个小孩。男孩归男的，女孩归女的。男的离婚后又重新结婚了，生了个男孩，可能有五六岁了。（男方）再婚的女的是惠阳良乡的。[1]

总体而言，海隆村民小组的婚姻习惯规范是海隆村民小组的村民在长期实践中积累形成的本土社会规范，寄托了村民们谋幸福、求兴旺、保平安、促发展的美好心愿，在海隆村民小组的日常生活中发挥着极为重要的作用。通过按照婚姻习惯规范行事做事，海隆村民小组的村民能够增强生活的仪式感与神圣感。特别是，通过按照订婚规范与结婚规范行事做事，海隆村民小组的村民能够"使新人获得体面、家庭收获情面、社会拥有场面，从而维系乡村共同体中有脸面的生活"。[2]近年来，受商品经济的影响，海隆村民小组的婚姻规范发生了一定的变迁，传统婚姻习惯规范的内容有所简化、调整对象有所变化、实际效力有所下降，通过婚姻习惯规范的村民小组治理具有了更多的现代因素与商业因素。

三、通过丧葬习惯规范的村民小组治理

海隆村民小组的村民在举行丧事活动的过程中注重自觉遵循丧葬习惯规范，按照丧葬习惯规范的要求举行进宗祠、报丧、祭奠、安葬、延客等丧事活动。按照丧葬习惯规范，海隆村民小组通过举行丧事活动来表达对逝者的孝敬和尊敬之情，宣布社会关系的重组，进行着自我治理。

根据丧葬活动的开展顺序与基本流程，海隆村民小组通过丧葬习惯规范的治理实践主要包括进宗祠、报丧、祭奠、安葬等环节和内容。

其一，进宗祠。在海隆村民小组，老人过世在当地被称为"辞世"。根据海隆村民小组共认、共享、共守的丧葬习惯规范，老人辞世前可以被放入海隆村民小组的祠堂"海隆老屋"，若已辞世则不能进入祠堂。此外，若辞世者年龄在六十岁以上，亲属可在中堂（厅）为其举行打斋仪式。海隆村民小组原组长朱洲介绍了该村民小组老人辞世进祠堂的规范：

辞世前可以放到宗祠，我们叫作"堂下"。还没有辞世可以进去，断气了

---

〔1〕 塘尾村朱洲访谈录，资料编号：GDHZDYWTW2022071001，2022 年 7 月 10 日。

〔2〕 高其才："维系中国人有脸面生活的习惯法——以浙东蒋村婚姻成立习惯法为考察对象"，载《法治现代化研究》2021 年第 3 期，第 76 页。

就不行了。差不多快断气了，把他送进宗祠。有些在医院的，打点滴、打氧气回来，进到宗祠。[1]

海隆村民小组的朱学炜老人更为详细地介绍了海隆村民小组老人辞世进祠堂的规范：

我们这里很讲究的，在医院差不多要断气了，就把他搞回来，搞到宗祠。我们那个宗祠很干净的，不摆死人。每个村里面都有一个地方。海隆的在老房子那里。我们叫作"堂下"，摆在那里。如果你在外面断了气，就不能进。断气之前，可以进去。放在那里，家里人在那里看。[2]

海隆村民小组的老人辞世进宗祠规范具有较强的约束力。为了确保辞世老人能够按照丧葬习惯规范顺利进入海隆老屋，即将过世的老人的亲属会提前将老人送入祠堂等着老人断气。但也有部分老人被送入祠堂后长时间未断气又被送回医院。例如，2019 年 4 月、5 月份发生了一起老人进入宗祠时间较长未辞世又被重新送回医院、最终未能顺利进入祠堂的事件。以下事例二为本次事件的基本情况：

事例二

有放时间长的（一两天），因为怕进不了祠堂。以前还有没有断气的，又搬回医院。我们老书记的母亲，91 岁了。2019 年 4 月、5 月份。从医院搞回来（到海隆老屋），回来以后，过了一天晚上，那个女的又清醒了，又马上送回医院去了。送回医院又抢救了三天。三天后在医院断气了，直接从医院走了，没有回祠堂。从那边走，在惠阳沙田那里的火葬场打了一天晚上的斋。只有没死的在祠堂这里办。[3]

其二，报丧。在老人辞世后，老人的亲属按习惯会通过打电话的方式报丧。海隆村民小组村民现在通行的报丧规范与实践不同于以往的报丧规范与

---

〔1〕　塘尾村海隆村民小组朱洲访谈录，资料编号：GDHZDYWTW2022071002，2022 年 7 月 10 日。

〔2〕　塘尾村海隆村民小组朱学炜访谈录，资料编号：GDHZDYWTWHL2022071404，2022 年 7 月 14 日。

〔3〕　塘尾村海隆村民小组林梓姵访谈录，资料编号：GDHZDYWTWHL2022071404，2022 年 7 月 14 日。

实践。在当地电话普及率不高的年代，海隆村民小组的村民主要是由亲属亲自前往各家各户报丧。后随着电话的普及，报丧形式也由亲属线下通知改为了线上电话通知。根据传统的报丧规范，得到报丧人通知的家庭应当为报丧人包一个红包（帛金），以示对其辛苦跑腿的感谢。朱洲介绍了以往的和现行的报丧规范：

> 过世时候，以前是亲属亲自去报丧。现在是打电话通知报丧。以前，报丧被通知的人要准备一个红包（帛金）给替报丧的人，算是辛苦费，意思一下。以前是骑自行车去报丧。报丧之后他们就来祭奠了，来登记。[1]

其三，祭奠。根据海隆村民小组老人辞世的祭奠规范，丧家会请理事人代为处理丧事。理事人通常为本村村民，在丧葬活动中相当于总管、主持人。担任理事人的村民应当符合四项条件：一是有文化；二是懂礼规；三是思路清晰懂得计数；四是人品好。理事人的工作职责包括采购丧葬活动用品、记账、登记礼金、找"八仙"打斋等。丧家之所以会请理事人代为处理丧事，是因为"太伤心，没有自己搞的，都是让别人搞"。[2]作为酬谢，丧家按惯例会送给理事人一个金额为两三百左右的红包（帛金）。

在理事人的主持下，丧家举行打斋等祭奠活动。所谓打斋也即由专门负责处理丧葬的团队"八仙"举行打斋仪式。打斋在一定程度上相当于陪夜。"八仙"团队的人员规模通常为两三人。打斋的同时，逝者亲属以及其他关系要好的人会一同陪夜。打斋结束后，丧家须为"八仙"团队支付报酬。朱洲介绍了"八仙"打斋、亲属陪夜的规范与通常实践：

> 打斋时长一晚上，正点打一次，到出丧。打斋相当于陪夜。陪夜时关系要好的人上半夜坐一下，自己的亲属要陪一整夜。打斋的人我们当地叫作"八仙"，八个人抬。八仙的价格很难说。现在八仙没这么多人了，只有两三个了，没那么多了。以前自然村自己都有八仙的。八仙帮忙穿衣服。给穿衣服的人，每个人两三百左右，不多的。现在是殡仪馆帮忙穿衣服。[3]

〔1〕 塘尾村朱洲访谈录，资料编号：GDHZDYWTW2022071001，2022年7月10日。
〔2〕 塘尾村朱洲访谈录，资料编号：GDHZDYWTW2022071001，2022年7月10日。
〔3〕 塘尾村朱洲访谈录，资料编号：GDHZDYWTW2022071001，2022年7月10日。

　　根据祭奠规范，海隆村民、逝者亲朋好友等会按照习惯前来吊唁慰问。其中，与逝者没有亲属关系的普通村民通常会购买香、宝（纸）、烛到丧家吊唁慰问。香、宝、烛价格为二十元左右。与逝者有着较近亲属关系的应当送帛金。帛金的金额不定，少则一两千元，多则一两万元。例如，在 2016 年、2017年左右，朱洲 95 岁的父亲去世时，朱洲的两个妹妹分别送了一万元的帛金。

　　其四，安葬及延客。海隆村民小组的村民通常会将逝者送往惠东县或惠阳区沙田镇等附近的殡仪馆进行火化。其中，送往惠东县火化的较多。根据朱洲介绍，之所以送往惠东县的较多，是"因为我们这里打斋的师傅全部都是惠东的。他们都是电话联系的。有这事儿的他们和丧葬的电话联系，给打斋的有回扣的"。[1]火化后，逝者会被安放到大亚湾石化区附近的墓园。在将逝者安葬后，丧家会组织参加丧礼会的人到酒店吃饭。只要是送过香、宝、烛的村民，均为吃饭活动的受邀人。

　　此外，脱孝也是通过丧葬习惯规范的村民小组治理的重要内容。根据脱孝规范，"原来衣服的脱下来，给脱孝的人一条新毛巾，一对红色的鞋子，红色的绳子系在手上"。[2]通过完成脱孝仪式，丧家得以借此表达对逝者的哀思与孝敬，宣布社会关系的重组。

　　值得注意的是，近年来海隆村民小组的丧葬活动随着经济社会的发展发生了一定的变化，丧葬规范、丧葬活动、丧葬仪式比以往更为简化。正如海隆村民小组朱焐安所说，而今的丧葬活动"简化很多。老人走了基本上没什么仪式"。[3]

　　总体而言，通过丧葬习惯规范的村民小组治理调整着海隆村民小组的今人与亡人、家属与理事人、家属与亲朋、丧家与村民的关系，发挥着彰显孝顺、表达哀思、抚慰心灵、宣布社会关系重组等作用。海隆村民小组按照丧葬习惯规范举行丧事活动有利于促进孝亲敬老理念成为村民的内在观念，促进尊老爱幼、长幼有序和社会教化。

四、通过起屋习惯规范的村民小组治理

　　海隆村民小组的村民在起屋建房的过程中注重按照起屋习惯规范建设新

---

〔1〕　塘尾村朱洲访谈录，资料编号：GDHZDYWTW2022071001，2022 年 7 月 10 日。

〔2〕　塘尾村朱洲访谈录，资料编号：GDHZDYWTW2022071001，2022 年 7 月 10 日。

〔3〕　塘尾村海隆村民小组朱焐安访谈录，资料编号：GDHZDYWTW2022071002，2022 年 7 月 10 日。

居、入住新居，使得自身行为能够契合起屋习惯规范的要求。海隆村民小组的村民所遵循的起屋习惯规范主要包括兴工规范、进宅规范等。海隆村民小组的起屋习惯规范在海隆村民的生活中发挥着较为重要的作用。通过遵循起屋习惯规范，海隆村民小组的村民们指引和约束着自身的建房行为、入住行为，进行着自我治理。

其一，兴工。对农村村民而言，起屋建房耗资巨大，是关涉家庭发展的大事，因而村民们对建房十分谨慎重视，注重遵循起屋习惯规范，确保起屋建房工作顺利开展。根据传统的兴工规范，海隆村民小组的村民会在动土兴工之前到附近的惠州市惠阳区淡水街道等地请风水先生帮忙选地、选新房的朝向、选择开工日期、明确生肖禁忌等。海隆村民小组组长朱焐安介绍了该村的兴工规范：

> 兴工要请先生看日子。请先生看位置朝向，坐东向南、坐东向西，看位置朝向。看方位问题，需要把一家人合起来看出生年月日，今年日子不好就明年。风水先生主要在淡水，除了淡水哪个地方都有，相信哪个就叫哪个。我们家的新房子请的是陆河的姓朱的风水先生来看的。[1]

根据兴工规范，风水先生须在确定新房朝向、开工日期、生肖禁忌之后，告知主家新房朝向、开工日期、生肖禁忌等内容。海隆村民小组原组长朱洲家曾在 1983 年、1992年、2017 年、2019 年先后四次起屋建成新房，其中第四次起屋建房的兴工日期为 2018年 11 月 11 日。以下为朱洲家于 2018 年 11 月 11 日举行兴工仪式的风水文书：

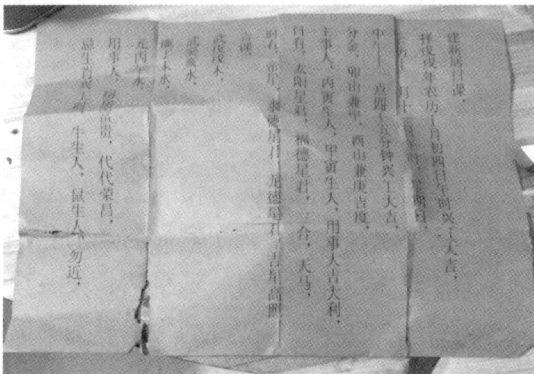

2018 年 11 月 11 日兴工仪式风水文书
（朱洲 2022 年 7 月 10 日提供）

---

〔1〕 塘尾村海隆村民小组朱焐安访谈录，资料编号：GDHZDYWTW2022071002，2022 年 7 月 10 日。

根据兴工规范，在风水先生应主家要求完成确定建房日期、确定位置朝向、测算生效禁忌等工作后，主家需要给风水先生一个红包以表酬谢。其中，在 2018 年起屋建房看风水时，朱洲家为风水先生包了 666 元的红包。

其二，进新居。在新房建成"入伙"新居时，海隆村民小组的村民按习惯会举行进新居仪式。根据进新居规范，主家会"赶个日子、赶个时辰，搞个拜神。拜神到外面去请人，叫拜神婆来拜神，会给个红包"。[1]在拜神仪式中，主家会拿着油、米、菜、鸡等进屋，祈愿以后家里风风火火、衣食无忧。此外，有些村民会举行门神公开门仪式。2019 年 12 月 30 日迁入新居的朱学炜介绍，在进新居（也即"入伙"）时，主家会请一个人（门神公）先进到房子里面，主家一家人在老人、家长的带领下排队在屋外守候。[2]屋内的门神公与屋外的主家须共同完成如下对话：

外：门神公，开门！
内：你是谁？
外：进财。
内：你拿什么东西来？你带什么东西来？
外：我带有米啊，油啊，腐竹啊，腊肠啊。
内：为什么来？
外：我们来这里定居。[3]

在完成上述对话后，门神公打开房门，屋外的一家人顺势进入屋内。进屋之后，主人家会放鞭炮、撒硬币，寓意风风火火、平平安安、财源广进。海隆村民小组林梓姮老人补充介绍了这一仪式：

虽然不让放鞭炮了，但还是会打一下，没有那么隆重了。还有搞一些硬

---

〔1〕 塘尾村海隆村民小组林梓姮访谈录，资料编号：GDHZDYWTWHL2022071404，2022 年 7 月 14 日。

〔2〕 塘尾村海隆村民小组朱学炜访谈录，资料编号：GDHZDYWTWHL2022071404，2022 年 7 月 14 日。

〔3〕 塘尾村海隆村民小组林梓姮访谈录，资料编号：GDHZDYWTWHL2022071404，2022 年 7 月 14 日。

币，一进门之后到处撒硬币。现在都是想要住进来一路平安。〔1〕

通过按照起屋习惯规范开展兴工仪式、进新居仪式等活动，按照长久以来形成的起屋习惯规范进行自我治理，海隆村民小组的村民能够将家庭幸福、平安兴旺等美好愿望转化为起屋习惯规范约束下的具体实践，增强村民们的仪式感、幸福感、获得感，实现自我的心理满足。

五、通过互助习惯规范的村民小组治理

海隆村民小组最为显著的特征之一是该村村民较为团结，村内有着互帮互助的浓厚氛围和悠久传统。在村民结婚、孩子满月、丧葬活动、起屋盖房、农事劳作等日常生活中，海隆村民小组的村民注重自觉按照长久以来形成的互助规范互帮互助，形成了通过互助习惯规范的村民小组治理模式。从实际情况来看，海隆村民小组通过互助习惯规范的村民小组治理主要表现为结婚互助、孩子满月酒互助、丧葬互助、起屋互助、农活互助、其他生活互助等。

其一，结婚互助。在结婚活动中互帮互助不仅是海隆村民小组结婚习惯规范的内容，而且是海隆村民小组互助习惯规范的内容。在结婚活动中，"本村的妇女一起来搞，帮助做饭这样的。男的帮着接新娘，活儿少一些"。〔2〕海隆村民小组退休多年的村民林梓娴介绍说："以前我们住在淡水的时候，回来看他们家里面做好事的时候，大家都是互相帮忙。今年朱海军他们结婚的时候，我们也去帮忙。"〔3〕除普通村民，海隆村村民小组组长等村民小组干部以及热心村民会积极担任主婚人，帮忙打理结婚活动的各项事务。

其二，孩子满月酒互助。在海隆村民小组，新生儿家庭会在孩子满月之时摆满月酒。在满月酒活动中，村内的热心妇女会积极主动地帮助筹办满月酒、送红包，为新生儿家庭提供人力、资金以及心理上的帮助。据海隆村民小组组长朱焴安介绍，满月酒的参加者主要为新生儿父母的近亲属和村内妇女。村内其他男性一般不得参加。朱焴安介绍说："摆满月酒吃饭，自己亲属

〔1〕塘尾村海隆村民小组林梓娴访谈录，资料编号：GDHZDYWTWHL2022071404，2022年7月14日。

〔2〕塘尾村朱洲访谈录，资料编号：GDHZDYWTW2022071001，2022年7月10日。

〔3〕塘尾村海隆村民小组林梓娴访谈录，资料编号：GDHZDYWTWHL2022071404，2022年7月14日。

不论男女都可以参加。本村的妇女可以参加，本村的男的不能参加。现在比较简单，包个几十块钱的红包。"〔1〕在参加满月酒活动的过程中，热心妇女等参加者会通过帮忙洗碗做饭、送红包等形式提供互助。

其三，丧葬互助。根据海隆村民小组长期形成的丧事传统，每家每户都应为丧葬活动出力。朱洲老人基于经验介绍了海隆村民小组丧葬活动中的传统："以前自己的小组自己抬辞世的人，轮到每家，每家就要出力，没空的就请人去抬。给穿衣服的人，每个人三两百左右。"〔2〕通过在丧葬活动中互相帮助，海隆村民小组的村民能够更好地为失去亲属的家庭提供心理帮助和情感支持，使其尽快走出悲伤，回归正常生活。

其四，起屋互助。在20世纪70、80年代，海隆村民小组内有着浓厚的互相帮助起屋盖房的氛围与传承，村民们会主动帮助起屋之家挑沙、挑砖，提供劳力支持。朱焜安介绍说："以前70、80年代，大家互相帮忙。"〔3〕而今，由于起屋盖房的技术门槛提高、经济水平的发展、村民工作压力的增加，海隆村民小组的起屋互助传统日渐消失。朱洲回忆道："以前家里面劳动力少，你要去挑沙、挑砖，就互相帮助。没有什么报酬，有困难大家互相帮助。现在都不同了。现在商品化了，帮忙少了。建房子有些包出去了……现在小工都四五百。"〔4〕当然，目前在海隆村民小组村民不将房屋承包出去而自建房屋的现象仍然存在，这一起屋互助的传统尚未完全消失在历史的潮流中。

其五，农活互助。根据朱洲老人的回忆，海隆村民小组内曾有着农活互助的传统，海隆村民小组的村民会在插秧、收割等农事活动中互相帮助，协力完成农事劳作。20世纪90年代后，农活互助的规范效力弱化，村民开始更多地请外地工人帮忙完成插秧、收割等农活。请外地工人的价格约为每人每天四五百元。〔5〕

其六，其他生活互助。除了在结婚、孩子满月、丧葬、起屋、农活等活动中互帮互助，海隆村民小组内还存在着其他类型的互帮互助传统。例如，

〔1〕　塘尾村海隆村民小组朱焜安访谈录，资料编号：GDHZDYWTW2022071002，2022年7月10日。
〔2〕　塘尾村朱洲访谈录，资料编号：GDHZDYWTW2022071001，2022年7月10日。
〔3〕　塘尾村海隆村民小组朱焜安访谈录，资料编号：GDHZDYWTW2022071002，2022年7月10日。
〔4〕　塘尾村朱洲访谈录，资料编号：GDHZDYWTW2022071001，2022年7月10日。
〔5〕　塘尾村朱洲访谈录，资料编号：GDHZDYWTW2022071001，2022年7月10日。

按照互助习惯规范，"每一家做好事的时候，妇女都去互相帮忙"。[1]

通过在生活中互帮互助，海隆村民小组提升了村民日常生活的热闹程度与团结程度，满足了受助人对物质、精神、人力的需求，提升了村民小组自我治理的效果，收获了广泛好评。例如，塘尾村党总支部书记、村民委员会主任朱伟奇评价说：

> 我们村这地方不像其他农村，没事大家串门的非常少。村民各忙各的，人际关系疏远一些了。因为大家白天上班，晚上回到家把门一锁，出门都很少，走家串户都很少。只有一个村小组还有这种习俗，就是海隆。红白喜事、平时一些什么节日的，他们那个村小组的村民都会聚在一起，吃个饭，每家每户都会有人去的，一起聚一下。我们这里其他村小组就不一样。海隆他们挨得紧密，经常走家串户。[2]他们那个团结的习俗做得比较好，传承下来了，其他村小组已经没有这些习俗了。他们那个村小组凝聚力也比较好。[3]

此外，有公益心和奉献精神的海隆村人不仅会在村民小组范围内互帮互助，而且会积极参与到塘尾村组织的活动，在更大的范围和层面上互相帮助。例如塘尾村村"两委"干部、村妇联主席刘凰玥介绍说：

> 平时我搞村里的活动，有什么要帮忙的，都是他们那边人多一些。我看到的就是这样。我经常感叹说，你们好好哦，你们是那么团结热心，发自内心地去表扬他们。如果我搞什么活动叫他们，他们都觉得应该自然参加。[4]

海隆村民小组之所以能够成为远近闻名的团结村，是多种因素共同作用的结果。海隆村民小组村民朱学炜老人提到了血缘关系的因素：

> 为什么海隆这么团结，可能是因为我们一个村里面是一祖的（源自同一祖先）。我们每年中秋祭祖的时候，队长（村民小组组长）他的父亲就去买东

---

〔1〕 塘尾村海隆村民小组林梓婳访谈录，资料编号：GDHZDYWTWHL2022071404，2022 年 7 月 14 日。

〔2〕 塘尾村朱伟奇访谈录，资料编号：GDHZDYWXQTW2022070705，2022 年 7 月 7 日。

〔3〕 塘尾村朱伟奇访谈录，资料编号：GDHZDYWXQTW2022070705，2022 年 7 月 7 日。

〔4〕 塘尾村刘凰玥访谈录，资料编号：GDHZDYWXQTW2022071001，2022 年 7 月 10 日。

西。东西买回来，家家户户都要来帮忙，谁做什么都有分工。可能就是这样搞起来的。[1]

海隆村民小组组长朱焴安从历史传统的角度提及了海隆村民小组团结的原因：

我们村比较团结。因为祖传都是这样的，传统就一直很团结的。村委会也认同我们，村委会办活动、祠堂拜祖，我们村小组的妇女都会去帮忙。我们村大家互相帮忙，每家每户团结在一起。[2]

塘尾村治安联防队副队长朱常卫从血缘关系的角度进一步解释了海隆村民小组更为团结的原因：

我们海隆等于是一家人，不像是别的村小组那么多人。我们海隆村就是共一个老太爷出来，然后分几家人，一直分到现在。不像是别的村小组，几个祖宗加在一起、混在一起。（比喻）就像是我生的小孩一直分下去，等于是一家人，一个门出来的。我们村里面最老的那个叫作始公（音译）。[3]

与通过婚姻习惯规范、丧葬习惯规范、起屋习惯规范等民事习惯规范的村民小组治理一样，近年来通过互助习惯规范的村民小组治理也变得更为简化，集体活动、互助活动有所减少。林梓姏、朱学炜夫妇介绍了这一变化的基本情况：

现在互助变少了，大家年纪大了，年轻的互相帮忙少一些，互相不太熟悉。他们年轻的那一代都去做工，我都不认识了。白天进厂做工，晚上才回来，门一关，都不认识了。以前生产队、集体劳动，互相认识。[4]

以前开会啊，事情多。大家待在一起互相认识。现在也没开会了。我们

---

〔1〕 塘尾村海隆村民小组朱学炜访谈录，资料编号：GDHZDYWTWHL2022071404，2022 年 7 月 14 日。

〔2〕 塘尾村海隆村民小组朱焴安访谈录，资料编号：GDHZDYWTW2022071002，2022 年 7 月 10 日。

〔3〕 塘尾村朱常卫访谈录，资料编号：GDHZDYWXQTW2022070705，2022 年 7 月 7 日。

〔4〕 塘尾村海隆村民小组朱学炜访谈录，资料编号：GDHZDYWTWHL2022071404，2022 年 7 月 14 日。

都会问，那个是谁啊。[1]

总体而言，海隆村民小组的互助习惯规范既是一种生活礼仪规范，也是一种人情往来规范，这种规范调整着人与人、家与家的关系。互助规范的存在和运行提升了海隆村民小组的互助效果，在海隆村民小组的治理中发挥着积极的价值和作用。

六、通过民事习惯规范的社会治理效果

海隆村民小组的民事习惯规范是海隆民众生活智慧的集中体现。海隆村民小组通过民事习惯规范的村民小组治理是海隆村民小组村民的自组织过程。通过民事习惯规范的村民小组治理在实践中具有维护村民小组的日常生活秩序、满足村民需要、调整人际关系、增进社会交往、促进村民团结、满足村民精神需求、培育崇德向善氛围等积极作用和效果。

其一，维护民事活动秩序。海隆村民小组的婚姻习惯规范、起屋习惯规范、丧葬习惯规范、互助习惯规范是海隆村民小组村民在日常生活中所接触到的基础性生活规范，为海隆村民小组婚事活动、起屋进宅活动、丧葬活动、互助活动的组织者、参与者提供了符合历史传统、契合大众认知、合乎群众期待的行为规范与行动指南，为村民小组的正常运转提供了稳定的秩序基础与制度保障，使得村民们能够清楚地知道自己在何时何地应分别完成何种动作、言说何种话语。通过自觉执行和实施这些日常生活规范，海隆村民小组的村民得以确保婚事活动、起屋进宅活动、丧葬活动、互助活动按照既定流程有序展开，使得婚事、起屋、丧事、互助等活动的价值和作用能够稳定地发挥出来，使得活动参与者与组织者的预期目标和价值理想得以顺利地从理念转化为现实。

其二，满足村民生活需要。通过民事习惯规范的村民小组治理具有解决困难、满足需要、提供支持等功能，能够帮助村民解决资金、劳力不足等问题，为村民提供人力、物质与心理支持，满足村民生活的物质需要、人力需要与精神需要。在海隆村民小组，互助理念贯穿于民事习惯规范的全部内容，"一家有事全村帮忙"的观念广泛存在于村民的日常生活，村民互帮互助的现

---

[1] 塘尾村海隆村民小组林梓媛访谈录，资料编号：GDHZDYWTWHL2022071404，2022 年 7 月 14 日。

象十分普遍。通过互帮互助，海隆村民小组的村民解决了家庭重大活动中单个家庭人手不足的问题，为主事家庭提供了人力支持、精神支持与心理支持，使得婚事活动、起屋进宅活动、丧葬活动以及孩子满月酒活动、农活劳作得以顺利开展。而且，在婚丧嫁娶、起屋进宅、孩子满月等红白喜事中，海隆村民小组的村民们循例会向主家赠送红包、帛金等金钱或礼物，这在一定程度上能够缓解主家的经济压力，解决困难家庭的资金与物质困难，满足主家的经济需求与物质需求，改善主家的生活状况。

其三，促进村民交往与团结。通过民事习惯规范的村民小组治理过程是一个村民互动、社会交往的过程。为了在婚事、起屋、丧事、互助、农事活动中扮演好民事习惯规范所规定的角色，完成规定动作，获得心理上的满足，取得族人们的肯定性评价以及在熟人社区中保持良好的形象，海隆村民小组的村民们会根据共知共认共享的民事习惯规范所提供的行为模式、言说范式参与到各类民事活动中来，在活动中与朱氏宗亲们交流、互动、互助。这一过程有利于凝聚人心、促进群体认同，强化人与人之间的情感，调整人与人之间的关系。塘尾村治安联防队副队长、海隆村民小组村民朱常卫提道："大家坐在一起可以培养族里兄弟情谊、家庭感情之类的。大家可以认识一下。就是说，有一些出去工作，不认识，老人不认识小的，像我们小一辈的有一些以前去香港的都不认识的。回来的话，介绍介绍，起码知道哪一个是哪一个。"[1]

其四，满足村民精神需求。通过民事习惯规范的村民小组治理具有神圣性、仪式性、程序性、表演性等外在特征，与人的精神需求具有一定的内在契合性。具体而言，根据传统习惯规范开展的婚事活动、起屋活动、丧事活动、互助活动、农事活动等民事活动颇具仪式感，能够使得当事主家、当事人走向人生的高光时刻，成为村人、族人关注的主角与焦点，获得有脸面的生活，得到心理上的满足。而且，村民们根据民事习惯规范完成规定动作既是在告别旧生活、迎来新生活，也是在释放生活压力、收获新的希望，能够在心理上实现负面情绪的溶解与积极情绪的培育，改善心境状态，满足精神需求。

其五，培育崇德向善氛围。海隆村民小组的民事习惯规范是传统生活经

---

〔1〕　塘尾村朱常卫访谈录，资料编号：GDHZDYWXQTW2022070705，2022 年 7 月 7 日。

验的结晶，这些生活经验蕴含着崇德向善的良善因子。村民们将民事习惯规范付诸为民事生活实践有利于在村内涵养淳朴民风，培育崇德向善的氛围，促进社会和谐。例如，海隆村民小组的丧葬习惯规范以表孝为价值追求，村民们将丧葬习惯规范从制度化为实践有利于在村内促进社会教化，醇厚敬老孝老的乡风民风，引导年轻一辈懂得尊敬老人、孝敬长辈，营造养成孝老爱亲的氛围，减少孝道式微和老无所养等社会治理问题。再如，海隆村民小组的互助习惯规范以邻里互助为价值内核，海隆村民小组的村民以实际行动将互助习惯规范化为互助实践有利于在村内树立向上向善的氛围，促进团结友善、文明友好等传统美德的有效传承。

总体而言，通过民事习惯规范的村民小组治理具有维护民事活动秩序、满足村民生活需要、促进村民交往与团结、满足村民精神需求、培育崇德向善氛围等积极的作用和效果。在加强和改善乡村治理的过程中，发挥好民事习惯规范的积极价值有益于更好地实现乡村社会治理有效、乡风文明、充满活力、和谐有序等善治目标，改善乡村治理质效。

七、结语

海隆村民小组通过民事习惯规范的村民小组治理是一种民间自发型治理、传统型治理、互助式治理。所谓自发型治理也即按照民间自发规范进行自我治理。海隆村民小组的民事习惯规范是一种民间自发形成的社会规范。相对于国家党政机构创制规范、社会组织创制规范，民间自发形成规范更为贴近基层群众日常生活，需要社会个体自觉遵守、自发实施。海隆村民小组按照作为民间自发规范的婚姻习惯规范、起屋习惯规范、丧葬习惯规范、互助习惯规范进行自我治理使得其治理具有了自发型治理的特征。所谓传统型治理也即按照传统规范的治理。虽然海隆村民小组民事生活实践中的现代因素有所增加，但海隆村民小组的民事活动仍然较为依赖作为历史经验结晶的传统规范，其治理活动在很大程度上是对历史传统的传承，因而可被认为是一种传统型治理。所谓互助式治理也即海隆村民小组的治理以互助为底色。互帮互助是海隆村民小组的集体记忆与集体意识。在互助传统的强烈熏陶、感染和教育下，海隆村民小组的村民会自觉地将互助理念、互助规范、互助传统贯穿于婚事活动、孩子满月、建房起屋、丧事活动、农事活动等各类民事活动中，将互助理念转化为互助的具体实践，形成了浓厚的互助氛围，使得团结互助成为海隆村民小组的重要标签。

近年来，随着经济因素的改变、工作场景的变迁、生活方式的变化以及村民观念的转变，海隆村民小组通过民事习惯规范的自我治理模式也发生了潜移默化的变化。海隆村民小组民事习惯规范的调整对象有所减少、规范内容有所简化、规范效力有所下降，婚事新办、丧事简办成为一种重要趋势。当然，在社会基础没有发生根本改变的情况下，海隆村民小组的民事习惯规范仍将继续存在，通过民事习惯规范的治理实践将会继续进行。为了更好地发挥民事习惯规范的积极作用，政府有关部门和塘尾村村"两委"应当对通过民事习惯规范的治理给予必要的重视，为民事习惯规范更好地发挥作用提供政策支持与指导。

在执行和适用国家法律法规的过程中，基层政府与司法机关应尊重自发产生的固有生活方式，重视民事习惯规范的客观存在，发挥民事习惯规范的积极价值，实现村民"自组织"与"他组织"的有效衔接和良性互动，提升乡村社会自我治理的效果。在已出台的相关政策中，2019 年 9 月中央农村工作领导小组办公室印发的《关于进一步推进移风易俗 建设文明乡风的指导意见》具有重要的示范价值和意义。该意见提出，"在推选农村基层群众组织负责人时，要邀请婚事丧事操办人、敬老爱老机构人员和敬老爱老模范等人员参与"。以此为出发点，基层政府、村"两委"可在推选负责人时，邀请婚事主婚人、丧事理事人参与并尊重其意见建议，促进国家法律与民事习惯法的有效融合、产生实效。

此外，有关部门还应及时总结可借鉴、可复制、可推广的经验做法，有针对性地进行吸收和推广，推动形成适合本地的乡村治理机制，增强广大村民的幸福感、获得感、安全感。

第十六章

通过婚姻成立规范的渔村治理
——以东升村为对象

一、引言

长期实践积淀形成的婚姻成立规范在中国人的民事生活中有着极为重要的地位和作用。国家注重发挥婚姻成立规范等社会规范的积极价值和作用，为婚姻成立规范在乡村治理中展现其积极效能提供了一定的政策依据。2020年12月中共中央印发的《法治社会建设实施纲要（2020-2025年）》提出，完善多层次多领域社会规范，充分发挥社会规范在协调社会关系、约束社会行为、维护社会秩序等方面的积极作用，到2025年"形成符合国情、体现时代特征、人民群众满意的法治社会建设生动局面"。2020年5月民政部印发的《关于开展婚俗改革试点工作的指导意见》提出，积极倡导和推广体现优秀中华文化的传统婚礼，传承发展中华优秀传统婚俗文化蕴含的人文精神、道德规范，为增强文化自信提供优质载体。2020年8月民政部、全国妇联联合印发的《关于加强新时代婚姻家庭辅导教育工作的指导意见》提出，要推广体现优秀中华文化的传统婚礼，宣传弘扬中华优秀传统婚姻家庭文化，充分发挥其蕴含的人文精神、道德规范和社会教化功能。

渔家婚嫁活动是大亚湾区澳头街道东升村的一项颇具特色的民间活动。东升村的渔民在相亲、订婚、结婚等渔家婚嫁活动中注重自觉遵循渔家婚姻成立规范，严格按照婚姻成立规范的要求行事做事，运用婚姻成立规范进行自我治理。东升村的渔家婚嫁规范包括相亲规范、订婚规范、结婚规范、回门规范等内容，这些规范是东升村渔民组织和参与婚嫁活动的行动指南与行为准则。通过自觉遵守婚姻成立规范，东升村的渔民们保障了婚嫁活动的顺利开展，规范了男婚女嫁秩序和家庭组成，促进了人口繁衍，推动了渔家的文化传承，丰富了渔民生活，满足了渔民的精神文化需求，改善了渔村治理效果。东升村的婚姻成立规范是一种民间自生自发的规范，是东升村两百年来历史经验的传承与民众生活的结晶。在习惯法的视阈下，东升村的婚姻成立规范是一种非国家法意义上的习惯法。对东升村通过婚姻成立规范的治理进行分析和调查对于我们充分认识渔村的治理规范、治理传统、治理规律以及提升乡村治理质效具有重要的价值与意义。

东升村位于大亚湾区澳头街道西南端，是一个四面环海的海岛渔村。全村辖区总面积 0.54 平方公里，由大洲头、挖仔洲、庙洲、刀石洲、圆洲五个岛组成。全村总人口 1172 人，其中户籍人口 1119 人，外来常住人口约 53 人，全部居住在大洲头岛。东升村村民 70% 以捕捞为生，30% 以经营渔家乐、休闲渔船、在外务工以及售卖特产为生（以下统称为"渔民"）。东升村村"两委"班子有成员 5 人，实现书记、主任一肩挑和"两委"班子 100% 交叉任职，同时配备法制副主任 1 名、公共服务平台工作人员 1 名及计生专干 1 名。[1]东升村渔家婚嫁活动特色鲜明，渔家婚嫁曾于 2013 年 7 月被确定为大亚湾区非物质文化遗产名录项目，2015 年 2 月被确定为惠州市非物质文化遗产名录项目，2015 年 11 月被确定为广东省非物质文化遗产代表性项目，为大亚湾区唯一的省级非物质文化遗产项目。[2]

东升村一角（2022 年 7 月 9 日摄）

---

[1]　《东升村基本情况（2022.3.6）》，东升村村民委员会提供，2022 年 7 月 8 日。
[2]　《大亚湾区渔家婚嫁非遗项目》，东升村村民委员会提供，2022 年 8 月 4 日。

东升村的婚姻成立规范为大亚湾区本土社会规范的组成部分；通过婚姻成立规范的渔村治理是基层治理的重要组成部分。对东升村的婚姻成立规范以及通过婚姻成立规范的渔村治理展开调查和分析，对于我们充分认识婚姻成立规范在基层治理中的积极价值、传承和弘扬优秀传统习惯规范、不断推进基层治理体系和治理能力现代化、全面提升基层治理质效具有重要的价值和意义。

为了准确把握现代乡村治理中渔家婚姻成立规范的实际运行状况和实际发挥的作用，2021 年 10 月 16 日、2022 年 7 月 8 日~9 日我们先后两次到东升村就当地特有的渔家婚嫁进行实地调查。我们访问了渔家婚嫁非遗项目传承人、村干部和村民等相关人士，查阅了有关渔家婚嫁的文书和视频资料，对东升村渔家婚姻成立规范及其在渔村治理中的作用有了初步的理解和感受。

二、通过婚姻成立规范的渔村治理原则

东升村通过婚姻成立规范的渔村治理遵行着自愿原则、必要原则、公平原则、互助原则等基本原则。这些原则贯穿于相识相亲、订婚、结婚等婚姻成立的全过程，是东升村开展婚嫁活动所应遵守的综合性的、本原性的宏观价值准则。

其一，自愿原则。东升村渔民从相识相亲到订婚、结婚均以男女双方的自主、真实意愿为基础，渔民们具有自主缔结婚姻的自由，任何人不得强制或干涉。东升村渔民所遵守的自愿原则与《民法典》婚姻家庭编等相关法律法规的规定基本一致。

其二，必要原则。东升村渔民缔结婚姻必须遵守相识（亲）规范、订婚规范、结婚规范、回门规范等婚姻成立规范，如此方能取得习惯法的效力，获得村民集体的认可。若未按照必要原则举行婚嫁活动，当事人将会面临习惯法上的否定性评价，遭受面子上的损失，承受来自村民集体的巨大舆论压力与精神压力。东升村党支部书记、村委会主任徐伟斌是该村唯一一位未按照必要原则开展订婚活动的村民。其曾因未严格按照必要原则开展订婚活动而面临不小的舆论压力。徐伟斌提道，必要原则具有较强的约束，并且"以后短期内不会改变的。因为家家户户都这样，你改变不了啊，连我都得这样（被迫这样）"。[1]

---

〔1〕 东升村徐伟斌访谈录，资料编号：GDHZDYWATDS2022070902，2022 年 7 月 9 日。

其三，互助原则。东升村渔家婚嫁活动活动周期长、活动规模大，仅依靠一家之力无法保障婚嫁活动的顺利开展。在长期的婚嫁实践中，东升村的渔民一直秉承互助原则。所谓互助原则也即亲戚们应当互帮互助，在婚嫁活动中帮助主家组织婚嫁活动，在煮饭做菜、刷碗洗菜、渔歌对唱、划旱船表演、节目编排等方面提供义务劳动。主家无需给前来帮忙的人员发红包。例如，在婚嫁活动餐饮后勤方面，东升村民苏丽莎介绍说，婚嫁活动中"吃饭是自己煮饭，摆几十桌，请亲戚做。没有给亲戚红包的，以后他们结婚的时候我们也会过去帮忙，礼尚往来"。[1]在婚礼表演方面，徐伟斌提道："我们结婚，比较亲一些的姑啊，都会排节目的。会穿我们那个渔家衣服，排八仙过海啊，小品啊，好像很专业一样。"[2]此外，根据互助原则，主家的亲戚们还会为返岛的男方亲朋免费提供住宿，"结婚时外面回来的人很多，住宿分摊解决，像我们家可以住 5 个人，你们家里住几个人，很热情的。不会说'我们家里不能住的'。我们这里吃三天。亲的人会提前回来，吃三天。大家喝喝酒、聊聊天、玩一玩"。[3]互助原则的存在和有效运行奠定了渔家婚嫁活动顺利开展的组织基础，保障了渔家婚嫁活动的有序开展。

其四，公平原则。在东升村渔民的婚嫁活动中，公平原则是一项颇具特色的原则。根据公平原则，东升村渔民结婚时同一家兄弟们的彩礼应当相同、结婚后分家时财物应当均分。所谓兄弟们的彩礼应当相同，也即同一家不同儿子结婚时，原则上彩礼金额应当相同，男方父母应平等地对待各个准儿媳。当然，在彩礼给付方面，公平原则的适用范围、适用场域相对有限，只有部分家庭在给付彩礼时遵循公平原则。所谓结婚后分家时财物应当均分，也即在婚后分家时家中财产、物品的分配应坚持评分原则。例如东升村村民委员会副主任苏远洋提道："结婚后一般合不来的，很快就会分家了。分家不写文书。分家叫家族那些威望比较大的一起说了，请叔叔伯伯。分到细的话，像碗这些生活用具都分得一模一样的。渔船那些，如果只有一条有证船的话，柴油补贴、休渔补贴等赔到的钱，都是平分。房屋要看够不够分，比如 80 平方米，会切开来分 40 平方米。"[4]公平原则在东升村渔民的婚事活动和婚后

---

〔1〕 东升村苏丽莎访谈录，资料编号：GDHZDYWATDS2022070811，2022 年 7 月 8 日。
〔2〕 东升村徐伟斌访谈录，资料编号：GDHZDYWATDS2022070902，2022 年 7 月 9 日。
〔3〕 东升村徐伟斌访谈录，资料编号：GDHZDYWATDS2022070902，2022 年 7 月 9 日。
〔4〕 东升村苏远洋访谈录，资料编号：GDHZDYWATDS2022070809，2022 年 7 月 8 日。

分家中有着重要的作用和影响。

三、通过婚姻成立规范的渔村治理规范

东升村渔民在婚嫁活动中遵守的婚姻成立规范包括相识（亲）规范、订婚规范、结婚规范、回门规范等，婚嫁仪式极为隆重。根据东升村婚姻成立规范，在订婚日，男方家须组织"吃高楼"活动；在赏花日，男方须完成剪发、赏花、拜大王爷三项仪式；在结婚日，迎亲队伍须按时迎接新娘到来，举行跨火盆、喂汤圆、摆宴席、端茶敬茶、渔歌演唱等仪式。

（一）相识（亲）规范

相识（亲）规范是东升村婚姻成立规范的前端规范，是东升村结识潜在对象、选择通婚对象、组织参与相亲活动的行动依据与行为指南。相识（亲）规范包括结识规范、通婚对象规范等。其中，根据结识规范，东升村渔民与通婚对象的相识方式包括读书认识、工作认识、社交认识、媒人介绍等方式；根据东升村的相识（亲）规范，东升村的通婚对象既可以为东升村的渔民，也可以为澳头街道金门塘村、澳头街道前进村等渔村的村民，还可以为附近地区居民以及香港居民等，通婚对象较为广泛。

在半个多世纪里，东升村的结识规范、通婚对象规范发生了较大的变化，结识方式从经人介绍、找童养媳为主转变为自由恋爱为主，通婚对象的范围从金门塘村、前进村、东升村三个村的渔民扩大为三个渔村之外的其他人。1952年出生的苏天送老人介绍了这一变化：

> 以前，一个男孩五岁啊，八岁啊，要找一个小女孩，叫作童养媳。50年代60年代有童养媳，70年代、80年代就没有了。五十年代我妈妈要给我找一个童养媳，我说"不要不要我不要，我还小啊"。现在没有童养媳了。现在找对象哪里都可以，不一定要找渔民，也不管是不是同姓。现在是自己来，以前叫人介绍。现在结婚自由恋爱也要有媒人。[1]

根据东升村的婚姻成立规范，虽然如今男女双方结识方式主要是自由恋爱，媒人介绍认识的情况较少，但"托媒的习俗还是保留了下来"。[2]在东

---

〔1〕 东升村苏天送访谈录，资料编号：GDHZDYWATDS2022070808，2022年7月8日。
〔2〕《大亚湾渔家婚嫁习俗　吃高楼　对渔歌　拜大王爷　赏花》，东升村村民委员会提供，2022年7月8日。

升村渔民的婚嫁活动中，媒婆始终发挥着不可或缺的作用。媒婆通常由女方家指定，主要负责传递女方婚嫁的意愿与要求，在两家之间传话协调。据苏天送介绍，担任媒婆的主要条件"最重要的是要有男有女，儿女双全；不能够老公死了，就剩一个人也不行"，[1] 也即儿女双全，老公健在。

（二）订婚规范

订婚规范是东升村婚姻成立规范的主要组成部分之一。根据订婚环节，东升村渔民在结婚之前应当举行订婚仪式。在举行订婚仪式之前，男方家须找仙婆选定订婚的黄道吉日。据渔家婚嫁非物质文化遗产项目传承人徐妹介绍，"霞涌有一个仙婆，我们一般是去那里挑日子。那个仙婆是一个男人。七十多岁了。他会算的，算你们两个人这个年头什么月份、什么时候订婚结婚"。[2] 仙婆选定黄道吉日之后，男方家应当给仙婆一个红包。红包金额由男方家自主确定，少则一两百元，多则一两千元，其中多数情况下为一两百元。

在订婚日当天，男方家需要在澳头岸上的酒店或村内举行订婚宴，也即"吃高楼"活动。在"吃高楼"活动中，男方家会在餐桌上摆上芒果、火龙果、陈皮、茶饼、糖、蛋挞等几十种水果、点心、茶点，一层叠着一层，形成大楼状。也正是由于食物的摆设形似高楼，订婚宴在当地被称为"吃高楼"活动。根据订婚规范，"吃高楼"活动的参加人员为男方的亲属以及女方的女性亲属。女方本人不能参加"吃高楼"活动。2018年10月结婚的谭晓弁介绍说，准新娘之所以不能参加"吃高楼"活动，是因为"女方去了不吉利。结婚的前三天也不能见面，就与旧社会老风俗差不多"。[3] "吃高楼"活动的规模为，"我们（男方）自己人起码有两围台，女方差不多有三围台"。[4] 在吃高楼活动中，活动参加人员先吃茶点，再吃酒宴。其间，男女双方的亲朋好友会对唱渔歌助兴。

订婚时，双方家庭将会根据仙婆给出的结婚建议日期，商定结婚的具体日期并告知参加订婚仪式的众亲友。告知亲友的方式为口头告知，一般不发请柬。东升村村"两委"干部苏远洋介绍了东升村的订婚规范：

〔1〕　东升村苏天送访谈录，资料编号：GDHZDYWATDS2022070808，2022年7月8日。
〔2〕　东升村徐妹访谈录，资料编号：GDHZDYWATDS2022070808，2022年7月8日。
〔3〕　东升村谭晓弁访谈录，资料编号：GDHZDYWATDS2022070812，2022年7月8日。
〔4〕　东升村苏天送访谈录，资料编号：GDHZDYWATDS2022070808，2022年7月8日。

订婚那天在我们当地叫作挑日子，挑个结婚的日子。男方请亲戚到澳头岸上的酒店去吃饭，女方叫自己的亲戚都是妇女，来男方这里吃，新娘子自己不能去。[1]

2022 年 5 月 18 日徐维矿订婚日"吃高楼"
（苏远洋 2022 年 7 月 8 日提供）

根据订婚规范与结婚规范，活动的主要参加人员应在订婚日、赏花日、结婚日穿戴渔家服饰。其中，辈分高者应当穿蓝色渔家服饰，辈分低者应当穿粉色或其他颜色艳丽的渔家服饰。参加人员的服饰为纯手工制作，由主家提前定做，每套价格通常为三四百元。其中，质量普通的服饰价格为每套三百元左右，质量较高的服饰价格为每套四百元左右。苏远洋介绍了订婚与结婚活动中参加人员服饰穿戴规范：

辈分不一样，衣服颜色不一样。长辈一般都是蓝色，晚辈会更艳一点，年轻人就喜欢粉色、红色这些颜色。[2]

在订婚仪式结束后，男女双方通常应在一两个月内结婚。根据徐妹介绍："订婚后有十多天后结婚的。订婚后一般一两个月内结婚，最长一般三四个月。订婚后没有不结婚的。"[3]

（三）结婚规范

东升村渔家婚嫁的结婚仪式主要集中在赏花日、结婚日这两天。其中，结婚的前一天为赏花日，主要活动为剪发、赏花、拜大王爷；结婚的当天为结婚日，主要活动为迎新娘、跨火盆、端茶敬茶、唱歌跳舞等。

---

〔1〕东升村苏远洋访谈录，资料编号：GDHZDYWATDS2022070808，2022 年 7 月 8 日。
〔2〕东升村苏远洋访谈录，资料编号：GDHZDYWATDS2022070809，2022 年 7 月 8 日。
〔3〕东升村徐妹访谈录，资料编号：GDHZDYWATDS2022070808，2022 年 7 月 8 日。

1. 赏花日

在赏花日，男方须在好命婆以及亲属的陪同下完成剪发、赏花、拜大王爷三项仪式。具体而言，赏花日的主要活动内容为：

其一，剪发。赏花日当天早上，男方的亲朋好友几十人敲锣打鼓、扒龙船（乘快艇）护送男方到澳头街道的理发店，请理发师根据风水先生定好的动第一剪的时辰、吉位为准新郎剪发。

其二，赏花。剪发之后，渔民们回到男方家吃汤圆、吃米煮茶并在吃完后开展赏花仪式。在赏花时，男方身穿西装马甲、嘴含香烟、双手扶扇端坐在自家正门，由新郎的兄弟为其撑着挂有红布的黑伞，寓意新郎身份地位高贵。新郎母亲、好命婆等为新郎戴上大红花、红布条以及插着两对花的黑色毡帽，由好命婆、新郎母亲、新郎姑妈、新郎舅妈、善唱渔歌的女性亲戚等礼仪人员围着新郎集体对唱《富贵囊》等祈福歌曲，[1]供现场亲朋观赏。"渔歌有长有短，短则三五分钟，长则半小时"。[2]赏花仪式中对唱渔歌的总时长通常为 1~2 小时。剪发、赏花等仪式寓意新郎"临娶始冠"。

2022 年 5 月 27 日徐维矿结婚赏花仪式中唱渔歌（苏远洋 2022 年 7 月 8 日提供）

---

〔1〕 原生态的渔家咸水歌包括情歌类渔家咸水歌、劳动类渔家咸水歌、叙事类渔家咸水歌、婚庆类渔家咸水歌等，但随着渔民上岸和劳动方式的改变，不少渔家咸水歌失去了生存与传承的原动力，逐渐淡出了人们的视野，目前仅剩下婚庆类渔家咸水歌仍在传唱。

〔2〕 王彪："惠州'非遗'传承人天生金嗓，半世纪操办百场'渔家婚嫁'"，载《南方日报》2017 年 5 月 22 日。

其三，拜大王爷。赏花结束后，男方在好命婆、亲属等人的簇拥下乘快艇（扒龙船）到村对岸庙洲岛上的大王爷庙拜大王爷。在去往大王爷庙的路上，男方应手扶折扇、嘴含香烟、头戴毡帽。到大王爷庙之后，先由好命婆摆供品（通常为糖果、水果、鸡、猪头、鱼等）。之后男方亲属燃放鞭炮，男方本人上香祭拜大王爷，祈愿幸福、祈愿早生贵子。大王爷祭拜仪式结束后，众人回村参加酒宴、搓汤圆、唱渔歌。苏远洋介绍了拜大王爷以及拜大王爷之后的活动规范：

> 结婚前一天男方及其亲属要敲锣打鼓去拜大王爷。结婚前一天下午两点钟吃饭，吃完饭三四点钟的时候，亲戚围在一起搓汤圆。搓汤圆的时候会唱渔歌。我们那个汤圆是很大个的，正方形的。晚上男方的兄弟们，就在他家里喝酒聊天，还有亲戚都在吃夜宵，热闹。[1]

当然，值得一提的是，虽然由于技术的进步，婚嫁活动中使用的龙船已升级为机械动力，不必手动划船，但为了增强仪式感，参加仪式的人员仍然会做出虚拟划船的姿势和动作，进行"扒龙船"表演。短诗"渔妇两排舷上划，头束红绸发插钗"是对这一现象的文学素描，[2]而渔家诗歌"熏风丽日泛微波，碧水载舟舟载歌。狮舞旌旗千度觅，凤翔浩瀚百年合。迎亲健妇力划桨，出嫁新娘羞媚娥。舫舸华灯巧戏月，鸳鸯归卧醉涛阁"则更为生动地描述了这一现象。[3]

2. 结婚日

根据婚姻成立规范，结婚日的主要仪式为迎新娘、跨火盆、喂汤圆、摆宴席、端茶敬茶、唱歌跳舞等。根据结婚日仪程，各环节应遵循的基本规范如下：

在结婚日当天凌晨，男方的迎亲队伍根据仙婆给出的时间（通常为凌晨3~5点）出发前往女方家接新娘。到达女方家后，新郎父亲与新娘父亲须首先握手，并在握手时进行如下对话：

> 新娘父亲：亲家好，我的妹子你好好照顾她。

---

〔1〕 东升村苏远洋访谈录，资料编号：GDHZDYWATDS2022070808，2022年7月8日。
〔2〕 陈幼荣主编：《大亚湾风韵》，中国言实出版社2017年版，第1页。
〔3〕 中共惠州市委宣传部等编：《印象惠州》，广东人民出版社2012年版，第7页。

新郎父亲：你不用怕啦，我会照顾。你的女孩到我们那里去会好好护起来，不要怕。他的妈妈会好好照顾她，不要怕。

新娘父亲：我相信你会好好照顾她，（嫁到你们家）会幸福的，来去就好了。[1]

新郎父亲：肯定会照顾啦，我们娶媳妇来做家，结婚娶媳妇养妹子是我们的事情。[2]

在男女双方父亲握手、对话之后，根据传统的婚姻成立规范，新娘母亲应当对着即将出嫁的女儿唱哭嫁歌（泣唱），表达对女儿的不舍。近年来，由于不少女方及其母亲不会唱渔家哭嫁歌，"哭嫁"环节在很多时候被省略了。之后，男方的迎亲队需要边唱渔歌边向女方"要嫁妆"。嫁妆主要为被子、枕头、箱子、梳子等日用品。每接一份嫁妆，迎亲队都要唱一支渔歌。新娘出门之前要先拜神祈求祖先庇佑，出门时须穿蓝纱黑裙或蓝衣黑裤，头戴黑头帕。新娘的母亲不能随新娘出门，新娘出门由姊妹陪同送嫁，"女的要二三四个伴娘，男的要一个伴郎"。[3]根据婚姻成立规范，新娘出门时，两位好命婆须一人为新娘撑伞，一人端着装有香草、芒草的米筛。需要提及的是，若新娘不是东升村、前进村、金门塘村的渔民，接新娘的仪式则会根据当地的实际发生适应性变化。

新娘到了男方家后，需要先"跨火盆"，寓意"添男孙"以及"跨过火盆消灾火"。跨过火盆进入男方家后，由好命婆给两位新人分别喂两颗汤圆，"意思是永结同心、早生贵子"。[4]在结婚日的下午两点左右，男方家须大摆宴席（在家中或到酒店），宴请参加婚礼的亲朋，"正常的话，要摆四五十桌"，[5]每桌成本在两千元左右（不含烟酒）。此外，在结婚日的前一天，也即在赏花日，女方家循例也会摆宴席宴请亲朋。女方家宴席规模相对较小，规模通常在二三十桌左右。女方家的宴席规模之所以更小，是因为"女儿出嫁，女方爸爸妈妈要哭了，女方家不高兴，摆得少。男方人多了，高兴了，

---

〔1〕　东升村徐妹访谈录，资料编号：GDHZDYWATDS2022070808，2022 年 7 月 8 日。
〔2〕　东升村苏天送访谈录，资料编号：GDHZDYWATDS2022070808，2022 年 7 月 8 日。
〔3〕　东升村苏尚佃访谈录，资料编号：GDHZDYWATDS2022070811，2022 年 7 月 8 日。
〔4〕　东升村谭晓弁访谈录，资料编号：GDHZDYWATDS2022070812，2022 年 7 月 8 日。
〔5〕　东升村苏仪娓访谈录，资料编号：GDHZDYWATDS2022070811，2022 年 7 月 8 日。

花钱多钱少没问题，高兴就好"。〔1〕

宴席结束后，新娘循例须给男方父母、姑姨、叔伯等敬茶，请长辈喝茶、洗脸，长辈给其发红包。端茶敬茶之后的晚上，参加婚礼的渔民们会唱歌跳舞，欢度盛典。歌舞类型主要为传统渔家歌舞，但其中也包含现代因素，例如在村内长大的渔民苏丽莎提道，"娶新娘回来晚上跳舞的时候会放 DJ"。〔2〕徐妹较为详细地介绍了端茶、跳舞的基本规范：

> 新娘子要端茶给公婆、叔叔等亲属，说："爸爸，请喝茶；妈妈，请喝茶。"（男方亲属）会包个红包。有两百的，有一千的，也有一百五十块钱的，多少不一定。喝茶是在吃饭差不多吃饱了之后，差不多五六点。吃饱了就准备喝茶了。喝茶之后就准备跳舞了。吃饭一般是两点，跳舞在七八点。跳舞很隆重的。一般跳到十一点。跳到夜里两点钟、一点钟的也有。大家高兴嘛。〔3〕

根据长期形成的习惯规范，结婚时男方家须给女方家支付一定数额的彩礼，女方家须适当回礼。苏远洋介绍了东升村婚嫁彩礼及回礼规范：

> 彩礼一般是三万六，找到香港的就不一样，娶香港人的多一倍。男东升、女香港的彩礼就贵一倍，男的有钱的给八万八的好意头的也都有。但是我们这里回礼都是买金器。我们这里嫁女儿的家里是亏本的。彩礼过来之后买项链、买金器送过去。女方的七大姑八大姨会合资三千五千的买项链，当陪嫁。所以我们这里嫁女儿，进去要十多万的。〔4〕

根据东升村的回礼规范，通常情况下男方家支付的彩礼不足以覆盖女方家回礼、陪嫁支出，女方家在一定程度上处于亏损状态。"我们这儿卖（嫁）一个女孩要亏本好多钱的。妈妈爸爸有钱有亏得多，爸爸妈妈没钱的就亏得少。"〔5〕女方陪嫁、回礼的多少由女方家经济实力与自主意愿决定，陪嫁财物

〔1〕 东升村苏天送访谈录，资料编号：GDHZDYWATDS2022070808，2022 年 7 月 8 日。
〔2〕 东升村苏丽莎访谈录，资料编号：GDHZDYWATDS2022070811，2022 年 7 月 8 日。
〔3〕 东升村徐妹访谈录，资料编号：GDHZDYWATDS2022070808，2022 年 7 月 8 日。
〔4〕 东升村苏远洋访谈录，资料编号：GDHZDYWATDS2022070808，2022 年 7 月 8 日。
〔5〕 东升村苏天送访谈录，资料编号：GDHZDYWATDS2022070808，2022 年 7 月 8 日。

价值在最高时可达百万元。苏远洋认为，之所以会形成女方家亏损的传统，"一个是风俗就是这样，另一个是（女方家）比较大方"。[1]此外，参加婚礼的人员应当准备份子钱。份子钱的金额不定，"有一千、五百这样"。[2]

根据东升村的婚姻成立规范，好命婆与媒婆在疍民婚嫁活动中扮演着不可或缺的角色。在婚嫁活动中，好命婆共两人，分别为男方家、女方家所请，媒婆共一人，为女方家所请。若东升村疍民和渔村之外的人结婚，则只需聘请一位好命婆，由东升村疍民聘请。担任好命婆与媒婆的基础条件为老公健在、家庭和睦，其中好命婆还应当会唱渔歌。东升村能够当好命婆的总人数不超过10人。1952年出生的渔家婚嫁第八代传承人徐妹是东升村目前最为知名的好命婆与媒人。其从二十岁便开始担任好命婆。在多的年份，徐妹曾在一年内当了7次好命婆。主家应当给好命婆与媒婆红包。红包金额一般应当为双数，寓意好事成对成双。其中，男方家给的红包金额通常为女方家给的红包金额的两倍。徐妹夫妇介绍了主家给好命婆、媒婆红包时应遵守的相关规范：

> 我每年都做几个，每年都做。媒婆两千块钱，好命婆一千两百块钱。今年五月初八那次我做的是男家，好命婆一千二，媒婆两千。女家的少一半，好命婆六百块，媒婆一千块。以前就四块钱，两块钱。[3]

好命婆与媒婆是东升村通过婚姻成立规范的渔村治理的重要治理主体，是最为了解和掌握东升村渔家婚姻成立规范的人员，是东升村渔家婚姻成立规范遵守与实施的主要推动者、关键引领者，在东升村渔家婚嫁活动中发挥着举足轻重的作用。

（四）回门规范

根据东升村的婚礼成立规范，在结婚后的第三天，男女双方应当共同返回女方家探望女方父母。与全国其他不少地区一样，这一回门仪式在东升村也被称为"三朝回门"。根据苏远洋介绍，通常情况下"新娘回门的时候要媒

〔1〕　东升村苏远洋访谈录，资料编号：GDHZDYWATDS2022070808，2022年7月8日。
〔2〕　东升村苏仪娓访谈录，资料编号：GDHZDYWATDS2022070811，2022年7月8日。
〔3〕　东升村徐妹访谈录，资料编号：GDHZDYWATDS2022070808，2022年7月8日。

婆带着去"。[1]徐妹简要介绍了三朝回门的基本情况：

> 新郎新娘两个人三朝回门。女方妈妈煮饭，叫新人去吃两餐。[2]

在三朝回门后，东升村渔家婚嫁的婚嫁仪式基本结束，新人由此共同开启新的生活。

（五）婚姻解除规范

在婚姻成立后，东升村渔民离婚的情况较少，婚姻解除规范通常处于沉睡状态。苏天送介绍说："我们这里很少离婚。我们这里为什么很少离婚呢。因为我们这里是孤岛，男人天天外出打鱼，一般不会吵架。渔民也不出去打工，天天都在这里，离什么婚。一般下午三点出海，回来时间不一定，白天回来休息。我们这个年纪没有离婚的，年轻的人有离婚的。"[3]根据婚姻解除规范，若男女双方离婚，应根据国家法律法规的规定办理离婚登记手续，处理好子女抚养、财产分割等基本事宜。

四、通过婚姻成立规范的渔村治理运行

在渔家婚姻成立规范的指引和保障下，东升村渔民有序地进行着结识结婚对象、组织订婚活动、举行结婚仪式、完成回门流程以及解除婚姻关系等自我治理实践，在实践中将婚姻成立规范从不成文规范活化为具体、生动的实践。通过自觉遵循婚姻成立规范，东升村的疍民们坚持和强化了通过婚姻成立规范的渔村治理模式。

（一）相识

以结识规范、通婚对象规范等相识（亲）规范为出发点，东升村渔民到婚嫁年龄时会自主地找对象或经由他人介绍对象。从实践情况来看，渔民们结识自己结婚对象的方式较为多元。例如，现年70岁的苏天送、徐妹均为东升村土生土长的本土居民，两人于1972年结婚。苏天送回顾了其与徐妹的结识、确定关系的方式：

> 我的姐姐告诉她（徐妹）的阿哥（我还没有对象）。她（知道了）就叫

---

〔1〕 东升村苏远洋访谈录，资料编号：GDHZDYWATDS2022070808，2022年7月8日。
〔2〕 东升村徐妹访谈录，资料编号：GDHZDYWATDS2022070808，2022年7月8日。
〔3〕 东升村苏天送访谈录，资料编号：GDHZDYWATDS2022070808，2022年7月8日。

她的阿哥写一个纸条给我，问我有没有找到人，如果没有找到人就和我恋爱。她哥哥拿个纸条就给我。纸条上就写问我有没有找到人，没找到人的话她就见我。我打开纸条看了，心想，好啊，也好啊。看了纸条我就心里有数了，不到两个月我就去找她了。我觉得有信号了，就去找她了。[1]

苏天送、徐妹的二儿子苏小龙与儿媳苏淑梅也均为东升村本土居民，两人自小便互相认识，系自由恋爱后结婚。在确定关系之前苏小龙没有告知父母、没有和父母商量。在两人确定关系后，苏天送、徐妹通过听说的方式获知了这一信息并表示了同意。徐妹介绍了苏小龙与苏淑梅结识的基本情况：

我赖子（客家话，指儿子）先去找她的。我赖子同意，我们也就同意了。他们害羞，自己不敢说。当时兄弟姐妹讲给我，我们（才）知道他们已经在活动了。[2]

目前东升村渔民确定结婚对象的方式主要为自由恋爱，2006年4月结婚的苏远洋、陈莉梅夫妇"在淡水和朋友玩的时候认识的"。[3]再如，24岁时结婚的年轻村民苏仪媜提道，"我和我对象都是在岛内的，男追女。我们是害羞的。我是24岁结婚的。在22岁开始谈对象，谈了一年多结婚"。[4]在确定结婚对象之后，男女两家将会共同推动开启热闹盛大的订婚、结婚仪程。

（二）订婚

东升村渔民结婚时通常会严格遵循订婚规范，举行定亲过礼仪式。若违反订婚规范，将会面临习惯法上的否定性评价，遭受面子上的损失，承受来自亲人、村人的议论与压力。根据在调查中掌握的情况，东升村唯一一位未举行订婚仪式而直接结婚的人为徐伟斌。2008年10月1日，时为东升村委会工作人员（文书）的徐伟斌在未举行订婚仪式的情况下直接举行了结婚仪式。以下事例一为徐伟斌的自述，展现了当时的基本情况：

---

〔1〕　东升村苏天送访谈录，资料编号：GDHZDYWATDS2022070808，2022年7月8日。

〔2〕　东升村徐妹访谈录，资料编号：GDHZDYWATDS2022070808，2022年7月8日。

〔3〕　东升村苏远洋访谈录，资料编号：GDHZDYWATDS2022070809，2022年7月8日。

〔4〕　东升村苏仪媜访谈录，资料编号：GDHZDYWATDS2022070811，2022年7月8日。

事例一

结婚之前有一个订婚，订婚宴很浪费钱的。订婚那一顿是白吃的。订婚过礼那一天要十多万。可能整个岛就我一个没有订婚的，我说结婚就马上结婚。我是1981年出生的。我结婚是2008年，但是领结婚证是2006年。我老婆是韶关人，大学同学，隔壁班的。我当时没什么钱，另外我给我老婆说我们为什么要订婚呢，好奇怪哦，没必要哦。对我来说就像结了两次婚一样，有什么必要。订婚那一顿真的是白吃的，十几二十几围，很浪费钱。

我父母不是很同意（我不订婚的想法）。他们说，人家个个都这样，就你一个人不一样。人家都没有见过这样的。他们说，人家隔壁叔叔伯伯不知道会不会笑我们自家人。我说我不怕这些。

其他人也多多少少会说。用我们客家话就是说，你怎么那么傻，为什么不庆祝一下，让大家开心一下。我说，我不重视这些，对我来说这些形式太假了。再者，我又没有兄弟，搞这些需要很多人来帮忙的。我们家就只有我姐、我妹，我姐、我妹也都嫁出去了。之后没有人向我学，他们肯定不敢的，老人家会说的。他们爱面子。其实我们这里考虑的就是面子问题。[1]

总体而言，徐伟斌之所以选择跳过订婚仪式而直接举办结婚仪式是其个人能力、想法、性格、决断力、家庭情况等多种因素共同作用的结果，其他渔民难以模仿。正是由于订婚规范具有较强的约束力以及徐伟斌的难以模仿性，在已知的范围内东升村再未出现过跳过订婚而直接结婚的情况。

（三）结婚

在婚嫁活动中，东升村渔民注重按照婚姻成立规范的要求依次开启、推进婚嫁活动中的各个环节，按照婚姻成立规范的要求行事做事，完成婚礼仪式。

在结婚时间方面，东升村渔民通常会在达到国家法律规定的法定结婚年龄之后举行结婚仪式并领取结婚证。若未达到法定婚龄则先不领取结婚证。例如，2021年4月、5月份一对尚未到法定婚龄的新人简单举行了婚礼。苏远洋介绍了当时的基本情况：

---

〔1〕 东升村徐伟斌访谈录，资料编号：GDHZDYWATDS2022070809，2022年7月8日。

男的当时大概二十岁，女的大概十九岁。男方是岛上的，女方是岸上的。大概是 2021 年 4 月、5 月份结婚的。邀请都发出去了，当时疫情不让摆。就自己的亲戚摆了几围。[1]

在婚姻成立规范的作用下，东升村的疍民们在赏花日和结婚日有序组织和进行着剪发、赏花、拜大王爷、接新娘、送聘礼、跨火盆、喂饭、摆宴席、端茶敬茶、唱歌跳舞等一整套流程，一步一步地将婚姻成立规范从制度化为实践。其中，结婚日当天吃正餐摆宴席活动一般是在澳头岸上的酒店进行。其他几顿宴席一般在新郎家进行，饭菜由新郎的家人、亲戚帮忙煮制。在所有婚宴中，正餐的规模最大。例如，2018 年 10 月 30 日谭晓弇结婚时正餐"加起来摆了五十多桌"。[2]

由于东升村渔家婚嫁活动规模大、程序多，所需费用往往较多。特别是近几年，婚嫁活动支出能达数十万，"现在结婚没个几十万搞不来"。[3]东升村渔家婚嫁活动中男方的主要支出包括摆宴席支出、彩礼支出等。例如，苏天送、徐妹的大儿子在 2004 年 3 月结婚，儿媳为惠东县人。大儿子、大儿媳结婚时正餐摆了 42 桌。整个活动共支出 5 万元，其中彩礼 8000 元。苏天送、徐妹的二儿子 2011 年 3 月份结婚，儿媳为东升村人。二儿子、二儿媳结婚时正餐摆了 42 桌。整个流程共支出 25 万元左右，支出主要为"挑日子在酒店吃、过彩礼、买礼品、买手镯给儿媳、三天吃饭、正餐"。[4]其中彩礼 36 000元，正餐支出约 2 万元。[5]对普通渔民家庭而言，短期内筹集大量资金存在着一定的困难。为了筹集资金，部分家庭会通过向朋友借钱的方式暂时填补资金缺口。在举办婚礼后，主家会用收到的贺礼钱、份子钱偿还大部分借款。苏天送介绍了其二儿子结婚时的支出情况：

加上订婚总共 25 万左右，彩礼花了 36 000。那时候我们没有钱，是向别人借的。向岸上的朋友借了十多万，不是向亲戚借，不能让亲戚知道自己没

---

〔1〕　东升村苏远洋访谈录，资料编号：GDHZDYWATDS2022070808，2022 年 7 月 8 日。
〔2〕　东升村谭晓弇访谈录，资料编号：GDHZDYWATDS2022070812，2022 年 7 月 8 日。
〔3〕　东升村苏远洋访谈录，资料编号：GDHZDYWATDS2022070808，2022 年 7 月 8 日。
〔4〕　东升村苏远洋访谈录，资料编号：GDHZDYWATDS2022070808，2022 年 7 月 8 日。
〔5〕　东升村徐妹访谈录，资料编号：GDHZDYWATDS2022070808，2022 年 7 月 8 日。

有钱。收到礼金之后还给人家。收回来二十多万,最后亏本3万多。〔1〕

东升村的部分家庭在向女方支付彩礼时会遵循公平原则,做到各个儿媳的彩礼金额相同。例如苏远洋、陈莉梅结婚时,苏远洋家坚持按照兄弟公平原则给付彩礼。以下事例二为陈莉梅自述,这一事例记录了当时的基本情况:

事例二

我结婚比较早,十多年前(2006年4月)嫁到这里来。我大嫂是惠东的,她嫁给我大哥时候彩礼就是八千。我后起她两三年,彩礼不应该是八千的。但是我老公家这边要给八千。我当时有意见。然后我公公婆婆就说,她做大的,不能偏心,就是八千,全都得和她一样。然后我父母就说,嫁女儿又不是卖女儿,多少无所谓,八千就八千。〔2〕

随着渔民收入的增加与经济水平的提高,半个世纪以来东升村的彩礼金额也发生了较大的变化。1972年苏天送、徐妹结婚的彩礼为750元。2018年谭晓弁从陆丰嫁到东升村时的彩礼金额为25 800元,回礼为400元。谭晓弁介绍了彩礼情况:

那时候我老公这边也问过我要多少,他问我说对彩礼有没有要求。我妈说,这不是卖女儿,随便你们给喽。然后我家婆说,那就给25 800元。我老家对彩礼没有要求,高兴就行。我家婆给我买了凤镯,还有一条项链哦。〔3〕

根据东升村的婚姻成立规范,女方家会在女儿出嫁时为之提供嫁妆等陪嫁财物。陪嫁财物的价值不一,由女方家自主决定,少则几百元,多则上百万元。谭晓弁介绍了近几年陪嫁较多的情况:

今年这个六月十九结婚的,陪嫁陪了四十多万。还有压箱底的钱,压箱底的有十八万。还有一个,老公是东升岛上的,老婆是金门塘的,陪嫁陪了

---

〔1〕 东升村苏天送访谈录,资料编号:GDHZDYWATDS2022070808,2022年7月8日。
〔2〕 东升村陈莉梅访谈录,资料编号:GDHZDYWATDS2022070812,2022年7月8日。
〔3〕 东升村谭晓弁访谈录,资料编号:GDHZDYWATDS2022070812,2022年7月8日。

一百万，是百万新娘。前两年她老公因为走私进去了，判了五年。女方娘家征收，家里有钱。[1]

　　总体而言，在东升村渔民的自觉遵循下东升村的婚姻成立规范在实践中产生了较为显著的实施效果。虽然按照婚姻成立规范举行婚嫁活动往往会耗费几十万甚至上百万的资金，但东升村的渔民们仍然注重严格按照婚姻成立规范的要求依次开展各项婚嫁活动，形成了独特的渔家婚嫁风景。

　　（四）三朝回门

　　根据回门规范的要求，新人将会在结婚后的第三天返回娘家。谭晓弁介绍了其回门情况："三天后回门，就我们两个人。回去吃个饭就回来了。人家当地的规矩，当天回去不能在人家那里逗留的。"[2]此外，根据回门规范，若女方为东升岛人，媒婆通常会陪同回门。

　　相对于订婚日、赏花日、结婚日的活动，三朝回门这一天的活动并无多少特殊性。

　　（五）解除婚姻

　　根据苏天送老人的介绍，东升村疍民离婚的情况很少见，"我们这么多年就这两个离婚的"。[3]若要解除婚姻关系，男女双方须按照婚姻解除规范处理好孩子、财产等有关事宜。以下事例三为东升村已经发生和正在发生的两起婚姻解除事件：

　　事例三

　　今年有两个离婚的，两个人都是1985年后的，男的1988年左右，老婆是外来人，惠东那边来的，男的是我们当地村民。结婚七八年了，有两个孩子。因为小孩子读书，女方为了方便照顾孩子就在澳头那边租了一个房子住，可能是外面有人了，就离婚了。男方是在这里打鱼的，在这里住。他们是协议离婚，没有到法院去。男孩子跟着男方这边，女孩子跟着女方那边。女孩子在上小学，男孩子在幼儿园。[4]

---

〔1〕　东升村谭晓弁访谈录，资料编号：GDHZDYWATDS2022070812，2022年7月8日。
〔2〕　东升村谭晓弁访谈录，资料编号：GDHZDYWATDS2022070812，2022年7月8日。
〔3〕　东升村苏天送访谈录，资料编号：GDHZDYWATDS2022070808，2022年7月8日。
〔4〕　东升村苏远洋访谈录，资料编号：GDHZDYWATDS2022070808，2022年7月8日。

还有一对现在还没有离。那个女的又想回来了。他们差不多三十岁左右，有一个女孩，七八岁了。女的是陆丰那边的。结婚有八九年了，现在是分居状态。[1]（他们之所以闹矛盾，是）因为家里没有钱。女的到澳头买东西没有钱，就吵闹了。[2]

总体而言，东升岛的婚姻成立规范相对独立、自成体系，受外界影响相对较小。东升岛的婚姻成立规范为男女双方、双方家庭、媒婆、好命婆、亲戚朋友、村内渔民等提供了组织和参与婚嫁活动的行为准则与言行标准，得到了渔民的自觉遵守与严格实施，产生了一定的实效。通过按照婚姻成立规范组织和开展渔家婚嫁活动，东升村的渔民共同演绎了独具特色的渔家婚嫁场景。

五、通过婚姻成立规范的渔村治理效果

东升村的渔家婚姻成立规范是东升渔民两百年来实践经验的结晶与制度化呈现。通过婚姻成立规范的渔村治理在实践中具有规范渔村家庭组成、保障渔村人口繁衍、维护渔村婚嫁秩序、满足渔民精神需要、促进渔家文化传承、丰富渔民日常生活以及淳化民风、凝聚人心等积极作用。

其一，规范渔村家庭组成，保障渔村人口繁衍。通过婚姻成立规范的渔村治理的首要价值在于规范和保障渔村家庭组成和男婚女嫁秩序，为渔村适龄青年成家立业、传宗接代提供指引和保障，促进渔村人口繁衍。对普罗大众特别对东升渔民而言，结婚是一项重要的人生体验，在人生的特定阶段成婚直接关系到人的代际关系与生命历程，婚姻成立规范的运行有利于引导渔村适婚青年在相应的人生阶段完成相应的人生任务，为新的家庭组建和社会关系重组提供习惯法上的保障和支持，使得新人在隆重神圣的仪式中感悟铭记婚姻蕴含的责任担当，在新的角色身份和新的理念意识下自主地肩负起在家庭关系网中的职责，自觉为对方考虑、为小家尽责。随着一个个小家庭组成、家的秩序的形成，社会的宏观秩序得此建构起来并稳定地运转。数千年来，家庭一直是一个基本的生育单位。适婚青年组成新的家庭也即意味着新生育单位的产生，这将会有利于促进渔村社会的家庭延续与族群繁衍，推动

---

〔1〕 东升村苏天送访谈录，资料编号：GDHZDYWATDS2022070808，2022年7月8日。

〔2〕 东升村徐妹访谈录，资料编号：GDHZDYWATDS2022070808，2022年7月8日。

人类社会的新陈代谢，保障渔村社会的正常发展。

其二，维护渔家婚嫁秩序。东升村的渔家婚姻成立规范有着较强的秩序维持功能。东升村的渔家婚姻成立规范为相识相亲、定亲过礼、剪发、赏花、拜大王爷、接新娘、跨火盆、喂汤圆、摆宴席、端茶敬茶、渔歌演唱、舞蹈表演等实践活动的开展与推进提供了全面详细的标准，为男女双方、媒婆、好命婆、仙婆、双方父母、亲朋好友、活动参与人等提供了细致的行动指南与行为规仪。东升村的渔家婚姻成立规范是东升村渔民组织、参与以及亲身经历渔家婚嫁活动的制度基础。通过不断观摩、反复学习、全面掌握、自觉遵守、严格执行、严谨适用婚姻成立规范，东升村渔家婚嫁活动的全体组织者、参与者共同保障了渔家婚嫁活动全流程、全过程的有序展开，共同有条不紊地向世人呈现了一场场生动的渔家婚嫁大戏，共同演绎了当代渔民波澜壮阔的生活场景。

其三，满足渔民精神需要。婚姻成立规范具有展现功能、认证功能和宣示功能。婚礼的顺利举办是对夫妻关系的展现、认证和宣示，盛大、庄重而神圣的婚礼能够帮助新人适应身份转变、形成身份认同，增强新人的幸福感、使命感、责任感、归属感，满足渔民的精神需要。通过组织和参与渔家婚嫁活动，渔村青年得以在相应的生命历程中完成相应的人生大事、顺利迈入新的人生阶段，实现其人生意义与社会价值，收获精神上的满足感与心理上的获得感。而且，充满仪式感的婚姻成立规范的运行"能够使相关当事人满足个人体面、获得家庭情面、拥有社会场面，从而维系相关当事人有脸面的生活"。[1]

其四，促进渔家文化传承。东升村渔家婚嫁规范是东升村渔家文化的制度化呈现，渔家婚嫁活动是当地渔家文化传承的主要场景，渔家婚嫁规范的反复实施对于传承古老文明、活化本土文化、弘扬传统美德具有十分重要的作用。多年来东升村的渔家婚嫁规范很少变化，苏远洋甚至认为，"从清朝到现在基本没有变过。古代是上花轿，我们这里是划旱船"。[2]通过自觉遵守和反复实施历史上固有的渔家婚嫁规范，东升村疍民们以生活实践的方式保障

---

〔1〕　高其才："维系中国人有脸面生活的习惯法——以浙东蒋村婚姻成立习惯法为考察对象"，载《法治现代化研究》2021年第3期，第77~78页。

〔2〕　东升村苏远洋访谈录，资料编号：GDHZDYWATDS2022070903，2022年7月9日。

了渔家文化的有效传承。例如，在赏花仪式、歌舞表演、接新娘途中、送新郎去剪发路上、拜大王爷途中，好命婆以及男方的女性亲属通常会按照一套完整的传唱方式和程序传唱《富贵囊》《淘乖呱》《窥盟呱》《给行呱》《三胶回盟》《提—益丁奥提—盎财》《爱娶新娘占时头》等原生态渔家咸水歌。[1]这些渔歌是当地渔家文化的活化石。在渔家婚嫁活动中演唱渔家淡水歌的意义不仅在于娱人悦己，更在于以代代传唱的方式记录、传承、传播疍民200年的历史文化信息，实现文化濡化、文化接续和文化传承。

其五，丰富渔民生活。渔家婚嫁活动在很大程度上是以渔家文化为主题的歌舞剧表演。通过按照婚姻成立规范组织和参与渔家婚嫁活动，东升村渔民丰富了自身的文化生活、愉悦了自身心灵，使得自己的生活变得更加多彩。例如，村民陈莉梅提道，渔家婚嫁活动"整个一条流程下来是一个风景。如果没有结婚的场合，就没有唱歌的机会。为什么我们都起早摸黑地去看结婚的流程，就是去看这一道风景，很热闹"。[2]徐伟斌也提到，虽然按照渔家婚姻成立规范组织渔家婚嫁活动是一个辛苦活，但是渔民们仍然会自觉地按照婚姻成立规范开展活动。渔民们之所以会按照这一套来，是因为"他们觉得很开心，参与的人很开心，又有的玩，又有的吃，又开心，他们平时都找不到那么齐的亲戚、姐妹兄弟啊一起，就像我们开同学会一样，很开心，有香港回来的，有外面亲戚回来的，很热闹"。[3]渔家婚姻成立规范的有效实施为渔民创造了一种欢聚的机会、场合与平台，使得村民们能够借此欢聚在一起，共同感受生活的律动，为平淡的生活增添些许色彩。

总体而言，通过按照婚姻成立规范组织和开展渔家婚嫁活动，东升村的疍民们在很大程度上取得了规范渔村家庭组成、保障渔村人口繁衍、维护渔家婚嫁秩序、满足渔民精神需要、促进渔家文化传承、丰富渔民生活的治理效果，有效实现了自我治理。在加强和改善乡村治理的过程中，相关治理主体应当重视通过婚姻成立规范的渔村治理模式，发挥这种治理模式的积极价值，丰富和扩展乡村治理手段，提升乡村治理质效。

---

〔1〕 有关渔歌的歌词普通话翻译与现代曲谱，可参见林碧炼："大亚湾东升渔歌音乐文化的考察研究——以东升渔民婚礼仪式歌曲为例"，载《星海音乐学院学报》2012年第2期，第27~33页。
〔2〕 东升村陈莉梅访谈录，资料编号：GDHZDYWATDS2022070812，2022年7月8日。
〔3〕 东升村徐伟斌访谈录，资料编号：GDHZDYWATDS2022070902，2022年7月9日。

六、结语

通过婚姻成立规范的渔村治理是一种通过固有规范的治理，是以海洋文化和渔家文化为底色的乡村治理。通过婚姻成立规范的治理运行重现与活化了历史上形成的固有习惯规范，促进了东升村两百年海洋文化、渔家文化的有效传承，产生了积极的治理效果。就渔村治理现实而言，历史上形成的渔家固有规范、传统文化在当今的渔村治理中仍然发挥着重要的作用，传承好、保护好、利用好渔家固有规范与传统文化对于扩展乡村治理场域、丰富乡村治理手段、改善乡村治理质效具有重要的价值与意义。

虽然东升村通过渔家婚姻成立规范的渔村治理模式总体能够有效运行，但是由于婚姻成立中具有代表性的传统渔歌技艺传承效果欠佳，这种治理模式的未来发展也面临着一定的隐忧与挑战。渔歌演唱是东升村渔家婚嫁活动的背景音乐与主旋律，是渔家婚嫁活动不可缺少的组成部分。渔歌技艺的失传将会给渔家婚嫁活动带来消极影响，影响渔家婚姻成立规范的实施效果。东升村社工站的社工陈莉梅提道，东升村村委会与东升村社工站曾尝试带动村内妇女学习渔歌，但效果不理想，"之前我们想带动妇女，但是她们不太愿意"。[1]东升村村委会干部苏远洋认为："现在年轻人学的比较少。我们'80后'这一代没有渔歌传承人。正常的传承是'80后'应该跟着上一代'60后'的去学习，但是并没有'80后'跟着'60后'的师父学习。"[2]年轻渔民们之所以不愿意学习技艺，"一是怕麻烦，二是村民腼腆，三是生活压力大，需要去挣钱"。[3]

现代渔村治理不能与历史传统完全割裂开来。为了改善渔村治理效果，应当重视历史上形成的渔家婚姻成立规范，合理利用渔家优秀传统文化，充分发挥渔家婚姻成立规范的积极价值，进一步改善渔村治理效果。自2016年开始，东升村村委会在东升小学开设了渔歌文化传承班，由渔家婚嫁非遗项目传承人徐妹每周免费为小学生传授渔歌技艺。目前全村共有二十余位十岁左右的小学生在学唱渔歌。东升村村委会的这些做法具有一定的积极价值。未来，在此基础上，大亚湾区管委会有关部门、澳头街道办、东升村村委会、

---

[1] 东升村陈莉梅访谈录，资料编号：GDHZDYWATDS2022070812，2022年7月8日。
[2] 东升村苏远洋访谈录，资料编号：GDHZDYWATDS2022070809，2022年7月8日。
[3] 东升村苏远洋访谈录，资料编号：GDHZDYWATDS2022070809，2022年7月8日。

东升村社工站等相关治理主体可在既有工作经验基础上，不断探索新的工作路径与工作方法，通过筹办渔家婚嫁民俗展览馆、组织渔家婚嫁巡回表演、公益创投、政策扶持等方式激发基层群众的首创精神，释放传统婚嫁规范的现代价值，促进渔村治理，弘扬渔家优秀文化，赋能乡村振兴，推进乡村的良法善治。

第十七章

通过茶叙规范的老人自治

——以娘婶姊妹汇聚为对象

一、引言

随着老年人数量的增加。养老问题日益成为我国一个突出的社会问题。除了居家养老、社会养老、政府养老等，国家还支持和鼓励老年人开展互助互动活动。《老年人权益保障法》第38条提出，"倡导老年人互助服务"。中共中央、国务院《关于加强新时代老龄工作的意见》（2021年11月18日）提出，"及时总结推广老龄工作先进典型经验"；"注重发挥家庭养老、个人自我养老的作用，形成多元主体责任共担、老龄化风险梯次应对、老龄事业人人参与的新局面"。中共中央、国务院《关于加强基层治理体系和治理能力现代化建设的意见》（2021年4月28日）提出，"大力开展邻里互助服务和互动交流活动，更好满足群众需求"。

在大亚湾区西区街道塘尾村和上田村，[1]存在着一种名为"娘婶姊妹汇聚"的老人茶叙活动。所谓"娘婶姊妹汇聚"活动也即塘尾村和上田村的17位70岁以上老人按照约定俗成的娘婶姊妹汇聚茶叙规范（以下简称"茶叙规

---

[1] 塘尾村位于大亚湾区西北面，毗邻惠阳区淡水街道，辖区总面积4.5平方公里，下辖聚合、墩顶、新屋、横跨、石一、石二、老围、茶壶耳、松山下、沿湖、海隆、珠古石、富口等13个村民小组。全村户籍人口2815人，常住人口4647人。塘尾村村"两委"班子7人，其中支委班子7人，村委班子5人，实现书记、主任一肩挑。参见《塘尾村基本情况》，塘尾村村民委员会提供，2022年7月7日。上田村位于西区街道西面，北临惠阳，辖区总面积9平方公里，下辖上田、生茂、下屋、大岭、大平岭、新厂、水口、良建、石禾町9个村民小组。全村总人口约7347人，其中户籍人口2984人，外来人口约4363人。上田村"两委"班子7人，其中支委班子7人，村委班子5人，实现书记、主任一肩挑。参见《上田村基本情况》，大亚湾区民政局提供，2022年7月11日。

范"）定期到酒楼参加茶叙活动。在茶叙规范的指引和保障下，老人们在数十年里始终稳定、有序地开展着娘婶姊妹汇聚活动，实现了自我娱乐、自我服务、自我管理、自我满足。

茶叙规范为大亚湾区本土社会规范的组成部分，通过茶叙规范的老人自我治理是基层治理的一个组成部分。对茶叙规范以及通过茶叙规范的老人自我治理进行田野调查，对于我们充分认识茶叙规范在基层治理中的积极价值、全面理解民间社会的内生规范、不断健全社会治理规范体系有着重要的价值。

为全面了解作为本土社会规范组成部分的茶叙规范、准确把握通过茶叙规范的老人自我治理的效果，我们于 2022 年 7 月 10 日~11 日、7 月 14 日到大亚湾区西区街道塘尾村、惠阳区淡水街道裕华金鼎酒楼进行了实地调查。在调查期间，我们访问了娘婶姊妹汇聚茶叙活动的参与人员，观察了娘婶姊妹汇聚活动的饮茶环节，对茶叙规范及其在社会治理中的作用有了初步的了解和感受。

二、通过茶叙规范的老人自治原则

通过茶叙规范的老人自我治理是一种情谊型治理。这种治理模式遵循着自愿原则、开心原则、小规模原则等基本原则。

其一，自愿原则。是否加入茶叙组织、加入茶叙组织后是否参加某次茶叙活动、参加茶叙活动的哪些环节或不参加哪些环节，均由老人根据自身意志自主决定，茶叙组织中的其他人不能强迫、干预。例如，根据朱洲提供的 2020 年 12 月 13 日中午 11：30 拍摄的茶叙活动视频，该次茶叙活动午餐环节的参加人数为 15 人，有 1 人缺席。[1]在自愿原则下，茶叙活动的缺席者通常不会面临处罚或其他严重的消极后果。

其二，开心原则。让每一位参加者感到心情快乐舒畅是通过茶叙规范的老人自治的基本原则，是娘婶姊妹汇聚活动的根本价值追求。在茶叙活动中，舒适的酒楼环境、轻松的饮茶氛围、要好的亲朋好友是开心原则的组成要素与表现形式。自 2020 年下半年开始参加茶叙活动的朱洲提道，"老头子天天在家也没什么事，聚一聚大家开开心心过一天。大家相见一次，开开心，聚一

---

[1] 参见《video_ 20201213_ 113024》（视频文件），朱洲提供，2022 年 7 月 10 日。另外需要说明的是，在 2022 年上半年，娘婶姊妹汇聚组织的总人数为 16 人，在 2022 年下半年，已离开娘婶姊妹汇聚组织约十年的朱梅香正式回归，娘婶姊妹汇聚组织的总人数达到 17 人。

聚，聊一聊"。[1]

其三，小规模原则。由于人太多会影响茶叙活动的效果，且一张餐桌（当地称为"一围"）仅能容纳十余人，老人们在开展茶叙活动的过程中一直遵循着小规模的原则，不轻易扩大茶叙活动的规模。小规模原则主要表现为两方面，其一为不轻易邀请其他人加入娘婶姊妹汇聚活动，其二为对于主动申请加入者保持谨慎态度，把好入口关。

三、通过茶叙规范的老人自治规范

通过茶叙规范的老人自我治理规范主要包括茶叙名称规范、茶叙召集规范、茶叙人员规范、茶叙时间规范、茶叙地点规范、茶叙经费规范、茶叙活动流程规范等活动组织规范与行为规范。

（一）茶叙名称规范

茶叙活动名称之所以为"娘婶姊妹汇聚"，是因为茶叙汇聚活动的参加者以塘尾村本村女性以及从外村嫁入本村的女性为主，"娘婶姊妹"是对她们的合称。具体而言，"姐妹"指的是在茶叙活动中塘尾村的朱姓女性，"娘婶"指的是茶叙活动中由外村嫁到塘尾村的女性。2022 年 7 月 11 日茶叙活动参加者朱莲花在现场向我们介绍了名称的由来：

> 这个组织姓朱的比较多一些，姓朱的我们叫作"姊妹"。有些不是姓朱的，嫁到我们塘尾的，叫作"娘婶"。[2]

当然，茶叙名称虽然为"娘婶姊妹汇聚"，但根据茶叙规范，活动参加者并不限于女性。女性参加者的老伴、受邀加入的男性等也可参加茶叙活动。例如，在 2022 年 7 月 11 日早上的茶叙活动中，参加人员就包括 8 位女性，3 位男性。

（二）茶叙召集规范

娘婶姊妹汇聚活动最早由塘尾村朱梅香召集和组织。朱梅香为当地企业家朱稳武的母亲，经济基础相对较好。十年前，由于朱梅香的老伴生病在家，朱梅香需要照顾老伴而无法继续参加活动。为了使得茶叙活动能够

---

[1]　塘尾村朱洲访谈录，资料编号：GDHZDYWTW2022071002，2022 年 7 月 10 日。
[2]　塘尾村朱莲花访谈录，资料编号：GDHZDYWJD2022071101，2022 年 7 月 11 日。

继续办下去，朱梅香委托其亲家朱银宝负责活动的召集和组织。在此后的十年时间里，茶叙活动一直由朱银宝组织和召集。从 2020 年下半年开始参加娘婶姊妹汇聚活动的朱洲向我们介绍了茶叙活动的缘起和活动召集人的基本情况：

这个会有十年以上了。最早是朱银宝他们两公婆组织的。当时他们本身经常饮茶，说一起来弄一个固定一点的茶会。当时他们有二十来个人。参加入会的人包括整个塘尾、上田村的，我是这两年参加的。[1]

茶叙活动的资深参加者朱学炜更为细致地介绍了娘婶姊妹汇聚活动的缘起以及活动召集人的基本情况：

有个头儿，朱银宝，每次都是她张罗着来。她八十四岁了。九十岁那个是她的老公。刚开始没那么多人。听说，当时我们这有个老板朱稳武他母亲带起来的。他母亲朱梅香有钱，经常请她们，慢慢搞起来的。我以前听说是她拉起来的一帮人。后来她就没参加了，叫她的亲家朱银宝带起来。因为她老公病了，需要照顾老公，差不多十年没参加。老公走了之后，她又回来参加。组织主要是靠他们两个人。朱梅香今年八十岁了，朱银宝今年八十四岁。[2]

（三）茶叙人员规范

自 2022 年下半年以来，参加娘婶姊妹汇聚活动的人员总数为 17 人。在 17 位参加人员中，3 位为上田村人、13 位为塘尾村人，1 位为在深圳宝安常住的塘尾村人。在 17 位参加人员中，有 3 对夫妇（6 人），其他 11 人因老伴已离世等原因独自参加活动。以下为 17 人的基本情况：

朱银宝夫妇：朱银宝，84 岁，塘尾村人；朱佚名，90 岁，塘尾村人

朱金妹夫妇：朱金妹，80 多岁，上田村人；朱璋 90 多岁，当地学校退休校长

林桂花：70 多岁，塘尾村人

---

[1] 塘尾村朱洲访谈录，资料编号：GDHZDYWTW2022071002，2022 年 7 月 10 日。

[2] 塘尾村朱学炜访谈录，资料编号：GDHZDYWTWHL2022071404，2022 年 7 月 14 日。

朱莲花：70多岁，塘尾村人，朱洲的舅娘

朱容萩：80岁，塘尾村人，老伴已离世

林梓姳夫妇：林梓姳，76岁，塘尾村人；朱学炜，与妻同岁，塘尾村人

邹枚妺：70多岁，塘尾村人，她老伴已退休但未加入茶叙

朱洲：80岁，塘尾村人，老伴已离世

朱仕娣：70多岁，上田村人，老伴已离世

朱雨嫥：70多岁，塘尾村人

朱荷梅：90多岁，塘尾村人

朱全威：80多岁，上田村人，读过大学，退休前在霞口当政府干部

朱盛山：70多岁，塘尾村人，老伴已离世，常住深圳宝安，偶尔参加活动

朱梅香：80岁，塘尾村人，老伴已离世[1]

　　由娘婶姊妹汇聚活动全体参加人员组成的组织是一个以老人自组织形式形成的情谊型联盟。本书称之为"娘婶姊妹汇聚组织"。作为一个在长期实践中逐渐稳定下来的茶叙组织，娘婶姊妹汇聚组织的组织形态相对稳定，人员变动规范较为严格。按照人员变动规范，在人员加入方面，该组织较少邀请新人加入，而且该组织会对主动申请加入者的人品、为人处世情况等基本情况进行考察并决定是否接受其加入申请。两年来唯一一位新加入娘婶姊妹汇聚组织的人员朱洲提道，该组织"基本就这样了，不扩大了"。[2]在人员退出方面，娘婶姊妹汇聚组织的成员通常不会主动退出娘婶姊妹汇聚组织。成员退出的原因通常为年龄过大无法继续参加活动。

　　根据长期实践形成的参加人员规范，娘婶姊妹汇聚组织的成员主要包括创始人员与邀请参加人员两类。前者即朱梅香、朱银宝等茶叙活动的首批成员，后者即朱洲等受邀请参加者。娘婶姊妹汇聚组织的组成人员主要为同村及邻村的熟人。除夫妇关系外，成员间的其他亲属关系较少。朱洲提道，"大

　　[1]　塘尾村朱洲访谈录，资料编号：GDHZDYWTW2022071002，2022年7月10日。需要说明的是，为了更加准确地确定上述人员的年龄，我们参考了塘尾村村民委员会2022年7月21日提供的《大亚湾西区塘尾村2018年60岁以上老年人户籍人口统计表》《农村党员名单（71名）》等材料。
　　[2]　塘尾村朱洲访谈录，资料编号：GDHZDYWTW2022071002，2022年7月10日。

家没有什么亲戚关系，基本都是从小一块长大的"。[1]在 20 世纪 90 年代娘婶姊妹汇聚组织创立初期加入组织的林梓婳回忆了自己以及其他主要参加人员的加入情况：

> 那时候我还要做工，大家都熟悉，都是自己的老乡。我是退休后参加的，现在已经退休 26 年了，50 岁退休，现在 76 岁了。
>
> 我们大家有些是同村的，有些是隔壁村的，有些是外边嫁过来的，大多数都是认识的、谈得来的或者在一个村共同劳动的。[2]

按照人员规范，茶叙活动的主要参加人员为 17 位老人，但老人的子女、儿孙有时也可参加茶叙活动。例如，根据朱洲提供的 2021 年 1 月 16 日中午 12：25 拍摄的茶叙视频，1 月 16 日的茶叙活动中，参加者除了娘婶姊妹汇聚组织的 14 位老人，还有 1 位 10 岁左右的男孩，2 位 40 岁左右的中年女性。[3]根据茶叙规范，老人的子女、儿孙参加活动的资格条件为其负责支付当天茶叙费用。在 1 月 16 日的茶叙中，朱银宝的女儿代付了茶叙费用。

（四）茶叙时间规范

茶叙时间规范主要包括茶叙活动举办周期规范、举办日期规范、活动时长规范等三个方面的内容。

在举办周期方面，茶叙活动的举办周期在正常情况下为二十余天一次。例如，2021 年共开展 16 次茶叙活动，平均每 23 天举办一次。2021 年茶叙活动的举办日期分别为 2021 年 1 月 16 日、3 月 7 日、3 月 28 日、4 月 18 日、5 月 30 日、6 月 19 日、7 月 11 日、8 月 1 日、8 月 22 日、9 月 12 日、10 月 3 日、10 月 24 日、11 月 14 日、12 月 5 日、12 月 16 日。因疫情原因，2022 年上半年未开展活动，第一场活动在下半年的 6 月 28 日举办。2022 年下半年拟举办活动的次数为 13 次，平均周期为 14 天。2022 年拟举办茶叙活动次数之所以比 2021 年少 3 次，是因为 2021 年将夫妇分为两人计算，朱银宝夫妇、林梓婳夫妇、朱金妖夫妇 3 对夫妇共负责 6 次活动，而在 2022 年的排期表上，茶叙活动的排期表上将夫妇均算作一人计算，3 对夫妇共负责 3 次

---

[1] 塘尾村朱洲访谈录，资料编号：GDHZDYWTW2022071002，2022 年 7 月 10 日。

[2] 塘尾村林梓婳访谈录，资料编号：GDHZDYWTWHL2022071404，2022 年 7 月 14 日。

[3] 《video_ 20210116_ 122539》（视频文件），朱洲提供，2022 年 7 月 10 日。

活动。2022 年是否会在排期表之外再举办 3 次茶叙活动，本书写作时尚无法确定。

在举办日期方面，茶叙活动举办日期在早些年通常为周末，现为通常为工作日。举办时间规范之所以会从周末改到工作日，主要原因是工作日举办活动能得到酒楼一定的优惠。活动参加者朱洲介绍说：

> 以前他们一上来就定星期天。但是星期天饮茶没有优惠，所以现在没有选星期天了。我们现在选星期一到星期五，吃了 100 块钱就有 30 块钱优惠给你。早上饮茶有优惠，中午吃饭没有优惠。[1]

在活动时长方面，根据活动参加者朱璋介绍，茶叙活动一般为早上 8：00 多开始，中午 1：00 左右结束，持续时间为半天。活动参加者朱璋提道，"一般是八点多人到齐，开始吃饭"。[2] 考虑到茶叙地点与家有一定的距离，参会者通常 7 点多从家中出发。2022 年 7 月 10 日下午朱洲就告诉我们："明天早上 7：30 我就去的。叫滴滴去。"[3]

（五）茶叙地点规范

茶叙活动地点的选择遵循相对固定原则，通常为相对固定的酒楼食肆。目前已知的茶叙活动举办地点为惠阳区淡水街道裕华金鼎酒楼（酒店）。朱洲说道，活动地点是"固定的，在淡水金鼎酒楼，一般都是去那里"。[4] 裕华金鼎酒楼为一家经营早茶的粤菜餐馆，位于淡水镇体育路 5 号，是一家在惠阳地区颇有名气的酒楼。裕华金鼎酒楼于 2020 年 9 月被惠阳区委宣传部、惠阳区文化广电旅游体育局、惠阳区市场监督管理局认定为"惠阳老字号"。

为了确保活动的顺利开展，住在茶叙地点附近的老人会按照惯例提前到酒楼占座，"她们住在这附近的，提前来占个座位"。[5]

---

〔1〕 塘尾村朱洲访谈录，资料编号：GDHZDYWTW2022071002，2022 年 7 月 10 日。
〔2〕 裕华金鼎酒楼朱璋访谈录，资料编号：GDHZDYWJD2022071101，2022 年 7 月 11 日。
〔3〕 塘尾村朱洲访谈录，资料编号：GDHZDYWTW2022071002，2022 年 7 月 10 日。
〔4〕 塘尾村朱洲访谈录，资料编号：GDHZDYWTW2022071002，2022 年 7 月 10 日。
〔5〕 裕华金鼎酒楼朱璋访谈录，资料编号：GDHZDYWJD2022071101，2022 年 7 月 11 日。

活动地点裕华金鼎酒店的外观与内景（**2022 年 7 月 11 日摄**）

（六）茶叙经费规范

在早期的茶叙活动中，茶叙费用由企业家朱稳武的母亲朱梅香支付。虽然朱梅香有一定的经济基础，能够负担得起茶叙费用，但茶叙活动的其他参加者认为茶叙活动次数较多，"大家老是叫她请也不好意思"，[1]于是其他参加者也积极轮流支付茶叙费用。由此，茶叙活动的茶叙经费来源模式从"组织者支付"逐渐变成了"参与者轮流"。随着茶叙活动的长期稳定开展，活动参加者轮流支付茶叙费用的传统逐渐固化为一种习惯规范。

根据现行的茶叙经费规范，娘婶姊妹汇聚组织的成员们须按照茶叙活动排期表确定的顺序按照轮流负责支付茶叙活动费用。活动参加者朱学炜提道，"他们 AA 制（每个人都轮流请一次），今天轮到你请，下次她（他）出钱，钱多少无所谓"。[2]茶叙活动排期表的支付顺序基本不变，一轮结束后重复开始下一轮。"每一年都是这一张表，今年接着上一年的轮着。"[3]从最近两年的情况来看，茶叙活动费用通常为千余元，其中"早上饮茶在四百块左右，中午吃饭在一千二左右，都是一个人买单。轮到你就你买单，轮到她（他）就她（他）买单。每次轮流请客"。[4]若当天应支付费用的人员因事未到，则其应支付下次活动的费用。

根据现行的茶叙经费规范，若参加者为夫妇两人，则夫妇两人应分别负责

---

[1] 塘尾村朱学炜访谈录，资料编号：GDHZDYWTWHL2022071404，2022 年 7 月 14 日。

[2] 塘尾村朱学炜访谈录，资料编号：GDHZDYWTWHL2022071404，2022 年 7 月 14 日。

[3] 塘尾村林梓媚访谈录，资料编号：GDHZDYWTWHL2022071404，2022 年 7 月 14 日。

[4] 塘尾村朱洲访谈录，资料编号：GDHZDYWTW2022071002，2022 年 7 月 10 日

支付两次茶叙活动的费用。夫妇两人中，妻通常以个人名义支付，而夫则可能以女儿的名义支付。女儿可为夫妇两人代付餐费。朱学炜提道，“有一次女儿以自己的名义请大家，还有一次是以她（妻，林梓婳）的名义请大家。我就不出名了”。[1]此外，2021 年 1 月 16 日、12 月 5 日、12 月 16 日三次茶叙活动分别由朱银宝夫妇、林梓婳夫妇、朱金妐夫妇的女儿支付了当天的茶叙活动费用。[2]

（七）茶叙流程规范

根据茶叙流程规范，茶叙活动主要分为饮早茶和吃午饭两个阶段。在整个茶叙活动中，活动参加者一方面会安心喝茶、享受美食，另一方面会聊天互动，拉近心与心的距离。活动参加者朱洲等人提及了活动流程，其提到“早上 7：30 开始，饮茶饮到 12：00 左右再吃中午饭。饮茶在一楼，吃饭到三楼。吃完中午饭，下午 1：00 左右开始走了、回家”。[3]在饮茶吃饭的过程中，“大家谈天说地、讲笑话比较多”。[4]

在茶叙名称规范、茶叙召集规范、茶叙人员规范、茶叙时间规范、茶叙地点规范、茶叙经费规范、茶叙流程规范等茶叙规范的指引和保障下娘婶姊妹汇聚活动得以数十年如一日地有序举办并逐渐成为老人们生活的一部分，成为一种生活方式。

四、通过茶叙规范的老人自治运行

在长期开展娘婶姊妹汇聚活动的过程中，老人们始终较为注重按照共知、共认、共享的茶叙规范积极参加茶叙活动、自觉履行付款义务，确保茶叙活动的有序开展。

（一）活动排期

为了使茶叙活动的参加者能提前安排好自身生活、留出参加茶叙活动的时间、更好地记住茶叙活动举办日期，提升茶叙活动效果，茶叙活动的召集人每年都会根据上一轮茶叙活动的请客顺序，确定新一轮活动的具体日期。

以下为茶叙活动召集人朱银宝制作的 2022 年娘婶姊妹汇聚排期表。该排期表由朱银宝的老伴朱佚名执笔手写完成。纸质版排期表每人一份。

---

〔1〕 塘尾村朱学炜访谈录，资料编号：GDHZDYWTWHL2022071404，2022 年 7 月 14 日。

〔2〕《21 年食饭时间安排表》，朱洲提供，2022 年 7 月 10 日。

〔3〕 塘尾村朱洲访谈录，资料编号：GDHZDYWTW2022071002，2022 年 7 月 10 日。

〔4〕 裕华金鼎酒楼朱璋访谈录，资料编号：GDHZDYWJD2022071101，2022 年 7 月 11 日。

2022 年娘婶姊妹汇聚排期表[1]

时 间	姓 名	电 话	备 注
6 月 28 日	朱银宝	134×××8423	
7 月 11 日	朱金妷	136×××1818	
7 月 25 日	林桂花	136×××6093	
8 月 8 日	朱莲花	134×××6018	
8 月 22 日	朱容萩	135×××0733	
9 月 5 日	林梓婳	158×××9331	
9 月 19 日	邹枚妷	189×××9715	
10 月 3 日	朱 洲	136×××6113	
10 月 17 日	朱仕娣	157×××8481	
10 月 31 日	朱雨嫦	157×××3429	
11 月 7 日	朱荷梅	159×××2033	
11 月 21 日	朱全威	136×××0782	
12 月 5 日	朱盛山	135×××3063	

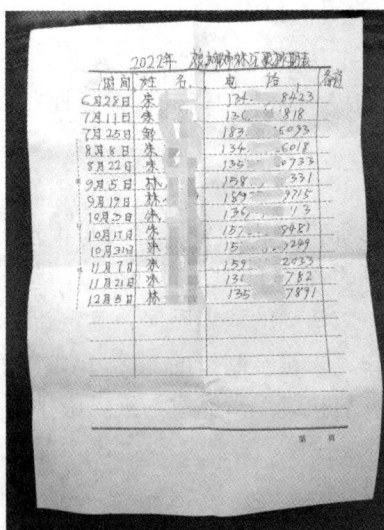

2022 年娘婶姊妹汇聚排期表（2022 年 7 月 10 日摄）

---

[1] 《2022 年娘婶姊妹汇聚排期表》，朱洲提供，2022 年 7 月 10 日。

通过根据茶叙活动规范制作排期表，老人们能够更好地根据茶叙时间安排好自身生活，在约定的时间到约定的地点参加茶叙活动。

（二）活动通知

为了确保活动效果、强化成员联系，活动的召集人、热心人会根据茶叙活动规范的内容，通过打电话、发微信等方式提醒、通知娘婶姊妹汇聚组织的老人们，按照活动排期表前往茶叙地点参加茶叙活动。例如，为了方便通知、交流以及日常问候，参加娘婶姊妹汇聚活动的部分老人建立了一个名称为"美好乡亲群"的微信群。群内共9人，群主为朱全威。其他8位老人因不使用微信等原因未入群。该群主要功能为通知和交流。例如2022年7月10日朱洲在群内发布了两条通知消息："我们明天早上饮茶啰！""明天早上饮茶相互通知。"〔1〕2022年6月29日，在本年度首次茶叙活动顺利举办的次日，朱盛山在群内发布了一条问候消息，内容为："少时友情比花美，老年好友比金贵，每天问候当聚会，日子自然增品味，祝天天平安喜乐。"〔2〕

（三）活动开展

2022年7月11日早上，我们在裕华金鼎酒楼一楼观察了茶叙活动的早茶环节。为更好地观察茶叙活动，我们于当天早上7：07打车到达裕华金鼎酒楼。7：11，在酒楼门前广场简单观察后，我们进入了酒楼内部，进一步了解酒楼情况、等待参加茶叙活动的老人们到来以及在活动正式开始前与老人们进行短谈。裕华金鼎酒楼一楼有如意厅、金鼎厅两个大厅，两个大厅分别有37张餐桌。除个别方形小桌外，其他均为圆桌。

当天早上7点多已有参加茶叙活动的老人到现场占座。早上8：10，到达现场的老人有7位，早上8：30参加饮早茶环节的11人到齐。早上8：34，在如意厅15号桌，老人们共同举杯饮茶，活动正式开始。

〔1〕"美好相亲群"微信群消息，朱洲提供，2022年7月10日。
〔2〕"美好相亲群"微信群消息，朱洲提供，2022年7月10日。

茶叙活动现场（2022年7月11日摄）

在费用支出方面，根据朱洲事后回忆，2022年7月11日早上饮茶的茶钱为三百多元，中午餐费为九百多元。[1]

在开展茶叙活动的过程中，老人们有时会根据实际情况，机动灵活地执行茶叙经费规范、日期规范等茶叙规范。例如在2022年6月28日的茶叙活动中原本应由朱银宝付款，但朱梅香在本次活动中主动支付了茶叙活动费用。朱洲回忆了当时的情况：

> 原来是朱梅香提出来组织的。80岁了，上次6月28日是她付钱的。朱银宝没付。朱梅香说她先付钱就先付钱了。这是我听说的。明天（7月11日）不知道是谁付钱。[2]

在参加人数方面，7月11日茶叙活动的早茶环节有11人参加，中午的吃饭环节有12人参加，增加了朱学炜一人。朱学炜之所以未参加早茶环节是因为其没有喝早茶的习惯。"早上喝茶我不去，中午吃饭的时候我去。早上不去是因为我不喜欢喝茶。"[3]在娘婶姊妹汇聚组织的17人中，其他5人因为身体不好、在深圳因疫情无法到现场等原因未参加本次茶叙活动。

（四）人员变动

在长期开展茶叙活动的过程中，参加茶叙活动的人员有时会发生一定的

---

〔1〕 塘尾村朱洲线上访谈录，资料编号：GDHZDYWTWHL2022071101，2022年7月11日。

〔2〕 塘尾村朱洲访谈录，资料编号：GDHZDYWTW2022071002，2022年7月10日。

〔3〕 塘尾村朱学炜访谈录，资料编号：GDHZDYWTWHL2022071404，2022年7月14日。

变动。其中，在人员加入方面，娘婶姊妹汇聚组织的成员们会根据茶叙人员规范主动邀请亲朋好友加入。朱洲的加入即为一例。2022年下半年，因为老人们比较喜欢朱洲，于是在舅娘朱莲花的邀请下，朱洲开始参加茶叙活动。根据朱洲介绍，其加入情况为：

> 我是2020年下半年开始参加的。朱莲花她见到我时告诉我来参加，大家一起开心开心。我说可以。[1]

对于申请加入者，娘婶姊妹汇聚组织的成员们会对其进行考察并决定是否吸收其加入活动。若老人们不喜欢申请加入者，则以餐桌坐不下等原因拒绝其加入。以下为拒绝申请者加入的例子：

> 有新的想来参加，但是我们大家好像不喜欢他（她）。不是你想进去就进去，还要大家同意。那看到他（她）的那个品德，不想让他进来。找个理由说，我们这里坐不下了，你们另找几个人聚。[2]

在人员退出方面，截至目前尚未有老人主动申请永久退出茶叙组织。但部分成员可能会由于家中有事、无法抽身等原因在一段时间内不参加茶叙活动。例如，娘婶姊妹汇聚活动的创始人朱梅香曾因为老伴生病需要照顾而缺席了十年的茶叙活动。朱洲提道：

> 就是刚才说的那个朱梅香。后期她的老公生病偏瘫在家，她在家照顾老公，几年没有参加。后来，她老公今年上半年走了，九十岁，她就又参加了。[3]

总体而言，娘婶姊妹汇聚组织的老人们在长期积淀形成的茶叙规范的指引下，有序、稳定、和谐地开展了一系列茶叙活动，通过开展茶叙活动实现了有效的自我治理，形成了良好的自治秩序。

五、通过茶叙规范的老人自治效果

按照茶叙规范组织和开展娘婶姊妹汇聚活动是老年群体进行自我治理的

---

[1] 塘尾村朱洲访谈录，资料编号：GDHZDYWTW2022071002，2022年7月10日。
[2] 塘尾村林梓姮访谈录，资料编号：GDHZDYWTWHL2022071404，2022年7月14日。
[3] 塘尾村朱洲访谈录，资料编号：GDHZDYWTW2022071002，2022年7月10日。

具体实践。通过茶叙规范的老人自治是老人们进行交流、互助和联谊的一种形式。这种治理能够在精神方面愉悦老年人心灵，满足老年人的精神需求；在物质方面帮助解决老年人吃饭问题，减少家庭负担；在社交方面增进老年人的交流互动，促进老人养成互相提携照应的共识，推动集体心理安全机制的形成，提升老年人的获得感、幸福感、安全感；在政府和社会方面减轻政府和社会的养老负担与压力。具体而言，通过茶叙规范的老人自我治理具有以下几个方面的积极效果：

其一，在精神方面愉悦老人心灵，满足老人的精神需求。塘尾和上田村的17位老年人参加茶叙活动的意义不仅在于到酒楼享受美味佳肴，更重要的是以茶叙活动为契机愉悦自我，满足自身精神需求。在茶叙活动中，老人们能够与自己具有类似价值观念、生活经历、认知水平的亲朋好友开怀畅谈、相互关心、分享日常生活，得到心灵的休憩与精神的满足。通过参加茶叙活动，老人们缓解了日常生活的单调，增加了生活的乐趣。经常参加茶叙活动的朱学炜提道，参加茶叙活动能够在精神上愉悦老年人的心灵，"现在人老了，以前他们大家都互相熟悉、处得好、谈得来"。[1]虽然塘尾村建有老年人活动中心，但是平时到老年人活动中心参加活动的老年人却很少，老年人活动中心似乎并无多少吸引力。林梓姗直言，"我不喜欢的，我也不知道为什么不喜欢去"。[2]对林梓姗等不少老人而言，茶叙活动更能满足自身的实际需求、更具吸引力。

其二，在物质方面解决老人吃饭问题，满足老人生活需要，减轻家庭负担。茶楼为老人吃饭提供了物理场所。在茶叙活动过程中，酒楼服务人员能够根据老人的实际需要，提供热情、专业、周到的服务，满足老人的生活需要、解决老人们的餐饮需求。通过参加茶叙活动，老人们能够在一定程度上解决自身的吃饭问题，能够减少家庭的养老负担。也正是因为参加茶叙活动能满足老人生活需要、减少家庭负担，老人们的家人和子女也较为支持老人到酒楼参加茶叙活动。例如朱洲的儿子朱焜安说："我们也放心。他本身身体没问题，只要精神上没问题就可以。"[3]通过多参加茶叙活动，老人们能够更

---

[1] 塘尾村朱学炜访谈录，资料编号：GDHZDYWTWHL2022071404，2022年7月14日。
[2] 塘尾村林梓姗访谈录，资料编号：GDHZDYWTWHL2022071404，2022年7月14日。
[3] 塘尾村朱焜安访谈录，资料编号：GDHZDYWTW2022071002，2022年7月10日。

好地实现老有所养、老有所乐，安享幸福晚年。

其三，在社交方面促使形成一个相对固定的社会交际圈，促进老人们养成互相提携照应的共识，推动集体心理安全机制的形成，提升老年人的获得感、幸福感、安全感。作为一种关系纽带，茶叙规范将散落于塘尾、上田两村的老人凝聚在了同一社会网络中，拉近了人与人之间的距离，形成了一个相对固定的社会交际圈。例如2022年上半年，朱梅香的老伴去世，朱洲在朱古石村购买了香火烛送给朱梅香。这种互帮互惠活动是在茶叙活动中形成的心理安全网络和提携照应共识发挥作用的结果，能够为成员提供一定的心理支持。

此外，林梓姻提到，娘婶姊妹汇聚组织的成员除参加茶叙活动外，还会一同外出旅游、参加成员迁新居仪式等活动，进一步促进了老年人间的交流与活动：

以前大家都是去旅游的。大约至少五六年前我们去过广州。除了广州还去过深圳以及附近的澳头，包一辆车。2019年11月30日进新居的时候，我也请过他们一起在我家吃饭。[1]

其四，在政府和社会方面，减轻了政府和社会的养老负担。通过按照茶叙规范的约定自主地开展娘婶姊妹汇聚活动，老人们能更好地实现自我管理、自我服务、自我满足，以互帮互助的形式解决好养老中的日常问题，使社会更加有序、更有活力，从而间接地减轻社会和政府的养老负担与压力。

总体而言，通过茶叙规范的老人自治能够满足老年人的精神需求、实现老年人生活需要、促进老人间的交流互动，帮助老年人实现老有所养、老有所乐，提升老年人的获得感、幸福感、安全感。而且，通过茶叙规范的老人自治有益于减轻家庭、社会和政府的养老负担，在社会治理中具有积极的价值和作用。

六、思考与总结

由17位老人组成的娘婶姊妹汇聚组织是一个以老人自组织形式形成的情谊型联盟，是一种自发的、熟人的、组织化的、固定化的、交流性的民间团

---

〔1〕　塘尾村林梓姻访谈录，资料编号：GDHZDYWTWHL2022071404，2022年7月14日。

体。从历史传承的角度来看，虽然娘婶姊妹汇聚组织的组成人员多次提到当地并无类似组织，例如朱洲提道，"其他地方我没有听说类似的组织，只有我们"，[1]但是在历史上，也曾存在过与之名称类似的组织。例如，费孝通在《乡土中国》"男女有别"一章曾提及"华南的姊妹组织"。[2]由于目前有关华南姊妹组织的文献太少，无法准确判断出历史上的华南姊妹组织究竟是何种组织。本书的娘婶姊妹汇聚组织与华南姊妹组织之间具体存在着哪些异同，仍是一个值得深入研究的问题。

作为一种茶叙活动，娘婶姊妹汇聚活动之所以能够存在和发展，是多种因素共同作用的结果。一方面，娘婶姊妹汇聚是对广东"饮早茶"传统的传承和发展。广东地区的饮早茶传统构成了娘婶姊妹汇聚活动的文化背景与社会基础。另一方面，茶叙参加人员的经济基础相对较好也是娘婶姊妹汇聚活动能够存在和发展的重要原因。有学者通过对粤式早茶的发展现状进行研究后发现由于外来餐饮的双重夹击、机械的过量使用以及技术型人才短缺等原因，粤式早茶市场活力不比当年、出现萎缩现象。[3]在这样的大背景下，娘婶姊妹汇聚活动之所以能够逆势兴起，在很大程度上依赖于活动组织者和参与者的较强财力。例如朱洲的儿子朱焌安介绍说，朱洲在银行曾有200万元存款。朱氏兄弟盖房子时，朱洲老人拿出来约150万元。平时朱洲家族饮茶，也都是朱洲付钱，每次为两千多元。对于是否有经济负担的问题，朱洲也回应说："经济上没问题，好玩。"[4]活动参加者朱学炜也提道，平均每人"一年才一次（出一次钱），拿一千来块钱，大家都够吃的了"。[5]

通过茶叙规范的老人自我治理是一种有益的基层治理创新。对于娘婶姊妹汇聚这种活动以及娘婶姊妹汇聚组织这类主体，政府相关部门应当给予更多的倡导、鼓励和支持。目前，积极应对人口老龄化是国家的一项长期战略任务。中共中央、国务院《关于加强新时代老龄工作的意见》提出，有效应对我国人口老龄化，事关国家发展全局，事关亿万百姓福祉，事关社会和谐稳定，对于全面建设社会主义现代化国家具有重要意义。因此，为了实施好

---

〔1〕 塘尾村朱洲访谈录，资料编号：GDHZDYWTW2022071002，2022年7月10日。

〔2〕 参见费孝通：《乡土中国》，人民出版社2012年版，第69页。

〔3〕 陈水科："关于粤式早茶发展的探讨"，载《现代食品》2018年第19期，第35~38页。

〔4〕 塘尾村朱洲访谈录，资料编号：GDHZDYWTW2022071002，2022年7月10日。

〔5〕 塘尾村朱学炜访谈录，资料编号：GDHZDYWTWHL2022071404，2022年7月14日。

积极应对人口老龄化国家战略，发挥好老人互助养老的积极价值，加强新时代老龄工作，国家和地方有关部门可以结合老年人的特点，在法律和政策层面支持、鼓励、宣传、扶持互助式养老，加强对似于娘婶姊妹汇聚活动的互助式养老活动的政策支持和财政投入，促使地缘优势、亲缘优势转化为养老优势，促进乡村的和美之治。

第十八章

通过原始信仰规范的渔村治理
——以东升村大王爷节为对象

一、引言

虽然乡村治理现代化是一个不断"除魅"的过程，[1]但是原始信仰并未随着科学观念的普及与思想觉悟的提高而揖别于现代社会。在很多地区，以庙会形式呈现的原始信仰在科学昌明的现代法理社会甚至比在传统保守的礼俗社会更具影响力。譬如在澳头街道东升村，自发产生的大王爷信仰等本土海神信仰广泛存在，以大王爷节即大王爷庙会为主要表现形式的原始信仰活动在当地乡村社会颇具影响力，其重要性和隆重程度远胜春节。作为东升村一年一度最重大的活动，农历二月初五大王爷节即大王爷庙会前后持续7天，其间东升渔民不出海打鱼，共同欢度节日。截至2019年，东升村大王爷节已举办33届。[2]

大王爷节活动的开展遵循着一套共知、共认的常规化活动规范。这套常规化的活动规范是一种原始信仰规范，是本土社会规范的组成部分，是大王爷节活动组织者与参与者共同服膺的秩序框架和行为指南。在习惯法的视阈下，这套形成共识的活动规范属于非国家法范畴的习惯法。正是在大王爷节活动规范的指引和保障下，大王爷节得以成为一场充满活力的村民自治活动。

---

〔1〕 例如，有论者认为："原始宗教的自然信仰和崇拜，必然会在科学、进步的条件下，趋于淡化，以至消除"。参见徐定远："试析石棉藏族的原始信仰和崇拜"，载《西南民族学院学报（哲学社会科学版）》1990年第6期，第21页。

〔2〕 2020年、2021年、2022年由于新冠疫情影响没有举行。2023年由于时间太赶，请不到唱戏班子而没有举行。东升村村委会徐伟斌访谈录，资料编号：GDHZDYWATDS2023070129，2023年1月29日。

在总结通过本土社会规范的基层治理的背景下，对原始信仰规范进行调查和探讨，对于科学认识原始信仰规范在基层治理中的积极作用、合理利用原始信仰规范在乡村发展中的现代价值、不断推进乡村治理体系和治理能力现代化、全面提升基层治理质效具有重要的实践和理论意义。

东升村大王爷庙（**2022 年 7 月 9 日摄**）

　　为了准确把握现代乡村治理中原始信仰规范的实际运行状况和实际发挥的作用，2021 年 10 月 16 日、2022 年 7 月 8 日~9 日我们先后两次到东升村就当地特有的大王爷节进行实地调查。我们到大王爷庙进行了认真的观瞻，访问了大王爷理事会负责人、村干部和村民，查阅了有关大王爷节的资料，对大王爷节活动规范及其在渔村治理中的作用有了初步的理解和感受。

二、通过原始信仰规范的渔村治理主体

　　大王爷节活动由东升村大王爷理事会主持，东升村村"两委"提供指导和保障，村内各房派人协助。在大王爷理事会、东升村村"两委"、村内各房等治理共同体的协同作用下，大王爷节活动规范得以从制度规定转化为具体实践。

　　（一）大王爷理事会

　　大王爷理事会负责庙会活动的人员召集、资金募集、物资采购、戏班聘请、"做寿"仪程主持、秩序维护、账目公示等前期筹备、中期开展和后续收尾工作。

　　根据大王爷理事会负责人的介绍，东升村大王爷理事会成立于 1983 年。大王爷理事会成员没有年龄限制，是在村内房族渔民自愿报名的基础上推选产生的。东升村内主要有徐姓、苏姓两大姓氏，两姓加在一起共 13 房，每房基于个人自愿的原则派出 2 人，全村共 26 人。之后在村干部的现场协调下，理事会通过内部推选的方式，从这 26 个人中选出理事会组成人员。[1]

---

〔1〕　东升村村委会苏远洋访谈录，资料编号：GDHZDYWATDS2022070810，2022 年 7 月 8 日。

根据东升村村"两委"联席会议会议记录本的记载，现任大王爷理事会成员的分工在 2019 年 1 月 21 日由理事会成员通过举手表决的方式确定。

东升村大王爷理事会成员推选
其中推选理事会会长：1 名
副理事长：1 名
成员：3 名
经理事会成员同意，大家举手表决：
理事会会长：徐冠来
理事会副会长：徐海千
成员：苏海岩、苏罗运、苏南旺[1]

大王爷理事会在大王爷节活动中居于主导地位，是大王爷节活动规范的主导创制者、主责执行者、主力维护者与主要监督者，是通过原始信仰规范的渔村治理的内生性主体。理事会的工作效果直接决定着大王爷节活动规范在实践中的实效。

（二）村"两委"

作为村级层面的乡村治理主责者，东升村村"两委"也在通过原始信仰规范的渔村治理中发挥着重要作用。东升村村"两委"在大王爷节活动中主要负责指导大王爷理事会开展工作，以及帮助大王爷理事会召集村民、筹集资金、宣传动员、处理善后问题等。例如，2019 年 1 月 14 日，在东升村村委会会议室召开了"'两委'成员工作会议"。会议记录显示，当时讨论的主要内容是"大王爷做戏资金筹集问题""调整大王爷理事会成员职务，理事会要求村干部协助解决"。[2]

东升村村委会干部苏远洋在访谈中提到，村"两委"在大王爷节活动中的主要职责是：

一是召集本村村民。就是反正他们（理事会）讨论商量每一户捐多少钱，咱们就号召村民捐多少；二是尽量号召住在岛上的外来人捐钱。像附近的渔

---

[1] 大王爷理事会徐冠来访谈录，资料编号：GDHZDYWATDS2022070810，2022 年 7 月 8 日。
[2] 《"两委"成员工作会议》，东升村班子联席会议记录本，2022 年 7 月 9 日。

排、外来户以及我们刚才去吃饭的那一片民宿，动员、号召他们捐钱。他们不认识理事会，所以我们给他们宣传，请他们捐钱。[1]

村"两委"还会帮助理事会解答渔民疑惑，解决理事会本身未能有效解决的问题。例如，东升村村委会一位干部说道：

> 像他们理事会解决不了的就会给我们村委会说。由村委会帮他们协调解决。有村民说每一年都收那么多钱，怎么没看到支出的？然后我们就给村民解释，每年都有公示的。其实每一年收入多少钱、支出多少钱、剩余了多少钱、油香钱多少钱等。而且，我们也给理事会买东西，以后他们买东西时让老板都记好账开收据。这样村民也就理解了。[2]

在村"两委"的指导、支持和帮助下，大王爷节得以有序开展，大王爷节活动规范的实施效果得以有效提升，东升村村民以及广大参会者得以见证一场较为宏大的渔村盛会。

（三）房族等其他主体

作为一项民间自发组织的原始信仰活动，大王爷节具有民办、民助、民议、民管的特征。除了大王爷理事会和村"两委"，东升村的各大房也发挥着不可或缺的作用。每逢大王爷节，东升村村内的主要房族都会派出代表，为活动提供人手支持。例如苏姓某房代表说："每个家族都会派一两个人去现场做事帮忙。像做大戏那种，靠他们理事会这几个人肯定是不够。我目前是所有派去帮忙的人最年轻的。"[3]

此外，东升村在香港的同胞、基层政府部门等其他组织和个人也在大王爷节中发挥着一定的积极作用，各类主体共同保障着大王爷节活动的有序开展。

三、通过原始信仰规范的渔村治理规范

作为指引和规范庙会组织者与参与者具体行为的"行为法"，大王爷节活动规范主要包括时间规范、地点规范、流程规范、装扮规范等内容。通过严

---

〔1〕　东升村村委会苏远洋访谈录，资料编号：GDHZDYWATDS2022070810，2022 年 7 月 8 日。
〔2〕　东升村村委会苏远洋访谈录，资料编号：GDHZDYWATDS2022070810，2022 年 7 月 8 日。
〔3〕　东升村村委会苏远洋访谈录，资料编号：GDHZDYWATDS2022070810，2022 年 7 月 8 日。

格执行和适用这一套活动议程规范，东升村的庙会组织者得以在实践中实现凝聚共识、汇聚合力、维持秩序、推进流程、解决问题等治理目标，确保大王爷节这一庙会活动年复一年地有序开展。

（一）时间与地点规范

其一，时间规范。按照活动规仪，庙会活动的开展需要遵循两方面的时间规范，一方面是活动筹备的时间规范，另一方面是活动开展的时间规范。

在活动筹备的时间规范方面，大王爷理事会应当在春节之后即开始着手筹备庙会活动，至迟也须在活动开始前一个月进行活动筹备。大王爷节活动筹备时间之所以跨度如此之大，是因为大王爷节的活动规模大、涉及主体多、具体事项细且理事会人手有限，为了确保活动效果不得投入更多时间、尽早进行筹备。例如，为了确定巡游路线，避免由于拥堵而影响活动进程，大王爷理事会须提前在村内进行勘察、规划，反复进行模拟，这就耗费了不少时间。

在活动开展时间规范方面，大王爷节持续时长一般为 7 天。在这七天的时间里，应当在第一天请大王爷出庙并开始唱大戏，在第二天拜大王爷，在最后一天送大王爷返庙。[1]在七天的时间里，每一天分别在何时开展何种活动均应符合时间规范的要求。例如，负责唱戏的戏剧团每天唱两场戏，其中第一场戏的时间为下午 2：00～4：00，第二场戏的时间为晚上 7：00 至凌晨3：30。因下文有关活动流程的论述包括具体时间规范，这里不再详述。

值得一提的是，按照原始信仰规范，除在庙会期间祭拜大王爷，东升村渔民在其他时间也可祭拜大王爷。按照大王爷信仰规范，在农历七月十四中元节、观音宝诞日等重要节日，大王爷理事会应到大王爷庙内上香祭拜。对普通渔民而言，每月初一、十五宜到大王爷庙祭拜。在生活不顺之时或在做重要决定之前，也宜拜大王爷。例如东升村一位五十多岁的男性渔民说：

平时有什么不愉快的事儿的时候，我们会去庙里面看一下，去求大王爷保佑。[2]

东升村村委干部苏远洋也提道：

---

〔1〕 大王爷理事会请来的戏剧团唱戏时间为 6 天，通常情况下戏剧团会另送 1 天，将唱戏时间凑够 7 天。

〔2〕 东升村村民苏海运访谈录，资料编号：GDHZDYWATDS2022070901，2022 年 7 月 9 日。

我们平时无论办什么事，都要先去大王爷求签问神。如果求到"圣杯"和"笑杯"那就可以去拜，如果是其他的杯那就是不能去办。[1]

其二，地点规范。虽然澳头街道前进村、金门塘村以及霞涌街道霞新村、新村村等疍民聚居村落均存在大王爷信仰并且金门塘村也会举办大王爷节，但最具影响力的大王爷祭拜活动主要集中于东升村。

东升村大王爷节活动涉及的主要地点依次为：大王爷庙—村内主要道路—村委会楼下的戏台及临时祭台—大王爷庙。按照大王爷节活动规范，大王爷理事会须先将大王爷神像从村对岸的大王爷庙中请出，在村内巡游，然后摆在东升村村委会办公楼一楼戏台对面的临时祭台上。再之后，戏剧团在戏台上唱戏给正对面的大王爷听。在二月初五大王爷宝诞当天，东升村各房的祭拜队伍应当先在各房门口整理好队伍，之后来到戏台与祭台中间的空地上，面向大王爷进行祭拜以及进行舞狮、舞船等表演。大王爷节活动结束后，理事会应当乘船将大王爷神像送回大王爷庙。

（二）流程规范

在大王爷节活动规范的指引和保障下，大王爷节活动的基本程序为请大王爷、巡游、拜大王爷、唱大戏、送大王爷等。

其一，请大王爷。大王爷节前一天（农历二月初四）早上 7：00，在大王爷理事会的组织下，东升渔村锣鼓队、狮子队、划船队等根据占卜确定的大王爷"恩准"时辰敲锣打鼓划船到村对岸小岛上的大王爷庙。大王爷庙坐落于东升岛东面，建有庙堂和亭子，重新修建于 1983 年。到大王爷庙后，由大王爷理事会负责人上香、摆贡品，为大王爷神像梳洗打扮。之后，将大王爷以及二王爷、三王爷、观音娘、水仙爷、谭太仙、何仙姑等各路神仙的神像从大王爷庙请到比神像略大一点的小轿子里，撑起红黑伞、拉起长红布条，在锣鼓声中乘船返航至东升村。

其二，巡游。将各路神仙请至东升村后，巡游队伍开始时在村内巡游。其中，男性手执供奉用的横眉，肩扛旌旗，抬着贡猪，敲锣打鼓舞着醒狮，女性穿着渔家风情服饰，挑着装满时令水果、馒头糕点等祭品的箩筐花篮，浩浩荡荡开往东升村戏台对面的临时祭台。巡游至终点祭台后，将大王爷及

〔1〕　东升村村委会苏远洋访谈录，资料编号：GDHZDYWATDS2022070903，2022 年 7 月 9 日。

其仙友神像供奉在戏台临时祭台上，接受村民拜谒。

其三，拜大王爷。农历二月初五是大王爷诞辰日，疍民们从凌晨 4：00 开始准备祭品、筹备祭祀仪式。按照祭拜仪轨，疍民们须在祭神用的贡猪头上系上红绸，往猪嘴里放一颗柑橘，将猪身点红，寓意此后的生活能从头到尾红红火火。初五早上，家家户户张灯结彩、悬挂大王爷令旗。祭祀的时辰一到（一般为早上 8：00），各房队伍便开始按照事前抓阄确定的顺序依次集合出发前往祭台祭拜。在前往祭台的路上，各房队伍一路敲锣打鼓。队伍最前面的是旗号，紧接着是舞狮、舞船，之后是锣鼓队，最后是担抬祭品的队伍。祭拜队伍到祭台后，主祭开启祭拜程式，祭拜队伍开始祭拜。祭拜队伍须先在大王爷神龛前焚香烧纸，在氤氲烟雾中敬献祭品、摆放花篮、叩拜跪拜、祷告许愿并投掷圣杯占卜，然后在大王爷神座前进行舞狮、舞船、锣鼓等表演。各房祭拜队伍按照顺序依次祭拜。至中午 12：00 点，祭拜活动正式结束。除了村里统一的祭拜，渔民个人及渔村家庭也会自发地在大王爷神像前上香、祭拜、摆供品，祈愿海不扬波、渔获满仓。[1]

其四，唱大戏。在临时搭建的大王爷祭台的对面，伫立着东升村的戏台。从农历二月初四至初十，村民集资请来的潮汕剧团、闽南剧团等地方戏剧团都要在戏台上唱白字戏等古老戏种。例如，2019 年请的是"海丰白话语剧团"。按照唱戏规矩，第一场戏只能给大王爷看。经常演的曲目包括"梁山伯""包青天"、海丰白字戏"秦香莲"等。

其五，送大王爷。二月初十，大王爷节活动结束后，渔民们将大王爷神像送回至大王爷庙内，感谢大王爷对村民的保佑。在送大王爷的前后几天，大王爷理事会循例会张贴公布大王爷节开支情况。例如，2016 年大王爷节期间，大王爷理事会共取得收入约 10 万元，其中社会捐款约 7 万元，东升村民人丁费约 3 万元（每位村民 30 元）。2016 年大王爷庙会支出约 9 万元，剩余的 1 万元以油灯钱的名义留作大王爷庙日常开支。[2]

---

〔1〕 参见惠州大亚湾区宣教局：《惠州市第七批市级非物质文化遗产代表性项目申报书》，东升村村委会提供，2022 年 7 月 8 日。

〔2〕 参见惠州大亚湾区宣教局：《惠州市第七批市级非物质文化遗产代表性项目申报书》，东升村村委会提供，2022 年 7 月 8 日。此外，有关大王爷流程规范还可参见"澳头东升渔民　欢庆大王爷节"，载 http://www.dayawan.gov.cn/zfxxgkml/hzsdyw/zwdt/content/post_ 2134108.html，2022 年 3 月 20 日最后访问；"大王爷节"，载 http://fy.hzswhg.com/project/details/119，2022 年 3 月 26 日最后访问。

（三）装扮规范

在大王爷节活动中，疍民们不分男女老少均应着传统渔家服饰出席庙会。大王爷节服饰多种多样，因人而异，多为蓝、绿、黄、紫，用丝、绸、绒和棉布制成。根据大王爷节的活动规仪，不同类人员应穿戴不同的服装，同一类人员应统一打扮。其中，狮队应当穿米黄色服饰，船队应当穿穿绿服饰，锣鼓队应当穿黄色衫、打脚绑、穿黄鞋、身束红腰带。各房队伍使用的斗笠、彩旗、花篮按传统习俗需要自制或购买。舞狮、划龙船、唱学佬戏等表演人员使用的乐器应当主要为锣、鼓、铙、镲、钹等。

随着生活水平的提升，疍民们对渔家服饰的需求越来越大。每逢庙会时间，大亚湾区民间服饰店都能接到不少订单，极大地带动了"彩慧服装"等民间作坊的发展，维系了特色服装产业的生存，促进了当地居民增收。

四、通过原始信仰规范的渔村治理实践

在大王爷节活动规范的指引和保障下，东升村大王爷节成了一场盛大且极具活力的村民自治活动。在巅峰时期，大王爷节的参与人员可达上万人，这其中包括共 3000 多位渔村居民（本村 1100 余人，外村 1900 余人）、7000多位游客等。[1]

作为东升渔村两百年来最重要的信仰，大王爷信仰之所以能够从日常化的信仰转化为节日式的信仰，离不开 1983 年成立的大王爷理事会的作用。根据大王爷理事会现任会长徐冠来的介绍，1982 年徐冠来的父亲感到身体不舒服但是却检查不出任何问题。于是徐父便外出前往坪山"问神"。在"问神"后，根据神意于 1983 年成立了大王爷理事会并于 1984 年、1985 年左右举办了东升村第一届大王爷节。之后，徐父的身体状况有所好转，大王爷节也逐渐发展壮大并成为当地最重要的节日。大王爷理事会会长徐冠来介绍道：

当时父亲感觉不舒服，去检查也查不出来问题，但是就是人没精神。1982 年去坪山问神。神让搭庙，说要做这个戏（唱大戏）。回来后我父亲牵头成立理事会，小叔做会长。1983 年成立大王爷理事会。大约 1984 年、1985

---

〔1〕参见惠州大亚区宣教局：《惠州市第七批市级非物质文化遗产代表性项目申报书》，东升村村委会提供，2022 年 7 月 8 日。

年做完第一次庙会后，身体就好一些了。做这个庙会就是保佑全港湾的村民。[1]

在第一届大王爷节之后，随着大王爷信仰的深入发展以及改革开放以来经济形势日渐向好，大王爷理事会的捐款收入有所增加，大王爷庙也迎来了多次重修。其中，1990年的重修对庙宇的当今形态影响较大。以下是我们在大王爷庙内拍摄的1990年重修大王爷庙捐款芳名榜。

庙内墙壁上的1990年重修大王爷庙
捐款芳名榜（2022年7月9日摄）

三十多年来，在大王爷理事会、村"两委"、房族等治理共同体以及治理参与者的共同作用下，东升村大王爷的影响力总体上在不断提升，大王爷节活动规范日渐完善并能够得到治理主体与治理参与者的自觉遵守和实施。例如活动费用规范在实践中得到渔民严格遵循，"大家都很重视。每年二月初五做这个庙会，每个村民都会捐三五十块钱。有钱的交三五百，多的交一千两千。到现在还没有不交的。我们都很信奉大王爷"。[2]

根据大王爷理事会负责人的介绍，在2019年的大王爷节活动中，理事会共收到捐款15余万元，其中村内渔民捐款5.5万元（每位村民50元人头费），其他人员捐款约9.5万元。理事会负责人介绍道，"最多的捐了1千元。捐的时候以户为单位，岛上200多户，每户都会捐。香港那边的人、周边的渔排、岛上的酒店老板、民宿老板，也都会捐"。[3]"2019年金门塘大王爷理事会成员派了两个人过来，他们也捐了两三千元"。[4]2019年大王爷节支出大

---

〔1〕 东升村大王爷理事会徐冠来访谈录，资料编号：GDHZDYWATDS2022070810，2022年7月8日。
〔2〕 东升村村委会徐伟斌访谈录，资料编号：GDHZDYWATDS2022070902，2022年7月9日。
〔3〕 东升村大王爷理事会徐海千访谈录，资料编号：GDHZDYWATDS2022070810，2022年7月8日。
〔4〕 东升村大王爷理事会徐冠来访谈录，资料编号：GDHZDYWATDS2022070810，2022年7月8日。

约八九万元。支出项目主要为采购贡品、旗子、纸马、纸钱、水果等。其中，贡品约 1 万；旗子大约四五百张，大旗 480 元左右一张，小旗 5 元一张；请戏剧团（规模 35 人）费用 4 万块。剩余的捐款主要用于大王爷庙的日常维护。[1]

从大王爷节活动费用规范执行情况来看，东升村大王爷节活动规范往往能得到人们的自觉遵从，大王爷的存续和发展有着较深的社会基础。

大王爷庙外观与内景（2022 年 7 月 9 日摄）

实际上，通过原始信仰规范的渔村治理实践不仅表现为通过节日活动规范的治理，还表现为日常生活中通过"问仙"规范的治理。例如，在时值寒冷季节的 2018 年 12 月，东升村两个月内相继有 7 位老人去世。由于往年未出现过此种情况而当时恰值东升村海堤施工，因而不少村民将老人去世归咎为海堤施工的影响。在村民的要求下，村委会与大王爷理事会就此事进行了商讨。对于此事，东升村班子联席会议记录本记载道：

因近两个月来村里有 7 位老人相继去世，村民大部分反应近排海堤施工工程影响村里风水，大王爷理事会成员（13 位）在村委会和"两委"干部商讨。[2]

---

〔1〕 负责管理大王爷庙的人员为大王爷理事会成员。理事会每年为庙宇管理人提供 6000 元补贴（每月 500 元）。东升村大王爷理事徐海千访谈录，资料编号：GDHZDYWATDS2022070810，2022 年 7 月 8 日。

〔2〕 《2018 年 12 月 11 日班子联席会议记录》，东升村班子联席会议记录本，2022 年 7 月 9 日。

根据大王爷理事会和村"两委"的商讨，确定由大王爷理事会到大王爷庙去"问仙"。求签结果是，大王爷认为挑选的海堤施工日犯了"七煞日"。于是东升村民集资 3.6 万元，请了汕尾的舞狮队到村内的各个角落进行舞狮驱邪。在舞狮之后，村内未再出现短期内大量老人去世的问题。[1]

举办婚礼时祭拜大王爷也是日常生活中通过原始信仰的渔村治理实践的重要表现形式。按照东升村渔家婚嫁规范，准新郎必须在婚礼前一天完成三件事：剪发、赏花、拜大王爷。具体而言，在婚礼前一天早上准新郎须由亲友送到澳头剪发，乘船回岛后参加赏花仪式，之后乘龙船到大王爷庙祭拜大王爷。在前往大王爷的船上，准新郎应嘴含香烟、双手扶扇。到大王爷庙后，由"好命人"等先摆供品、上香，然后准新郎上香拜大王爷，祈求婚姻幸福美满。

此外，东升村村委会在给大亚湾区海洋与渔业局的汇报说明中写道："村民对大王爷的信仰，主要体现在各式各样的活动上。例如新船首航、渔民赴外作业、商人赴外经商，人们都要前来大王爷庙祈愿膜拜，借的信物。新船首航，通常为庙中的红布，挂在自家大门或船上以示大王爷护佑。"[2]由此可见，通过原始信仰规范的渔村治理实践彰显于东升村渔民生活的方方面面，是渔村治理的重要背景和内容，在渔村治理中须对之予以重视。

五、通过原始信仰规范的渔村治理效果

通过原始信仰规范的渔村治理是一种本土型治理、习惯法型治理、文化型治理、自主型治理、原生态治理、自下而上式治理。通过原始信仰规范的渔村治理在实践中具有抚慰渔民心理、提升渔村凝聚力、传承渔家文化、愉悦渔民心灵以及促进渔村社会教化等良善效果。这种治理方式的存在有利于丰富乡村治理手段、扩展乡村治理场域、改善乡村治理质效，形成更有韧性和弹性的乡村治理体系和治理机制。

其一，抚慰渔民心理。就规范起源而言，原始信仰规范是疍民们谋生需求的产物。大王爷一直被当地渔民奉为海上保护神，对于出海渔民而言大王爷能保风调雨顺，使其远离灾厄。吉登斯指出："人的生活需要一定的本位性安全感和责任感，而这种感受得以实现的基本机制是人们生活中习以为常的惯

---

[1] 东升村村委会苏远洋访谈录，资料编号：GDHZDYWATDS2022070903，2022 年 7 月 9 日。

[2] 东升村村委会：《关于猫洲岛东升村庙的相关情况说明》，东升村村委会提供，2022 年 7 月 8 日。

例。"[1]其论断对大王爷节活动规范颇具解释力。大王爷信仰之所以兴起的根本原因在于早期自然环境恶劣，东升渔民出海谋生常有生命危险。处于不确定风险中的渔民为祈得海不扬波、出海平安，将生计与信仰相连，希望具有超自然力量的神灵能解决现实困难。大王爷在这样的情况下成为人们的精神依靠并由此形成了大王爷节活动规范。数十年来，每逢大王爷节，东升渔村的渔民按照传统在家门旁纷纷挂起印有"大王爷"寿诞字样的令旗和节日令符，期望能够通过讨好神灵以谋求庇佑，保佑家人出海平安。对此，东升村大王爷理事会负责人表示："做了庙会后，人会舒服一点，出海会顺利一点。"[2]

其二，提升渔村凝聚力。相比于超血缘、超地域的民族宗教信仰、国家宗教信仰和世界宗教信仰，自发产生的原始宗教信仰是一种以血缘氏族为主体的小地域、小群体信仰。按照大王爷节的活动规范，大王爷节需要家家参与、人人出力，村内的每个家族都有参与庙会祭拜的义务，由此形成了"以村为单位的非自愿性组织"，[3]促进了东升村这一渔村内聚力的形成。大王爷节活动规范还特别规定，渔民们可以不参加平时家里亲人的红白喜事，但大王爷庙会则必须参与。这种全员动员的活动规范之所以会形成，是因为现代庙会往往规模盛大、费资甚巨，仅凭大王爷理事会难以办好如此盛会。为了办好庙会，东升村的大王爷理事会、村民自治组织、各姓各房、港澳同胞、远亲近邻以及附近渔村会按照传统联合起来，共同做好庙会的筹款、组织、协调等各项工作。[4]

在这个过程中，大王爷节活动规范将东升村的庙会组织者、参与者、观会者、支持者、资助者聚拢于统一的制度网络中，协调着人际关系、族际关系、村际关系，减少摩擦和冲突，教会了组织者进行社会动员、资源调动、

---

〔1〕［英］安东尼·吉登斯：《社会的构成：结构化理论大纲》，李康、李猛译，生活·读书·新知三联书店1998年版，第8页。

〔2〕东升村大王爷理事会徐冠来访谈录，资料编号：GDHZDYWATDS2022070810，2022年7月8日。

〔3〕［美］杜赞奇：《文化、权力与国家：1990—1942年的华北农村》，王福明译，江苏人民出版社2008年版，第90页。

〔4〕东升村村委会2020年3月22日在给大亚湾区海洋与渔业局的汇报说明中写道："每年农历二月初五举行'大王爷节'，大王爷节前后7天，虽不是春节过年，而村民过得胜过春节。大王爷理事会必请外地有名气的剧团来村公演七天，外出经商、港澳人员、捕鱼或务工的村民，都不远千里赶回参与活动。"参见东升村村委会：《关于猫洲岛东升村庙的相关情况说明》，东升村村委会提供，2022年7月8日。

共识凝聚的治理技术，推动了东升村诸群体间的"无碍融合"，强化了集体情感，促进了东升村社会的内部团结。在年复一年的庙会活动中，东升村的村民自然习得这些活动规范并年复一年自觉地践行着这些内生本土规范。通过年复一年的实践能够不断强化组织向心力和集体归属感，构建族群认同和区域文化认同，形成"我们"东升村的观念，塑造东升社会治理共同体。

除了能够通过促进人的合作来推动社会整合，大王爷节活动规范还能通过维系并强化邻里血脉亲情和乡情的方式促进内部整合。按照大王爷节的活动规范，各大房族全体成员应当在神像前集体作揖朝拜，祭拜完毕后本家族的全部族人集中到其中一户人家（每年轮流）做饭、吃饭。集体祭拜、家族聚餐既是大王爷节的重要流程之一，也是一次难得的家族大聚会，能够增强家族成员的内部归属感。涂尔干认为，任何集体膜拜仪式"作为一个事实，它们表面上的功能是强化信徒与神之间的归附关系。但既然神不过是对社会的形象表达，那么与此同时，实际上强化的就是作为社会成员的个体对其社会的归附关系"。[1]虽然涂氏上述结论来自对澳洲土著定期举行的集体庆典的分析，但该结论在此时依然能够适用。大王爷节活动规范能够维系并强化东升村村民的血脉亲情和邻里乡情，这也是其之所以能够长盛不衰的重要根底与动力所在。

其三，传承渔家文化。大王爷节活动规范的有效运行不仅能够建构信仰意义，还能够为民间文艺的传承提供平台。由于大王爷节受众广大，表演队伍按照活动规范之规定组织开展各类说、唱、跳表演，能够为传统文艺提供盛大的聚合与展演的剧场，通过寓教于乐的形式使得传统文艺得到大规模传播。正如东升村委会在给大亚湾区海洋与渔业局的汇报说明中所写："大王爷节是民间的文化活动组织，保留了众多的民间艺术、民间手工艺的原生态，传承着各种传统表演艺术形式，不仅对保护民间文化有重要作用，而且丰富了群众的业余文化生活。"[2]而且，大王爷庙会期间，舞狮、舞船等民俗表演吸引了不少摄影爱好者和"网红"来到庙会现场。这些新媒体用户以直播、拍小视频等方式在互联网中展现庙会盛况，极大地提升了文化传播的广度和

---

〔1〕 ［法］爱弥尔·涂尔干：《宗教生活的基本形式》，渠东、汲喆译，商务印书馆 1999 年版，第 109 页。

〔2〕 惠州大亚湾区宣教局：《惠州市第七批市级非物质文化遗产代表性项目申报书》，东升村村委会提供，2022 年 7 月 8 日。

深度，促进了优良民风民俗创造性转化。相比于通过书面记载以及"博物馆化"等固态方式挖掘和保护传统文艺，通过执行大王爷活动规范的方式来展现传统文艺是一种"活态实践化"方式。这种方式以一种内生式、生动化、可感化、日常化、群众化的、有生命力的形式复归了传统文化，改善了东升村社会治理的软环境。

其四，愉悦渔民心灵。按照大王爷节的娱人规范，在大王爷祭拜仪式结束后，东升村的各房族会须立即将贡猪等祭品抬回家并做成丰盛大餐，供本房族人员及返乡宗亲共同享用，满足疍民们的胃口。在晚上大餐之前，返乡的外嫁女还会聚在一起合唱渔歌、叙旧聊天，享受难得的老姐妹相聚时刻。虽然受海岛独特地理环境的限制，大王爷节的文娱活动规模比不上杨包庙会，但是其热闹盛大程度依然能够使得原中央电视台记者在 CCTV-4 特别节目《远方的家》中惊叹："小小东升岛，竟然有着比春节还热闹的节日。"[1]

相比于初民社会的原始信仰，现代社会的原始信仰具有世俗性强于宗教性、娱乐性强于神圣性、生活实用意义大于心意信仰意义的根本特征。超现实的现代宗教强调以苦修苦行和人的救赎谋求离世及来世的幸福，而朴素的原始信仰则以满足现实生活的实际需要为基本追求。对多数大王爷节活动参与者来说，参加大王爷节的真正意义是尽兴玩乐、愉悦心灵。观看仪式、欣赏表演、品尝小吃、购买民间艺术品甚至单纯图热闹都是其积极参加庙会的动机和价值。马林诺夫斯基直言："它们都是直接地或间接地满足人类的需要。"[2]也正是由于原始信仰规范能够满足人的现实需求，弥合传统与现代的断裂、调和感性与理性的矛盾、巩固个人与社会的联系，其才能在不断"祛魅"的现代社会不灭其生存之志。这也是原始信仰规范得以存续的重要社会基础。只要这些社会基础还在，原始信仰规范就永远不会消失并保持旺盛的生命力。

其五，促进渔村社会教化。人是社会治理与秩序生产机制中的活性因素，大王爷节活动规范的运行将会潜移默化地形塑个体向善人格，促进社会教化。大王爷信仰形塑了以大王爷为中心的一系列现实化、感性化、具体化、人格

---

〔1〕　参见纪录片《〈沿海行〉第 88 集 惠州 民俗之州〈远方的家〉20120405》，载 https://tv.cctv.com/2012/04/05/VIDE1357298756606289.shtml，2022 年 2 月 23 日最后访问。

〔2〕　[英] 马林诺夫斯基：《文化论》，费孝通等译，中国民间文艺出版社 1987 年版，第 14 页。

化的精神偶像（神明）。这些精神偶像在多数情况下本身是行道立德、齐同慈爱、与人为善、济世度人、乐善好施、清静恬淡、敬老爱幼、忠肝义胆等抽象品格的具象表达。对神灵意旨的践行和对神灵行为的模仿是人们遵循原始信仰规范的应有之义和内在要求。渔民们信仰神灵、拜谒神祇也即表明其认可神灵的高尚品德、愿意接受神灵的道德教化和效法神灵的善行义举。东升村的村民在原始信仰活动中习得神灵的高尚品格并将其适用于自己的生活，潜移默化地培养了其去恶从善的信念，实现了社会教化。而且，大王爷节活动规范的一项重要内容是男女平等。无论男女，均可进庙宇抬大王爷、舞狮甚至杀猪宰鸡。这种公开的习惯法规范展演给东升村包括少年儿童在内的村民提供了受教育的机会，保障了男女平等原则的实施，促进了男女平等观念的传播，推动了东升村的社会教化。

总体而言，大王爷节活动规范的执行能够潜移默化地改善东升村治理的软环境、提升乡村治理质效。在乡村治理中理性的做法显然不是轻视、忽略这种看似"落后"的原始信仰或者基于建构主义的逻辑去无差别地消灭原始信仰规范，而应重视作为习惯法的原始信仰规范。保罗·博汉南的研究表明："习惯必然是要么逐渐去适应法律，要么在实际行动中拒绝法律；法律也必须要么逐渐去适应习惯，不然就必须去否定和制止它。社会的兴盛衰败实则都发生在这些裂缝中。"[1]通过发挥好原始信仰规范的积极作用有利于在更高水平上实现乡村自治，提升乡村治理质效。

六、思考与总结

东升村通过大王爷节活动规范的治理是一种以精神信仰为纽带的治理。这种治理方式源自草根，富有乡土气息。在标准化、统一化的现代化进程中利用好大王爷节活动规范这种在地性治理资源有利于建构地方治理特色，增强区域认同，形成独特的区位优势。因而，实施乡村振兴战略，推进乡村治理体系治理能力现代化，不仅需要着眼于通过国家法的乡村治理，还需要从乡村治理的多元化本质出发，着眼于通过习惯法的乡村治理，正视作为习惯法的原始信仰规范在乡村治理中的积极作用，将大王爷节活动规范作为乡村治理的重要治理依据、治理规范和治理保障范畴。

---

〔1〕〔美〕保罗·博汉南："法律和法律制度"，载〔英〕马林诺夫斯基：《原始社会的犯罪与习俗》，原江译，云南人民出版社 2002 年版，第 133 页。

当然，通过原始信仰规范的渔村治理也存在一定的问题，影响了乡村治理的效果。具体而言，一是大王爷节本身的发展面临着人力和资金方面的困难。在人员方面，随着现代化进程的推进，传统的信仰观念逐渐淡化，传统祭拜仪式的程序、礼仪逐渐失传，面临后继乏人的危险。东升村村委干部提道，"办这个活动年轻人很少去帮忙，都是四十多的人去帮忙，基本上都是做了爷爷奶奶或者差不多到了做爷爷伯伯的辈分去帮忙"。[1]大王爷理事会会长提道，其之所以担任会长，"也是没办法了，因为这一辈的人也比较少。"[2]在资金方面，大王爷理事会成员基本上属于无偿付出。东升村党支部书记提道，"这个传承要保留、要发展，需要经济支持，不能让人家理事会成员白白地一天到晚在这里值班。还是需要集体经济发展才能提供支持，把这个保存下来"，但东升村本身并没有什么集体经济。[3]二是原始信仰规范中有部分内容不合时宜，与现代乡村治理理念和治理要求不符，产生了一定的副作用。例如原始信仰规范处处设禁会在一定程度上禁锢人的思想、增加人的恐怖心理、限制人的人身自由、阻碍科学观念的普及。

对于大王爷节的现存问题，可考虑采取以下应对策略：一是对于大王爷节本身的问题，区、市两级政府机构应加强对作为非物质文化遗产的大王爷节的投入，建立健全对理事会等主要组织或个人的培训与奖励机制，为舞狮队、船队等开展表演活动提供一定的资金支持，进一步激发出渔村治理的内生动力。二是对于大王爷活动规范本身的问题，除由政府部门通过行政执法的方式进行治理，更为长效的方法是利用好原始信仰规范自身的力量，引导原始信仰规范通过自我净化来革除愚昧落后规范、生长出新的下游规范。在实施上，可由当地基层党组织、村民委员会、街道办事处以及政府相关部门主动对接东升村大王爷节理事会、各大房族等传统组织，奖惩并行地提醒并引导传统乡村自组织自觉牵头检视革除不合时宜的活动规范、自觉增添开放思想等下游规范，激发原始信仰规范的自我生长能力，使得原始信仰规范通过自我生产的方式进化和完善，最终形成良好村风村貌，推进乡村治理能力和治理水平的提升。

---

〔1〕　东升村村委会苏远洋访谈录，资料编号：GDHZDYWATDS2022070810，2022年7月8日。
〔2〕　东升村大王爷理事会徐冠来访谈录，资料编号：GDHZDYWATDS2022070810，2022年7月8日。
〔3〕　东升村村委会徐伟斌访谈录，资料编号：GDHZDYWATDS2022070902，2022年7月9日。

第五篇

通过创新优化机制的
基层和美治理

第十九章

通过和美网格规范的基层治理

—— 以大亚湾区为对象

一、引言

网格化治理是基层治理的重要创新。近年来国家高度重视网格化治理工作，持续地大力推动基层社会的网格化治理。2021 年 4 月 28 日中共中央、国务院发布的《关于加强基层治理体系和治理能力现代化建设的意见》提出，"改进网格化管理服务，依托村（社区）统一划分综合网格，明确网格管理服务事项"。第十三届全国人民代表大会第四次会议于 2021 年 3 月 11 日批准通过的《中华人民共和国国民经济和社会发展第十四个五年规划和 2035 年远景目标纲要》提出，"构建网格化管理、精细化服务、信息化支撑、开放共享的基层管理服务平台"。2021 年 8 月中共中央、国务院发布的《法治政府建设实施纲要（2021-2025 年）》提出，"构建简约高效的基层管理体制，实行扁平化和网格化管理"。2022 年 5 月中共中央办公厅、国务院办公厅印发的《乡村建设行动实施方案》提出，"完善党组织领导的乡村治理体系，推行网格化管理和服务"。以网格化治理为突破口，提升基层治理的精准化、精细化水平，是加强基层治理体系和治理能力现代化建设、提升基层治理质效的重要方面。

"和美网格"是大亚湾区基层治理的重要名片。20 世纪末以来，随着大工业项目的进驻，大亚湾区经济社会快速转型、城市化进程加速推进、人口基数迅速增长、流动人口大幅增加、新楼盘社区纷涌出现、传统村落疾速变迁，以往的基层治理环境、治理基础、治理对象均发生了重大变化，传统治理模式的有效性面临着挑战。为了适应新的形势，近年来大亚湾区不断探索

369

优化改善网格化治理，特别是自 2021 年下半年以来，大亚湾区区委政法委全面开启了"和美网格"治理工作，以综合网格为基本单元，不断提升基层治理的精准化、精细化水平。相对于常规的网格化治理，和美网格治理的核心要义在于坚持"十项标准"，形成"六和六美"景象。所谓"十项标准"也即坚持党建引领、完善运用"四级"联户、坚持企业共建、社会组织联动参与"和美"网格、设立调解室、设立健康服务社、引导新时代文明实践、落实干部驻点、突出本土特色，所谓"六和六美"也即说话和气、待人和善、邻里和睦、团队和衷、买卖和谐、矛盾和解、卫生洁美、环境优美、身体健美、德行善美、奋斗俊美、文化尚美。由于基层治理效果显著，大亚湾区曾多次被评为"惠州市平安建设（综治工作）优秀县（区）"。在开展网格化管理以及和美网格治理的实践中，大亚湾区区委政法委推动形成了一套精密细致的与和美网格治理相关的制度规范（以下简称"和美网格规范"）。这套和美网格规范是大亚湾区开展和美网格治理实践的行动依据和行为准则，在大亚湾区通过和美网格规范的基层治理中发挥着重要的作用。

和美网格规范为大亚湾区本土社会规范的组成部分，通过和美网格规范的基层治理是大亚湾区基层治理的重要方面。对和美网格规范以及通过和美网格规范的基层治理实践进行调查和总结，对于我们充分认识和美网格规范在基层治理中的积极价值、总结大亚湾区基层治理中的规范创新、提升通过和美网格规范的实践效果、复制推广通过和美网格规范的基层治理经验、推动大亚湾区基层治理体系和治理能力现代化、全面提升和美之治的质效具有重要的价值和意义。

为了准确把握和美网格规范的具体运行状况和在基层治理中实际发挥的作用，探明通过和美网格规范的基层治理的创新性、可复制性、可推广性，我们先后于 2022 年 7 月 5 日~6 日、7 月 11 日、7 月 15 日、7 月 20 日到大亚湾区区委政法委、澳头街道南边灶村、澳头街道妈庙村、霞涌街道小径湾社区、澳头街道综治中心等机关单位、村、社区就和美网格规范及其实施状况进行了调查。我们参观了南边灶村综合网格工作站、小径湾社区综合网格工作站，访问了南边灶村综合网格员、小径湾社区综合网格员以及南边灶村、小径湾社区、妈庙村的"两委"干部，与区委政法委的相关人员进行了座谈，查阅和收集了与和美网格规范有关的文书档案与电子资料，对和美网格规范及其在基层治理中的作用有了初步的了解和感受。

二、通过和美网格规范的基层治理主体

通过和美网格规范的基层治理主体包括主导主体、推动主体、执行主体、参与主体。其中，大亚湾区区委政法委是通过和美网格规范的基层治理的主导主体和推动主体。澳头街道办、西区街道办、霞涌街道办以及大亚湾区的57个村、社区"两委"是通过和美网格规范基层治理的执行主体与参与主体。

（一）大亚湾区区委政法委

大亚湾区区委政法委是通过和美网格规范的基层治理的主导者与推动者。我们可以从概念凝练、规范制订、规范实施等方面理解大亚湾区区委政法委在通过和美网格规范的基层治理中的主导地位和推动地位。具体而言：

其一，在概念凝练方面，"和美网格"概念主要由大亚湾区区委政法委根据上级政策和本地实际情况进行凝练而提出。大亚湾区区委政法委2021年6月撰写完成的经验总结报告《"和美网格"营造美好生活——惠州市大亚湾经济技术开发区推进市域社会治理现代化试点实践的调研报告》曾论及"和美网格"概念。该报告提到，"和美网格"治理这一概念的关键是"和""美"。该报告提出，和美网格治理并不局限于网格内，可延伸到"和美社区""和美乡村""和美街道"或"和美大亚湾区"。推动"和美网格"治理就是以综合网格为基本单元，以网格化管理为组织结构，汇集治理共识，联动治理力量，结合基层治理和乡村振兴，通过加强党建引领、平安稳定、法治建设、大健康、疫情防控、智慧城市、和谐美丽社区建设等统筹工作，探索系统治理的规律，做出"系统治理、源头治理、依法治理、综合施策"的制度和机制安排，不断完善"党委领导、政府负责、民主协商、社会协同、公众参与、法治保障、科技支撑"的社会治理体系。[1]

其二，在规范制订方面，大亚湾区的和美网格规范主要由大亚湾区区委政法委印发，或者在大亚湾区委政法委的推动下由大亚湾区委平安大亚湾建设领导小组办公室（以下简称"大亚湾平安办"）等其他主体制订。具体而言，一方面，大亚湾区区级的和美网格规范主要由大亚湾区区委政法委制订。但在通过和美网格规范的基层治理实践中，大亚湾区区委政法委在很多时候

也会以大亚湾平安办的名义印发大亚湾区区级和美网格规范，例如《大亚湾开发区第一批入格部门事项清单（试行）》《大亚湾开发区网格事件处置流程办法（试行）》《大亚湾开发区综合网格事项准入审批管理办法（试行）》等制度规范均以大亚湾平安办的名义印发。另一方面，大亚湾区区委政法委指导各街道党工委、街道办事处以及村、社区"两委"制订了一批与区级和美网格规范相配套的街道级、村居级制度规范，推动建立起了一套层次效力清晰的和美网格制度体系，奠定了和美网格治理的规范基础。

其三，在规范实施方面，大亚湾区区委政法委是和美网格治理的关键推动者。实践中，大亚湾区区委政法委主要通过召开工作部署会议、组织培训、设置大亚湾区社会治理创新项目、现场调研督导、发布倡议书、制定相关工作指引、要求上报数据、进行绩效考评等方式来推动和美网格相关规范的实施，指导、督促和帮助各街道、村、社区贯彻好、执行好和美网格规范，促进和美网格治理从制度规范转化为具体实践，形成看得见的治理效果。

（二）街道党工委、街道办事处

大亚湾区三个街道的街道党工委、办事处是通过和美网格规范的基层治理的重要执行者，在大亚湾区和美网格治理工作中发挥着承上启下的作用。

在大亚湾区区委政法委的帮助和指导下，澳头街道、霞涌街道、西区街道的党工委与街道办事处负有将"和美网格"工作具象化的任务。在大亚湾区和美网格治理工作中，街道党工委、街道办事处是街道区域内网格治理的中心枢纽，街道综治中心是街道范围内综合网格统一协调工作平台，街道领导班子成员需要直接联系网格，街道党工委、街道办事处需要配合上级选定网格治理标准化试点、区域社会治理现代化示范点、制订街道级和美网格规范、指导推动街道范围内的村居开展和美网格治理实践。例如，澳头街道综治中心工作人员何璺祠介绍，2021年11月份以来澳头街道根据上级要求积极推动网格化治理工作，"我们澳头目前划了158个网格"。[1]

此外，澳头街道办、霞涌街道办、西区街道办在实践中需要根据《大亚湾开发区网格治理服务管理清单（试行）》等相关制度规范的规定，与第三

---

〔1〕 澳头街道办何璺祠访谈录，资料编号：GDHZDYWAT2022072001，2022年7月20日。需要说明的是，何璺祠为化名。按照学术惯例，本书中的部分人名、地名进行了化名处理，以下不一一说明。

方机构签订网格化试点服务合同，委托第三方派人参与网格化试点工作，协助网格化试点工作开展。例如，为了做好大亚湾区的三个"广东省市域网格治理标准化试点项目"试点工作，澳头街道办、霞涌街道办、西区街道办在2021年分别与大亚湾区公民伙伴社会服务发展中心签订了《大亚湾区澳头街道南边灶村网格化试点综合网格管理清单事项服务合同》《大亚湾区霞涌街道小径湾社区综合网格试点项目延长服务服务合同》《大亚湾区西区街道老畲村全科网格试点项目服务合同》，引入了第三方专业社工机构参与南边灶村、小径湾社区、老畲村的网格化试点工作。

（三）村居"两委"及网格站

在大亚湾区区委政法委的安排部署及街道党工委、街道办事处的指导和帮助下，大亚湾区的57个村居"两委"以及网格站是通过和美网格规范的基层治理的具体执行者，是通过和美网格规范的基层治理的具体参与者，是村居级和美网格规范的制订者、实施者。例如，为了贯彻落实大亚湾区关于加强村级党组织建设和共建和美社区的工作部署，推动《共建和美社区倡议书》顺利落地，塘尾村村"两委"于2022年5月4日制订了《塘尾村推进"和美网格"建设的实施方案》。

澳头街道南边灶村党委委员、村委会委员陈学妨介绍了南边灶村委会在管理专职网格员、为专职网格员发放补贴等方面的工作情况：

他们（专职网格员）跟我们一起合体做东西，我们没有分开的。就是我们和第三方（公民伙伴机构）一起连体做东西。反正他们没有与我们隔离的，都是我们村委会管理的。他们自己的机构也有管，但是主要靠我们村委会，没有我们村委会他们怎么做得了呢。村委会给他们有小小补贴，每个月有几百块钱补贴。他们这么辛苦，肯定几百块钱补贴电话费什么的要给的。加一起他们应该有几千块钱。我们是互动的。[1]

在村居"两委"的指导和帮助下，各村居的网格站及综合网格员根据区、街道政府部门的委托，在和美网格治理中具体地负责社情民意收集、日常巡查、采集信息、报告问题、应急调处、政策法规宣传、协助化解网格内各类

[1]　南边灶村陈学妨访谈录，资料编号：GDHZDYWATNBZ2022070603，2022年7月6日。

矛盾纠纷等工作，在网格区域内提供专业服务和支持。

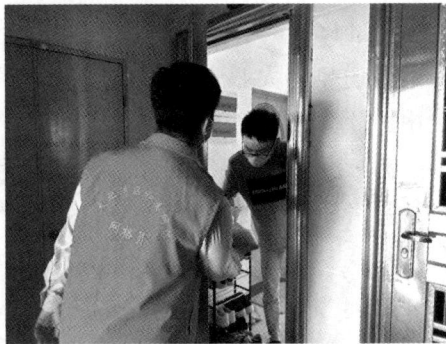

南边灶村网格员为居民测血压、送防疫物资（大亚湾区区委政法委 2022 年 7 月 11 日提供）

总体而言，在大亚湾区通过和美网格规范的基层治理实践中，大亚湾区区委政法委是发挥关键作用的主导者与推动者，大亚湾区三个街道的街道工委、办事处是处于承上启下作用的协调者与执行者，大亚湾区的 57 个村、社区"两委"以及各村社区的综合网格工作站是发挥重要参与作用的具体执行者与参与者。通过和美网格规范的基层治理实践的主导者、推动者、协调者、执行者、参与者共同描绘出了大亚湾区基层治理的"和美之治"画卷。

三、通过和美网格规范的基层治理规范

通过不断努力，大亚湾区建立、形成了系统的和美网格规范，主要有《大亚湾开发区开展"和美网格"治理推进区域社会治理现代化试点工作实施方案》《区政法机关干部下沉基层开展"和美网格"共建实施方案》《共建和美社区倡议书》《工作指引》《惠州大亚湾和美网格专职网格员实操手册》《大亚湾开发区网格事件处置流程办法（试行）》《大亚湾开发区综合网格事项准入审批管理办法（试行）》《大亚湾开发区实施全科网格推进市域社会治理现代化工作方案（试行）》《大亚湾开发区第一批入格部门事项清单（试行）》《大亚湾开发区网格治理工作流程》《关于加强大亚湾开发区基层治理综合网格工作的通知》《关于进一步做好大亚湾区域社会治理现代化示范点建设的通知》《大亚湾开发区关于建设区、街道两级综治中心工作平台实施方案》《大亚湾区综治网格员和专干绩效补贴考核办法》《大亚湾区网格员队伍管理办法（试行）》《霞涌街道实施全科网格推进市域社会治理现代化工作

方案（试行）》《西区街道实施全科网格推进市域社会治理现代化工作方案》《澳头街道关于推进村（社区）综合网格党组织建设的实施方案》《南边灶"和美"网格楼栋长培育方案》《南边灶村综合网格队伍配置及工作职责》《南边灶村综合网格专职网格员工作考勤制度》《南边灶村综合网格专职网格员考核机制》《南边灶村综合网格工作例会制度》《南边灶村综合网格工作流程》《南边灶村综合网格联席会议制度》《南边灶村综合网格人民调解委员会工作流程》《惠州市市域社会治理现代化西区街道老畲村"乐融"网格建设方案》《霞涌街道小径湾社区全科网格试点实施方案》《塘尾村推进"和美网格"建设的实施方案》《塘尾村委会全科网格实施方案》等。

　　根据制订主体和适用范围的不同，前述和美网格规范可被分为区级、街道级、村居级三种类型。其中，大亚湾区区委政法委、大亚湾平安办等主体印发的《大亚湾开发区开展"和美网格"治理推进区域社会治理现代化试点工作实施方案》《区政法机关干部下沉基层开展"和美网格"共建实施方案》《关于进一步做好大亚湾区域社会治理现代化示范点建设的通知》《大亚湾开发区关于建设区、街道两级综治中心工作平台实施方案》《共建和美社区倡议书》《工作指引》《惠州大亚湾和美网格专职网格员实操手册》《大亚湾开发区网格事件处置流程办法（试行）》《大亚湾开发区综合网格事项准入审批管理办法（试行）》《大亚湾开发区实施全科网格推进市域社会治理现代化工作方案（试行）》《大亚湾开发区第一批入格部门事项清单（试行）》《大亚湾开发区网格治理工作流程》《关于加强大亚湾开发区基层治理综合网格工作的通知》《大亚湾区综治网格员和专干绩效补贴考核办法》《大亚湾区网格员队伍管理办法（试行）》等制度规范为在大亚湾区全域适用的大亚湾区区级规范。霞涌街道、西区街道、澳头街道党工委、办事处及综治中心印发的《霞涌街道实施全科网格推进市域社会治理现代化工作方案（试行）》《西区街道实施全科网格推进市域社会治理现代化工作方案》《澳头街道关于推进村（社区）综合网格党组织建设的实施方案》等制度规范为在街道范围内适用的街道级规范。街道综治中心、南边灶村村"两委"、小径湾"两委"、老畲村"两委"等网格化治理试点村居"两委"以及非网格试点村居"两委"制订的《南边灶"和美"网格楼栋长培育方案》《南边灶村综合网格队伍配置及工作职责》《南边灶村综合网格专职网格员工作考勤制度》《南边灶村综合网格专职网格员考核机制》《南边灶村综合网格工作例会制度》《南边灶村综合网格工作流程》《南边灶村综合网格联席会议制度》《南边灶村综合网格人民调解委员会工作流程》《惠州市市域社会治理现代化西区街道老畲村"乐融"网格建设方案》《霞涌街道小径湾社区全科网格试点实施方案》《塘尾村推进"和美网格"建设的实施方案》《塘尾村委会全科网格实施方案》等在村（居）域范围内适用的制度规范为村居级规范。

在通过和美网格规范的基层治理规范中，2020年9月21日经大亚湾区区委、管委会同意正式印发的《大亚湾开发区实施全科网格推进市域社会治理现代化工作方案（试行）》（惠湾委办函〔2020〕31号）是大亚湾区正式实施全科网格推进市域社会治理现代化的标志。这一方案将澳头街道南边灶村、西区街道老畲村、霞涌街道小径湾社区等3个具有代表性的村（社区）确定为区网格化治理工作示范点，推动其先试先行地开展网格化治理工作。[1]

在《大亚湾开发区实施全科网格推进市域社会治理现代化工作方案（试行）》的基础上，大亚湾区区委政法委于2021年12月21日印发的《区政法机关干部下沉基层开展"和美网格"共建实施方案》发挥着十分重要的作用。这一文件是大亚湾区区委政法委将"和美"理念全面融入网格化治理实践的重要标志之一。《区政法机关干部下沉基层开展"和美网格"共建实施方案》明确提出了开展"和美"网格治理的工作的"十项标准"。所谓"十项标准"也即，坚持党建引领、完善运用"四级"联户、坚持企业共建、社会组织联动参与"和美"网格、设立调解室、设立健康服务社、引导新时代文明实践（村史馆、文化室等）、落实干部（政法、司法、街道干部）驻点、突出本土特色。[2]

2022年4月大亚湾区委组织部、区委政法委联合印发的《共建和美社区倡议书》（惠湾政字〔2022〕19号）以及大亚湾区区委政法委发布的《工作指引》在大亚湾区通过和美网格规范的基层治理有着较为重要的作用。《共建和美社区倡议书》《工作指引》强调了"六和六美"的理念。以下为《共建和美社区倡议书》：

---

〔1〕《广东省市域网格治理标准化试点项目正式启动!》，大亚湾区区委政法委提供，2022年7月11日。

〔2〕《区政法机关干部下沉基层开展"和美网格"共建实施方案》，大亚湾区区委政法委提供，2022年7月11日。

共建和美社区倡议书

全体党员、共青团员、企事业干部、群团组织工作人员：

习近平总书记指出，社会治理的重心必须落到城乡社区，社区服务和管理能力强了，社会治理的基础就实了。营建共建共治共享的"国内一流湾区"是我们共同的目标，而和美网格、和美社区则是全区"和美"的基础。每个人都是社区的一分子，社区是我们共生的乡土，邻里是我们最近的乡亲。缔造美好社区，赓续乡土文明，营造和美乡土，是我们的历史责任。密切联系群众，参与社区活动，服务邻里和社区，从来都是每个社区人应尽的责任担当。为此，我们倡议：

主动下沉社区，身体力行参与社区建设。关心乡土营建，热心社区生活，主动"就近、就亲、就便"联系群众，从参与疫情防控"四级联户群"，每位同志至少加入一个"一级群"，经常联系群众，做群众的好邻里、好亲戚、好朋友。积极主动参加社区活动，关注群众诉求，当好群众的宣传员、联络员、服务员。主动亮身份受监督、领任务讲奉献、重服务树形象，做"群众"中的先进分子。

用情服务群众，主动作为争做先锋模范。把理想信念落在基层，把基层治理落到持续服务社区群众上，用心用情用力为群众纾困、为社区服务。充分发挥自身业务特长、专业优势、技术资源，深入社区（村）、融入网格治理，办实事解民忧。积极宣传群众，动员各类志愿者、社区热心群众，围绕"和美网格"工作目标任务，积极参加挂点结对共建村（社区）、综合网格的社会治理活动，积极为社区建设和基层治理建言献策，打通服务联系群众的"最后一米"。

引导社区风尚，成风化俗凝聚民心民力。率先垂范，践行社会主义核心价值观，以"友邻乡里，和美社区"为目标，深入开展"六和六美"活动，增强群众"社区一家亲"的认同感和归属感，使"爱家庭、亲友邻、美社区"渐进成风。尽力而为，量力而行，从服务身边群众的公益做起，带动身边人，一起志愿服务社群、服务网格、服务社区（村）、服务社会，汇聚起基层社会治理的共识和共建"和美"湾区的磅礴民力。

积跬步而致千里，汇小流而成江河。让我们从自身做起，从现在做起，从身边小事做起，一起想、一起干，共同打造人人参与、人人尽力、人人享有的和美社区，携手为大亚湾区跻身"国内一流湾区"添砖加瓦。

大亚湾区区委组织部　　　　　　　　大亚湾区区委政法委
2022 年 4 月 11 日　　　　　　　　2022 年 4 月 11 日〔1〕

除了以成文制度规范形式呈现的和美网格规范，大亚湾区在和美网格规范基层治理实践中形成了部分不成文的习惯规范。根据习惯规范，虽然网格员的工作内容总体上较为全面，但网格员的工作重点与工作内容可能会随着时间地点的不同而有所不同。例如，南边灶村的网格员当时最主要的工作是疫情防控。南边灶村专职网格员陈瑞祥提道：

疫情以来，主要是协助疫情工作为主。这段时间很忙，我们做的工作主要是排查外地返乡、协助疫苗接种、核酸检测、隔离，这些都有在做。我们这边离深圳比较近，之前有段时间深圳疫情挺严重的，在我们这边住的住户也比较多，防控压力比较大。〔2〕

此外，根据不成文的习惯规范，综合网格员的工作时间通常为晚上。南边灶村村"两委"委员陈学妨介绍了这一习惯规范：

网格员一般是晚上上门，因为那些人做工没在家，只有晚上才在家。所以都是晚上上门处理、尽情工作。你要是白天上门，人家白天上班去了。要是他们没在家，你上门也没用。就打比喻说，人口普查，我们也是晚上出发。好多村社区都是这样。社工是 2018 年进来的，社工站联系我们村，派他们进来的。〔3〕

总体而言，大亚湾区区委政法委、大亚湾平安办印发的《大亚湾开发区开展"和美网格"治理推进区域社会治理现代化试点工作实施方案》《区政法机关干部下沉基层开展"和美网格"共建实施方案》《共建和美社区倡议书》

---

〔1〕《共建和美社区倡议书》，大亚湾区区委政法委提供，2022 年 7 月 11 日。
〔2〕南边灶村陈瑞祥访谈录，资料编号：GDHZDYWATNBZ2022070602，2022 年 7 月 6 日。
〔3〕南边灶村陈学妨访谈录，资料编号：GDHZDYWATNBZ2022070603，2022 年 7 月 6 日。

等区级和美网格规范，各街道党工委、街道办事处印发的街道级和美网格规范，各村居"两委"制订的村居级和美网格规范，以及在和美网格工作实践中形成的不成文的习惯规范，共同构成了通过和美网格规范的基层治理规范体系，共同奠定了通过和美网格规范的基层治理制度框架与制度基础。

四、通过和美网格规范的基层治理运行

在和美网格规范的框架下，通过和美网格规范的基层治理运行主要包括建立和美网格规范、实施和美网格规范、开展网格员培训等方面。

（一）建立规范

2020 年 9 月 21 日，经区委、区管委会同意，《大亚湾开发区实施全科网格推进市域社会治理现代化工作方案（试行）》（惠湾委办函〔2020〕31）由大亚湾区委办公室、区管理委员会办公室正式印发。这一方案的印发标志着大亚湾区实施全科网格推进市域社会治理现代化的序幕由此拉开。

2021 年 12 月 21 日，大亚湾区区委政法委在《大亚湾开发区实施全科网格推进市域社会治理现代化工作方案（试行）》的基础上印发了《区政法机关干部下沉基层开展"和美网格"共建实施方案》，全面开启"和美网格"基层治理实践。

在《区政法机关干部下沉基层开展"和美网格"共建实施方案》《大亚湾开发区开展"和美网格"治理推进区域社会治理现代化试点工作实施方案》等制度规范的基础上，在大亚湾区区委政法委的推动下，大亚湾平安办于 2022 年 3 月 29 日印发了《大亚湾开发区网格事件处置流程办法（试行）》《大亚湾开发区综合网格事项准入审批管理办法（试行）》，为不断深化大亚湾区和美网格治理工作、规范入格事项审批管理、确保入格事项格式规范权责清晰提供了制度保障，为进一步规范大亚湾区网格事件处置流程、提升网格事件受理处置效果提供了标准和依据。

在前述文件的基础上，为进一步明确综合网格员、专业网格员工作事项范围，2022 年 3 月 30 日大亚湾平安办印发了《大亚湾开发区第一批入格部门事项清单（试行）》。《大亚湾开发区第一批入格部门事项清单（试行）》根据入格部门事项的统计口径和所属领域的不同将入格部门事项分为 7 个一级类、33 个二级类、68 个三级类，为实现事件分拨、处置提供标准化规范。其中 7 个一级类为信息协采、治安防控、公共服务、调处纠纷、安全隐患、城市管理、群防发现，33个二级类为实有人口信息、实有房屋信息、实有单位信息、重点关注人员信息、四级联户组建运用、涉嫌窝藏、"涉黄、涉毒、涉赌"、涉管制用、涉"三非"外国人、涉走私偷渡、涉"邪教"活动、涉传销活动、打砸斗殴损毁财物、特殊重点人群工作、拒不配合行为、党群服务、法律服务、防疫服务、心理服务、家庭邻里纠纷、楼盘物业纠纷、经济纠纷、其他纠纷、消防安全隐患、安全生产隐患、其他安全隐患、城市道路、城市部件实施、建筑区域、市容环境卫生、网络信息发现、个人异常、群体性异常发现等33个二级类。[1]

2022年4月12日，大亚湾区区委组织部、区委政法委联合召开了大亚湾区党员干部群众下沉共建和美社区工作部署会议，会上发布了《共建和美社区倡议书》《工作指引》。[2]根据《工作指引》，所谓"和美"也即"六和六美"。《工作指引》提出，要通过推进和美网格治理，汇聚治理共识，联动治理力量，提升治理效能，形成"说话和气、待人和善、邻里和睦、团队和衷、买卖和谐、矛盾和解，卫生洁美、环境优美、身体健美、德行善美、奋斗俊美、文化尚美"的"和美"气象。

除由大亚湾区区委政法委、大亚湾平安办等主体印发和美网格规范，大亚湾区区委政法委在实践中还积极指导惠州大亚湾区公民伙伴社会服务发展中心、各街道党工委、街道办事处、村居"两委"制订其他类型的和美网格规范，进一步完善和美网格规范体系。例如，在大亚湾区区委政法委等部门的指导下，2022年3月澳头街道南边灶村村民委员会、西区街道老奋村村民委员会、霞涌街道小径湾社区居民委员会以及惠州大亚湾区公民伙伴社会服务发展中心等组织和机构联合编制了《惠州大亚湾和美网格专职网格员实操手册（试行）》。该手册明确了综合网格的职责定位、功能与划分，就综合网格员的配置、职责进行了规定，写清了综合网格员的工作内容，为网格员参与大亚湾区和美网格建设提供了行为指南。此外该手册还就网格治理平台、网格管理、相关文件等事宜进行了罗列。再如，为了贯彻好区委政法委关于开展和美网格治理工作的要求，澳头街道办综合治理办公室于2021年11月

---

〔1〕《大亚湾开发区第一批入格部门事项清单（试行）》，大亚湾区区委政法委提供，2022年7月11日。

〔2〕《大亚湾区党员干部群众下沉共建和美社区工作部署会议议程》，大亚湾区区委政法委提供，2022年7月11日。

20 日印发了《澳头街道开展"和美网格"治理推进区域社会治理现代化试点工作实施方案》，就建立四级党组织抓基层治理架构、织好党员干部联系群众"四级联户"网、长效发挥党建联席会议机制作用、建设街道综治中心工作平台、健全网格指挥协调工作体系、完善综合网格员工作机制、优化部门和社会组织参与网格治理联动机制、培育和美社区自治组织、丰富矛盾纠纷调解平台、搭建和美志愿服务平台、建立社会治理公益基金、加强社会治理队伍建设、完善心理服务体系建设等事项提出了具体要求，为澳头街道全面深入推进"和美网格"建设提供了具体操作指南。[1]

根据《关于加强大亚湾开发区基层治理综合网格工作的通知》（2021 年 11 月 19 日）等成文制度规范以及实践中形成的不成文的习惯规范的规定，大亚湾区全区的网格可分为综合网格、线上网格两类。具体而言：一是综合网格。综合网格分为村（社区）综合网格和特殊综合网格。村（社区）综合网格是指在村（社区）以下，以一定范围地理空间和一定数量人口为对象划分的，一般按照常住 300 户~500 户或 1000 人左右为单位划分网格。特殊综合网格是基于大亚湾区石化园区、海洋海岛、惠州港等特殊区域划分的网格。全区共划分为 461 个综合网格，其中村（社区）综合网格 404 个，特殊综合网格 57 个。二是线上网格。"四级联户群"是线上网格的一种形式，与综合网格相互支撑、相互补充、相互配合。线上网格四级联户群由一级联户群、二级联户群、三级骨干群和四级工作群组成。[2]

（二）实施规范

实践中，大亚湾区委政法委等部门、各街道办事处、各村居"两委"分别在区级、街道级、村居级三个层面推动和美网格规范的实施。

其一，在区级层面，大亚湾区委政法委等部门通过召开工作部署会议、推动干部下沉、现场调研督导、发布倡议书、制定相关工作指引、要求上报数据、优化绩效考评等方式来推动和美网格相关规范的实施，指导、督促和帮助各街道、村、社区贯彻好、执行好和美网格规范。例如，为了横向打通部门网格事件流转机制，落实"网格吹哨、部门报到"机制，大亚湾区区委

---

〔1〕《澳头街道开展"和美网格"治理推进区域社会治理现代化试点工作实施方案》，大亚湾区区委政法委提供，2022 年 7 月 11 日。

〔2〕《"和美网格"营造美好生活——惠州市大亚湾经济技术开发区推进市域社会治理现代化试点实践的调研报告》，大亚湾区区委政法委提供，2022 年 7 月 11 日。

政法委推动将公、检、法、司、卫计、消防、教育等14个部门作为首批入格单位，推动专业服务进入网格，逐步实现"多网融合、一网统管"。2022年4月11日大亚湾区区委政法委联合区委组织部向全区发出《共建和美社区倡议书》，组织全区党员进入就近就便加入四级联户群，推动党员干部下沉到基层一线。截至2022年6月，大亚湾区的司法局、口岸办公室、旅游局、霞涌街道办、安监分局、澳头街道办、组织部、财政局、代建局、动迁办、法院、房管局、工贸局、公用事业局、国土分局、海洋与渔业分局、环卫局、检察院、交通运输局、科创中心、粮食局、民政局、人大政协、人社局、社保局、社管局、生态环境局、审计局、石化产业园、市场监督管理局、卫计局、西区街道办、宣教局、新闻中心、招商局、执法分局、住建局、消防大队、政法委、两委办、群团工作部、环境水务集团、城投集团、港湾投资、石化管廊公司、矿产公司、石化热力公司、科创集团有限公司、开发集团有限公司、石化投资公司、应急公司、区纪委、公安局等53个单位3000余位党员干部和工作人员下沉到了挂点村、社区。[1]

其二，在街道级层面，各街道党工委、街道办事处根据区级规范与方案的要求，结合街道工作实际情况，积极推动区级、街道级和美网格规范在街道内落实。例如，2021年12月28日西区街道办召开了党员干部群众下沉共建和美社区组建四级联户群工作推进会，各驻村办负责人参加会议。会议要求，各驻村单位落实街道干部所有职工进入和美网格群事宜，入群入格是基本方式。"就近、就亲、就便"，至少参与一个"一级群"，参与社区联系群众的同志，居住地为大亚湾区辖区内的，直接扫相应的村（社区）和美网格群二维码微信名片入群。居住地为非大亚湾区辖区的，到本单位本企业本组织挂点的驻村群报道。[2]再如，为了提升小径湾社区的和美网格治理质效，霞涌街道党工委在小径湾社区因地制宜地打造了"一核心一机制二平台"和美网格治理模式。所谓"一核心一机制二平台"，也即坚持党建引领、建立一套网格治理机制、搭建和美调解委员会平台和志愿服务平台，帮助小径湾社区走上宜游宜居宜养现代化海滨社区发展和美网格治理之路。[3]

---

〔1〕《大亚湾区下沉共建和美社区力量统计表》，大亚湾区区委政法委提供，2022年7月11日。
〔2〕《和美网格工作开展情况》，大亚湾区区委政法委提供，2022年7月11日。
〔3〕《市域社会治理现代化工作情况说明》，大亚湾区区委政法委提供，2022年7月11日。

其三，在村居层面，各村居"两委"在大亚湾区区委政法委、街道党工委、街道办事处的领导、指导以及帮助下，在大亚湾区公民伙伴社会服务机构等第三方机构的协助下，结合本村居实际，积极推动区级、街道级、村居级和美网格规范在本村居范围内落实。例如，为了落实好区委政法委提出的"十项标准"，小径湾社区"两委"组建了52个联户群形成了上下贯通的精细化治理格局；设立了调解室，力求将矛盾纠纷化解在网格；设立了健康服务社，为社区有需要的居民提供心理咨询服务；组建了社区党建联盟，实现了小区治理共建共融；孵化和培育了社区11支社区社会组织，凝聚了居民力量，打造了"小径湾社区家园共同体"；在社区5个基础网格下搭建了1个志愿者服务站、打造了1个"爱心银行"、探索了1套志愿服务运作管理模式，推动了6大类志愿便民服务和6大类志愿服务项目，盘活了社区居民的力量。[1]

再如，南边灶村通过探索形成了"1+4+N"的网格服务管理模式。其中1为党建引领，4为巧用"四级联户群"、用好"粤平安"社会治理云平台、精准网格事项清单、规范网格管理机制，N为孵化和培育N支网格服务队伍。南边灶村共划分了4个综合网格，配备了4名专职综合网格员，围绕网格事项清单做好违法犯罪预防、安全隐患排查、矛盾纠纷调解、公共卫生提升各项服务。截至2022年6月南边灶村综合网格员累计处置办理网格事件180件，事件处置率为99%。南边灶村还组建楼栋长队伍、"五老"志愿服务队、金牌调解委员会队伍和专职消防队伍，充分发挥了村民当家作主作用，营造了村民一家亲的氛围。[2]在开展网格化治理网格工作中，综合网格员发挥着十分重要的作用。以下事例一为南边灶村网格员协助澳头街道综治中心、大亚湾区区委政法委等部门处理该村存在的"僵尸车"乱停放问题的基本情况：

事例一

2022年8月，南边灶村村民向网格员陈瑞祥反映，该村道路有僵尸车长期停放占用车位，浪费公共资源。网格员马上将情况上报到澳头街道综治中

---

〔1〕《大亚湾区霞涌街道小径湾社区和美网格工作总结（2022年3月22日）》，大亚湾区区委政法委提供，2022年7月11日。

〔2〕《"和美网格"营造美好生活——惠州市大亚湾经济技术开发区推进市域社会治理现代化试点实践的调研报告》，大亚湾区区委政法委提供，2022年7月11日。

心，由综治中心经大亚湾区网格中心对接大亚湾区区委政法委，并分派区公安局新西派出所执行，最终顺利解决问题。僵尸车被清理之后，村民出行变得更加方便。[1]

通过开展和美网格治理，南边灶村实现了"小事不出格、大事不出村、矛盾不上交"目标，形成了"村居有网、网中有格、格中定人、人负其责"的基层"微"治理格局。[2]

当然需要提及的是，目前和美网格治理实践并未开始多久，各项工作尚在摸索中进行。南边灶村党委书记、村委会主任陈赞东基于试点经验谈及了对目前综合网格治理实践现状以及如何做好网格工作的看法，其提道：

现在在摸索，以前没有的，我们是第一家开始的，整个惠州我们可能是第一个开始的。网格是服务型的，没有权力的，只有服务。做网格首先态度要跟上去，态度要好，要细心，还要耐心。网格员是考试、面试来公招的。要大专以上文化，经常要数据的，没有文化做不了的。[3]

澳头街道办综治中心工作人员也提到，虽然南边灶村等村居在和美网格治理方面取得了积极成效，但总体上和美网格治理工作仍然处于摸索阶段。其提道：

有一个南边灶村，那个是有试点的，它是有专职网格员去做这个事情的。南边灶村那个试点，目前来说效果是蛮显著的。其他的（没有专职网格员的）村社区也做得比较好。因为我们现在是试行，是去年11月份才做的文件，所以还在摸索中。[4]

（三）组织培训

在开展和美网格治理工作中，为了进一步加强大亚湾区综合网格治理队

---

[1] 曾静妍、黄旭新、张平："大亚湾：'和美网格'串起社会治理千条线"，载《惠州日报》2022年8月23日。

[2]《党建引领"1+4+N"和美网格建设——澳头街道南边灶村市域社会治理现代化建设工作总结》，大亚湾区区委政法委提供，2022年7月11日。

[3] 南边灶村陈赞东访谈录，资料编号：GDHZDYWATNBZ2022070601，2022年7月6日。

[4] 澳头街道办何墅舸访谈录，资料编号：GDHZDYWAT2022072001，2022年7月20日。

伍建设，提升大亚湾区网格治理专业服务能力，更好地履行网格管理职能，大亚湾区区委政法委积极开展了组织教育培训等工作。例如，2021年11月29日至12月17日，大亚湾区区委政法委委托惠州市委党校分三期开展了2021年度大亚湾区"和美网格"治理专题培训。培训对象为区委政法委业务骨干、区司法局业务骨干、各街道政法委书记、各街道业务骨干、村（社区）书记、综合网格员。陈赞东从培训参加者的角度介绍了其参加过的培训情况和培训感悟：

> 还是要加强培训，要让他们认识到网格是干什么的。他们有些还不是很清楚自己是干嘛的，是不是只是做数据、存在问题上报，调解能力是否跟得上去，综合能力有待提高。所以说，上次区委也组织网格员还有我们去培训，去了三个点：一个是珠海，有半天是深圳，我们就去了重庆一周，在西南政法大学培训一周。上周重庆那个教授刚才也来这里检查，我说我刚好在那里听你上课。[1]

总体而言，通过建立规范、落实规范、组织培训等工作，大亚湾区区委政法委等治理主体提升了大亚湾区基层治理的精准化精细化水平，让"和美网格"治理成为大亚湾区基层治理创新的名片。

五、通过和美网格规范的基层治理效果

作为一种重要的基层治理创新，通过和美网格规范的基层治理在实践中产生了密切联系群众、提升管理和服务效率、整合基层治理力量、提高基层治理精准化精细化水平、提升基层治理智能化水平等多重治理效果。

其一，密切联系了群众。通过和美网格规范的基层治理的重要举措是推动干部下沉社区，加强与群众的联系。在开展和美网格治理的过程中，大亚湾区区委政法委联合区委组织部发布了《共建和美社区倡议书》，号召党员干部、社会人员积极关注乡土、回归社区，形成了党员干部和先进群众积极关注社区、下沉社区的热潮。在大亚湾区区委政法委的推动下，目前大亚湾区已有3000余名党员干部等加入了各村（社区）"和美网格"共建群，下沉到了村、社区。随着全区党员干部群众逐步下沉到村居社区，大亚湾区委、管

委会进一步拉进了与基层群众的距离，拓宽了联系群众的渠道，密切联系了基层群众，夯实了全面依法治区的工作根基和底板。

其二，提升了管理与服务效率。通过和美网格规范的基层治理在实践中能够更好地提升管理与服务的效率。具体而言，一方面，随着 404 个社区（村）综合网格和 57 个特殊综合网格的组建以及综合网格员的配备，大亚湾区区委、管委会与基层群众之间的联络渠道更为多元，区委、管委会能够通过网格员更为及时将防疫信息传递到网格内的每家每户，减少信息传达环节，直接快捷地实现管理目的。通过大量组建网格，大亚湾区区委、管委会在实际上丰富了治理通道，在一定程度上改变了"上面千条线，下面一根针"的状况，提升了政策信息传递与政策落实的效果。另一方面，由于治理单元较小，基层社区居民的诉求与问题能够更为便捷地通过线上线下的方式随时向网格员反馈，网格员能够随时随地解决问题，或者将问题快捷地反馈到联动的执法主体、主管部门，使得群众的诉求能够得到快速处置，提升服务群众的效果。南边灶村网格长、村党委书记、村委会主任陈赞东介绍了网格化治理在提升管理和服务效率等方面的作用：

> 为什么要成立网格呢，因为这里（南边灶村）肯定有很多外地人，买房的、租房的，都有。你要掌握那些数据，人员的数据要清晰、要掌握，这个公开信息你要掌握。网格在疫情防控期间发挥很大作用。打比方说，深圳疫情防控期间，它是风险区，两地来回通勤的人还是住在这里，这些都要掌握清楚。网格对信息掌握很重要。除了信息掌握，其他的作用还有做宣传、安全检查，还有调解，还有每栋楼的楼栋长。楼栋长和网格是有衔接的。我们哪栋楼发现问题了，楼栋长会传送给网格，网格连接到解决问题的物业和部门。[1]

其三，整合了基层治理力量。网格化治理的重要优势在于能够打破以往基层治理中条块关系之壁垒，防止职能部门之间相互推诿，集中行政力量解决基层事务。[2] 为了有效联动治理力量、提升和美网格治理效果，大亚湾区区委政法委推动区法院、检察院、公安、司法、消防、卫计等相关部门的专

---

〔1〕 南边灶村陈赞东访谈录，资料编号：GDHZDYWATNBZ2022070601，2022 年 7 月 6 日。
〔2〕 陈寒非："网格化简约治理——基于湘北 L 县农村新冠肺炎疫情防控实践的考察"，载《学术交流》2020 年第 5 期，第 69 页。

业服务进入网格体系，梳理确认网格服务清单，完善了"多网融合、一网统管"和"网格吹哨、部门报到"机制工作机制，提升了协同治理效果，改变了以往存在的解决矛盾纠纷、公共安全隐患、防范违法犯罪等问题时联动不强的问题，使得群众的问题能够得到解决。[1]而且综合网格充分了整合村居"两委"成员、村民小组干部、党员、辖区民警、治安联防队员、志愿者、社工、楼栋长、物业人员等服务资源，将各类管理和服务主体全面纳入综合网格中，使得治理主体能够更加全面地了解村民需求，为群众提供优质、便捷、高效的服务。

其四，提高了基层治理的精准化、精细化水平。大亚湾区以综合网格划分为抓手，将综合网格定位为最小治理单元并将全区划为461个综合网格，重构了治理最小单元，确保了群众反映的问题在第一时间得到解决，提升了基层治理的精准化精细化水平。大亚湾区之所以要开展网格化治理工作，一个重要的背景是近年来随着大亚湾区石化产业的跨越发展、城市化进程不断加速、大量新建楼盘小区、人口激增，传统的村居格局架构在一定程度上未能及时开展有效治理。以新设立的红树林社区为例。该社区未设立居民小组，社区面积广（2.45平方公里）、人口多（常住人口5200余人，流动人口2300余人）、工作人员少（社区工作人员共10名），治理力量不足，管理和服务较为粗放。通过设立综合网格，该社区有效地将党员代表、居民代表、志愿者、社工、热心群众、"五老"等人嵌入网格内，充实了治理力量，分化了社区烦冗事务，打通了基层治理网格一级"神经末梢"。在和美网格化治理模式下，社区群众能够方便地与综合网格员直接对接联系，获得更为精准、更为精细的服务。

其五，提升了基层治理的智能化水平。和美网格治理模式在很大程度上是一种数字化治理模式，这种治理模式以现代信息技术系统为基础。通过运用现代信息技术系统，能够更有效地推进区域社会治理现代化，提升基层治理的数字化水平。在网格化治理前期，大亚湾区以广东省社会综治信息系统为支撑，推进"中心+网格化+信息化"工作；2022年2月底，大亚湾区被选定为"粤平安"综合网格管理服务和决策分析应用、群众信访诉求矛盾纠纷化解综合服务应用的省级综合试点地区，大亚湾平安办为此成立了"粤平安"

---

〔1〕《"和美网格"治理（依法治区）》，大亚湾区区委政法委提供，2022年7月11日。

建设领导小组，下设"粤平安"落地推广专办，制定任务计划表，明确安排专人跟进各板块工作业务，立即上线试运行网格系统。而且大亚湾区区委政法委还通过定期开展例会、试行通报制度、分批分类推进网格系统的操作使用培训等方式，全面提升网格员的操作能力，推动网格系统的有效使用。通过积极开展上线试运行网格系统、推动现代信息技术系统的运用、组建线上四级联户群等工作，大亚湾区区委政法委在开展和美网格治理的过程中无形地提升了基层治理的信息化、数字化、智能化水平。

通过建立和美网格规范、运行和美网格规范，大亚湾区和美网格治理主体在实践中取得了积极的治理效果。通过和美网格规范的基层治理使得治理主体密切联系了群众、提升了管理与服务效率、整合了基层治理力量、提高了基层治理的精准化精细化水平、提升了基层治理的数字化智能化水平。

六、思考与总结

虽然大亚湾区和美网格治理工作总体上仍处于探索阶段，但是通过网格规范的基层治理已经产生了显著效果，有效改善了大亚湾区的基层治理状况，应对经济社会变化所带来的治理新挑战。作为一种融合式治理，通过网格规范的基层治理融合了多类治理主体、多重治理目的、多层治理规范、多样治理方式、多元治理场域，形成了多种治理经验，取得了多彩的治理成效。在加强和改善基层治理的过程中，大亚湾区通过和美网格规范的基层治理模式值得关注和重视。

"和美网格"治理工作取得更好实效的重要基础是组建起一支战斗力强的网格员队伍。但除了南边灶村、小径湾社区、老畲村等试点村、社区，大亚湾区现有的综合网格员实际上主要由各村居工作人员兼任，专职网格员人数不足。例如，妈庙村书记提道："现在网格管理，说是这样说，但是网格员又没人，全是我们本身自己工作人员兼的，说真的我们基层本来就好多工作，我们自己的工作都没完没了的。"[1] 由于原本的本职工作任务繁重，兼职网格员难以全身心地、专业地、全面地参与网格化治理工作。因此，为了进一步提升和美网格治理工作质效，可以在总结小径湾社区、南边灶村、老畲村等试点地区相关经验的基础上，通过定格、定人、定岗、定责、定待遇的方式，投入更多财政资金，招募更多的专职网格员，组建更多的专职网格员队伍，

---

〔1〕 妈庙村李伟忠访谈录，资料编号：GDHZDYWATMM2022071501，2022 年 7 月 15 日。

进一步提升和美网格治理效果。

此外，为了进一步提升和美网格治理效果，还可进一步明确"和美网格"的概念，清楚地界定"和美网格"的内涵与外延，避免将过多的内容堆放到"和美网格"这一概念之下，防止由于概念泛化而导致"和美网格"的独特性与可识别性降低。

总体而言，通过和美网格规范的基层治理实践是大亚湾区推进社会治理能力现代化的一次成功探索。未来，大亚湾区区委政法委、大亚湾区各街道党工委及办事处、大亚湾区各村居"两委"及网格站等相关治理主体可进一步加强对通过和美网格规范的基层治理模式的重视，积极总结、梳理、分析相关治理经验，进一步提升通过和美网格规范的基层治理效果，推动形成清晰明确的具有可复制性、可参考性的经验模板，为更多的地方提供基层治理经验参考，助推更多的地区走稳走好良法善治之路。

第二十章

通过四级联户群管理规范的基层治理
——以大亚湾区为对象

一、引言

有效利用现代信息技术和通信工具是提升基层治理精细化程度、改善基层治理效果的重要途径。国家支持和鼓励地方政府提供线上线下相融合的社区管理服务，提升基层治理数字化智能化水平。如《乡村振兴促进法》第 53 条第 2 款提出，"国家健全乡村便民服务体系，提升乡村公共服务数字化智能化水平，支持完善村级综合服务设施和综合信息平台，……" 2021 年 4 月 28 日中共中央、国务院发布的《关于加强基层治理体系和治理能力现代化建设的意见》提出，"提高基层治理数字化智能化水平，提升政策宣传、民情沟通、便民服务效能"。2021 年 8 月中共中央、国务院印发的《法治政府建设实施纲要（2021-2025 年）》提出，"坚持运用互联网、大数据、人工智能等技术手段促进依法行政，着力实现政府治理信息化与法治化深度融合"。2022 年 6 月国务院发布的《关于加强数字政府建设的指导意见》提出，"全面提升应急监督管理、指挥救援、物资保障、社会动员的数字化、智能化水平。提高基层社会治理精准化水平"。民政部、中央政法委等九部委 2022 年 5 月 10 日印发的《关于深入推进智慧社区建设的意见》提出，"提供线上线下相融合的社区生活服务、社区治理及公共服务、智能小区等服务，让社区更加和谐有序、服务更有温度，不断增强居民获得感、幸福感、安全感"。建立和运用微信群是提升基层治理精细化、信息化效果的重要方面。

四级联户微信群是大亚湾区基层治理的一个重要标签。大亚湾区的不少村、社区由于人口基数大、流动人口多，在疫情防控和基层治理中存在着群众诉求回应不及时、沟通联系不顺畅、原有群规模过大、问题解决不到位等问题。为了提升管理和服务的精细化水平，加强与群众的沟通联系，改善民情反馈、应急响应、舆情应对及风险研判的效果，大亚湾区区委政法委于2021年下半年推动创建了四级联户制度，在全区的村（社区）辖区内组建了万余个四级联户微信群，构建起了"家庭—楼栋—网格—社区"四级联户管理机制，将家庭户、楼栋、网格、村（社区）串联起来形成了线上线下一张网。大亚湾区四级联户群体系由一级联户群、二级联户群、三级骨干群和四级工作群组成。其中一级联户群由常住居民与村（居）民代表、房东或楼栋长组成，二级联户群由一级群群主和村民小组干部或物业经理组成，三级骨干群由二级联户群主和综合网格员组成，四级工作群由村（居）书记、综合网格员、各村（居）"三人小组"成员等人组成。通过组建和运行四级联户群，大亚湾区有效提升了政策传达、宣传动员、诉求回应、基层众治的效果，形成了线上网格微治理的图景。在组建和运行四级联户群的过程中，大亚湾区区委政法委探索形成了一套四级联户群管理规范。这套规范由大亚湾区区委政法委制订或者在大亚湾区区委政法委的指导下由各街道、村、社区结合自身实际制订。

四级联户群管理规范为大亚湾区本土社会规范的组成部分，通过四级联户群管理规范的基层治理是大亚湾区基层治理的重要方面。对四级联户群管理规范以及通过四级联户群管理规范的基层治理实践进行田野调查和分析，对于我们充分认识四级联户群管理规范在基层治理中的积极价值、总结大亚湾区基层治理中的规范创新、提升通过四级联户群管理规范的实践效果、复制推广通过四级联户群管理规范的基层治理经验、推动大亚湾区基层治理体系和治理能力现代化、进一步提升乡村治理的质效具有重要的意义。

为了准确把握四级联户群管理规范的具体运行状况和在基层治理中实际发挥的作用，探明通过四级联户群管理规范的基层治理的创新性、可推广性，我们于2022年7月5日~7月6日、7月11日、7月15日、7月19日、7月21日到大亚湾区区委政法委、南边灶村、妈庙村、坼下社区、老畲村等单位、村（居）就四级联户群管理规范及其实施状况进行了调查。我们参观了部分村（居）的四级联户宣传栏，访问了南边灶村网格员以及南边灶村、妈庙村的村"两委"干部，与区委政法委的相关人员进行了座谈，查阅收集了与四级联户群管理规范有关的文书档案与电子资料，对四级联户群管理规范及其在基层治理中的作用有了初步的了解和感受。

二、通过四级联户群管理规范的基层治理主体

在通过四级联户群管理规范的基层治理实践中，大亚湾区区委政法委是通过四级联户群管理规范的基层治理的决策主体，是通过四级联户群管理规范的基层治理的主导者与引领者，大亚湾区西区街道办事处、澳头街道办事处、霞涌街道办事处是通过四级联户群管理规范的基层治理的辅助主体和执行主体，大亚湾区各村、居"两委"是通过四级联户群管理规范的具体执行主体。

（一）大亚湾区区委政法委

大亚湾区区委政法委是四级联户制度的创立者、四级联户规范的关键制定者、四级联户运行的主导者和引领者。例如，澳头街道办事处 2021 年 11 月 10 日提交的《大亚湾区社会治理创新项目申报表》中提到，大亚湾区区委政法委发布的《关于进一步做好村（社区）"三人小组"疫情防控机制力量组织工作的通知》要求村（居）"三人小组"应根据各村居实际情况建立四级线上网格，形成四级联户网格，以精准化、精细化做好网格工作，确保网格服务全覆盖、不漏人、底数清，澳头街道办在辖区各村（居）推行四级联户制度是为了响应区委政法委号召。[1]澳头街道南边灶村党委书记、村委会主任陈赞东也提道，"四级联户是我们区要求我们搞的"。[2]

在四级联户群管理规范的运行过程中，大亚湾区区委政法委主要通过下发通知方案、现场调研督导、发布"共建和美社区倡议书"、制定相关工作指引、召开工作部署会议、要求上报四级联户统计信息等方式来指导、督促和帮助各村（居）把四级联户群建起来，使得四级联户群动起来、联起来、用起来，推动四级联户制度的有效运转。

（二）街道办事处

在通过四级联户群管理规范的基层治理实践中，大亚湾区西区街道办事处、澳头街道办事处、霞涌街道办事处也发挥着重要的辅助和参与作用。在搭建"四级联户"群管理框架的实践中，西区街道办事处、澳头街道办事处、霞涌街道办事处主要负责根据大亚湾区区委政法委的通知要求，积极召开工

---

〔1〕《大亚湾区社会治理创新项目申报表》，大亚湾区区委政法委提供，2022 年 7 月 11 日。

〔2〕南边灶村陈赞东访谈录，资料编号：GDHZDYWATNBZ2022070601，2022 年 7 月 6 日。

作推进会议，制定和发布适应于本辖区实际情况的工作指引，指导和推动各自辖区范围内的建群、用群工作。例如，在建群的过程中，澳头街道办事处积极响应区委政法委号召，根据大亚湾区区委政法委的通知和指示精神，将澳头街道各村（社区）干部、专职网格员、楼栋长、联防队、党员、志愿者、社工、物业等全面纳入四级联户群中，拉起多级联户、不漏一人的四级微信群，构建了澳头街道疫情防控机制力量综合网格体系。而且，澳头街道办事处还于 2021 年 11 月制定了《大亚湾澳头街道网格化线上"四级联户"工作规范指引》，为辖区内各村（居）建立四级联户群提供了工作指引。

大亚湾区的三个街道办事处在大亚湾区通过四级联户群管理规范的基层治理中起着承上启下的作用。根据大亚湾区区委政法委的通知要求，大亚湾区的三个街道办事处为大亚湾区 57 个村（居）组建和运行四级联户群提供了具体的指导、支持和保障，使得大亚湾区区委政法委的微治理理念能够得以在各村（居）中化为实际、产生实效。

（三）村（居）"两委"

大亚湾区辖区内共有 29 个村民委员会和 28 个社区居委会。这 57 个村、社区的"两委"是组建四级联户群、管理四级联户群、使用四级联户群的直接主体，是四级联户群管理规范的具体执行者，负责在本村（居）范围内组建和管理四级联户群。在村域范围内，由村（居）"两委"组建的"四级工作群"级别最高。该群由村（居）党组织（党支部、党总支、党委）书记担任群主，由驻村综合网格员、村（居）疫情防控"三人小组"担任群成员。四级工作群负责统筹监督、管理和指导本村（居）内的一级联户群、二级联户群、三级骨干群的建立和运行。

此外，为了提升四级联户群管理效果，部分村民委员会、居民委员会还制订了在本村、本社区适用的四级联户群管理规范，例如，南边灶村村委会在 2021 年 12 月 20 日制定了《大亚湾区澳头街道南边灶村"和美网格"建设方案》，在方案中对一级、二级、三级、四级微信群的组成人员、主要功能以及各级群之间的关系进行了具体说明，就各级群主、村"两委"工作人员如何执行区级、街道级的四级联户群管理方案提出了具体要求。

总体而言，大亚湾区区委政法委是通过四级联户群管理规范的基层治理制度的创立者与制度运行的主导者，在大亚湾区通过四级联户群管理规范的基层治理实践中发挥着最为重要的推动作用。大亚湾区的 5 个街道办、57 个村（居）"两委"是通过四级联户群管理规范的基层治理的重要辅助主体和参与主体，在具体执行四级联户群管理规范的过程中也发挥着一定的作用。区、街道、村（居）三级主体共同推动了四级联户群管理规范的产生和实施，共同演绎了通过四级联户群管理规范的基层治理创新实践。

三、通过四级联户群管理规范的基层治理规范

通过四级联户群管理规范的基层治理规范包括成文规范和不成文规范。其中成文规范主要包括《相关工作指引》《区政法机关干部下沉基层开展"和美网格"共建实施方案》《共建和美社区倡议书》《大亚湾开发区开展"和美网格"治理推进区域社会治理现代化试点工作实施方案》《大亚湾区澳头街道综合网格四级联户微信群管理办法》《大亚湾澳头街道网格化线上"四级联户"工作规范指引》《大亚湾区澳头街道南边灶村"和美网格"建设方案》《大亚湾区澳头街道南边灶村综合网格四级联户微信群管理办法》等。在已制定的成文规范中，大亚湾区区委政法委印发的《相关工作指引》为专门规范四级联户群的制度规范，《区政法机关干部下沉基层开展"和美网格"共建实施方案》《共建和美社区倡议书》《大亚湾开发区开展"和美网格"治理推进区域社会治理现代化试点工作实施方案》为部分内容涉及四级联户群管理规范的一般性规范，各街道、村（居）为有效实施区级四级联户管理规范而在大亚湾区区委政法委指导下制订的《大亚湾区澳头街道综合网格四级联户微信群管理办法》《大亚湾澳头街道网格化线上"四级联户"工作规范指引》《大亚湾区区澳头街道南边灶村"和美网格"建设方案》《大亚湾区澳头街道南边灶村综合网格四级联户微信群管理办法》等街道级、村（居）级制度规范为四级联户制度规范中的具体执行性、辅助性规范。

在已发布的相关制度规范中，大亚湾区区委政法委于2022年4月印发的《相关工作指引》较为重要。根据《相关工作指引》，四级联户微信群分别为：一级联户群、二级联户群、三级骨干群、四级工作群。其中，一级联户群由村（居）民代表、房东或楼栋长担任群主，村民和常住居民为群成员，群功能定位是收集民意，打造全域覆盖、邻里互助、喜乐融合、信息互通、共治共享的线上网格治理"微"队伍；二级联户群由村民小组干部或小区物业经理担任群主，一级联户群群主为二级联户群成员，功能定位是积极联动、上传下达，避免疫情防控工作过程中人员线下接触，为摸底排查、巡逻巡防、

卫生整治等提供方便；三级骨干群由综合网格员担任群主，二级联户群主为群成员，群功能定位是传递政策、全面推动、参与行动；四级工作群由村（居）书记担任群主，三级骨干群群主（综合网格员）、各村（居）"三人小组"成员为群成员，群的功能定位是统揽全局、部署工作。四级联户分级分层，构筑起纵向到底、横向到边、多级联户的线上网格与线上治理微单元，共同发挥管理和服务群众的作用。以下为《相关工作指引》主要内容摘录：

一级群：以5户至10户为单元，建立联户防控微信群，村（居）民代表或楼栋长为群主，村民和常住居民为群成员，每个群人数原则上不多于50人。微信群主利用联户群转发疫情防控政策措施和个人、家庭防护知识提示，倡导文明健康生活方式和互助互督健康管理，确保社区疫情防控宣传能够全覆盖，不漏人。

二级群：以村小组或小区为单元组建联户群，村小组干部或小区物业经理为群主，一级群群主为群成员。综合网格员和村（社区）"三人小组"至少一人加入各二级联户群。

三级群：以综合网格为基础单元组建网格骨干群，综合网格员为群主，二级联户群主为群成员。

四级群：以村（社区）为单元组建网格工作群，村（社区）书记为群主，各综合网格员、村（社区）"三人小组"为群成员。

"四级联户群"明确群管理和运行规范，群主定人定岗、实行清单制管理，人员更换要提前做好交接，确保工作不脱节。

在组群过程中，动员非社区工作人员的党员干部作为社区防疫工作力量，同时注重发掘社区非党员干部的骨干力量和积极分子，分班组织作为预备支援队伍。[1]

在区级四级联户群管理相关的制度规范中，《共建和美社区倡议书》（政字〔2022〕19号）也发挥着重要的作用。《共建和美社区倡议书》由大亚湾区区委政法委、区委组织部于2022年4月11日联合发布。在《共建和美社区倡议书》中，大亚湾区区委政法委、区委组织部要求大亚湾区全体党员、

---

〔1〕《相关工作指引》，大亚湾区区委政法委提供，2022年7月11日。

共青团员、企事业干部、群团组织工作人员均应入格入群，参与社区建设。入群入格的具体要求是，按照"就近、就亲、就便"的原则，每人须至少加入一个"一级群"，做群众的好邻里、好亲戚、好朋友。[1]

此外，为了贯彻好、落实好、执行好区级四级联户群管理规范，大亚湾区的部分街道、村、社区结合本辖区实际情况制定了在街道、村域、社区内适用的街道级、村居级四级联户群管理规范。例如，澳头街道综治办制订的《大亚湾澳头街道网格化线上"四级联户"工作规范指引》内容较为细致，在实践中有着重要的价值和作用。以下为《大亚湾澳头街道网格化线上"四级联户"工作规范指引》：

大亚湾澳头街道网格化线上"四级联户"工作规范指引

为进一步做好网格化线上"四级联户"工作，规范"四级联户"群使用方式和群内文明举止，强化群成员之间沟通联系，促进社区工作更加便捷、高效，特制定该指引供参照执行。

一、"四级联户"群建立方式

使用通信工具"微信"APP建立一级联户群、二级联户群、三级联户群；使用通信工具"粤政易"APP建立四级联户群。

二、"四级联户"群管理要求

1. 群组建立者、管理者要履行群组管理责任，依据法律法规、用户协议和平台公约，规范群组网络行为和信息发布，构建文明有序的网络群体空间。

2. "四级联户"群名称统一管理，一级联户群命名指引为：××村（物业小区）××栋一级联户群，群内成员命名指引为：住址+姓名，如：××栋××单元××号赵某某；二级联户群命名指引为：××村（物业小区）二级联户群，群内成员命名指引为：地址+一级群主名，如：××栋××单元一级群主钱某某；三级群命名指引为：××村（社区）三级联户骨干群，群内成员命名指引为：××村小组（物业小区）+姓名，如：××村（物业小区）孙某某。四级群命名指引为：××村（社区）四级联户工作群，群内成员命名指引为：××村（社区）网格员/三人小组+姓名，如：××村（社区）网格员/三人小组李某某。

3. 根据辖区村（居）民居住情况，通过建立微信群或粤政易群，开展网

---

〔1〕《共建和美社区倡议书》，大亚湾区区委政法委提供，2022年7月11日。

格"四级联户"工作。以 10 户为单元，建立联户微信群（一级群），村（居）民代表或楼栋长为群主，村民和常住居民为群成员，每个群人数原则上不多于 50 人；以村小组或小区为单元组建联户群（二级群），村小组干部或小区物业经理为群主，一级群群主为群成员；以综合网格为基础单元组建网格骨干群（三级群），综合网格员为群主，二级联户群主为群成员；以村（社区）为单元组建网格工作群（四级群），村（社区）书记为群主，各综合网格员、村（社区）"三人小组"为群成员。

4. "四级联户"群内禁止发布反党反政府负面消息和政治性话题，禁止发布暴力、色情等违法违规信息图片，禁止发布恶意谩骂、诋毁等其他人身攻击言论，禁止发布任何商业广告，禁止发布不实、虚假和未经核实的信息。

5. "四级联户"群要严格遵守保密纪律，禁止在一级联户群、二级联户群、三级联户群发布涉及疫情防控工作的红头文件、工作报告、内容涉密的流调报告、人员隐私信息、疫情排查信息报表等内容。禁止在四级联户群公开发布涉疫情防控工作的秘密文件、内部文件、内容涉密的流调报告，人员隐私信息等内容。

6. 三级联户群主在转达上级防控工作指令时要严格把关，禁止直接转发疫情防控文件和图片，应当将需要落实的工作事项简明扼要进行罗列，并传达至三级联户群成员。

7. "四级联户"群要及时转发已公开发布的疫情防控政策措施和个人、家庭防护知识提示，倡导文明健康生活方式和互助互督健康管理，确保社区疫情防控宣传能够全覆盖，不漏人。[1]

根据不成文的四级联户群管理规范，各级联户群尤其是一级联户群的规模可能会超过 50 人的上限；群名称不一定带有一级、二级、三级、四级字样；各级联户群的功能定位不仅包括收集民意、方便群众反映问题，还包括宣传禁止电动车入室充电、禁止高空抛物等非疫情防控事宜，发挥着多元化的作用。通过组建和运行四级联户群，大亚湾区区委政法委建立起了覆盖全域群众的线上微治理单元，及时地将防疫信息传递到每家每户，取得以最快

---

[1]《大亚湾澳头街道网格化线上"四级联户"工作规范指引》，大亚湾区区委政法委提供，2022 年 7 月 11 日。

的速度知民情、解民忧、暖民心的效果。

总体而言，虽然四级联户制度在大亚湾区仅诞生一年多，但在大亚湾区区委政法委的大力推动下，有关四级联户群管理的制度规范已日臻完备和健全。而且在大亚湾区区委政法委的指导和帮助下，街道级、村（居）级四级联户群管理规范也已逐渐建立健全，四级联户群管理规范体系变得层级更为多元、内容更为丰富、效力更为显著，通过四级联户群管理规范的基层治理模式日渐稳定和成熟。正是在四级联户群管理规范的保障下，通过四级联户群管理规范的基层治理实践得以行稳致远并不断深化。

四、通过四级联户群管理规范的基层治理实践

在四级联户群管理规范的框架下，通过四级联户群管理规范的基层治理实践主要体现为探索开启四级联户制度、建立四级联户群、运行四级联户群等环节。

（一）探索开启四级联户制度

在大亚湾区开启四级联户制度之前，各村、社群的线上管理模式通常为"一村一村民微信群"或"一小区一居民微信群"，群人数较多、规模较大。但由于不少村、社区人口基数大、外来人口多，时常会出现群众诉求回应不及时、问题解决不到位的问题。特别是在疫情防控工作中，信息爆炸、信息拥堵、信息淹没等问题导致的诉求回应不及时、问题解决不到位的问题更为严重。于此背景下，大亚湾区区委政法委探索放大微治理效能，变集中管理为分散管理，在 2021 年下半年发布了《关于进一步做好村（社区）"三人小组"疫情防控机制力量组织工作的通知》，要求村（居）"三人小组"根据各村居实际情况建立四级线上网格，建立"四级联户"工作机制。在此基础上，为了进一步指导四级联户工作，大亚湾区区委政法委在 2021 年 12 月制定了《区政法机关干部下沉基层开展"和美网格"共建实施方案》，在 2022 年 1 月制定了《大亚湾开发区开展"和美网格"治理推进区域社会治理现代化试点工作实施方案》。通过制定完善相关制度规范，大亚湾区区委政法委逐渐明确了四级联户的含义、重要性以及管理要点，四级联户制度由此登上了大亚湾区基层治理的历史舞台。大亚湾区澳头街道南边灶村专职网格员陈瑞祥从村的角度介绍了四级联户制度的重要意义：

四级联户挺好的，特别是在疫情防控期间挺好的，我们发消息啊、转发

啊这些政策性的通知，都传播得很快，效率非常高，比之前我们整个大群要好。我们本来有一个小区的大群的。大群人太多了，太集中了，太庞大了。很多居民看不到信息，因为消息一下子就给淹没了。通过这个四级联户，一层一层去传达，反倒效率会更好一些，而且更清晰。[1]

在大亚湾区区委政法委探索建立四级联户制度之后，大亚湾区的部分街道、村、社区结合自身辖区的实际情况，制定在街道级、村居级四级联户群管理相关制度。例如，南边灶村结合大亚湾区"全科网格"试点工作等相关工作于2021年12月制订了《大亚湾区澳头街道南边灶村综合网格四级联户微信群管理办法》《大亚湾区澳头街道南边灶村"和美网格"建设方案》，为区级四级联户制度的实施提供了具体的配套方案，细化了大亚湾区区委政法委有关建立四级联户制度的工作部署和安排。

老畲村、坽下社区的四级联户宣传栏（左图2022年7月21日摄，右图7月19日摄）

（二）建立四级联户群

根据大亚湾区区委政法委有关探索建立四级联户制度的通知要求，大亚湾区的3个街道办事处以及57个村、社区"两委"结合自身工作实际积极开展了推进建群的工作。

在街道层面，为了落实大亚湾区区委政法委有关建立四级联户群的要求，各街道办积极推动四级联户群的建立工作。例如，西区街道于2021年12月

---

〔1〕　南边灶村陈瑞祥访谈录，资料编号：GDHZDYWATNBZ2022070602，2022年7月6日。

28 日召开关于党员干部群众下沉共建和美社区组建四级联户群工作推进会，会议由街道党工委副书记、政法委书记曾文正书记主持，各驻村办负责人参加会议。会议要求，各驻村单位要落实街道干部所有职工均进入和美网格群的要求，按照"就近、就亲、就便"的原则至少加入一个"一级群"。参与社区联系群众的同志居住地为大亚湾区辖区内的，直接扫相应的村（社区）和美网格群二维码微信名片入群。居住地为非大亚湾区辖区的，到本单位本企业本组织挂点的驻村群报道。[1]再如，霞涌街道办积极与大亚湾区区委政法委沟通协调，多次召开专题会议，大力推进四级联户群的建立工作。以下为霞涌街道办社会治安综合治理办公室 2022 年 5 月 20 日完成的关于霞涌街道四级联户情况的工作书面总结：

自区委政法委推动建设"四级联户群"以来，我街道高度重视，主动与政法委沟通协调，积极研讨建设工作中存在的问题，就如何建设四级联户群达成步调一致、思想统一。8 月 19 日，街道党工委副书记、政法委书记钟仕艺同志召开专题会议，就如何建立"四级联户群"进行培训。8 月 30 日、9 月 10 日、9 月 17 日和 9 月 18 日，街道党工委书记分别利用疫情防控工作会议、班子会议、"双节"工作部署会和"三人小组"疫情防控工作会议，多次强调"四级联户群"建设的作用意义，要求各村（社区）要进一步提高思想认识，安排专人负责，充分利用好四级联户群开展疫情防控工作，把联户群用实用好。[2]

在村、社区层面，各村、社区结合自身工作实际，积极建立本村、社区的四级联户群。例如，西区街道老畲村结合本村实际，建立了由房东、管家、楼栋长与居民组成一级联户群，由房东、管家与村民小组干部、小区物业管理人员组成二级联户群，由村民小组干部、小区物业管理干部以及专职网格员、兼职网格员组成三级联户群，由村委工作人员与专职网格员、兼职网格员等组成四级联户群；[3]西区街道塘尾村按照建群要求建立了 1 个四级联户

---

[1]《和美网格工作开展情况》，大亚湾区区委政法委提供，2022 年 7 月 11 日。

[2]《霞涌街道四级联户群工作情况》，大亚湾区区委政法委提供，2022 年 7 月 11 日。

[3] 资料来源：《西区街道老畲村综合网格化治理工作情况》，大亚湾区区委政法委提供，2022 年 2 月 23 日。

群、5 个三级联户群、13 个二级联户群和 58 个一级联户群，搭建了覆盖村、村小组、出租屋户主、住户的"四级联户"机制。[1]此外，大亚湾区的区直、街道干部职工共 52 人还下沉到塘尾村四级联户群，建立起了区直部门、街道、村的联席工作机制；在南边灶村，为了提升建群效果，避免村民抵触，南边灶村以网格站及村委会名义发放倡议书，结合入户走访动员居民扫描二维码进群，顺利完成了建群工作。

在通过四级联户群管理规范的基层治理实践中，建群是一项较有挑战性的工作。例如，南边灶村专职网格员陈瑞祥回忆说："建群初期可能比较痛苦，因为量比较多，需要我们往群里拉人。但是建起来之后，用着还是很方便的。"[2]南边灶村专职网格员刘碧玉提道，在建群工作中，有时热心群众（四级群群主）不易挖掘，其提道：

热心居民和楼栋长自己做群主。刚开始我觉得热心群众会配合的，但是建群的时候热心群众不是那么容易挖掘。给热心群众一定鼓励性的也没有，这个也不容易维持不下去。[3]

2022 年 4 月 12 日，为了落实好党员干部群众下沉服务目标，扎实推进四级联户群组建应用工作，大亚湾区区委政法委联合区委组织部召开了大亚湾区党员干部群众下沉共建和美社区工作部署会，就下沉工作进行具体部署。[4]根据大亚湾区区委政法委、区委组织部的部署，截至 2022 年 5 月大亚湾区已有近 3000 名党员干部、先进群众加入了各村居四级联户群。[5]

总体而言，在大亚湾区区委政法委的推动下以及在各街道、村、社区的配合下，大亚湾区的四级联户群的建群工作较为顺利。截至 2022 年 6 月，大亚湾区已建立四级联户群 13 884 个。在三个街道中，澳头街道共建立"四级联户"群 4685 个，其中一级联户群 4055 个、二级联户群 451 个、三级骨干

〔1〕　资料来源：《塘尾村》，大亚湾区区委政法委提供，2022 年 2 月 23 日。

〔2〕　南边灶村陈瑞祥访谈录，资料编号：GDHZDYWATNBZ2022070602，2022 年 7 月 6 日。

〔3〕　南边灶村刘碧玉访谈录，资料编号：GDHZDYWATNBZ2022070602，2022 年 7 月 6 日。

〔4〕　《大亚湾区党员干部群众下沉共建和美社区工作部署会议议程》，大亚湾区区委政法委提供，2022 年 7 月 11 日。

〔5〕　《"和美网格"营造美好生活——惠州市大亚湾经济技术开发区推进市域社会治理现代化试点的实践》，大亚湾区区委政法委提供，2022 年 7 月 11 日。

群 156 个、四级工作群 22 个；[1]西区街道共建立四级联户群 8673 个，其中一级联户群 8106 个、二级联户群 354 个、三级骨干群 188 个、四级工作群 25 个；[2]霞涌街道共建立"四级联户"群 1093 个，其中一级联户群 789 个，二级联户群 227 个，三级骨干群 66 个，四级工作群 11 个。[3]

（三）管理运行四级联户群

在四级联户群建立之后，大亚湾区区委政法委注重积极发挥四级联户群在防控通知下发、重点人员管控、防控信息填报、群众诉求反映、安全隐患排查、矛盾纠纷调处、便民服务代帮、政策法规宣传等方面的作用，各村、社区也注重在大亚湾区区委政法委、上级街道办事处的指导和帮助下自觉按照四级联户管理规范的要求发挥四级联户群的积极作用，开辟了及时响应、联防联控、群防群控、精准管理的基层治理新格局。实践中，四级联户群的运行管理主要包括疫情防控工作背景下的运行管理和日常工作背景下的运行管理两个方面。

在疫情防控工作中，四级联户群在疫情资讯传达、管控措施通报、疫苗接种咨询、防控动员、诉求反映、志愿者招募、物资购买、防控知识宣传、辟谣止谣等方面高效地发挥着作用。例如，2022 年 10 月，"1005"疫情来袭。于此情形下，大亚湾区区委政法委第一时间在"四级联户"群公布了各村（社区）防疫三人小组的联系方式并积极转发至封控区内的联户群内，让封控区内的居民在紧张忙碌的情况下准确获取最新、最准确、最科学的疫情信息，及时掌握疫情防控最新动态，充当疫情防控定心丸。[4]在突发疫情时，核酸检测工作往往需要大量人手，面临着人手不足的问题。四级联户群建立后这样的问题则得到了很大的缓解。例如西区街道塘尾村利用四级联户群发布招募通知，在 1 小时内就招募到了大量核酸采样志愿者。以下事例一为塘尾村的具体做法：

---

[1] 《澳头街道联户群汇总表（区委政法委督导检查组）》，大亚湾区区委政法委提供，2022 年 7 月 11 日。

[2] 《西区街道四级联户群汇总表》，大亚湾区区委政法委提供，2022 年 7 月 11 日。

[3] 《霞涌街道联户群汇总表》，大亚湾区区委政法委提供，2022 年 7 月 11 日。

[4] "联'网'联'户'联'心'：大亚湾区委政法委平战转换织密防疫网"，载 https://mp. weixin.qq.com/s/JWJd4zIzAbKjglLNnze1aA，2022 年 10 月 18 日最后访问。

事例一

2022 年 3 月 4 日，西区街道美岸栖庭 1 名居民核酸初筛阳性，大亚湾区随即开展全域管控及全员核酸检测工作。西区街道塘尾村村委会按照大亚湾区的防控要求，立即通过四级联户群发布志愿者招募信息，仅用 1 个小时就召集到了 49 名志愿者参与到塘尾文化广场核酸采样点的志愿服务中。在 2022 年 3 月份的 9 轮核酸检测中，塘尾村共招募志愿者 437 人次，志愿服务累计时数 3373 个小时，通过四级联户群形成了"发布—报名—整理—排班—落实"的志愿者全链条管理模式。〔1〕

一级、二级联户群发布疫情防控通知截图〔2〕

在疫情防控工作之外，四级联户群在政策宣传、资讯发布、反诈宣传、意见收集、住户交流、人员招募、群众动员、租户管理等方面也发挥着较为重要的作用。例如，（1）坽下社区在四级联户群中积极推送志愿活动招募信息，邀请村民积极参与社区活动，实现社区治理的共建、共治、共享；（2）南边灶村通过四级联户群进行反诈宣传、收集村民问题、发布两癌筛查通知，为村民提供实用信息。南边灶村专职网格员陈瑞祥介绍说："其实四级联户不

〔1〕《塘尾村基层社会治理经验材料介绍》，塘尾村村委会提供，2022 年 7 月 7 日。
〔2〕《"四级联户"群联系群众截图》，大亚湾区区委政法委提供，2022 年 7 月 11 日。

止在疫情防控中起了很大作用，在其他方面也有作用。比如平时在做宣传、防养老诈骗、做两癌筛查，发到群里面，居民很快就能收到信息了。其实作用挺大的，很方便。"[1]南边灶村村委工作人员（文书）王咏梅提道："住户他的那些投诉或者什么日常小事，都会通过这个群首先上传，不会说先到哪里去，而是内部先解决。"[2]（3）妈庙村注重通过四级联户群对租户进行管理。妈庙村党总支部书记、村委会主任李伟忠提道，妈庙村"外人多，不好管理。不是每个外人我们都能通知到他。我们现在就成立了租户群，我们是四级联户，一级一级发下去。收到上面的信息，我们就由村委会发给村小组长，村小组长发到租户群，租户群再发到租户里面去，所以现在所有什么东西都是一层一层往下发"[3]。（4）塘尾村通过四级联户群发布寻人启事、收集村民问题反馈、号召村民参与卫生清洁活动、动员村民参与村民议事会等，帮助解决村民问题、提升村民参与感。在日常的生活中，村民以四级联户群为载体，通过随手拍、随时记等的方式，反映日常发现的风险隐患和问题诉求。村民委员会、专职网格员等治理团队则按照提供的线索立即开展核实，并提出解决方法和反馈意见。四级联户群的建立拓宽了群众反映问题的途径、增加了反映问题的便捷性和高效性，在无形之中拉进了干群距离，解决了社会治理难题。[4]以下事例二为塘尾村通过四级联户群寻找走失儿童家长的一次成功尝试。

事例二

2022年1月20日，塘尾村内某店铺发现一名走失儿童，店主在报警的同时将走失儿童的信息和特征通过四级联户群发送给网格员。网格员随即在四级联户群中转发该信息，动员辖区内各种力量寻找走失儿童的家长。通过联户群内街坊邻里的爱心接力，不到1个小时就联系上了走失儿童的家长，家长也立即将走失儿童接回了家。[5]

通过四级联户群管理规范的基层治理实践是一次先试先行的创新性探索，

---

〔1〕南边灶村陈瑞祥访谈录，资料编号：GDHZDYWATNBZ2022070602，2022年7月6日。

〔2〕南边灶村王咏梅访谈录，资料编号：GDHZDYWATNBZ2022070603，2022年7月6日。

〔3〕妈庙村李伟忠访谈录，资料编号：GDHZDYWATMM2022071501，2022年7月15日。

〔4〕《塘尾村基层社会治理经验材料介绍》，塘尾村村委会提供，2022年7月7日。

〔5〕《塘尾村基层社会治理经验材料介绍》，塘尾村村委会提供，2022年7月7日。

丰富了"良善法治"的内涵，促进了大亚湾区基层治理水平和治理能力的提升。2022年初广东省委颁布的《法治广东建设规划（2021—2025年）》提出"健全社会治理规范体系，探索'微网格'治理"。而大亚湾区区委政法委所开展的探索开启四级联户制度、推动建立四级联户群、管理运行四级联户群等基层治理实践可以说是对《法治广东建设规划（2021—2025年）》相关要求的具体践行，是基层治理的创新之举。

五、通过四级联户群管理规范的基层治理效果

大亚湾区通过四级联户群管理规范的基层治理在实践中产生了落实党和政府中心任务、实现社会管理和服务的积极效果，同时随之产生了密切联系群众、减少人员的线下接触、改善宣传动员的效果、重建熟人社会传统等诸多附带成效，使得大亚湾区在良法善治之路上又向前迈进了重要一步。

具体而言，通过四级联户群管理规范的基层治理效果主要表现为以下几个方面：

其一，更好地落实了党和政府的政治任务，改善了社会管理和服务的积极效果。根据党中央确定的疫情防控方针政策，2022年打赢疫情防控阻击战是当时的重大政治任务。大亚湾区区委政法委探索建立四级联户群、制定四级联户群管理规范、运行管理四级联户群的直接目的是更好地落实和执行党和政府当前社会治理的重大任务，把疫情防控和服务群众的工作做好、做扎实，解决好疫情防控和服务群众工作中的难题，服务好党和政府当下的重点工作和重点任务，改善社会管理和服务的积极效果。随着通过四级联户群管理规范的基层治理模式的产生和运行，大亚湾区区委政法委推动改善了全区的疫情防控工作的体制机制，加强了党和政府与村居群众的联系，较好地实现了疫情要防住、发展要安全的目标，完成了党中央确定的疫情防控方针政策，服务了党和政府当下的中心工作和重点工作，提升了管理和服务群众的效果。

其二，密切联系了群众。根据四级联户群管理规范，大亚湾区全区各级党员干部和工作人员均需按照"就近、就亲、就便"的原则加入四级联户群。陈赞东提道："交警必须入群的，街道办的人员或者管委会的任何单位的人员在小区居住的，必须入群的。还有什么部门的人，都要入群的。"[1]截至2022年5月大亚湾区已有近3000名党员干部职工等加入了各村居四级联户

群。各级党员干部加入四级联户群的直接效果在于，相关部门由此能够更为直接地深入了解群众和直接联系群众，进一步加强与群众的联系。南边灶村村"两委"委员黄甘埔曾谈及四级联户群在部门联动方面的优势，其提到，四级联户群能够"直接联系到职能部门，比如说，打架可以直接联系到派出所，调解可以直接联系到村委会妇联"。[1]通过按照四级联户群管理规范组织和运行四级联户群，大亚湾区真正地将"从群众中来，到群众中去"的群众路线转化为了密切联系群众的具体实践。

密切联系群众的一个重要表现是及时回应群众诉求。具体而言，四级联户群的建立为村居群众提供了新的表达诉求、提出建议、反映问题的平台与渠道，使得群众能够第一时间反馈问题，群主、网格员、村居干部能够在第一时间回应群众关切、采集群众意见、答复群众疑问、满足群众诉求、解决群众问题，提升事件采集、事件处置效率，改善服务提升管理服务效果。譬如，当社区群众发现小区内存在安全隐患时，可直接将问题反映到四级联户群内，社区干部、网格员、物业等能够及时在线上回复处理、及时派人到场处置，办结情况直接在群内反馈给群众，及时化解风险。而且由于四级联户群的规模较小，村居干部、网格员、楼栋长、社区物业等人员能够更为快捷、更有针对性地回复群众有关防疫、缴费、办证等方面的疑难问题，消除由于消息太多而导致后续回复不及时的问题，使得群众"发个微信就能解决问题"。

其三，减少了不必要的人员接触。在避免疫情传播的背景与目标下，改变密切联系人民群众的方式，以线上的方式联系群众有着不小的必要性、现实性与合理性。作为在疫情防控中诞生的治理模式，通过四级联户群管理规范的基层治理的直接价值在于拓展应用服务场景，减少疫情防控工作中的人员接触，防范因人员接触而导致的传染风险。通过组建四级联户群，要求"三人小组"入群，大亚湾区区委政法委将楼栋居民、租户、房东、物业负责人、村民小组干部、网格员、专业部门工作人员、村"两委"干部等疫情防控参与者与组织者以线上而非线下的方式联结了起来，通过线上的方式完成了隔离服务、信息排查、核酸检测登记等相关工作，减少了疫情传播的渠道，改善了疫情防控工作的效率与效果。

其四，改善了宣传动员效果。通过四级联户群管理规范的基层治理在改

---

[1] 南边灶村黄甘埔访谈录，资料编号：GDHZDYWATNBZ2022070603，2022 年 7 月 6 日。

善宣传与动员效果方面有着重要价值。一方面，在四级联户群里，村干部、网格员、楼栋长、热心群众等管理人员能够通过文字、图片、视频等方式，及时发布政府政策、疫情资讯、防疫知识以及有关扫黑除恶、预防诈骗、消防安全等宣传内容，让辖区居民及时掌握相关信息，提升宣传效果。譬如当出现未被证实的信息时管理人员能够及时辟谣止谣，安抚、稳定群众情绪，避免群众被误导，实现以宣促治。另一方面，通过四级联户群，管理人员能够更为方便快捷地动员社区党员干部、热心群众等加入志愿服务队伍，参与疫情防控、文明创建、助老助残、卫生清洁等工作，平时动员群众组团服务、战时动员群众组团攻坚，让"微治理"释放大能量。黄甘埔提道，在宣传动员方面，四级联户群有着免费的优势，"最实在的，它是免费的。我们有一个"掌上村务"那个平台，每发一条信息要九分钱，我一发就是一千多条信息。虽然那也是宣传，但它只是文字。这个是免费的，而且可以宣传其他的，网站、图片、视频，都可以宣传"。[1]

宣传动员效果的改善还体现为信息传递效率的提升。通过组建和运用四级联户群，大亚湾区区委政法委提高了通知下发、政策下达的效率，能够更有效地将疫情防控信息及时传递到每家每户。具体而言，一方面，相对于以往的"一村（居）一群"的千人大群，"十户一联"的四级小群能够更为精准、更为专业、更为有效地传递政策信息、社区通知、上级公告，防止海量的聊天消息、无关消息、不重要消息淹没与覆盖专门性的重要信息。由于四级联户群规模较小、层级较多，信息能够得到分解分类流转处理，因而信息传递效果更佳。另一方面，相比于张贴公告、上门通知、口头告知、电话通知等传统方式，通过线上微信群的方式，村、社区干部及网格员能更为及时地把政府与村居的通知信息更为便捷地发送到居民手中，让群内的全体群众在第一时间了解和掌握即时性信息，实现对联户单元内住户各方面动态信息的精准管理。

其五，重建了熟人社会传统。通过四级联户群管理规范的基层治理在一定程度上赓续了熟人社会的传统，搭建了群内村居民守望相助的桥梁，重塑了熟人社会，激活了基层治理的基础。基层社会的有效治理在很大程度上需要依赖熟人社会的基础。只有把握好熟人社会的因素、利用好熟人社会的传统、主动契合人的心理传统，基层治理工作才会更好地发挥作用、产生效果。而四级联户群的搭建则打破了社区居民参加社区管理的时间、空间壁垒，构筑了线上社区生活的"元宇宙"，增进了社区生活共同体的归属感，契合了人的心理，重建了熟人社会。在"十户一联"的微信群里，群友们可以在群里分享生活、发布需求、交流感悟、寻求帮助、互相鼓励。平时互相不熟悉的居民能够借此增加联络、互相熟悉。例如，在坑下社区，四级联户群建立以后，邻居们逐渐打开了"心墙"，邻里之间感情越来越浓厚，"和谐邻里""和睦邻居""和美社区"等群众口碑与赞誉不断涌现。[1]

总体而言，通过四级联户群管理规范的基层治理更好地落实了党和政府的政治任务，改善了社会管理和服务的积极效果，密切联系了群众，丰富了联系群众的手段，减少了不必要的人员接触，提升了宣传动员效果，契合了人的心理，重建了熟人社会传统，夯实了大亚湾区基层治理的根基，推动了大亚湾区基层治理体系和治理能力现代化，丰富了大亚湾区"和美之治"的内涵，是大亚湾区走向村居良法善治之路过程中的一次有益尝试和探索。

六、思考与总结

大亚湾区区委政法委开展的通过四级联户群管理规范的基层治理是一种新型的精细化线上微治理。通过组建以"十户一联"为基础的四级联户群，大亚湾区区委政法委搭建起了万余个四级联户群，建构了万余个线上微治理单元，提升了基层治理中管理与服务的精细化水平，创新了服务党和政府中心工作的方法，改善了基层治理效果，形成了高效的线上微治理模式。这种治理模式传承了什伍之制的历史智慧，彰显了大亚湾区的地方经验，发扬了党紧密联系群众的优良作风，促进了历史经验、地方经验以及党的经验的有机结合，是大亚湾区基层治理实践中的一次先试先行的成功探索。

通过四级联户群管理规范的基层治理是一种可复制、可借鉴、可推广的基层治理模式。这种治理模式产生于先进地区先试先行的实践经验、立基于现代信息技术社会、契合于基层治理需求、符合未来社会的发展趋势，有着运行成本低、推广难度小、落地成效快、效果可持续的特质，易于被复制和推广，为信息化智能化现代化的基层治理提供了可复制、可借鉴、可推广的

---

〔1〕《邻里守望相助 引领乡风向善向美——坑下社区社会治理经验介绍材料》，大亚湾区区委政法委提供，2022年7月11日。

参考模板。在提升城乡社区治理服务精细化、信息化、智慧化、智能化水平的过程中，大亚湾区的通过四级联户群管理规范的基层治理模式值得重点关注。

需要提及的是，虽然通过四级联户群管理规范的基层治理是对基层治理的一次成功探索，实现了基层治理的蝶变，但是这种治理模式在运行中也存在一定的问题。从调查情况来看，目前存在的主要问题是：在建群过程中个别房东不配合、不愿意建群；部分老龄村民、居民不熟悉如何操作智能设备；在群管理和使用过程中不少村社区出租屋多、外来人口流动性太大，群成员更新有难度；四级联户制度运行的激励保障不足，部分热心群众的热情下降，担任群主的积极性减退；部分四级联户群规模太小、数量太多，增加了群主的负担。例如，网格员陈美倪提道，部分热心群众热情减退，"有一个热心退休的大妈，她自己做了几年都没有做起来。刚开始是很热心的，到后面她还是放弃了"。[1]黄甘埔提道，微信群的后续更新存在一定的问题，"有的人入住，他加进来了。或者是入住，他没加进来，这就涉及人员更新的问题"。[2]陈赞东提道，四级联户群数量太多，管理不方便，"我感觉到四级联户群要求太细化（小），有些不适合我们。打比方说，我一栋楼，它要求我们做三四个群主。我们还是量少一些。有些啥社区、楼盘那些，要几千个群，怎么管理、怎么看得过来，谁有时间去看呢。像我们这样一栋楼，入住率也不满，其实一个群就够了"。[3]

为了进一步提升通过四级联户群管理规范的基层治理效果，大亚湾区区委政法委、各街道办事处、村（居）"两委"等相关治理主体可在以下几个方面有所作为：对于不配合建群工作的业主与房东多予教育，督促其完成建群要求；对于人员流动性大的出租屋可在租客入住的第一时间请其进入四级联户群；对于老人等特殊人群使用智能设备的现实困难，提供适老化和无障碍服务，推动老年友好型社区建设；对于激励不足、热心群众热情减退的问题，可安排专项经费，适时制定激励措施，通过精神奖励、工作补贴、物质奖励等方式提高其工作积极性；对于个别群太小、数量太多的问题，可鼓励各村、社区根据实际情况减少四级群数量、扩大群人数。此外，还可以通过

〔1〕　南边灶村陈美倪访谈录，资料编号：GDHZDYWATNBZ2022070602，2022 年 7 月 6 日。
〔2〕　南边灶村黄甘埔访谈录，资料编号：GDHZDYWATNBZ2022070603，2022 年 7 月 6 日。
〔3〕　南边灶村陈赞东访谈录，资料编号：GDHZDYWATNBZ2022070601，2022 年 7 月 6 日。

设立社会治理课题项目、举办社会治理创新大赛等方式，促进通过四级联户群管理规范的基层治理经验的总结提炼，使之成为大亚湾区基层治理的亮点。

总体而言，通过四级联户群管理规范的基层治理是大亚湾区基层治理创新的一次成功探索，积累了一定的有益经验。为了及时总结推广典型做法和成功经验，大亚湾区有关部门、大亚湾区各街道办以及各村居治理主体可在不断完善四级联户相关制度规范的基础上，加强对相关经验的系统性总结，形成明确具体的可借鉴、可复制、可推广的标准体系，为惠州市、广东省乃至全国其他地区走好良善法治之路、提升基层治理体系和治理能力现代化水平提供引领性标准、模范性参考、模式化经验，打造大亚湾区"和美之治"的样板和典范。

第二十一章

通过社会心理服务规范的基层治理

——以大亚湾区为对象

一、引言

开展社会心理服务是维护和增强人民群众身心健康的重要方法，是培育良好社会心态、提升基层治理水平的重要方面。国家法律法规政策就社会心理服务工作进行了规定和强调。《精神卫生法》第 6 条规定："精神卫生工作实行政府组织领导、部门各负其责、家庭和单位尽力尽责、全社会共同参与的综合管理机制。"第 7 条提出："建设和完善精神障碍的预防、治疗和康复服务体系，建立健全精神卫生工作协调机制和工作责任制。"中共中央、国务院印发的《"健康中国 2030"规划纲要》（2016 年 10 月）提出："加强心理健康服务体系建设和规范化管理。加大全民心理健康科普宣传力度，提升心理健康素养。加强对抑郁症、焦虑症等常见精神障碍和心理行为问题的干预，加大对重点人群心理问题早期发现和及时干预力度。"国家卫生计生委、中宣部、中央综治办等 22 部门发布《关于加强心理健康服务的指导意见》（2016年 12 月）要求，"各地区各部门要认真贯彻落实中央决策部署，从深化健康中国建设的战略高度，充分认识加强心理健康服务、健全社会心理服务体系的重要意义，坚持问题导向，增强责任意识，自觉履行促进群众心理健康责任，加强制度机制建设"。国家卫健委、中央政法委等十部门联合印发的《关于印发全国社会心理服务体系建设试点工作方案的通知》（2018 年 11 月）提出要"逐步建立健全社会心理服务体系，将心理健康服务融入社会治理体系、精神文明建设，融入平安中国、健康中国建设"。推进社会心理服务体系建设、加强社会心理服务工作既是改善区域社会治理的现实所需，也是贯彻落实国家法律法规政策的基本要求。

近年来随着经济社会的急速变迁和生存环境的改变，大亚湾区一些居民面临心理问题，涉心理危机事件频发，负面衍生问题较为严重，对基层治理产生了一些消极影响。[1]为了推进社会心理服务体系建设，培育良好社会心态，打造健康和美大亚湾，近年来大亚湾区区委政法委推动制订了一套细密的社会心理服务规范，组建了一批专门的社会心理服务机构，开展了一系列专业的心理调查、心理教育、心理测评、心理咨询、心理疏导、心理服务转介、心理危机干预等实践。特别是2021年下半年以来，大亚湾区区委政法委将社会心理服务工作融入和美网格治理体系，推出了"关爱心理健康　创建和美湾区——大亚湾区域性社会心理服务体系创新实践项目"，进一步健全了党政领导、部门协同、社会参与的社会心理服务机制，完善了区、街道、村（社区）、综合四级服务阵地，搭建了线上线下服务平台，营造了积极向上、心和事美的良好社会心态，推进了基层的和谐发展，取得了显著效果。2022年6月21日"关爱心理健康　创建和美湾区——大亚湾区域性社会心理服务体系创新实践项目"被惠州市委政法委评定为"惠州市第十届共建共治共享市域社会治理实践创新十大项目"三等奖。在推进大亚湾区域性社会心理服务工作的过程中，大亚湾区区委政法委自主制订或推动其他主体制订的一系列社会心理服务规范是大亚湾区社会心理服务工作的重要制度基础，在大亚湾区基层治理中有着重要的价值和意义。

社会心理服务规范为大亚湾区本土社会规范的组成部分；通过社会心理服务规范的基层治理是大亚湾区基层治理的重要方面。对社会心理服务规范以及通过社会心理服务规范的基层治理实践展开调查，对于我们充分认识社会心理服务规范在基层治理中的积极价值、总结大亚湾区基层治理中的规范创新、提升通过社会心理服务规范的实践效果、复制推广通过社会心理服务规范的基层治理经验、推动大亚湾区和美之治建设有着积极的价值。

为了准确把握社会心理服务规范的具体运行状况和在心理服务及基层治理中实际发挥的作用，探讨通过社会心理服务的基层治理的创新性、可复制性、可推广性，我们于2022年7月6日、7月11日、7月15日、7月19日、

---

[1]《关爱心理健康　创建和美湾区——大亚湾区域性社会心理服务体系创新实践项目》(PPT)，大亚湾区区委政法委提供，2022年11月7日。

7月20日先后到澳头街道南边灶村、大亚湾区区委政法委、霞涌街道小径湾社区、西区街道坽下社区、西区街道德惠社区、澳头街道办事处就社会心理服务规范及其实施状况进行了调查。我们与区委政法委的相关人员进行了座谈，访问了澳头街道综治中心负责社会心理服务工作的人员，参观了南边灶村、小径湾社区、坽下社区、德惠社区等部分村居的心理服务室（社），查阅收集了与社会心理服务规范有关的文书档案和电子资料，对社会心理服务规范及其在基层治理中的作用有了初步的了解和感受。

二、通过社会心理服务规范的基层治理主体

通过社会心理服务规范的基层治理主体包括主导与推动主体、参与和执行主体两种类型。其中，大亚湾区区委政法委是通过心理服务规范的基层治理的主导主体和推动主体，在大亚湾区建立健全社会心理服务规范、组建心理服务工作机构、开展心理服务实践中发挥着关键作用。大亚湾区社会心理服务指导中心、街道健康服务社、村居健康服务社、社会面场所心理服务站点等四级心理管理服务机构是大亚湾区社会心理服务工作的重要执行主体和参与主体，在大亚湾区通过心理服务规范的基层治理中发挥着不可或缺的执行和参与作用。

（一）大亚湾区区委政法委

在大亚湾区通过社会心理服务规范的基层治理实践中，大亚湾区区委政法委是通过心理服务规范的基层治理的指导者、推动者和引领者，发挥着主导作用和关键作用。

大亚湾区区委政法委的主导作用和关键作用主要体现为规范制定、组织建立和实践开展三个方面。其中，在规范制定方面，大亚湾区区委政法委印发了大亚湾区社会心理服务规范，或者推动、指导、帮助大亚湾区社会心理服务指导中心、街道办事处、村居"两委"以及承接心理服务项目的社工机构制定了区级、街道级、村居级社会心理服务规范，构筑了社会心理服务的制度根基，搭建了社会心理服务的制度框架；在组织建立方面，大亚湾区区委政法委推动建立了大亚湾区社会心理服务体系建设工作领导小组、大亚湾区社会心理服务体系试点工作领导小组、大亚湾区社会心理服务指导中心以及街道健康服务社、村（社区）健康服务社、社会面场所铺设心理服务站点等社会心理服务工作领导机构和实施机构，奠定了通过社会心理服务规范的基层治理的组织基础和主体基础；在实践开展方面，大亚湾区区委政法委组织开启了"关爱心理健康　创建和美湾区——大亚湾区域性社会心理服务体系创新实践项目"、引进了专业心理团队进驻大亚湾区社会心理服务指导中心，以召开会议、印发方案、下发通知、调研考察、监督检查等方式指导和推动了执行机构和参与机构的心理服务工作。

例如，2022 年 5 月 30 日大亚湾区区委政法委组织召开了社会心理服务体系建设暨精神卫生工作推进会，研究部署全面推进社会心理服务体系建设和严重精神障碍患者救治救助工作。大亚湾区区委副书记、政法委书记李箫出席了本次会议并讲话。区公安、卫计、民政、宣教、总工会以及霞涌、澳头、西区三个街道办相关负责人就本单位所开展的社会心理服务体系建设和严重精神障碍患者救治救助工作进行了发言。会议分析研判了当前社会心理服务体系建设和严重精神障碍患者救治救助工作存在的难点、痛点、堵点问题，就下步工作进行了部署，为打造平安大亚湾、健康大亚湾、和美大亚湾助力。[1]

此外，为了提升社会心理服务工作的效果，大亚湾区区委政法委在实践中注重发挥大亚湾区区委平安建设领导小组、社会心理服务体系建设领导小组、大亚湾区社会心理服务体系建设工作领导小组的协调作用，推动由平安建设领导小组、社会心理服务体系建设领导小组、大亚湾区社会心理服务体系建设工作领导小组发布心理服务制度方案，从而更好地促进跨部门合作，打通各站点心理转介通路，提升涉心理危机事件协作效果，实现全区现有社会心理服务机制、场所、队伍、服务、资源的有效统筹整合。

在大亚湾区区委政法委的指导、推动和引领下，大亚湾区的社会心理服务工作得以有序开展并不断完善优化，逐渐形成了社会心理服务工作的大亚湾模式。

（二）四级心理服务机构

在大亚湾区区委政法委的指导和统筹推进下，大亚湾区社会心理服务指导中心、街道健康服务社、村居健康服务社、社会面场所心理服务站点是通

---

〔1〕 "大亚湾区全面推进社会心理服务体系建设"，载 http://hzszfw. huizhou. cn/pages/cms/hzswzfw/html/dywq/38f0debc2a754a759043b6a5d49b9cd4. html? cataId＝642aed9d2a804554aa881b470687d81b，2022 年 11 月 8 日最后访问。

过心理服务规范的基层治理的执行者、参与者。各主体均发挥着不可或缺的作用。

其一，大亚湾区社会心理服务指导中心。大亚湾区社会心理服务指导中心是大亚湾区社会心理服务体系建设工作的中枢。该中心在大亚湾区区委政法委的指导和协调下开展具体工作。作为全区心理服务工作的业务指导部门，大亚湾区社会心理服务指导中心的主要职责是：区域性社会心理个案流转、区域性心理危机干预协调、区域性疑难心理案件会诊、区域性社会心理形势研判、区域性人才队伍建设培训、区域性社会心理站点监管、区域性学术研讨平台搭建、区域性社会心理服务规划。[1]大亚湾区社会心理服务指导中心场地建设面积约260平方米，设有5个功能齐全的区（室），包括接待区、悦读休闲区、多功能培训室、社情数控室、茶艺调解室。[2]

其二，街道健康服务社（心理关爱空间）。街道健康服务社（心理关爱空间）是大亚湾区社会心理服务的阵地。《"平安大亚湾"社会心理服务体系建设试点工作方案》提出，试点街道建设"惠及心湾"街道健康服务社（心理关爱空间）。街道健康服务社（心理关爱空间）一方面是设置在街道级专门的、独立的、实体的社会心理服务空间，在功能分区、硬件设施、来访体验等方面较为完备；另一方面是开展基层心理服务机构，能够针对辖区内有需要的人群，尤其是老年人、妇女、儿童等基数庞大的重点人群，以及社区服刑人员、戒毒康复人员等基数较小的特殊人群开展服务。其中，西区街道心理关爱空间在标准化建设、运营服务机制、人员培养管理等方面率先形成了经验，为澳头街道和霞涌街道提供了参考。[3]

在大亚湾区区委政法委、各街道党工委、街道办事处、街道综治办的指导或领导和推动下，街道健康服务社在本街道辖区内开展心理服务工作。澳头街道综治中心负责心理服务工作的人员、澳头街道健康服务社负责人胡晓珊介绍了街道健康服务社等街道级主体在心理服务方面的作用：

---

〔1〕《关爱心理健康　创建和美湾区——大亚湾区域性社会心理服务体系创新实践项目PPT》，大亚湾区区委政法委提供，2022年11月7日。

〔2〕《树立"大健康"理念，创建平安和美湾区——大亚湾区社会心理服务体系建设经验介绍材料》，大亚湾区区委政法委提供，2022年7月11日。

〔3〕《关于印发〈"平安大亚湾"社会心理服务体系建设试点工作方案〉的通知》，大亚湾区区委政法委提供，2022年11月7日。

社会心理这块，属于大健康，是省级推动的，在平安建设下面的一个板块。我们根据省、区、市的服务方案、行动方案、试点方案等等这些文件指引，做了我们的年度的相关计划和各种预案。因为我们（的工作）会有危机干预、场地建设、人才队伍建设这些方面的内容。然后（计划与方案）涉及的内容主要就是心理疏导、心理宣教、危机干预等。[1]

其三，村（社区）健康服务社。作为最为贴近群众的心理服务机构，大亚湾区57个村（社区）的健康服务社是开展心理服务的重要主体。《"平安大亚湾"社会心理服务体系建设试点工作方案》提出，完善村（社区）心理咨询室及社康心理咨询室，由各街道指导辖区村（社区）心理咨询室的标准化建设与升级，统一场所挂牌、制度上墙、配置心理咨询及心理疏导的基础设施，为来访居民提供温馨的服务氛围；区卫计局指导完成全区社区卫生服务中心心理咨询室建设，配置心理卫生专（兼职）职人员，保障社区心理服务质量。[2]

其四，社会面心理服务站点。在社会面铺设的心理服务站点是心理服务的延伸阵地。《"平安大亚湾"社会心理服务体系建设试点工作方案》提出，强化校园心理服务平台建设、健全工作场所心理服务平台。方案要求，在区委政法委、区卫计局牵头下，"党政机关、企事业单位要在日常工作中融入心理健康教育内容，为在职干部、员工提供心理健康服务，设立心理服务室，配备有资质专（兼）职心理健康辅导人员。区工贸局指导规模以上企业通过自筹或购买服务等方式设立心理咨询室，鼓励企业开设心理服务热线；区总工会组织协调企业工会参与到企业心理服务当中。区卫计局提供业务指导。公安、司法、信访、民政等部门根据行业特点，在监所、公安派出所、调解场所、社区矫正场所、救助管理站、信访接待场所设立心理服务场所，配备有资质的心理服务专（兼）职人员，对系统内人员和工作对象开展心理健康服务。"截至2022年6月21日，大亚湾区共有社会面场所铺设心理服务站点116个，其中区宣教局下辖30个、区卫计局下辖2个、区民政局下辖11个、区团委下辖6个、区妇联下辖2个、区总工会下辖1个、区信访局下辖1个、

---

〔1〕澳头街道办胡晓珊访谈录，资料编号：GDHZDYWAT2022072001，2022年7月20日。
〔2〕《关于印发〈"平安大亚湾"社会心理服务体系建设试点工作方案〉的通知》，大亚湾区区委政法委提供，2022年11月7日。

区司法局下辖 1 个、区政法委下辖 1 个、西区街道下辖 24 个、霞涌街道下辖 12 个、西区街道下辖 25 个。[1]

总体而言，在大亚湾区区委政法委的统筹推动下，在大亚湾区社会心理服务指导中心、街道健康服务社、村（社区）健康服务社、社会面心理服务站点的执行和参与下，通过社会心理服务规范的基层治理得以有序展开并产生实效。

三、通过社会心理服务规范的基层治理规范

在推进社会心理服务工作的过程中，大亚湾区区委政法委等相关主体制订一套细密的社会心理服务规范。这套规范主要包括《大亚湾区社会心理服务体系建设工作实施方案（试行）》《"平安大亚湾"社会心理服务体系建设试点工作方案》《大亚湾区社会心理服务体系试点联动工作方案》《居家隔离人员心理服务方案》《大亚湾区社会心理服务指导中心服务管理手册》《大亚湾区村（社区）健康服务社标准化建设操作指南》《大亚湾区社会心理服务指导中心运营管理手册》《大亚湾开发区开展"和美网格"治理推进区域社会治理现代化试点工作实施方案》《共建"和美"社区倡议书》《大亚湾开发区关于建设区、街道两级综治中心工作平台实施方案》《心灵驿站管理制度》《心灵驿站工作制度》《心灵驿站服务保密制度》《心灵驿站接访流程》《大亚湾区西区街道健康服务社工作手册》《大亚湾区西区街道健康服务社服务管理手册》《西区街道健康服务社运营管理手册》《澳头街道社会心理服务体系建设工作方案》《探索和美心灵港湾，打造专业服务特色——2022 年澳头街道南边灶村心理服务方案》《德惠社区舒心驿站工作守则》《德惠社区舒心驿站来访者须知》等。

根据制定主体和适用范围的不同，社会心理服务规范可以分为区级、街道级、村居级三种类型。其中，大亚湾区区委政法委、大亚湾区社会心理服务指导中心等区级主体印发的《大亚湾区社会心理服务体系建设工作实施方案（试行）》《"平安大亚湾"社会心理服务体系建设试点工作方案》《大亚湾区社会心理服务体系试点联动工作方案》《居家隔离人员心理服务方案》《大亚湾区社会心理服务指导中心服务管理手册》《大亚湾区村（社区）健康

---

〔1〕《关爱心理健康　创建和美湾区——大亚湾区域性社会心理服务体系创新实践项目 PPT》，大亚湾区区委政法委提供，2022 年 11 月 7 日。

服务社标准化建设操作指南》《大亚湾开发区开展"和美网格"治理推进区域社会治理现代化试点工作实施方案》《共建"和美"社区倡议书》《大亚湾开发区关于建设区、街道两级综治中心工作平台实施方案》等制度规范为区级心理服务规范，为大亚湾区社会心理服务指导中心等相关在全区范围内开展心理服务工作提供了制度支撑和行动准则。街道办事处、街道党工委、街道综治中心、街道健康服务社等街道级主体印发的《西区街道健康服务社运营管理手册》《大亚湾区西区街道健康服务社服务管理手册》《澳头街道社会心理服务体系建设工作方案》等制度规范为街道级规范，由街道综治中心、村居"两委"、承接项目的社工机构印发的在村居范围内适用的《探索和美心灵港湾，打造专业服务特色——2022 年澳头街道南边灶村心理服务方案》《德惠社区舒心驿站工作守则》《德惠社区舒心驿站来访者须知》等制度规范为村级规范。各类规范共同组成了大亚湾区的社会心理服务规范。

在上述诸多规范中，大亚湾区区委平安建设领导小组 2021 年 3 月 18 日印发的《"平安大亚湾"社会心理服务体系建设试点工作方案》相对较为重要。该方案包括指导思想、工作目标、工作内容、工作保障等内容。以下为《"平安大亚湾"社会心理服务体系建设试点工作方案》"工作内容"摘录：

（一）完善社会心理服务"区—街道—社区"三级平台建设

1. 打造区级社会心理服务枢纽平台

设立大亚湾区社会心理服务指导中心，在区委政法委指导、协调下开展各项具体工作。一是统筹协调公安、卫计、宣教、工贸、信访、司法、民政、妇联、共青团、工会及街道等相关部门参与社会心理体系建设，建立常态化心理健康走访排查、预警、宣传、心理干预等制度，并将社会心理服务工作纳入综合网格化管理，列入网格员工作任务清单。二是指导和推动街道一级建设"惠及心湾"心理关爱空间，加强指导力度，为后续运营提供顾问服务、街道心理服务督导和专业支持，收集、汇总辖区心理服务数据，做好区域性的分析和研判。三是整合全区各级各部门和社会组织社会心理服务资源，逐步完善社会心理服务专家库、项目库，协调指导我区心理服务志愿者队伍的建设，与心理服务市场资源保持密切关系，加强社会心态管理，开展心理健康服务。四是提供心理服务功能。指导、协调相关部门开通心理服务热线、开放预约式心理咨询，用好大亚湾服务 App、公众号和小程序等心理服务功能，介入辖区重大突发事件的心理危机干预，接受所辖各街道各部门的心理服务转介。

2. 试点街道建设"惠及心湾"心理关爱空间

以"先试点，后铺开"的思路，先设立西区街道"惠及心湾"心理关爱空间街道级试点。心理关爱空间一方面是设置在街道级专门的、独立的、实体的社会心理服务载体，在功能分区、硬件设施、来访体验等方面具有优势。同时，兼顾各街道服务受众的便利性和可及性；另一方面是开展基层心理服务。能够针对辖区内有需要的人群，尤其是老年人、妇女、儿童等基数庞大的重点人群，以及社区服刑人员、戒毒康复人员等基数较小的特殊人群开展服务，有较高的人员调动率和空间使用率。西区街道心理关爱空间需在标准化建设、运营服务机制、人员培养管理等方面率先形成经验，为澳头和霞涌街道提供参考。

3. 完善村（社区）心理咨询室及社康心理咨询室

2021年底前，各街道指导辖区村（社区）心理咨询室的标准化建设与升级，统一场所挂牌、制度上墙、配置心理咨询及心理疏导的基础设施，为来访居民提供温馨的服务氛围；区卫计局指导完成全区社区卫生服务中心心理咨询室建设，配置心理卫生专（兼）职人员，保障社区心理服务质量。进一步做实社区精神卫生防治工作，依照精神卫生工作职责分工和工作流程，统筹各方面力量开展严重精神障碍患者服务。

（二）强化和联动社会心理服务多元平台网络建设

1. 强化专业心理服务平台

加快我区综合医院精神科建设，推动二级及以上综合医院开设精神或心理科门诊。依托惠州市第二人民医院专业资源，在我区各社区卫生服务中心提供精神科执业医师或专家定期坐诊问诊服务，进一步提高辖区精神障碍患者、疑似患者就医的便利性。加大对我区精神卫生工作者，尤其是社区卫生服务中心及社区的精神卫生业务培训力度，积极参加上级专业技术业务培训，提高对常见精神障碍和心理行为问题的识别能力，建立"医院—区—街—社区"的转介机制和跟踪服务机制。（牵头单位：区卫计局；责任单位：区疾控中心、各街道办）

2. 强化校园心理服务平台

重视学生的心理健康教育，培养积极乐观、健康向上的心理品质，促进学生在学校内外的身心健康持续发展。校园内，2021年底前在学校心理辅导室建设率100%的基础上，全区中小学校进一步统一场地标准、完善设施配套，确保心理室的独立使用，同时100%按照要求配备专（兼）职心理教师，通过自筹经费或购买服务实现"一校一心理教师"的配置，开设校内心理健康教育课程及主题活动，开展对校内师生的心理辅导与咨询。加大对中小学在校老师，尤其是班主任老师的心理培训力度，提高整体教师队伍应对学生心理问题的知识与技能。校园外，策划家长心理教育活动，提高家庭心理健康教育水平。团区委通过扶持和打造"青苗护航站"项目，进一步深化校外少儿心理服务，利用学校、社会、医院心理卫生服务资源，建立学生心理健康服务专业平台，进行心理危机预防和干预，建立转介服务机制，在保护学生隐私的前提下，开通与校园内心理辅导室、街道和社区"惠及心湾"之间的联动及转介通道，共同促进学生及其家庭的心理康复。（牵头单位：区宣教局、团区委；责任单位：区卫计局、区委政法委、各街道办）

3. 健全工作场所心理服务平台

党政机关、企事业单位要在日常工作中融入心理健康教育内容，为在职干部、员工提供心理健康服务，设立心理服务室，配备有资质的专（兼）职心理健康辅导人员。区工贸局指导规模以上企业通过自筹或购买服务等方式设立心理咨询室，鼓励企业开设心理服务热线；区总工会组织协调企业工会参与到企业心理服务当中。区卫计局提供业务指导。公安、司法、信访、民政等部门根据行业特点，在监所、公安派出所、调解场所、社区矫正场所、救助管理站、信访接待场所设立心理服务场所，配备有资质的心理服务专（兼）职人员，对系统内人员和工作对象开展心理健康服务。（牵头单位：区委政法委、区卫计局；责任单位：区公安局、区民政局、区工贸局、区司法局、区信访局、区总工会，各街道办）

（三）大力发展心理服务队伍

1. 加强心理健康领域专业队伍建设

通过整合各部门已有的专业人员、购买服务、统筹社会资源等方式，组建心理服务社会队伍，对"区—街道—社区"三级的心理咨询师、社会心理社工、心理服务辅助人员等相应资质人员进行岗前培训，开展心理学和精神卫生知识的理论培训并组织实习，使其具备心理辅导的基本理论和技能，并定期请上级专业人员进行实践操作技能培训，提高心理服务人员的专业化水平；为社区、医院、学校、工作场所等精神心理工作者提供整合培训机会，引导和支持心理服务人员为公众提供心理教育与科普知识宣传，加强队伍监督管理。(牵头单位：区卫计局；责任单位：区委政法委、区宣教局、区民政局、各街道办)

2. 打造高品质精神卫生诊疗队伍

按高标准引进和培养精神科医师，并结合工作实际需要，继续加大临床医生和全科医生转岗精神科培训力度，提高培训质量，壮大精神科医师队伍；加强精神科医师、护士、心理治疗师、心理咨询师、康复师、医务社会工作者等综合服务团队建设。(责任单位：区卫计局)

3. 壮大社会心理领域社会工作者队伍

鼓励各级各类机构引入心理学、医学、教育学或社会学专业毕业社工参与我区社会心理服务工作，打造我区社会心理服务领域专职社工服务队伍。民政部门要组织我区现有的社区社会工作站社工及其他服务领域岗位社工发挥专业优势和触角优势，每个站点指定1名社工作为心理服务联络员，做好与我区社会心理社工在一线心理服务中的发现、初筛、联动与转介工作。研究建立激励机制，提高全区社工队伍参与社会心理服务工作的积极性。区卫计局加强对社会心理社工及担任心理服务联络员的其他社工提供精神卫生、心理健康服务相关的专业化培训。(牵头单位：区民政局、区卫计局；责任单位：区疾控中心、各街道办)

4. 健全心理健康教育教师队伍

逐步配齐心理健康教育专职教师，组织心理健康教育教研员和骨干教师参加省、区、市心理健康教育培训，在教师和学校管理干部培训中增加心理健康教育内容。有需要的学校可以通过政府购买服务方式配备专职心理教师。加强中小学心理教师督导，促进专职心理教师的专业成长和素质提升。(责任单位：区宣教局)

5. 培育和拓展社会心理志愿者队伍

区社会心理服务指导中心开设心理服务热线，组织由专职人员和社会心理志愿者组成的专业团队为市民提供心理服务。团区委向社会广泛招募心理服务志愿者，鼓励和引导医务人员、心理教师、国家认证心理咨询师、心理专业学生等加入心理服务志愿者队伍，支持开展科普宣传、热线服务、心理疏导等志愿服务。卫计局建立奖励表彰机制，提高志愿者服务参与主动性和

积极性。（牵头单位：区委政法委、区卫计局、团区委；责任单位：区宣教局、区民政局、区疾控中心、各街道办）

6. 规范和指导市场化心理服务队伍

区民政局要做好心理相关社会组织设立的审批工作，对设立条件和要求的严格审核、保障审批程序和流程的及时畅通，不断充实我区心理类社会组织从业人员队伍。区市场监管局要加强对辖区内以心理咨询为主要业务内容的心理咨询公司等的监管工作，妥善处理相关的投诉，进一步规范我区市场化心理服务行为。区委政法委牵头，区卫计局配合组织建立区社会心理服务专家库，吸纳高水平的、有公益理念的市场心理服务专家入库，在顾问咨询、培训督导等方面展开合作。（责任单位：区民政局、区市场监管局、区委政法委、区卫计局）

（四）提高社会心理服务能力

1. 推动社会心理健康研究

结合我区疾控中心疾病谱研究，开展辖区精神障碍和心理疾病流行病学调查，了解我区常住居民心理健康状况和常见心理疾病的发生现状、规律及主要影响因素，优化辖区卫生资源配置，提高精神障碍服务质量和水平，并为上级制定适宜于大亚湾区的心理健康服务模式、干预策略提供科学依据。（牵头单位：区卫计局；责任单位：区委政法委、区疾控中心、各街道办）

2. 提高心理援助和心理危机干预能力

全力配合市、区心理援助互联网平台建设，丰富心理援助服务形式，以热线、网络媒体、App、公众号、小程序等方式建立公益服务心理援助平台，并在各级各类机构做好区心理援助平台和求助方式的宣广工作。在心理服务培训中，重点开展心理危机系列培训，从心理服务队伍中遴选和培养心理危机介入人才。（牵头单位：区卫计局；责任单位：区疾控中心）

3. 强化社会心理服务的科技创新能力

探索利用新一代互联网技术开展心理健康服务，开发个性化的"互联网+心理健康"服务模式，鼓励有条件的街道和社区运用虚拟现实技术、可穿戴减压设备、心理测评软件、生物反馈仪等积极心理科技手段，提升心理服务的专业化、智能化水平。有条件研发区级社会心理服务App平台，融合专家、学者和第三方关联相关平台，提升心理咨询、干预、宣传实效性。（牵头单位：区卫计局、区委政法委；责任单位：区宣教局、各街道办等相关单位）

（五）全面加强各类人群心理服务

1. 对一般人群开展普及教育

充分发挥传统媒体和新媒体作用，广泛开展精神卫生核心知识宣传，引导公众正确认识精神障碍和心理行为问题，正确对待精神障碍患者，营造健康向上的社会心理氛围。区卫计局要制定心理健康宣教专项工作计划，针对不同人群实施宣传教育策略，组织辖区医疗卫生机构定期开展精神卫生宣传活动，充分利用电视、网站、微信等平台，传播心理健康知识，倡导健康生活方式，提高居民自我心理调适能力。鼓励全区机关、各企事业单位，开展心理健康科普，举办情绪调节等公益讲座。区社会心理服务体系建设专家工作组积极组织宣讲团开展心理健康进学校、进社区、进企业、进机关等活动，提升居民群众心理健康意识。（牵头单位：区卫计局、区宣教局；责任单位：区委平安建设领导小组成员单位）

2. 对重点人群开展心理服务

以"区—街道—社区"为单位，开展重点人群摸底调查，了解辖区居民主要心理和精神卫生问题。选择部分大型企业、学校、机关事业单位、医院、老年机构、残疾人康复机构等进行试点，对关键岗位员工、青少年、老年人、孕产妇和残疾人等重点人群进行专题心理健康筛查评估，根据筛查结果实施分类服务。（牵头单位：区卫计局、区公安局；责任单位：团区委、区妇联、区总工会、区民政局、区宣教局，各街道办）

3. 对高危人群开展心理干预

加强区社会心理服务指导中心和区精神卫生中心社会心理服务热线服务，对高危来电者及时化解心理危机。当个体或群体处于危机状态（包含但不限于自杀危机）时，及时提供心理援助，使他们正确面对危机，预防事态恶化。主动参与社区突发性群体性事件、重大矛盾纠纷中涉及心态失衡、行为极端等心理危机干预工作，协助化解矛盾，促进心态平和。当发生突发事件时，根据区级心理危机干预应急预案，落实心理危机干预措施，减少突发事件对社会公众心理所带来的心理应激，防止和减少应激相关障碍的发生。（牵头单位：区委政法委、区卫计局；责任单位：区公安局、区民政局、区信访局、区疾控中心、各街道办）

4. 对特殊人群开展心理安全与支持服务

高度关注流浪乞讨、服刑、强制隔离戒毒、社区矫正、吸毒、长期信访等特殊人群心理健康，各有关单位依责制定本部门专项心理援助计划，提高其承受挫折和适应环境能力，帮助特殊人群融入社会。（牵头单位：区委政法委；责任单位：区公安局、区民政局、区司法局、区卫计局、区信访局、各街道办）

5. 完善严重精神障碍患者管理服务

将精神障碍患者群体筛查、疏导、干预、管控、救治作为社会心理服务体系建设重点工作，完善社工参与精神卫生工作机制，增强专职精防社工队伍力量，邀请经验丰富的专业人员对专职精防社工定期培训。实现社区工作站干部、社区民警、社康中心医生、残联专干、村（社区）网格员、患者监护人、有资质心理服务志愿者组成个案管理团队共同管理精神障碍患者，要求在册患者规范管理率、服药率、精神分裂症服药率均达到80%以上。不断完善严重精神障碍患者肇事肇祸应急处置机制，区严重精神障碍患者救治救助联系会议办公室负责组织制定区级严重精神障碍患者肇事肇祸应急预案及心理危机干预应急预案，公安、宣传、卫生、民政、信访、街道、社区及家属患者共同参与，及时处置肇事肇祸突发事件。（牵头单位：区卫计局；责任单位：区委政法委、区公安局、区宣教局、区民政局、区信访局、各街道办）

值得一提的是，除了专门性的规范，《大亚湾开发区开展"和美网格"治理推进区域社会治理现代化试点工作实施方案》《共建"和美"社区倡议书》《大亚湾开发区关于建设区、街道两级综治中心工作平台实施方案》等其他制度方案中也含有部分心理服务规范。例如《大亚湾开发区开展"和美网格"治理推进区域社会治理现代化试点工作实施方案》提到，要"完善心理服务体系建设。秉持'大健康'服务理念，大力开展全民文体活动，培养兴趣爱好，倡导绿色健康生活，形成自尊自信、理性平和、积极向上的社会心态"。

此外，在开展社会心理服务过程中，三级治理主体在实践中积累了一定的经验，形成了一些不成文的习惯规范。这些习惯规范也是大亚湾区社会心理服务工作的重要制度依据。例如，根据在实践中形成的习惯规范，艺术疗愈的方法可较为多元。艺术疗愈的形式主要可以有：其一，舞动治疗，也即通过舞蹈活动促进个体情绪、认知、情感、心灵的整合，促进心理健康；其二，游戏疗法，也即在游戏中发现压抑的体验和感受，治疗师通过观察、引导和解释进行治疗；其三，绘画疗法，也即利用绘画将潜意识里压抑的感情与冲突呈现出来，释放负面情绪、获得成就感和满足感；其四，园艺辅导，也即以植物为媒介，在园艺活动中感受自然、释放压力、舒缓情绪、建立信心；其五，音乐疗法，也即在音乐治疗师的带领下，通过音乐与参与者的互动，让参与者在音乐中释放和表达情绪，从而促进心理健康。[1]

总体而言，由大亚湾区区委政法委印发或者在大亚湾区区委政法委的推动下由其他单位、部门、机构印发的成文社会心理服务规范和在实践中形成的不成文社会心理服务规范，共同构筑起了大亚湾区通过社会心理服务规范的基层治理的制度基础，为通过社会心理服务规范的基层治理运行提供了工作指引、行动依据和行为准则。

四、通过社会心理服务规范的基层治理运行

通过社会心理服务规范的基层治理运行环节主要包括印发社会心理服务方案规范、组建社会心理服务工作机构、搭建社会心理服务平台阵地、促进心理服务工作联动、开展社会心理服务活动等环节。

（一）印发社会心理服务方案规范

为了开展好社会心理服务工作，大亚湾区区委政法委等治理主体注重根据实际需要，不断印发相关制度方案，为社会心理服务提供明确的制度支撑，提升社会心理服务工作的制度化、规范化、标准化水平。

例如，2020年9月18日大亚湾区管委会办公室印发了《大亚湾区社会心理服务体系建设工作实施方案（试行）》。该方案提出，争取到2020年底，在20%的村（社区）设立心理咨询室或社会工作室，在50%以上的小学设立心理辅导室，推动30%以上的党政机关、企事业单位为员工提供心理服务；到2021年底，在80%以上的村（社区）依托村（社区）综治中心等场所设立心理咨询室或社会工作室，在100%的中小学设立心理辅导室，推动党政机关、企事业单位、新经济组织等通过设立心理健康辅导室或购买服务等形式为50%以上的员工提供心理服务。[2]

为了明确目标任务、压实工作责任，大亚湾区区委平安建设领导小组于

---

〔1〕《关爱心理健康 创建和美湾区——大亚湾区域性社会心理服务体系创新实践项目PPT》，大亚湾区区委政法委提供，2022年11月7日。

〔2〕《惠州大亚湾经济技术开发区管委会办公室关于印发〈大亚湾区社会心理服务体系建设工作实施方案（试行）〉的通知》，大亚湾区区委政法委提供，2022年11月7日。

2021 年 3 月 18 日印发了《"平安大亚湾"社会心理服务体系建设试点工作方案》。该方案以"搭平台、建队伍、定目标、优服务"为目标，搭建了社会心理服务体系建设工作机制，细化了各部门社会心理服务工作责任分工，强化了工作保障，提升了大亚湾区心理服务体系试点的效果。[1]

为了强化部门联动，2021 年大亚湾区区委政法委、区社会心理服务指导中心印发了《大亚湾区社会心理服务体系试点联动工作方案》，完善了区民政局、区宣教局、区妇联、团区委等社会心理体系建设的 12 个单位成员在心理服务工作中的联动机制，确定了大亚湾区社会心理服务体系试点联动机制涵盖心理调查、心理疏导、培训宣教、服务转介、危机干预、沟通协调等六个方面，推动了各部门人才、场地、服务等资源的整合，推动各部门树立了全区"一盘棋"的观念和意识。[2]

为了确保心理服务站点工作的有序开展，大亚湾区区委政法委还主导制作了《大亚湾区社会心理服务指导中心服务管理手册》《大亚湾区社会心理服务指导中心运营管理手册》《大亚湾区西区街道健康服务社工作手册》等区级管理服务手册、街道工作手册、社区标准化操作指南。

大亚湾区区委政法委等治理主体大力推动社会心理服务工作、印发社会心理服务规范的基本背景是近年来大亚湾区居民社会心理问题较为突出，大亚湾区区委政法委等治理主体致力于解决这些问题。大亚湾区区委政法委维稳综治工作科科长张平介绍了相关背景：

在不同的阶段、不同的场景下，每个人都可能会面临学业压力、职场压力、情感问题等不同程度的心理问题。特别是新冠疫情暴发以来，这类问题就更加突出。如果心理问题得不到有效的解决，就可能会有一个亚健康的心理状态，甚至会出现轻生行为的发生。推进社会心理服务体系建设项目，引导群众正确看待心理问题，积极面对压力和处理复杂的社会关系，培育积极向上、理性平和的社会心态，显得就是尤为迫切。[3]

〔1〕《关于印发〈"平安大亚湾"社会心理服务体系建设试点工作方案〉的通知》，大亚湾区区委政法委提供，2022 年 11 月 7 日。
〔2〕《2021 年大亚湾区社会心理服务体系工作总结》，大亚湾区区委政法委提供，2022 年 11 月 7 日。
〔3〕"大亚湾创新实践社会心理服务体系 谱写'平安乐章'"，载 https://mp.weixin.qq.com/s/dJyHRFqv-78Uh82sY3Jmpw，2022 年 11 月 6 日最后访问。

（二）组建完善社会心理服务工作机构

为了确保社会心理服务工作能够常态化开展，大亚湾区区委政法委注重推动组建和完善社会心理服务工作机构，推动组建和完善了大亚湾区社会心理服务体系建设工作领导小组、大亚湾区社会心理服务体系试点工作领导小组、大亚湾区社会心理服务指导中心以及街道健康服务社、村（社区）健康服务社、社会面场所铺设心理服务站点等各类机构。根据主要功能和作用的不同，这些社会心理服务工作机构主要包括社会心理服务工作协调推动机构、社会心理服务工作执行参与机构两种类型。

其一，组建完善大亚湾区社会心理服务体系建设工作领导小组、大亚湾区社会心理服务体系试点工作领导小组等社会心理服务工作协调推动机构。在大亚湾区区委政法委的推动下，2020 年 9 月 24 日，大亚湾区社会心理服务体系建设工作领导小组正式成立。大亚湾区社会心理服务体系建设工作领导小组组长由大亚湾区区委政法委时任专职副书记杨松担任。大亚湾区社会心理服务体系建设工作领导小组在区卫计局设立领导小组办公室，在区疾控中心设立项目办公室。根据大亚湾区社会心理服务体系建设工作领导小组办公室 2020 年 9 月 24 日印发的《关于成立大亚湾区社会心理服务体系建设工作领导小组的通知》，领导小组的工作职责是：贯彻落实省、区、市有关社会心理服务体系建设工作各项决策部署，统筹和指导大亚湾区社会心理服务体系建设有关工作；研究部署试点建设工作重大政策、重大事项、协调解决试点建设工作中遇到的重大问题。[1]2021 年 3 月 18 日，大亚湾区社会心理服务体系试点工作领导小组正式成立。领导小组办公室设在区委政法委，负责统筹推进社会心理健康服务体系试点工作。目前大亚湾区社会心理服务体系试点工作领导小组组长由大亚湾区区委副书记、政法委书记李箫担任。[2]

其二，组建完善大亚湾区社会心理服务指导中心以及街道健康服务社、村（社区）健康服务社、社会面场所铺设心理服务站点等社会心理服务工作执行参与机构。在通过社会心理服务规范的基层治理中，大亚湾区社会心理

---

〔1〕《关于成立大亚湾区社会心理服务体系建设工作领导小组的通知》，大亚湾区区委政法委提供，2022 年 11 月 7 日。

〔2〕《"和美网格"营造美好生活——惠州市大亚湾经济技术开发区推进市域社会治理现代化试点实践的调研报告》，大亚湾区区委政法委提供，2022 年 7 月 11 日。

服务指导中心、街道健康服务社、村（社区）健康服务社、社会面场所铺设心理服务站点等各类机构是重要的政策执行者和实施者。2021 年 3 月大亚湾区区委平安大亚湾建设领导小组印发的《"平安大亚湾"社会心理服务体系建设试点工作方案》提出设立大亚湾区社会心理服务指导中心，该中心在大亚湾区区委政法委的指导和协调下开展具体工作。[1]除了建立大亚湾区社会心理服务指导中心，大亚湾区区委政法委还推动在 12 个社会心理服务体系建设成员单位设立心理健康服务站点，在 3 个街道、57 个村（社区）和 41 所中小学校设立健康服务社（站），推动各服务站点标准化建设。[2]

（三）搭建社会心理服务平台阵地

为了能够全方位、多时段、精准化地服务大亚湾区居民，满足居民的社会心理服务需求，大亚湾区区委政法委等治理主体注重搭建线上服务平台和线下服务阵地，提升社会心理服务效果。具体而言：

一方面，搭建线上服务平台。大亚湾区区委政法委推动研发了"和美大亚湾"大健康服务线上管理平台，利用大数据分析、挖掘、可视化展示等技术，为职能部门提供居民心理健康评估、态势感知、研判预警等服务支持；开通了 24 小时心理服务热线，同时居民为居民提供移动端 App 下载服务，使得居民足不出户即快捷地享受在线心理咨询、心理知识课程学习、心理测评等服务。[3]而且，大亚湾区区委政法委、区委组织部联合印发了《共建"和美"社区倡议书》，倡议全区党政企事业单位干部职工回归社区，截至 2022 年 11 月共有 6407 名党员干部通过加入"四级联户群"的"一级群"参与"和美社区"建设，宣传心理服务资源。[4]

另一方面，高标准建设线下服务阵地。按照网格化管理分配专家、辅助人员，精准开展心理服务活动。2021 年大亚湾区区委政法委以"先试点，后铺开"为思路、以群众身心健康需求为导向、以提供高水平心理健康服

[1]《关于印发〈"平安大亚湾"社会心理服务体系建设试点工作方案〉的通知》，大亚湾区区委政法委提供，2022 年 11 月 7 日。
[2]《融心理健康于和美之治：大亚湾区社会心理服务体系建设经验材料》，大亚湾区区委政法委提供，2022 年 11 月 7 日。
[3]《"和美网格"营造美好生活——惠州市大亚湾经济技术开发区推进市域社会治理现代化试点实践的调研报告》，大亚湾区区委政法委提供，2022 年 7 月 11 日。
[4]《融心理健康于和美之治：大亚湾区社会心理服务体系建设经验材料》，大亚湾区区委政法委提供，2022 年 11 月 7 日。

务为目标，打造大亚湾区社会心理服务指导中心、"惠及心湾"关爱空间试点，加快推进大亚湾区社会心理服务指导中心（区级试点）、西区街道"惠及心湾"（街道级试点）的建设。[1]在此基础上，推动全区 57 个村（社区）健康服务社标准化建设，实现上下联动、全面覆盖的心理服务格局。按照"五个一"（一间工作室，一块牌子，一名专职或兼职管理人员，一套管理制度和一套运行机制）建设标准，制定《大亚湾区村（社区）健康服务社标准化建设操作指南》，统一场所挂牌、制度上墙、配置心理服务基础设施以及完善工作管理制度。推动由各街道购买心理咨询师组建服务团队，以轮班驻点、线上线下预约服务等模式下沉开展服务，完成心理服务网络 100%全域覆盖。[2]此外，大亚湾区区委政法委还在"区—街道—社区"三级平台的基础上，按照"1+3+57+N"模式向全区党政机关、事业单位、学校、医院等多个领域延伸建立心理健康服务平台，完成心理服务网络全域覆盖。[3]张平较为全面地总结了大亚湾区区委政法委推动的搭建社会心理服务平台阵地建设工作：

　　我们主要依托线上平台和线下服务阵地。线上的话，群众可以登录"和美大亚湾"健康服务平台，足不出户就可以享受到心理科普、心理测评、心理咨询、服务预约、活动报名等活动，是非常便捷的。线下的话，我们绘制了心理服务地图，里面提供了详细的地址、联系方式，就打通了全区心理服务的一个渠道，群众可以就近、就便免费到全区各级各部门、街道、村社区提供的心理服务场所享受心理服务。同时，我们打通了各部门之间的壁垒，可以有效地进行转介服务。[4]

---

〔1〕《2021 年大亚湾区社会心理服务体系工作总结》，大亚湾区区委政法委提供，2022 年 11 月 7 日。

〔2〕《"和美网格"营造美好生活——惠州市大亚湾经济技术开发区推进市域社会治理现代化试点实践的调研报告》，大亚湾区区委政法委提供，2022 年 7 月 11 日。

〔3〕《树立"大健康"理念，创建平安和美湾区——大亚湾区社会心理服务体系建设经验介绍材料》，大亚湾区区委政法委提供，2022 年 7 月 11 日。

〔4〕"大亚湾创新实践社会心理服务体系 谱写'平安乐章'"，载 https://mp.weixin.qq.com/s/dJyHRFqv-78Uh82sY3Jmpw，2022 年 11 月 6 日最后访问。

坽下社区（左）与小径湾社区（右）健康服务社（左2022年7月19日摄，右7月15日摄）

在建设线上平台与线下阵地的过程中，大亚湾区区委政法委注重组织、培育、壮大社会心理服务人才队伍，为线上平台线下阵地提供充足的专业保障。为此，大亚湾区区委政法委开展了几个方面的工作：一是组建成立专家团队，推动成立了由全区政法、卫健、公安、教育、群团等十多个部门33名各领域专家组成的大亚湾区社会心理服务体系试点专家组。二是打造专业队伍。招募13名由心理咨询师、具有心理咨询资质的社工组成专业服务队伍，负责区社会心理服务指导中心和3个街道健康服务社的运营、维护、管理、服务。按照精神科医师、心理治疗师、心理咨询师、心理健康教育教师等标准分类，建立专业人才信息库，截至2022年6月大亚湾区共有精神科医师16人，心理咨询师29人，心理健康教育师2154人。三是培养兼职队伍。组织具备相关经验或教育背景、热衷心理健康服务的社工参加考试、培训，扩大心理社工队伍；对全区318名综合网格员进行心理健康知识技能培训，整合村（社区）干部、一村一警、人民调解员、法制副主任等力量，担任村（社区）健康服务社负责人、联络人。四是组建志愿者队伍。加强与区民政、团区委的配合，招募组建大亚湾区社会心理服务志愿者队伍，集结全区内外培训讲师及优质课程，为志愿者队伍提供针对性高、操作性强的"点餐式"主题培训，提升心理健康志愿服务水平。[1]通过培育组织、培育、壮大社会心理服务人才队伍，大亚湾区区委政法委为线上平台、线下阵地的运行提供了人才保障。

---

[1]《树立"大健康"理念，创建平安和美湾区——大亚湾区社会心理服务体系建设经验介绍材料》大亚湾区区委政法委提供，2022年7月11日。

（四）促进心理服务工作联动

为了形成社会心理服务工作的合力，大亚湾区区委政法委大力牵头建立全方位联动机制。在大亚湾区区委政法委的牵头下，区民政局、区宣教局、区信访局、区团委、区指导中心、区公安局、区卫计局、区妇联、区总工会、区司法局等 12 个部门以及 3 个街道根据《大亚湾区社会心理服务体系试点联动工作方案》等制度方案共同了建立"六维"联动机制，协力统筹整合场所、人员、服务等资源，一盘棋推进社会心理服务体系建设。[1]在六维联动机制之下，联动成员单位通过联合心理调查（居民心理素养调查、专业心理测量调查、突出心理问题排查），描摹湾区"心理需求画像"；通过联合工作协调（组织联席会议、畅通沟通渠道、调研走访活动），建立湾区"心理协调网络"；通过联合心理疏导（"多对一"联合个案模式），绘制湾区"心理服务地图"；通过联合危机干预（心理危机三色预警机制、心理危机联合干预队伍、心理危机联合现场干预），打造湾区"心理急救系统"；通过联合宣传教育（多主题技能培训工作人员、"大健康"宣传教育辖区居民、"阳光大亚湾"线上平台），开拓湾区"心理培育空间"；通过联合服务转介（服务站点内部心理服务人员转介、"区—街道—社区"心理服务转介、跨部门转介转诊），疏通湾区"心理转介通路"。[2]而且作为大亚湾区社会心理服务体系试点工作领导小组的牵头单位，大亚湾区区委政法委充分发挥牵头抓总作用，定期组织街道、卫计、公安、民政等有关单位召开联席会和座谈会，研究解决工作推进重难点。[3]

此外，大亚湾区区委政法委注重强化高校合作、抓好企业共建、培育基层特色项目，形成心理服务工作合力。其中，在强化高校合作方面，由区社会心理服务指导中心合理制定人才培养计划，设计人才培训方案，邀请高校专家学者提供针对性强、实用性高的培训，提升大亚湾区社会心理工作者的专业技能水平和培养更多专业性人才。[4]在企业共建方面，支持辖区光弘科

〔1〕《融心理健康于和美之治：大亚湾区社会心理服务体系建设经验材料》，大亚湾区区委政法委提供，2022 年 11 月 7 日。
〔2〕《关爱心理健康 创建和美湾区——大亚湾区域性社会心理服务体系创新实践项目PPT》，大亚湾区区委政法委提供，2022 年 11 月 7 日。
〔3〕《树立"大健康"理念，创建平安和美湾区——大亚湾区社会心理服务体系建设经验介绍材料》，大亚湾区区委政法委提供，2022 年 7 月 11 日。
〔4〕《树立"大健康"理念，创建平安和美湾区——大亚湾区社会心理服务体系建设经验介绍材料》，大亚湾区区委政法委提供，2022 年 7 月 11 日。

技、埃克森美孚、招商人寿、工商银行等企业建设心理服务场所，共同开展心理服务活动，为企业员工提供心理服务，带动更多的企业参与社会心理服务。[1]在培育基层特色项目方面，通过设立大亚湾区社会治理创新项目专项扶持资金、组织评选大亚湾区社会治理创新项目等方式调动更多的社工机构与社会力量参与心理服务工作。例如，2021年11月1日，大亚湾区区委政法委以大亚湾区社会治理创新项目专项扶持资金管理领导小组办公室的名义发布了《关于征集大亚湾区社会治理创新项目（2021-2022）的通知》，[2]提供了多个课题方向，要求申报主体围绕课题方向申报课题。其中第6项课题为《推进社会心理服务体系建设》，该题目类别为"社会组织培育与创新发展项目公益性；便民类服务平台运行；社会基本公共服务领域的公益项目"。课题申报通知发布后，不少驻湾社工机构积极申请课题项目。其中，惠州大亚湾区舒悦社会工作服务中心申报了"'精神康复·聚力同行'——大亚湾西区街道精神障碍患者及家庭服务项目"，惠州市惠众社会工作服务中心申报了"'阳光牵手'精神障碍患者社区服务项目"，惠州市西湖公益服务发展中心申报了"蓝岸社区心理健康服务项目"，惠州大亚湾区启赋社会工作服务中心申报了"'雏鸟有巢'社区儿童心理健康关爱行动"项目，惠州大亚湾区一窗灯火社会工作发展中心申报了"多彩校园·阳光同行——大亚湾区未成年人心理健康支持项目"，惠州大亚湾区芳华青少年心理健康服务中心申报了"心惠万家"项目，惠州市惠民社会工作服务中心申报了"从幸福到更幸福——成年人的七堂幸福课"项目。[3]随着越来越多的社会组织参与进来，大亚湾区社会心理服务工作的效能得到了进一步提升。[4]

---

〔1〕《树立"大健康"理念，创建平安和美湾区——大亚湾区社会心理服务体系建设经验介绍材料》，大亚湾区区委政法委提供，2022年7月11日。

〔2〕根据《惠州大亚湾开发区管委会办公室关于印发〈大亚湾区社会治理创新项目专项扶持资金管理办法〉的通知》，大亚湾区社会治理创新项目专项扶持资金管理领导小组由区委政法委书记任组长，区委政法委常务副书记任常务副组长，区委政法委分管社会治理领域的专职副书记任副组长，区委政法委、区群团工作部、区财政局、区宣教局、区民政局等部门相关负责人为领导小组成员。领导小组负责项目的确定和扶持资金的额度。领导小组下设办公室，办公室设在区委政法委。参见《惠州大亚湾开发区管委会办公室关于印发〈大亚湾区社会治理创新项目专项扶持资金管理办法〉的通知》。

〔3〕《（1）47个项目申报表》，大亚湾区区委政法委提供，2022年7月11日。

〔4〕《树立"大健康"理念，创建平安和美湾区——大亚湾区社会心理服务体系建设经验介绍材料》，大亚湾区区委政法委提供，2022年7月11日。

（五）提供社会心理服务

根据大亚湾区区委政法委等治理主体印发的社会心理服务方案与规范，大亚湾区社会心理服务指导中心、街道健康服务社、村居健康服务社、社会面场所心理服务站点等四级心理管理服务机构注重做实做好"五心"服务。所谓五心服务也即针对一般人群、重点人群（心态失衡、生活失意、行为反常等人群）、特殊人群、严重精神障碍患者、疫情防控工作者和隔离人员等"五类"人群，分别提供"悦心""关心""健心""安心""援心"服务。根据大亚湾区区委政法委 2022 年 11 月 7 日提供的数据，自 2021 年 11 月以来，大亚湾区社会心理服务机构共开展了心理健康普查 1 万余人次，累计接待群众来访 1600 余人次，提供热线服务超过 1100 人次，举办线下艺术治疗、沙龙体验等线上线下活动 200 余场，受益群众超 15 万人次；提供个案心理咨询服务近 1237 人次，为全区 2725 名涉疫隔离人员和 150 名一线防疫人员提供心理疏导；介入跳楼自杀、抑郁自残、网瘾断食等危机个案 54 例，进行"多对一"联合危机干预 9 人次；开展特殊人群个案辅导超 174 人次，成功化解了 2 宗社区矫正对象拟通过极端暴力手段解决民事纠纷的危机案件。[1]以下事例一为南边灶村健康服务社 2022 年处理的一则案例：

事例一

2022 年 4 月 11 南边灶村民刘仙缘因为亲子关系家庭教育问题到南边灶村健康服务社咨询。刘仙缘的主要问题是在亲子教育中缺失相应的有效沟通方法，在与孩子的相处过程中容易产生挫败感和焦虑感。刘仙缘共有三个孩子，两个女儿成绩都很好。最小的是儿子，上小学三年级。儿子也还算听话，但是爱玩，经常为

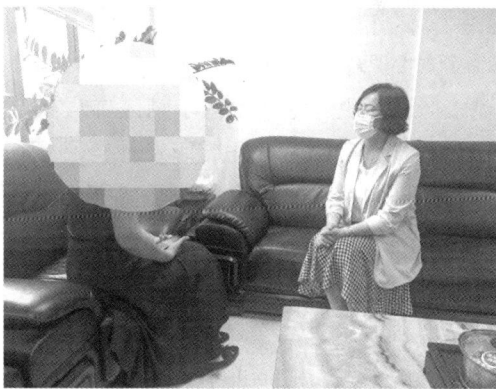

心理咨询师杨潇为刘仙缘提供心理咨询服务
（大亚湾区区委政法委 2022 年 7 月 11 日提供）

---

〔1〕《融心理健康于和美之治：大亚湾区社会心理服务体系建设经验材料》，大亚湾区区委政法委提供，2022 年 11 月 7 日。

了玩不认真写作业，刘仙缘想让儿子多做点作业的时候，儿子就会眼泪汪汪的。刘仙缘觉得自己很苦闷，不知道怎么说孩子才会听自己的，觉得这么小就不会教他了，对以后感到焦虑。心理咨询师杨潇为其提供了心理疏导。心理咨询师杨潇首先肯定了刘仙缘对孩子的爱和期待，同时对其进行了心理疏导。在心理咨询师的疏导下，刘仙缘发现自己的脾气确实是很着急，因为在小的时候没有读太多的书，所以这里面也会有一份遗憾，把太多的期待放在孩子们的身上。刘仙缘表示希望下一次能和老师探讨一下自己在这方面的情结。心理疏导活动结束之后，刘仙缘表示，其收获很多，对自身的情绪卡点有了较清晰的认识，也学习到了如何有效地鼓励和肯定孩子的方法。[1]

霞新村心理知识宣传栏（2022年7月20日摄）

此外，为了提升社会心理服务效果，大亚湾区区委政法委以及区、街道、村（居）的心理服务工作机构注重加大宣传力度，通过微信公众号、四级联户群等线上媒介以及线下宣传栏宣传社会心理服务工作、普及社会心理知识、推广"和美大亚湾"平台，有效提高了群众主动参与的积极性，让心理健康服务惠及了更多居民，更好地构筑起了辖区群众社会心理防线。[2]

总体而言，通过开展印发社会心理服务方案规范、组建完善社会心理服务工作机构、搭建社会心理服务平台阵地、促进心理服务工作联动、提供具体社会心理服务等工作，大亚湾区区委政法委、大亚湾区社会心理服务指导中心、街道健康服务社、村居健康服务社、社会面场所心理服务站点等治理主体推动了社会心理服务规范的生成、实施和完善，将心理健康服务融入了基层治理实践，谱写了和美之治的新篇章。

---

〔1〕《澳头个案咨询记录表-009（结-南边灶李）》，大亚湾区区委政法委提供，2022年7月11日。

〔2〕《树立"大健康"理念，创建平安和美湾区——大亚湾社会心理服务体系建设经验介绍材料》，大亚湾区区委政法委提供，2022年7月11日。

五、通过社会心理服务规范的基层治理效果

作为一种重要的基层治理创新，通过社会心理服务规范的基层治理在实践中产生了积极的效果，满足了群众的心理服务需求、培养了良好的社会心态、减少了涉心理社会风险、维持了社会秩序的和谐稳定、提升了社会治理的专业化水平，产生了可复制、可推广的示范效应，初步形成了基层治理的大亚湾亮点和大亚湾模式。

其一，满足了群众心理服务需求。开展社会心理服务是维护和增强人民群众身心健康的重要方法，通过以心理咨询、音乐治疗、园艺体验、团体辅导、沙盘游戏等形式为来访群众提供免费便捷的心理支持与精神安慰等心理服务，大亚湾区区委政法委等治理主体能够帮助来访群众处理好亲子关系、两性关系、婚恋家庭、学习困难、个人成长、职业规划等方面的困惑和问题，使得来访群众能够在心理服务中宣泄负面情绪、调节身心状态、释放生活压力、走出精神困境、改善精神状态、焕发新的精神，从而更好地迎接新的生活。如，根据大亚湾区区委政法委维稳综治工作科科长张平的介绍，从2021年8月到2022年6月，大亚湾区社会心理服务机构处理心理咨询服务749人次，"为一线防控人员和居家隔离人员提供心理服务1000余人次，开展各类讲座和服务达到200余场，累计服务近15万人次。通过这一系列的活动，居民对心理服务有了更深刻的认识，从排挤到包容、从躲避到主动求助，我觉得取得了非常好的成效"。[1]通过常态化地开展免费便捷的心理服务，大亚湾区区委政法委等治理主体为群众提供了宣泄的场域、倾诉的对象、解困的场合、休息的机会，抚慰了来访群众的心灵，满足了基层群众日益增长的精神服务需求。

其二，培养了良好的社会心态。通过对一般人群开展普及教育活动、对重点人群开展心理服务活动、对高危人群进行心理干预活动、对特殊人群开展心理安全与支持服务活动以及完善严重精神障碍患者管理服务，治理主体能够潜移默化地塑造群众的世界观、人生观、价值观，在整体上改变广大群众的思维定式、价值取向和行为方式，促进社会形成理性平和、乐观向上、心和事美的社会风气，培养了大亚湾区居民健康、阳光、积极、和谐的心态。

---

[1] "大亚湾创新实践社会心理服务体系 谱写'平安乐章'"，载 https://mp. weixin. qq. com/s/dJyHRFqv-78Uh82sY3Jmpw，2022年11月6日最后访问。

随着大亚湾区的心理服务工作向纵深发展，大亚湾区居民的整体心理健康素养和精神状态显著改善，更加理想、健康、乐观的认知方式与行为方式逐渐在人们心中扎根，人与人的关系更加融洽，居民的幸福感、获得感、安全感不断增强，人们对大亚湾区区委、管委会等党政机关的满意度逐渐改善，整体社会风貌不断优化，良好的社会心态逐渐形成。

其三，维持了社会秩序的稳定。通过社会心理服务规范的基层治理的一个重要价值在于改善源头治理，减少因生活失意、行为失常、心态失衡、矛盾突出等导致的极端心理案件，有效防止涉心理社会风险的产生。例如，对普通群众进行心理筛查能够预防心理问题演变为心理疾病，防患不稳定因素于未然；对青少年、孕妇、残疾人等重点人群由公安、卫生、群团、教育等部门联合主动介入能够有针对性地满足其精神需求、为其提供指导和帮助，提升其幸福感、获得感、安全感；对于有跳楼自杀、抑郁自残、网瘾断食倾向以及有意通过极端暴力手段解决民事纠纷的高危人群及时介入，能够防止其心态失衡、事态恶化，减少应激障碍，防范社会越轨行为的发生；对流浪乞讨人员、社区矫正人员、残障人士、戒毒人员、长期信访人员等特殊群体进行动态跟进，能够更好地帮助其回归正常社会生活，减少涉法涉诉上访投诉案事件，修复被破坏的社会秩序；对严重的精神障碍患者进行筛查、疏导、干预、管控、救治，能够减少肇事肇祸突发事件的数量，促进社会和谐稳定。通过提供全方位的心理服务，大亚湾区区委政法委等治理主体有效防范了潜在问题的发生，矫正了社会越轨问题，修复了被破坏的社会关系，维持了社会秩序的稳定。

其四，提升了基层治理专业化水平。通过心理服务规范的基层治理主要是一种依靠专业人员、运用专业方法、融贯专业技术、面向专门对象、需要专业保障的精细化社会治理模式。这种治理模式的有效运转能够更好地提升基层治理的专业化水平，促进社会治理的精细化。实践中，通过运用"和美大亚湾"大健康服务线上管理平台等专业信息系统，开展一系列专业心理调查、专业心理教育、专业心理测评、专业心理咨询、专业心理疏导、专业心理服务转介、专业心理危机干预等工作，大亚湾区区委政法委等治理主体有效提升了全区常见精神障碍防治和心理行为问题识别、干预和处理效果，实现了社会治理的精细化和精准化，提高了基层治理专业化水平，改善了平安社会、幸福社会、健康社会、和美社会的建设质效。

总体而言，大亚湾区通过心理服务规范的基层治理是一种较为成功的治理模式。这种治理模式能够有效地满足群众心理服务需求、培养良好的社会心态、维持社会秩序的稳定、提升基层治理专业化水平，改善基层治理效果。

六、思考与总结

大亚湾区通过社会心理服务规范的基层治理是一种党政主导型社会治理模式。这种治理模式是大亚湾区和美网格治理的重要组成部分。在党政主导型社会治理模式下，大亚湾区的社会心理服务规范主要由党政机关主导制订、社会心理服务工作机构主要由党政机关推动组建、社会心理服务场地主要由党政机关提供、社会心理服务人员主要由党政机关招募、社会心理服务经费主要由党政机关支持、社会心理服务运行主要靠党政机关推动，大亚湾区区委政法委等党政机关在实践中发挥着举足轻重的作用。就结果而言，大亚湾区区委政法委等党政机关主导开展的区域性社会心理服务实践帮助大亚湾区居民培养了健康、阳光、积极、和谐的心态，推动形成了社会心理服务工作的大亚湾模式，深入推进了和美大亚湾、平安大亚湾建设，谱写了温暖人心的基层治理新篇章。

当然，大亚湾区通过心理服务规范的基层治理工作也有一定的不足，存在着可进一步改进和完善的方面。例如，目前大亚湾区的心理服务专业人员规模仍不够庞大，在有些时候尚不能充分满足社会群众、校园、村（社区）和特殊人群对心理服务的需求；虽然大亚湾区区团委、区妇联、区宣教局、街道办等社会心理服务体系领导小组成员单位建设了服务平台，但这些服务平台尚未被有效整合，资源共享程度尚不够高，社会心理服务资源联动机制仍需完善。[1] 为了进一步提升心理服务效果，大亚湾区区委政法委等相关治理主体可加强人才培训、人才引进、人才激励工作，以政府购买服务、招募心理服务志愿者等方式吸纳更多的心理咨询师、心理治疗师、康复师、精神科医生、社会心理社工、心理服务辅助人员等心理服务专业人才加入心理服务队伍，加强专业人才的培养和志愿者队伍建设，更加充分地满足群众心理服务需求；大亚湾区区委政法委等治理主体还可进一步完善社会心理服务工作的联动机制，全面推动跨部门心理疏导合作，促进心理服务资源共享，彻底打通各站点心理转介路径，提升社会心理服务工作的质效。

---

〔1〕《2021 年大亚湾区社会心理服务体系工作总结》，大亚湾区区委政法委提供，2022 年 11 月 7 日。

　　总体而言，大亚湾区通过社会心理服务规范的基层治理是一种较为成功的治理模式。为了促进大亚湾区通过社会心理服务规范的基层治理经验的有效传承发扬、产生更好的示范效应，大亚湾区区委政法委、大亚湾区社会心理服务指导中心、各街道健康服务社、各村居健康服务社、各社会面场所心理服务站点等相关治理主体可在实践的基础上对相关经验进行总结、梳理和分析，形成标准化、可视化、易推广、可借鉴、可复制的样板和范例，为更多的基层治理提供经验参考，促进更多的地方走稳走好良法善治之路。

第六篇

总 结

第二十二章

通过本土社会规范的基层治理的思考

大亚湾区通过本土社会规范的基层治理是一种较为成功的基层治理模式。这种治理模式帮助大亚湾区更好地实现了国家目标、促进了地方发展、维护了社会秩序、保障了民众权益、传承了优秀传统，丰富了"和美之治"的内涵。作为基层治理的典范，通过本土社会规范的基层治理有着治理主体多元化、治理规范多维化、治理方式多种化、治理效果多样化的显著特征，形成了独特的大亚湾风格。通过对大亚湾区的治理模式进行分析可以发现，这种治理模式之所以取得了成功，主要是因为大亚湾区各级各类治理主体注重坚持依法治理、坚持扎根本土、坚持鼓励创新、坚持直面问题、坚持和美之治，找准了治理突破口及改善治理实效的关键。而且，这种治理模式与人民民主理论、法治社会理论、社会自治理论、多元法理论、内生秩序理论等中外经典理论相契合，符合科学精神、合乎治理原理，有着理论上的正当性。当然，通过本土社会规范的基层治理模式也面临着不够平衡的问题，存在着认识有差异、实行有差距、效果有差别等短板和不足，制约了通过本土社会规范的基层治理水平的进一步提升，对大亚湾区的良法善治事业形成了一定的挑战。为了全面推动基层治理提质增效，大亚湾区区委、管委会等治理主体需要在思想上提高对本土社会规范在基层治理中积极功能和重要意义的认识，在方向上坚持通过本土社会规范的基层治理效果的原则，在具体行动上采取统筹规划、广泛总结、制定规范、完善机制、明确职责、条件保障等具体举措，不断夯实大亚湾区的基层治理基础，不断开创和美之治的良法善治新局面。

一、通过本土社会规范的基层治理的显著成效

通过本土社会规范的基层治理是大亚湾区基层治理的重要亮点与创新点，

这种治理模式使得大亚湾区有效实现了国家目标、促进了地方发展、维护了社会稳定、保障了民众权益、传承了优秀传统，全面改善了大亚湾区的基层治理状况，稳步提升了大亚湾区基层治理质效，取得了显著成效。

（一）实现国家目标

根据国家相关政策文件的定位，国家级经济技术开发区肩负着构建开放发展新体制、发展更高层次开放型经济、加快形成国际竞争新优势、充分发挥产业优势和制度优势带动地区经济发展的使命。[1]国务院 2019 年 5 月 28 日印发的《关于推进国家级经济技术开发区创新提升打造改革开放新高地的意见》提出，要"着力构建国家级经济技术开发区开放发展新体制，发展更高层次的开放型经济，加快形成国际竞争新优势，充分发挥产业优势和制度优势，带动地区经济发展"。该《意见》要求，相关主体要"实施现代服务业优化升级行动……支持在符合条件的国家级经开区内发展医疗健康、社区服务等生活性服务业""推动国家级经开区完善高水平商贸旅游、医疗养老、文化教育等功能配套"。国务院办公厅 2016 年 3 月 16 日经国务院同意印发的《考核制度促进创新驱动发展的指导意见》要求，"推动国家级经开区构建适应经济转型升级的行政管理体制，探索开放创新、产业城市融合的发展模式。通过考核一般公共服务支出占比、设置安全生产机构、通过 ISO9001 质量认证等方面情况，促进国家级经开区优化机构设置，提高行政效率，健全完善与经济发展水平相适应的社会保障体系和公共医疗、基础教育等公共服务体系。"商务部 2021 年 9 月 28 日印发的《国家级经济技术开发区综合发展水平考核评价办法（2021 年版）》提出："引导国家级经开区进一步明确发展定位，充分调动地方和国家级经开区推进创新提升的积极性，大力发展开放型经济，强化国家级经开区高质量发展导向。"

作为国家级经济技术开发区，大亚湾区的首要发展目标在于坚持新发展理念，构建开放发展新体制、发展更高层次开放型经济、加快形成国际竞争新优势、充分发挥产业优势和制度优势，推动区域经济发展，打造改革开放新高地。[2]

---

〔1〕 参见《关于推进国家级经济技术开发区创新提升打造改革开放新高地的意见》，中华人民共和国国务院 2019 年 5 月 28 日印发。

〔2〕 惠州大亚湾（国家级）经济技术开发区于 1993 年 5 月经国务院批准成立。参见《国务院关于设立广州南沙经济技术开发区和惠州大亚湾经济技术开发区的批复》。

　　以国家级经济技术开发区的基本定位为出发点，大亚湾区通过本土社会规范的基层治理实践改善了本地基层治理质效，奠定了发展区域经济、打造改革开放新高地的治理基础，直接或间接地推动了本区域经济发展，完成了国家为经济技术开发区设定的发展方向，有效实现了国家目标。

　　具体而言，通过本土社会规范的基层治理从党政主导、社会自治、民间自发三个层面促进了区域经济发展，推动构建了新治理机制与新发展体制，助推大亚湾区有效落实了国家计划。一是，在党政主导层面，大亚湾区各级党政机关主导开展了通过党政制订规范的基层治理，进行了创制社会治理规范、组建社会治理机构、执行社会治理规范等一系列治理探索，助推了大亚湾区构建开放发展新体制、保障了大亚湾区经济社会发展秩序、推动了大亚湾区域经济发展。例如，为了满足大亚湾区大项目工业用地需要，大亚湾区区委、大亚湾区管委会、南边灶村庄整体搬迁工程指挥部、大亚湾区管委会动迁办公室、大亚湾区国土分局等区级党政机关制订和实施了南边灶村搬迁方案、东联村搬迁方案等一系列搬迁方案，开展了通过搬迁方案的整村搬迁实践。通过搬迁方案的整村搬迁实践在结果上为大亚湾区引进大工业、大项目提供了土地，使得中海壳牌、埃克森美孚等现代化、国际化大工业、大项目得以顺利落地进驻大亚湾区，推动区域经济的快速发展，提升大亚湾区的对外开放水平。随着国际化、现代化大工业、大项目的顺利进驻，大亚湾区得以按下区域经济发展的快进键，实现了提升经济发展速度、增加经济总量、改善发展质量、优化产业结构等经济发展目标，打造了经济新引擎，跑出了经济发展加速度，形成了国际竞争新优势。二是，在社会自治层面，大亚湾区57个村社区"两委"以及村民小组、居民小组、物业公司、社工机构、志愿者组织、楼栋长队伍、农贸市场管理团队等基层治理主体在国家法律法规的框架下充分发挥自身的积极性，开展了通过社会创制规范的自治探索，进行了一场场基层治理实践，改善了区域社会治理质效，吸引了资金和人员的流入，促进了村居经济的发展。例如，老畲村三大屋村民小组通过物业管理规范的村民小组治理实践改善了三大屋的居住环境，吸引了不少深圳务工者选择到此租住房屋，三大屋村民小组紧邻深圳的地缘优势由此进一步转化为了发展经济优势，村民收入明显提高，村域经济得到发展。三是，在民间自发方面，大亚湾区的广大村居群众自发地开展了通过原始信仰规范的渔村治理、通过婚姻结成习惯规范的村庄治理、通过茶叙规范的老人自治等一系列治理实践，在开展实践的过程中吸引了外来人员、带动了消费，间接地带动了经济发展。例如，霞新村通过大王爷信仰规范的治理促进了庙会活动的繁荣，间接地吸引了无数来自海外、港澳以及其他地区的游客慕名前来参加庙会活动。在庙会举行的 7 天时间内，大量的人流带来了大量的祭祀活动消费、餐饮娱乐消费、交通住宿消费等相关消费，游客数量远超渔民数量，形成了一个以庙会为中心辐射周边的经济圈。于此背景下，霞新村部分村民注重利用好杨包庙会等海洋文化、渔家文化资源和人流增加的机遇，建立了途居民宿、近海阁民宿、海悦客栈、星河洲酒店等渔家特色民宿与特色客栈，增加了村内就业、促进了村域经济的发展。

总体而言，通过本土社会规范的基层治理在党政主导、社会自治、民间自发三个方面推动了区域经济的发展，保障了大企业、大项目顺利进驻，带动了区域消费与生产，提升了区域经济发展水平，助力大亚湾区实现了国家目标。而且，通过本土社会规范的基层治理在结果上维持了良好的社会秩序，为外资项目和外来人员顺利进驻大亚湾区提供了周到和全面的保障，为大亚湾区实现国家目标提供奠定了良好的秩序基础，使得大亚湾区能够在招商引资、对外开放、发展经济的道路上行稳致远。

（二）促进地方发展

大亚湾区管委会 2021 年 8 月 19 日印发的《惠州大亚湾区国民经济和社会发展第十四个五年规划和 2035 年远景目标纲要》（以下简称《纲要》）"总体要求和发展目标"部分提出："加快推进社会治理体系和治理能力现代化，着力把大亚湾区打造成世界级绿色石化产业基地、国内一流开发区、惠州建设更加幸福国内一流城市重要支撑区。"[1]《纲要》提出，大亚湾区 2035 年的远景目标为：全面建成现代化经济体系、建成一流公共服务体系、建成高品质生态系统、实现治理体系和治理能力现代化。《纲要》明确，大亚湾区"十四五"发展主要任务包括：拓展经济发展新空间、构建综合交通运输体系、加快推进创新型开发区建设、构建具有核心竞争力的现代产业体系、深度融入新发展格局、深度参与"双区"和"一核一带一区"建设、营造一流营商环境、加快打造国内一流品质湾区、加快推进农村现代化、建设国内一

---

〔1〕《惠州大亚湾经济技术开发区国民经济和社会发展第十四个五年规划和 2035 年远景目标纲要》，惠州大亚湾区管理委员会 2021 年 8 月 19 日发布。

流生态湾区、提升人民生活品质、推进社会治理体系和治理能力现代化、凝聚加快打造幸福湾区的强大合力。其中，"推进社会治理体系和治理能力现代化"这一任务具体要求是，"把安全发展、法治建设贯穿发展各领域和全过程，深入推进'法治大亚湾''平安大亚湾'创建工程，巩固安全湾区共建共享格局，树立全周期管理意识，提高社会治理社会化、法治化、智能化、专业化水平，确保人民安居乐业、社会安定有序"。[1]

通过本土社会规范的基层治理从实现治理目标、奠定了发展基础两个方面促进大亚湾区顺利实现第十四个五年规划和 2035 年远景目标。

一方面，通过本土社会规范的基层治理推进了大亚湾区基层治理体系和治理能力现代化建设，直接实现了基层治理体系和治理能力现代化的发展目标。具体而言，通过本土社会规范的基层治理把"法治大亚湾""平安大亚湾"的地方计划从理念转化为现实，提升了大亚湾区社会的活力，巩固了大亚湾区安全发展的基础，构建了共建共治共享新格局，保障了大亚湾区社会安定和谐，促进了人民思想道德、文明素养的提高，提升了大亚湾区社会治理的社会化、法治化、精细化、智慧化、专业化水平，确保了大亚湾区人民安居乐业、大亚湾区社会安定有序。例如，三大屋村民小组通过物业管理规范的村民小组自治有效维护了村民小组安宁与秩序，改变了长久以来的脏乱差现象，使得该村民小组治安环境大为改善、出行拥堵问题得到缓解，在村民小组范围内实现了基层治理体系和治理能力现代化的目标；再如，通过和美网格规范的基层治理营造了说话和气、待人和善、邻里和睦、团队和衷、买卖和谐、矛盾和解、卫生洁美、环境优美、身体健美、德行善美、奋斗俊美、文化尚美的社会环境，提升了大亚湾区基层治理的和美程度，提高了大亚湾区基层治理的精准化、精细化、能化水平，改善了大亚湾区基层治理体系和治理能力现代化建设的效果。

另一方面，通过本土社会规范的基层治理改善了大亚湾区的整体环境，奠定了大亚湾区实现十四五规划 2035 年远景目标的治理基础。通过本土社会规范的基层治理为大亚湾区顺利实现全面建成现代化经济体系、建成一流公

〔1〕《惠州大亚湾经济技术开发区管理委员会关于印发〈惠州大亚湾经济技术开发区国民经济和社会发展第十四个五年规划和 2035 年远景目标纲要〉的通知》，惠州大亚湾区管委会 2021 年 8 月 19 日发布。

共服务体系、建成高品质生态系统等 2035 远景目标以及顺利完成拓展经济发展新空间、构建综合交通运输体系、加快推进创新型开发区建设、构建具有核心竞争力的现代产业体系、深度融入新发展格局、深度参与"双区"和"一核一带一区"建设、营造一流营商环境、加快打造国内一流品质湾区、加快推进农村现代化、建设国内一流生态湾区、提升人民生活品质、凝聚加快打造幸福湾区的强大合力等十四五发展主要任务奠定了坚实的社会基础。例如，通过寺院活动规范的社会治理潜移默化地形塑了个体向善人格，促进了社会教化，为大亚湾区发展奠定了可靠基石；再如，通过综合执法规范的街道治理提升了综合执法工作的规范性与制度化程度，有效保障和维持了街道综合执法秩序，为街道完成大亚湾区实现十四五规划任务、实现 2035 年远景目标奠定了坚实的秩序基础，为大亚湾区整体实现地方计划提供了支撑和助力。

总体而言，通过本土社会规范的基层治理一方面将大亚湾区的第十四个五年规划和 2035 年远景目标等地方计划从方案转化为现实，直接实现了基层治理体系和治理能力现代化的发展目标，另一方面改善了大亚湾区基层治理环境、社会治理状况、社会治理基础，为大亚湾区顺利完成"十四五"发展主要任务以及有效实现 2035 年的远景目标奠定了坚实基础、提供了有力保障，间接促进了大亚湾区的地方发展。

（三）维护社会秩序

通过本土社会规范的基层治理的基础性价值是为治理主体和被治理主体提供了行为准则与行动指南，维护了社会秩序，保障了社会稳定和安宁。我们可以从通过党政机构制订规范的基层治理、通过社会创制规范的基层治理、通过民间自生规范的社会治理三个方面来总结通过本土社会规范的基层治理产生的维护社会秩序方面的积极价值和作用。

其一，通过党政机构制订规范的基层治理以党政主导的形式全方位地维护了区域或街域社会的稳定。例如，大亚湾区委政法委主导开展的通过社会心理服务规范的基层治理实现了心理问题的源头治理，减少了因生活失意、行为失常、心态失衡、矛盾突出等导致的极端心理案件，有效防止了涉心理社会风险的产生，矫正了社会越轨问题，修复了被破坏的社会关系，维持了社会秩序的稳定；澳头街道党工委、澳头街道办事处等主体主导开展的通过综合执法规范的街道治理实践为综合执法工作的开展提供了一套细致具体、系统全面的操作指南，督促了执法人员遵守廉洁自律、考勤管理规范，防止了综合执法权限下沉背景下不作为、乱作为现象的大量产生，提升了综合工作的规范性与制度化程度，有效保障和维持了街道综合执法秩序。

其二，通过社会创制规范的基层治理以社会自治的形式有力地维护了村居、村民小组等区域的生产生活秩序的安定。例如，在老奋村，三大屋村民小组通过按照物业管理规范规定划定停车位、实行阶梯收费、引进门禁和车牌识别系统，有效减少了"僵尸车"，提高了车位周转率，规范了车辆停放秩序，化解了长期存在的停车难、道路堵、出行不便等问题，降低了由车辆剐蹭、进出拥堵导致的交通警情和纠纷警情数量，改善了治安环境；德惠社区通过志愿服务规范的社区治理实践在主体上增加了秩序维护者的数量，协助维护了突发应急、环境保护、敬老爱老、交通护学、文艺活动方面的秩序，在结果上维持了社区内的生产生活秩序；妈庙村通过村规民约的古村治理在制度维度建构起了村民自治秩序，维持了妈庙村内的生活秩序、生产秩序、分配秩序，保障了村庄的有序运转，形成了总体上和谐有序的局面。

其三，通过民间自生规范的社会治理以民间自生的形式潜移默化地维护了特定范围内生活的秩序。例如，东升村通过婚姻成立规范的渔村治理的首要价值在于规范和保障渔村家庭组成和男婚女嫁秩序，为渔村适龄青年成家立业、传宗接代提供指引和保障，促进渔村人口繁衍；塘尾村隆村民小组通过民事习惯规范的基层治理为海隆村民小组婚事活动、起屋进宅活动、丧葬活动、互助活动的组织者、参与者提供了符合历史传统、契合大众认知、合乎群众期待的行为规范与行动指南，确保了婚事活动、起屋进宅活动、丧葬活动、互助活动按照既定流程有序展开，为村民小组的正常运转提供了稳定的秩序基础与制度保障。

总体而言，通过及时制订在全区或在街道范围内适用的本土社会规范并严格实施这些规范，大亚湾区区委、管委会以及各街道党工委、街道办事处等区域、街域治理主体有效保障了辖区治理工作的开展，维护了全区或街道的社会有序和稳定；通过积极创制和严格遵循在本村、本村社、本村民小组、本居民小组、本机构内适用的本土社会规范，村居"两委"、村民小组、居民小组、社工机构等相关主体有力地维持了各个辖区内的社会秩序，保障了特定区域的社会秩序安定；通过积极遵守自发自生的婚姻规范、丧葬规范、互助规范、起屋规范等本土社会规范，村居群众无形中维持了其本身生活秩序的稳定，奠定了大亚湾区整体社会秩序安定的基础。

（四）保障民众权益

通过本土社会规范的基层治理特别是通过党政机构制订规范的基层治理面向民众、服务民众、依靠民众，以有效保障广大民众的权益为重要出发点和重要落脚点，治理过程由广大民众参与、治理成果由广大民众共享、治理效果由广大民众评价，在实践中产生了有效保障民众的生存权益、发展权益、服务享受权益、治理参与权益等民众集体个人权益的积极效果。具体而言：

其一，通过本土社会规范的基层治理保障了民众个人的权益。例如，大亚湾区区委政法委等治理主体积极推动社会心理服务工作，常态化地开展免费便捷的心理服务。通过为群众提供宣泄的场域、倾诉的对象、解困的场合、休息的机会，大亚湾区区委政法委抚慰了来访群众的心灵，满足了基层群众日益增长的精神服务需求，保障了民众享受服务的权益。再如，妈庙村的村民小组基于古村征收获得收益的实际情况，通过召开村民小组会议、村民小组扩大会议的方式将传统习惯上升为村规民约并因时因地完善村规民约的做法促进了传统习惯的双重制度化，为妈庙村各村民小组有序分配征收款、厂房租赁收益、回拨地转让收益等福利收益提供了制度支撑与分配依据。通过自觉遵守和严格适用福利分配规范，妈庙村各村民小组保障了福利分配活动的公开、公正进行，促进了个体福利分配工作的有序进行，保障了村民的合法权益。

其二，通过本土社会规范的基层治理保障了民众集体的权益。例如，大亚湾区区管委会等主体主导开展的南边灶村的整村搬迁工作为该村的后续长远发展提供了有效保障。由于搬迁主体为南边灶村建设了商铺、超市、幼儿园等项目并将其交给南边灶村村委会运营，南边灶村由此每年能获得数百万元的商场租金、商铺租金、幼儿园租金、停车位收费等收入，集体经济收入稳定、可持续，村集体的后续发展有保障，村集体的权益得到有效保障。再如，妈庙村通过在综合性的自治章程、综合性的村规民约中写入有关安全生产与防火管理、环境卫生、消防安全、乡村建设、设施维护的内容以及制定完善《村民卫生保洁公约》《澳头街道妈庙村卫生管理制度》《妈庙村环卫保洁质量标准》等人居环境治理村规民约，有效地为古村人居环境的改善工作提供了规范依据与操作规程。在这些村规民约的指引和保障下，妈庙村组织开展了卫生保洁、沟渠清理、溪河清理、房前屋后乱堆乱放杂物与积存垃圾清理、乱搭乱建拆除、乱排乱放治理、星级卫生户评选、党员干部定期参与村庄道路清洁等一系列工作和实践，有效提升了古村的整洁程度与美观程度，营造了良好的人居环境，改善了村民在村内居住的感受，保障了村民享受良好居住环境的权益。

通过田野调查发现，通过本土社会规范的基层治理保障民众权益的常见情况主要包括保障被搬迁人的生存权益、保障村民享受良好居住环境的权益、保障民众参与基层治理机会的权益、保障村民福利分配的权益、保障群众享受心理服务的权益、保障群众享受志愿服务的权益、保障村民得到援助的权益、保障村庄后续发展的权益等，有着多元的价值和效果。

（五）传承优秀传统

历史是昨天的现实，大亚湾区的不少本土社会规范特别是民间自生规范是大亚湾区特有的文化、心理、意识的制度化呈现。在基层治理中积极运用这些民间自生规范在很大程度上就是在推进优秀传统的传承，保障优秀文化的接续和弘扬。当然，除了通过民间自生规范的社会治理，通过党政机构制订规范的基层治理、通过社会创制规范的基层治理也在一定程度上产生了传承优秀传统的效果。具体而言：

其一，通过民间自生规范的基层治理极大地传承了优秀传统。大亚湾区的民间婚姻规范、丧葬规范、起屋规范、茶叙规范、原始信仰规范等自生习惯规范是传统文化的制度化体现，根据这些民间自生的规范进行社会治理本身就是在传承优秀传统。例如，塘尾村海隆村民小组、东升村通过婚姻成立习惯规范的结婚实践是文化传承的主要场景，传统婚嫁规范的反复实施对于传承固有优秀文明内容、活化本土良善文化、弘扬传统美德具有十分重要的作用。多年来东升村、塘尾村海隆村民小组的渔家规范很少变化。通过自觉遵守和反复实施历史上固有的婚嫁规范，东升村疍民们以及塘尾海隆村民小组的村民们以生活实践的方式保障了渔家文化的有效传承。以东升村为例，在赏花仪式、歌舞表演、接新娘途中、送新郎去剪发路上、拜大王爷途中，好命婆以及男方的女性亲属通常会按照一套完整的传唱方式和程序传唱原生态渔家咸水歌。这些渔歌是当地渔家文化的活化石。在渔家婚嫁活动中演唱渔家咸水歌的意义不仅在于娱人悦己，更在于以代代传唱的方式记录、传承、传播疍民200年的历史文化信息，实现文化濡化、文化接续和文化传承。

其二，通过社会创制规范的基层治理在较大程度上促进了优秀传统的传承。实践中，通过宗族规范的宗族治理能够传承优秀宗族文化传统，通过村规民约的古村治理有利于保护古村建筑、传承古村古风，通过寺院活动规范的治理有利于保障优秀宗教信仰传统的变迁与传承。例如，塘尾村通过宗族规范的基层治理实践活化了传统朱子文化，保育了传统文化艺术精华。作为一种文化型治理，通过宗祠规范的乡村治理实际上是一个运用传统文化、传承传统文化、活化传统文化的过程。塘尾村村委会、宗族、村民个人根据宗族规范开展传家训、建祠堂、修族谱、拜祖先、创协会等治理实践既是在满足今人的文化需求，也是在传承、活化传统先人的精神文化遗产。以建祠堂为例，在建祠堂的过程中，宗祠重建委员会按照祠堂规范在龙福厅门墙、廊檐、屏风上的以丹凤朝阳、松鹤延年、喜上眉梢等花鸟瑞兽或弘扬诗书礼仪为题材刻画了图案。这种做法不仅能够展示雕刻、书法、彩绘等中国古典艺术之精华，而且还能够促进古典文化艺术的传承。在"鲤跃龙门"庭，宗祠重建委员会在正面墙上刻上了能够彰显客家彰崇文重教的精神的"鲤跃龙门"浮雕，在激励子孙上进的同时促进了传统文化的有效传承。

其三，通过党政机构制订规范的基层治理在一定程度上保障了优秀传统的传承。为了促进优秀传统的传承以及为了提升党政制订规范的适用效果、取得被治理主体的广泛支持，大亚湾区各级党政机构制订了一批推进传统文化传承的本土社会规范，开展了一系列促进传统文化传承的实践，在一定程度上保障了优秀传统的传承、弘扬和发展。例如，大亚湾区区委政法委主导开展的通过四级联户群管理规范的基层治理在一定程度上赓续了熟人社会的传统，搭建了群内村居民守望相助的桥梁，重塑了熟人社会，激活了基层治理的基础。四级联户群的搭建打破了社区居民参加社区管理的时间、空间壁垒，构筑了线上社区生活的"元宇宙"，增进了社区生活共同体的归属感，契合了人的心理，重建了熟人社会。在"十户一联"的微信群里，群友们可以在群里分享生活、发布需求、交流感悟、寻求帮助、互相鼓励。平时互相不熟悉的居民能够借此增加联络、互相熟悉。再如，大亚湾区管委会主导开展的通过搬迁方案的整村搬迁使得南边灶村得以延续乡愁根脉。在搬迁的过程中，大亚湾区管委会的一个创新性做法是根据村民意见建立了南边灶客家民俗公园，重建了村内各族的宗族祠堂。这一创新做法的主要作用在于为南边灶村民缅怀祖先、团聚族人、凝聚集体情感、举办宗族活动提供了场所与载体，使得南边灶村的村民们能够由此延续乡愁根脉、留得下乡土情结。

纵览大亚湾区各种类型的通过本土社会规范的基层治理实践可以发现，通过本土社会规范的基层治理特别通过民间自生规范的社会治理在很大程度上是传统文化的规范化表达，这使得大亚湾区的村居群众得以在生活场景发生巨变的情况下仍然能延续乡愁根脉、留住乡土情结，传承数百年的优秀传统。

总体而言，大亚湾区通过本土社会规范的基层社会是一种较为成功的基层治理模式，这种治理模式在实践中产生了实现国家目标、促进地方发展、维护社会秩序、保障民众权益、传承优秀传统等诸多显著效果，呈现出大亚湾区的和美之治状态。由于通过本土社会规范的基层治理有着显著的价值，取得了积极的治理效果，我们应当在加强和改善基层治理的过程中进一步利用好本土社会规范这种地方性知识和习惯法资源，完善基层治理规范体系和秩序体系，实现基层的良法善治。

二、通过本土社会规范的基层治理的主要特点

通过本土社会规范的基层治理是一种多元化、多维化、多种化、多样化基层治理。在通过本土社会规范的基层治理实践中，党政机关、社会组织、民间群众等多元主体根据多维规范，灵活运用多种方式，取得了纷繁多样的治理效果，丰富了和美之治的内涵，形成了通过本土社会规范的基层治理的大亚湾风格、大亚湾样板、大亚湾模式。

（一）治理主体多元

大亚湾区通过本土社会规范的基层治理主体极为广泛，包括大亚湾区区委、管委会、区委政法委等区级党政机关和部门、各街道党工委、各街道办事处、各街道综治中心、各街道综合行政执法队等街道党政机构、各级各类领导小组指挥部、57 个村社区党组织（党委、党总支、党支部）、57 个村社区的村委会居委会、专业社工组织、各级心理健康服务社、物业公司、村民小组、居民小组、村经济联合社、村民小组股份经济合作社、村社区治安联防队、志愿服务团队、公益协会、网格员、楼栋长、农贸市场管理团队、庙会理事会、庙会理事会骨干成员、宗族组织、房族组织、香港同胞、老人协会、红白理事会、乡贤、权威人物、好命婆媒婆等热心人、村居群众等。

通过国家法律的社会治理的主体有着中心化、集中化、单一化的特征。相比于通过国家法律的乡村治理，通过本土社会规范基层治理的治理主体类

型多元，这些主体大多层级较低、分布较散。随着治理场域、治理环境、治理对象、治理背景的变迁，通过本土社会规范的基层治理主体也随之有所不同。例如，在东升村、霞新村通过庙会规范的渔村治理中，治理主体主要包括庙会理事会、庙会理事会的骨干成员、房族组织、村居"两委"、香港同胞、基层党政机关等；在老畲村三大屋村民小组通过物业管理规范的村民小组自治中，治理主体包括了物业公司、村民小组、村"两委"等三种不同的权威；在东升村、金门塘村、霞新村、前进村等沿海村通过婚姻成立规范的渔村治理中，治理主体主要为好命婆、媒婆以及疍民自身，有着自我治理的特征；在大亚湾区通过搬迁方案的整村搬迁中，治理主体主要为，大亚湾区区委、管委会、专项整体搬迁工程指挥部、管委会动迁办公室、区国土分局、搬迁村所在的街道党工委、街道办事处以及搬迁村"两委"；在塘尾村、上田村通过茶叙规范的老人自治中，治理主体为老人自身；在塘尾村通过宗族规范的村庄治理中，治理主体为塘尾村朱氏宗族、村"两委"；在海隆村民小组通过民事习惯规范的村民小组治理中，治理主体主要为媒婆、门神公以及村民自身；在妈庙村通过村规民约的古村治理中，治理主体为妈庙村"两委"、各村民小组、村民代表等；在南边灶村通过楼栋长管理规范的搬迁村治理主体包括南边灶村"两委"、驻村专职网格员、楼栋长等不同类型；在新寮村通过市场管理规范的城中村治理中，治理主体主要为村委会、农贸市场管理团队；在德惠社区通过志愿服务规范的社区治理中，德惠社区"两委"、德惠社区志愿服务团队均发挥着不可或缺的作用；在澳头街道通过综合执法规范的街道治理中，澳头街道党工委、澳头街道办事处、澳头街道综合执法委员会、澳头街道综合行政执法队（综合行政执法办公室）等主体均为重要的治理主体；在大亚湾区通过四级联户群管理规范的基层治理中，治理主体包括大亚湾区区委政法委、街道办事处、村（居）"两委"等三级治理主体；在大亚湾区通过和美网格规范的基层治理中，大亚湾区区委政法委、各街道党工委、街道办事处、各村居"两委"及网格站分别发挥着主导作用、执行作用和辅助作用；在大亚湾区通过社会心理服务规范的基层治理中，大亚湾区区委政法委是主导主体和推动主体，大亚湾区社会心理服务指导中心、街道健康服务社、村居健康服务社、社会面场所心理服务站点等四级心理管理服务机构是重要的执行主体和参与主体。

按照不同的标准，可将基层治理中的多元主体分为不同的类型。其中，根据治理主体所掌握的治理权类型和所代表的权威类型之不同，可将多元治理主体分为党政机关和部门、社会自治主体、民间自生主体等三种不同类型，三者分别掌握着国家强制权力、社会自治权力、民间传统权力（利）；根据在治理实践中的地位和作用不同，通过本土社会规范的基层治理主体可被分为主导主体、执行主体、辅助主体三种类型，三者发挥的作用依次递减；根据主体人数的多寡，通过本土社会规范的基层治理主体可以被分为集体、个人两种类型，前者较为常见，后者通常为有着较强治理能力的乡贤、能人等。在大亚湾区通过本土社会规范的基层治理中，各类治理主体共同构成了基层治理共同体，共同体成员们分别在自己的治理场域中发挥作用，引领着特定场域、特定类型基层治理实践开展，一起绘就了基层治理的大亚湾图景。

（二）治理规范多维

在大亚湾区的基层治理中，治理规范的类型极为多样、内容极为细密，每一面治理领域、每一个治理维度、每一项治理活动、每一种治理工作中均存在着各具特色的治理规范，形成了多维度的本土治理规范体系。根据创制主体等级、作用维度以及效力层次的不同，这些本土社会规范可被分为党政机构制订规范、社会组织创制规范、民间自生形成规范三种类型，分别在党政机构主导的基层治理维度、社会自治的基层治理维度、民间自生的基层治理维度发挥主场作用。每一维度空间中的治理规范又可按照适用空间维度的不同划分为不同类型。具体而言：

其一，党政机构制订规范主要由大亚湾区本地区级、街道级党政机关主导创制，在大亚湾区全区或某个街道内适用，有着较高的权威性和强制性。根据制订主体层级和作用维度的不同，党政机构制订规范可被分为区级规范和街道级规范两种类型，其中区级规范由大亚湾区区委、管委会以及大亚湾区区委政法委、组织部、民政局、管委会动迁办等区级各党政部门制订，通常在全区发挥作用；街道级规范主要为街道党工委、街道办事处以及街道党工委、办事处下设工作机构制订，在特定街道空间内发挥作用。在此基础上，还可对两类规范进行进一步细分：一方面，区级规范包括一般规范、专项规范等不同类型。例如，为了推进和美网格治理工作，大亚湾区委政法委推动形成了一套精密细致的与和美网格治理相关的制度规范；为了推进大亚湾区区域性社会心理服务工作，大亚湾区区委政法委自主制订或推动其他主体制订了一系列社会心理服务规范，奠定了大亚湾区社会心理服务工作的制度基础；在组建和运行四级联户群的过程中，大亚湾区区委政法委探索形成了一套四级联户群管理规范；为了顺利完成南边灶村搬迁工作，大亚湾区区委、管委会制订了搬迁工作方案等一系列专项制度方案。另一方面，在街道级规范方面，根据作用领域的不同，街道级规范可被分为不同类型。例如，为了贯彻落实上级要求，实现对辖区的有效治理，澳头街道党工委、澳头街道办事处结合下放的职权，2021 年以来陆续制订了一系列在澳头街道范围内适用的综合行政执法方案和规范；为了落实好反走私、反偷渡政策，规范反走私、反偷渡工作，澳头街道制订了一系列反走私、反偷渡工作方案，将上级"两反"精神转化为了街道级具体规范。

其二，社会组织创制规范主要为大亚湾区 57 个村社区的基层群众自治组织、社工机构、宗族组织、企事业单位等相关主体基于本村、本社区、本机构、本宗族、本单位的实际治理需求而创制，分别在特定的治理领域和事项中发挥作用。例如，为了解决环境脏乱差、拥堵现象多、占道经营多、矛盾纠纷多、入室盗窃多、警情多发高发的问题，老畲村三大屋村民小组自发成立了惠州市新骏腾物业服务有限公司，创制了一套由物业公司负责施行的物业管理规范；为了维护村庄秩序、改善村庄环境、分配集体收益、提升村民文明程度，妈庙村村民委员会、村民小组等治理主体创制了村民自治章程、村规民约、村民小组组规民约等多类制度规范；为了管理好自身、更好地参与基层治理，专业社工机构"公民伙伴"创制了一套社工管理规范，保障了社工机构的高效运行；为了更好地适应搬迁上楼后的生活，南边灶村村"两委"探索组建了楼栋长队伍、建立了楼栋长管理规范，形成了南边灶特色；为了增加集体经济收入、规范市场管理、维护交易秩序，新寮市场管理处创制了一套农贸市场管理制度，奠定了市场运行的制度基础；为了改善新设立社区的治理效果，德惠社区"两委"推动创制了一套志愿服务规范，推动了志愿服务工作的有序开展。

其三，民间自发形成规范主要是在民间生产生活实践中自发产生的习惯规范，在特定的生产生活维度中发挥作用。这些习惯法规范既包括历史上形成的固有规范，也包括在新的生产生活中自发形成的习惯规范，它们共同协调着人与人之间的关系，维护着基层社会的微观秩序。民间自发形成规范所涉领域十分广泛，涵盖婚姻、丧葬、茶叙、起屋、互助、原始信仰等多个民事生活场景。例如，在塘尾村海隆村民小组的丧葬活动中，需要遵守的丧葬习惯规范包括进宗祠规范、报丧规范、祭奠规范、安葬规范、延客规范等，规范内容较为细密，约束力较强；在娘婶姊妹汇聚组织开展的活动中，茶叙名称规范、茶叙召集规范、茶叙人员规范、茶叙时间规范、茶叙地点规范、茶叙经费规范、茶叙活动流程规范等活动组织规范与行为规范发挥着十分重要的作用；在东升村村民的结婚活动中，相识（亲）规范、订婚规范、结婚规范、回门规范等婚姻成立规范极具影响力；在霞新村村民组织和参与的杨包祭拜活动中，请神规范、拜神规范、"抢"炮台规范、唱大戏规范、谢神规范等原始信仰规范年复一年地发挥着作用。

总体而言，大亚湾区基层治理中的本土社会规范涉及多个治理维度，这些规范层级多、跨度广、数量众、内容杂、体系大、结构全，建构起了多维度、多层次、多领域、多类型的立体化本土社会规范体系库。这些本土社会规范为各层级治理主体、各维度治理计划、各层次治理实践提供了规范依据、行为准则和行动指南。

（三）治理方式多种

在大亚湾区通过本土社会规范的基层治理中，为了保障治理目标的有效实现与治理任务的顺利完成，各级各类治理主体根据实际情况灵活地采用了多种治理手段、运用了多种治理方式，形成了多种治理手段并存、多种治理方式交错的基层治理局面。具体而言：

其一，就推动治理的力量来源而言，大亚湾区基层治理中既有自组织的治理方式，也有他组织的治理方式。一方面，在大亚湾区的基层治理实践中，基层治理工作在很多情况下是内部主体基于自我演进的逻辑，运用自组织方式，主动依靠自身力量，进行自我动员、自我管理、自我约束，推动治理系统自行运转，形成稳定的内部秩序。例如，通过宗族规范的宗族治理、通过茶叙规范的老人自治、通过市场管理规范的市场治理、通过互助规范的海上救援、通过物业管理规范的村民小组自治，均是治理主体基于自治理念、运用自组织方式进行的自我治理。另一方面，在大亚湾区的基层治理实践中，基层自治系统之外的治理力量在很多时候基于建构主义逻辑，以他组织的方式建构起了基层治理秩序，推动了基层治理系统的运转。例如，通过综合执法规范的基层治理、通过规划方案的基层治理、通过四级联户规范的基层治理、通过和美网格规范的基层治理均属于他组织的治理方式。在他组织的治理方式下，基层群众性自治、社工组织、村居群众等基层主体主要发挥着协调、配合和执行的作用。

其二，就治理方式来源而言，大亚湾区基层治理中既有传统延续的治理方式，也有社会组织自发形成的治理方式，还有党政主导的治理方式。其中，在传统延续的治理方式方面，大亚湾区沿海疍民渔村通过婚姻成立规范的基层治理、海隆村民小组通过民事生活习惯规范的治理、霞新村通过原始信仰规范的治理均为延续传统的治理方式，其治理资源、治理手段、治理目标、治理习惯继承于数百年形成的固有传统，是历史经验的现代传承与发扬；在社会组织自发形成的治理方式方面，通过章程的村集体经济组织管理、通过村规民约的村民自治、通过内部管理规范的寺院自治、通过内部管理规范的社工机构自治在性质上均为社会组织自治的治理方式，有社会组织自身进行自我动员、自我管理、自我教育、自我服务、自我约束；在党政主导治理的治理方式的方面，大亚湾区区委、管委会以及区委政法委、区委组织部、区民政局、区住建局、区社管局等党政机关所开展的通过和美网格规范的基层治理、通过政策文件的居委会设立、通过"三资"文件的股改工作、通过组织方案的村居群众性自治组织成员管理、通过专项方案的人居环境整治、通过智治规范的外来人口管理、通过规划文件的风貌保护等治理工作在性质上均为党政主导的治理方式，党政机关引导着治理方向、肩负着治理使命、推动着治理实践、输出着治理举措。

其三，就治理参与情况和治理结果产生方式而言，大亚湾区基层治理中既有党政推动的治理方式，也有民主协商的治理方式，还有党政与民众沟通、共决的治理方式。其中，通过和美网格规范的基层治理、通过四级联户规范的基层治理、通过通知方案的环境整治、通过综合执法规范的街道治理、通过智治规范的外来人口管理、通过政策文件的城中村自建房管理、通过规划文件的风貌保护等治理工作以党政主动为主要方式，是一种党政主导式治理；通过集体经济组织章程的村民小组治理、通过村规民约的村民自治、通过志愿服务规范的基层社会社区治理、通过积分制方案的社区治理等治理方式以民主协商为基本方式，治理主体、村居群众等主体通过民主协商的方式创制治理规范、引导治理实践，是一种民主协商式治理；通过搬迁方案的治理、通过社工服务规范的基层社会以党政机关与民众沟通为重要方式，治理规范的形成是党政机关和民众沟通、对话以及妥协的结果，治理工作的顺利开展有赖于双方的合意。

其四，就治理侧重点而言，大亚湾区基层治理中既有政治方式、自治方式、法治方式、德化方式、智治方式等多元方式，还有和美之治的方式（美治方式）。其中，政治方式侧重政治引领，例如德惠社区以党建为引领，由德惠社区党支部牵头与大亚湾区代建局、物业公司、志愿服务签订了党建服务联盟协议，强化了政治引领社区治理的模式；自治方式侧重于夯实村居自治能力，例如霞新村推动由村内各房族代表担任村民代表，实现了村民自治与血缘团体的有机集合，提升村民自治的代表性；法治方式侧重于改善社会的法治保障，例如清泉古寺在参与社会治理的过程中严格遵循国家宗教管理法律法规，奠定了寺院长远发展的基础；德化方式侧重加强社会的德治教化，例如塘尾村注重发挥德治方式的积极作用，大力开展家风家训培训、朱子文化传承活动，实现了对村民的德治教化；智治侧重强化社会治理的智治支撑，例如大亚湾区公安局注重智治方法的运用，开发了"湾区 E 网通"人脸智慧门禁系统，为平安大亚湾建设提供了智治支撑；和美之治的治理方式促进基层社会提升，例如大亚湾区区委政法委运用和美之治的方法，细化和美之治的标准，全方位地提升了网格治理效果。通过综合运用政治方式、自治方式、法治方式、德化方式、智治方式、美治方式等多重治理方式，针对具体情况分别发挥各种治理方式的优势，大亚湾区从多个角度全方位地提升了大亚湾区的基层治理效果。

总体而言，在大亚湾区的基层治理实践中，多元治理主体根据治理实际情况，灵活运用多种治理手段，创造性地发掘了多种治理方式，以巧妙的手段、机敏的方式生动演绎了生生不息的基层治理故事，绘就了基层治理的大亚湾样本。在大亚湾区的基层治理实践中，每一种治理方式都发挥了不可或缺的作用，各种治理方式共同充实了大亚湾区基层治理的"锦囊袋"与"工具箱"。

（四）治理效果多样

在多元治理主体的协同推动下、多维治理规范的多重保障下以及在多种治理方式的综合作用下，大亚湾区异彩纷呈的基层治理实现了多类治理目的，产生了多样的治理效果。我们可以从通过党政机构制订规范的基层治理、通过社会组织创制规范的基层治理、通过民间自发形成规范的基层治理三个方面来管窥大亚湾区通过本土社会规范的基层社会的多样效果。

其一，在通过党政机构制订规范的基层治理方面，大亚湾区区委、管委会等多元治理主体根据多维治理规范、运用多种治理方法取得了多样治理效果。例如，大亚湾区区委政法委推动的通过四级联户群管理规范的基层治理更好地落实了党和政府的政治任务，改善了社会管理和服务的效率，丰富了联系群众的手段，减少了不必要的人员接触，提升了宣传动员效果，契合了人的心理，重建了熟人社会传统，夯实了大亚湾区基层治理的根基，推动了大亚湾区基层治理体系和治理能力现代化，发展和丰富了和美之治的内涵；大亚湾区区委、管委会通过搬迁方案的整村搬迁工作推动了大亚湾区的区域经济发展、促进了大亚湾区的区域土地集约利用、推动了大亚湾区的区域快速城镇化、维持了整村搬迁秩序、提高了搬迁村村民的生活水平、保障了搬迁村的后续发展、延续了村民的乡愁根脉，产生了积极的效果；西区街道、澳头街道、霞涌街道通过综合执法规范的街道治理维持了街道的综合执法秩序、保障了综合执法权限的下沉、促进了行政执法力量的融合、充实了街道的执法力量、促进了实现对辖区的有效治理，丰富了通过本土社会规范的基层治理效果的多样性。

其二，在通过社会组织创制规范的基层治理方面，基层群众性自治组织、集体经济组织、社工机构、志愿服务组织、企业、寺院等多元治理主体根据多维治理规范、运用多种治理方法取得了多样治理效果。例如，新寮村通过农贸市场管理规范的城中村治理产生了保障农贸市场交易秩序、增加村集体经济收入、便利村民日常生活、创造就业机会等多重治理效果，有效改善了新寮村治理质效；清泉古寺通过内部管理规范的寺院自治在结果上凝聚了寺内共识、保障了寺院运转、促进了寺院发展、提升了社会形象，形成了良好的内部秩序；老畲村三大屋村民小组通过物业管理规范的村民小组委托型自治使得三大屋村民小组的村容村貌得到美化、治安环境大为改善、出行拥堵问题得到缓解、居民收入不断增长、邻里关系变得融洽，房屋出租率大幅上升；塘尾村朱氏通过宗族规范的村庄治理提升了塘尾村的村庄文明程度，满足了塘尾村朱氏村民的精神需求，保育了传统朱子文化艺术精华，提升了塘尾村的村庄团结程度；妈庙村通过村规民约的古村治理改善了村庄的人居环境，促进了优秀传统文化的传承发扬，提供了福利分配的标准，解决了福利分配的问题，提升了古村文化传统的传承、古村建筑的保护、古村现代化变迁的效果，取得了多样化的治理成效；南边灶村通过楼栋长管理规范的搬迁村治理产生了帮助村民适应新的生活方式、更好地服务村民与租户、充实搬迁村治理力量、强化村民小组干部作用、拓宽村民参与治理渠道、促进信息上传下达的积极效果；德惠社区通过志愿服务规范的社区治理充实了社区的治理力量、维持了社区的治理秩序、创造了普通群众参与社区治理的机会、满足了社区群众的多样化需求、提升了基层社区的文明程度，增加了基层治理效果的多样色彩。

其三，通过民间自发形成规范的基层治理方面，庙会理事会、权威人物、村居群众等多元治理主体根据多维治理规范、运用多种治理方法取得了多样治理效果。例如，东升渔村通过婚姻成立规范的渔村治理在实践中产生了规范渔村家庭组成、保障渔村人口繁衍、维护渔村婚嫁秩序、满足渔民精神需要、促进渔家文化传承、丰富渔民日常生活以及淳化民风、凝聚人心等多样效果；娘婶姊妹汇聚组织通过茶叙规范的老人自治在结果上满足了老年人的精神需求、实现了老年人的生活需要、促进了老人间的交流互动，帮助了老年人实现老有所养、老有所乐，提升了老年人的获得感、幸福感、安全感；海隆村民小组通过民事习惯规范的村民小组治理维护了海隆的民事活动秩序、满足了村民的生活需要、促进了村民的交往与团结、满足了村民的精神需求、培育了崇德向善的氛围。

综合而言，大亚湾区通过本土社会规范的基层治理以"多"为貌。在治理实践中，多元主体根据多维规范、采取多重手段，取得了带来了多样化的治理效果，丰富了和美之治的内涵，形成了基层治理的大亚湾亮点与大亚湾品牌。

三、通过本土社会规范的基层治理的基本经验

在开展通过本土社会规范的基层治理的过程中，大亚湾区各级各类治理主体坚持依法治理、坚持扎根本土、坚持鼓励创新、坚持直面问题、坚持和美之治，大力推进全方位、宽领域、多层次的基层治理事业，取得了显著的治理效果，形成了严格遵循法律规定、根据本地实际情况、尊重基层的创造性、以解决问题为导向、突出和美之治理念等基本治理经验。

(一) 严格遵循法律规定

依法治理是最可靠、最稳定的治理。在通过本土社会规范的基层治理实践中，大亚湾区各级各类治理主体注重提高依法治理能力，严格遵循国家法律法规的规定，坚持在国家法律法规和政策的框架下创制治理规范、组建治

理机构、执行治理规范、推行治理实践。

在开展通过本土社会规范的基层治理实践中，大亚湾区各级各类治理主体所遵循的法律法规主要有《宪法》《民法典》《地方各级人民代表大会和地方各级人民政府组织法》《居民委员会组织法》《村民委员会组织法》《乡村振兴促进法》《家庭教育促进法》《老年人权益保障法》《农业法》《土地管理法》《农村土地承包法》《乡镇企业法》《农民专业合作社法》《精神卫生法》《农村土地承包经营纠纷调解仲裁法》《宗教事务条例》《物业管理条例》《土地管理法实施条例》《志愿服务条例》等。

除了严格遵循国家法律法规、坚持依法治理，在开展通过本土社会规范基层治理实践的过程中，大亚湾区各级各类治理主体还注重紧跟国家战略步伐，严格遵循党和国家的相关政策，确保通过本土社会规范的基层治理符合党和国家的大政方针和发展战略。大亚湾区各级各类治理主体所遵循的主要政策文件包括中共中央发布《关于全面推进依法治国若干重大问题的决定》（2014年10月）、中共中央、国务院印发的《"健康中国2030"规划纲要》（2016年10月）、国家卫生计生委、中宣部、中央综治办等22部门发布的《关于加强心理健康服务的指导意见》（2016年12月）、中共中央办公厅、国务院办公厅《关于实施中华优秀传统文化传承发展工程的意见》（2017年1月）、中共中央、国务院《关于加强和完善城乡社区治理的意见》（2017年6月）、中共中央办公厅、国务院办公厅《关于推进城市安全发展的意见》（2018年1月）、中央政法委、最高人民法院、司法部等六部门《关于加强人民调解员队伍建设的意见》（2018年4月）、国家卫健委、中央政法委等十部门联合印发的《关于印发全国社会心理服务体系建设试点工作方案的通知》（2018年11月）、民政部、中央组织部、中央政法委等七部门《关于做好村规民约和居民公约工作的指导意见》（2018年12月）、中共中央办公厅、国务院办公厅印发的《关于推进基层整合审批服务执法力量的实施意见》（2019年1月）、中共中央办公厅、国务院办公厅《关于加强和改进乡村治理的指导意见》（2019年6月）、中央农村工作领导小组办公室等11部门《关于进一步推进移风易俗 建设文明乡风的指导意见》（2019年9月）、中共中央、国务院《新时代公民道德建设实施纲要》（2019年10月）、中央全面依法治国委员会《关于加强法治乡村建设的意见》（2020年3月）、民政部《关于开展婚俗改革试点工作的指导意见》（2020年5月）、民政部、全国妇联《关于加强新时代婚姻家庭辅导教育工作的指导意见》（2020年8月）、《法治社会建设实施纲要（2020-2025年）》（2020年12月）、住房和城乡建设部等部门《关于加强和改进住宅物业管理工作的通知》（2020年12月）、《法治中国建设规划（2020-2025年）》（2021年1月）、中共中央、国务院《关于加强基层治理体系和治理能力现代化建设的意见》（2021年4月）、《法治政府建设实施纲要（2021-2025年）》（2021年8月）、《中华人民共和国国民经济和社会发展第十四个五年规划和2035年远景目标纲要》（第十三届全国人民代表大会第四次会议2021年3月11日批准通过）、《中共中央 国务院关于加强新时代老龄工作的意见》（2021年11月）、中共中央办公厅、国务院办公厅《乡村建设行动实施方案》（2022年5月）、民政部、中央政法委等九部委《关于深入推进智慧社区建设的意见》（2022年5月）、国务院《关于加强数字政府建设的指导意见》（2022年6月）等。同时，大亚湾区也根据广东省的相关地方性法规、地方政府规章及规范性文件和惠州市的地方性法规和其他规范性文件的部署和安排进行通过本土社会规范的基层治理工作。

在开展通过本土社会规范的基层治理实践过程中，大亚湾区各级各类治理主体分别根据治理对象、治理环境的不同，有针对性地遵循相关领域的国家法律法规政策，主动将治理行为涵摄在相关国家法律法规和政策的框架之下。例如，老畲村三大屋村民小组在通过物业管理规范的村民小组自治中，严格遵循《村民委员会组织法》《物业管理条例》《法治社会建设实施纲要（2020-2025年）》《关于加强和完善城乡社区治理的意见》《关于加强和改进住宅物业管理工作的通知》（2020年12月）国家法律法规政策，村民小组自治的法治化、规范化水平；又如，大亚湾区区委政法委在推动通过社会心理服务规范的基层治理实践的过程中严格遵循《精神卫生法》第6条、《"健康中国2030"规划纲要》（2016年10月）、国家卫生计生委、中宣部、中央综治办等22部门《关于加强心理健康服务的指导意见》（2016年12月）、国家卫健委、中央政法委等十部门《关于印发全国社会心理服务体系建设试点工作方案的通知》（2018年11月）等相关法律和国家政策。

通过严格遵守国家法律法规、自觉响应国家号召、紧跟国家战略步伐、主动遵循党和国家的方针政策，大亚湾区各级各类治理主体提升了基层治理的合法性、规范性与可接受性，夯实了本土社会规范的基层治理的正当性基础，有效地将通过本土社会规范的基层治理融入了法治国家、法治政府、法治社会的建设的进程中，提升了通过本土社会规范的基层治理效果。

（二）根据本地实际情况

为了真正地解决好现实问题、服务好村居群众，大亚湾区基层治理共同体在开展基层治理的过程中，将"根据本地实际情况"作为一项基本原则，以扎根本土为逻辑基础、以立足本土为基本方法、以面向本土为治理导向、以治理本土为手段举措、以服务本土为价值追求，有针对性地开展创制本土社会规范、组建本土机构、执行本土社会规范等基层治理工作，不断努力改善本地基层治理状况，形成了"根据本地实际情况"这一重要治理经验。具体而言，我们可以从通过党政机构制订规范的基层治理、通过社会组织创制规范的基层治理、通过民间自发形成规范的基层治理三个方面来了解"根据本地实际情况"这一重要治理经验。

其一，在通过党政机构制订规范的基层治理方面，各级党政机关等治理主体注重充分调查、全面了解、系统总结大亚湾区的实际情况，立足大亚湾区全区实际、街道实际和村居实际，有针对性地制订治理规范、组建专门的治理机构、切实实施治理规范。例如，基于大亚湾区外来人口多、社会服务缺口大、基层治理力量薄弱的现实问题以及大亚湾区经济发展快、财政收入多、社会治理经费充足的实际情况，近年来大亚湾区区委政法委、民政局等党政机构通过政府购买社工服务、设置社会治理创新项目专项扶持资金等方式引入专业社工服务、壮大基层治理队伍、引导社会力量参与基层治理，有效壮大了基层治理队伍、更好地满足了大亚湾区村居群众的服务需求、提升了大亚湾区的吸引力，更高水平地建设了和美之治的大亚湾。再如，基于近年来大亚湾区经济社会的急速变迁和生存环境的改变带来的群众心理问题增加、涉心理危机事件频发、负面衍生问题严重的实际情况和现实问题，大亚湾区区委政法委推动开展了通过社会心理服务规范的基层治理实践，有效解决了大亚湾区社会急速变迁背景下社会心理问题增多的问题，营造了积极向上、心和事美的良好社会心态。

其二，在通过社会组织创制规范的基层治理中，村居"两委"等治理主体在日常工作中注重收集治理问题、总结村居实际，立足本村居、本单位的实际情况，创新性地探索适用于辖区实际的治理举措。例如，西区街道新寮村基于该村负债多、集体经济薄弱、外来人口多、群众买菜购物不方便等实际情况，建立了新寮农贸市场、制订了市场管理规范、组建了市场管理规范。

随着新寮农贸市场的有序运行，该村集体收入大幅增加（其中 2021 年市场租金为 700 万元），做大做强了集体经济，方便了村民的日常生活，一跃成为大亚湾区发展集体经济的明星村。再如，澳头街道南边灶村基于本村村民搬迁上楼后不适应楼房生活以及高空抛物、邻里纠纷、噪声污染、环境卫生、邻里陌生化、养犬安全、消防安全问题等较为严重的问题，探索建立了楼栋长制度，壮大了新社区管理服务力量，开展了问题反馈、信息传递、隐患排查、矛盾调解、教育劝导、困难帮扶等工作，帮助村民适应了新的生活，解决了搬迁村治理问题。

其三，在通过民间自发形成规范的基层治理中，村居群众等治理主体注重根据历史传统和新的社会形势，推动传统规范的现代传承，及时推动传统规范的转型，提升本土社会规范的适应性。譬如，东升村的村民们基于半个世纪以来经济社会的快速发展、对外开放水平的提升、村民交往范围的扩大以及出行的便捷等实际情况，潜移默化地改变了传承数百年的婚姻成立规范，从而使得作为历史经验的婚姻成立规范能够在新的形势下继续发挥作用，继续有效调整村民的生活。半个多世纪以来，在东升村渔民的自觉推动下，东升村新人的结识方式从经人介绍、找童养媳为主转变为自由恋爱为主，通婚对象的范围从金门塘村、前进村、东升村三个村的渔民扩大为三个渔村之外的其他人，彩礼金额也从 20 世纪 70 年代的数百元增长到而今的数万元，规范内容发生了实质变化。由于疍民婚姻成立规范及时适应了渔村新的实际，其在社会情况发生变化的情况下仍然发挥着重要的作用。再如，在海隆村民小组，随着经济因素的改变、工作场景的变迁、生活方式的变化等实际情况，海隆村民小组的村民对长期遵循的民事习惯法规范进行了有意识的主动微变。变化后，海隆村民小组民事习惯规范的调整对象有所减少、规范内容有所简化、规范效力有所下降，婚事新办、丧事简办成为一种新潮流。通过根据村民生活的实际情况更新民事生活习惯法的内容，海隆村民小组使得传统的民事生活习惯法在现代社会仍然能够继续发挥作用、调整村民生活、满足村民需要。

总体而言，大亚湾区基层治理共同体在开展基层治理实践的过程中注重扎根本土，形成了"根据本地实际情况"这一基本治理经验。通过充分调查本地情况、全面总结本地情况、深入分析本地情况以及基于本地情况及时更新治理理念、创制针对性的治理规范、探索符合本地实际的治理举措，大亚湾区基层治理共同体显著地提高了通过本土社会规范的基层治理的针对性、切实性、具体性、可行性，提升了基层治理效率。

（三）尊重基层的创造性

在开展基层治理实践的过程中，大亚湾区区委、管委会、区属各部门、各街道党工委、街道办事处等相关治理主体本着尊重基层创新的基本原则，坚持新理念、运用新方法、采取新举措，成功开辟了基层治理的新路径，塑造了基层治理的新模式，形成了"尊重基层的创造性"这一基本经验。

一方面，组织开展大亚湾区社会治理创新项目评选活动、设立大亚湾区社会治理创新项目专项扶持资金，激励基层治理创新。为了全面激发基层治理的创新性与创造性，更好地鼓励基层治理中的规范创新、制度创新、路径创新、手段创新、举措创新，大亚湾区区委、管委会等相关治理主体自2021年以来先后印发了《大亚湾区社会治理创新项目专项扶持资金管理办法》、《大亚湾区社会治理创新项目（2021-2022年）执行方案》等制度方案，每年投入500万元专项扶持资金征集和支持大亚湾区社会治理创新项目。在此基础上，大亚湾区区委政法委于2022年1月印发了《大亚湾开发区开展"和美网格"治理推进区域社会治理现代化试点工作实施方案》，提出要探索建立区级社会治理公益基金，通过"财政牵引，社会支持"的资金筹集模式，带动爱心企业和乡贤人士捐赠和资助，壮大社会化治理公益基金。通过创新项目评比、创新资金支持，大亚湾区区委、管委会等治理主体在精神上与物质上彰显了对基层治理创新实践的支持，以保障村（社区）社会治理有钱办事、使得其能够正常开展创新服务工作，在结果上扶持和培育孵化了基层治理创新实践，实现了以点带面的积极效果，激发了基层主动创新、积极创造的能动性和主动性，提升了基层治理创新创造的效果。

另一方面，及时总结宣传基层治理创新经验做法，将相对成熟的基层创新经验上升为长效制度。为了更好地发扬基层群众的首创精神、有效利用基层治理创新的经验价值，大亚湾区区委、管委会等治理主体在实践中注重将上层设计与基层探索有机结合，及时探索发现基层治理中的创新性实践，总结、宣传基层治理创新做法，将相对成熟的楼栋管理规范、村民小组治理规范、村（社区）治理规范提炼升华，升级为街道级、区级治理规范，打造基层治理创新试点和示范带，从而使得基层治理经验产生更大的溢出效应。

总体而言，大亚湾区的党政机关和部门十分注重基层群众的首创精神，通过组织开展社会治理创新项目评选、设立大亚湾区社会治理创新项目专项扶持资金、及时总结宣传基层创新经验、将相对成熟的基层创新经验上升为长效制度，大亚湾区区委、管委会等治理主体营造了良好的基层治理创新环境，激活了基层创新创造的积极性，打造了可复制推广、可持续发展的本土社会治理创新品牌。

（四）以解决问题为导向

大亚湾区通过本土社会规范的基层治理实践之所以能够得到群众广泛认可、产生了积极的效果，一个十分重要的原因在于其坚持以解决问题为基本导向，勇于直面问题、敢于啃硬骨头，集中力量破难题、闯难关，有效破解了基层治理中的难点、消除了基层治理中的痛点。

大亚湾区各级各类治理主体在治理过程中均坚持以解决基层治理中的问题原则，直面治理难题，有针对性地寻找运用本土社会规范解决问题的办法，突破治理瓶颈。一是，大亚湾区区委、管委会以及各部门等在基层治理的过程中始终坚持从问题出发，直面基层治理中的问题，根据解决问题的难度进行部门动员或全体动员，集中力量和资源消除困难，强力推进基层治理工作。例如，为了顺利推进南边灶村搬迁工作，解决搬迁推进问题，大亚湾区区委、管委会勇挑重担，召开了动员大会，设置了驻村工作组，从全区各部门各单位抽调了600多名骨干力量驻村入户做村民思想工作，努力消除村民的认识误区。在工作组做工作后，绝大多数村民表示愿意接受和配合搬迁工作，形成了整村搬迁的共识，整体搬迁的难题顺利化解。二是，基层群众性自治组织等社会治理主体本着实事求是的态度，直面村居发展问题，勇于进行自我革新，果断采取新的治理举措，解决了村居发展中的一系列难题。例如新寮村直面村集体经济薄弱、债台高筑的现实问题，在村党总支部书记黄振忠的带领下积极探索摆脱困境的出路，开展了适当出让宅基地、筹集启动资金、大力招商引资、开发建设厂房、建设农贸市场等改革举措，走出了一条"以工带商、工商联动"的致富路，解决了村集体经济发展难题。三是，村居群众等民间自生治理主体在进行自我治理的过程中，坚持不回避问题的原则，及时更新不适应时代、不适应潮流的传统规范，推动新的规范的生成，使得作为历史经验积累的传统规范在现代社会仍然能够发挥积极的作用。例如，海隆村民小组的村民及时更新理念，直面社会形势已经发生变化的实际情况，适当调整婚姻成立习惯法的内容，将婚姻举办地点更多地从家中转移到了现代酒店，解决了旧规范与新生活不匹配的问题，在较大程度上留住了海隆村的文化传统。

通过坚持问题导向，直面矛盾焦点，有针对性地创制专门化解问题的本土社会规范、组建专门破解问题的本土机构、开展专门解决问题的本土治理实践，集中力量攻坚克难、解决群众的急难愁盼，大亚湾区各级各类治理主体在总体上提升了基层治理的针对性、有效性，破解了基层治理的重大难题，极大地改善了大亚湾区的基层治理状况。

（五）突出和美之治理念

和美之治是大亚湾区基层治理的重要名片。在整体推进大亚湾区基层治理实践的过程中，大亚湾区区委政法委在大亚湾区区委、管委会的领导和支持下，将和美之治的理念融入大亚湾区基层治理的全领域、各方面，取得了显著的治理效果，建构了和美之治的治理格局，形成了"突出和美之治的理念"这一重要治理经验。

在和美之治的基本理念下，大亚湾区各级各类主体通过严格坚持党建引领、完善运用"四级"联户、坚持企业共建、社会组织联动参与"和美"网格、设立调解室、设立健康服务社、引导新时代文明实践、落实干部驻点、突出本土特色等十项标准，协力推动形成了说话和气、待人和善、邻里和睦、团队和衷、买卖和谐、矛盾和解、卫生洁美、环境优美、身体健美、德行善美、奋斗俊美、文化尚美的"六和六美"治理景象。2021年下半年以来，为了深入推进和美之治，真正地将和美之治的理念融入基层治理的全过程、各方面，大亚湾区区委政法委创制了《大亚湾开发区开展"和美网格"治理推进区域社会治理现代化试点工作实施方案》《区政法机关干部下沉基层开展"和美网格"共建实施方案》《共建和美社区倡议书》等规范，开展了和美家庭建设、和美网格建设、和美社区建设、和美街道建设、和美大亚湾建设、大亚湾社会心理服务体系建设等一系列工作，取得了积极的成效。例如，在社会心理服务体系建设方面，大亚湾区区委政法委将和美之治理念融入心理健康建设工作，组建了"大健康"组织体系、搭建了"和美大亚湾"大健康服务线上管理平台，营造了心和事美的社会心态。

总体而言，严格遵循法律规定、根据本地实际情况、尊重基层的创造性、以解决问题为导向、突出和美之治理念是大亚湾区基层治理实践的经验结晶，是大亚湾区突破治理困境、取得治理实效、形成治理亮点的重要法宝和关键支撑要素。在加强和改善基层治理的过程中，加强对业已形成的治理经验的重视，进一步总结好、梳理好、利用好、推广好这些治理经验是更好地改善基层治理质效、建设更高水平的良法善治局面的必由之路和题中应有之义。

四、通过本土社会规范的基层治理的现实问题

实践表明，大亚湾区通过本土社会规范的基层治理实践取得了显著的成效。但与此同时，大亚湾区通过本土社会规范的基层治理实践也面临着一定的挑战，呈现出不够平衡的状况，存在着认识有差异、实行有差距、效果有差别等问题，制约了通过本土社会规范的基层治理水平的进一步提升，对大亚湾区的良法善治事业造成了一定的挑战。

（一）认识有差异

在开展基层治理工作过程中，大亚湾区多数治理主体对通过本土社会规范的基层治理的价值意义、规范依据、手段方法、目标追求的认识较为深刻和全面，能够自觉地凝心聚力投身基层治理事业，但也有少部分治理主体对通过本土社会规范的基层治理的价值意义、规范依据、手段方法、目标追求的认识尚不够深刻和全面，在思想认识上尚有一定差距，制约了基层治理效果的进一步提升。

其中，在有关价值意义的认识方面，有些治理主体将关注焦点过多地放在了外部治理力量，未能充分认识内生治理力量在通过本土社会规范的基层治理中的价值和意义，其对内部与外部、移植与内生、先验理性与经验理性之间关系的认识不够准确和充分；在有关规范依据的认识方面，部分治理主体过于关注国家法律法规政策等正式治理规范，而对本土社会规范特别是民间自生规范关注不足，其过于强调理性建构、程序正义、形式法治、法理外控、立法先导等国家法律元素，而忽视了经验演进、实体正义、实质法治、权威内控、顺从民意等本土社会规范元素；在有关手段方法的认识方面，有些治理主体未能充分认识到社会自治的手段方法在通过本土社会规范基层治理中的价值和作用，其对管治与治理、规划与自主、国家动员与社会动员、行政管理与村居自治、集约式嵌入与分散式自治之间关系的认识尚有待改善和提高；在有关目标追求的认识方面，有些治理主体未能充分理解和认识通过本土社会规范的基层治理的治理目标、治理任务、治理方向。例如，有些主体对通过本土社会规范的基层治理的治理方向认识尚不够充分，未能把握好守成与创新、模仿与自创之间的关系，未能充分激活基层主体的创造性，影响了通过本土社会规范的基层治理质效。

值得关注的一点是，在有关治理规范依据的认识方面，目前有些治理主体尚未充分认识到民间自生规范这一本土社会规范的价值和作用。百年以降，法治现代化已然成为国人孜孜不倦的追求，但作为本土社会规范的互帮互助习惯规范、婚姻习惯规范、丧葬习惯规范、起屋习惯规范、原始信仰规范等民间自生规范常被视为传统与落后的代表而未受重视。在大亚湾区的很多地方，治理主体往往深受制度主义的"制度建设"和西方公共管理"先进理论"的影响，在进行基层治理时极为重视国家法律法规政策的作用，但对民间自生规范这种本土社会规范的作用并不了解和重视，未能给予作为经验积累与历史智慧结晶的民间自生规范以足够的关注。由于部分治理主体并未重视甚至自觉或不自觉地抵触、排斥民间自生规范，因而民间自生规范这种植根于本土的治理资源在很多治理场域未能充分发挥其作用、实现其价值。为了发挥好民间自生规范在基层治理中的积极作用，大亚湾区区委、管委会、区属各部门、各街道党工委、街道办事处以及村居"两委"等治理主体有必要对基层治理中民间自生规范的作用进行实证梳理，发现其作用限度和作用阻碍，加强对有关主体思想和理念的引导，校正认识有差异、接受有差等的情况，从而更好地提升基层治理水平，助益乡村振兴，助力法治国家、法治社会和地方法治建设。

（二）实行有差距

在大亚湾区通过本土社会规范的基层治理实践中，存在着治理主体在开展治理工作的过程中对国家法律法规不够重视、有些治理工作偏离了以生活为本位的原则、有些治理工作偏离未坚持以问题为导向、有些治理主体未将发展作为治理核心、有些治理工作未能做到以改革为指引、有些治理工作未以增强实效的目标、有些治理环节互为掣肘不够融合等问题。这些问题的存在降低了基层治理的运行效率，拉低了通过本土社会规范的基层治理的实施效果，使得大亚湾区的基层治理在实行方面与治理理想尚有一定的差距。

其一，在治理依据方面，实践中有些治理主体在开展治理工作的过程中对国家法律法规不够重视。在开展基层治理工作的过程中，有些治理主体法治意识淡薄，有时未能坚持及时检索、严格遵守国家相关法律法规，创制了一些有违法律规定的制度规范、组建了一些不符合法定组建程序的治理组织、开展了一些不符合法治原则的治理工作，有违法治精神和法律理念。例如，有的村庄在议订村规民约和自治章程的过程中未能遵守《村民委员会组织法》的规定，导致村规民约和自治章程的制订程序不符合国家法律法规的规定，村规民约的一些条款违反了国家法律法规，特别是有的村规民约过度剥夺外嫁女的权益，违背了《妇女权益保障法》，加剧了国家法律与村规民约之间的摩擦；再如，有的热心群众自发组建了房族公益协会、志愿服务机构，但是并未按照国家的社会组织登记管理规范到民政部门等机构进行登记注册，导致这些机构在法律上尚属于非法组织，给这些机构的长远发展留下了一定的隐患。

其二，在治理原则方面，有些治理工作偏离了以生活为本位的原则。在开展治理工作的过程中，部分治理主体外部诱因和自身认识的原因，未能从生活出发来理解治理本质、推进治理工作，未能遵循立足民众生活实际、遵循民众生活逻辑、面向民众生活所求、解决民众生活困难、服务民众生活需要、提高民众生活水平、保障民众生活秩序的原则，在发现生活实际、遵守生活逻辑、建设生活设施、完善生活场所、提升生活条件、优化生活环境、满足生活需求、保障生活秩序、解决生活困难、促进生活和谐等方面开展的工作不够多、不够细、不够全面和有力，未能把握良法善治与生活的关系，在一定程度上偏离了以生活为本位的原则。例如，有些党政机构在开展基层治理的过程中不注重生活逻辑，将传统民间信仰、民间自生规范仅视为落后的代表而加以禁止，忽视了民众本身的需求；有些治理主体特别是部分街道的党政机构在制定街道规范时未能考虑本街道民众的生活实际，仅通过移植、照搬大亚湾区其他街道或外地街道规范的方式制造本街道的制度规范，降低了本土社会规范的适应性、可接受性和适用效果；有的村民委员会、居民委员会在创制村规民约、居民公约的过程中只是将上级提供的模板进行了简单修改就提交村民代表会议（大会）、居民代表（大会）表决，未能在村规民约、居民公约中写入具有特色的内容，与本村、本社区群众生活的实际情况几乎没有任何联系，难以为本村、本社区群众的生活提供指导；还有的村居忙于完成上级部门的工作指令和指标考核，难以专注、深入地去调查本村生活实际、解决村民生活困难、服务村民生活所需。以新寮村为例，该村2022年1月~4月完成各项工作152件，约耗时900小时/人，工作经费96万元，其中上级交办任务150件，占各项工作数的98.6%，约耗时800小时/人，占总耗时 88.9%，工作经费 65 万元，占总工作经费 67.7%。[1]该村多数治理力量都放在了落实上级任务、贯彻上级要求上，难以再抽出更多精力去了解村民需要、改善村民生活、开展有本村特色的治理工作。

其三，在治理导向方面，有些治理工作偏离了以解决问题为导向的原则。以解决问题为导向的原则要求治理主体本着自我革新的理念主动发现问题、全力化解问题、设法防范问题。但实践中，有些治理主体在创制治理规范、组建治理机构、开展治理实践的过程中偏离了以解决问题为导向的原则。具体而言，有些治理主体对于实践中存在的问题视而不见听而不闻，对于长期存在的问题听之任之、不管不问，例如有的党政部门对于搬迁村民反映的遗留问题不够重视，并未想方设法去"找病因、对症下药"，未能解决村民反映的问题；有些治理主体开展的一些治理工作不以解决问题为导向，而以搞政绩、充门面为导向，建造了一批外观好看但实用性不强的设施和宣传栏，未能得到群众的认可；有些治理主体在开展治理工作的过程中，做了太多与主要问题关联不大或者与主要问题无关的无用功，未能将治理资源用在刀刃上，例如有的村庄、社区运用国家拨付的资金和集体收入建设了一些与村民需要无关的设施，降低了治理资源的利用效率；有的治理主体未能知不足而后进，放任问题的产生和发展，导致治理状况一直无法产生质的提升，例如，机关单位面对村民的房屋办证需求不够重视，相关工作进展缓慢，导致村民有一定的意见；还有的治理主体照搬照抄其他地方的问题预防方案，未能真正建立起适合本村、本单位问题的预防方案，无法真正解决可能产生的治理危机和问题，为将来治理工作的长远发展留下了隐患。

其四，在治理核心方面，实践中有些治理主体未将发展作为治理核心。在开展通过本土社会规范的基层治理实践的过程中，有些治理主体过于强调稳住基本盘，进取心不强，未能坚持以发展为核心，未能规划好未来长远发展，导致治理工作停滞不前。例如，有的党政机构对渔村的发展不够重视、协调有限，未能帮助解决渔村发展中的房屋办证限制、出海限制、捕鱼范围限制、经营渔家乐限制等相关制约因素，导致部分渔村发展较为缓慢；再如，有村庄未能很好规划村庄道路和建设秩序，导致乱搭乱建问题较为严重、村

---

〔1〕《"和美网格"营造美好生活——惠州市大亚湾经济技术开发区推进市域社会治理现代化试点实践的调研报告》，大亚湾区区委政法委提供，2022 年 7 月 11 日。

庄道路不够宽阔，制约了村庄的进一步发展。还有的搬迁村未对村民做好引导，村民们在分得搬迁补偿款后消费不节制、未理性投资，甚至沉醉于吃喝玩赌，未能将搬迁红利转化为长远发展红利，后续发展动力不足；此外，有的村民小组为求得短期利益将留用地、划拨地全都以村企合作的方式建设了商品房，未尝试建设工业厂房，导致村发展空间受限，村集体经济的长远发展受到了一定的限制。

其五，在治理指引方面，有些治理主体未能做到以改革为指引。改革是社会发展的强大动力，通过及时改革旧制度、破除旧约束，能够从根本上提升基层治理质效。虽然大亚湾区基层治理主体总体上有着很强的改革精神，但也有少部分治理主体改革精神不强，不愿改、不会改、不敢改，导致一部分本土社会规范落后于社会生活、一部分治理举措不符合新的环境，甚至一些治理主体固守现状，在一定程度上阻碍了社会的改良和革新。例如，一些村"两委"面对村集体经济收入有限、村发展空间受阻的问题，并未全力去改变固有模式、突破瓶颈，未能带领村庄进入新的发展阶段；有些政府部门和办事机构并未深入推进"放管服"改革，办事手续烦琐，有的群众为了顺利完成公益组织审批备案工作前往区属某部门跑了50多趟。

其六，在治理目标追求方面，有些治理工作未以实效为目标。总体而言，大亚湾区的基层治理主体能够真抓实干，讲求实际效果，极大地提高了基层治理实效，但是也有少部分治理主体未以实效为最终目标，追求有显示度的表面效果、短期效果，务虚而不务实，也有的治理主体追求不高，存在被动心理甚至消极敷衍的心理，只是被动地根据上级要求完成治理工作，治理实效一般。当然，值得一提的是，在大亚湾区区委政法委的推动下，大亚湾区已采取了一定的行动，有效提升了大亚湾区基层治理的实效，例如，2021年1月该区管委会办公室发布了《大亚湾区社会治理创新项目专项扶持资金管理办法》，面向大亚湾区各机关、企事业单位、村（居）基层自治组织、社会组织等，设立了"大亚湾区社会治理创新项目专项扶持资金"，每年安排500万财政资金用于支持和引导社会力量参与社会治理，为大亚湾区基层治理工作向前发展提供了实实在在的资金支持和方向引导。当然，目前这些工作尚且不够全面充分，未来还可在其他方面继续深化。

其七，在治理方式方面，主体融合、规范融合、运行融合的程度有时不够深。目前大亚湾区基层治理存在着一定的融合不足的问题。一方面，在推进基层治理事业的过程中，大亚湾区部分党政机关有时存在着主体越位缺位、规范无法反映客观现实和满足社会需要、运行悬浮化和在地性不够等问题；另一方面，村居委会等主体在组织和参与基层治理的过程中有时面临着主体虚化、内容泛化、实施弱化、效果散化等融合问题。例如，有些党政部门在创制本土社会规范时并未调查了解民众日常生活中业已形成的程序习惯规范，创制出了一套与民间自发规范相迥异的制度体系，不仅未能促进民间自生规范与党政创制规范的融合，而且还导致"官有正条，民有私约"的现象；再如有些宗族组织并不重视国家法律法规，未及时进行登记和备案，导致社会自治与国家治理之间存在着一定的矛盾。

总体而言，大亚湾区通过本土社会规范的基层治理在运行环节和工作实施方面尚有一定的改进空间。在开展治理实践、推进基层治理事业的过程中，有的治理主体未严格坚持以法律为依据、有的治理主体未严格坚持以生活为本位、有的治理主体未很好做到以解决问题为导向、有的治理主体未真正做到以发展为核心、有的治理主体未严格做到以改革为指引、有的治理主体未切实做到以实效为目标，还有的治理主体未能坚持以融合为方式，这些问题的存在影响了大亚湾区基层治理工作的效率，降低了本土治理方案与治理规范的实施效果。未来，可进一步改进治理工作，改变或缓解实行有差距的问题。

（三）效果有差别

大亚湾区通过本土社会规范的基层治理在效果方面存在着效果不平衡的状况。虽然多数治理主体善于开展治理工作，取得了显著的治理效果，但由于治理力量分布不均，也有一些地方和治理领域治理效果一般；虽然多数本土社会规范符合实际，实施效果显著，但有的本土社会规范并不完备，实施效果欠佳；虽然多数治理运行环节较为顺畅，促成了良法善治局面的基本形成，但也有一些治理运行环节并不如意，影响了治理效果的进一步提升。具体而言：

其一，治理力量分布不够均衡，导致治理效果不均衡。总的来说，大亚湾区通过本土社会规范的基层治理力量布局不够平衡。一方面，有的村居和机构的治理主体个人能力强，例如，西区街道坳下社区党支部书记、居委会主任周燕贵能力强、有担当、威信高，带领坳下社区走上了良法善治之路，但也有的村居和机构的治理主体个人能力不够强，未能发挥好领头羊的作用，治理效果一般。另一方面，有的治理机构兵强马壮，集体治理力量强大，能够高效地宣传好、实施好、落实好治理部署、治理防范、治理方案，但也有部分治理主体人员不足，集体力量不足，难以较好地开展治理工作。例如，有的街道综合执法人员较多，通过综合执法规范的街道治理效果显著，但也有的街道综合执法人员数量不足，不足以应对庞大的人口规模，通过综合执法规范的街道治理效果欠佳；再如，有的村居规模不大但工作人员较多，治理力量充足，能够有力地完成治理工作，但是也有部分村居虽然常住人口规模过万但工作人员较少，治理力量较为欠缺，难以高质量地完成治理目标。此外，还有少部分村居班子软、产业弱、村庄乱、民心散，治理效果不甚理想。

其二，有些治理规范不够完善，导致实施效果欠佳。虽然大亚湾区的本土社会规范总体上体系庞大、内容复杂、涵摄基层治理的方方面面，但是也有少部分本土治理规范尚不够完善，拉低了通过本土社会规范的基层治理效果。其中，在区级层面，有的区级党政机关极为重视制度创制工作，制订了一系列制度方案，保障了全区治理工作的顺利开展，但是也有部分区级党政机构由于人员不足、精力不足、不够重视或基层治理职能较少，没有专门创制出一套健全的规范体系，未能给全区治理工作提供统一、完整的参考标准，在一定程度上导致了治理标准的不统一和治理秩序的紊乱。在街道层面，有的街道治理主体创制了综合执法规范以及街道级的和美网格规范、四级联户群管理规范等制度规范，为辖区基层治理工作提供了规则指引和行动指南，在整体上提升了街道治理质效，但是也有部分街道尚未制订足够多、足够全的治理规范，拉低了街道治理工作的规范性水平和制度化程度，制约了街道治理水平的进一步提升。在村居层面，有的村居既制订了综合性的村规民约，也结合本村（居）历史传统、现实状况、文化特色、生活习惯和集体经济发展状况制订了专门性的村规民约、居民公约，为村庄治理奠定了坚实的制度基础，保障了通过村居规约的村居治理效果，取得了显著的成效，但也有的村居仅制订了部分综合性村规民约、居民公约，很少结合本村（居）历史传统、现实状况、文化特色、生活习惯和集体经济发展状况制订专门性的村规民约、居民公约，导致部分村居治理工作面临着无据可依的窘境，制约了通过本土社会规范的基层治理效果；还有的村规民约、居民公约等本土社会规范在内容上存在口号化、形式化、表面化、宣示化的倾向，缺乏有针对性的实质内容。

其三，部分治理运行过程不畅，导致效果产出一般。通过本土社会规范的基层治理的运行环节主要包括创制规范、组建机构、实施规范等环节。虽然总体上大亚湾区的治理运行过程较为流畅，产生了积极的治理效果，但是也有部分治理运行环节中存在着一定的阻碍因素和负面因素，影响了治理效果。其中，在规范创制环节，大部分规范创制环节科学合理、运行流畅，但也有部分规范创制环节缺少充分的社会调查、全面的群众意见征求、合乎法律的程序以及透明的创制过程，导致本土社会规范的代表性、在地性、系统性、全面性、针对性、可适用性、正当性不足，影响了规范创制工作本身的权威性，降低了治理对象对规范的信仰程度；在组建机构环节方面，有的治理主体及时组建了规范执行机构，确保了治理工作的顺利开展，但也有部分治理主体未及时组建治理执行机构或组建了冗余的机构，导致政策执行力量下沉效果并不理想；在实施规范方面，有的本土社会规范能够得到治理主体、被治理主体的共同遵循，实施效果良好，但也有部分本土社会规范（特别是部分村规民约）未能得到严格全面施行，在很大程度上形同具文；还有的党政部门对村居组织检查评比事项过多，有的甚至干预村居自治组织自治范围内的事务，影响了本土社会规范的实施效果。由于创制规范环节、组建机构环节、实施规范环节均存在着一定的不均衡、效果不一的问题，通过本土社会规范的基层治理效果在总体上还有待提升。

总体而言，大亚湾区通过本土社会规范的基层治理中存在着认识有差异、实行有差距、效果有差别的问题，整体上不够均衡。这些问题是当前大亚湾区基层治理中的难点、堵点、痛点，是未来大亚湾区进一步提升基层治理水平的制约因素。为了全面提升通过本土社会规范的基层治理的效果，必须集中力量改变不均衡的现状，突破治理难题，开拓良法善治新局面。

五、通过本土社会规范的基层治理的理论依据

大亚湾区通过本土社会规范的基层治理有着坚实的理论基础和科学的理论支撑，是牢牢建立在科学的理论基础之上的。人民民主理论、法治社会理论、社会自治理论、多元法理论、内生秩序理论等作为人类智慧结晶的诸多理论成果共同构筑起了大亚湾区通过本土社会规范的基层治理的理论基础，是大亚湾区开展治理实践、建设和美之治、走好良法善治之路的理论支撑、智力支持和方向指引。在一定程度上可以认为，大亚湾区通过本土社会规范的基层治理实践之所以能够行之有效，就是因为其符合基本的科学精神、契合基层治理的逻辑原理、合乎人类社会的发展规律和基本趋势。这些科学精神、逻辑原理、发展规律、基本趋势的理论化形态也即人民民主理论、法治社会理论、社会自治理论、多元法理论、内生秩序理论等基本理论。

（一）人民民主理论

人民民主理论认为，我国是工人阶级领导的、以工农联盟为基础的人民民主专政的社会主义国家，国家一切权力属于人民。根据人民民主理论，人民民主是社会主义的生命，是全面建设社会主义现代化国家的应有之义。人民民主在本质上是一种全过程的民主。党的二十大报告把发展全过程人民民主确定为中国式现代化本质要求之一。全过程人民民主是新时代我们党领导人民推进社会主义政治建设取得的重大理论和实践创新成果，是社会主义民主政治的本质属性、精确阐释和科学表达，是最广泛、最真实、最管用的民主。发展全过程人民民主要求是中国式现代化的本质要求。为了发展全过程人民民主，需要健全基层党组织领导的基层群众自治机制，加强基层组织建设，完善基层直接民主制度体系和工作体系，增强城乡社区群众自我管理、自我服务、自我教育、自我监督的实效；完善办事公开制度，拓宽基层各类群体有序参与基层治理渠道，保障人民依法管理基层公共事务和公益事业。[1]

从实践来看，人民民主理论植根于大亚湾区通过本土社会规范的基层治理的方方面面，贯穿于大亚湾区通过本土社会规范的基层治理的全领域全过程。具体而言，一方面，大亚湾区区委、管委会等各级党政机关好部门在创制本土社会规范、组建治理机构、实施本土社会规范的过程中坚持全过程民主理念、协商民主理念，始终同人民保持密切联系，强调公开透明，倾听人民的意见和建议、体现人民意志，确保了人民依法参与管理国家事务和社会治理事务的权益，使得大亚湾区人民当家作主变得更为扎实、基层民主活力得到增强。另一方面，大亚湾区的57个村居"两委"以及村民小组、居民小组在制订村规民约、执行村规民约的过程中注重通过多种方式听取和反映村

---

〔1〕　参见习近平：《高举中国特色社会主义伟大旗帜　为全面建设社会主义现代化国家而团结奋斗——在中国共产党第二十次全国代表大会上的报告》（2022年10月16日）。

居群众的意见和要求，吸纳民意、汇集民智，完善村务公开、居务公开制度，从而更好地为村居群众服务，充分发挥了村居群众在全过程民主中的作用，提升了基层民主在全过程人民民主中的作用。此外，大亚湾区的广大基层群众通过民间自生规范进行自我治理、自我服务也丰富了民主形式，拓宽了基层各类群体有序参与基层治理渠道，保障了广大群众参与管理基层公共事务和公益事业的权益，发挥了人民群众的积极性、主动性、创造性。

总体而言，大亚湾区通过本土社会规范的基层治理在理论上来源于人民民主理论，在实践中验证了人民民主理论，在行动上彰显了人民民主理论，在结果上实现和推进了人民民主理论。通过按照本土社会规范进行基层治理，大亚湾区基层治理主体夯实了人民当家作主的制度保障，践行了以人民为中心的发展思想，发展了全过程人民民主，保障了人民当家作主，改善了基层民主发展质效，踔厉步稳地铸就了基层治理与人类文明新形态。

（二）法治社会理论

法治社会是在法治国家、法治政府之后提出的一个关涉法治全局的概念。在一定意义上可以将法治社会视为法治国家、法治政府乃至整个法治事业的基础。相对于法治国家、法治政府等学术概念，法治社会是一个相对较新的学术概念。[1]作为一种充满中国特色的理论，法治社会理论认为，法治社会是构筑法治国家的基础，法治社会建设是实现国家治理体系和治理能力现代化的重要组成部分。就理论来源及组成而言，习近平法治思想、中国特色社会主义法治理论、社会治理理论等相关理论成果中均或多或少地涉及法治社会理论。其中，习近平法治思想中的法治社会理论认为，建设法治社会需要健全社会领域制度规范，推动社会治理法治化。[2]

根据法治社会理论研究的共识，法治社会建设包括谁来建设、依何建设、如何建设三个方面。其中"谁来建设"指向主体维度、"依何建设"指向规范维度、"如何建设"指向运行维度。深入推进法治社会建设需要从主体、规

---

[1] 法治社会可作广义和狭义的区分，广义的法治社会包含着法治国家和狭义的法治社会，狭义的法治社会是相对于法治政府、法治国家、法治政党而言的，法治社会理论之"法治社会"主要是指后者。参见肖金明："推进法治社会理论与实践创新"，载《法学杂志》2017年第8期，第19~30页。

[2] 参见陈柏峰："习近平法治思想中的法治社会理论研究"，载《法学》2021年第4期，第3~15页。

范、运行三个维度同时发力,坚持法治国家、法治政府、法治社会一体建设。[1]

大亚湾区通过本土社会规范的基层治理是对法治社会理论的具体实践和检验。具体而言,其一,在主体层面,法治社会理论更为强调社会自治而非国家管制,大亚湾区的基层治理主体基于法治社会理论要求,自主自觉地在各个治理场域中分别发挥积极作用,细致全面地推进大亚湾区法治社会建设,形成了大亚湾区法治社会建设强大合力。其二,在规范层面,法治社会十分看重社会规范建设,大亚湾区各级党政机关、自治组织、群居群众等治理共同体在法治社会理论指引下,推动形成了党政机构制订规范、社会组织创制规范、民间自生形成规范等一整套本土化治理规范,建构起了多层次多领域社会规范体系,使得大亚湾区村居群众不仅有法可依而且有规可依,在日常生活中不仅可以从国家法律中寻找问题解决方案和行动指南,而且可以在本土社会规范中寻找问题解决方案和行动指南。其三,在运行层面,法治社会理论强调法治社会是相对于人治社会而言的,大亚湾区基层治理从法治社会理论出发,创制了一批本土社会规范,依法依规维护社会秩序、解决社会问题、协调利益关系、推动社会事业发展,培育了全社会办事依法依规、遇事找法找规、解决问题用法用规、化解矛盾靠法靠规的法治环境,提升了大亚湾区村居群众的获得感、幸福感、安全感。

总体而言,大亚湾区通过本土社会规范的基层治理验证和检验了法治社会理论的正确性和科学性,提升了大亚湾区法治社会建设的规范化、制度化水平,使得大亚湾区社会生活的各个方面都有法可依、有规可循,提高了大亚湾区基层治理的法治化水平,构筑了信仰法治、公平正义、保障权利、守法诚信、充满活力、和谐有序的社会主义法治社会,为推进大亚湾区、惠州市、广东省乃至全国的法治社会建设事业贡献了大亚湾智慧、提供了大亚湾方案。通过运用本土社会规范开展基层治理工作,大亚湾区建成了符合实际情况、体现时代特征、人民群众满意的法治社会建设新局面。

(三)社会自治理论

社会自治是指社会共同体自治,也即社会共同体的成员自主决定本共同

---

[1] 参见高其才:"健全自治法治德治相结合的乡村治理体系",载《光明日报》2019年2月26日;高其才、张华:"乡村法治建设的两元进路及其融合",载《清华法学》2022年第6期,第42~63页。

体的公共事务，进行自治自律。社会自治理论认为，社会自治的核心是自治权——亦即作为社会自治体成员所享有的自我治理（self-rule）、自我统治（self-government）的权利——由社会自治组织来共同行使。社会自治的主要特点之一是，国家和家庭之间有一个中介性的社团领域，这一领域由同国家相分离的组织所占据，这些组织在同国家的关系上享有自主权并由社会成员自愿结合而形成以保护或增进他们的利益或价值。根据社会自治理论，自治的个人通过社会自治组织实现其自治权，后者的功能是在国家权力与个人自治权利之间起到中介和保护作用，形成国家—社会—个人的联系和互动关系。[1]社会自治理论的相关研究始于 20 世纪 80 年代中后期的社会自治运动，该理论集中关注公民社会的发展及其带来的现代社会治理转型，其理论视角是社会对国家的关系以及其间最为重要的社会与国家间互动的关系。[2]推进和保障社会自治是健全自治、法治、德治相结合的基层治理体系重要内容之一，是促进基层社会走上良法善治之路的必然要求。

大亚湾区通过本土社会规范的基层治理在总体上符合社会自治的基本原理，在实质上遵循、验证并发展了社会自治理论，这也是大亚湾区基层治理主体之所以能够顺利推进社会治理工作、取得显著治理成效、得到社会大众主动支持的重要原因之一。其中，在党政机关开展的社会治理层面，大亚湾区各级党政机关在基层治理中注重发挥社会本身的自治功能，减少政治权力对社会权力的干预，有序开展简政放权、权限下放等工作，通过项目支持、资金支持和精神鼓励等方式促进社会自治力量与自治组织进行自我管理、自我决定、自我服务、自我监督、自我约束。再如，在村民自治、居民自治、社会组织自治方面，相关治理主体注重充分发挥自身的积极作用，通过自由、平等地共同召开会议、共同创制自治规范、共同遵守自治规范的方式维护自身共同权益，努力提升村民自治、居民自治以及社会组织自治的水平，实现了"自己事情自己办"，使得村居内部出现了自治主体不断勃兴、自治规范走向完善、自治实践自主开展的生动局面。

---

〔1〕 参见周庆智："基层社会自治与社会治理现代转型"，载《政治学研究》2016 年第 4 期，第 70~80 页；周庆智："论基层社会自治"，载《华中师范大学学报（人文社会科学版）》2017 年第 1 期，第 1 页。

〔2〕 参见邓正来、[英] 杰佛里亚·历山大主编：《国家与市民社会——一种社会理论的研究路径》，上海人民出版社 2006 年版，第 481 页。

总体而言，社会自治理论是大亚湾区党政机构放权给社会自治组织、社会自治组织自主开展自治实践的重要理论依据和理论支撑。通过按照社会自治理论的实质精神和社会自治的思路开展自治实践，大亚湾区基层治理主体促进了政府治理和社会调节、居民自治的良性互动，推动形成了更高水平的乡村治理体系，助推了基层治理的现代转型。

（四）多元法理论

多元法理论（法律多元理论）是法社会学、法人类学所研究和关注的重要范畴。当然，多元法理论并不是一种被整合的大一统理论，而是由多种揭示、论证和解释法律规范、法律经验、法律观念或法律模式多样性的理论构成的理论范畴。[1]其中，欧根·埃利希的"活法"理论、马克斯·韦伯的团体多元主义与法律多元主义、霍贝尔的具备强制惩罚效力的社会规范、克利福德·吉尔兹的"地方性知识"理论、萨莉·法尔克·穆尔的"半自治社会领域"理论、波士斯皮尔"法律层次"理论、千叶正士的"三重二分法"以及昂格尔对习惯法、官僚法和法律秩序的划分理论等理论均为有着重要影响力的多元法理论。例如，欧根·埃利希认为，"活法"不是规定在成文法律中的法条，也不是指在法庭中被强制力所贯彻的法律，而是支配实际生活的法，它不仅包括社会中的习惯、商业交易的惯例，也包括各种正式非正式社会团体的内部规范。[2]美国人类学者霍贝尔认为"法是这样一种社会规范，当它被忽视或违反时，享有社会公认的特许权的个人或团体，通常会对违反者威胁使用或事实上使用人身的强制"。[3]美国人类学者克利福德·吉尔兹基于对爪哇、巴厘岛、摩洛哥的田野调查，并通过对当地社会和文化形态的研究，提出了"地方性知识"这一概念。吉尔兹依据地方性知识认识法律，主张法律本身就是地方性知识，地方性知识包括地方空间、时间、阶级、特色（把对所发生的事件的本地认识与对可能发生的世界的本地想象联系在一起），法

---

〔1〕　参见张晓辉："波斯比西和'法律层次论'：对一种法律多元理论的考察"，载《贵州民族研究》2021年第1期，第39页。

〔2〕　参见［奥］欧根·埃利希：《法社会学原理》，舒国滢译，中国大百科全书出版社2009年版，第23~25页、第44页。

〔3〕　［美］E. A. 霍贝尔：《初民的法律——法的动态比较研究》，周勇译，中国社会科学出版社1993年版，第30页。

律认识就是认识和想象的复合体。[1]

多元法理论通常认为，法的多元是一种基本事实，无论在什么地方，法律"就其性质而言，必定是多元的"，"如果不承认'这种现象'，就是思维方面的落后"。[2]多元法理论认为，社会中实际有效的"法"不仅包括国家机构创制的法律法规，而且包括社会自治规范、民间自生规范等各种类型的规范。改革开放以来，随着法律人类学、法社会学学科在我国的建立，多元法理论被引入我国。此后学界对该理论的态度从最初受到反对和质疑，逐步演变为认同、接受，法律多元理论得到了初步的发展。[3]而今，多元法理论已成为在学术界有着重要影响力的理论。就科学性而言，多元法理论揭示了规范多元这一社会现象和客观事实，有着一定的现实性和合理性。毕竟，"广谷大川异制，民生其间者异俗"。[4]社会生活的多样性必然决定了法的多样性。目前学界有关多元法理论的基本共识是，由于基层治理中客观存在多种规范，并不是只有国家法律规范着一种维度，因而理性的做法是正视而非忽略法的多元这一基本事实。

大亚湾区通过本土社会规范的基层治理之所以能够在各方面、各场域能取得成功，收获多样化的效果，得到广大群众的广泛好评、受到社会各界的一致认可，一个重要的原因即在于其在本质上尊重了法的多元这一客观事实、遵循了法的多元这一重要理论。大亚湾区基层治理中发挥实际作用的各类本土社会规范在性质上均为多元法理论框架下的"法"。梳理结果表明，目前大亚湾区基层治理中的多元法（本土社会规范）主要包括三种类型。其一为党政机构印发的红头文件、政策通知、规划方案、管理规范等党政制订机构规范，其二为社会自治组织和机构创制的村规民约、居民公约、自治章程、宗规族约、家规家训、行会规范、社会组织规约、庙会规范等社会组织创制规范，其三为礼俗规范、风俗习惯、茶叙规范、原始信仰规范、社会禁忌、民

---

[1] 参见［美］克利福德·吉尔兹：《地方性知识——阐释人类学论文集》，王海龙、张家瑄译，中央编译出版社2000年版，第225~325页。

[2] Merry, S. E., "Legal Pluralism", *Law and Society Review* 22：869（1988），转引自［美］布赖恩·塔玛纳哈："研究'法律多元'现象的新进路"，郑海平译，载朝阳法律评论编辑委员会编：《朝阳法律评论》（第6辑），中国华侨出版社2012年版，第250页。

[3] 参见张钧："法律多元理论及其在中国的新发展"，载《法学评论》2010年第4期，第3页。

[4] 劳乃宣："新刑律修正案汇录"，载劳乃宣：《桐乡劳先生遗稿》，丁卯（1927年）冬日桐乡卢氏开雕本，第24页。

事生活习惯等民间自发形成规范。这些多元法规范与政府管理息息相关、与社会自治息息相关、与人们的生活息息相关，在基层治理中发挥着不可或缺的作用。这些规范为基层治理主体有效开展治理工作提供了规范指引、正当性依据、行为标准和行动指南，是基层治理实践智慧和经验的结晶。

总体而言，大亚湾区通过本土社会规范的基层治理在本质上契合了多元法理论，彰显了多元法理论的积极价值。在多元法理论实质精神指引下，大亚湾区的多元治理主体基于实际需要，本着多元观念，创制了多元化的治理规范（多元法），构建了多维规范体系，开展了多方面的治理实践，实现了多重治理目的，产生了多样的治理效果。

（五）内生秩序理论

目前学界有关内生秩序的相关研究形成了一定的理论共识，这些基本理论共识可被合称为内生秩序理论。根据内生秩序理论的主要观点，基层社会中既客观存在着基于理性建构主义的外生秩序，也客观存在着基于自然演进主义的内生秩序。其中，自由主义代表性学者、诺贝尔经济学奖得主弗里德里希·奥古斯特·冯·哈耶克的自生自发秩序理论是内生秩序理论的主要代表。哈耶克认为，社会中存在着"自生自发的秩序"和"人造的秩序"，"社会群体在长期的交往与互动博弈中自发产生的一种内在规则"，并且"通过人类的集体学习和模仿机制不断地延续和演进"。[1]哈耶克的自生自发秩序理论奠定了内生秩序理论的主体根基，其在哈耶克的自由理论中有着重要的地位。此外，中国学界对乡村治理中的内生秩序、传统中国的内生秩序进行了颇有价值的研究，发展和丰富了内生秩序理论。例如，贺雪峰等认为内生秩序依赖于村庄内部人与人之间的联系，这种联系因其性质、强度和广泛性构成人们的行动能力，行动能力为村庄社会提供了秩序基础。[2]还有不少中国学者基于"皇权不下县"背景下内生秩序在传统中国发挥着重要作用的背景，就传统中国的内生秩序进行了研究，例如，有学者在学界有关对会馆、乡约、家族、客长、保甲、团练等管理者和社会组织研究的基础上，对清代冕宁村庙组织的村治实践及其对村落内生秩序形成的影响进行了研究，得出了村庙

---

〔1〕　［英］弗里德利希·冯·哈耶克：《自由秩序原理》，邓正来译，生活·读书·新知三联书店1997年版，第61~67页。

〔2〕　参见贺雪峰、仝志辉："论村庄社会关联——兼论村庄秩序的社会基础"，载《中国社会科学》2002年第3期，第124~134页。

组织"非常"与"日常"的村治实践推动了村落内生秩序的形成与维系等结论，丰富了内生秩序理论。[1]

大亚湾区的基层治理在很大程度上是一个自组织过程，社会自发形成的秩序和民间内生秩序发挥着不可或缺的作用。茶叙规范、婚姻规范、丧葬规范、互助规范、起屋规范、楼栋长管理规范等一系列内生性规范为大亚湾区的社会内生治理主体组织开展、婚事活动、起屋进宅活动、丧葬活动、互助活动提供了符合历史传统、契合大众认知、合乎群众期待的行为规范与行动指南，确保了茶叙活动、婚事活动、起屋进宅活动、丧葬活动、互助活动按照既定流程有序展开。通过民间自生规范的社会治理以自发自生的形式潜移默化地维护了大亚湾区基层社会秩序的稳定，为外部秩序发挥作用以及他组织过程的顺利推进奠定了重要的秩序基础。

纵观大亚湾区通过本土社会规范的基层治理可以发现，大亚湾区的治理实践之所以能够稳定、有序地开展，在很大程度上是因为治理主体遵循了内生秩序理论的主要原理和基本精神。特别是，娘婶姊妹汇聚组织、楼栋长队伍、志愿服务队伍等内生主体自觉根据历史上形成的内生秩序和新的条件下形成内生秩序，开展了一系列社会自组织实践，实现了基层治理实践与内生秩序理论的有效互动，产生了积极效果。

综上所述，人民民主理论、法治社会理论、社会自治理论、多元法理论、内生秩序理论等相关经典理论是大亚湾区通过本土社会规范的基层治理的重要学理支撑和智力支持，是大亚湾区运用本土社会规范进行基层治理的重要正当性来源。未来在加强和改善基层治理、推动基层治理现代化转型的过程中，应当提高对相关理论的重视程度，加强对相关理论的梳理分析，为大亚湾区走好良法善治之路寻找更为坚实的理论基础、更为科学的理论指导、更为可行的理论方案，助益基层治理实践向纵深发展。

六、通过本土社会规范的基层治理的发展完善

为了进一步提升通过本土社会规范的基层治理效果，全面推动基层治理提质增效，大亚湾区基层治理主体需要坚定目标、持续努力，需要在思想上提高对本土社会规范在基层治理中积极功能和重要意义的认识，在方向上坚

---

[1] 参见龙圣："清代冕宁的村庙组织、村治实践与村落内生秩序"，载《民俗研究》2020年第5期，第42~54页。

持通过本土社会规范的基层治理效果的原则，在具体行动上采取统筹规划、广泛总结、制定规范、完善机制、明确职责、条件保障等具体举措，不断夯实大亚湾区基层治理基础，努力提升和美之治的治理效能，积极开创良法善治新局面。

（一）提高对本土社会规范在基层治理中积极功能和重要意义的认识

在开展基层治理的过程中，各级党政机构、领导干部等治理主体需要在思想上提高对本土社会规范在基层治理中积极功能和重要意义的认识，需要本着尊重内生、尊重自治、尊重创新的理念，对基层治理中的内生资源、自治实践、规范创新现象给予重视和尊重。

1. 尊重内生

在开展基层治理的过程中，治理主体需要尊重本土的内生主体、内生规范、内生实践等本土化内生资源的客观存在以及基层治理中的积极功能。之所以要尊重内生，不仅是因为内生主体壮大了基层治理力量、内生规范奠定了基层治理基础、内生实践活跃了基层治理氛围，更是因为内生主体、内生规范、内生实践存在客观性和合理性。以民事生活习惯法规范等本土化的内生规范为例，这类规范是长期积淀形成的本土社会规范，是人们生产生活中不可或缺的一部分，是数百年来大亚湾区基层社会得以稳定和发展的重要支撑和保障。作为自然演进的产物，本土的内生性规范诞生于、成长于和生存于特定区域的自然和人文环境。在内生性规范产生和存在的社会基础没有发生根本改变的情况下，内生性规范无法被消灭。毕竟，"经济基础决定上层建筑"。由于本土化的内生主体、内生规范、内生实践在基层治理中发挥着积极的作用且无法被消灭，因而大亚湾区的党政机关等基层治理主体应当尊重本土社会规范等内生规范、内生资源，根据自身资源禀赋基层治理创新。而且由于在既有的本土内生资源基础上进行法治创新是一种成本更低的治理实践，有着独特优势，因而法治建设和基层治理更应当增强尊重本土内生规范的意识、全面融合本土资源。

2. 尊重自治

在社会创制规范和民间自生规范这些本土社会规范的框架下，村民自治、居民自治、村民小组自治、居民小组自治、老人自治、宗族自治、社会组织自治以及民间群众自治等各类社会自治共同建构起了大亚湾区基层治理的自治之维，形成了不可忽略的社会事实和制度事实。为了有效地推动政府治理同社会调节、居民自治良性互动，促进基层群众自治更加充满活力，大亚湾区区委、管委会等治理主体需要遵循社会自治的基本原则，尊重社会自治事实客观存在且作用巨大的实际情况，为基层自治实践预留必要的空间，确保基层治理中社会自组织能有机会与他组织发挥同样重要的作用。值得一提的是，2022 年 1 月中共中央、国务院印发的《关于做好 2022 年全面推进乡村振兴重点工作的意见》提出"落实乡村振兴为农民而兴、乡村建设为农民而建的要求，坚持自下而上、村民自治、农民参与"，这一政策文件再一次体现了党和国家对自治的尊重。从党和国家的相关政策以及尊重自治的原则出发，大亚湾区基层治理的有关治理主体可以尝试构建内生式的基层治理长效机制，为基层自主创新预留空间，赋予自治主体更多的因地制宜发展集体经济的权利，充分激活农村"三资"，发挥农村"三块地"产权权能、实现土地要素市场化配置，促进乡村经济发展和产业振兴，提升基层自治的效果。

3. 尊重创新

创新是基层治理水平提升的关键和灵魂，是建设更高水平良法善治的必备要素。无论是全国范围的基层治理实践，抑或是大亚湾区的基层治理实践，创新均发挥着重要的积极作用。例如，在全国层面，我国的家庭联产承包责任制始于安徽凤阳小岗村村民的探索创新；在大亚湾区层面，楼栋长管理规范、茶叙规范等本土社会规范也是基层治理创新的直接结果。未来，大亚湾区的基层治理主体应当秉承尊重创新的原则，积极传承、大力发扬长期长久以来注重创新的传统，通过创新的方式来挖掘治理新路径、开拓治理新局面、形成治理新格局。特别是，大亚湾区各级党政机关应当严格遵循尊重创新的基本原则，在制定政策、开展治理的过程中应注重反映本土社会规范而非塑造本土社会规范，重视本土社会规范创新，主动创新社会治理方式，积极调查本土社会规范资源，探寻基层治理的创新性规范、创新性实践并加以总结、推广，形成尊重创新、鼓励创新、推广创新成效的新机制、新方法、新模式。通过尊重创新、鼓励创新，能够使得大亚湾区通过本土社会规范的基层治理更加充满活力、富有实力，使得基层治理能够变得更具生机、更有生气、更显活性。

总体而言，提高对本土社会规范在基层治理中积极功能和重要意义的认识既是尊重基层治理中本土社会规范本土资源客观存在的要求，也是发挥本土社会规范在基层治理中积极作用的要求，还是传承治理经验的要求，同时是提升基层治理质效的要求。通过提高对本土社会规范在基层治理中积极功能和重要意义的认识，强化尊重内生、尊重自治、尊重创新的意识，能够更好地为此后的基层治理实践铺就认识基础、心理基础和精神支撑，形成有关基层治理的共识，助推基层治理事业有序稳定展开。

（二）坚持通过本土社会规范的基层治理的基本原则

为了全面提升通过本土社会规范的基层治理效果，大亚湾区党政机关及其所属于部门、基层群众性自治组织、社会组织、自生主体、村居群众等治理共同体需要在总的观念与总的指导思想方面坚持以法律为依据、以生活为本位、以问题为导向、以发展为核心、以改革为指引、以实效为目标、以融合为方式等基本原则。通过在理念与思想上坚持这些基本原则，能够更好地统一共识、形成合力，建设更高水平的良法善治。

1. 以法律为依据

法律是基层治理最大、最重要的规矩。在推进通过本土社会规范的基层治理工作的过程中，严格坚持以法律为依据能够提升基层治理行动的正当性，能够进一步提高基层治理工作的规范性，能够更好地减少违法治理的风险，增强基层治理工作的可接受性，改善基层治理效果。因而，大亚湾区基层治理主体在推进通过本土社会规范的基层治理工作中必须坚持以法律为依据这一基本原则，增强依法治理的理念，提高对国家法律法规的重视程度。具体到治理实践，坚持以法律为依据要求治理主体要自觉守法，坚持及时检索、严格遵守国家相关法律法规，在创制村规民约、自治章程、政策文件等本土社会规范以及运用本土社会规范进行社会治理的过程中自觉检视有无违反法律规定和法治精神的现象和行为，坚持依法应对各类风险挑战，自觉将本土社会规范创制、治理机构组建、本土社会规范执行等基层治理的各个环节涵摄于法治国家、法治政府、法治社会的框架之下，全面提高基层治理工作的法治化水平。

2. 以生活为本位

全面改善基层治理质效，建设更高水平的良法善治必须坚持以生活逻辑为基础，坚持生活为本位的基本原则。坚持以生活为本位的基本原则要求治理主体从生活出发来理解治理本质、推进治理工作，在开展基层治理工作的过程中自觉遵循立足民众生活实际、面向民众生活所求、遵循民众生活逻辑、解决民众生活困难、服务民众生活需要、提高民众生活水平、保障民众生活秩序的原则，在发现生活事实、遵守生活逻辑、建设生活设施、完善生活场所、提升生活条件、优化生活环境、满足生活需求、保障生活秩序、解决生活困难、促进生活和谐等方面加强资金投入，及时创制和吸纳保障个人生活、家庭生活、社会生活、公共生活、生产生活的本土社会规范，倡导健康文明绿色生活方式，尊重和认可民间生活中的自生规范，将相关治理工作做实、做细、做扎实。

3. 以问题为导向

"为治之道，必先除弊"。加强和改善通过本土社会规范的基层治理工作必须坚持以实际问题为导向的原则，着力解决基层治理中的突出问题、突出矛盾，针对问题与矛盾补短板、强弱项。坚持以解决问题为导向的原则要求党政机关及其所属部门、村居组织、社会组织等治理主体本着自我革新的理念主动发现村居群众反映的现实问题、全力化解长期存在着的疑难问题、设法防范影响治理效果的可能问题，"找病因、对症下药"。坚持以解决问题为导向的原则要求大亚湾区党政机关等基层治理主体不能对群众反映的问题视而不见、听而不闻，不能对于长期存在的问题听之任之、不管不问，不能放任问题与危机的产生，为将来治理工作的长远发展留下隐患。为了真正将以问题为导向的原则落到实处，大亚湾区基层治理主体特别是大亚湾区各级党政机关等治理主体需要强化问题意识，健全群众投诉举报和反映问题的渠道，及时回应、深入研判基层治理中的问题，采取有针对性的问题解决方案，还需要进一步建立健全运用本土社会规范进行基层治理的绩效考核、问题追究机制，从后果主义出发倒逼问题的解决，为基层治理的问题破解提供坚实保障，提升问题解决效率与效果。

4. 以发展为核心

高质量发展是全面提升大亚湾区基层治理效果的基础，是建设更高水平的良法善治新局面的关键。为了更好地推进通过本土社会规范的基层治理事业，大亚湾区基层治理主体需要坚持以发展为核心的理念和原则，将发展作为基层治理的第一要务，运用新发展理念推动基层治理中的本土社会规范不断完善、本土治理实践不断创新、本土治理机构不断涌现，坚持走科学发展、可持续发展、城乡融合发展之路。坚持以发展为核心的理念和原则还需要防范过于强调稳住基本盘而导致治理工作停滞不前的问题，需要着眼长远做好基层治理年度规划、五年规划、长远规划，需要着力解决好制约村居发展特别是制约渔村发展受限、搬迁村发展后劲不足等现实问题，需要对导致乱搭乱建等影响发展秩序的问题进行整治，需要保障村集体经济的长远发展。总之，发展是解决基层治理中一切问题的总钥匙，大亚湾区基层治理主体需要坚持以发展为核心的原则理念，面向未来、面向时代、面向发展，推动大亚湾区基层社会的快速发展，全力打造基层治理创新发展的示范区。

5. 以改革为指引

改革是社会发展的强大动力，通过及时改革旧制度、旧规范，能够从根本上提升通过本土社会规范的基层治理质效。为了建设更高水平的良法善治，大亚湾区基层治理主体需要以改革的决心、革新的精神、敢想敢干的气魄来破除现有的一些不合理的内容，破旧立新、守正创新。加强和改善基层治理、提升基层和社会治理效果不能不改革，不能因循守旧、故步自封。通过推动改革，能够更好地改变束缚基层社会发展的体制机制，破解基层治理的痛点难点，激发广大村居群众的积极性和创造性，全面提升基层治理效能。例如，大亚湾区区委、管委会以及街道党工委、办事处可以在权限范围内积极推动助力综合行政执法体制改革工作，深入推进"放管服"改革，简化办事手续，为提高通过党政制订规范的基层治理水平贡献力量；再如，在民间自治层面，民间自发形成的自治主体需要秉承改革的精神和勇气，及时推动婚姻规范、丧葬规范、起屋规范、满月规范等传统习惯规范的现代变迁，及时为传统规范增添新的内容，增强传统规范的适应性。总之，通过以改革为指引，不断摸索、大胆创新、打好改革组合拳，能够更好地书写基层治理的新答卷，加强和改善基层治理必须坚持以改革为指引的原则。

6. 以实效为目标

真正产生实效是基层治理的价值和意义所在，将实际效果作为最终目标是大亚湾区通过本土社会规范的基层治理实践的题中应有之义，是建设更高水平的良法善治的应然要求。为了真正地做到以实效为目标，大亚湾区基层治理主体需要注重真抓实干，需要在补短板上下功夫、在强基础上谋实效，需要讲求实际效果，避免务虚而不务实，避免追求有显示度的表面效果、短期效果而不追求实际效果。为了将以实效为目标的治理原则落到实处，大亚湾区的基层治理主体需要在多个方面着手，需要办实事、出实招。例如，在规范创制与规范形成方面，治理主体应当及时了解基层所需，真正制订出符合实际需要而不是仅具有政绩效果的本土社会规范；在组建本土治理机构方面要真正以解决辖区问题、服务村居群众为出发点而不是以应付检查、申报项目为出发点而组建一些徒有其表的虚主体、空架子；在开展治理实践方面需要扎扎实实地解决真问题、开展真工作，而不是开展一些并无现实意义的做样子、走过场的工作。为了确保通过本土社会规范的基层治理实践真正产生实效，应当坚持以下三个标准，检验和确保治理工作的有效性：其一，有利于提升群众的满意度；其二，有利于保护本土社会规范的真实性、完整性和客观性；其三，有利于节约治理资源、产出治理效果。

7. 以融合为方式

为了改变前文提到的目前大亚湾区基层治理中存在的融合不足的问题，大亚湾区基层治理主体需要坚持"以融合为方式"这一基本原则。以融合为方式的原则要求，大亚湾区各级治理主体需要改变从主体融合、规范融合、运行融合三个维度推动乡村法治建设的多类主体协同、多元规范互纳、多重环节相洽，实现国家层面的乡村法治建设与村组层面的乡土法治建设的有效融合。[1]通过运用法治原理充分发挥建构主义和进化主义的优势，构建自上而下式的国家法治理和自生自发式的本土社会规范治理两条主线，能够更好地建构起基层治理的长效机制，实现融合发展。具体到治理实践，大亚湾区各级党政机关等治理主体应当强化融合而非对抗的理念，理性对待社会自治规范、民间自生规范等底层规范，避免尝试运用现代法治去消灭传统习惯规范，应当尊重不同区域的人们对风俗、习惯不同理解和需求。例如，大亚湾区管委会可印发规范规定"直系亲属去世后可申请一至三天的丧事假"，以彰显对地方习惯的尊重、传承良善本土社会规范。宗族组织、庙会理事会、村居群众等社会自生主体也要注重将自身的行为置于国家法的框架之下，避免与国家法的对抗。

总体而言，在开展通过本土社会规范的治理实践、推进基层治理事业的过程中，大亚湾区的基层治理共同体需要坚持以法律为依据、以生活为本位、以问题为导向、以发展为核心、以改革为指引、以实效为目标、以融合为方式等基本原则，统一治理理念、凝聚治理力量、形成治理合力，同心同向同奋斗，开拓通过本土社会规范的基层治理新局面。

---

〔1〕 参见高其才、张华："乡村法治建设的两元进路及其融合"，载《清华法学》2022年第6期，第42页。

（三）完善通过本土社会规范的基层治理的具体建议

为了进一步提升通过本土社会规范的基层治理效果，建设更高水平的和美之治、实现良法善治，大亚湾区区委、管委会等基层治理主体需要根据实际情况开展以下几个方面的工作：一是统筹规划、合力推进；二是广泛总结、大力发掘；三是制定规范、全力引导；四是完善机制、共力共治；五是明确职责、群力发挥；六是责任担当、能力提升；七是条件保障，物力支持。通过开展这些工作，能够更好地增加基层治理力量，改善基层治理质效，形成和美之治这一独树一帜的基层治理模式。

1. 统筹规划，合力推进

大亚湾区通过本土社会规范的基层治理事业是一项长期且重大的工程，为了找准基层治理方向、形成基层治理合力、细化基层治理目标、稳步提升基层治理质效，大亚湾区的基层治理主体需要注重统筹规划，有计划、有步骤地引导和推动各类主体合力推动大亚湾区基层治理事业向前发展。具体而言：

一方面，制定规划。大亚湾区区委全面依法治区委员会、大亚湾区区委平安大亚湾建设领导小组、大亚湾区区委政法委等治理主体可以主动承担起顶层设计职能，加强超前规划，以法治国家、法治政府、法治社会建设为出发点，根据《惠州大亚湾区国民经济和社会发展第十四个五年规划和2035年远景目标纲要》第十四章"推进社会治理体系和治理能力现代化"的相关内容，制定《大亚湾经济技术开发区法治建设和基层治理第十四个五年规划和2035年远景目标纲要》《大亚湾经济技术开发区法治大亚湾建设中长期规划》《大亚湾经济技术开发区本土社会规范保护与利用工作长期规划》等基层治理规范，为通过本土社会规范的基层治理的长远发展指明方向明确目标和任务。[1]在制订规划的过程中，需要尊重了解基层需求、倾听群众声音、发挥村民自治在规划中的作用，增强规划制订过程的科学性、民主性、公开性。

另一方面，加强统筹。大亚湾区区委全面依法治区委员会、大亚湾区区委平安大亚湾建设领导小组、大亚湾区区委政法委等治理主体可以在充分调研、深入分析的基础上，负起协调责任，统筹协调全区依法发挥本土良善社会

---

〔1〕 只有将通过本土社会规范的基层治理工作纳入法治国家、法治社会、法治政府和地方法治建设轨道，才能从根本上使得通过本土社会规范的基层治理工作得到更好保障并持续化地开展下去。

规范的积极功能，明确大亚湾区基层治理目标任务，根据大亚湾区各党政机关的职能分别确定各项工作落实主抓单位、配合单位、保障单位，形成逻辑严密、分工明确、任务清晰的分工表，督促相关负责部门积极履责行权，形成基层治理的合力。

2. 广泛总结，大力发掘

为了充分挖掘大亚湾区基层治理潜能，促进基层治理中有着积极作用的本土社会规范、本土治理模式得到有效复制、借鉴、推广并产生更大的积极效能，大亚湾区区委、管委会、各区级部门、各街道党工委、各街道办事处等治理主体可以通过成立专班、发动各方力量参与等方式，广泛总结、大力挖掘大亚湾区的成熟本土社会规范、成熟治理模式，推动形成标准化、可视化、易推广、可借鉴、可复制的样板和范例。[1]具体而言，大亚湾区的基层治理主体可以从三个方面着手：

其一，大亚湾区区委、管委会、政法委、民政局等区级治理主体可在全区范围内广泛调查总结有可能能够在全区推广的基层治理模式，摸清本土治理资源现状，加强对大亚湾区市域社会治理现代化省级试点村居、大亚湾区社会心理服务体系区级试点单位、大亚湾区区域社会治理现代化区级示范点单位等试点村居单位治理经验的总结，发掘通过和美网格规范的基层治理模式、通过社工服务规范的基层治理模式、通过四级联户规范的基层治理模式等治理模式的积极价值，探索总结推广更多潜在的成果治理模式。

其二，各街道党工委、街道办事处、街道综治办、街道综合行政执法队等街道级治理主体可着重总结调查本街道范围内的成熟基层治理模式，摸清辖区基层社会的运行现状，深入调研辖区范围内的典型村、典型社区以及典

---

[1] 广泛总结、大力挖掘习惯规范对于完善现有制度、促进法制完善有着重要的作用。例如，15世纪的法国习惯法编纂运动是法国从中世纪走入近代的一个标志性事件，其"出于确知"核准在习惯法编纂中颇具意义。百余年前德国人制定的《德国民法典》，之所以能够成为与《拿破仑法典》并称为模范法典的绝世之作，一个重要的因素在于其忠实地映照了德意志民族的民族精神、宣示了德意志民族的独立统一、反映了德意志民族的私权生活、关照了德意志民族的历史传统以及彰显了对德意志民族固有习惯规范的尊重。《美国统一商法典》之所以能够成为普通法系商事立法法典化的典范，关键在于其本身内容主要来源于已基本成型的规则、判例与商业习惯。参见董子云："'出于确知'与中世纪法国习惯法编纂的历程"，载《华东政法大学学报》2021年第1期，第153~167页；王思杰："国外民法典对中国教育法典编纂进路的启示——以近代四部《民法典》为考察中心"，载《华东师范大学学报（教育科学版）》2022年第5期，第130~142页；孙新强："论美国《统一商法典》的立法特点"，载《比较法研究》2007年第1期，第71~87页。

型单位，充分挖掘通过综合执法规范的街道治理、通过"两反一防"规范的街道治理、通过调解规范的街道治理等治理模式的经验，对辖区内的各类治理经验进行甄选、利用、转化、吸纳、弘扬。

其三，各村社区"两委"、社会组织、专业社工机构等治理主体须加强对区级、街道级治理主体调研工作的支持，加强对本村、本社区、本小组、本机构自身经验的总结和调查，自主地分析村规民约、志愿服务规范、物业管理规范、楼栋长规范、集体经济组织规范、社工机构运行规范、生活习惯规范等规范在基层治理中的价值作用，挖掘已成熟的和潜在的基层治理模式的积极作用，为将来治理经验的复制、推广打好基础。

3. 制定规范，全力引导

为了加强对大亚湾区基层治理工作的制度保障，提升通过本土社会规范的基层治理的正规化、标准化、规范化程度，夯实良法善治事业的制度之维，大亚湾区管委会、各街道办事处、村民委员会、居民委员会等治理主体可以加强规范制定工作，通过及时创制规范，强化制度供给，全方位地推进大亚湾区基层治理事业向前发展。具体而言，大亚湾区的基层治理主体可以从以下几个方面着手：

其一，及时制定规范，加强治理引导。大亚湾区管委会、各街道办事处等党政机关可适时制定《大亚湾经济技术开发区村居法治建设促进办法》《大亚湾经济技术开发区村规民约指导方案》《大亚湾经济技术开发区村（居）志愿服务促进办法》《大亚湾经济技术开发区非物质文化遗产保护传承方案》《大亚湾经济技术开发区民事生活习惯规范保护利用方案》《大亚湾经济技术开发区楼栋长管理服务促进方案》《大亚湾社工机构参与社会治理促进办法》《街道指导村民自治工作办法》《街道指导居民自治工作办法》等规范性文件，夯实通过本土社会规范的基层治理的制度根基，营造出尊重本土社会规范、尊重传统、尊重生活的良好政策环境。例如，为了体现出对地方习惯的尊重、传承良善本土社会规范，大亚湾区管委会可以在管委会层面创制相关规范，明确规定全区职工在直系亲属去世后可申请1~3天的丧事假。

其二，及时完善规范，提升引导效果。大亚湾区管委会、各街道办事处等治理主体须及时完善《大亚湾区社会治理创新项目专项扶持资金管理办法》《大亚湾开发区开展"和美网格"治理推进区域社会治理现代化试点工作实施方案》《区政法机关干部下沉基层开展"和美网格"共建实施方案》《惠州大亚湾和美网格专职网格员实操手册》《大亚湾开发区实施全科网格推进市域社会治理现代化工作方案（试行）》《大亚湾区社会心理服务体系试点联动工作方案》《大亚湾区村级重大事项议事决策工作指引》等已制定的制度方案，通过修改完善规范，彰显党政机关对基层本土社会规范创新和基层治理工作创新的支持和鼓励态度，为通过本土社会规范的基层治理提供保障。

其三，促进作为习惯法的本土社会规范的双重制度化。所谓促进本土习惯规范的双重制度化（double institutionalization）[1]也即及时总结提炼基层治理中的习惯做法和行为模式，将成熟的习惯做法和行为模式单独固定下来，引导习惯做法和行为模式从习惯上升为习惯规范、从习惯规范上升为正式的政策规范或以成文化的方式融入村民自治章程和村规民约，吸纳在大亚湾区管委会及其部门和街道等的规范性文件中，使得行之有效的行为模式不仅发生在习惯做法中，而且体现在官方制度、正式制度、成文制度之中。实现习惯做法的双重制度化既是传承和保护传统文化的具体要求，也是尊重本土社会规范、尊重地方习惯法、保护传承良善本土社会规范的理性选择。

其四，各村居须加强村规居约建设。大亚湾区的 57 个村社区的村民委员会、居民委员会可进一步加强村规民约、居民公约、自治章程以及有关民主管理、社会治安、环境保护等方面的专项村规居约建设，使村规居约真正成为村居民共治共享的有效载体。为了提升村规居约的实施效果，各村居还可在村规居约中以设定"违约金"等罚则的方式，提升村规居约的实施效果。

其五，大亚湾区的企事业单位、社会组织等要重视内部制度的规范化建设，在依法、合法的基础上结合本单位、组织实际情况，在规范的范围、内容、效力、保障等方面进行全面、系统的规定。在规范、制度的议定过程中要遵循科学、民主原则，尊重客观规律，尊重成员权利，提高内部规范、制度的质量。

4. 完善机制，共力共治

为了进一步凝聚治理共识、实现基层治理的共力共治，大亚湾区区委、管委会等党政机关可以进一步完善大亚湾区的基层治理机制。具体而言，一方面，可以进一步完善社会参与机制，促进党政与社会共力共治。大亚湾区

---

〔1〕 参见 ［美］保罗·博汉南："法律和法律制度"，载 ［英］马林诺夫斯基：《原始社会的犯罪与习俗》，原江译，云南人民出版社 2002 年版，第 130～131 页。

区委政法委、民政局等党政部门可以具体完善社会参与机制，引导公民、人民团体、企事业单位、社会组织等发挥积极作用。例如，党政部门可以通过公益创投、政府购买服务、经费补贴、政策扶持、选树典型等多元形式引导基层群众性自治组织、相关社会组织和相关专业人才发挥积极作用，促进提升"五社联动"（社区与社会组织、社会工作者、社区志愿者、社会慈善资源的联动）的实际效果，增强社会工作者、村居志愿者、社会慈善资源、新乡贤等个人参与基层治理的积极性，进一步激活社会治理活力。另一方面，可以进一步完善理论经验支撑机制，形成良法善治最大合力。为了更广泛地凝聚共识，促进理论和实践形成合力、内部与外部形成合力，大亚湾区区委政法委、民政局、社管局等主体还可推动成立区域性基层治理研究机构、举办基层治理研讨会、组织考察学习其他地区成功做法，汲取经验。通过完善各类机制，大亚湾区基层治理主体能够有力推动形成良法善治建设的最大合力，取得共力共治的效果。

5. 明确职责，群力发挥

建设更高水平的良法善治需要明确大亚湾区各类基层治理主体的职责，充分发挥各类治理主体的作用，形成群力发挥的良好氛围。为了更好地推进大亚湾区通过本土社会规范的基层治理工作，形成群策群力共同推进治理的局面，大亚湾区区委及管委会、街道党工委及街道办事处、村居"两委"、村居民小组等四级主体需要各负其责，大亚湾区人民法院、人民检察院、监察机关、政法委、组织部、民政局、社会事务管理局、司法局、公安局等党政部门需要落实责任，社会组织、社会团体、社工机构等需要积极履职，村居群众性自治组织成员、新乡贤、热心群众、村居民等需要认真对待积极参与。在具体措施上，大亚湾区的基层治理主体可重点开展以下工作：

其一，大亚湾区区委、管委会可以出台基层治理联动工作方案，进一步明确全区各部门、各单位的基层治理职责和权限，推动全区各部门分别在各自专长的领域内组织和参与通过本土社会规范的基层治理工作，形成多主体多部门联动的工作机制，推动各部门各司其职、各负其责，汇聚同向治理合力。

其二，大亚湾区区委、管委会可以基于和美网格治理经验、四级联户经验等实践经验，创制基层治理四级联动方案，明确四级治理主体的治理职责，细分四级治理工作任务指标，夯实四级治理工作基础。

其三，大亚湾区各党政机关可以在辖区范围开展专项巡查和绩效考核工作，督促下辖治理主体分别积极履责。例如，大亚湾区各党政部门、各街道办事处可围绕着基层治理中对本土社会规范的重视情况、基层治理中本土社会规范的转化利用情况、基层治理中本土社会规范的引导规制情况等方面，开展专项巡视巡查工作，在压力型体制下发挥好专项巡查、绩效考核等政策工具的积极作用。

其四，大亚湾区管委会等主体可在各村居的配合下进一步优化村民自治组织议事目录清单，细化完善《大亚湾区村级重大事项议事决策工作指引》等相关制度规范，将村民自治组织重视、利用、引导规制本村习惯规范等作为任务要求写入《工作指引》，为村居群众性自治组织成员自觉重视习惯规范的现实存在、主动利用习惯规范的价值作用、积极引导和规制习惯规范的发展提供动力和指引，从而进一步提升通过本土社会规范的基层治理水平，保证和推动村居走好良法善治之路。

6. 责任担当，能力提升

基层治理主体有责任担当才能成就伟大事业。在开展基层治理工作的过程中，大亚湾区的基层治理主体可以进一步强化责任感和担当意识，不断能提高自身工作能力，勇于负责、敢于担当，把解难题、闯难关作为干事创业的不竭动力。具体而言，大亚湾区基层治理主体可以在以下几个方面进行作为，向广大群众展现真担当、真负责、有能力、有底气的精神和气魄：

其一，党政机关可以进一步加强对基层治理中的沉疴旧疾、烂尾难题、法律性质不清问题、模棱两可问题的关注，直视矛盾不回避、困难面前不低头、大事难事不畏缩，对于党政机关能够解决的问题及时解决想方设法以集体领导、集体决策的形式解决，对于区级党政机关和街道党政机关无法解决的问题及时向省、市有关部门反映，推动相关问题得到及时解决。在开展工作时，各级党政机关干部须主动俯下身子干事业，不能当跷脚老板，把责任推给村居群众性自治组织成员。

其二，村居群众性自治组织成员要勇于担当、敢于作为，练就过硬本领，强化责任意识，对于村居发展中的突出问题敢于面对、较真碰硬，关心群众疾苦，及时回应群众诉求，尽心、尽力、尽责为村居群众服务。

其三，社工机构在参与基层治理的过程中可以主动创新工作方式方法，注重选派资质好、经验多、能力强、政治素质高的社工参与相对落后村居的治理工作，为全面改善基层治理质效奉献力量，展示社工机构的责任与担当。在很大程度上，担当就是能力，为了顺利开拓大亚湾区基层治理新局面，大亚湾区的基层治理主体需要强化担当意识，勇于担当、敢于作为，积极学习、练就能力，在推进基层治理体系治理能力现代化的征程中展现出大亚湾担当和大亚湾作为。

大亚湾区的其他社会组织要进一步结合自身的宗旨、目的等依法依规积极开展活动，凝聚力量，集中资源，在基层治理中发挥自身的独特作用。

当然，最为重要的是发挥民众在通过本土社会规范的基层治理中的积极性、主动性，为他们提供机会、途径并创造条件，形成城乡社区群众的自我管理、自我服务、自我教育、自我监督，建设共建共治共享的基层治理制度。

7. 条件保障，物力支持

为了确保通过本土社会规范的基层治理工作能够产生更大的治理效能，走稳走好良法善治之路，大亚湾区区委、管委会等治理主体可在既有经验的基础上，加强基层治理的条件保障，出台切实的政策条件，投入更多的财政资金，提供更为充足的物力支持，确保基层治理中有人干事、有钱办事。具体而言，有关治理主体可以在以下两个方面开展工作，加强条件保障，强化物力支持。

一方面，大亚湾区区委、管委会、各街道党工委、街道办事处等主体可以加强基层治理的组织保障、人力保障、资格保障，营造良好的政策条件。例如，大亚湾区区委组织部等部门可以推动编制和人员往基层倾斜，在干部考评任用和管理的过程中，注重奖优惩劣，对于担当意识不够强、工作能力不足的不予重用，对于勇于担当、工作能力强的可重点积极提拔，为基层干部积极投身基层治理事业提供组织条件保障、政策条件保障；大亚湾区区委政法委、民政局可以积极招募更多的社会工作者等专业服务人员，通过考试、培训等方式培养一批具有相关服务经验或教育背景的社工人才，为基层治理工作的开展提供更多的人力保障与人才保障；大亚湾区有关部门、各街道党工委、街道办事处等可以出台完善相关激励政策，完善考核评价机制，鼓励引导基层治理人员考取社工、心理、综合执法等资格证件，适当放宽报考条件，为治理力量的壮大提供良好的政策条件。通过推动政策向基层倾斜，强化条件保障，能够更好地使得人往基层走、事在基层办，确保基层治理工作产生实效。

　　另一方面，大亚湾区区委、管委会、各街道党工委、街道办事处等主体可以投入更多的资金和资源，奠定基层治理的物质基础，强化物力支撑。为了确保基层治理工作顺利推进，大亚湾区区委、管委会可以投入更多财政资金，提升基层工作人员待遇，加强基层治理场所建设、车辆购买、装备采购工作，奠定基层治理的物质基础。大亚湾区区委政法委等主体还可在既有的大亚湾区社会治理创新项目专项扶持资金基础上，投入更多的财政资金，推动设立区级、街道级社会治理公益基金，同时优化"财政牵引，社会支持"的资金筹集模式，为基层治理工作的顺利开展奠定物质基础，使得各级基层治理主体有钱办事、有力办事。例如，对那些内容健康、组织有力、影响广泛的民间节庆活动、民俗活动、宗族活动、庙会活动等通过申请、评审等程序后根据《大亚湾区社会治理创新项目专项扶持资金管理办法》或者其他途径给予一定的财力、物力资助。为了更好地留住村庄共同历史记忆、构建社区共同体意识，可以适当加强资金投入，帮助有特色、有条件的村庄修建村史馆，助力形成具有共同理念价值的社群聚落，提升村庄治理的文化底蕴与历史底蕴。

　　纵观大亚湾区基层治理现状，为了进一步增强大亚湾区基层治理力量，大亚湾区区委、管委会等各级各类治理主体可在现有探索、创新的基础上，深入开展统筹规划、广泛总结、完善规范、明确职责、强化担当、提高保障等具体工作，推动形成多元主体合力推进、大力发掘、全力引导、共力共治、群力发挥、能力提升、物力支持的理想图景。通过开展这些工作，能够更好地提升大亚湾区的基层治理质效，不断夯实大亚湾基层治理基础。

　　总体而言，通过本土社会规范的基层治理是一种较为有效的基层治理模式。为了进一步优化大亚湾区的基层治理模式，促使大亚湾区在基层治理工作中百尺竿头更进一步，开创良法善治新局面，大亚湾区基层治理主体需要在思想上提高对本土社会规范在基层治理中积极功能和重要意义的认识，在方向上坚持通过本土社会规范的基层治理效果的原则，在具体行动上采取统筹规划、广泛总结、制定规范、完善机制、明确职责、条件保障等具体举措，促进大亚湾区迈入治理新阶段、打开治理新格局、形成治理新局面，为大亚湾区打造国内一流开发区和一流城市重要支撑区奠定坚实的基础，塑就通过本土社会规范的基层治理之和美之治的大亚湾品牌。

第二十三章

结　语

　　按治理规范、治理依据和治理保障的不同，基层治理可分为通过国家法的基层治理和通过非国家法的习惯法的基层治理。通过国家法的基层治理是一种基于国家权威和工具理性的自上而下式治理、宏观式治理、管控式治理、嵌入式治理、非人格化治理、理性化治理、形式治理、硬治理，通过习惯法的基层治理是一种基于社会权威和价值理性的自生自发式治理、微观式治理、内生式治理、融入式治理、人格化治理、人性化治理、实体治理、软治理，两者在基层治理中均具有举足轻重的地位，共同构成了规范意义上的基层治理。从法学的角度研究基层治理不仅需要着眼于通过国家法的基层治理，还需要着眼于通过习惯法的基层治理。而对本土社会规范从习惯法角度进行基层治理的探讨即为其中的重要部分。

　　中国的问题必须从中国基本国情出发，由中国人自己来解答。百年以降，法治现代化成为国人孜孜不倦的追求，本土社会规范作为习惯法常被视为传统与落后的代表而未受到足够的重视。现实的基层治理深受制度主义的"制度建设"和西方公共管理"先进理论"的影响，具有价值意蕴的本土规范、实践经验和历史传统未能得到学界应有的重视。体现在基层治理的研究中，目前学界对通过国家法的基层治理已经进行了较为深入细致的研究，但对通过习惯法视角对本土社会规范的基层治理分析尚有不足，导致作为植根于我国本土的良善治理资源的本土社会规范这样的习惯法未能充分发挥其作用、实现其价值。

　　为了发挥好本土社会规范这一习惯法在基层治理中的积极作用，有必要选择典型地区对基层治理中的本土社会规范进行全面总结，探讨其作用的广度、力度、温度和适合度，思考其限度和作用阻碍，探索其发挥作用的全面路径，从而更好地提升基层治理的水平，推进治理体系和治理能力的现代化。

广东省惠州市大亚湾区从实际出发，针对本地特点，以问题为导向，积极创新，大胆探索，把良法善治的要求贯穿到基层治理的全过程和各方面，不断创新和完善本土社会规范，党政机关创制规范、社会组织规范、村（居）民自治规范、民间习惯规范等在协调社会关系、约束社会行为、满足民众需要等方面具有重要作用，实现了国家目标，促进了地方发展，维护了社会秩序，保障了民众权益，传承了优秀传统，弘扬了良善文化。大亚湾区通过本土社会规范的基层治理有着治理主体多元化、治理规范多维化、治理方式多种化、治理效果多样化的显著特征，创新性地形成了和美网格基层治理模式，通过重构最小治理单元（综合网格、专业网格、线上网格等）、推行部门入格、倡导"回归社区"，打造"和美网格"治理新格局，并通过"引美入治""四级联户"等多种形式，把社会治理的触角延伸到基层每个角落，形成了独特的大亚湾风格。大亚湾区的治理这种治理模式之所以取得了成功，主要是因为大亚湾区各级各类治理主体注重坚持依法治理、坚持扎根本土、坚持鼓励创新、坚持直面问题、坚持和美之治，找准了治理突破口及改善治理实效的关键。本土社会规范在基层治理中发挥了积极作用，这使得大亚湾区基层治理的法治化、规范化、制度化水平，取得了和美之治的良好效果。

《法治中国建设规划（2020-2025年）》提出："广泛推动人民群众参与社会治理，打造共建共治共享的社会治理格局。完善群众参与基层社会治理的制度化渠道。加快推进市域社会治理现代化。健全社会治理规范体系。"《法治政府建设实施纲要（2021-2025年）》提出要推动完善"社会矛盾纠纷多元预防调处化解综合机制"。《法治社会建设实施纲要（2020-2025年）》提出"加强居民公约、村规民约、行业规章、社会组织章程等社会规范建设"。因此，在认识和总结大亚湾区本土社会规范这一习惯法在基层治理作用时，我们要善于通过历史看现实、透过现象看本质，把握好全局和局部、当前和长远、宏观和微观、主要矛盾和次要矛盾、特殊和一般的关系，全面地、辩证地予以对待和处理。

我们需要进一步提高认识，全面总结本土社会规范的内容和治理功能，加强基层党政机关创制规范、村规民约、居民公约、行业规章、社会组织章程、民间习惯规范等本土社会规范建设，进一步完善基层治理机制，充分发挥本土社会规范在协调社会关系、约束社会行为、维护社会秩序、促进社会发展等方面的积极作用，推动社会成员自我约束、自我管理、自我规范，提升基层治理能力和基层治理效能。基层民主是全过程人民民主的重要体现。我们要尊重民众的主体性，积极发展基层民主，健全基层党组织领导的基层群众自治机制，加强基层组织建设，完善基层直接民主制度体系和规范创制体系，增强城乡社区群众自我管理、自我服务、自我教育、自我监督的实效；拓宽基层各类群体有序参与基层治理渠道，保障民众依法参与规范创制及管理基层公共事务和公益事业，满足民众的法需要和权利保障需要，使民众有更强的获得感、幸福感和满足感，以健全共建共治共享的社会治理制度，实现良法善治，实现乡村振兴，推进城乡均衡发展，实现共同富裕，进一步推进我国的法治国家、法治政府、法治社会建设。

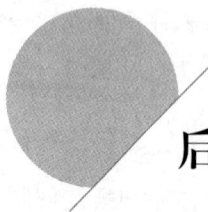

后 记

　　本书是在我们承担的中共惠州大亚湾经济技术开发区区委政法委员会委托项目《大亚湾乡村治理中的本土社会规范调查》结项报告的基础上修改、扩充而成。

　　这一项目旨在通过田野调查全面了解地方党政机构制订规范、社会组织创制规范、民间社会自生规范等大亚湾区本土社会规范的全貌，总结本土社会规范在基层治理中的地位和作用，展现民众主导和参与社会治理、打造共建共治共享的和美社会治理格局的实际状态，呈现以大亚湾区为代表的当今中国本土社会规范及其治理秩序的客观事实。

　　在2022年1月签订协议后，我们课题组就开始查找资料、阅读相关文献，讨论和确定田野调查方案，为课题调查进行了具体准备。

　　经过长时间的等待，在北京和广东两地的疫情防控政策同时许可时，我和张华于2022年7月3日~7月11日、7月14日~7月21日来到大亚湾区，抓紧时间到区街组织和村居单位开展实地调查，为本项目的完成奠定了基础。

　　早在2021年进行"惠州市'村居法治样本'调研"时，我们曾于10月16日~17日到大亚湾区的西区街道塘尾村、澳头街道东升村、霞涌街道霞新村、霞涌街道新村新海港民宿等处进行了调查，对大亚湾区的本土社会规范有所了解。

　　在此基础上，在中共惠州大亚湾区区委政法委的安排和协助下，我们课题组在2022年7月先后到大亚湾区区委政法委员会、大亚湾区区委组织部、大亚湾区两委办（大亚湾经济技术开发区科学发展研究中心）、大亚湾区人大、政协工作办公室、大亚湾区人民法院、大亚湾区管委会动迁办公室、惠州市国土资源局大亚湾区分局、大亚湾区民政局、大亚湾区司法局、大亚湾区住房和规划建设局、大亚湾区社会事务管理局、惠州市公安局大亚湾区分局、澳头街道办事处综合治理办等单位进行了专题座谈，听取了相关介绍，收集了与课题相关的资料。

根据有关部门推荐、相关新闻报道等，我们课题组确定了重点调查的村组、社区和社会组织名单，先后到澳头街道南边灶村、澳头街道东升村、澳头街道妈庙村、西区街道新寮村、西区街道塘尾村、西区街道东联村、霞涌街道霞新村、西区街道坽下社区、西区街道德惠社区、霞涌街道小径湾社区、西区街道老畲村三大屋村民小组、惠州大亚湾区公民伙伴社会服务发展中心等村组、社区和社会组织进行了田野调查，听取了相关情况的介绍，访谈了有关人士，查阅了一些单位的档案资料，收集了一些材料。我们察村容观居貌，看村规阅居约，读章程瞧方案，览规定望计划，见家训探宗规，感庙规明寺仪，对大亚湾区基层治理中的本土社会规范进行较全面的掌握。

我们与大亚湾区管委会领导、区街干部、村党组织村委会干部、居民社区干部、村民小组干部、村民渔民居民、非物质文化遗产传承人、社工、民营企业家、物业公司合伙人、公益组织领导、宗族主事者、庙会理事会成员、寺庙僧人和义工等各界人士就大亚湾区本土社会规范进行了广泛的访问和交流。

我们还实地观察了大亚湾区警察夜巡和最小应急单元设置情况、村民饮早茶聚会活动、渔村夏季旅游景象、农贸市场经营与管理现状、祠堂建设进展等，对大亚湾区的本土社会规范及其作用有了一些具体感受。

通过座谈、深度访谈、观察和查阅资料等，我们对大亚湾区基层治理中的本土社会规范有了较为全面的了解。

考虑到大亚湾区所在区域原属惠阳县（今惠阳区），我们还走访了县改市再改区后的惠阳区地方志办公室，搜集了惠阳区地方志编纂委员会编纂的2003年版《惠阳县志》等材料。

同时，我们课题组在实地调查回京后还与大亚湾区的不少单位、个人保持联系，进行进一步的沟通、交流和补充访问，并获得了一些资料。

田野调查回来以后，我们讨论并拟定了初稿写作的基本要求和主要框架，抓紧时间全力进行调查资料的整理和初稿撰写。经过多次讨论和修改，我们于2022年12月2日完成了课题报告并提交给中共惠州大亚湾区区委政法委员会，得到肯定。

在课题报告的基础上，我们补充了通过党建引领的基层治理、政府工作规则、企业内部制度等五部分的内容，最终撰成了本书。

本书基于大亚湾区本土社会规范的视角，探究基层和美治理实现方式。全书以大亚湾区为对象，从通过党政运行规范的基层和美治理、通过自治组织规范的基层和美治理、通过社会组织规范的基层和美治理、通过民间习惯规范的基层和美治理、通过创新优化机制的基层和美治理等方面进行描述和分析，并提出了我们的通过本土社会规范的基层和美治理的一些思考。

本书是我们课题组通力合作的结果，由我确定主要思路和基本框架，张华承担了大部分章节的撰写。

初稿的具体撰写如下：

张华：第四章、第五章、第六章、第七章、第八章、第九章、第十三章、第十四章、第十五章、第十六章、第十七章、第十八章、第十九章、第二十章、第二十一章。

李明道：第三章、第十章、第十二章。

高其才：第一章、第二章、第二十三章。

高其才、李明道：第十一章。

高其才、张华：第二十二章。

南京农业大学池建华副教授就部分初稿提出了修改建议。我对全书初稿进行了最后的阅改，对全书的质量和学术水准负责。

需要说明的是，本书中的部分人名、地名按照学术惯例进行了化名处理。本书中的照片绝大部分为我们所拍，少量来自他人拍摄和网络，都注明了提供者和出处。

本课题的承担、完成和本书的写作，首先需要感谢中共惠州大亚湾区区委政法委员会领导和有关工作人员的信任和支持。大亚湾区区委副书记、政法委书记李箫提出了课题总体思路，全程关心课题进展情况，对本书的定稿提出了极好的建议，他的敬业态度和思考深度令我们印象深刻；区委政法委杨建莉常务副书记大力支持课题调查；区委政法委罗汉强副书记在繁忙工作中四次陪同调查和参加座谈会；张平科长全面安排调查行程、具体联系相关单位，保障了调查的顺利进行；张浩志全程陪伴调查。他们的全力支持和配合为课题的进行和本书的完成奠定了坚实的基础。

我们感谢中共惠州大亚湾区区委组织部、大亚湾区区"两委"办（大亚湾区科学发展研究中心）、大亚湾区人大政协工作办公室、大亚湾区人民法院、大亚湾区管理委员会动迁办公室、惠州市国土资源局大亚湾区分局、大亚湾区民政局、大亚湾区司法局、大亚湾区住房和规划建设局、大亚湾区社会事务管理局、惠州市公安局大亚湾区分局、澳头街道办事处、澳头街道综合治理办、澳头街道南边灶村、澳头街道东升村、澳头街道妈庙村、西区街道新寮村、西区街道塘尾村、西区街道东联村、霞涌街道霞新村、霞涌街道新村村、西区街道坑下社区、西区街道德惠社区、霞涌街道小径湾社区、西区街道老畬村三大屋村民小组、惠州大亚湾区公民伙伴社会服务发展中心等单位和社会组织的配合和支持。

在田野调查和资料搜集时，许多人士积极协助我们调查、介绍相关情况、接受我们访谈、全面提供资料给我们，令我们深受感动。特别是陈伟峰、王文富、黄志华、康玉轩、陈电波、何惠忠、庞海燕、黄远东、黄金文、林子维、刘雪波、王磊、吴湘元、周勇、何育忠、冯天圆、陈赞东、陈雪芳、宋育龙、黄振忠、钟健伦、朱伟奇、朱洪昌、朱全、朱冠和、徐伟斌、苏海强、徐谭送、徐细苟、徐妹、黄庆存、陈锦良、李伟忠、严振新、李文亮、周燕贵、周月珍、周丽敏、李文亮、徐国龙、吴春晓、黄文通、钟英红、释昌平、释昌明、释常道、陈新宇等，助力尤多，我们向他们表示诚挚的谢意。

本书为清华大学法学院习惯法研究中心学术成果之一。

由于大亚湾区本土社会规范的丰富和复杂，而我们接受委托后仅于2022年7月进行了两次田野调查，有限的时间无法进行深入的了解和全面的理解，这在一定程度上影响了我们对大亚湾区本土社会规范及其社会治理作用的深描。

同时，由于新冠疫情的防控，我们原计划的田野调查受到较大的影响，原本考虑的进一步实地观察、访谈、资料搜集等许多无法实施。这无疑对我们把握大亚湾区本土社会规范及其社会治理作用带来了极大的困难。对此，我们课题组深感无奈，也留有诸多遗憾。

本书主要以个案方式从大亚湾区本土社会规范视角呈现治理实现方式，并不一定具有代表性和普遍性。受时间等因素影响，本书对大亚湾区本土社会规范及其社会治理作用的总结仅是初步的，理论分析较为薄弱。由于我们的水平和能力所限，本书可能存在不足和局限，敬请批评指正。

行文至此，我望着窗外的太阳沉思。据报 1 月 25 日北京的最低气温为零下 16.7 度，是 45 年来最低气温，实属罕见。这几年新冠疫情持续，气候反常，期望非常态生活能够尽快结束。1 月 26 日为癸卯年正月初五，冬四九的最后一天。唯愿寒冬过去，大地回春，万物生机盎然，岁月静好，如唐朝诗人刘昚虚在《阙题》中所言："道由白云尽，春与青溪长。时有落花至，远随流水香。闲门向山路，深柳读书堂。幽映每白日，清辉照衣裳。"

高其才

2023 年 1 月 26 日下午于京西樛然斋

2023 年 3 月 6 日修改

由于种种原因，本书删除了原"第十四章 通过内部管理规范的寺院自治——以清泉古寺为对象"和"第二十章 通过寺院活动规范的社会治理——以清泉古寺为对象"，章号做了相应的调整。特此说明。

高其才

2023 年 8 月 16 日补记